医療経営の確立をめざして

ヘルスケア業界データブック 2022

―― 数値で理解する医療・介護・関連産業の経営動向 ――

監修・編集
株式会社日本政策投資銀行／株式会社日本経済研究所

JMP Japan Medical Planning 日本医療企画

はじめに

急速に超高齢化が進む我が国において、医療・介護を主体としたヘルスケア業界を巡る環境は継続的に変化が生じています。地域においても2025年やその先を想定し、医療機関同士の機能分担や、医療と介護の連携模索など各地域でのヘルスケア体制再構築についてもさまざまな取組みが行われてきています。一方で、2019年末から世界に広がったコロナ禍は、２年以上の月日が経ちましたが、いまだに医療・介護の現場や医療機関等の経営にも甚大な影響を及ぼし続けています。

こうした状況下、医療機関や介護事業者においては、中長期の傾向とコロナ禍の影響の双方を俯瞰しながら、自らの強みや域内の競合状況などを踏まえ、役職員で各々の知恵を結集しながら、目指すべき方向を明確にするべく議論を進めることが一層求められているものと考えられます。また、医療機器・医薬品メーカーにおいても、事業戦略の策定においては医療現場等の環境を理解しつつ、中長期の視座から議論を深めていくことが必要な状況です。

本書を監修している㈱日本政策投資銀行、㈱日本経済研究所は、医療･介護及び医療機器･医薬品等、ヘルスケア分野におきまして幅広く、投融資業務、コンサルティング業務、及び本書発刊などによる情報発信業務などに取り組んでおります。

本書は、例年同様、医療機関や介護事業者の経営に着目したデータ集として整理・収録し、同時に医療機器や医薬品に関するデータなどを掲載しております。また、昨年同様、コロナ禍の影響を受けているとみられるデータも巻頭で取り上げました。本書をヘルスケア業界に関わる多くの皆様にご高覧、ご活用頂き、皆様の今後の方向性を議論していく上での一助となれば幸甚に存じます。

収録したデータは、公的機関の発表資料、各医療機関のホームページ等、公表情報を基にしており、出典については巻末の「データの所在」に整理しております。また、データの多くは「平均値」を採用しておりますが、サンプル数について調査の時点毎に変化がございますので、その点をご留意頂けるようお願い申し上げます（巻頭＜凡例＞にサンプル数の推移を記載しております。）。

最後に、本書執筆にあたり、さまざまな意見交換の場を頂いた各業界の関係者の皆様に、この場を借りて心より御礼を申し上げます。

㈱日本政策投資銀行・㈱日本経済研究所
ヘルスケア業界研究チーム

目　次

第2部　データ編

■表紙デザイン・本文 DTP 制作／株式会社日新写植

＜ 凡例 ＞

本書において使用する開設者の定義は、引用する各統計により異なる。そのため、各統計における開設者の定義を以下に示す。

■ 厚生労働省「医療施設調査」

全国の全ての病院、一般診療所、歯科診療所を調査対象とし、往診のみの診療所を含むが、助産所、介護老人保健施設、保健所は除く。

・「国」は、厚生労働省、独立行政法人国立病院機構、国立大学法人、独立行政法人労働者健康福祉機構などが開設する病院及び診療所を指す。
・「自治体」は、都道府県、市町村、地方独立行政法人が開設する病院及び診療所を指す。
・「その他公的」は、日赤、済生会、北海道社会事業協会、厚生連、国民健康保険団体連合会及び社会保険関係団体が開設する病院及び診療所を指す。
・「その他法人」は、公益法人、医療法人、学校法人や社会福祉法人などが開設する病院及び診療所を指す。
・「個人」は、個人病院及び診療所を指す。

■ 厚生労働省「病院報告」

全国の全ての病院及び療養病床を有する診療所を調査対象とする。

・「国」は、厚生労働省、独立行政法人国立病院機構、国立大学法人、独立行政法人労働者健康福祉機構などが開設する病院及び診療所を指す。
・「公的医療機関」は、都道府県、市町村、地方独立行政法人のほか、日赤、済生会、北海道社会事業協会、厚生連、国民健康保険団体連合会が開設する病院及び診療所を指す。
・「社会保険関係団体」は、健康保険組合及びその連合会、共済組合及びその連合会並びに国民健康保険組合が開設する病院及び診療所を指す。
・「公益法人」は、公益法人が開設する病院及び診療所を指す。
・「医療法人」は、医療法人が開設する病院及び診療所を指す。
・「その他の法人」は、私立学校法人、社会福祉法人などが開設する病院及び診療所を指す。
・「会社」は、企業が開設する病院及び診療所を指す。
・「個人」は、個人病院及び診療所を指す。

■ 厚生労働省「病院経営管理指標」

医療法人、医療法７条の２に規定する開設者（自治体、社会保険関係団体、その他公的医療機関）を調査対象とする。

＜サンプル数＞

病院　計	医療法人	公的施設	自治体	旧社会保険関係団体	その他公的
1,386	836	550	409	51	90

・「自治体」は、都道府県、市町村、地方独立行政法人、一部事業組合が開設する病院を指す。
・「社会保険関係団体」は、健康保険組合及びその連合会、共済組合及びその連合会、国民健康保険組合、JCHO（独立行政法人地域医療機能推進機構）が開設する病院を指す。
・「その他公的医療機関」は、日赤、済生会、北海道社会事業協会、厚生連が開設する病院を指す。

■ （一社）全国公私病院連盟・（一社）日本病院会「病院経営実態調査報告」、「病院経営分析調査報告」

全国公私病院連盟に加盟する団体（（公社）全国自治体病院協議会、全国公立病院連盟、全国厚生農業協同組合連合会、日本赤十字社病院長連盟、全国済生会病院長会、（一社）岡山県病院協会及び日本私立病院協会）に所属する病院並びに（一社）日本病院会に加入する病院及び本調査に協力する病院を調査対象とする。

＜サンプル数（病院経営実態調査報告）＞

	2017年	2018年	2019年	2020年	2021年
自治体	324	318	280	296	259
その他公的	195	191	190	190	168
私的	110	135	165	173	166
病院　計	629	644	635	659	593

	2017年	2018年	2019年	2020年	2021年
20 ～ 99床	65	72	77	79	74
100 ～ 199床	131	149	148	179	161
200 ～ 299床	94	99	91	84	83
300 ～ 399床	126	116	116	118	105
400 ～ 499床	78	75	67	77	58
500 ～ 599床	51	51	60	49	46
600 ～ 699床	32	30	32	28	30
700床～	27	23	18	19	19
一般病院　計	604	615	635	633	576

＜サンプル数（病院経営分析調査報告）＞

	2017年	2018年	2019年	2020年	2021年
自治体	469	443	402	438	420
その他公的	216	215	206	212	196
私的	196	225	199	216	189
病院　計	881	883	807	866	805
DPC病院（再掲）	509	527	490	519	493

	2017年	2018年	2019年	2020年	2021年
20 ～ 99床	120	120	126	127	118
100 ～ 199床	199	222	195	231	203
200 ～ 299床	137	132	112	107	106
300 ～ 399床	150	146	136	146	135
400 ～ 499床	101	94	78	92	85
500 ～ 599床	63	68	67	63	64
600 ～ 699床	35	33	35	35	37
700床～	33	29	20	26	24
一般病院　計	838	844	769	827	772

・「自治体」は、都道府県・指定都市・市町村・組合が開設する病院、地方独立行政法人立の病院を指す。
・「その他公的」は、日赤、済生会、厚生連、社会保険関係等の病院であり、自治体病院以外の公的病院を指す。
・「私的」は、自治体病院及びその他公的病院以外の病院で、公益法人、社会福祉法人、医療法人及び個人病院などを指す。

■（一財）建設物価調査会「建築統計の年間動向」

全国で新たに建築される建築物全てを調査対象とする。

＜サンプル数＞

病院及び診療所　計	国・自治体立	私的
1,752	112	1,640

・「国」は、国及び独立行政法人等が開設する病院及び診療所を指す。
・「自治体」は、都道府県･市区町村及び関係機関が開設する病院及び診療所を指す。
・「私的」は、株式会社、合名会社、合資会社、合同会社、特別の法律に基づいて設立された法人で会社であるもの、会社でない法人、法人でない団体、個人及び個人事業主が開設する病院及び診療所を指す。

第1部

分析編

第1章

ヘルスケア業界データの全体像

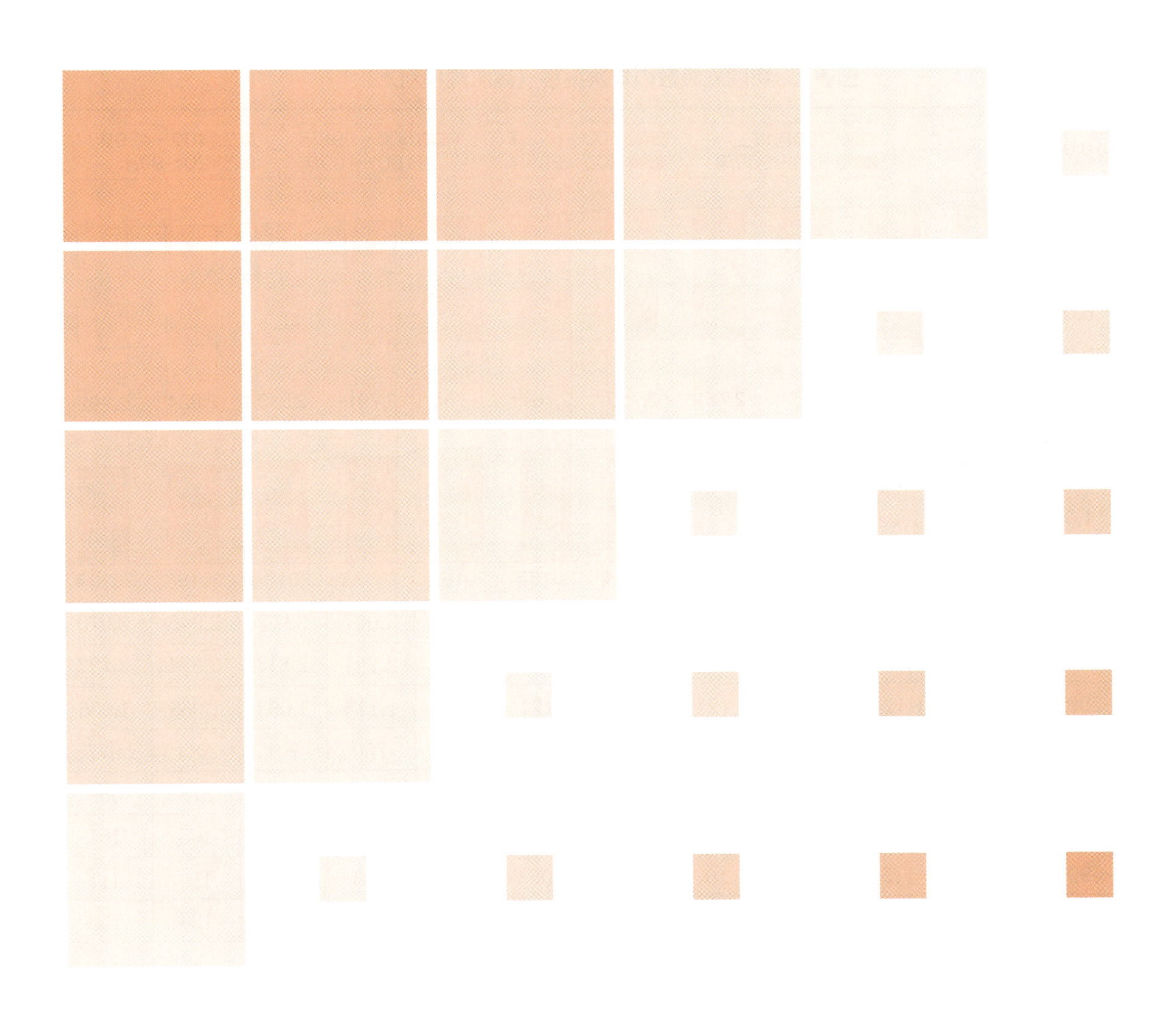

1　医療経営におけるデータ分析のポイント

本章では『ヘルスケア業界データブック2022』の要点を整理していく。本データ集の最新データは主に2020～21年に関するものであるが、2020年に発生した新型コロナウイルスの影響が色濃く出ており、従前の数字との比較が難しい部分も出てくるが、その点も含めてトレースをしていきたい。

（執筆担当（1～4）：（株）日本政策投資銀行　設備投資研究所　上席主任研究員　青山竜文）

1 施設動向

病院施設数は引き続き減少傾向にある。長らく続いてきた20～99床規模の病床の減少には歯止めがかかる一方、この３年程度は200～399床規模の病院の減少が目立っている（図表１）。単純にダウンサイジングという側面もあるだろうが、一方で病院施設の廃止･休止数及び病院･診療所の倒産数はともに2020年に増加しており、以前は20～99床が主体であった休止対象がもう少し規模の大きな病院にも迫っていることが推察される。

図表1　病院施設数の年次推移（病床規模別）

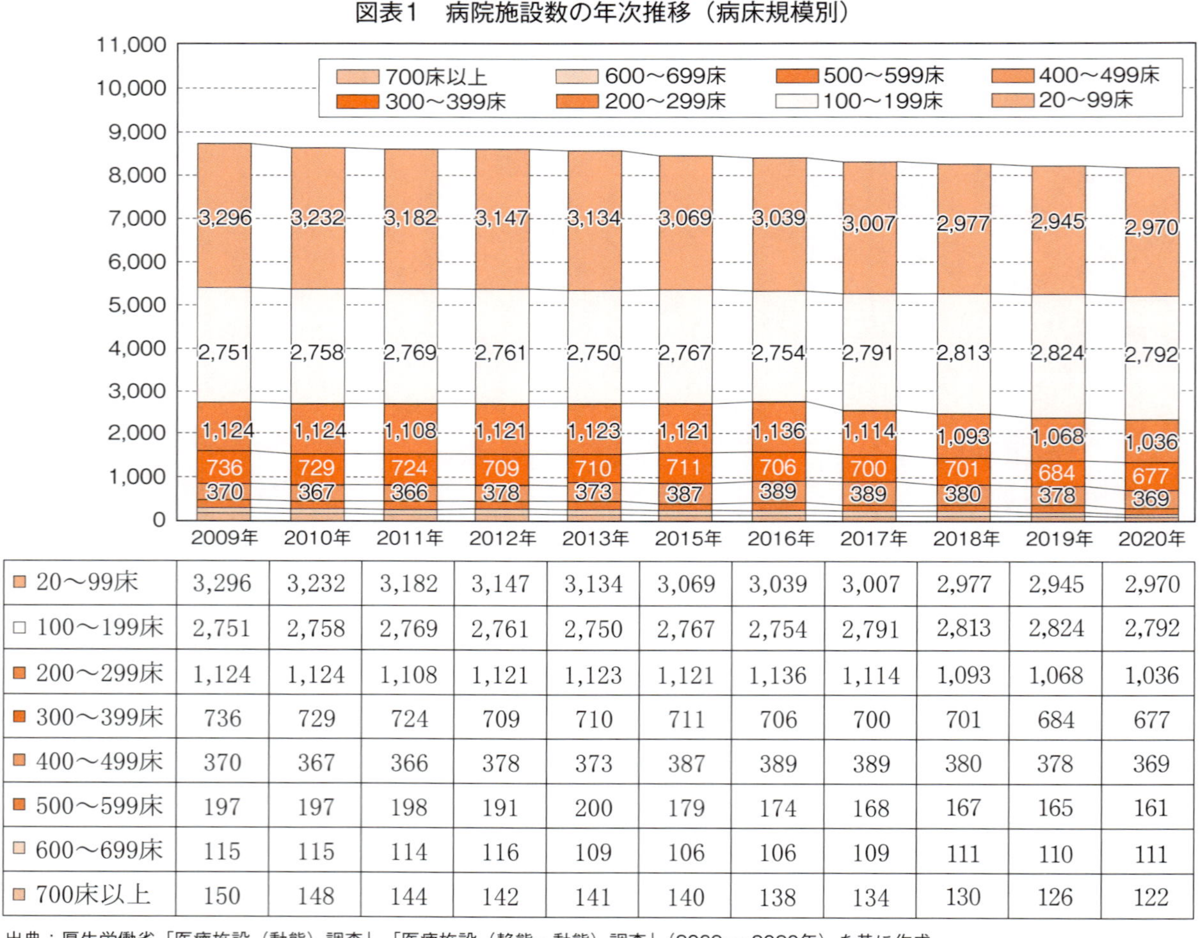

	2009年	2010年	2011年	2012年	2013年	2015年	2016年	2017年	2018年	2019年	2020年
■ 20～99床	3,296	3,232	3,182	3,147	3,134	3,069	3,039	3,007	2,977	2,945	2,970
□ 100～199床	2,751	2,758	2,769	2,761	2,750	2,767	2,754	2,791	2,813	2,824	2,792
■ 200～299床	1,124	1,124	1,108	1,121	1,123	1,121	1,136	1,114	1,093	1,068	1,036
■ 300～399床	736	729	724	709	710	711	706	700	701	684	677
■ 400～499床	370	367	366	378	373	387	389	389	380	378	369
■ 500～599床	197	197	198	191	200	179	174	168	167	165	161
■ 600～699床	115	115	114	116	109	106	106	109	111	110	111
■ 700床以上	150	148	144	142	141	140	138	134	130	126	122

出典：厚生労働省「医療施設（動態）調査」、「医療施設（静態・動態）調査」（2009～2020年）を基に作成。

2 外来・入院患者数の動向

2021年の動きで重要なのは外来患者数の動向である。図表２でわかる通り、コロナ禍前でも概ね減少傾向であった外来患者数が回復しており、特に自治体病院ではコロナ禍前より患者数が増える形となっている。入院については2021年が若干の回復に留まり、それ以前の数字と比べると相当弱含みになっていることを考えると興味深いところである。

図表2

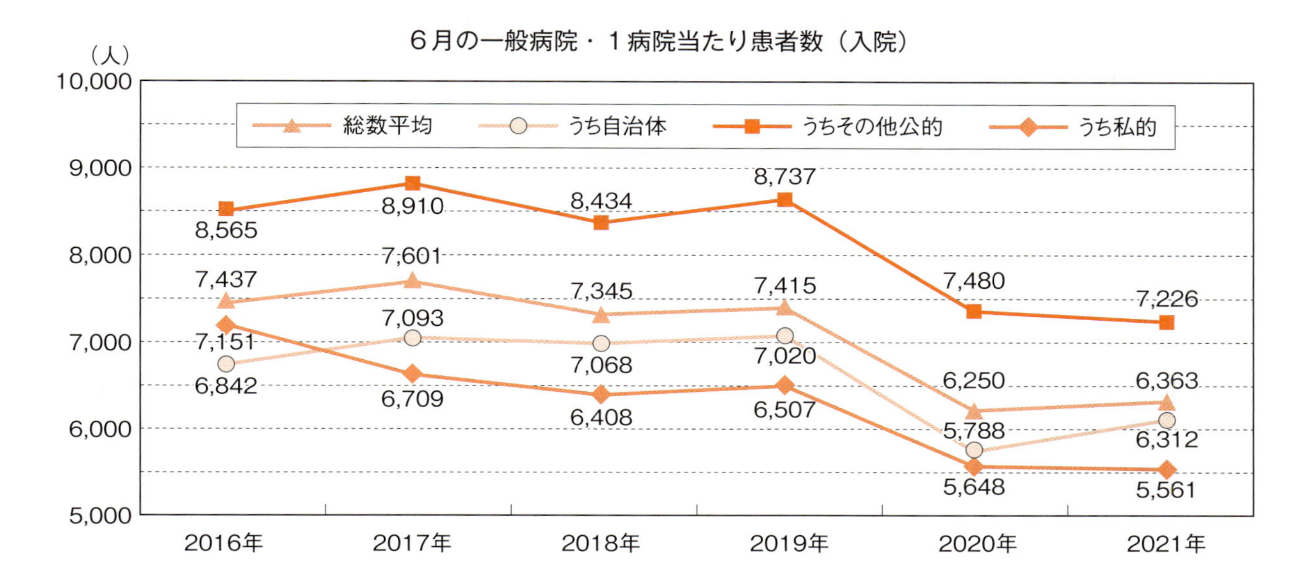

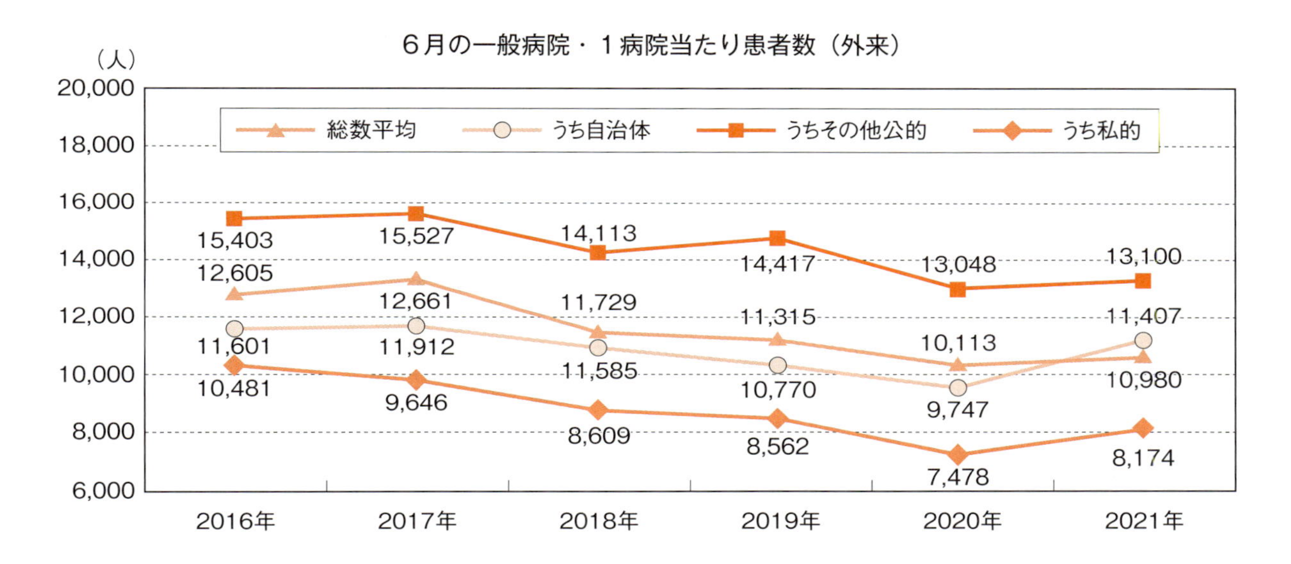

出典：（一社）全国公私病院連盟・（一社）日本病院会「令和３年病院経営実態調査報告」（2021年６月）を基に作成。

一方、図表３で比較的直近まで数字が出ている医療費を見ていくと、医科入院では2021年３月から前年同月を上回るか同水準の傾向がある。医科入院外についても同様であるが、戻り幅という意味では2021年度が2019年度を上回る月も多く、全体的に外来はコロナ禍前の水準に戻ったというのが2021年であったといえる。

図表3　診療種類別の医療費（月次･各期間別）

（単位：兆円）

	2019年度	4月	5月	6月	7月	8月	9月	10月	11月	12月	1月	2月	3月
総計	43.6	3.6	3.6	3.6	3.8	3.6	3.5	3.7	3.6	3.8	3.6	3.5	3.7
診療費	34.7	2.9	2.9	2.9	3.0	2.9	2.8	2.9	2.9	3.0	2.9	2.8	2.9
医科入院	16.9	1.4	1.4	1.4	1.4	1.4	1.4	1.4	1.4	1.4	1.4	1.4	1.4
医科入院外	14.9	1.2	1.2	1.2	1.3	1.2	1.2	1.3	1.2	1.3	1.2	1.2	1.2
歯科	3.0	0.3	0.2	0.3	0.3	0.2	0.2	0.3	0.3	0.3	0.2	0.2	0.3
調剤	7.7	0.7	0.6	0.6	0.7	0.6	0.6	0.7	0.6	0.7	0.6	0.6	0.7
訪問看護療養	0.30	0.02	0.02	0.02	0.03	0.02	0.03	0.03	0.03	0.03	0.03	0.03	0.03

（単位：兆円）

	2020年度	4月	5月	6月	7月	8月	9月	10月	11月	12月	1月	2月	3月
総計	42.2	3.3	3.1	3.5	3.6	3.5	3.5	3.8	3.5	3.7	3.5	3.4	3.9
診療費	33.5	2.6	2.5	2.8	2.9	2.8	2.8	3.0	2.8	2.8	2.8	2.7	3.1
医科入院	16.3	1.3	1.2	1.3	1.4	1.4	1.4	1.4	1.4	1.4	1.4	1.3	1.5
医科入院外	14.2	1.1	1.0	1.2	1.2	1.2	1.2	1.3	1.2	1.2	1.2	1.2	1.3
歯科	3.0	0.2	0.2	0.3	0.3	0.2	0.3	0.3	0.3	0.3	0.2	0.2	0.3
調剤	7.5	0.7	0.6	0.6	0.6	0.6	0.6	0.7	0.6	0.7	0.6	0.6	0.7
訪問看護療養	0.36	0.03	0.03	0.03	0.03	0.03	0.03	0.03	0.03	0.03	0.03	0.03	0.03

（単位：兆円）

	2021年度（4月～12月）	4月	5月	6月	7月	8月	9月	10月	11月	12月	1月	2月	3月
総計	40	3.7	3.5	3.7	3,7	3.6	3.6	3.8	3.7	3.8	3.6	3.4	
診療費	32	2.9	2.8	2.9	2.9	2.9	2.9	3.0	3.0	3.0	2.9	2.7	
医科入院	15.2	1.4	1.4	1.4	1.4	1.4	1.4	1.4	1.4	1.4	1.4	1.2	
医科入院外	13.9	1.3	1.2	1.3	1.3	1.3	1.3	1.3	1.3	1.3	1.2	1.2	
歯科	2.9	0.3	0.2	0.3	0.3	0.2	0.3	0.3	0.3	0.3	0.2	0.2	
調剤	7	0.7	0.6	0.6	0.6	0.6	0.6	0.6	0.6	0.7	0.6	0.6	
訪問看護療養	0.39	0.03	0.03	0.04	0.04	0.04	0.04	0.04	0.04	0.04	0.04	0.03	

3 収支動向

一方､収支動向は厳しい状況が継続している。図表４は医業収支差額の推移を表しており、補助金等が勘案されない段階での推移となっているが、2020年ほどの赤字幅ではないとはいえ、各区分ともに2019年より高い赤字水準となっている。かつては黒字基調であった私的病院も医業収支差額ベースでは4期連続で赤字を計上しており、既に医療費水準が2019年並に戻り始めている2021年において、こうした状況にあることは留意を要する。

図表4　１床１か月当たり医業収支差額（開設者別・年次別）

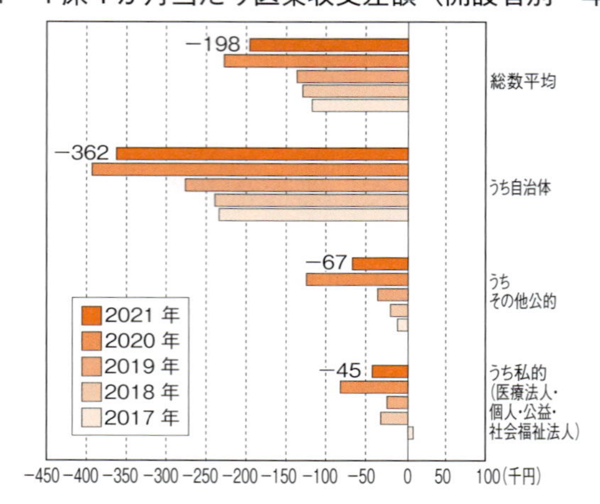

出典：（一社）全国公私病院連盟・（一社）日本病院会「令和３年病院経営実態調査報告」（2021年６月）を基に作成。

その観点から費用の動向を見ていくと（図表５）、コロナ初年度の2020年は稼働減があったことの影響をそのまま受け、人件費比率が大幅に上昇したが、これは売上高が大幅に減少するなかでの話であり、やむを得ないところであった。一方で、2021年は稼働が回復基調にあるなか人件費比率は落ち着いてきており、この点での舵取りは適切に為されているものと推察される。

図表5　1床1か月当たりの総収益（医業収益、医業外収益及び特別利益）と医業収益に占める給与費割合の年次別推移

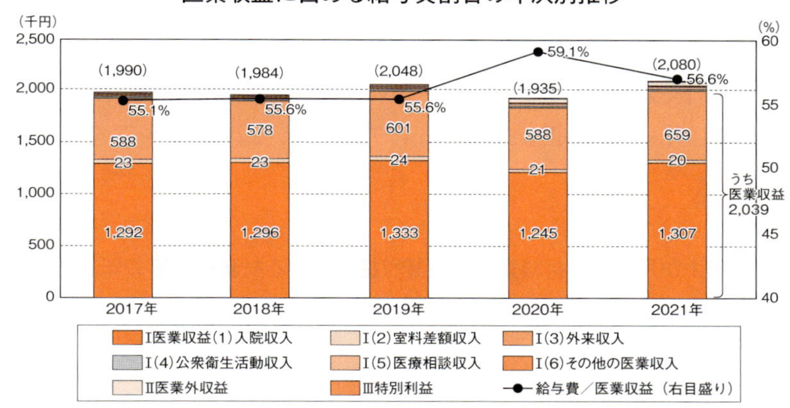

１床１か月当たりの総費用（医業費用、医業外費用及び特別損失）の年次別推移

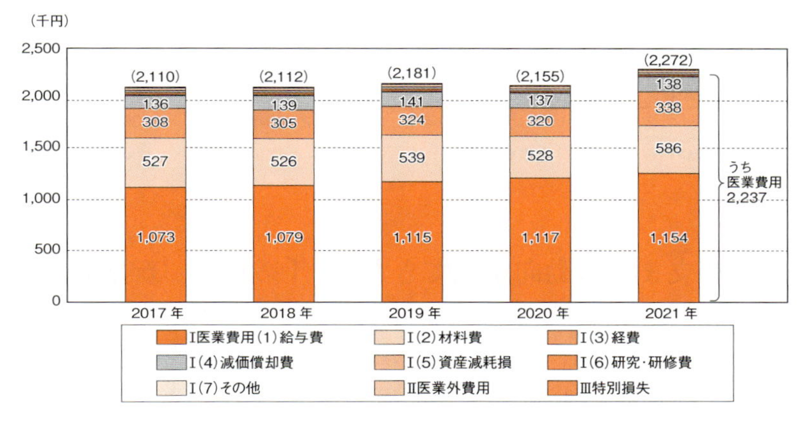

出典：（一社）全国公私病院連盟・（一社）日本病院会「令和３年病院経営実態調査報告」（2021年６月）を基に作成。

逆に気になるのは図表６で見る材料費比率である。コロナ初年度が人件費と同様の動きとなっているのは当然なのだが、2021年も対売上高比率が高止まりしている。施設区分毎で見ると、「その他公的」では変動はないのだが、「自治体病院」においては診療材料費の比率が、「私的病院」では薬品費の比率上昇が目立つ。「その他公的」はサンプル数の変動が若干大きいため参考値的に見たほうが良さそうではあるが、少なくとも「私的病院」での薬品費率の上昇は気になる点である。

後述する医薬品業界のデータはまだ2021年のものが出ていないため、2019年から2020年への流れでしか語れないが、市場のなかで伸びを見せているのは引き続き「腫瘍用薬」と「その他の代謝性医薬品」（糖尿病関連等が含まれる）などである。入院患者数自体は低位で推移している一方、これらの医薬品の伸びが続いているとすれば、こうした医薬品が必要な患者数自体は引き続き増加していると推測される。ただし、この動きについてはもう1年程度は様子見をする必要があろう。

図表6　１床１か月当たり材料費額と医業収益に占める材料費比率の年次推移

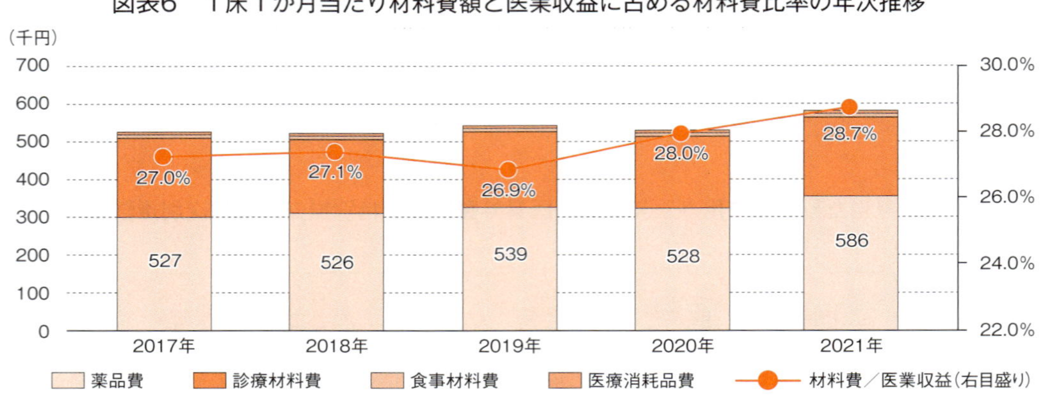

また、ここまでは医業収支までの動向を見てきたが、「第５章　新型コロナウイルス感染症による病院経営等への影響」で記載のあるとおり、母数は異なるものの、「病院１施設あたりの損益状況」では新型コロナウイルス感染症関連の補助金を含めた損益差額を見ることが出来、その水準をみると病院がどのような形で経営を維持してきたかを垣間見ることが出来る。

4 設備投資動向及び借入動向

設備投資については、図表７の着工床面積を見る限り、2020年度は12か月中９か月が前年同月を下回る恰好となったが、逆に2021年度は数字がわかる11か月間のうち８か月が前年同月を上回っており、基本的には回復基調にある。特に2021年９月以降は2019年の同月を上回るケースも続いており、投資自体は回復基調にあるといえよう。

図表7　病院・診療所の着工床面積と工事予定単価

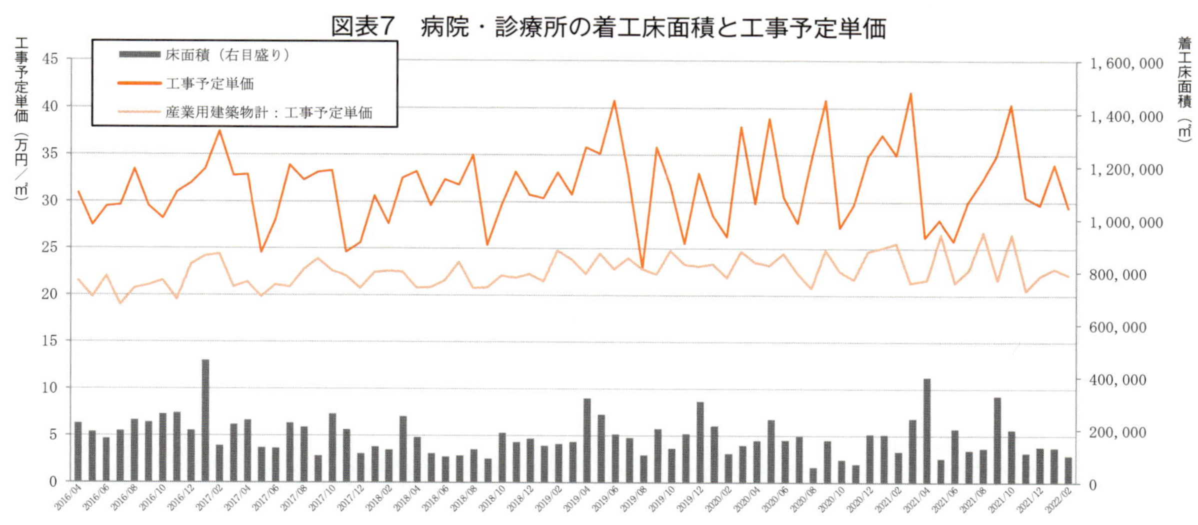

（注）建築着工統計調査で調査されている工事費予定額（上記グラフでは工事予定単価）は、あくまでも予定額であって工事が着工から完成までに要した実際の工事費ではなく、一般にこの種の統計は低めに現れる傾向を持っている。
出典：国土交通省「建築着工統計調査（月報）」（2016年４月～2022年２月分）を基に作成。

これに応じて、設備資金の新規貸出（図表８）もようやく2021年第４四半期は前年同四半期を上回る形となっており、外来の回復と並び、ようやく通常運転の胎動が聞こえ始めている。ただし、ここでも「第５章　新型コロナウイルス感染症による病院経営等への影響」で記載があるとおり、運転資金等により貸付残高自体は高止まりしており、バランスシートが比較的重たい状況での事業運営が強いられてきたことは明白である。

図表8　設備資金新規貸出額

（単位：億円）

		合計	国内銀行				信用金庫	その他の金融機関
				銀行勘定	信託勘定	海外店勘定		
2017年	3月	17,049	4,459	4,459	0	0	407	164
	6月		3,925	3,924	0	0	346	227
	9月		3,519	3,519	0	0	324	100
	12月		3,161	3,161	0	0	307	110
2018年	3月	15.370	4,282	4,282	0	0	321	115
	6月		4,151	4,151	0	0	431	97
	9月		2,466	2,466	0	0	326	89
	12月		2,633	2,633	0	0	328	131
2019年	3月	13,386	3,405	3,405	0	0	334	122
	6月		2,776	2,776	0	0	316	87
	9月		2,817	2,817	0	0	328	81
	12月		2,708	2,708	0	0	323	89
2020年	3月	12,772	3,351	3,351	0	0	292	143
	6月		2,730	2,730	0	0	228	59
	9月		2,856	2,856	0	0	260	66
	12月		2,523	2,523	0	0	222	42
2021年	3月	12,550	3,318	3,318	0	0	269	50
	6月		2,569	2,569	0	0	222	46
	9月		2,764	2,764	0	0	324	101
	12月		2,619	2,619	0	0	221	47

出典：日本銀行「貸出先別貸出金」（2016年３月～2021年12月）を基に作成。

2 ｜ 在宅医療・地域包括ケア・介護経営におけるデータ分析のポイント

医療経営全体では新型コロナウイルスの影響により厳しい状況が強いられているが、そうしたなかでも堅調に推移している部門も散見される。ここでは在宅医療、地域包括ケア関連の病床、そして介護分野について見ていこう。

1 在宅医療

医療費に関するまとまったデータはコロナ禍前までの数字が基本とはなるが、図表９で見てわかるとおり、その伸びは力強い。長らく国民医療費の３％以下の水準で推移してきた在宅医療費と訪問看護医療費の合計値も2019年時点で3.6％に至っている。

また訪問看護の利用者については介護保険の対象も含め、図表10にて2020年までの数値を掲載している。コロナ禍に入っても成長ペースが鈍化していないことがこの図表からは見てとれる。

図表９　在宅医療費・訪問看護医療費の推移

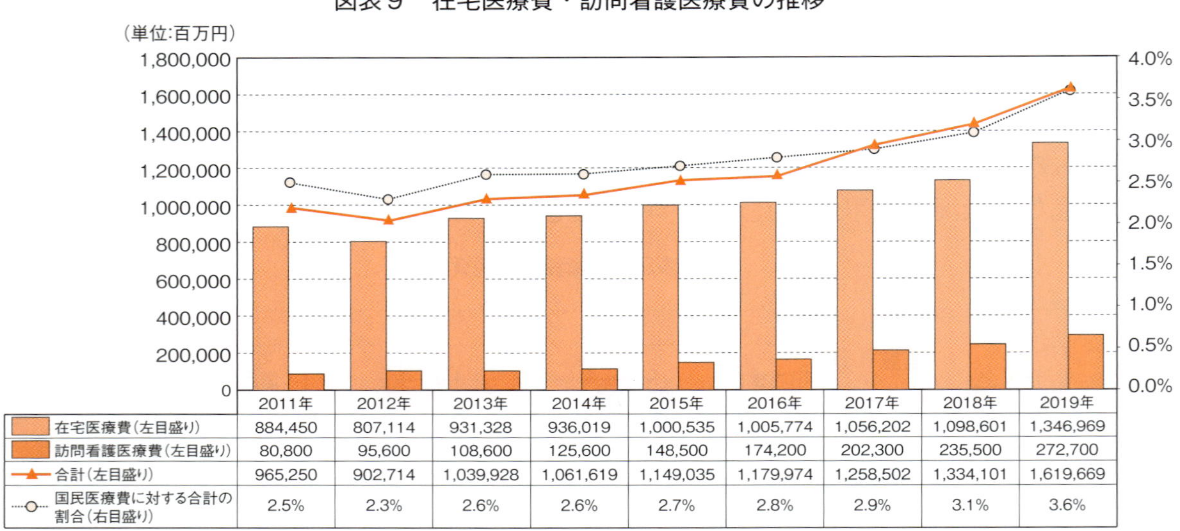

	2011年	2012年	2013年	2014年	2015年	2016年	2017年	2018年	2019年
在宅医療費（左目盛り）	884,450	807,114	931,328	936,019	1,000,535	1,005,774	1,056,202	1,098,601	1,346,969
訪問看護医療費（左目盛り）	80,800	95,600	108,600	125,600	148,500	174,200	202,300	235,500	272,700
合計（左目盛り）	965,250	902,714	1,039,928	1,061,619	1,149,035	1,179,974	1,258,502	1,334,101	1,619,669
国民医療費に対する合計の割合（右目盛り）	2.5%	2.3%	2.6%	2.6%	2.7%	2.8%	2.9%	3.1%	3.6%

（注）在宅医療費は、社会医療行為別調査における在宅医療診療報酬点数の医科診療報酬点数に対する割合を、国民医療費における一般診療医療費に掛けて算出した。一般診療医療費とは、国民医療費のうち、歯科診療医療費、薬局調剤医療費、入院時食事・生活医療費、訪問看護医療費を除いたものである。

出典：厚生労働省「国民医療費」（2019年）、厚生労働省「社会医療診療行為別調査」（いずれも2011年～2020年）を基に作成。

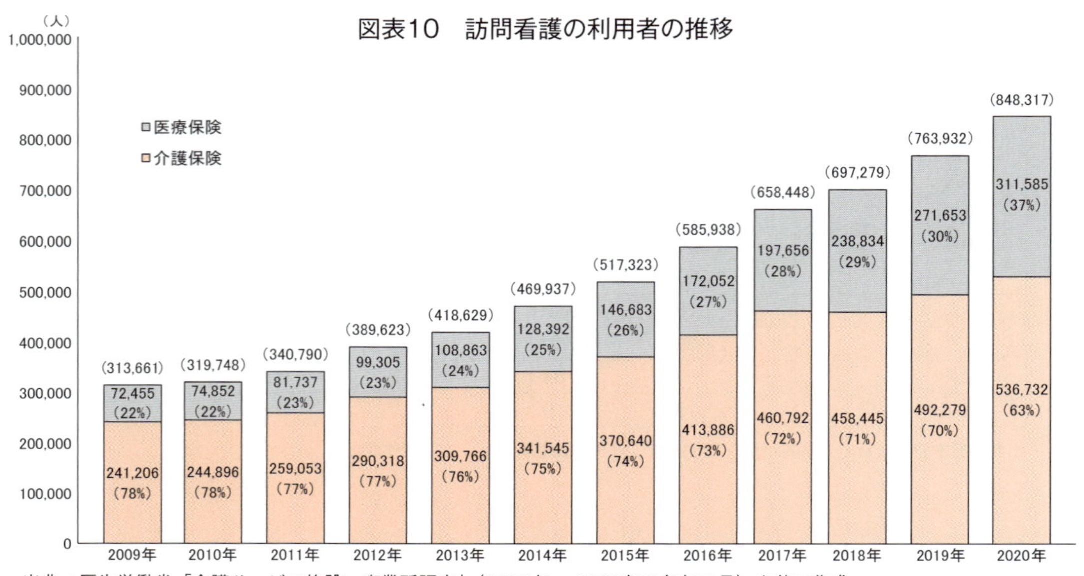

出典：厚生労働省「介護サービス施設・事業所調査」（2009年～2020年の各年９月）を基に作成。

2 地域包括ケア関連

第1節で述べた通り、病院施設数自体は減少傾向にあるが、在宅医療区分ほどの伸びではないものの、地域包括ケア病棟（2014年〜）や介護医療院（2018年〜）といった施設区分の病棟・病床は足下でも順調に増加傾向にある（図表11、12）。

新たな病床区分は、既存の他病床などからの転換が見込まれる制度開設時に一気に増加し、以降は徐々に伸びが鈍化していくものであるが、数年経っても転換や新規開設が進む病床群の存在は、制度転換による変更だけではなく、一定の医療ニーズが反映されている動きともいえよう。

なお、本データブックでも、第3章5「医療機関等の地域連携におけるデジタル化に関する課題と方向性」において「地域連携における課題の整理」の一部として、病院間もしくは医療・介護間における連携課題は記載をしているが、こうした病床群が質の面でも地域連携に対して機能するようになっていくことが医療機関のみならず、介護事業者や自治体にとっても必要なことであろう。

図表11　地域包括ケア病棟の届出状況

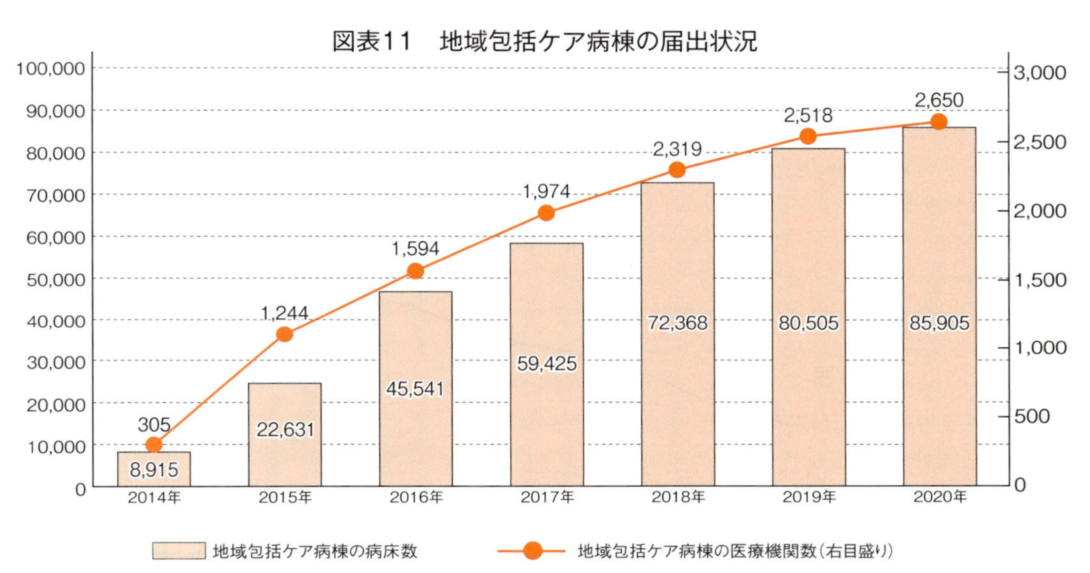

出典：厚生労働省「主な施設基準の届出状況等」（2014年〜2020年）を基に作成。

図表12　介護医療院の届出状況

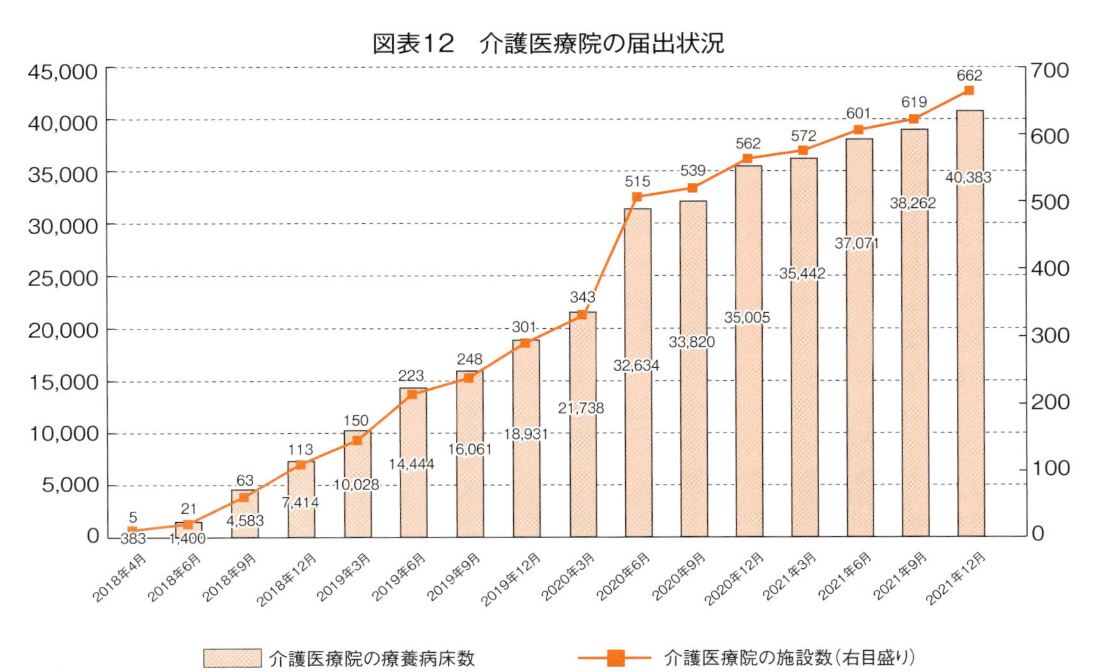

出典：厚生労働省「介護医療院の開設状況等（令和３年12月末時点）」（2022年３月10日）を基に作成。

3 介護経営の状況

介護経営については、数値の更新は３年に１度となるため、今回大きな更新はない。一方で引き続き介護人材の不足は大きなテーマとなっているわけだが（第２部第２章：介護人材の不足への対応）、その足下の状況を若干触れておきたい。

図表13は最大の人材不足が懸念される東京都の有効求人倍率の状況であるが、2019年までの急激な伸びに対して緩和傾向が見られ、2021年については2016年と変わらない水準に落ち着いてきている。勿論この数字であっても、全国平均の介護職の値もしくは産業全体の値と比較して高い水準にあり、何ら安心出来る水準にはないが、冷静な対応が出来る水準感とはなってきている。また全国での数字となるが図表14で見られるよう離職率も落ち着きは見せてきており、産業計と近しい水準となってきている。引き続き人材確保は介護分野では最大のテーマとなってくるが、まずは現在の有資格者が他業界に流れる度合いを少しずつ抑えていくというのが対策の一歩目であり、その点については各事業者の努力等により一定の成果を見せていると言えよう。

図表13　東京都の介護職有効求人倍率

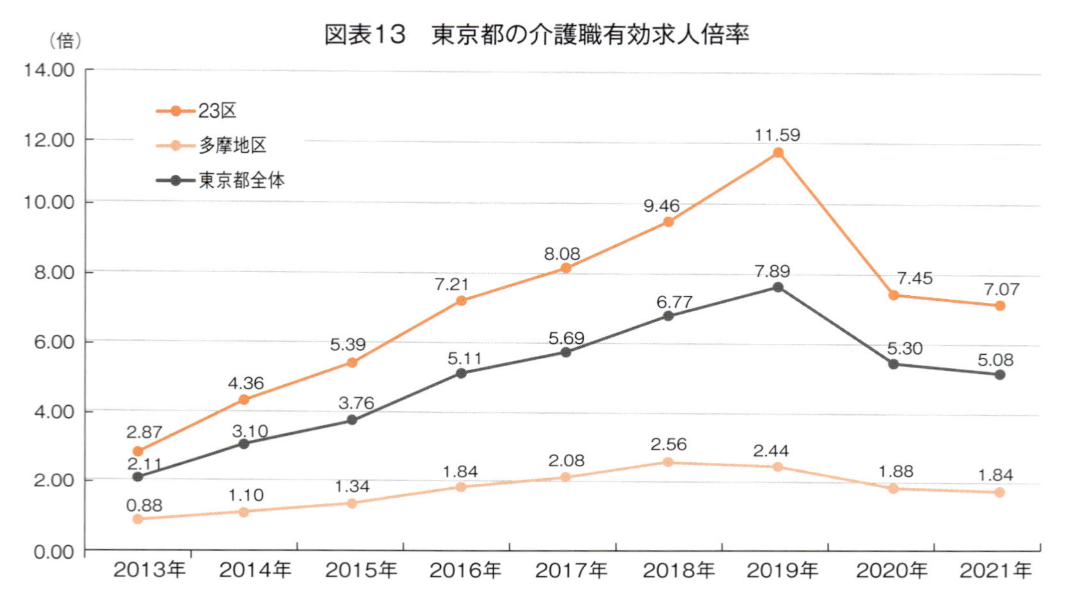

出典：東京ハローワークHP「職業別有効求人・求職状況」（2013年８月～2021年８月）を基に作成。

図表14　産業計と介護職員の離職率の比較

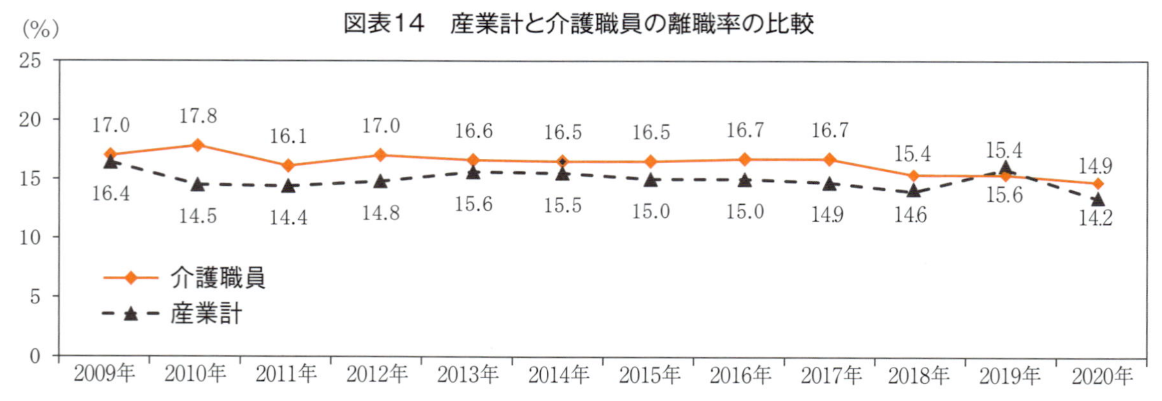

（注１）離職（採用）率＝１年間の離職（入職）者数÷労働者数
（注２）産業計の常勤労働者とは、雇用動向調査における一般労働者（「常用労働者（期間を定めず雇われている者等）」のうち、「パートタイム労働者」以外の労働者）をいう。
（注３）それぞれ、2019年度までは「介護職員（施設等）」及び「訪問介護員」の２職種全体のデータであるが、2020年度は上記に加え、「サービス提供責任者」を含めた３職種全体のデータである。なお、介護職員（施設等）は訪問介護以外の指定事業所で働く者、訪問介護員は訪問介護事業所で働く者をいう。

出典：厚生労働省「雇用動向調査」（2021年８月31日）、（公財）介護労働安定センター「介護労働実態調査／事業所における介護労働実態調査」（2009年～2020年）を基に作成。

3 ｜関連産業におけるデータ分析のポイント

本章で述べる医療機器及び医薬品分野は薬事工業統計の集計方法の変更に伴い、2018年までの数字と2019年以降の数字を比較しにくい状況にある。本データブックでもその点を踏まえ、各種工夫をしながら、数字の動きを見ることとしている。

1 医療機器市場

医療機器の市場規模推移についても、図表15でわかる通り2018年から2019年の大幅増が目立つが、これは集計方法の変更に伴う部分もあるのでまずは一旦忘れ、2019年以降の数字を見ていくことが重要である。その2019年との比較でいえば、2020年の新型コロナ初年度は病院の稼働減や設備投資減とも連動し、市場は縮小する形となった。2018年までの動きと比べても前年比で▲4.7%の市場規模の縮小となっており、そのインパクトは大きい。分野毎に見た場合、比較的市場規模の大きな分野において2020年の数字は軒並み2019年より低下しており、市場の伸びが見られたのは整形用品と医療用鏡の区分程度であった。ただし2021年に入り、病院自体の稼働は回復し始め、また設備投資自体も2021年の第４四半期にようやく回復の兆しが見えることから、2022年にかけては一定の回復が見込まれるであろう。

図表15　医療機器の国内市場規模及び生産額の推移

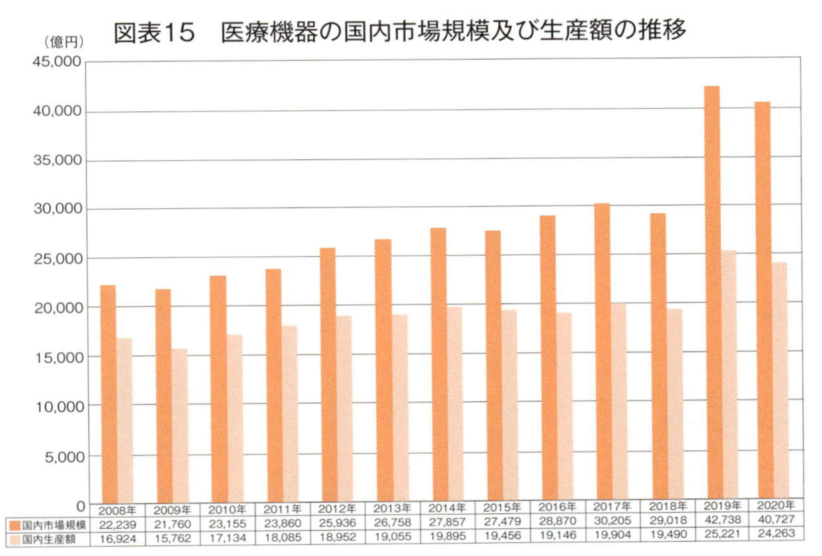

	2008年	2009年	2010年	2011年	2012年	2013年	2014年	2015年	2016年	2017年	2018年	2019年	2020年
国内市場規模	22,239	21,760	23,155	23,860	25,936	26,758	27,857	27,479	28,870	30,205	29,018	42,738	40,727
国内生産額	16,924	15,762	17,134	18,085	18,952	19,055	19,895	19,456	19,146	19,904	19,490	25,221	24,263

出典：厚生労働省「薬事工業生産動態統計調査」（2008年～2020年）を基に作成。

2 医薬品市場

医薬品市場は、2020年の市場規模自体の減少幅は医療機器市場よりも大きなものとなり、対前年で▲1.3%のマイナスとなっている（なお、2021年度より毎年の薬価改定も行われているが、これはその前の数字である）。一方で、2021年における病院収益の圧迫要因として薬品費等の比率上昇が起こっており、2021年に改めて市場規模が回復する要素はあろう。

なお、後発品についても図表17でみるようにＮＤＢデータをトレースする範囲では、一定の製品における後発品への置き換えが進んでいる状況がわかる。ただし、後発品比率の低い「その他の腫瘍用薬」や「他に分類されない代謝用医薬品」の市場規模自体が拡大傾向にあることは医療費という観点では留意が必要である。

図表16　医薬品の国内市場規模及び生産額の推移

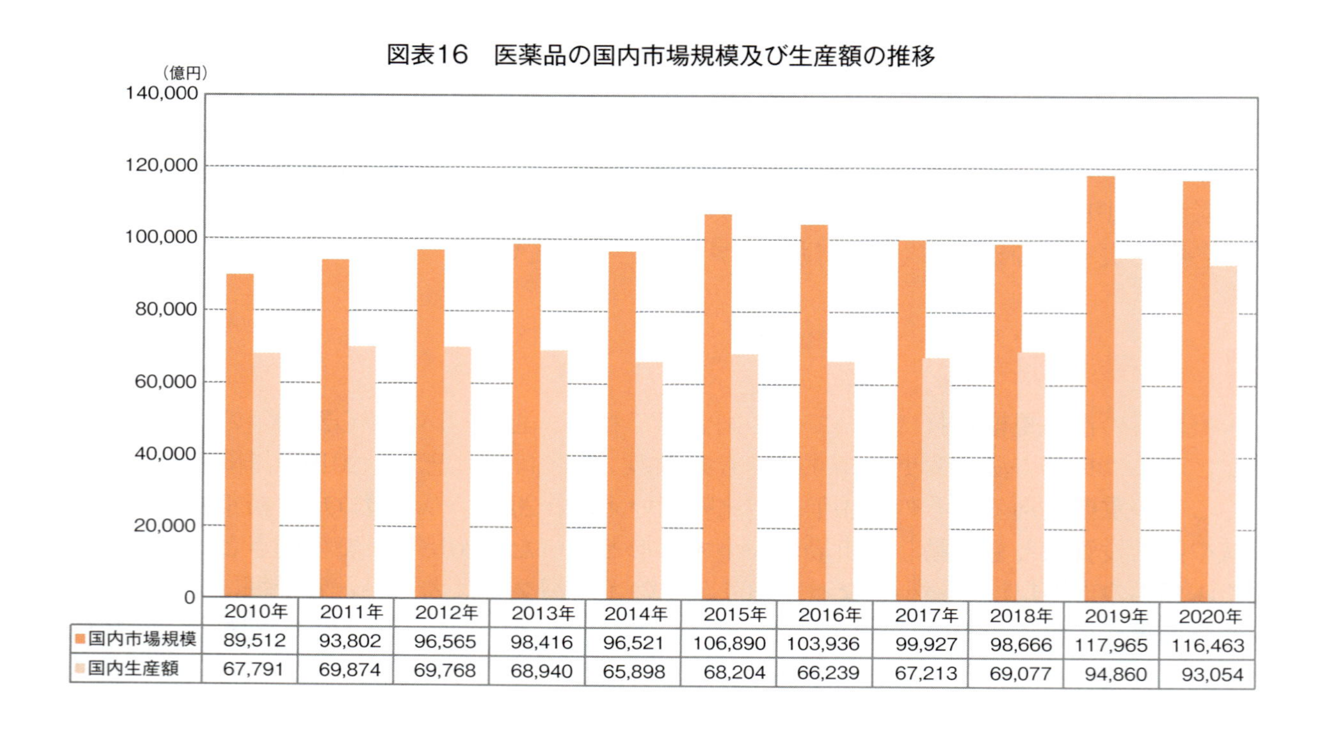

	2010年	2011年	2012年	2013年	2014年	2015年	2016年	2017年	2018年	2019年	2020年
国内市場規模	89,512	93,802	96,565	98,416	96,521	106,890	103,936	99,927	98,666	117,965	116,463
国内生産額	67,791	69,874	69,768	68,940	65,898	68,204	66,239	67,213	69,077	94,860	93,054

図表17　薬効分類別の市場規模と後発品市場現換割合

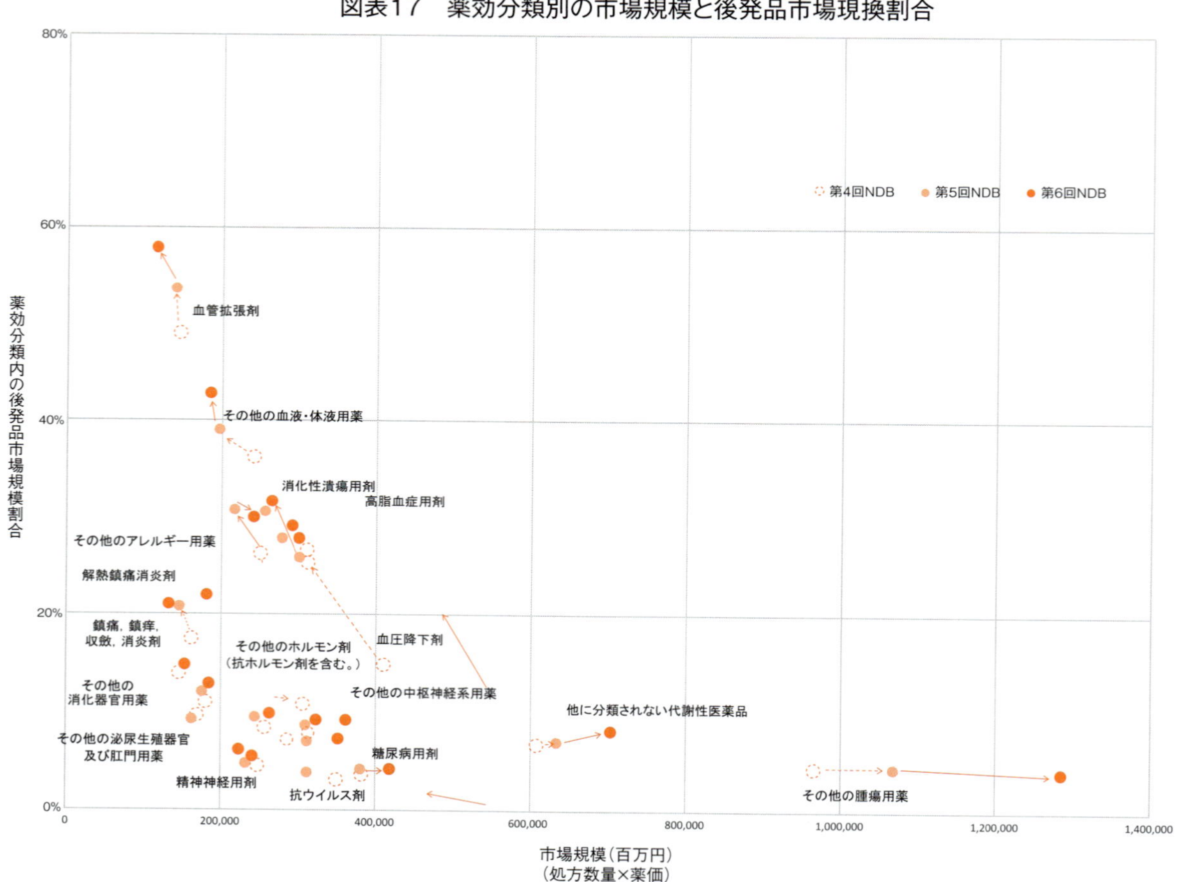

（注）「634 血液製剤類」、「229 その他の呼吸器官用薬」は後発品がないため、図表上には記載していない。
出典：厚生労働省「ＮＤＢオープンデータ」（2019年、2020年、2021年）を基に作成。

4 | 今後の方向性

ここまでも繰り返し述べてきたが、コロナ禍で医療経営は厳しい状況に直面している。ただし補助金の入り方は重要であり、コロナへの対応状況により、最終損益の差が生じていることも確かであろう。

特に2021年は材料費負担が引き続き重たく、これはコロナ禍とは直接的にはリンクしていないようにも見受けられるため、運転資金借り入れを含めた債務負担の重さ同様、コロナ禍以降の病院経営の展開を縛る要因となってこよう。

一方、稼働自体や設備投資については2021年後半には回復の兆しが見え始めており、ようやく状況が変わりつつあることも確かである。同時にコロナ禍においても、在宅医療、訪問看護といった事業展開や、病院においても地域包括ケア関連の病床群の着実な増加など、立ち止まらずに進んでいる事業分野が存在しており、この点は医療・介護領域の力強さを感じる部分である。

そしてウィズコロナの状況が進行するなか、今後は医師の働き方改革や介護人材不足への対応含め、人材への投資がより重要になってくる。同時に、そのために振り向ける資金の必要性を考えていくと、どうしても設備投資などハード面での投資余力は一定程度絞られてくることとなろう。

各医療機関は、地域医療構想においてもデジタル化対応においても、施策の進行に対応した落としどころを探っていく必要がある。「どの分野に人材投入や投資を傾けていくか、またそれをどのタイミングで実施するか」という点について、全体の流れに乗るか、あくまで自院の強みにフォーカスをしていくか、などしっかりとした見極めが必要な時期といえる。そしてその際に自院がボトルネックと感じるポイントが業界全体の動向に沿ったものなのか、自院特有であるのか、という点は当データブックの数字なども参照して頂ければ幸いである。

第2章

医療政策の動向と2022年度の診療報酬改定

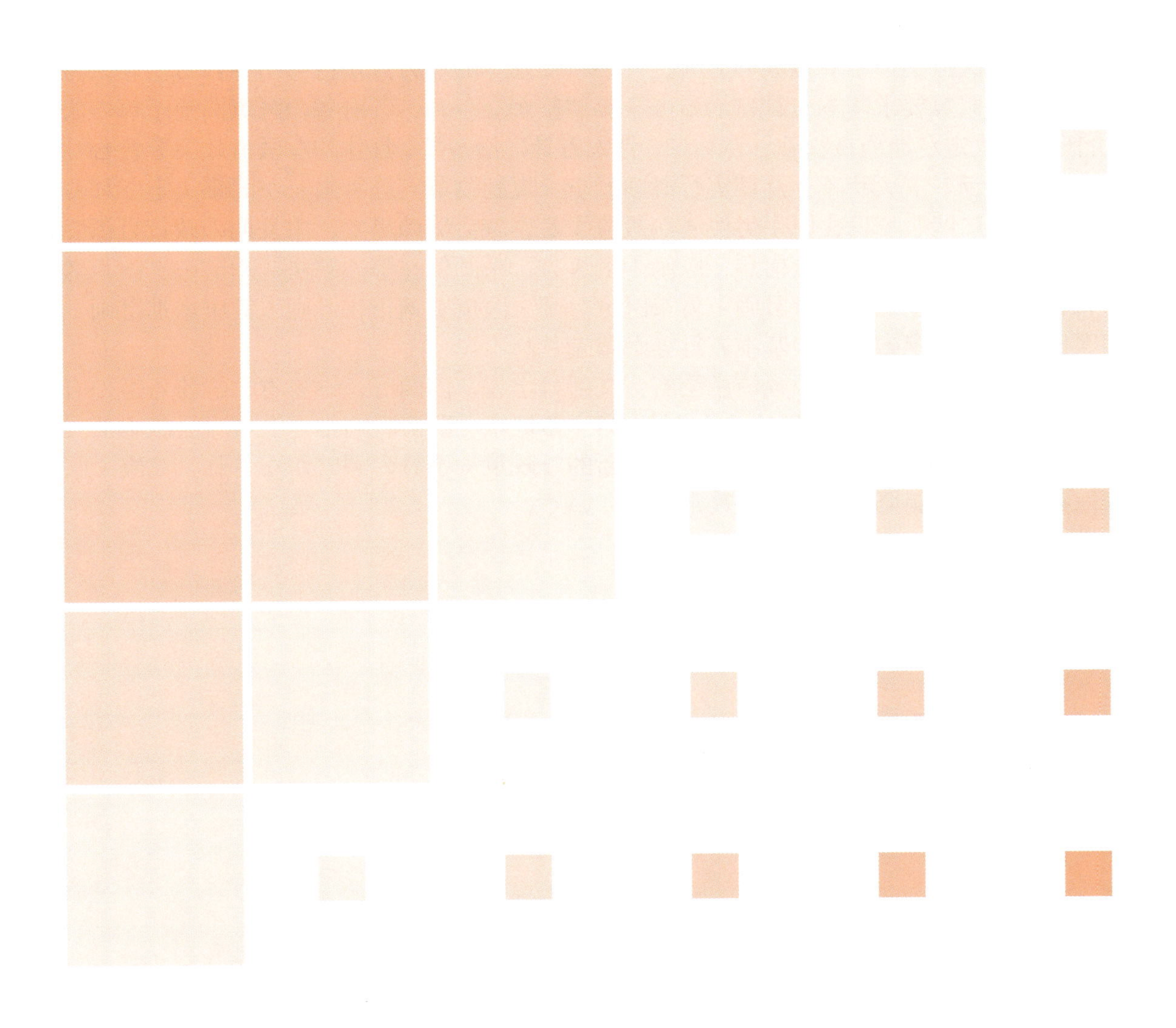

1　医療政策の全体像

日本の医療システムは、国民皆保険制度、保険証だけでの医療機関へのフリーアクセス、窓口負担だけでの医療サービスの現物支給など、平等で充実した医療保険制度にあると言える。しかし、高齢者増加に伴って医療需要は拡大していくことが見込まれるものの、税収や経済成長率の伸び悩みによる社会保障費の限界、少子化による日本の医療保険制度を支える現役世代の減少、さらには疾病構造の変化など、医療保険制度を取り巻く環境は厳しさを増している。一方で、デジタル化や疫学的な知見蓄積により、医療提供の質的改善も進むなど明るい兆しも見えている。本章では、このような課題や新しい可能性を踏まえて行われている医療政策の検討と実施の動向を概観したい。

1 医療政策

医療政策に関しては、毎年、内閣総理大臣が議長となる経済財政諮問会議の議論を経て「経済財政運営と改革の基本方針（骨太方針）」(以下、「骨太方針」）が閣議決定され、ここで医療政策の重要課題、医療関連予算編成の方向性といった基本的な方針が打ち出される。骨太方針に基づく財務省の概算要求基本方針に沿って予算調整がなされ、各府省の医療関連予算の決定や診療･介護報酬改定が進められる。さらに、骨太方針に沿って、具体的な医療政策を含む「新しい資本主義のグランドデザイン及び実行計画」や「規制改革実施計画」が閣議決定される。

個別の医療政策に関しては、厚生労働省が設置する審議会等の場で、中長期の政策目標である医療提供体制の改革（地域医療構想、医師の働き方、医師偏在等の解決）やデータヘルス改革、さらに都道府県単位で、医療計画・外来医療計画・医療費適正化計画・健康増進計画・介護保険事業計画等の策定のための基本方針等が議論される。

また、内閣官房、厚生労働省、経済産業省、文部科学省、内閣府、外務省、総務省等の府省横断的な会議の場として、各府省メンバーが出席する健康・医療戦略推進会議（会議本部長は内閣総理大臣）の中で、健康・医療に関する横断的な政策や予算の調整がなされ、健康・医療戦略及び医療分野研究開発推進計画が策定されていく。

2 医療政策の動向

1 医療政策決定の流れ

医療政策決定に関する１年の大きな流れについて確認した上で、近年のヘルスケア分野の政策動向について取り上げていく。ただし、本章の内容は、ヘルスケア政策の動向を俯瞰する目的で各政策を捨象して記載したものであり、正確なスケジュールや政策理解を行うためには、政府のウェブサイトを通じて、政策原文をお読み頂きたい。

2 医療政策決定に関する１年の大きな流れ

(1) 骨太方針

骨太方針は、短中期的な経済財政運営の方向性をまとめたものであり、翌年度の予算編成に向けた考え方を示す。内閣総理大臣が議長となる経済財政諮問会議での答申を経て、６月に閣議決定される。さらに12月下旬、骨太方針の具現化スケジュール・ＫＰＩを示した新経済・財政再生計画の改革工程表が、経済財政諮問会議において決定される。ヘルスケア分野の予算、法改正の方向性については、骨太方針の中で理解することができることから、毎年の記載内容をチェック頂きたい。

(2) 新しい資本主義のグランドデザイン及び実行計画

新しい資本主義のグランドデザイン及び実行計画は、政府の新しい資本主義実現会議での有識者の意見や与党の提言を踏まえ、制度改正、予算、税制をはじめ幅広い施策に関する政府の方針として、工程表とともに６月に閣議決定される。

(3) 予算

各府省は、財務省が骨太方針に基づき策定した概算要求の基本方針をベースに概算要求を財務省に提出、調整を経て、政府原案が閣議決定され、国会審議の後、翌年度の予算が成立する。ヘルスケア分野の予算として、特に医療政策を所管する厚生労働省医政局の概算要求で、地域医療構想、医師偏在対策、医療従事者の働き方、医薬品研究、データヘルス改革等の医療政策の予算配賦のイメージを得ることができる。

(4) 規制改革実施計画

規制改革実施計画は、政府の規制改革推進会議での有識者の意見や与党の提言を踏まえ、各種の規制に着目した施策に関する政府の方針として取りまとめられ、６月に閣議決定される。

(5) 診療報酬改定

診療報酬改定は、２年に一度、厚生労働大臣の諮問機関として設置されている中央社会保険医療協議会（以下、「中医協」）との諮問･答申を経て、厚生労働大臣が定めるものである。具体的なスケジュールとしては、改定の前年度の夏頃から、社会保障審議会の医療保険部会と医療部会で審議がなされ、12月に「診療報酬改定に係わる基本方針」が策定される。診療報酬は国家財政での大きなウェイトを占めることから、前述の予算編成の場でも議論され、12月下旬に診療報酬改定の改定率が確定する。その後、中医協がそれまでの議論を踏まえ、２月に点数改定案を答申し、厚生労働大臣は、３月上旬に診療報酬改定に係る告示・通知を発出し、新年度の診療報酬が決定される。

■医療政策決定に関する１年の流れ

項目	主体	役割	4月	5月	6月	7月	8月	9月	10月	11月	12月	1月	2月	3月
経済財政運営と改革の基本方針	経済財政諮問会議	経済財政政策の調査審議	●議論		●答申						●新経済・財政再生計画工程表決定			
（骨太方針）	閣議	基本方針決定			●決定									
予算	各府省	概算要求					●概算要求提出							
	財務省	査定、折衝						●査定、各省と折衝			●財務省原案決定			
	閣議	決定				●財務省の概算要求基準を了解					●政府案決定			
	国会	審議										●予算案審議		●予算成立
成長戦略実行計画	新しい資本主義実現会議 （旧･成長戦略会議）	議論、方針案策定	●議論		●方針案を答申									
	閣議	計画決定			●決定									
規制改革実施計画	規制改革推進会議	議論、方針案策定	●議論		●方針案を答申									
	閣議	計画決定			●決定									
	国会	審議				●法改正等								
診療報酬改定（2年に1度）	社会保障審議会 医療保険部会・医療部会	医療政策決定	●議論								●基本方針決定			
	中央社会保険医療協議会	議論・調査・点数改定案の答申				●議論・調査・意見表明				●医療経済実態調査結果報告			●点数改定案を答申	
	内閣	予算決定									●予算編成通じ改定率決定			
	厚生労働省	審議会運営、指示										●中医協に点数改定案の調査・審議を諮問		●改定の告示・通知

出典：内閣府ＨＰを基に作成。

3 医療政策の動き

(1) 骨太方針

2018年の骨太方針では、「少子高齢化の克服による持続的な成長経路の実現」という副題が添えられ、財政健全化に向けて2025年度のプライマリーバランス黒字化目標が設定された。医療政策関連では、地域医療構想実現に向けた病床機能検討促進や公立・公的医療機関の再編統合といった対応が明確化された。

2019年の骨太方針の医療政策関連では、高齢者の数がピークを迎え人手不足が深刻化する2040年を見据え、「地域医療構想の実現」「医師偏在対策」「医療従事者の働き方改革」の三位一体で医療サービス提供体制の改革を進める方針が打ち出された。地域医療構想の実現に関しては、2025年時点で公立・公的医療機関の機能が民間医療機関では担えない機能に重点化されるよう、国による助言や集中的な支援を行う区域を設定する対応が示された。医師偏在の是正に関しては、地域偏在の度合いを全国統一的に測る「医師偏在指標」の活用等が示された。「医療従事者の働き方改革」に関しては、2024年4月からの医師の時間外労働に対する上限規制適用開始も見据え、医療機関での労働時間管理適正化とタスク・シフティング等を推進する方針が示された。

2020年の骨太方針では、社会保障制度改革や医療機能の分化・連携の促進等の前年までの方向性を踏襲しつつ、新型コロナウイルス感染症緊急包括支援交付金等の新型コロナウイルス感染症の広がりを踏まえた方針が示された。

2021年の骨太方針においては、① 非常時の医療提供体制やワクチン開発体制整備等の新型コロナウイルス感染症対応、が示されるとともに、② 全世代型社会保障改革、③ 外来機能報告制度等による外来機能の明確化、④ データヘルス改革の着実な推進等の方針、が示された。特に全世代型社会保障改革については、社会保障の給付と負担のバランスを見直すものであるが、具体的には、地域医療構想の推進、医師偏在対策、働き方改革、外来機能の明確化とかかりつけ医機能の強化等を通じた医療提供体制の改革、後期高齢者の自己負担割合の在り方の見直し、大病院への患者集中を防ぎかかりつけ医機能の強化を図るための定額負担の拡大といった主要なテーマが掲げられた。

2022年の骨太方針では、① 経済社会活動の正常化に向けた感染症対策（2022年度より「新型コロナウイルス感染症対応に関する有識者会議」を中心に議論）、② 前年を踏襲した全世代型社会保障の構築の推進（後期高齢者医療制度の保険料賦課限度額引き上げ等）、③ 医療介護分野でのＤＸを含む技術革新を通じたサービスの効率化・質の向上（サービス認証制度やＰＨＲ推進、オンライン診療の普及促進、保険証廃止の目標、全国医療情報プラットフォームの創設、電子カルテ情報の標準化、診療報酬改定ＤＸ等）と「医療ＤＸ推進本部」の設置、④ 医薬品の品質・安定供給の確保と創薬力の強化、⑤ 2022年度診療報酬改定で措置された取組の検証やリフィル処方箋の仕組み整備などが明記された。

(2) 新しい資本主義のグランドデザイン及び実行計画

2022年の新しい資本主義のグランドデザイン及び実行計画では、骨太方針の方向性のもと、新しい資本主義実現会議における有識者の意見や与党提言を踏まえ、ａ 人への投資、ｂ 科学技術・イノベーションへの投資、ｃ スタートアップへの投資、ｄ ＧＸ及びＤＸへの投資、が重点投資分野とされた。医療関連については下記のとおりとなる。

ａ　人への投資

・介護・障害福祉職員、看護師等の処遇改善に向けた公定価格見直し

・認知症を含む要介護者等への地域包括支援センター等の拠点を活用した支援の議論
・在宅高齢者をサポートする医療介護連携体制強化
・健康経営推進とスコアリング見直し

b　科学技術・イノベーションへの投資
・再生・細胞医療・遺伝子治療に関する研究治験等の推進
・ゲノム医療推進
・治療薬やワクチン開発

c　スタートアップへの投資
・特になし

d　GX及びDXへの投資
・マイナンバーカードの健康保険証としての利用
・全国医療情報プラットフォームの創設
・電子カルテ情報の標準化
・診療報酬改定に関するDXの取組
・内閣総理大臣を本部長とする医療ＤＸ推進本部の設置

(3) 予算

2022年度予算について概観する。一般会計の規模は対前年度当初比＋9,867億円の107兆5,964億円となり、10年連続で過去最大を更新した。歳入は、企業の業績回復傾向を受けて、税収が＋７兆7,870億円の65兆2,350億円と過去最大となり、公債金収入は減少した。歳出については、歳出の約３分の１を占める社会保障関係予算は＋4,393億円の36兆2,735億円となったが、その他、公債残高増加に伴う国債費増加を除いてはあまり大きな変動はない。特に、社会保障関係予算については、2018年以降の骨太方針で「社会保障関係費の伸びを高齢化による増加分に相当する伸びにおさめる方針（近年の予算編成では増加幅を5,000億円以下）」という目安があるが、高齢化による自然増加（年金スライド分除く）で前年度当初比＋6,600億円程度と大きく増加したものの、制度改革等による削減で▲2,300億円程度（内訳は、薬価等改定等で▲1,600億円程度、後期高齢者医療の患者負担割合の見直しで▲300億円程度、短時間労働者の一部の被保険者適用で▲300億円、リフィル処方箋の導入で▲100億円等）を実現し、全体（年金スライド分除く）で＋4,400億円程度と、目安の範囲となった。また、目安の対象外とされる、消費税増収分を財源とした社会保障の充実は＋1,200億円程度（内訳は、医療情報化支援基金（オンライン資格確認、電子カルテ等導入）で＋700億円程度、介護士・看護師処遇改善で＋300億円程度、不妊治療の保険適用で＋100億円程度、高等教育の無償化で＋300億円程度等）となった。

前段のとおり、社会保障関係予算の削減が求められる中、診療報酬・薬価等改定率は全体で▲0.94％（国費▲1,278億円）と2008年度改定以降最大の下げ幅となった。診療報酬は＋0.43％と増加維持となり、内訳は、公定価格見直しによる看護師の処遇改善（＋0.20％）と不妊治療の保険適用（＋0.20％）、通院負担の軽減につながるリフィル処方箋の導入（▲0.10％）等となった。一方、薬価等改定率は▲1.37％となった。

なお、2022年度には2021年度補正予算も活用（いわゆる16か月予算）され、補正予算は、過去最大の35兆9,895億円が計上された。「新型コロナウイルス感染症の拡大防止（医療提供体制、事業者や生活支援等）」で18兆6,059億円、「新しい資本主義の起動（大学ファンド、デジタル投資、子育て世帯給付、看護師・介護士等の賃金引き上げ、防災減災等）」として

8兆2,532億円がそれぞれ盛り込まれた。

令和4年度予算フレーム（概要）

歳出　（単位：億円）

		3年度予算（当初）	4年度予算	増減
一般歳出		669,023	673,746	+4,723
	社会保障関係費	358,343	362,735	+4,393
	社会保障関係費以外	260,681	261,011	+330
	新型コロナウイルス感染症対策予備費	50,000	50,000	−
地域交付税交付金等		153,489	158,825	▲664
国債費		237,585	243,393	+5,808
計		1,066,097	1,075,964	+9,867

歳入　（単位：億円）

		3年度予算（当初）	4年度予算	増減
税収		574,480	652,350	+77,870
その他収入		55,647	54,354	▲1,293
公債金		435,970	369,260	▲66,710
	4条公債（建設公債）	63,410	62,510	▲900
	特例公債（赤字公債）	372,560	306,750	▲65,810
計		1,066,097	1,075,964	+9,867

出典：財務省「令和４年度予算政府案」を基に作成。

令和4年度社会保障関係費の全体像

・令和４年度の社会保障関係費（36.3兆円程度）は、保育費・障害の処遇改善を行いつつ、診療報酬のメリハリある改定や薬価等改定等により、その実質的な伸びについて「高齢化による増加分におさめる」という方針を達成。

※令和３年度社会保障関係費（足元の医療費動向を踏まえ医療費にかかる国庫負担分を減少させたベース：35.8兆円程度）と比較して、高齢化による増加分＋3,900億円程度（対前年度比＋3,200億円程度）。このほか、社会保障の充実として、対前年度＋1,200億円程度。

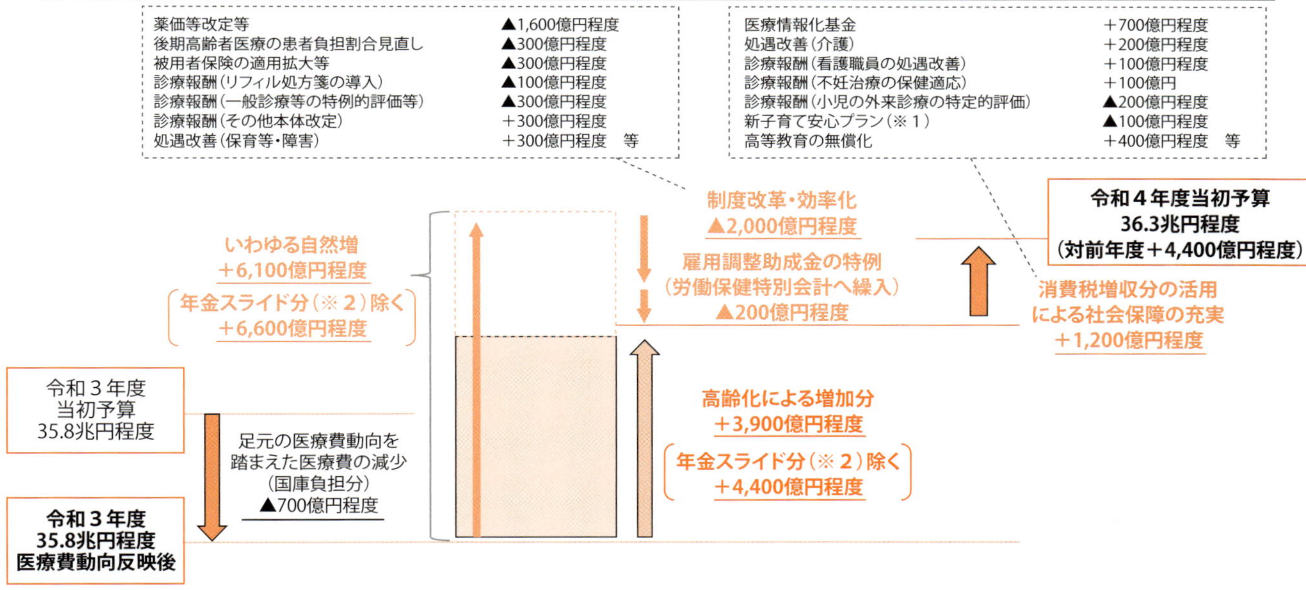

※１　児童手当（特例給付）について、令和４年10月支給分から所得制限を導入することで、別途財源を確保。
※２　令和４年度の年金額改定率（現時点での物価上昇率の推計を基にした予算清算上の値）は▲0.4%（▲400億円程度）

出典：財務省「令和４年度社会保障関係予算のポイント」（2021年12月）を基に作成。

次年度（2023年度）の概算要求基準（2022年７月29日付閣議了解）では、従来路線の経済・財政一体改革を推進するとしつつも、歳出全般にわたり、施策の優先順位を洗い直し、無駄を徹底して排除しつつ、予算の中身を大胆に重点化するとし、特に予算上限を設けず、９月以降の予算編成で予算総額を確定していく運用とした。

具体的には、「重要政策推進枠」を設け、予算のうち裁量的経費の削減幅（最大10％）の３倍（最大4.5兆円）に加えて、義務的経費の削減幅の３倍（金額は変動）の予算措置を明示した。重要政策には、2022年の骨太方針と新しい資本主義のグランドデザイン及び実行計画を踏まえた政策が優先されるものと見られ、ヘルスケア分野では上述の政策を中心とした予算配賦が想定される。

年金・医療等については、従来どおり、前年度当初予算額に高齢化等に伴ういわゆる自然増（5,600億円）を加算した範囲内で要求されている。

次に、2021年度の厚生労働省医政局の概算要求（次頁図。括弧内の数字は2021年度当初予算）を取り上げ、医療政策に関する予算について概観する。

医療提供体制の整備・強化については、「地域医療構想の実現」「医師偏在対策」「医療従事者の働き方改革」の一体的な推進が必要な医療提供体制の改革を中心に予算要求がなされた。医療提供体制の整備・強化に関しては、地域医療介護総合確保基金の活用、重点支援区域（地域医療構想のパートで解説）の拡充措置、かかりつけ医機能の強化・活用に係る調査普及、総合診療医の養成支援、遠隔ＩＣＵ体制整備促進、働き方改革体制支援、新興感染症等の感染拡大時に備えたＤＭＡＴ体制整備等の措置が予算化された。また、臨床研究実施環境向上やクリニカル・イノベーション・ネットワーク（ＣＩＮ）構想の推進等の医薬品・医療機器産業の強化、ＰＨＲ（パーソナル・ヘルス・レコード）等の保健医療情報利活用推進、医療機関等情報支援システム（Ｇ－ＭＩＳ）の機能拡充等のデータヘルス改革等の予算要求もなされている。

Ⅰ 将来の医療需要等を見据えた医療提供体制の整備・強化

地域医療構想の実現に向けた取組の推進　757.0億円（858.0億円）

- 地域医療介護総合確保基金　751億円（851億円）
- 地域医療構想の実現に向けた医療機能分化・連携支援　1.7億円（1.5億円）
- 入院・外来機能の分化・連携促進に向けたデータ収集・分析　3.7億円（3.3億円）
- かかりつけ医機能の強化・活用にかかる調査・普及　0.7億円（0.5億円）等

一体的に推進
総合的な医療提供体制改革を実施

医師の地域間・診療科間偏在の解消など医師偏在対策等の推進　757.0億円（858.0億円）

- 総合診療医の養成支援　4.0億円（4.0億円）
- 認定制度を活用した医師少数区域等における勤務の推進　0.9億円（4.1億円）
- 専門医の認定支援　1.9億円（3.5億円）
- OSCEの模擬患者・評価者の養成等　2.9億円（2.9億円）等

改正医療法に基づく医師・医療従事者の働き方改革の推進　118.3億円（124.8億円）

- 勤務医の労働時間短縮の推進　95.3億円（95.3億円）
- 働きやすい働きがいのある職場づくりに向けた環境の整備（タスク・シフティングの推進等）　12.9億円億円（20.1億円）
- 2024年度の改正医療法施行に向けた医療機関等への支援　6.8億円（5.8億円）
- 女性医師支援・組織マネジメント改革の推進等　6.2億円（6.5億円）等

補正予算　0.1億円 特例水準指定申請情報管理機能の開発等

医師計画等に基づく医療体制の推進　757.0億円（858.0億円）

災害/救急/小児・周産期医療体制の推進、へき地保健医療体制の推進、ドクターヘリ、在宅医療の推進、歯科口腔保健・歯科保健医療提供体制の推進、看護職員の確保対策等の推進、医療安全の推進　等

補正予算　47.5億円　災害医療体制の推進　23.6億円　等

今般の新型コロナウィルス感染症の知見を踏まえた対応　22.5億円（18.6億円）

- 新興感染症等の感染拡大時に対応可能なDMAT体制の整備
- 危機管理における看護マネジメント研修ガイドライン作成事業
- 医療品安定供給支援事業　等

補正予算　566.5億円　医療用物資等の確保等　467.3億円、医薬品安定供給支援事業　70.1億円　等

出典：第85回社会保障審議会医療部会資料（2022年１月31日）を基に作成。

【参考】地域医療介護総合確保基金について

地域医療構想を達成するため、2014年度より各都道府県に設置された消費税増収分を財源とする基金である。「効率的かつ質の高い医療提供体制の構築」と「地域包括ケアシステムの構築」を目指す。消費増税分を財源とし、国が費用の３分の２、都道府県が残りを負担する。都道府県は事業者からの申請（市区町村を経由するものも含む。）を取りまとめた都道府県計画を作成し、国に提出する。事業者から申請を受け付ける補助金の用途は大きく分けて６つあり、医療分野が、① 施設整備と病床再編、② 在宅医療の提供、③ 人材確保、④ 勤務医の労働時間短縮の体制整備、であり、介護分野が、⑤ 施設整備、⑥ 人材確保 である。2021年度より、病床減少を伴う病床機能再編や医療機関の統合等の取組みに対する助成が組み込まれた。

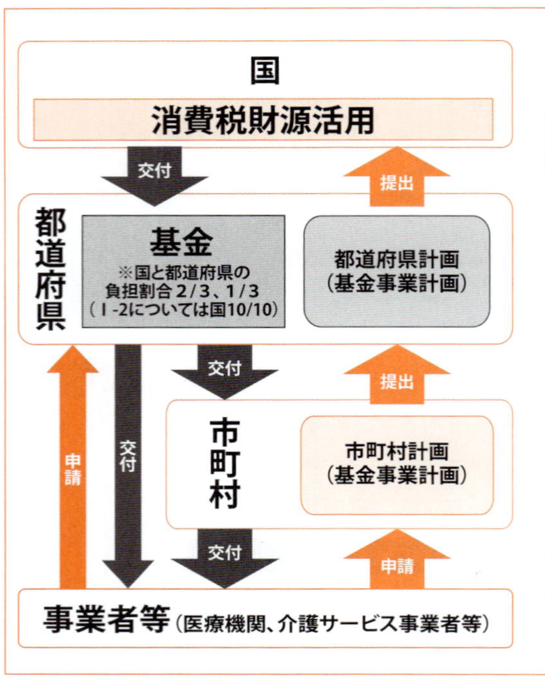

都道府県計画及び市町村計画（基金事業計画）

○ **基金に関する基本的事項**
- 公正かつ透明なプロセスの確保（関係者の意見を反映させる仕組みの整備）
- 事業主体間の公平性など公正性・透明性の確保
- 診療報酬・介護報酬等の役割分担

○ **都道府県計画及び市町村計画の基本的な記載事項**

医療介護総合確保区域の設定（※１）／目標と計画期間（原則１年間）／事業の内容、費用の額等／事業の評価方法（※２）

※１　都道府県は、二次医療圏及び老人福祉区域を念頭に置きつつ、地域の実情を踏まえて設定。市町村は、日常生活圏域を念頭に設定

※２　都道府県は、市町村の協力を得つつ、事業の事後評価等を実施　国は都道府県の事業を検証し、基金の配分等に活用

○ **都道府県は市町村計画の事業をとりまとめて、都道府県計画を作成**

都道府県計画及び市町村計画（基金事業計画）

Ⅰ－１ 地域医療構想の達成に向けた医療機関の施設又は設備の整備に関する事業

Ⅰ－２ 地域医療構想の達成に向けた病床の機能又は病床数の変更に関する事業

Ⅱ　居宅等における医療の提供に関する事業

Ⅲ　介護施設等の整備に関する事業（地域密着型サービス等）

Ⅳ　医療従事者の確保に関する事業

Ⅴ　介護従事者の確保に関する事業

Ⅵ　勤務医の労働時間短縮に向けた体制の整備に関する事業

出典：四国厚生支局ＨＰ「地域医療介護総合確保基金」を基に作成。

（4）規制改革実施計画

2022年の規制改革実施計画では、政府の規制改革推進会議での有識者の意見や与党の提言を踏まえ、医療現場での電子署名、オンライン診療・オンライン服薬指導の特例措置の恒久化、プログラム医療機器開発等の開発・導入促進に向けた体制構築等の具体的な施策が目標となる実施時期とともに取りまとめられた。

a　在宅での医療・健康管理等

（a）オンライン診療等（新型コロナ特例の恒久化、受診から薬剤受取まで在宅完結化）

・オンライン診療指針その他の関連文書において、A.初診の対面診療の原則撤廃、B.オンライン診療のみでの診療完結、C.オンライン診療を行う医療機関と対面診療を行う医療機関は別でもよいことの明確化、D.オンライン診療計画の診療録へ一本化等を含め、オンライン診療における諸制約の撤廃が進められる。一方、オンライン診療の実態把握を通じて不適切な実施事例を周知し、患者の安全確保に向けた措置が講じられる。また、高齢者向けのデイサービスや公民館等でのオンライン診療を検討する。

・オンライン服薬指導に関し、実施可能な薬剤師、患者、薬剤等の限定を撤廃する。

・薬局で調剤された薬剤について、コンビニエンスストア等の宅配ロッカー等を介して受渡しができることを明確化する。また、医薬品店舗販売業の許可要件として、従来、販売店舗と設備及び有資格者が同一の場所に所在すべきとしたものを、デジタル活用によって異なる場所の所在を可能とする制度設計を進める。

	新型コロナ前	2022/4～ （新型コロナ特例恒久化等）	今後
オンライン診療	【諸制限】 ・初診は不可（対面のみ）、一定の疾患のみ ・対面診療との組合せが必要 （対面は3ヶ月に1回以上、対面と同一医師、30分以内に通院できる医療機関、オンライン割合は1割以下） ・診療報酬（医学管理料が対面の半分未満）	・諸制限の撤廃 ・診療報酬の引き上げ （対面の9割弱）	・自宅以外（デイサービス、公民館等）でのオンライン診療受診（高齢者をサポート） ※現行法上、自宅・職場等のみ ・不適切なオンライン診療へ対応
オンライン服薬指導	【諸制限】 ・初回は不可（対面のみ） ・対象者はオンライン診療受診者等のみ ・その他（既に処方歴ある又はそれに準ずる薬剤のみ、原則患者と対面歴のある薬剤師のみ、オンライン割合は1割以下））	・諸制限の撤廃 ・診療報酬が対面と同額	
薬剤受取	（薬局での授与の他）自宅配送可能	・受取方法の柔軟化 （駅、コンビニ等のロッカーでの受取も可能））	

（b）特養における施設内の医療サービス改善

特養における配置医師の実態、入居者の医療ニーズ、入居者への医療対応などについて調査を進め、来年度中に、特養における必要な訪問診療、オンライン診療について介護保険・医療保険で評価できる措置を検討していく。

（c）新型コロナウイルス感染症に係る在宅での検査等の円滑化

ⅰ）抗原定性検査キットの利用環境整備

個人の抗原定性検査キットのネット購入解禁を検討。

ⅱ）パルスオキシメータの広告解禁

承認済みのパルスオキシメータのインターネット等広告掲載を可能にする。

b　医療・介護職の専門能力の最大発揮

（a）介護職の深刻な人材不足を踏まえた処遇改善・負担軽減

ｉ）特定施設（介護付き有料老人ホーム）等における人員配置基準の特例的柔軟化

ビッグデータ解析、センサーなどのＩＣＴ技術活用、介護補助職員の活用等を行う先進的な特定施設等において実証事業を行い、現行の人員配置基準より少ない人員配置であっても、介護の質が確保されるか検証を行い、来年度中に特例措置（現行３：１の配置基準見直し等）を講ずる。

ⅱ）介護分野におけるローカルルール等による手続負担の抜本的削減

自治体毎に異なる膨大な書類の対応が求められる介護事業者の現状を踏まえ、自治体共通の手続書類を定める。また、介護サービスに係る指定及び報酬請求に関連し、「電子申請届出システム」等による一元的提出の実現を進める。

（b）薬剤師の地域における対人業務の強化

ｉ）調剤業務の一部外部委託

調製業務の外部委託化を可能とする方向で技術的検討を行う。

ⅱ）薬剤師の員数見直し

薬局での薬剤師の配置員数に関し、調剤業務の機械化や技術発展による安全性及び効率性の向上を踏まえ、規制見直しを検討する。

ⅲ）薬剤師の自宅等からのオンライン服薬指導の解禁

薬局外（薬剤師の自宅等）からのオンライン服薬指導を上期中に可能とする。

（c）医療現場における書類のデジタル化

ｉ）電子処方箋の普及など医療現場のデジタル化

2023年１月の電子処方箋システムの稼働を念頭に各種デジタル化対応を進める。具体的には、Healthcare Public Key Infrastructure以外の一般的な電子署名も利用可能とし、電子カルテから出力する電子処方箋への署名時の本人確認等の省略について、年度内に結論を出す。

ⅱ）医療現場の負担軽減のための手続のデジタル化等

医師や病院が、国・基金・自治体等への申請書類上で押印や署名の発生する手続をデジタル化していく工程表を年度内に作成する。

c　先端的な医薬品・医療機器の開発促進

（a）医療機器審査等の在り方を見直し、社会実装を推進

ｉ）プログラム医療機器（SaMD）に関する承認審査等の見直し

SaMDについてアップデート毎の承認申請が社会実装の障害となっている。この対応として、承認後の追加学習による有効性向上など一定範囲のアップデートについて、PDMA（独立行政法人医薬品医療機器総合機構）による審査省略を含め、審査の簡略化が検討される。また、PDMAの審査における評価ポイント等を公表する。

ⅱ）家庭用医療機器における兆候を検出した疾病名の表示

承認を受けたスマートウォッチ等の家庭用医療機器（医師による使用・管理を前提としない医療機器）によって兆候を検出した疾病名を表示することを可能にするガイドラインを作成する。一方で、質の確保のための必要な法的措置を検討する。

(b) 各種データの連結解析による革新的な創薬を推進

i) 創薬等に向けた医療データの利活用の促進

民間事業者や研究者が、医薬品等の治療のアウトカムを把握し、分析に活用できるよう、レセプト情報・特定健診等情報データベース（NDB）の中で、死亡時期や原因などの情報との連結を可能とする検討を行う。また、検査結果データは、使用する検査機器、試薬等によって検査値が異なることから、現状、分析に活用困難であることを踏まえ、厚生労働省標準規格を医療機関等に普及させ、検査値についてもデータを比較可能なものとする方策を検討する。

ii) 在宅での治験の円滑化

被験者の負担軽減のため、在宅での治験は我が国では普及途上である。これを踏まえ、A.被験者への説明・同意が一定条件下でオンラインで可能である旨の明確化、B.製薬会社から被験者への治験薬の直接配送の検討、C.訪問看護師等の活用について整理して必要な措置を実施していく。

出典：厚生労働省「経済財政運営と改革の基本方針2022　新しい資本主義へ～課題解決を成長のエンジンに変え、持続可能な経済を実現～」（2022年６月７日閣議決定）を基に作成。

（5）医療計画

医療計画は1985年の医療法改正により導入され、医療機関の適正な配置や医療資源の効率的な活用、病院の機能分化などを図ることを目的に、都道府県が、①医療圏の設定と基準病床数の算定、②地域医療構想に基づく病床数の必要量や在宅医療等の医療需要の推計、③疾病又は事業毎の医療資源・医療連携等を踏まえた施策等の作成、④医師確保計画、⑤外来医療計画を含む外来医療提供体制等を定めている。

● 医療圏の設定、基準病床数の算定
病院の病床及び診療所の病床の整備を図るべき地域的単位として区分。

二次医療圏
335医療圏（2020年4月時点）
【医療圏設定の考え方】
一般の入院に係る医療を提供することが相当である単位として設定。その際、以下の社会的条件を考慮
・地理的条件等の自然的条件
・日常生活の需要の充足状況
・交通事情　等

三次医療圏
52医療圏（2020年4月時点）
【医療圏設定の考え方】
特殊な医療を提供する単位として設定。ただし、都道府県の区域が著しく広いことその他特別な事情があるときは、当該都道府県の区域内に二以上の区域を設定し、また、都道府県の境界周辺の地域における医療の需給の実情に応じ、二以上の都道府県にわたる区域を設定することができる。

国の指針において、一定の人口規模及び一定の患者流入／流出割合に基づく、二次医療圏の設定の考え方を明示し、見直しを促進。

● 地域医療構想
2025年の、高度急性期、急性期、回復期、慢性期の4機能ごとの医療需要と将来の病床数の必要量、在宅医療等の医療需要を推計。

● 5疾病・5事業※1及び在宅医療に関する事項
・疾病又は事業ごとの医療資源・医療連携等に関する現状を把握し、課題の抽出、数値目標の設定、医療連携体制の構築のための具体的な施策等の策定を行い、その進捗状況等を評価し、見直しを行う。（PDCAサイクルの推進）
※1　5疾病とは、5つの疾病（がん、脳卒中、心筋梗塞等の心血管疾患、糖尿病、精神疾患）。5事業は、5つの事業（救急医療、災害時における医療、へき地の医療、周産期医療、小児医療（小児救急医療を含む。））。なお、令和6年度からは、「新興感染症等の感染拡大時における医療」を追加し、6事業となる。

● 医師の確保に関する事項
・三次・二次医療圏ごとに医師確保の方針、目標医師数、具体的な施策等を定めた「医師確保計画」の策定（3年ごとに計画を見直し）
・産科、小児科については、政策医療の観点からも必要性が高く、診療科と診療行為の対応も明らかにしやすいことから、個別に策定

● 外来医療に係る医療提供体制の確保に関する事項
外来医療機能に関する情報の可視化、協議の場の設置、医療機器の共同利用等を定めた「外来医療計画」の策定

出典：厚生労働省「第８次医療計画の策定に向けた検討について」（2021年６月18日）を基に作成。

第８次医療計画（2024年度～2029年度）は下図の検討体制で進められている。第８次医療計画においては、新たに「新興感染症等の感染拡大時における医療提供体制の確保に関する事項の医療計画への位置付け」と「外来機能報告等の実施による外来医療の機能の明確化·連携」が定められた。外来機能の明確化と連携に関しては、医療機関が都道府県に外来医療の実施状況を報告、地域の協議の場において、診療科ごとの外来医療の分析、紹介·逆紹介の状況の分析等を踏まえて協議を進め、「医療資源を重点的に活用する外来」を担う医療機関を明確化し、かかりつけ医機能を担う医療機関との連携促進を図り、患者の流れが円滑化することで、地域医療の効率化や医師の働き方の改善を目指していく。

都道府県は2022年度中に厚生労働省より通知がなされる医療計画策定に関する基本方針の告示並びに策定指針に基づき、2023年度中に医療計画の策定を行う。

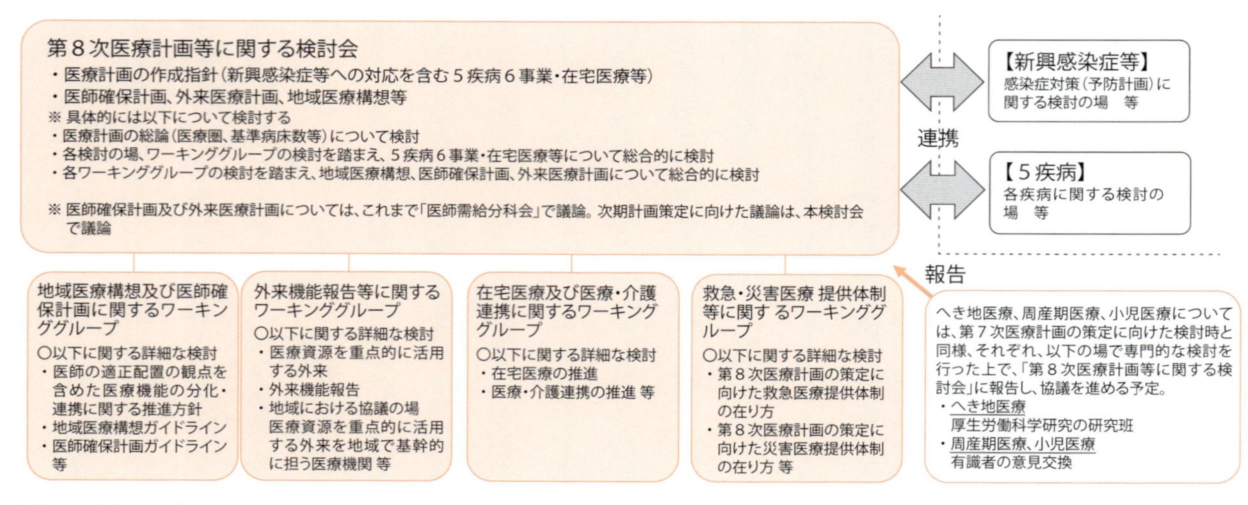

出典：厚生労働省「第８次医療計画、地域医療構想等について」（2022年３月４日）を基に作成。

患者の流れがより円滑になることで、病院の外来患者の待ち時間の短縮や勤務医の外来負担の軽減、医師の働き方改革に寄与

かかりつけ医機能を担う医療機関

「医療資源を重点的に活用する外来」を地域で基幹的に担う医療機関
（紹介患者への外来を基本とする医療機関）

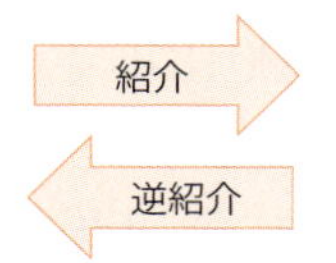

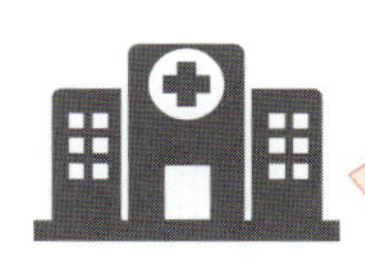

病院の外来患者の待ち時間の短縮、勤務医の外来負担の軽減、医師働き方改革

かかりつけ医機能の強化
（好事例の収集、横展開等）

外来機能報告、「地域の協議の場」での協議、
紹介患者への外来を基本とする医療機関の明確化

【「医療資源を重点的に活用する外来」のイメージ】
○ 医療資源を重点的に活用する入院の前後の外来　（悪性腫瘍手術の前後の外来など）
○ 高額等の医療機器・設備を必要とする外来　（外来化学療法、外来放射線など）
○ 特定の領域に特化した機能を有する外来　（紹介患者に対する外来など）

医療提供体制改革に係る今後のスケジュール

	2022年度	2023年度	2024年度	2025年度	・・・	2030年度	・・・	2036年度	・・・	2040年度
医療計画	検討会・各ワーキンググループでの議論・とりまとめ、基本方針・作成指針等の改正	各都道府県での計画策定	第8次医療計画（2024～2029）			第9次医療計画（2030～2035）		第10次医療計画（2036～2041）		
新型コロナ対応	政府対応とりまとめ（6月）／とりまとめ結果を踏まえた対応									
地域医療構想	地域医療構想（～2025）									
外来医療・かかりつけ医機能	外来機能報告の実施準備（9月頃）／報告の実施集計（12月頃）／地域の協議の場での協議・紹介受診重点医療機関の公表（～3月）	各都道府県での外来医療計画策定	外来医療計画（第8次医療計画）			外来医療計画（第9次医療計画）		外来医療計画（第10次医療計画）		
	かかりつけ医機能の明確化と、患者・医療者双方にとってかかりつけ機能が有効に発揮されるための具体的方策の検討		検討結果を踏まえた対応							
医師の働き方改革	医療機関の準備状況と地域医療への影響について実態調査／実態調査を踏まえ、都道府県が圏域単位で地域医療への提供を検証、地域の医療関係者間で地域医療の確保について協議調整		2024年度より (B)水準：実態調査等を踏まえた段階的な見直しの検討			2035年度末を目処に解消予定				
			(C)水準：研修及び医療の質の評価とともに中長期的に検証							

出典：厚生労働省「第８次医療計画、地域医療構想等について」（2022年３月４日）を基に作成。

（6）医療費適正化計画

医療費適正化計画とは、持続可能な医療制度と提供体制の確保を目指し、国と都道府県が保険者及び医療関係者などの協力のもとに進める、住民の健康増進と医療費適正化のための取組みである。現在の第三期医療費適正化計画（2018 ～ 2023年度）では、地域医療構想に基づく病床機能の分化・連携の推進の成果の反映、糖尿病をはじめとした生活習慣病の重症化予防、後発医薬品利用のさらなる推進（利用率80％目標）などが盛り込まれ、2023年度までには0.6兆円程度の適正化効果額を想定し進められている。

（7）地域医療構想関連

地域医療構想は、2025年における医療ニーズを推計し、それに対応する医療体制をつくるため、地域の関係者が協力して医療機関の役割分担や連携の仕組みを構築する取組みである。2014年の医療介護総合確保推進法により導入され、2018年４月から始まった都道府県の地域医療計画に位置づけられている。以降、全都道府県で毎年の病床機能報告が実施されている。2020年には厚生労働省より、公立公的病院の一部病院（436病院）に対する病院機能の再検証の要請、2021年には「国と地方の協議の場」において、厚生労働省より、2022年度・23年度中の民間を含めた病院機能再検証について促進指示、総務省より、2022年度・23年度中の公立病院への経営強化プランと都道府県の調整強化を軸とした公立病院経営強化ガイドラインが示された。なお、新型コロナウイルス感染症を踏まえた地域医療構想については、2020年12月15日の医療計画の見直し等に関する検討会で、「地域医療構想の背景となる中長期的な状況や見通しは変わっていない。感染拡大時の短期的な医療需要には、各都道府県の「医療計画」に基づき機動的に対応することを前提に、地域医療構想については、病床の必要量の推計･考え方等の基本的な考え方を維持しつつ、着実に取組を進めていく」とされている。

一方で、地域医療構想を促進する政策支援として、2019年度より「病床減少を伴う機能再編や医療機関統合等の取組」への助成追加、登録免許税の軽減措置、重点支援区域（注）に対する技術的支援等の支援施策も打ち出されている。

地域医療構想の実現に向けた取組み（全体像）

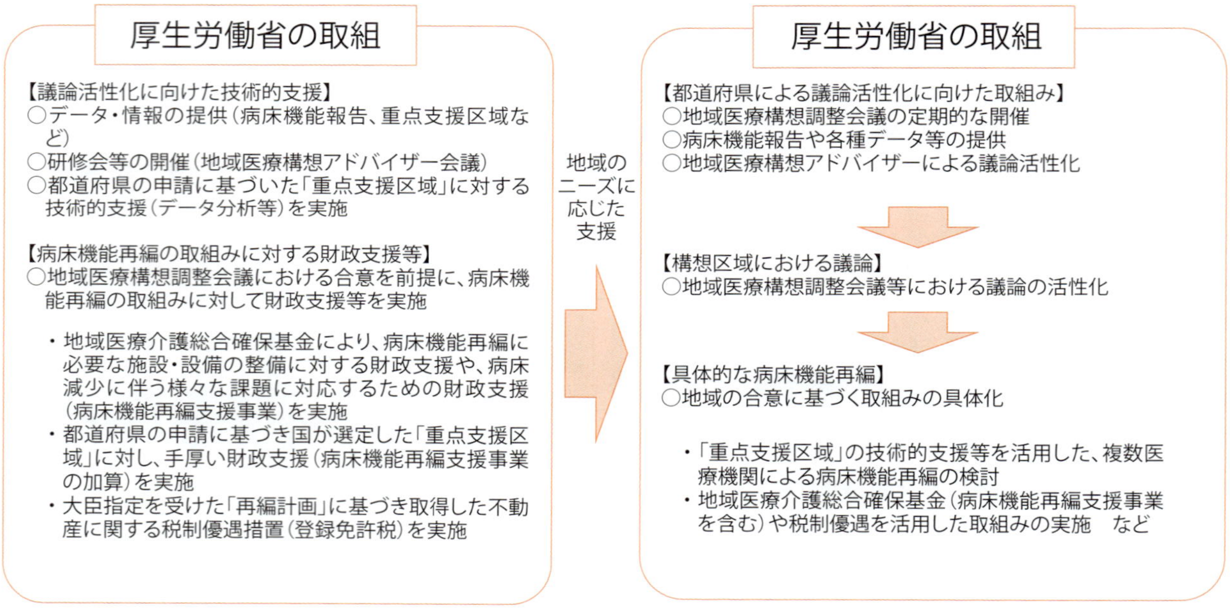

厚生労働省の取組

【議論活性化に向けた技術的支援】
○データ・情報の提供（病床機能報告、重点支援区域など）
○研修会等の開催（地域医療構想アドバイザー会議）
○都道府県の申請に基づいた「重点支援区域」に対する技術的支援（データ分析等）を実施

【病床機能再編の取組みに対する財政支援等】
○地域医療構想調整会議における合意を前提に、病床機能再編の取組みに対して財政支援等を実施

・地域医療介護総合確保基金により、病床機能再編に必要な施設・設備の整備に対する財政支援や、病床減少に伴う様々な課題に対応するための財政支援（病床機能再編支援事業）を実施
・都道府県の申請に基づき国が選定した「重点支援区域」に対し、手厚い財政支援（病床機能再編支援事業の加算）を実施
・大臣指定を受けた「再編計画」に基づき取得した不動産に関する税制優遇措置（登録免許税）を実施

地域のニーズに応じた支援

厚生労働省の取組

【都道府県による議論活性化に向けた取組み】
○地域医療構想調整会議の定期的な開催
○病床機能報告や各種データ等の提供
○地域医療構想アドバイザーによる議論活性化

【構想区域における議論】
○地域医療構想調整会議等における議論の活性化

【具体的な病床機能再編】
○地域の合意に基づく取組みの具体化

・「重点支援区域」の技術的支援等を活用した、複数医療機関による病床機能再編の検討
・地域医療介護総合確保基金（病床機能再編支援事業を含む）や税制優遇を活用した取組みの実施　など

出典：厚生労働省「地域医療構想、医療計画について」（2022年１月21日）を基に作成。

重点支援区域とは、人口構造の変化に伴う医療ニーズの変化等に対応し、持続可能で質の高い医療提供体制を構築するため、複数の医療機関が機能再編や連携などの検討や取組みを進める場合に、国が重点支援区域の設定を通じて、技術的支援や財政的支援を行うもので、詳細は次頁のとおりとなっている。

重点支援区域について

背景

経済財政運営と改革の基本方針2019において、地域医療構想の実現に向けて、全ての公立・公的医療機関等に係る具体的対応方針について診療実績データの分析を行い、具体的対応方針の内容が民間医療機関では担えない機能に重点化され、2025年において達成すべき医療機能の再編、病床数等の適正化に沿ったものとなるよう、重点支援区域の設定を通じて国による助言や集中的な支援を行うこととされた。

基本的な考え方

- 都道府県は、当該区域の地域医療構想調整会議において、重点支援区域申請を行う旨合意を得た上で、「重点支援区域」に申請を行うものとする。
- 「重点支援区域」は、都道府県からの申請を踏まえ、厚生労働省において選定する。なお、選定は複数回行うこととする。
- 重点支援区域の申請または選定自体が、医療機能再編等の方向性を決めるものではない上、重点支援区域に選定された後も医療機能再編等の結論については、あくまでも地域医療構想調整会議の自主的な議論によるものであることに留意が必要。

選定対象・募集期間

- 「重点支援区域」における事例としての対象は、「複数医療機関の医療機能再編等事例」とし、以下の①②の事例も対象となり得る。

①再検証対象医療機関（※）が対象となっていない再編統合事例
②複数区域にまたがる再編統合事例

※厚生労働省が分析した急性期機能等について、「診療実績が特に少ない」（診療実績がない場合も含む。）が９領域全てとなっている。又は「類似・近接」（診療実績がない場合も含む。）が６領域（人口100万人以上の構想区域を除く。）全てとなっている公立・公的医療機関等

重点支援区域申請は、当面の間、随時募集とする。

【優先して選定する事例】
以下の事例を有する区域については、医療機能再編等を進める上で論点が多岐に渡ることが想定されるため、優先して「重点支援区域」に選定する。なお、再検証対象医療機関が含まれる医療機能再編等事例かどうかは、選定の優先順位に影響しない。
①複数設置主体による医療機能再編等を検討する事例
②できる限り多数（少なくとも関係病院の総病床数10%以上）の病床数を削減する統廃合を検討する事例
③異なる大学病院等からの医師派遣を受けている医療機関の医療機能再編等を検討する事例
④人口規模や関係者の多さ等から、より困難が予想される事例

支援内容

重点支援区域に対する国による技術的・財政的支援は以下を予定。

【技術的支援】
- 地域の医療提供体制や、医療機能再編等を検討する医療機関に関するデータ分析
- 関係者との意見調整の場の開催　等

【財政的支援】
- 地域医療介護総合確保基金の優先配分
- 病床機能の再編支援を一層手厚く実施

※ 今般の新型コロナへの対応を踏まえ、地域における今後の感染症対策を見据えた医療提供体制の構築に向けた検討に資するよう、国の検討会等における議論の状況について情報提供を行う。

選定区域

【１回目（2020年1月31日）に選定した重点支援区域】
- 宮城県（仙南区域、石巻・登米・気仙沼区域）
- 滋賀県（湖北区域）
- 山口県（柳井区域、萩区域）

【２回目（2020年8月25日）に選定した重点支援区域】
- 北海道（南空知区域、南檜山区域）
- 新潟県（県央区域）
- 兵庫県（阪神区域）
- 岡山県（県南東部区域）
- 佐賀県（中部区域）
- 熊本県（天草区域）

【３回目（2021年1月22日）に選定した重点支援区域】
- 山形県（置賜区域）
- 岐阜県（東濃区域）

【４回目（2021年12月3日）に選定した重点支援区域】
- 新潟県（上越区域、佐渡区域）
- 広島県（尾三区域）

【５回目（2022年4月27日）に選定した重点支援区域】
- 山口県（下関区域）

出典：厚生労働省「地域医療構想、医療計画について」（2022年１月21日）を基に作成。

(8) 働き方改革

2019年４月に、長時間労働の是正、多様で柔軟な働き方の実現、雇用形態にかかわらない公正な待遇の確保等を趣旨とする働き方改革関連法が施行されたが、医師については2024年３月までの残業上限時間の猶予期間に、タスクシフト・タスクシェア、時間外労働上限の検討等が進められている。2021年には、長時間労働の医師に対し医療機関が講ずべき健康確保措置等の整備等の措置が盛り込まれた「良質かつ適切な医療を効率的に提供する体制の確保を推進するための医療法等の一部を改正する法律」が成立し、年間960時間を超える時間外労働をする勤務医については時短計画の策定が努力義務となった。このほか、2024年度以降も、年間960時間を超える時間外労働が許容されるには、医療機関勤務環境評価センターによるＢ・Ｃ水準等の特例水準の指定が必要となる等、長時間労働に対する規制が設けられている。

■ 医師の働き方改革の検討内容

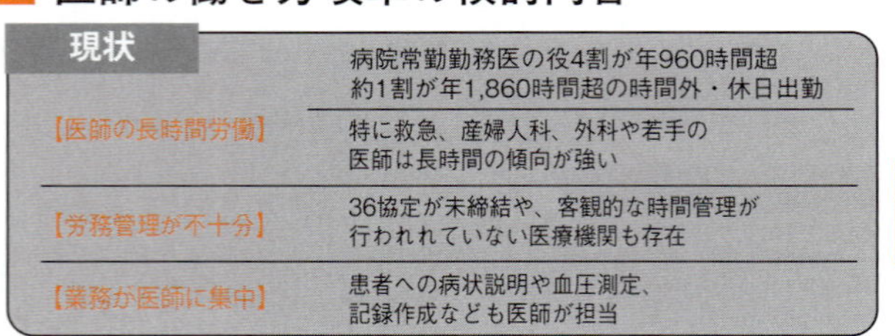

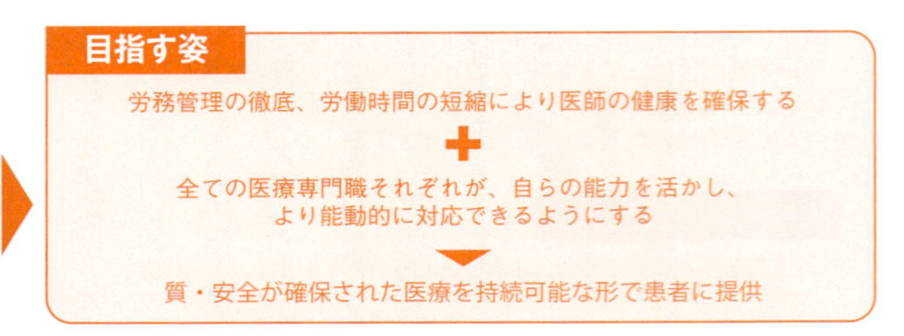

対策

【長時間労働を生む構造的な問題への取組み】
・医療施設の最適配置の推進（地域医療構想・外来機能の明確化）
・地域間の診療科間の医師偏在の是正
・国民の理解と協力に基づく適切な受診の推進

【医療機関内の医師の働き方改革の推進】
・適切な労務管理の推進
・タスク／シェアの推進
（業務範囲の拡大・明確化）
➡ 一部、法改正で対応

〈行政による支援〉
・医療勤務環境改善支援センターを通じた支援
・経営層の意識改革（講習会等）
・医師への周知啓発　等

【時間外労働の上限規制と健康確保措置の運用（2024.4～）】 法改正で対応

地域医療等の確保
医療機関が医師の労働時間短縮計画の案を作成
↓
評価センターが評価
↓
都道府県知事が指定
↓
医療機関が計画に基づく取組みを実施

医療機関に適用する水準	年の上限時間	面接指導	休憩時間の確保
A（一般労働者と同程度）	960時間	義務	努力義務
連携B（医師を派遣する病院）	1,860時間 ※2035年度末を目標に終了	義務	義務
B（救急医療等）	1,860時間 ※2035年度末を目標に終了	義務	義務
C－1（臨床・専門研修）	1,860時間	義務	義務
C－2（高度技能の修徳研修）	1,860時間	義務	義務

医師の健康確保
〈面接指導〉
健康状態を医師がチェック
〈休憩時間の確保〉
連続勤務時間制限と勤務間インターバル規制（または代償休憩）

出典：厚生労働省「第16回医師の働き方改革に関する検討会」（2021年10月14日）を基に作成。

(9) 医師偏在対策

医師偏在対策については、2015年より医師需給分科会で議論が進められ、同分科会での中間とりまとめ等に基づき、医療法及び医師法の改正も進められてきた。2022年２月の第５次中間とりまとめでは、医学部定員に地域枠設置、総合診療専門医、医学部定員等について意見が示されている。

(10) データヘルス改革

データヘルスについては、第３章において本分野の政策動向と民間事業者の取組み状況について掘り下げて解説するが､ここでは政策動向の概略を述べておく。データヘルス改革は、健康・医療・介護分野のデータやＩＣＴを積極的に活用することで、国民の健康寿命延伸や利便性向上、医療や介護現場におけるサービスの質の維持・向上、その効率化や生産性向上を図っていくことを狙い、2017年に厚生労働省が設置した「データヘルス改革推進本部（本部長：厚生労働大臣)」の中で検討が進められている。2019年の「今後のデータヘルス改革の進め方について」では、「ゲノム医療・ＡＩ活用の推進」「自身のデータを日常生活改善につなげるＰＨＲ（パーソナル・ヘルス・レコード）の推進」「医療・介護現場の情報利活用の推進」「データベースの効果的な利活用の推進」という４つの政策テーマが掲げられ、それぞれに2025年度までのロードマップのもとで取組みが進められている。

足下の動きとしては、「ゲノム医療・ＡＩ活用の推進」において、遺伝子パネル検査が保険適用になり、「パーソナル・ヘルス・レコードの推進」において、マイナポータルを活用した乳幼児健診などの健診結果や予防接種情報の閲覧、薬剤情報の閲覧が可能になり、「医療・介護現場の情報利活用の推進」では、法改正によるオンライン資格確認、医療介護保険データベース等利用などの規制緩和が進められ、「データベースの効果的な利活用の推進」では、ＮＤＢと介護ＤＢの連結解析といった具体的な成果も出ている。今後も工程表に沿う形で、さまざまなデジタルヘルスの進展が見込まれる。

（11）健康・医療戦略

2014年５月23日に成立した健康・医療戦略推進法（下図に概要）に基づき、内閣総理大臣を本部長とする健康・医療戦略推進本部が設置され、内閣官房、厚生労働省、経済産業省、文部科学省、内閣府、外務省、総務省等が参加して健康・医療戦略推進会議が開催されている。この会議は、府省横断的な場として、健康･医療に関する政策や研究開発等予算の調整、健康・医療戦略及び医療分野研究開発推進計画の作成と推進がなされている。

健康･医療戦略推進法の概要の骨格

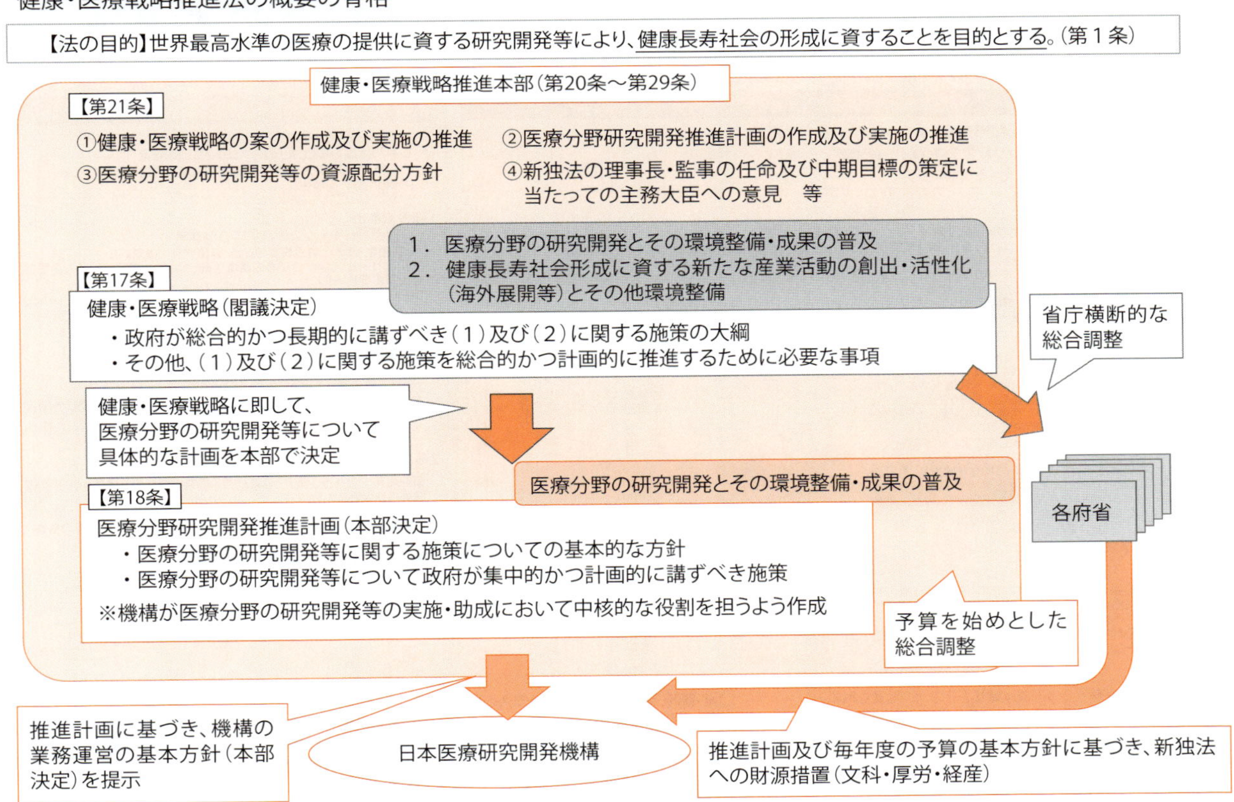

出典：内閣府「健康・医療戦略推進法」（2015年８月４日）を基に作成。

第２期（2020年度～ 2024年度）健康・医療戦略（下図）は、世界最高水準の医療の提供に資する医療分野の研究開発の推進並びに健康長寿社会の形成に資する新産業創出及び国際展開の促進が基本方針となっている。

医療分野の研究開発については、2015年に組織された国立研究開発法人日本医療研究開発機構（以下、「ＡＭＥＤ」）が司令塔となり、医療分野研究開発推進計画に沿って、６つの統合プロジェクトに関して基礎研究から実用化までの一貫した研究開発が進められている。また、ＡＭＥＤは、健康・医療戦略推進本部の方針のもとに関係府省で獲得された予算を補助金として受け取り、公募で選定した研究に研究費を配賦していく予算調整機能を有している。

新産業創出に関しては、ＩＣＴを活用した医療機器やウェアラブル端末の安全性や機能等の評価手法の策定、健康経営優良法人制度やヘルスケアポイント普及、「認知症バリアフリー」の取組み、官民ファンド等によるベンチャー等への資金支援等、府省横断的な取組みがなされている。また、医療の国際展開については、「アジア医薬品・医療機器規制調和グランドデザイン」に基づき、アジアにおける医薬品、医療機器等のアクセス向上に向け、厚生労働省と海外当局との関係強化、アジアにおける臨床研究・治験のネットワークの構築等を進めている。

また、府省横断的な形でデータヘルス改革や新産業創出に関わる人材育成等の基盤となる取組みも推進している。

■ 健康・医療戦略の概要

健康・医療戦略（第２期）（案）ポイント

健康・医療戦略推進法（2014年法律第48号）第17条に基づき、国民が健康な生活及び長寿を享受することのできる社会（健康長寿社会）を形成するため、政府が講ずべき医療分野の研究開発及び健康長寿社会に資する新産業創出等に関する施策を総合的かつ計画的に推進するべく策定するもの。
※対象期間：2020年度から2024年度までの５年間。フォローアップの結果等を踏まえ、必要に応じて見直しを行う。

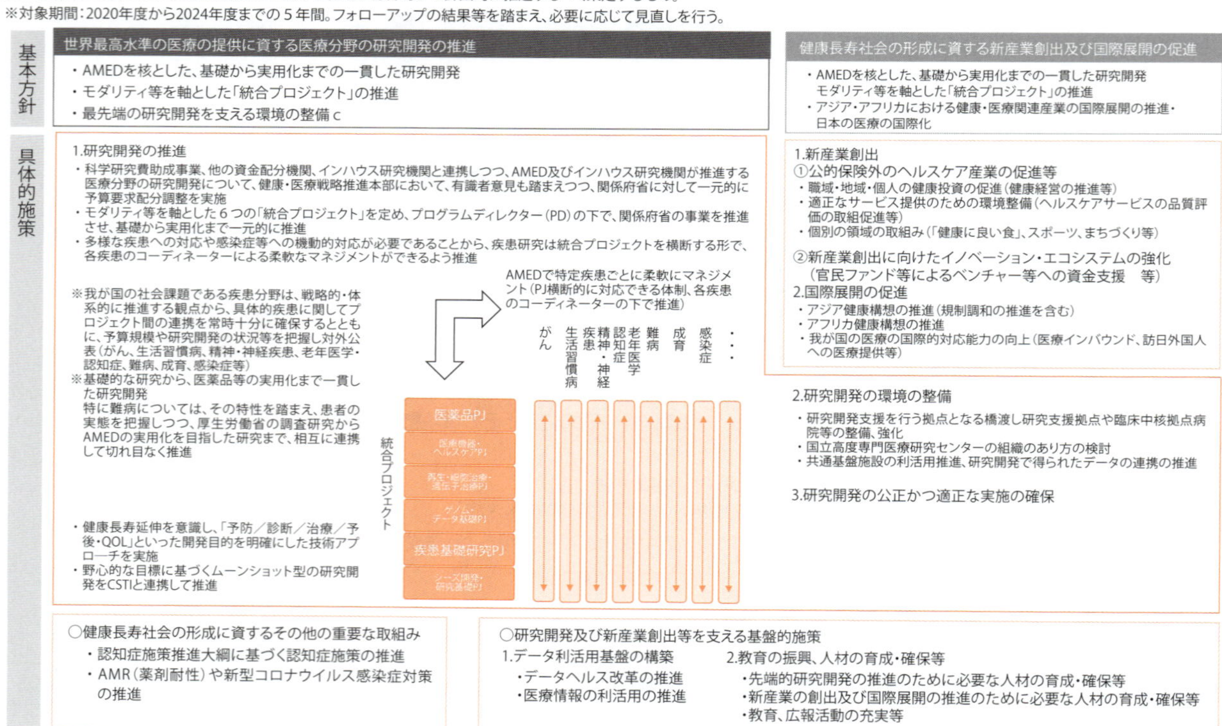

出典：厚生労働省「健康・医療戦略及び医療分野研究開発推進計画について」（2020年３月27日）を基に作成。

3 | 2022年度診療報酬改定

1 診療報酬改定の基本方針

2022年度の診療報酬の全体改定率は▲0.94％と、３期連続の全体マイナス改定となった。一方、後述のとおり、診療報酬本体のプラス改定は８回連続となり、本体部分0.43％のうち、看護師の処遇改善のための特例的な対応0.20％が含まれる。国は今回の改定について、基本方針として以下の「基本認識」及び「基本的視点」をもって行ったと述べている。

■ 改定に当たっての基本認識

① 新興感染症等にも対応できる医療提供体制の構築等医療を取り巻く課題への対応
② 健康寿命の延伸、人生100年時代に向けた「全世代型社会保障」の実現
③ 患者・国民に身近であって、安心・安全で質の高い医療の実現
④ 社会保障制度の安定性・持続可能性の確保、経済・財政との調和

■ 改定の基本的視点

●視点１：新型コロナウイルス感染症等にも対応できる効率的・効果的で質の高い医療提供体制の構築
●視点２：安心・安全で質の高い医療の実現のための医師等の働き方改革等の推進
●視点３：患者・国民にとって身近であって、安心・安全で質の高い医療の実現
●視点４：効率化・適正化を通じた制度の安定性・持続可能性の向上

出典：厚生労働省保険局医療課「令和４年度診療報酬改定の概要」（2022年３月４日）

2 改定率

１．診療報酬本体	＋0.43％
※１　うち、※２～５を除く改定分　＋0.23％	
各科改定率　医科	＋0.26％
歯科	＋0.29％
調剤	＋0.08％
※２　うち、看護の処遇改善のための特例的な対応 ＋0.20％ ※３　うち、リフィル処方箋（反復利用できる処方箋）の導入・活用促進による効率化▲0.10％（症状が安定している患者について、医師の処方により、医療機関に行かずとも、医師及び薬剤師の適切な連携のもと、一定期間内に処方箋を反復利用できる、分割調剤とは異なる実効的な方策を導入することにより、再診の効率化につなげ、その効果について検証を行う） ※４　うち、不妊治療の保険適用のための特例的な対応 ＋0.20％ ※５　うち、小児の感染防止対策に係る加算措置（医科分）の期限到来 ▲0.10％ なお、歯科・調剤分については、感染防止等の必要な対応に充てるものとする。	
２．薬価等	
① 薬価	▲1.35％
※１　うち、実勢価等改定　▲1.44％ ※２　不妊治療の保険適用のための特例的な対応　＋0.09％	
② 材料価格	▲0.02％

出典：厚生労働省保険局医療課「令和４年度診療報酬改定の概要」（2022年３月４日）

3 基本的視点の具体的方向性

４つの視点ごとの改定項目骨子を以下に示し、主要なものを次頁以降で紹介する。

【Ⅰ　新型コロナウイルス感染症等にも対応できる効率的・効果的で質の高い医療提供体制の構築】

Ⅰ-１　当面、継続的な対応が見込まれる新型コロナウイルス感染症への対応
Ⅰ-２　医療計画の見直しも念頭に新興感染症等に対応できる医療提供体制の構築に向けた取組
Ⅰ-３　医療機能や患者の状態に応じた入院医療の評価
Ⅰ-４　外来医療の機能分化等
Ⅰ-５　かかりつけ医、かかりつけ歯科医、かかりつけ薬剤師の機能の評価
Ⅰ-６　質の高い在宅医療・訪問看護の確保
Ⅰ-７　地域包括ケアシステムの推進のための取組

【Ⅱ　安心・安全で質の高い医療の実現のための医師等の働き方改革等の推進】

Ⅱ-１　地域医療の確保を図る観点から早急に対応が必要な救急医療体制等の確保
Ⅱ-２　医療機関内における労務管理や労働環境の改善のためのマネジメントシステムの実践に資する取組の推進
Ⅱ-３　各職種がそれぞれの高い専門性を十分に発揮するための勤務環境の改善、タスク・シェアリング／タスク・シフティング、チーム医療の推進
Ⅱ-４　業務の効率化に資するＩＣＴの利活用の推進、その他長時間労働などの厳しい勤務環境の改善に向けての取組の評価
Ⅱ-５　2021年11月に閣議決定された経済対策を踏まえ、看護の現場で働く方々の収入の引上げ等に係る必要な対応について検討するとともに、負担軽減に資する取組を推進

【Ⅲ　患者・国民にとって身近であって、安心・安全で質の高い医療の実現】

Ⅲ-１　患者にとって安心・安全に医療を受けられるための体制の評価や医薬品の安定供給の確保等
Ⅲ-２　医療におけるＩＣＴの利活用・デジタル化への対応
Ⅲ-３　アウトカムにも着目した評価の推進
Ⅲ-４　重点的な対応が求められる分野について、国民の安心・安全を確保する観点からの適切な評価
Ⅲ-５　口腔疾患の重症化予防、口腔機能低下への対応の充実、生活の質に配慮した歯科医療の推進
Ⅲ-６　薬局の地域におけるかかりつけ機能に応じた適切な評価、薬局・薬剤師業務の対物中心から対人中心への転換の推進、病棟薬剤師業務の評価

【Ⅳ　効率化・適正化を通じた制度の安定化・持続可能性の向上】

Ⅳ-１　後発医薬品やバイオ後続品の使用促進
Ⅳ-２　費用対効果評価制度の活用
Ⅳ-３　市場実勢価格を踏まえた適正な評価等
Ⅳ-４　医療機能や患者の状態に応じた入院医療の評価
Ⅳ-５　外来医療の機能分化等

Ⅳ-6　重症化予防の取組の推進
Ⅳ-7　医師・病棟薬剤師と薬局薬剤師の協働の取組による医薬品の適正使用等の推進
Ⅳ-8　効率性等に応じた薬局の評価の推進

4 主な改定内容

【Ⅰ　新型コロナウイルス感染症等にも対応できる効率的・効果的で質の高い医療提供体制の構築】関連

（1）医療機能や患者の状態に応じた入院医療の評価（具体的方向性Ⅰ－3）

入院から在宅まで切れ目のない医療を提供するための取組み（機能と連携）

・新型コロナウイルス感染症の感染拡大において果たした医療機関の役割等も踏まえ、入院から在宅まで切れ目のない医療を提供する観点から、提供する医療の対象となる患者の病態像や医療の内容に着目し、それらに見合った適切な評価となるよう、見直し・加算の新設等を実施する。その際、医療機関の機能に応じた感染対策が実施されるよう、感染対策向上加算１～３、外来感染対策向上加算を新設し、取組みを推進する。

診療所が、平時からの感染防止対策の実施や、地域の医療機関等が連携して実施する感染症対策への参画を更に推進する観点から、外来診療時の感染防止対策にかかる評価を新設する。また、外来感染対策向上加算にかかる届出を行っている保険医療機関が、感染対策向上加算１に係る届出を行っている他の保険医療機関に対し、定期的に院内の感染症発生状況等の報告を行っている場合及び地域のサーベイランスに参加している場合の評価をそれぞれ新設する。

【新設】外来感染対策向上加算　　6点（患者1人につき月1回）
　　　　連携強化加算　　　　　　3点（患者1人につき月1回）
　　　　サーベイランス強化加算　1点（患者1人につき月1回）

現行			改定後【新規】	
感染防止対策加算1 感染防止対策加算2	390点 90点	⇒	感染対策向上加算1 感染対策向上加算2 感染対策向上加算3	710点 175点 75点

※感染対策向上加算1、2は入院初日、3は入院初日及び90日ごと

・感染対策向上加算１～３、外来感染対策向上加算において求めている医療機関間連携や回リハ病棟の対象病態の拡大、外来在宅共同指導料新設、機能強化型在支病の施設基準への地ケア病棟組込み等の新たな連携強化の取組みも活用し、医療機関の連携・機能分化を更に推進する取組みを評価する。

（2）入院医療に係る評価の主な見直し（具体的方向性Ⅰ－3）

高度かつ専門的な急性期医療の提供体制に係る評価の新設

・高度かつ専門的な医療及び急性期医療の提供に係る体制や、精神疾患を有する患者の受入れに係る体制を十分に確保している場合の評価を新設する。

【新設】急性期充実体制加算

イ	7日以内の期間	460点
ロ	8日以上11日以内の期間	250点
ハ	12日以上14日以内の期間	180点

【新設】精神科充実体制加算

イ	精神科充実体制加算	30点

重症度、医療・看護必要度の評価項目及び施設基準の見直し

・急性期入院医療の必要性に応じた適切な評価を行う観点から、一般病棟用の重症度、医療・看護必要度について、必要度の判定に係る評価項目を見直すとともに、入院料について評価の在り方を見直す。

1．一般病棟用の重症度、医療・看護必要度の評価項目を以下のとおり見直す。
（1）「点滴ライン同時3本以上の管理」の項目について、「注射薬剤3種類以上の管理」に変更する。
（2）「心電図モニターの管理」を評価項目から削除する。
（3）「輸血や血液製剤の管理」の項目の評価を、1点から2点に変更する。

2．上記に伴い、入院料等の施設基準における該当患者割合のうち、以下の基準を見直す。
（（）内は許可病床数200床未満の医療機関における基準）

一般病棟用の重症度、医療・看護必要度Ⅰの割合			
項目	現行		改定案
·急性期一般入院料1	3割1分（なし）	⇒	3割1分（2割8分）
·急性期一般入院料2	2割8分（2割6分）		2割7分（2割5分）
·急性期一般入院料3	2割5分（2割3分）		2割4分（2割2分）
·急性期一般入院料4	2割2分（2割）		2割（1割8分）
·急性期一般入院料5	2割		1割7分
·急性期一般入院料6	1割8分		なし
·7対1入院基本料（結核）	1割1分		1割
·総合入院体制加算1	3割5分		3割3分
·総合入院体制加算2	3割5分		3割3分
·総合入院体制加算3	3割2分		3割
·看護補助加算	0.6割		0.5割
·地域包括ケア病棟入院料	1割4分		1割2分
·特定一般病棟入院料の注7	1割4分		1割2分

一般病棟用の重症度、医療・看護必要度Ⅱの割合			
基準項目	現行		改定後
·急性期一般入院料1	2割9分（なし）	⇒	2割8分（2割5分）
·急性期一般入院料2	2割6分（2割4分）		2割4分（2割2分）
·急性期一般入院料3	2割3分（2割1分）		2割1分（1割9分）
·急性期一般入院料4	2割（1割8分）		1割7分（1割5分）
·急性期一般入院料5	1割8分		1割4分
·急性期一般入院料6	1割5分		なし
·7対1入院基本料（結核）	0.9割		0.8割
·総合入院体制加算1	3割3分		3割
·総合入院体制加算2	3割3分		3割
·総合入院体制加算3	3割		2割7分
·看護補助加算	0.5割		0.4割
·地域包括ケア病棟入院料	1割1分		0.8割
·特定一般病棟入院料の注7	1割1分		0.8割

3．上記の変更に伴い、以下の入院料の評価を見直す。

現行			改定後	
急性期一般入院料６ 急性期一般入院料７	1,408点 1,382点	⇒	急性期一般入院料６	1,382点

特定集中治療室等における重症患者対応体制の強化に係る評価の新設

・集中治療領域における重症患者対応の強化及び人材育成の重要性を踏まえ、特定集中治療室等における重症患者対応に係る体制について、新たな評価を行う。
【新設】重症患者対応体制強化加算
イ　３日以内の期間　750点
ロ　４日以上７日以内の期間　500点
ハ　８日以上14日以内の期間　300点

第1部　分析編

地域包括ケア病棟入院料と入院料の評価体系の見直し

・ 地域包括ケア病棟について、一般病床及び療養病床の入院患者の特性の違いを踏まえ、地域包括ケア病棟入院料の評価体系及び要件を見直す。

地域包括ケア病棟入院料・入院医療管理料を算定する病棟又は病室に係る病床が療養病床の場合には、所定点数の100分の95に相当する点数を算定する。ただし、当該病棟又は病室について、自宅等からの入院患者の受入れが6割以上、自宅等からの入院患者の受入実績が前三月で30人以上、救急医療を行うにつき必要な体制が届出を行う保険医療機関で整備されている、のうちいずれかの場合には、所定点数（100分の100）を算定する。

・ 地域包括ケア病棟入院料及び地域包括ケア入院医療管理料の評価体系及び要件を次項のとおり見直す。

1．地域包括ケア病棟入院料の在宅復帰率の要件を以下のとおり見直す。
（1）地域包括ケア病棟入院料１及び２と地域包括ケア入院医療管理料１及び２における在宅復帰率の要件について、７割以上から７割２分５厘以上に変更する。
（2）地域包括ケア病棟入院料３及び４と地域包括ケア入院医療管理料３及び４について、在宅復帰率が７割以上であることを要件に追加するとともに、当該要件を満たさない場合は、所定点数の100分の90に相当する点数を算定する。

2．地域包括ケア病棟入院料２及び４における、自院の一般病棟から転棟した患者割合にかかる要件について、許可病床数が200床以上400床未満の医療機関も要件化するとともに、当該要件を満たさない場合は、所定点数の100分の85に相当する点数を算定する。

3．地域包括ケア病棟入院料における自宅等から入院した患者割合及び在宅医療等の実績要件を、以下のとおり見直す。
（1）地域包括ケア病棟入院料１及び３と地域包括ケア入院医療管理料１及び３における、自宅から入院した患者割合の要件は、１割５分以上から２割以上に変更するとともに、地域包括ケア入院医療管理料１及び３における病床数が10床未満の病室に係る自宅等から入院した患者数の要件は、３月で６人以上から８人以上に変更する。また、自宅等からの緊急の入院患者の３月の受入れ人数を、６人以上から９人以上に変更する。
（2）地域包括ケア病棟入院料２及び４並びに地域包括ケア入院医療管理料２及び４の要件に、以下のいずれか１つ以上を満たすことを追加する。
ア　自宅等から入棟した患者割合が２割以上であること。
イ　自宅等からの緊急患者の受入れが３月で９人以上であること。
ウ　在宅医療等の実績を１つ以上有すること
また、当該要件を満たしていない場合は、所定点数の100分の90に相当する点数を算定する。
（3）在宅医療等の実績における退院時共同指導料２の算定回数の実績の要件は、外来在宅共同指導料１の実績を加えてもよいこととする。

4．地域包括ケア病棟入院料１若しくは２又は地域包括ケア入院医療管理料１若しくは２を算定する病棟又は病室を有する保険医療機関であって、許可病床数が100床以上のものについて、入退院支援加算１に係る届出を行っていない場合は、所定点数の100分の90に相当する点数を算出する。

5．一般病床において地域包括ケア病棟入院料又は地域包括ケア入院医療管理料を算定する場合においては、第二次救急医療機関であること又は救急病院等を定める省令に基づき認定された救急病院を要件とする。ただし、200床未満の保険医療機関については、当該保険医療機関に救急外来を有していること又は24時間の救急医療提供を行っていることで要件を満たすこととする。

6．急性期患者支援病床初期加算及び在宅患者支援病床初期加算について、評価を見直す。

回復期リハビリテーション病棟入院料の評価体系及び要件の見直し

・重症患者に対する効率的・効果的なリハビリテーションの提供を更に推進する観点から、回復期リハビリテーション病棟入院料の評価体系を見直す。

1．回復期リハビリテーション病棟に入院する患者のリハビリテーションに係る効果の実態を踏まえ、回復期リハビリテーション病棟入院料の評価の在り方について見直す。
（1）回復期リハビリテーション病棟入院料５を廃止し、現行の回復期リハビリテーション病棟入院料６を新たな回復期リハビリテーション病棟入院料５として位置付ける。ただし、令和４年３月31日時点において、回復期リハビリテーション病棟入院料５又は６の届出を行っている病棟については、令和５年３月31日までの間、改定前の医科診療報酬点数表により回復期リハビリテーション病棟入院料５又は６を算定できることとする。
（2）新たに改定後の回復期リハビリテーション病棟入院料５を算定する場合は、算定を開始した日から２年間に限り、回復期リハビリテーション病棟入院料５を算定することができることとする。

2．回復期リハビリテーション病棟入院料１から４までに係る施設基準における新規入院患者のうちの、重症患者の割合を見直し、回復期リハビリテーション病棟入院料１及び２は４割以上、３及び４は３割以上とする。

3．回復期リハビリテーション病棟入院料１又は３について、公益財団法人日本医療機能評価機構等による第三者の評価を受けていることが望ましいこととする。

療養病棟入院基本料に係る経過措置の見直し

・医療法に基づく医療療養病床に係る人員配置標準の経過措置の見直し方針及び届出状況を踏まえ、療養病棟入院基本料の経過措置の取扱いを見直す。

1．療養病棟入院基本料の注11に規定する令和４年３月31日までの経過措置（所定点数の100分の85に相当する点数を算定）について、評価を見直すとともに、当該経過措置の期間を２年間延長する。

2．療養病棟入院基本料の注11に規定する場合において、疾患別リハビリテーション料を算定する患者に対して、機能的自立度評価法（ＦＩＭ）の測定を月に１回以上行っていない場合には、１日につき２単位まで出来高での算定とする。また、医療区分２の患者であって、疾患別リハビリテーション料を算定する患者に対して、ＦＩＭの測定を行っていない場合においては、医療区分１の場合に相当する点数を算定することとする。

緩和ケア病棟入院料の見直し

・緩和ケア病棟入院料について、患者の状態に応じた入院医療の提供を更に推進する観点から、評価の在り方を見直す。

現行			改定後	
緩和ケア病棟入院料１			緩和ケア病棟入院料１	
30日以内の期間	5,207点		30日以内の期間	5,107点
31日～60日までの期間	4,654点		31日～60日までの期間	4,554点
61日以上の期間	3,450点	⇒	61日以上の期間	3,350点
緩和ケア病棟入院料２			緩和ケア病棟入院料２	
30日以内の期間	4,970点		30日以内の期間	4,870点
31日～60日までの期間	4,501点		31日～60日までの期間	4,401点
61日以上の期間	3,398点		61日以上の期間	3,298点

DPC／PDPSの見直し

・DPC／PDPSについて、医療の標準化・効率化を推進する観点から、診断群分類点数表や医療機関別係数等を見直す。

1．診療報酬改定に関連した見直し
急性期入院医療の評価の見直しに伴い、必要な見直しを行う。

2．医療機関別係数の主な見直し内容
（1）基礎係数（医療機関群の設定等）
医療機関群の設定について、従前の考え方を維持し、3つの医療機関群を設定する。
① 設定要件
○DPC特定病院群は、以下の要件を満たした医療機関とする。
・後述の実績要件1から4までの全て（実績要件3については、6つのうち5つ）を満たす。
・各要件の基準値は、大学病院の最低値（外れ値を除く）とする。
また、診療報酬改定に使用する実績に基づき設定する。
・診療実績に基づく要件は、新型コロナウイルス感染症にかかる臨時的な取扱いを講ずる。
【実績要件1】：診療密度
【実績要件2】：医師研修の実施
【実績要件3】：医療技術の実施
【実績要件4】：補正複雑性指数（DPC補正後）
② 各要件の令和4年度基準値は、大学病院の実績を踏まえ、実績要件1、2、4については、外れ値を除外し最低値を設置する。
（2）機能評価係数Ⅰ
従前の評価方法を維持し、改定に伴う必要な見直しを行う。
（3）機能評価係数Ⅱ
従前の6つの評価項目を維持する。地域医療指数における体制評価指数については、評価項目に「感染症」を追加するとともに、これには新型コロナウイルス感染症対策に係る評価を追加する。なお、「災害」「へき地」の項目も、医療計画に係る取組等を踏まえ評価内容を見直す。
（4）激変緩和係数
従前の考え方を維持し、診療報酬改定が行われる年度は、改定等に伴う推計診療報酬変動率が2％を超えて変動しないよう設定する。

(3) 外来医療の機能分化（具体的方向性Ⅰ－4）

紹介状なしで受診する場合等の定額負担の見直し

・紹介状なしで受診した患者等から定額負担を徴収する仕組みについて、見直しを行う。

1．紹介状なしで受診した患者等から定額負担を徴収する責務がある医療機関の対象範囲を、現行の特定機能病院及び一般病床200床以上の地域対象医療支援病院から、「紹介受診重点医療機関（医療資源を重点的に活用する外来を地域で基幹的に担う医療機関）」のうち一般病床200床以上の病院にも拡大する。

2．定額負担を求める患者の初診・再診について、以下の点数を保険給付範囲から控除する。
【初診の場合】
医科：200点、歯科：200点
【再診の場合】
医科：50点、歯科：40点

3．定額負担の金額を以下のとおり変更する。
【初診の場合】
医科：7,000円、歯科：5,000円
【再診の場合】
医科：3,000円、歯科：1,900円

4．除外要件について以下のとおり見直す。
【初診・再診共通】
「その他、保険医療機関が当該医療機関を直接受診する必要性を特に認めた患者」について、急を要しない時間外の受診、単なる予約受診、患者の都合により受診する場合は認められないことを明確化する。
【初診の場合】
「自施設の他の診療科を受診している患者」を「自施設の他の診療科から院内紹介されて受診する患者」に見直す。
【再診の場合】
「自施設の他の診療科を受診している患者」「医科と歯科との間で院内紹介された患者」等を削除する。

紹介受診重点医療機関とかかりつけ医機能を有する医療機関の連携の推進

・外来機能の機能分化及び医療機関間の連携を推進する観点から、「紹介受診重点医療機関」及びかかりつけ医機能を有する医療機関等が、患者の紹介を受けた医療機関に対して当該患者の診療情報を提供した場合について、新たな評価を行う。

1．現行の診療情報提供料（Ⅲ）の名称を「連携強化診療情報提供料」に変更するとともに、かかりつけ医機能を有する医療機関等から紹介された患者に対して継続的な治療を行っている場合であって、紹介元の医療機関からの求めに応じ診療情報の提供を行った場合の当該提供料の算定上限回数を月1回までに変更する。

2．地域の診療所等が「紹介受診重点医療機関」に対して患者の紹介を行い、紹介先の「紹介受診重点医療機関」においても継続的に当該患者に対する診療を行う場合であって、紹介元の診療所等からの求めに応じて、診療情報を提供した場合の評価を新設する。

（4）質の高い在宅医療・訪問看護の確保（具体的方向性Ⅰ－6）

複数の訪問看護ステーションによる24時間対応体制の見直し

・利用者が安心して24時間対応を受けられる体制の整備を促進する観点から、24時間対応体制加算について、複数の訪問看護ステーションが連携して当該体制を整備する場合の要件を見直す。

複数の訪問看護ステーションが連携することで24時間対応体制加算を算定できる場合の要件について、業務継続計画（ＢＣＰ）を策定した上で、自治体や医療関係団体等が整備する地域の連携体制に参画している場合を追加する。

機能強化型訪問看護ステーションの見直し

・機能強化型訪問看護ステーションの更なる役割の強化を図る観点から、研修の実施等にかかる要件及び評価を見直す。

1．機能強化型訪問看護管理療養費１及び２について、他の訪問看護ステーションや地域住民等に対する研修及び相談の対応実績があることを必須の条件とするとともに、評価を見直す。
【強化】機能強化型訪問看護管理療養費１・２（訪問看護管理療養費）
月の初日の訪問の場合

項目	現行		改定後
・機能強化型訪問看護管理療養費１ ・機能強化型訪問看護管理療養費２	12,530円 9,500円	⇒	12,830円 9,800円

【新設】[施設基準] 機能強化型訪問看護管理療養費１・２の基準
地域の保険医療機関・訪問看護ステーション又は住民等に対する研修や相談への対応について実績があること。

2．機能強化型訪問看護管理療養費１から３までの要件において、在宅看護等に係る専門の研修を受けた看護師が配置されていることが望ましい。
【新設】[施設基準] 機能強化型訪問看護管理療養費１
在宅看護等に係る専門の研修を受けた看護師が配置されていることが望ましい。機能強化型訪問看護管理療養費２と３についても同様。

ICTを活用した遠隔死亡診断の補助に対する評価の新設

・医師がICTを活用して死亡診断等を行う場合において、研修を受けた看護師が当該医師の補助を行うことについて、新たな評価を行う。

医師が行う死亡診断等について、ICTを活用した在宅での看取りに関する研修を受けた看護師が補助した場合の評価として、訪問看護ターミナルケア療養費に遠隔死亡診断補助加算を新設する。
【新設】遠隔死亡診断補助加算（訪問看護ターミナルケア療養費）
別に厚生労働大臣が定める基準に適合しているものとして地方厚生局長に届出た訪問看護ステーションの情報通信機器を用いた在宅での看取りに係る研修を受けた看護師は、医科点数表の区分番号Ｃ００１の注８に規定する死亡診断加算を算定する利用者（特掲診療用の施設基準等（平成20年厚生労働省告示第63号）第４の４の３の３に規定する地域に居住している利用者に限る。）について、その主治医の指示に基づき、情報通信機器を用いて医師の死亡診断の補助を行った場合は、遠隔死亡診断補助加算として、1,500円を所定額に加算する。

[施設基準]　訪問看護ターミナルケア療養費の注４に規定する基準
情報通信機器を用いた在宅での看取りに係る研修を受けた看護師が配置されていること。

(5) 地域包括ケアシステムの推進のための取組（具体的方向性Ⅰ－7）

処方箋様式の見直し（リフィル処方箋の仕組み）

・症状が安定している患者について、医師の処方により、医師及び薬剤師の適切な連携の下、一定期間内に処方箋を反復利用できるリフィル処方箋の仕組みを設ける。

リフィル処方箋について、具体的な取扱いを明確にするとともに、処方箋様式をリフィル処方箋に対応可能な様式に変更する。

1．対象患者

医師の処方箋により、薬剤師による服薬管理の下、一定期間内に処方箋の反復利用が可能である患者

2．主な留意事項

・リフィル処方箋の総利用回数の上限は3回までとする。また、一回当たり投薬期間については、医師が、患者の病状等を踏まえ、個別に医学的に適切と判断した期間とする。
・保険医療機関及び保険医療養担当規則において、投薬量に限度が定められている医薬品及び湿布薬については、リフィル処方箋による投薬を行うことはできない。
・保険薬局の保険薬剤師は、リフィル処方箋により調剤するに当たって、患者の服薬状況等の確認を行い、リフィル処方箋により調剤することが不適切と判断した場合には、調剤を行わず、受診勧奨を行うとともに、処方医に速やかに情報提供を行うこと。
またリフィル処方箋により調剤した場合は、調剤した内容、患者の服薬状況等について必要に応じ処方医へ情報提供を行うこと。
・保険薬局の保険薬剤師は、リフィル処方箋の交付を受けた患者に対して、継続的な薬学的管理指導のため、同一の保険薬局で調剤を受けるべきである旨を説明すること。

【Ⅱ　安心・安全で質の高い医療の実現のための医師等の働き方改革等の推進】関連

①地域医療の確保を図る観点から早急に対応が必要な救急医療体制等の確保（具体的方向性Ⅱ－１）

地域医療体制確保加算の見直し

・地域医療の確保を図り、医師の働き方改革を実効的に進める観点から、地域医療体制確保加算について対象となる医療機関を追加するとともに、要件及び評価を見直す。

１．地域の救急医療体制における過酷な勤務環境を踏まえ、周産期医療又は小児救急医療を担う医療機関を、地域医療体制確保加算の対象医療機関に追加するとともに、520点から620点へ、評価を見直す。

２．医師の働き方改革をより実効的に進めるため「医師労働時間短縮計画作成ガイドライン」に沿った計画の作成を地域医療体制確保加算の要件に追加する。

②各職種がそれぞれの高い専門性を十分に発揮するための勤務環境の改善、タスクシェアリング／タスク・シフティング、チーム医療の推進（具体的方向性Ⅱ－４）

医師事務作業補助体制加算の見直し

・勤務医の働き方改革を推進し、質の高い医療を提供する観点から、医師事務作業補助体制加算について要件及び評価を見直す。

医師事務作業補助体制加算１及び２について、医師事務作業補助者の経験年数に着目した評価に見直す。

医師事務作業補助体制加算1			
項目	現行		改定後
·15対1補助体制加算	970点	⇒	1,050点
·20対1補助体制加算	758点		835点
·25対1補助体制加算	630点		705点
·30対1補助体制加算	545点		610点
·40対1補助体制加算	455点		510点
·50対1補助体制加算	375点		430点
·75対1補助体制加算	295点		350点
·100対1補助体制加算	248点		300点

医師事務作業補助体制加算2			
項目	現行		改定後
·15対1補助体制加算	910点	⇒	975点
·20対1補助体制加算	710点		770点
·25対1補助体制加算	590点		645点
·30対1補助体制加算	510点		560点
·40対1補助体制加算	430点		475点
·50対1補助体制加算	355点		395点
·75対1補助体制加算	280点		315点
·100対1補助体制加算	238点		260点

[施設基準] 医師事務作業補助体制加算１
当該保険医療機関における３年以上の勤務経験を有する医師事務作業補助者が、それぞれの配置区分ごとに５割以上配置されていること。
※医師事務作業補助体制加算２は経験年数及び配置割合の基準なし。

【Ⅲ　患者・国民にとって身近であって、安心・安全で質の高い医療の実現】関連

①情報通信機器を用いた初診に係る評価の新設（具体的方向性Ⅲ－２）

現行の評価（オンライン資格確認等システムを通じた情報活用に係る評価）の廃止

・令和５年度より、保険医療機関・薬局に、医療ＤＸの基盤となるオンライン資格確認等システムの導入が原則義務化されることを踏まえ、当該システムを通じた患者情報の活用に係る現行の評価を廃止。

【廃止】現行の評価（電子的保健医療情報活用加算）の廃止

医科・歯科　マイナ保険証を利用する場合

７点（初診）
４点（再診）

医科・歯科　マイナ保険証を利用しない場合

３点（初診）

調剤　マイナ保険証を利用する場合

３点（月１回）

調剤　マイナ保険証を利用しない場合

１点（３月に１回）

初診時等における診療情報取得・活用体制の充実に係る評価の新設

・国民が医療情報の利活用による恩恵を享受することを推進する観点から、初診時等における情報の取得・活用体制の充実及び情報の取得の効率性を考慮した評価を新設。

【新設】医療情報・システム基盤整備体制充実加算
施設基準を満たす医療機関で初診を行った場合

４点
※調剤は３点（６月に１回）

上記であって、オンライン資格確認等により取得した場合

２点
※調剤は１点（３月に１回）

（１）施設基準
次の事項を当該医療機関・薬局の見やすい場所及びホームページ等に掲示していること。
・オンライン資格確認を行う体制を有していること。（厚労省ポータルサイトに運用開始日の登録を行うこと）
・患者に対して、薬剤情報、特定健診情報その他必要な情報を取得・活用（※）して診療等を行うこと。

※この情報の取得・活用の具体的な方法として、上記にあわせて、初診時の問診票の標準的項目を新たに定めることを予定（薬局については、文書や聞き取りにより確認する項目を定めるとともに、当該情報等を薬剤服用歴に記録することを求める予定）。

（２）算定要件
上記の体制を有していることについて掲示するとともに、必要に応じて患者に対して説明すること。

【Ⅳ　効率化・適正化を通じた制度の安定化・持続可能性の向上】関連

①後発医薬品やバイオ後続品の使用促進（具体的方向性Ⅳ－１）

後発医薬品の使用促進

・後発医薬品の更なる使用促進を図る観点から、後発医薬品の調剤数量割合等に応じた評価等について見直しを行う。

1．後発医薬品の調剤数量割合が高い薬局に重点を置いた評価とするため、後発医薬品調剤体制加算について、後発医薬品の調剤数量割合の基準を引き上げるとともに、評価を見直す。

現行			改定後	
後発医薬品調剤体制加算１	15点	⇒	後発医薬品調剤体制加算１	21点
後発医薬品調剤体制加算２	22点		後発医薬品調剤体制加算２	28点
後発医薬品調剤体制加算３	28点		後発医薬品調剤体制加算３	30点

2．後発医薬品の調剤数量割合が著しく低い薬局に対する調剤基本料の減算規定について、評価を見直すとともに、対象となる薬局の範囲を拡大する。

3．後発医薬品の使用数量割合が高い医療機関に重点を置いた評価とするため、後発医薬品使用体制加算及び外来後発医薬品使用体制加算について、後発医薬品の使用数量割合の基準を引き上げる。

出典：厚生労働省保険局医療課「令和４年度診療報酬改定の概要」（2022年３月４日）、中央社会保険医療協議会総会（第527回）「答申について」（2022年８月10日）

■医療政策決定に関する近年の動向

各項目	2018年度	2019年度	2020年度	2021年度	2022年度	2023年度	2024年度	2025年度	2026年度	2027年度	2028年度	2029年度
経済財政運営と改革の基本方針	●2025年度のPB黒字化。地域医療構想実現に向けた病院機能検討促進。公立・公的医療機関の再編統合											
		●地域医療構想、医師偏在対策、医療従事者の働き方改革の三位一体の医療提供体制。保健医療情報ネットワーク										
			●感染症対策を踏まえた医療提供体制準備、医療・介護分野のデータのデジタル化と国際標準化									
				●感染症対応を踏まえた医療提供体制整備。全世代型社会保障改革。データヘルス改革を着実に推進								
地域医療構想関連	●病床機能報告における定量的評価の導入											
2014年　医療介護総合確保推進法		●厚労省より、公立公的病院（436病院）への病院機能再検証を要請										
2016年に全都道府県で策定		●地域医療介護総合確保基金に「病床減少を伴う機能再編や医療機関統合等の取組に対する助成」が追加										
毎年10月に病床機能報告		●重点支援区域の初回選定										
				●厚労省より、2022年度・23年度中の民間を含めた病院機能再検証について促進指示								
				●総務省より、公立病院経営強化ガイドライン（①2022年度・23年度中の経営強化プラン、②都道府県の調整強化）								
医療計画				●医療部会での検討会								
					●厚労省より、基本方針告示、策定指針通知							
						●8次医療計画策定						
							●8次医療計画		●中間見直し			
働き方改革	●働き方改革を推進するための関係法律の整備に関する法律（医師については、5年間の猶予期間）											
		●タスクシフト・タスクシェア、時間外労働上限検討の取りまとめ										
				●良質かつ適切な医療を効率的に提供する体制の確保を推進するための医療法等の一部を改正する法律								
					●時短計画、医療機関勤務環境評価センターによる第三者評価等の準備期間							
							●医師に対する時間外労働の上限規制の適用開始					
医師偏在対策		●医療法及び医師法の一部を改正する法律施行（地域間の医師偏在の解消等を通じ、地域における医療提供体制を確保する施策）										
			●都道府県ベースの医師確保計画（「医師確保方針」「目標医師数」「具体的な施策」）～3年毎									
				●医師需給分科会にて5次中間取りまとめ（医学部定員に地域枠設置、総合診療専門医、医学部定員等について意見）								
データヘルス改革		●データヘルス改革の進め方について（データヘルス改革の８つのサービスとその先の未来、工程表）										
ゲノム医療･AI 活用の推進		●遺伝子パネル検査が保険適用										
パーソナル･ヘルス･レコード活用の推進			●マイナポータルを活用した乳幼児健診などの健診結果や予防接種情報の閲覧、（2021年度～）薬剤上場の閲覧									
医療･介護現場の情報利活用の推進			●医療保険制度の適正かつ効率的な運営を図るための健康保険法等の一部を改正する法律（オンライン資格確認、医療介護保険データベース等）									
データベースの効果的な利活用の推進			●NDB と介護DBの連結解析		●DBCDBも含めた連結解析							
医薬品・医療機器産業の国際競争力強化、研究開発・国際展開の推進　健康・医療戦略推進会議			●健康・医療戦略（AMEDを核とし研究開発、モダリティ等を軸とした「統合プロジェクト」の推進、最先端の研究開発を支える環境の整備）									
			●医療分野研究開発推進計画(第2期)(医薬品、医療機器･ヘルスケア、再生･細胞医療･遺伝子治療ゲノム･データ、基盤疾患基礎研究ブシーズ開発･研究基盤プロジェクト)									
	●アジア健康構想に向けた基本方針		●アジア医薬品･医療機器規制調和グランドデザイン(アジア域内で、臨床試験実施拠点ネットワークおよび国際的に調和した規制の構築)									
診療報酬改定	●改定		●改定		●改定		●改定		●改定		●改定	
介護報酬改定	●改定			●改定			●改定			●改定		

出典：厚生労働省HP、各種資料を基に作成。

【参考文献】

・内閣府「経済財政運営と改革の基本方針2021」（2021年６月18日）
・財務省「令和４年度予算政府案」
・財務省「令和４年度社会保障関係予算のポイント」（2021年12月）
・第85回社会保障審議会医療部会資料（2022年1月31日）
・四国厚生支局「地域医療介護総合確保基金」（2021年12月24日）
・厚生労働省「成長戦略（2021年）及び規制改革実施計画の概要について」（2021年６月25日）
・厚生労働省「経済財政運営と改革の基本方針2022　新しい資本主義は～課題解決を成長のエンジンに変え、持続可能な経済を実現～」
・厚生労働省「第８次医療計画の策定に向けた検討について」（2021年６月18日）
・厚生労働省「地域医療構想、医療計画について」（2022年１月21日）
・厚生労働省「第16回医師の働き方改革に関する検討会（参考資料２）」（2021年10月14日）
・内閣府「健康・医療戦略推進法」（2015年８月４日）
・厚生労働省「健康・医療戦略及び医療分野研究開発推進計画について」（2020年３月27日）
・厚生労働省「令和４年度診療報酬の基本方針の検討について」（2021年10月４日）
・厚生労働省「第８次医療計画、地域医療構想等について」（2022年３月４日）
・厚生労働省保健局医療課「令和４年度診療報酬改定の概要」（2022年３月４日）
・内閣官房「経済財政諮問会議（令和４年第８回）資料」（2022年６月７日）
・財務省「令和５年度予算　概算要求」（2022年７月29日）
・中央社会保険医療協議会総会（第527回）「答申について」(2022年８月10日)

第3章

医療現場のデジタル化

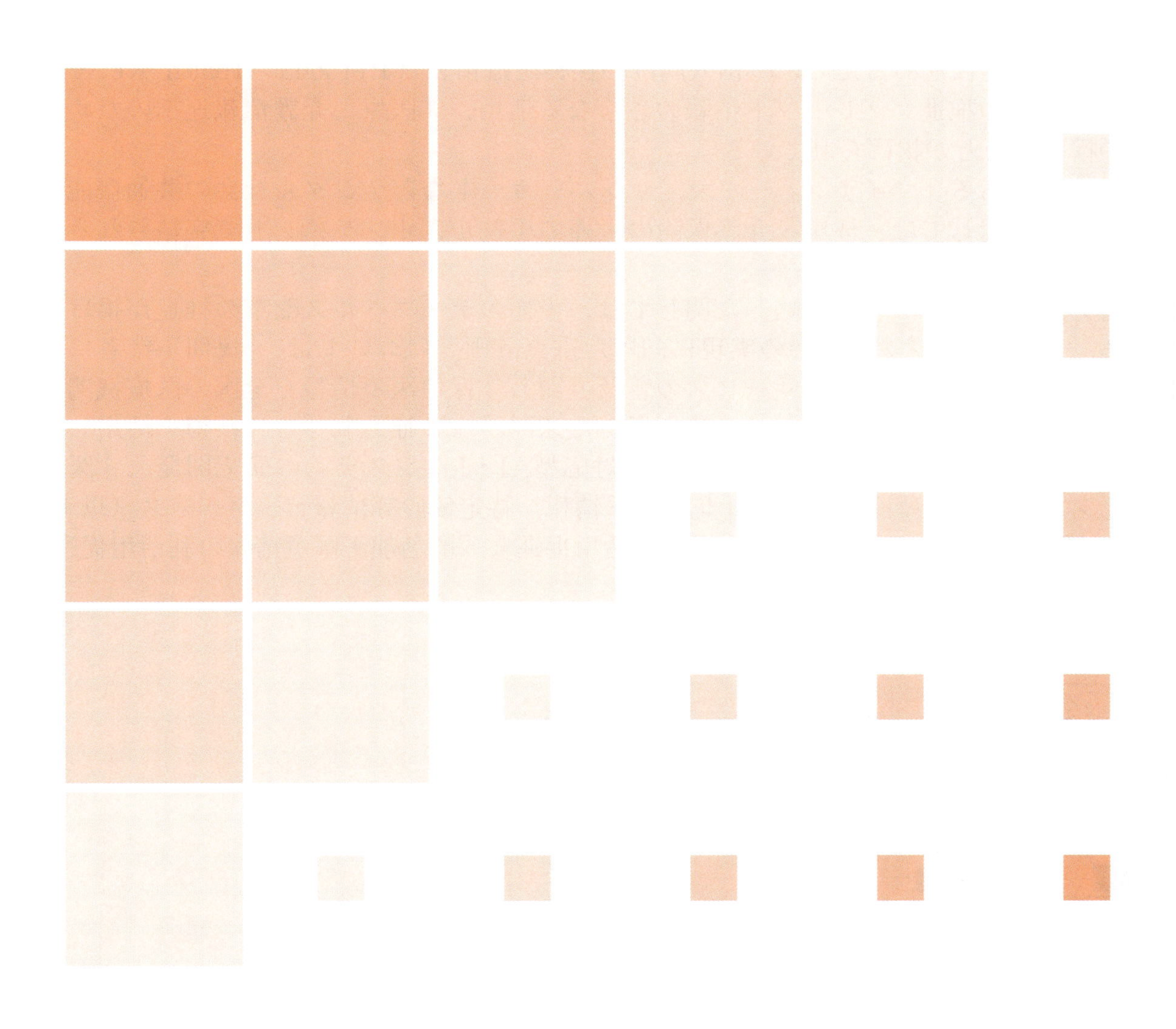

1 医療分野のデジタル化に関する政策動向

ここでは、医療分野のデジタル化に関する政策動向として、2021年９月に発足したデジタル庁における医療分野への取組みと、厚生労働省を中心に進められるデータヘルス改革について概要を確認する。

1 デジタル庁における医療分野への取組み

2021年９月にデジタル庁が発足し、デジタル社会形成基本法や関連法が施行された。また、内閣総理大臣を議長とするデジタル社会推進会議を通じ、デジタル化に向けた検討が進められ、同年12月に「デジタル社会の実現に向けた重点計画」が定められた。ここでは、デジタル庁の「デジタル社会の実現に向けた取組」の３つの柱に沿って、医療分野の取組み施策について確認していく。

１つ目の柱である「徹底したUI・UX／国民向けサービスの実現」に関しては、データヘルス改革を迅速に進めるため、①個人向けの保健医療情報（Personal Health Record。以下、「PHR」）の推進、②レセプト情報のさらなる活用、③医療・介護情報連携のための仕組みの構築、などが掲げられている。

２つ目の柱である「マイナンバー・マイナンバーカードなどデジタル社会の共通機能の整備・普及」に関しては、健康・介護保険の一連の手続が、オンライン上で完結されることを目指すとされている。

３つ目の柱である「データ戦略」に関しては、後述のデータヘルス改革の推進が掲げられている。また、「デジタル社会の実現に向けた重点計画」については、「民間事業者に必要なルールの検討も含めＰＨＲサービスの普及展開」、「保健医療情報を全国の医療機関等で確認できる仕組みの推進」、「ＩＣＴ等を用いた遠隔診療の推進」、「８Ｋ技術を活用した内視鏡手術システムの利活用推進」、「認知症対応型AI・IoTシステムの研究開発」、「医療保険のオンライン資格確認の拡大」、「レセプト情報・特定健診等情報データベース（以下、NBD）に係る情報の充実」、「難病・小慢ＤＢ活用促進」、「匿名加工医療情報の利活用促進」等が挙げられている。

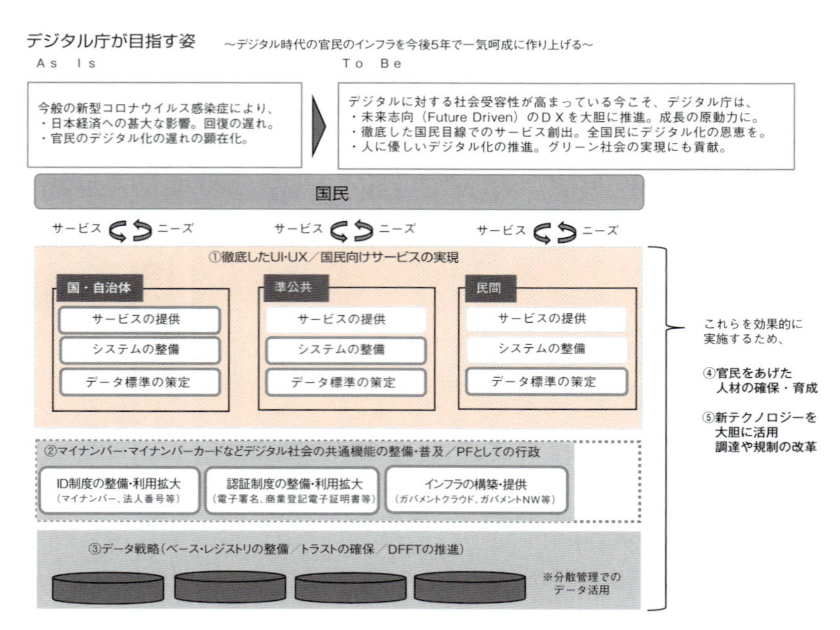

出典：デジタル庁「デジタル社会の実現に向けた取組」（2021年４月12日）を基に作成。

2 データヘルス改革

2015年の骨太方針と日本再興戦略において、2020年までの５年間を医療等分野におけるICT化の「集中取組期間」として、遠隔医療の推進、医療等分野でのデータのデジタル化・標準化の推進、地域医療情報連携等が盛り込まれた。2017年に厚生労働大臣を本部長としてデータヘルス改革推進本部が設置され、「ビッグデータ活用推進に関するデータヘルス改革推進計画及び工程表」等を通じ、2020年度の提供を目標とした８つのサービスが示され、システム開発や実証実験とともに実現に向けて規制緩和等の法改正も進められてきた。2020年度を迎え、８つのサービスを再構築する形で、４つの目指す未来に鞍替えし、新たな工程表が示されている。以下に８つのサービスの現況と４つの目指す未来、さらにそれらを踏まえて進められる工程表を記載する。

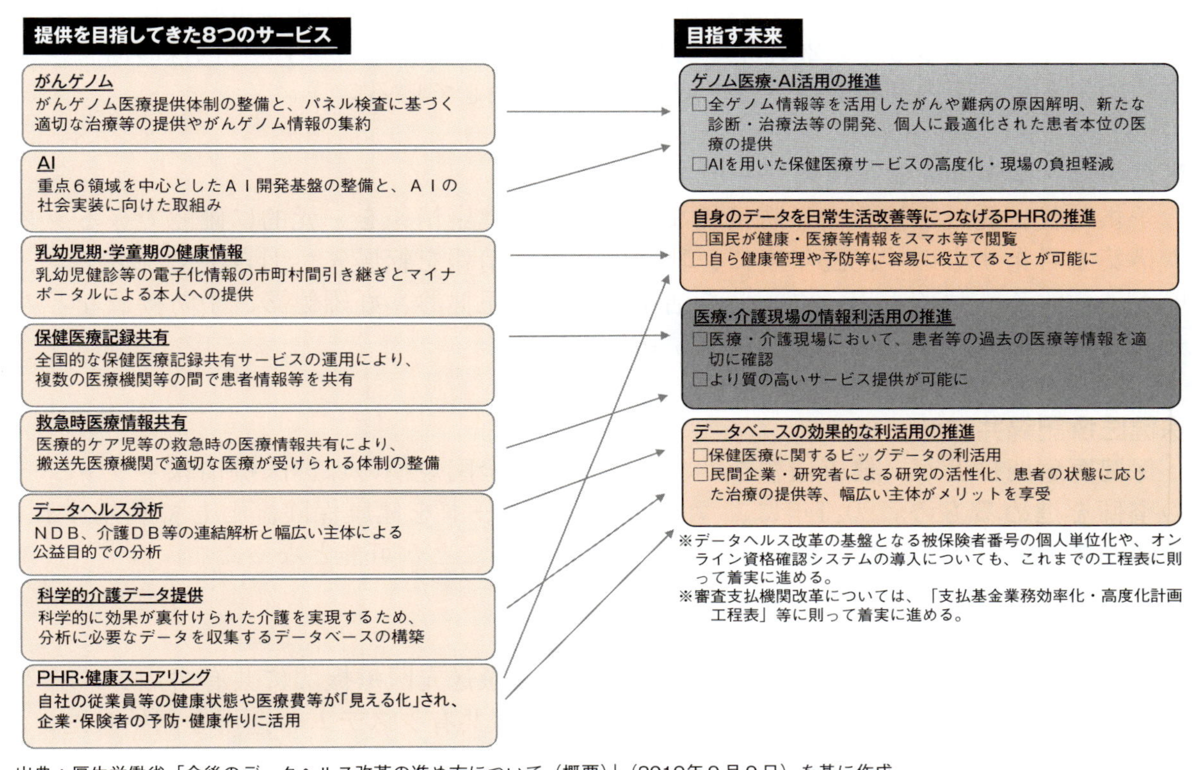

出典：厚生労働省「今後のデータヘルス改革の進め方について（概要）」（2019年９月９日）を基に作成。

■ 8つのサービス

①がんゲノム関連サービス

がんゲノム情報や臨床情報の収集・分析を行い、医療関係者が利活用できるサービスであり、具体的にはがんゲノム医療中核拠点病院等から収集されたがんゲノム治療の開発を目指し、創薬等の革新的治療法や診断技術の開発を推進するものである。2019年６月に遺伝子パネル検査ががんゲノム情報管理センターへの提出を条件に薬事承認を受けた。

②AI関連サービス

AIの実用化が比較的早いと考えられる領域として、1．ゲノム医療、2．画像診断支援、３．診断・治療支援、４．医薬品開発、ＡＩの実用化に向けて段階的に取り組むべきと考えられる領域として、５．介護・認知症、６．手術支援、の計６領域を重点領域として研究開発を進めるもの。2019年３月には、ＥndoＢＲＡＩＮが内視鏡画像診断支援ソフトウエアとして国内初の薬事承認を取得し販売開始している。

③乳幼児期・学童期の健康情報サービス

子供時代に受ける検診や予防接種などの個人の健康情報を一元的に確認できるシステム構築を目指すもの。2020年度に、乳幼児期健診情報を転居先へ引き継ぐシステム、政府が運営する「マイナポータル」を活用し、乳幼児健診、妊婦健診、予防接種などの個人の健康情報歴が一元的に確認できるようになった。

④保健医療記録共有サービス

保健医療関係者が、健康情報を共有するための全国規模の保健医療情報ネットワークの整備を進めるもの。2021年に、マイナンバーカードを健康保険証として利用すれば、医師／薬剤師が特定健診情報／薬剤情報を閲覧することが可能となった。

⑤救急時医療情報共有サービス

緊急時や災害時に医療的ケア児等の医療情報を搬送先医療機関に共有するシステム構築を進めるもの。2021年に医療的ケア児等医療情報共有システムの運用を開始した。

⑥データヘルス分析関連サービス

健康・医療・介護のビッグデータを個人単位で連結させ、研究開発や分析等に役立てるサービス構築を進めるものである。2019年の健康保険法改正で、ＮＤＢ・介護ＤＢ・ＤＰＣＤＢの３つの公的データベースを連結し、研究者や民間・保険者などの第三者がデータ解析できるようになった。2022年４月よりＤＰＣＤＢもあわせた連結解析が可能になる他、介護ＤＢに科学的介護情報システム「ＬＩＦＥ」の情報も加わることで、世界に類を見ない医療・介護のビッグデータの構築がなされる。

今後の展望として、特定健診等情報と診療情報とＤＰＣデータを連携解析することで、健康情報と疾病と死亡率の関係性も可視化でき、また、介護ＤＢとの連携解析によって、医療的なイベントと介護サービスの種類・量・費用と要介護度・ＡＤＬ等との関係性も把握できる。これらを通じて、健康長寿の延伸に貢献してくれる将来を期待できる。また、医療費と介護費の関係性を解析することで、社会保障負担と最適な医療介護の在り方についての示唆も得られるものと考えられる。また、さらなる多様な活用法も見込まれ、今後の利活用について大きな期待が寄せられる。今後は、がん登録ＤＢ、難病·小慢ＤＢ、

ＭＩＤ－ＮＥＴ等の公的医療データベースとの連携も検討されており、今後も、さまざまな検討や法整備が進められる分野である。

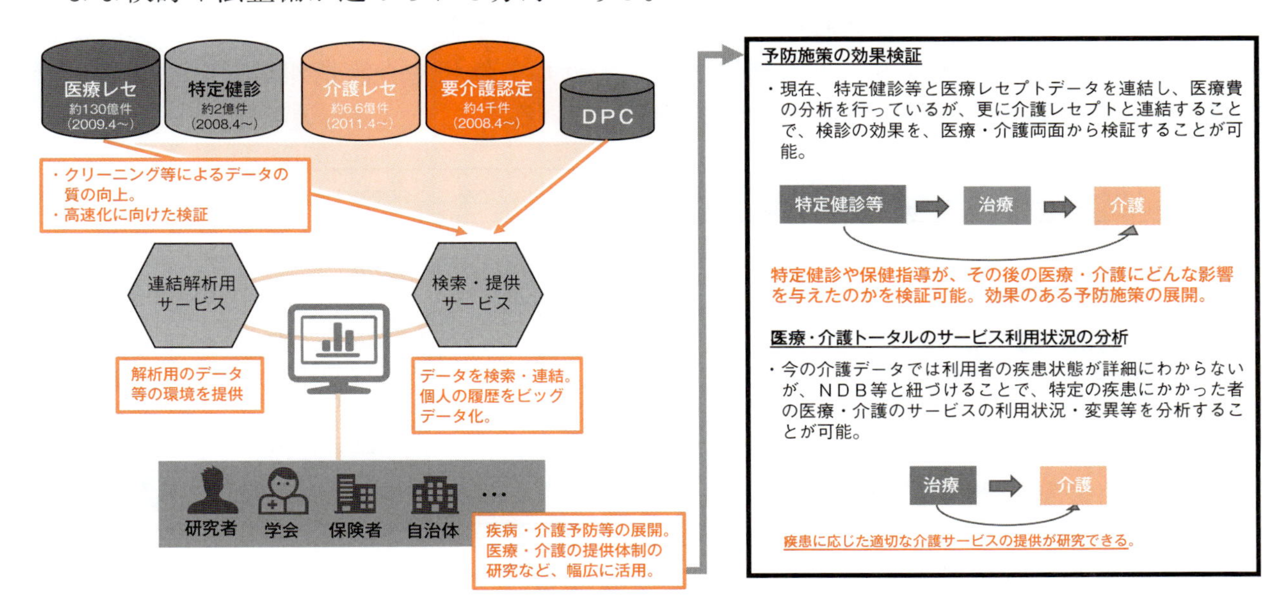

出典：未来投資会議「データ利活用基盤の構築」（2017年10月27日）を基に加工。

⑦ 科学的介護データ提供サービス

介護の科学的分析のためのデータベース構築を進めるもの。具体的には、介護ＤＢ等のデータ分析と介護現場でのエビデンス蓄積を進め、ケアだけでなく認知症のキュアにも焦点を充てたデータベースを整備する。2021年４月に科学的介護情報システム「ＬＩＦＥ」が本格稼働し、介護報酬に「科学的介護推進体制加算」が措置された。

⑧ PHRサービス、健康スコアリングサービス

健康状態や予防・健康増進等の取組み状況に関するデータを集約・分析・スコアリングで可視化するサービスの構築を目指すもの。2018年度より、健保、国保等への健康スコアリングレポート配布がスタートしている。2020年10月より民間事業者のＮＤＢの匿名情報の利用が解禁、民間事業者の市場参入が進んでいる。

■ 4つの目指す未来と工程表

以下に4つの目指す未来と、実現に向けた2025年度までの工程表を記す。

8つのサービスを発展させる形で、マイナポータル等を通じたクラウド上の保健医療情報取得、健康情報やレセプト・処方箋情報、電子カルテ情報や介護情報等の医療機関や研究機関や民間事業者での利活用推進等が掲げられている。

		2020年度	2021年度	2022年度	2023年度	2024年度	2025年度
①自身の保健医療情報を閲覧できる仕組みの整備	健診・検診情報						
	乳幼児健診・妊婦検診	マイナポータルで閲覧可能（2020年6月～）					
	特定健診		マイナポータルで閲覧可能（2021年10月～）				
	事業主健診（40歳未満）				マイナポータルで閲覧可能（2023年度中～）		
	自治体検診 がん検診、骨粗鬆症検診 歯周疾患検診、肝炎ウィルス検診			マイナポータルで閲覧可能（2022年度早期～）			
	学校検診（私立等含む小中高）					※2024年度中に全国の学校で対応 マイナポータルで閲覧可能(2022年度早期～)	
	予防接種	2017年6月以降の定期接種歴はマイナポータルで閲覧可能（2017年6月～）					
	安全・安心な民間PHRの利活用の促進に向けた環境整備		マイナポータルと民間PHR事業者のAPI連携開始（2021年度早期～）		適正な民間PHRサービスの提供に向けて第三者認証制度等の運用開始（2023年度～）		
	より利便性の高い閲覧環境の在り方の検討					検討結果を踏まえた措置（2024年度以降順次）	
	レセプト・処方箋情報						
	薬剤情報 （レセプトに基づく過去の処方・調剤情報）		マイナポータルで閲覧可能（2021年10月～）				
	電子処方箋情報 （リアルタイムの処方・調剤情報）			マイナポータルで閲覧可能（2022年度～）			
	医療機関名簿、手術透析情報等、医学管理等情報			マイナポータルで閲覧可能（2022年度～）			
	医学的ケア児等の医療情報	MEIS本格運用開始（2020年7月～）					
	電子カルテ・介護情報等						
	検査結果情報・アレルギー情報					マイナポータル等で閲覧可能（2024年度～）	
	告知済傷病名					マイナポータル等で閲覧可能（2024年度～）	
	画像情報					マイナポータル等で閲覧可能（2024年度～）	
	介護情報.					次期システムの運用開始によるデータに基づく更なるフィードバック等（2024年度～） マイナポータル等で閲覧可能（2024年度以降順次～）	
	その他の情報						マイナポータル等で閲覧可能（2025年度以降順次～）

		2020年度	2021年度	2022年度	2023年度	2024年度	2025年度
②医療・介護分野での情報利活用の推進	医療機関等で患者情報が閲覧できる仕組み	患者本人が閲覧できる情報（健診情報やレセプト・処方箋情報、電子カルテ情報、介護情報等）は、本人同意の上で、医療機関・介護事業所等でも閲覧可能とする仕組みを整備（2020年度以降順次～）	特定健診情報・薬剤情報（レセプトに基づく過去の処方・調剤情報）は2021年10月～閲覧可	※災害・救急時には、本人確認のみで情報を閲覧可能な仕組みを整備 電子処方箋情報（リアルタイムの処方・調剤情報）2022年度夏～			
	医療機関間における情報共有を可能にするための電子カルテ情報等の標準化	すでに情報交換（画像情報・検査情報等）している医療機関など、準備が整っている機関では、下記にかかわらず共有開始		対応可能な所から順次情報共有（2022年度以降順次～）		システム稼働（2024年度以降順次）	
	自立支援・重度化防止等につながる科学的介護の推進		事業所・利用者単位のフィードバックや解析による科学的介護の推進（2021年度～）			次期システムの運用開始によるデータに基づく更なる科学的介護の実現（2024年度～）	
	公衆衛生と地域医療の有機的連携体制の構築等					全ての感染症について、有事を想定した保健所と医療機関の有機的連携体制の運用（2024年～）	
③ゲノム医療の推進	「全ゲノム解析等実行計画」	「全ゲノム解析実行計画」を着実に推進し、全ゲノム解析等の成果を患者に還元するとともに、研究・創薬などに向けた活用を進め、新たな個別化医療等を患者に届けるための体制整備を進める（2020年～）					
④基盤の整備	審査支払機関改革	支払基金・国保連において、データヘルス関係業務を順次拡大。まず、マイナンバーカードを保険証として利用可能とする仕組みの運用（オンライン資格確認業務）を開始（順次拡大）				更改後の国保総合システムの稼働（2024年4月～）	

出典：厚生労働省「データヘルス改革に関する工程表について」（2021年6月4日）を基に加工。

3 次世代医療基盤法

2018年５月に「医療分野の研究開発に資するための匿名加工医療情報に関する法律」（「次世代医療基盤法」）が施行された。この法律の目的は、匿名加工医療情報に関し、匿名加工医療情報作成事業を行う者の認定、医療情報及び匿名加工医療情報等の取扱いに関する規制等を定めることにより、健康・医療に関する先端的研究開発と新産業創出を促進し、健康長寿社会の形成に資することである。法律の内容については、匿名加工医療情報に関する施策の基本方針や特定匿名加工医療情報を作成する認定事業者（以下、「認定事業者」という。）の責務、認定事業者に対する医療情報の提供についての事項が盛り込まれている。

次世代医療基盤法のもとでは、個人の権利利益の保護に配慮しつつ、匿名加工された医療情報を安心して円滑に利活用する仕組みを整備することが重要であり、以下の２点が求められている。１点目は「高いセキュリティを確保し、十分な匿名加工技術を有するなどの一定の基準を満たし、医療情報を取得・整理・加工して作成された匿名加工医療情報を提供するに至るまでの一連の対応を適正かつ確実に行うことができる者を認定する仕組みを設けること」、２点目は「医療機関、介護事業所、地方公共団体等は、本人が提供を拒否しない場合、認定事業者に対し、医療情報を提供できるようにすること」である。患者・国民にとっては、自らの医療情報を提供することで、匿名加工医療情報の利活用による医療分野の研究開発の成果が現場に還元されることを通じ、提供される医療の進歩に繋がるという恩恵がもたらされる可能性がある。

今後は、医療情報利活用の体制が迅速に整備され、医療情報が有効活用されることにより、医療の進歩を通じた健康長寿社会の形成実現が期待されている。

■ 次世代医療基盤法における医療情報利活用のイメージ

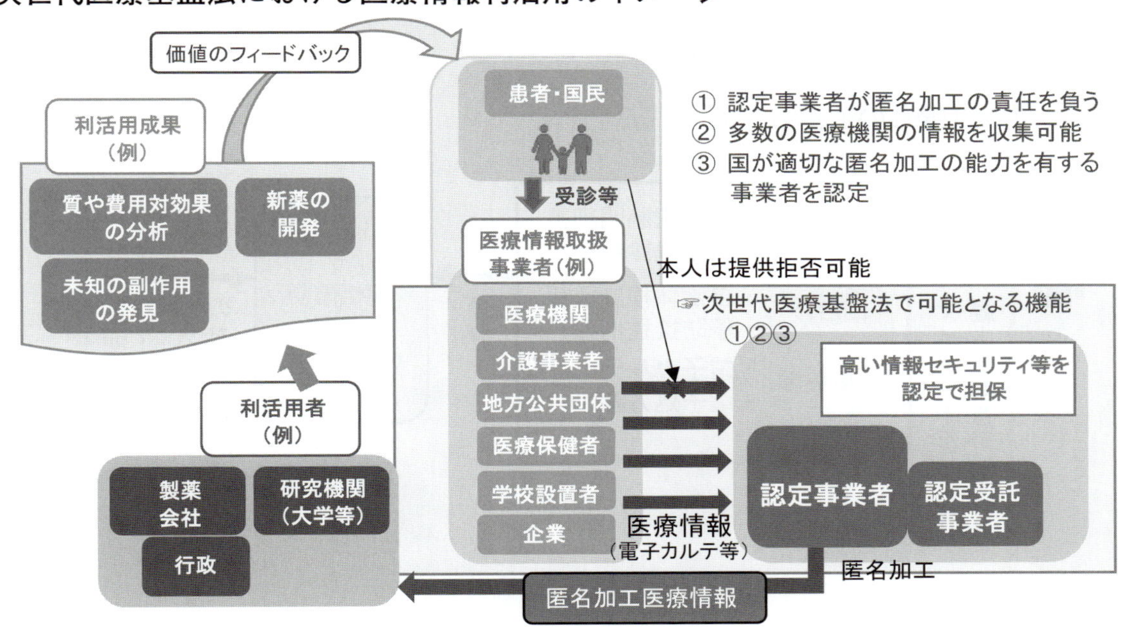

出典：内閣府「次世代医療基盤法とは」（2020年３月）を基に作成。

4 2022年骨太方針での重点デジタル化施策

2022年骨太方針では、医療介護分野におけるＤＸを含む技術革新を通じたサービスの効率化・質の向上のため、内閣総理大臣を本部長として関係閣僚から構成される「医療ＤＸ推進本部」を設置し、法政上の措置を伴って、「全国医療情報プラットフォームの創設」、「電子カルテ情報の標準化」、「診療報酬改定ＤＸ」の取組みが進められることが明言された。ここでは、これらの３つの取組みの内容について取り上げる。

（1）全国医療情報プラットフォームの創設

・レセプト請求や保険加入確認のために、医療保険者と医療機関や薬局の間で、国民健康保険中央会が運営主体となって構築された、オンライン資格確認等に利用される情報ネットワークを拡充することで、レセプトや特定健診情報だけでなく、予防接種や電子処方箋情報、電子カルテなどの医療介護全般にわたる情報を共有・交換できる。この全国的なプラットフォームが「全国医療情報プラットフォーム」と呼ばれている。
・オンライン資格確認については、2022年度中に全施設導入に向けた取組みが進められており、診療報酬上も、オンライン資格確認システムで患者情報を取得し、診療した場合、初診７点、再診４点などが加算できる「電子的保険入用情報活用加算」が新設された。さらに、オンライン資格確認の導入補助金も2021年３月末までは補助額が100％、2023年３月31日までは補助額が3/4となっており、導入インセンティブも設けられている。
・マイナンバーカードで受診した患者は、本人同意のもと、「全国医療情報プラットフォーム」を活用して、登録された情報を医師や薬剤師と共有でき、質の高い医療に繋がる可能性がある。さらに、マイナンバーカードによる電子署名を活用し、患者や医療関係者の負担軽減が図られる可能性がある。
・死亡に関する情報について、レセプト情報等と連結することで研究利用できる法整備も検討されている。
・また、民間のPHRとの連携も想定される。

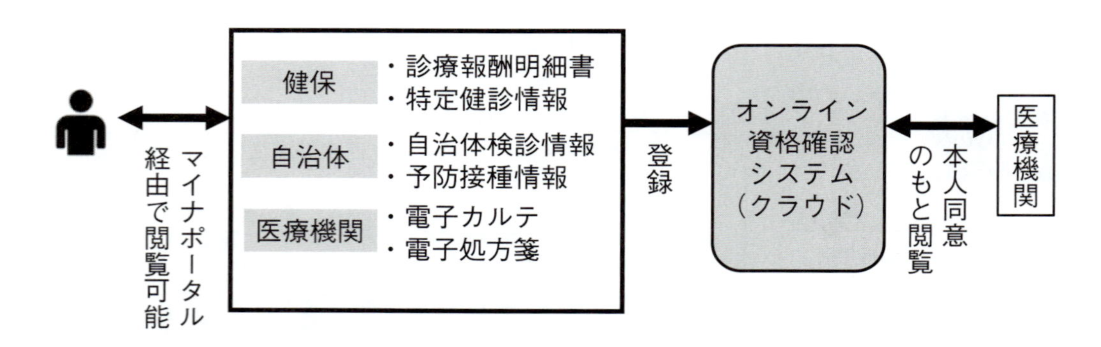

（2）電子カルテ情報の標準化

・電子カルテの標準化は、医療介護連携の促進の観点や、全体のコスト軽減の観点からも重要性は認められつつも、既に複数のベンダーが別々の仕様のシステムを活用し、これが広く行きわたっているため、実現のハードルは高いとされてきた。

・国の「健康・医療・介護情報利活用検討会」の中の「医療情報ネットワークの基盤に関するワーキンググループ」では、医療機関間の入退院調整や専門医やかかりつけ医の情報共有を効率的・効果的に行うことで質の高い診療やケアが実現される将来を目指し、電子カルテ標準化の実現に向けて協議が進められている。また、電子カルテで保有するデータを治療の最適化やＡＩ等の医療技術開発、創薬に活用するためにも標準化は有用とされている。

・標準化に当たっては、国際標準となりつつあるＨＬ７ＦＨＩＲ規格を活用し、国で共有すべき項目の標準コードや交換手順を定めていくことが検討されているが、全ての電子カルテを統一規格とするものではなく、地域医療連携などで求められる最低限の項目について標準化を行うべきだという意見も出されており、どういうレベルでの標準化になるかは今後の論点となっている。

・また、医療機関の導入インセンティブとして、中小規模（400床以下）の医療機関を対象に、標準規格準拠の電子カルテ更新に係る一部費用補填、電子カルテ未導入の場合は新規導入費用補填などの措置（医療情報化支援基金の活用等）が検討されている。

（3）診療報酬改定に関するＤＸの取組み

・診療報酬改定に関しては、骨太方針の中で「デジタル時代に対応した診療報酬やその改定に関する作業を大幅に効率化し、システムエンジニアの有効活用や費用の低廉化を目指すことをいう。これにより、医療保険制度全体の運営コスト削減につなげることが求められている」とされている。政府、審査支払機関、一般社団法人保健医療福祉情報システム工業会を中心に具体的な議論が進められている。

・従前、診療報酬改定前後に医療機関にはベンダーが張り付き、院内のシステム改修を進めるのが一般的であり、医療機関側にとってはコストが膨らむ一方で、ベンダーにとっても個々の医療機関に合致した改修が必要であることから、スケールメリットが出ず、課題となっていた。

・方策案としては、政府、審査支払機関、ベンダーが協力して「共通の診療報酬算定モジュール」をつくり、診療報酬改定においてはこの更新を行うだけで、ベンダーや医療機関の負担軽減が図られるものがイメージされている。電子カルテと連動するため、コストメリットが出れば、電子カルテ導入にも繋がることが期待されている。

ここまで、医療のデジタル化に関する政策動向を概観してきたが、医療は国民生活を支える重要なインフラとして、政策的にも進められる分野であり、今後も動向を注視したい。

2 ｜ 米国での医療分野のデジタル化に係る政策動向

日本と米国では保険制度等、医療に関するバックグラウンドが大きく異なっており、単純な比較はできないが、医療分野のデジタル化が進む米国の状況について触れておく。

1 米国の医療分野のデジタル化に関する政策機関

米国では、健康福祉・医療・公衆衛生等を担う保健福祉省（ＨＨＳ）が、医療分野のデジタル化に関する政策のイニシアチブをとっている。また、ＨＨＳ傘下の医療ＩＴ全米調整官室（ＯＮＣ）とメディケイドメディケアサービスセンター（ＣＭＳ）が、それぞれ医療分野のデジタル化に関する役割を担っている。ＯＮＣは、相互運用性がある医療ＩＴ基盤確立や共通臨床データセットの構築をミッションとして、医療IT認定基準の策定、さらには医療基盤の官民パートナーシップの運営を担っている。一方、ＣＭＳは、共通のデータベースを整備し、病院や患者等の医療関連データの統計処理及び調査分析／データ分析による医療行為の改善、メディケアとメディケイドデータの集計・分析を通じた、保険償還制度の構築、Blue ButtonとよばれるＰＨＲプラットフォームのＡＰＩの効果的活用をミッションに、これらデータベースやＰＨＲプラットフォームの管理や保険償還制度の構築を担っている。

■ 米国の医療分野のデジタル化に関する政策機関と役割イメージ

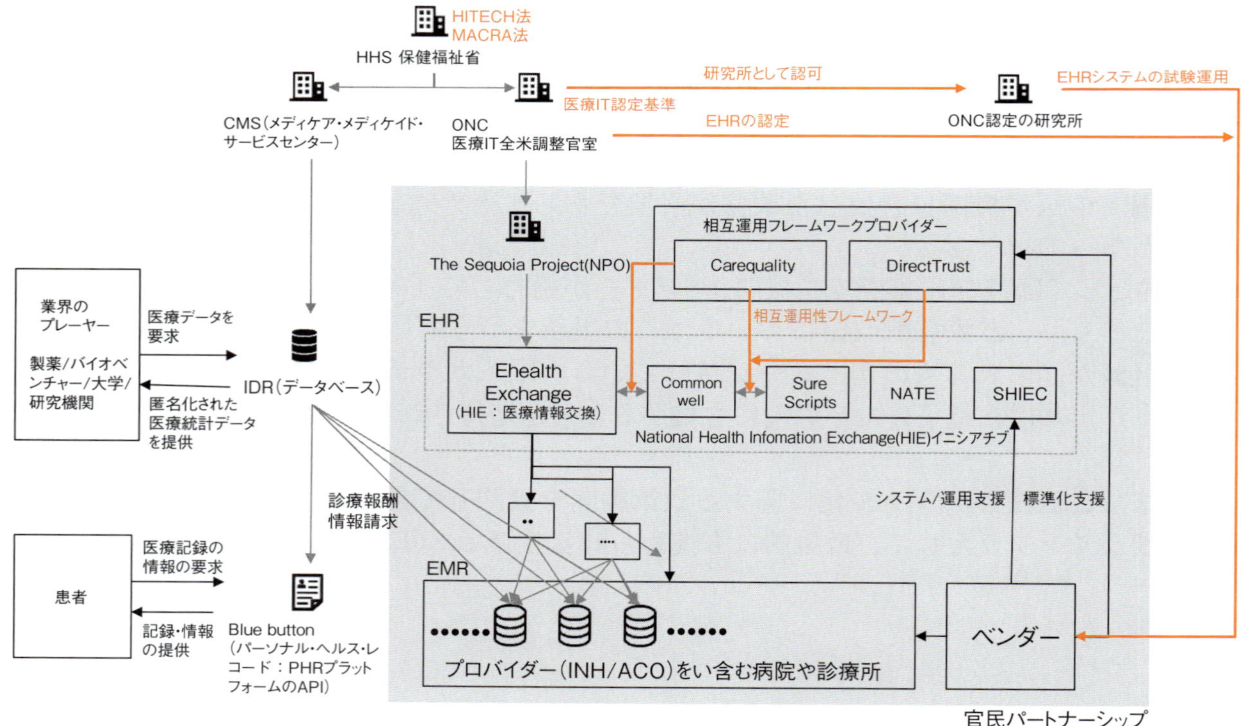

出典：厚生労働省「諸外国における医療情報連携ネットワーク調査」（2019年３月29日）を基に作成。

2 医療分野のデジタル化に関する政策（ブッシュ政権下の基盤整備）

米国の医療分野のデジタル化に関する政策は、ブッシュ政権下の2004年「医療ITイニシアチブ」発表まで遡る。このイニシアチブを基に、2014年までに国民大半がＥＨＲ（Electronic Health Record）をもち、各自にアクセス可能にする基盤整備をミッションとする等、医療ＩＴ促進政策がスタートし、ＨＨＳ内に実行機関としてＯＮＣが設置された。また、試験的に医療機関に対して助成金とセットで医療情報交換基盤である国家医療情報ネットワーク（ＮＨＩＮ）を導入した。

3 医療分野のデジタル化に関する政策（オバマ政権下の医療情報インフラ整備促進）

その後、オバマ政権となった2009年に、リーマンショック後の景気浮揚策である「米国復興・再投資法（ＡＲＲＡ）」に基づき、「医療ＩＴ導入促進計画」が策定された。また、ONCは新たに、承認・標準化済み電子カルテ技術の奨励、相互運用性のある医療情報交換基盤（ＨＩＥ）の促進、安全、効率的で、経費効率・医療品質の高いヘルスケアの提供を推進するという新しいミッションを受け、医療情報インフラ整備に係る取組みが大きく加速した。2010年と2011年には、ＯＮＣが定義した標準規格の電子カルテやＥＨＲ等を対象とする、総額約200億ドルの助成等プログラムが執行され、小規模病院や診療所での導入が加速した。2012年には、Sequoia Project社が eHealth Exchange（旧ＮＨＩＣ）を継承し、あわせてCarequarityという、各ＥＨＲ間の相互運用性を担保するための標準規格運営も担い、官民パートナーシップも活かし、ＨＩＥイニシアチブを進めている。

このeHealth Exchangeは、個別病院の標準化された電子カルテと連結し、既に全 50 州に展開している大規模な ＥＨＲとなり、米国内の病院のうち50％が参加、約１億人の患者と約8,300 の薬局が利用している。さらにＣＭＳの管理するデータベースと連携し、ビッグデータとして医療業界での利用やＰＨＲへの活用に展開されている。こうした巨大なＥＨＲもあり、2017年の標準規格に則ったＥＨＲ普及率は７割程度となっている。

さて、オバマ政権下で2015年に「メディケアアクセスとチップ再承認法（MACRA）」か制定された。ＭＡＣＲＡは、医療行為に対する量ベースの支払いから、いわゆる価値基準の支払いへ保険償還制度を移行することを企図しており、医療行為は品質とコストの指標によって評価され、支払調整されることとなる。具体的な運用としては、医療行為のデータを集約するため、医療機関はＥＨＲ利用、メリットベースのインセンティブ決済システム（ＭＩＰＳ）等の使用を求められる。また、2016年には、21 世紀における新しい治療法の発見、開発、臨床現場への導入をさらに迅速化することを目的とした「21世紀医療法」が成立した。同法については多岐にわたるため割愛するが、特に疾病研究に関する米国国立衛生研究所（ＮＩＨ）への毎年48億ドルの拠出、アメリカ食品医薬品局（ＦＤＡ）の承認審査プロセスの簡便化（リアルワールドデータの尊重）などが上げられる。同法のもと、遠隔医療やモバイル医療アプリケーション等医療分野のデジタル化の促進を支援するデジタルヘルスプログラムが進んだ。具体的な規制緩和策の１つとして、連邦食品医薬品化粧品法の「デバイス」の定義から、特定のソフトウェア（管理上の支援、健康なライフスタイルの維持又は促進、電子患者記録としての提供等）が除外された。

4 医療分野のデジタル化に関する政策（トランプ政権以降の規制緩和等）

その後、トランプ政権下でも21世紀医療法の方針が継続され、デジタルヘルス分野の具体的な推進策や規制緩和が進められた。2017年に「デジタルヘルス・イノベーション行動計画」が発表され、ビジョンとして、21世紀医療法の医療ソフトウェア規定に関するガイドライン発行、デジタルヘルスに関するパイロット事前認証プログラムの立ち上げ、FDAのデジタルヘルス部門における人材拡充と専門性の構築を掲げられた。このビジョンに基づき、各種規制緩和が進められた結果、民間開発や民間投資も促進され、デジタルヘルス・テクノロジーと人工知能／機械学習はかつて無いスピードで進展した。

バイデン政権においては、デジタルヘルス領域は新型コロナウイルスの状況も踏まえて重要な政策領域だとコメントされている一方で、医療分野のデジタル化に関する目立った施策は出されていない。一部の民主党議員からは、事前認証制度及び医療製品の承認又は許可の際にリアルワールドデータを受け入れることについて、公衆衛生を損なう可能性があるとして懸念が示されており、今後の政策展開は不透明である。

また、個人情報保護については、2003年の「医療保険の携行性と責任に関する法律（ＨＩＰＡＡ）」以降、2009年の「医療情報技術に関する法律（ＨＩＴＥＣＨ）」や、2017年のガイドライン改定を受け、電子カルテやＰＨＲに含まれる患者情報及び健康情報等に関する定義、加えて罰則を明確化した上で匿名情報の共有を認める形で、プライバシーやセキュリティ保護と医療分野のデジタル化を両立することを目指すとされている。

5 日米の政策を概観した所見

日本と米国の医療分野のデジタル化に関する政策動向の共通点は、政策主導で医療分野のデジタルインフラそのものの構築支援や匿名加工医療情報等の必要な規制緩和を進めて来た点にある。米国においては、政権交代はあったが、トップダウンで強い金銭的インセンティブによってＥＨＲの標準化や普及が進められてきた。一方で、日本ではＥＨＲ普及は約３割に留まるものの、８つのサービスで取り上げた、医療関連情報のデータベース連携やマイナンバーを通じたデジタルインフラ整備が進んだ。両国とも、これらインフラ整備や民間企業の巻き込みについては道半ばであり、さらに実際の医療現場や患者にとって、有益に活用されるかについて、結論が出ているとはまだ言い切れない。今後も政策主導で進められる領域でもあるため、医療分野のデジタル化を見ていく上では、引き続き政策動向をフォローしていくことが望ましいと考えられる。

3 | 近年の動向

1 米国の民間開発事業者の近年の動向

次に、デジタルヘルス関連のベンチャー企業の近年の資金調達状況とプラットフォーマーの動向を紹介し、米国の民間の開発事業者の動向を見ていくこととする。

Rock Health社[1]の調査によると、デジタルヘルス関連のベンチャー投資総額は、2011年の13億ドルから右肩上がりで増加しており、1件あたりのディール規模も拡大してきている。この背景として、前述のとおり、米国では政策主導でEHRや電子カルテの普及が進められてきたが、これらの開発には民間事業者が主体として関わっており、2016年の21世紀医療法以降、デジタルヘルス関連の規制緩和や承認プロセスの簡便化が民間企業の参入も加速させ、さらに2020年以降の新型コロナウイルスの影響により、遠隔医療等の医療分野のデジタル化が加速した面があると考えられる。

2021年には、デジタルヘルス関連のベンチャー投資総額は291億ドル、729件のディールがあり、1社あたりの平均投資額は3,990万ドルと、いずれも史上最高額を記録した。この背景としては、ディール件数の増加に加えて、ダイエット・フィットネスプランの提案を行うスマホアプリを提供するNoom社の5.4億ドル、オンラインでの診断・投薬・ケアサービスを提供するRo社の5億ドル、医療機関向けに開発プラットフォームやAPI連携サービスを提供するCommure社の5億ドルを筆頭に、88件ものメガディール（1億ドル以上）が実現したことが挙げられる。

米国における医療デジタルベンチャーの資金調達総額（2011-2021）

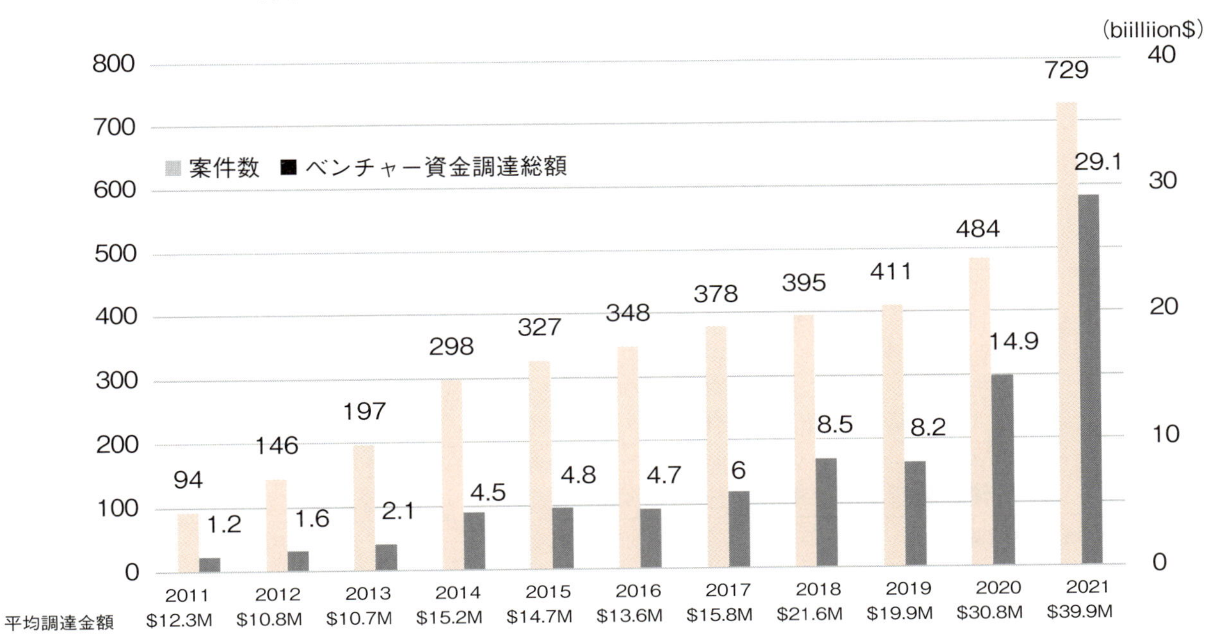

出典：Rock Health「2021year-end digital health funding: Seismic shifts beneath the surface」（2022年2月10日）を基に作成。

また、ベンチャー企業の資金調達について、以前はアプリケーションや治療系ソリューション提供が目立っていたが、近年では、病院向けに医療管理システムを提供するInnovaccer社やRibbon Health社、医療ビッグデータの暗号化技術を開発するTriple Blind社、患者情報のデータベース構築を手掛けるScience IO社など、データヘルス関連のベンチャー企業の増加が際立っている。

1 米国を拠点に、デジタルヘルス関連のベンチャー企業に資金提供、投資家やパートナー企業とのマッチング、法務サービス、オフィススペースまで包括的なサービスを提供するシード・ファンド

次に、プラットフォーマーと呼ばれるＩＴ企業５社（Google、Apple、Meta、Amazon、Microsoft）も、M&Aなどを通じて成長分野として独自のサービス構築を進めている。

■ プラットフォーマー各社の取組み内容

企業名	取組み内容
Amazon	・専用のアプリ（Amazon Care）を利用した、看護師や医師によるオンラインの医療相談、対面でのケアが必要な場合には「往診」にも対応し、医療従事者を自宅に派遣、血液検査や胸部検査、処方箋も自宅へ配達 ・オンライン（Amazon Pharmacy）での処方薬、医薬品の注文、購入、処方箋の管理、各種保険の登録などを実現 ・プライマリケアのプラットフォーム構築を盤石にすべく、約39億ドル（約5,320億円）で遠隔診断を提供する会員制プライマリケア大手のOne Medical社を買収すると発表。同社のプライマリケア領域の事業基盤（オフラインの188の医療機関、80万人分の電子カルテデータ、プライマリケア及びバーチャルケア事業）の取得が目的と考えられる ・病院、薬局などの医療データを収集・分析、医療機関、保険会社、製薬会社等に医療情報を抽出し、提供（Amazon HealthLake） ・フィットネスバンド（Amazon Halo）による生体データ取得
Microsoft	・Microsoft Cloud for Healthcareは、治療支援や医療従事者の生産性向上、オンラインを前提とした医療ニーズの多様化に対応したプラットフォーム。Azure API for FHIRは、安全なセキュリティ環境で医療データの高速なやりとりを実現 ・2022年にＡＩによるスピーチテクノロジーを手がける企業Nuance Communicationsを197億ドル（約２兆6,900億円）で買収。同社製品の１つである「Dragon Ambient eXperience」は医師と患者の会話を電子カルテに反映するシステム
Google	・臨床医が医療記録情報をより素早く見つけられるようにする臨床向けソフトウェアCare Studioを提供するとともに、医療者従事者にワークフローツール・アラート・分析（患者の状態変化への迅速な対応や業務効率化等に活用）機能を有するデバイスを提供 ・さらに、医療IT大手MEDITECH社のグローバル展開するEHRを連携することで、より高付加価値なEHRを共同して提供していく ・画像診断等ＡＩを利用した疾患スクリーニングサービス（皮膚科・眼科支援ツール、乳がんの検出、肺がんの検出） ・Androidスマートフォンを活用した健康記録、運動記録のデータ化
Apple	・Apple Watchと心電図アプリによる心房細動患者の臨床試験 ・iPadやiPhone端末により電子カルテ情報（患者情報の確認）の確認、患者番号・投薬量のバーコードスキャン ・モバイル端末により、自宅での新生児ケア、慢性疾患管理 ・Apple Watchによる生体データ取得・分析
Meta	・メタバースによる遠隔医療により、診療に近いものを計画 ・健康診断やワクチン接種、検診等の受診を促す健康管理ツール

出典：各社ＨＰ、各種資料を基に作成。

以上のように、近年ではベンチャー企業やプラットフォーマーの市場進出や資金流入を通じ、医療分野のデジタル分野の開発が加速している。

4 国内の医療現場

1 デジタル導入の状況

政府のデジタル化推進、医療現場の働き方改革、ストレスチェックの義務化等を受けた企業の健康経営への関心、消費者の健康寿命への関心、コロナ禍を受けたオンライン診療の必要性拡大等の背景から、電子カルテ事業者でも新たなデジタルサービスの開発を進めているほか、多種多様なベンチャー企業（本章の末尾に参考リストを掲載）も設立されており、こうした民間事業者が医療現場におけるさまざまなデジタルサービスの導入の受け皿になっている。各機関の市場予測でも、こうした背景から今後も継続して拡大が見込まれる市場とされている。

足元の国内の医療現場のデジタル化について、総合病院の公表情報から得られた、導入が進んでいるデジタルサービスと、それを前提に将来的に考え得るデジタル化の展開について、部門を切り口として以下の表にまとめた。病院によって差はあるが、医療現場へのデジタル化は一定のレベルで進んでおり、今後はＡＩ活用や大容量の通信を前提に、さらなる展開も予想される。

■ 病院におけるデジタル導入の現状と今後の可能性

部門		デジタル導入の現状（主要なもの）	今後の展開可能性
共通		・電子カルテ（患者医療情報システム） ・Wi-fi 環境	
病棟部門		・病棟管理機能（ベッドコントロール、入院受付） ・看護ライブラリ（患者一覧、看護プロファイル等） ・ナースコールシステム ・看護勤務表作成支援、看護職員人事管理システム	・ウェアラブルデバイスによるバイタル取得 ・AI による看護記録の作成支援 ・患者コミュニケーション支援（ロボット）
外来診療部門	受付・案内	・自動再来受付機	・オンライン診療予約 ・受付ロボット ・自動運転車椅子システム
	待合	・患者呼び出しシステム	
	診察	・指示オーダ（診療検査予約、入院申込、処方、注射、処置等） ・モニタ機能（注射実施入力、注射受付指示、処置実施入力等）	・オンライン診療 ・AI 問診 ・音声入力システムによるカルテ入力 ・AI による診療支援（検査や治療薬の提案） ・IC（インフォームド・コンセント）支援
	会計	・会計システム	・料金後払いシステム
中央診療部門	臨床検査科	・検査実施システム（検体・細菌） ・輸血システム ・生理検査管理システム、生理画像管理システム	・尿検査が可能なスマートトイレ
	病理科	・病理システム	
	内視鏡科	・内視鏡システム、内視鏡画像管理システム	
	放射線科	・放射線治療システム（RIS）、画像管理システム（PACS）	・AI による画像診断支援
	手術室	・手術管理システム（OP 室） ・生体情報管理システム（ICU） ・手術ロボット（ダビィンチ）	・スマート治療室 ・商用 5G を活用した遠隔手術支援システム ・遠隔 ICU システム
	リハビリ	・リハビリ実施入力	
	人工透析室	・透析実施入力	
供給部門	薬剤科	・調剤支援システム	・薬剤搬送ロボット
	中央滅菌材料室	・滅菌管理システム	
	栄養科	・栄養管理システム ・指示オーダ（給食オーダー）	・配膳ロボット
	物品管理	・SPD システム	・物品搬送ロボット
事務部門	建物管理		・建物管理システム
	清掃・リネン		・清掃／除菌ロボット
	保安警備		・警備ロボット
	機器保守・点検	・ME 機器管理システム	
	医事	・医事システム（会計、レセプト、債権管理、収納）	・RPA ツールの導入
	地域医療連携	・病診連携システム ・医療関係者間コミュニケーションアプリ	・地域医療連携システム
	医薬品・診療材料調達		
	経営管理	・勤怠管理システム ・経営管理システム、診療情報ＤＷＨ ・がん登録システム、	
	総務、経理	・個人未収金管理システム	・RPA ツールの導入
	会議室の予約	・会議室予約・管理システム	
	医療情報室運営	・検索システム	
	電話交換	・電話交換システム	・チャットサポート

出典：各公表情報を基に作成。

病院におけるデジタル化の狙いは、主に、① 医療サービスの質の向上（診断の精度向上、検査・投薬における医療事故やミスの減少、スタッフ間のデータ共有等）、② 患者の利便性向上（待ち時間削減や不便解消等による患者満足度向上）、③ 職員の業務の効率化・負担軽減（事務作業等の効率化、院内物流効率化、省力・無人化、単純事務のシステム化）、の３点があげられる。特に③については、臨床や看護に専念でき、業務時間が短縮化される等の働き方改善、さらにはそうした職場の実現による人材の確保に繋がる等の副次的効果も期待できる。

前述でピックアップした「今後の展開可能性」を、この３つの狙いに基づき整理した。病院側では、デジタル化の狙いの達成イメージ（効果）と、実際に導入するに当たっての現場の負荷や金銭的負担等のコスト（費用）を天秤にかけて、導入判断していくこととなる。

■ 病院のデジタル化の今後の展開可能性とその狙い

部門　狙い	医療サービスの質の向上	患者の利便性の向上	職員の業務の効率化・負担軽減
病棟部門	・ウェアラブルデバイスによるバイタル等取得	・患者コミュニケーション支援（ロボット）	・AIによる看護記録の作成支援
外来診療部門	・オンライン診療予約 ・AIによる診療支援（検査や治療薬の提案等）	・自動運転車椅子システム ・オンライン診療 ・オンライン相談 ・料金後払いシステム	・受付ロボット ・AI問診 ・音声入力システムによるカルテ入力 ・インフォームド・コンセント支援
中央診療部門	・スマート治療室 ・5G活用の遠隔手術支援システム ・AIによる画像診断支援 ・遠隔ICUシステム	・スマートトイレ（尿検査）	
供給部門			・薬剤搬送ロボット ・配膳ロボット ・物品搬送ロボット
事務部門	・医療関係者間コミュニケーションアプリ	・チャットサポート	・建物管理システム ・清掃／除菌ロボット ・警備ロボット ・地域医療連携システム ・RPAツールの導入

しかしながら、病院側のＩＣＴ技術に関する理解も不十分であり、開発事業者とのコミュニケーションが十分に取れないこと、他方、開発事業者側において、病院のデジタル化の狙いや目標水準が明確でないことから、うまく病院側へアプローチができない現況もあり、前述の費用対効果検証が適切に実施されている病院はそれほどは多くないものと見られる。

以下では、病院・診療所・訪問看護ステーション・在宅・介護施設間での患者情報共有サービスや連携合理化ツール、地域的な取組みである地域医療情報連携ネットワークなど、地域連携ツールについて具体的な課題と課題解決の糸口について紹介する。

5 | 医療機関等の地域連携におけるデジタル化に関する課題と方向性

1 医療機関等の地域連携におけるデジタル化に関する課題

㈱日本政策投資銀行では、2018年９月19日付で公表した「医療現場におけるデジタルヘルス」と2021年５月25日付で公表した「ヘルスケア業界ミニブック」（以下、「2021年ミニブック」）において、医療におけるデジタル化について言及した。2021年ミニブック第１章では、病院と介護施設・在宅事業者間の地域連携について取り上げ、地域連携が進まない課題の１つとして、地域連携で用いるICT技術で、必要な患者情報の共有が出来ていないことを挙げた。現場の入力の手間や使い勝手の悪さ、初期管理費用等が、関係者が実感する効果に見合わず、ICT技術の活用が地域連携促進に繋がっていないという課題であった。

■ 地域連携における課題の整理（2021年５月「ヘルスケア業界ミニブック」の抜粋）

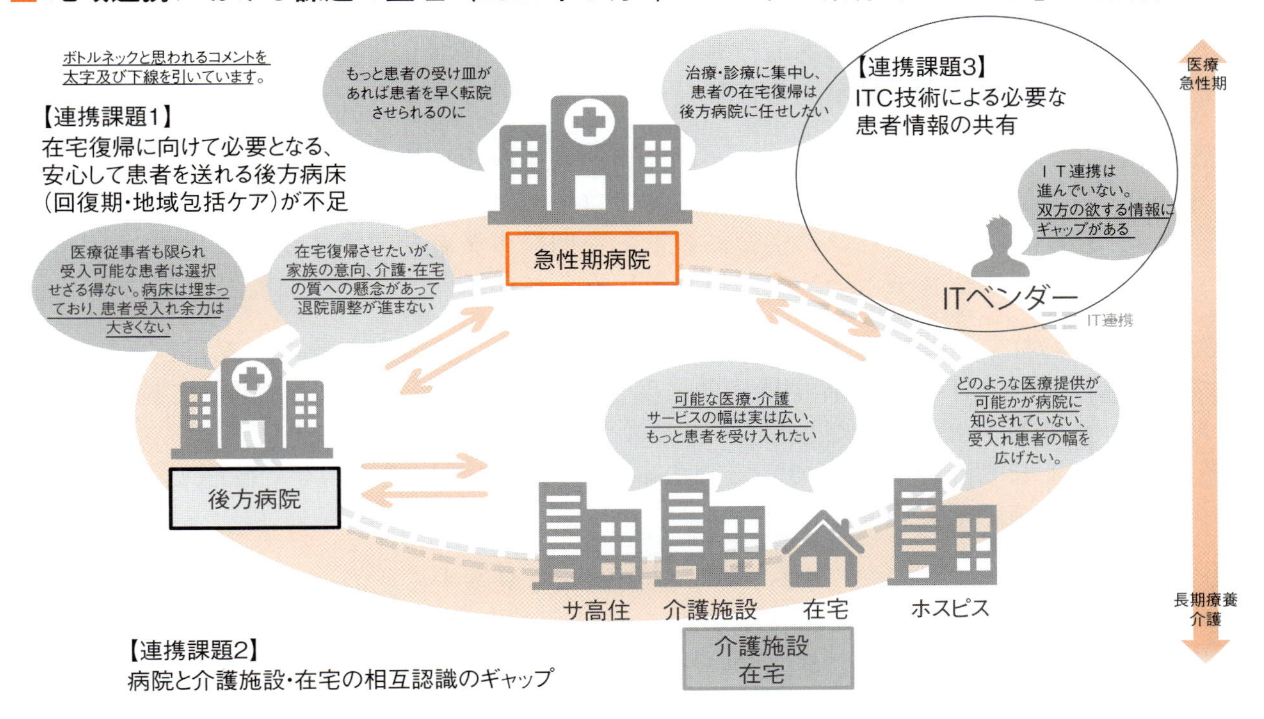

2021年ミニブックでは、この課題に関し、３段階の対応を仮説として示した。
対応① 当事者間でニーズを擦りあわせ、必要情報を厳選する
対応② そのプロセス段階からＩＴ事業者が積極的に関与する
対応③ こうした取組みによってデファクトスタンダードを形成する

2 ヒアリングを通じて得られた共通の課題や特徴

その後の㈱日本政策投資銀行で、地域連携におけるデジタル技術の活用における課題について、上記の３段階の対応の確認も踏まえ、追加でヒアリングを行った。

結果、比較的スムーズに対応が実行できている医療機関（以下、「導入促進グループ」）に共通した特徴、また、対応を実行する上で、ボトルネックとなる共通課題（以下、「ボトルネック課題」）を抽出した。ただし、これらは一部事業者へのヒアリングから抽出された内容であり、全ての事業者に一般化できるものではない点をご留意頂きたい。

最初に、導入促進グループの特徴と具体的取組みの例について記載する。

特徴Ａ．地域中核病院としての意識から、組織を挙げて地域連携に取り組んでおり、他の医療福祉機関との業務フローや患者情報の共有にも意欲的である

・中期経営計画等を通じ、必要な取組みとして地域連携を旗に立てている
・経営トップが、地域連携のメッセージを繰り返し現場に発信している
・地域連携のハブとなる人材（訪問看護師等を含む。）育成に力を入れている
・地域の他機関との情報交換の場が多く持たれている
・他所への必要な業務フローや患者情報共有を前向きに実施している

特徴Ｂ．組織としてデジタル化の目的が明確であり、現場にデジタル化促進のメッセージを発している。さらに、現場近くにデジタル化の推進者が存在している

・中期経営計画等を通じ、必要な取組みとしてデジタル化を旗に立てている
・デジタル化自体が目的でなく、具体的な対応課題が明確に設定されている
・経営トップが、デジタル化の意義を繰り返し現場に発信している
・長期的な視点で取組みの成否を見ている
・デジタル活用に理解ある役職員が現場近くに存在し、推進者となる
・デジタル技術に理解ある役職員を採用している

特徴Ｃ．主体的に開発事業者と関わり、開発事業者を医療現場に受け入れている

・主体的に開発事業者に対して業務フローや目的を共有している
・現場オペレーションの学習に意欲的な開発事業者を現場に受け入れている
・そもそもシステム会社を関連企業に有している

次に、前述の対応①「当事者間でニーズを擦りあわせ、必要情報を厳選する」と対応②「そのプロセス段階からＩＴ事業者が積極的に関与する」を進める上で、共通して確認されたボトルネック課題を示す。ただし、対応③「こうした取組みによってデファクトスタンダードを形成する」までチャレンジできている事業者は今回のヒアリングで確認できず、ボトルネック課題の確認は実施できていない。

対応①「当事者間でニーズを擦りあわせ、必要情報を厳選する」のボトルネック課題

課題①　他所への情報共有に抵抗感がある
課題②　他の医療福祉機関の業務フローに理解がない（理解を持つ場がない）
課題③　業務フローや情報フォーマットの構築に関し、中核となる病院が他の医療福祉機関に寄りそう姿勢が弱い（暗黙のヒエラルキー意識等の要因）
課題④　連携先となる診療所等で導入されないこと等から、デジタルとアナログが併走せざるを得ず、デジタル化に無駄を感じる
→　特徴Ａのある医療機関では、これらのハードルが低くなっている

対応②「そのプロセス段階からＩＴ事業者が積極的に関与する」のボトルネック課題

課題⑤　決定権を有するシニア医師から現状維持の声もあるためデジタル化へ躊躇
課題⑥　デジタル化を理解する役職員が不在であり、進め方がわからない
→　特徴Ｂのある医療機関では、これらのハードルが低くなっている
課題⑦　導入したシステムが業務フローに定着せず、デジタル化に不信
課題⑧　導入効果が不透明であり、現場レベルでのデジタル化への躊躇
課題⑨　収入増加に繋がらず、コストだけが増えるのではないかという疑念
→　特徴Ｃのある医療機関では、これらのハードルが低くなっている

■ 地域連携におけるデジタル化のポイント整理

ポイントとなる対応	① 連携当事者双方でニーズを擦り合わせ必要情報を厳選する	② ①のプロセス段階から開発事業者が積極的に関係者のやりとりに関与する	③ デファクトスタンダードを形成 事例の効用を見える化し、汎用的していく
ボトルネック課題	① 他所への情報共有に抵抗感 ② 他所の業務フローへの理解不足 ③ ヒエラルキー意識等から、擦り合わせに際し他所へ寄りそう姿勢欠如 ④ 遅れているところに合わせる意識	⑤ 決定権を有する医師で現状維持の声 ⑥ デジタル化を理解する役職員が不在 ⑦ 過去の失敗から、デジタル化に不信 ⑧ 現場が導入効果が不透明で導入躊躇 ⑨ コストだけが増えるのではないかという疑念	ヒアリングでは確認できず
導入促進グループの特徴	A. 地域中核病院として、組織を挙げて地域連携に取り組み、他所の業務フローや患者情報の共有にも意欲的 （具体取組）中計活用した組織活性化、継続的メッセージ、連携ハブ人材育成、業務や患者情報シェアに前向き	B. 組織としてデジタル化の目的が明確で、現場にメッセージ発信。現場近くに、デジタル化の推進者が存在 （具体取組）中計活用した組織活性化、長期的視座、対応課題の明確化、継続的メッセージ、技術の理解ある役職員の存在や現場での推進 C. 開発者と主体的関わり、現場への受入 （具体取組）業務フローや目的を共有、現場への受入、関連企業にシステム会社	

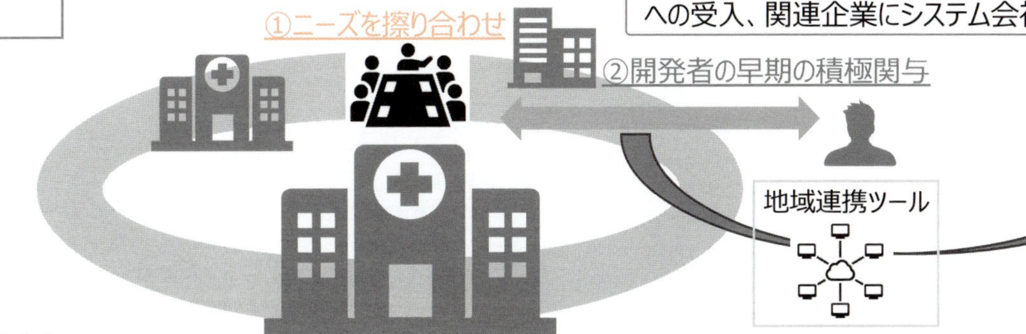

出典：ヒアリングを基に作成。

地域連携の特効薬としてデジタル化を捉えるのでなく、組織の意識改革や新しい人材登用、積極的に異業種と関わりを持つこと等を通じ、各特徴を段階的に身につけていくことで、結果的に真に地域連携に必要なデジタル化が達成されるものと考えられる。

また、対応③「こうした取組みによってデファクトスタンダードを形成する」の実現については、医療機関側と開発事業者側の双方が成功事例のベネフィットを見える化し、製品認証、学会での認知、ガイドラインへの組み入れ等を通じて、汎用的に利用されることが必要と考えられる。

【参考文献】

・デジタル庁「デジタル社会の実現に向けた取組」（2021年４月12日）
・厚生労働省「今後のデータヘルス改革の進め方について（概要）」（2019年９月９日）
・厚生労働省「データヘルス改革に関する工程表について」（2021年６月４日）
・厚生労働省「諸外国における医療情報連携ネットワーク調査」（2019年３月29日）
・未来投資会議「データ利活用基盤の構築」（2017年10月27日）
・内閣府「次世代医療基盤法とは」（2020年3月）
・㈱日本政策投資銀行「医療現場におけるデジタルヘルス」（2018年９月19日）
・㈱日本政策投資銀行「ヘルスケア業界ミニブック」（2021年５月25日）
・Rock Health「2021year-end digital health funding:Seismic shifts beneath the surface」（2022年2月10日）

（末尾）

■ 医療関連デジタルサービスのリスト

事業カテゴリ	企業名	事業内容	サービス内容	設立年
病院向けSaaS	NOBORI	医療関連のソフトウェア開発・インテグレーション及び、クラウドサービスの提供	患者自身の医療情報管理ツール、通院履歴・予約管理	2018年1月
	バーズビュー	医療ICTコンサルティング、医療機器の開発・普及支援	医療機関向け会議パネル、消防団のための防災アシストアプリ	2012年10月
	ドクターズモバイル	医療機関向けソリューション開発	約800種類のクリニカルパスを用いた医療機関向けソフトウェア	2012年12月
	MeDaCa	健康・医療情報を一元的に管理するためのインターネット・モバイル・クラウドサービスの企画・開発・提供	医療機関向けの患者とのコミュニケーションツール	2014年10月
	3Sunny	SaaS型医療・介護機関向けWEBサービスの提供	オンライン上での入退院調整業務を可能にするクラウドサービス	2016年7月
	フロンティアフィールド	医療機関向けスマートフォンサービス	病院内のコミュニケーションを支援するチャットサービス	2016年7月
	エピグノ	医療・介護機関向けマネジメントシステム事	業務改善コンサルティングシステムサービス	2016年9月
	T-ICU	遠隔での救急・集中治療に関連するサービスおよびシステムの提供	遠隔相談システム、遠隔モニタリングシステム	2016年10月
	プレシジョン	医療分野へICTやAIを用いた先端技術の提供	AIを用いた本格診療支援システム	2016年11月
	Holoeyes	医療教育のためのVRソフトウェアの提供	画像診断装置で得られた画像情報をコンピュータ処理し、診療のために提供するプログラム	N/A
	Medii	院外の専門医コンサル（相談）プラットフォーム	相談事をもつ主治医と専門医のマッチングサービス	2020年2月
	Rehab for japan	リハプランの企画・開発・運営・販売	デイサービスの機能訓練業務を効果的に行える「クラウド機能訓練ソフト」	2016年6月
	TXP Medical	急性期医療データシステムの開発と提供、医療AI技術の開発と提供	救命センタークラスの大病院救急外来に特化したシステム	2017年8月
	Medup	医療系のシステム開発・提供等	病院向け地域連携強化サービス	2017年8月
	MEBAIS	医療従事者の負担軽減の支援	医療向けAI・RPA技術の導入推進や開発	2017年5月
	Smart119	公共認識とAIを受け入れた救急医療支援システムの開発	救急医療情報サービス、救急医療支援アプリ	2018年5月
	CrossLog	在宅医療専用ソフトの企画・開発・運営	在宅医療専用スケジュール管理ソフトの提供	2020年12月
	OPERe	医療業務支援ツールの開発・提供	入院案内用コミュニケーションツール、入院案内の自動化	2020年6月
	アナウト	外科医療における手術支援のための人工知能等 先端技術を活用した医療機器開発	手術支援AIシステム	N/A
	iMedy	医療系ソフトウェア開発・販売	医療機関の情報資産を構築できるクラウドサービス	2020年11月
	Contrea	医療情報処方システムの企画・開発・運営・販売	クラウド型IC支援システム	2020年1月
	miup	医療AI開発、ウェルネスエコシステムの構築	デリバリー式検診&遠隔医療（新興国）、大規模病院向け臨床検査センター運営LISシステム開発	2015年9月
	fcuro	医療AI開発・開発人材育成支援、医療システムの開発と提供	救急外傷全身CT重症度評価装置、COVID-19診断AIモデル、画像診断 AI 開発支援システム	N/A
	Linc'Well	医療機関オペレーションIT化支援（DX）事業等	医療機関オペレーションIT化支援、オンライン診療システム（SaaS）開発	2018年
	MEDRiNG	医療機関と連携する新たな健康増進型保険の開発	健康診断データのAI（人工知能）分析で判明した疾病リスクなどを医療機関から加入者にフィードバック	2019年4月
クリニック向け（Web問診・予約など）	ハヤレジ	ソフトウェアの企画、開発及び販売、各種情報提供サービスの企画、制作および運営等	医科・歯科・調剤専用POSレジ、LINEで順番予約システム/日時指定予約システム	2020年1月
	Ubie	テクノロジーを活用した医療従事者の業務改善推進	AI受診相談、問診	2017年5月
	医針盤	健康・医療情報に関する情報システムの設計、開発運用	健康情報を管理できるPHR（パーソナルヘルスレコード）、医療機関における一連の診療業務支援	2020年6月
	クリプラ	クラウド電子カルテの提供	クラウド型IC支援システム	2013年10月
	flixy	医療・ヘルスケアのソフトウェアサービスの開発、販売、運営	AI受診相談、WEB問診、医師向け薬剤比較アプリ	2016年9月
	Inazma	医療機関向け、患者向けアプリケーションの設計、実装	予約からキャッシュレス決済まで行うアプリ	N/A
	CAPS	クリニックチェーンマネジメント事業、健康経営支援、フィットネス、教育事業	医療経営システム・電子カルテの開発・提供、ストレスチェックサービス、嘱託産業医の手配サービス	2014年12月
	TENET	医療機関向けDX支援事業	クリニックへのオンライン診療システムの導入とオペレーションの構築	2020年4月
	クラウドクリニック	事務作業の業務集約により、在宅に携わる医師の業務負荷軽減	クラウドサービスによる在宅医療事務のアウトソーシング	2015年12月

在宅医療	eWell	在宅医療向けDXサービス	訪問看護専用電子カルテ、業務支援サービス	2012年6月
	METRiCA	医療・介護向けシステム開発・提供	AI見守りカメラ、腹膜透析患者管理アプリ	2018年3月
	コールドクター	往診・オンライン診療	アプリによるオンライン診療	2018年10月
	マジックシールズ	床・介護福祉用品・安全用品の製造、販売	転んだときだけ柔らかくなる置き床の販売	2019年11月
	クロスログ	医療従事者向けソフトウェア開発	在宅医療専用スケジュール管理ソフト、医療連携ツール	N/A
	ファストドクター	医療相談・救急往診・オンライン診療	オンライン救急相談窓口	2016年7月
薬局向け	ミナカラ	オンライン薬局コンテンツの提供	オンライン薬局サービス、ヘルスケアコンテンツ、薬剤師チャットサービス	2013年11月
	カケハシ	薬局向けサービスの開発・提供	薬局DX(デジタルトランスフォーメーション)サービス	2016年3月
	SPLENDID	デジタルサイネージ広告事業	調剤薬局店舗内デジタルサイネージの運用	N/A
	シルバコンパス	医療・介護分野の業務支援システム事業、ソフトウェア・アプリケーション事業	薬剤ピッキング支援システム	2019年9月
	HealthCareGate	ホームページ制作、アプリ開発	在宅オンライン薬剤師サービスの提供	2019年6月
	MG-DX	薬局・医薬品販売業のデジタルシフト支援事業	処方せん事前送信・オンライン服薬指導サービス	2020年5月
	9lione	クラウド医薬品管理システムの開発	クラウド医薬品管理システム	2018年8月
	YOJO	オンライン薬局サービスの提供	LINEで相談・購入できるオンライン薬局	2018年12月
医師PF / 医師ネットワーク	エクスメディオ	インターネット等のネットワークシステムを利用した医療支援ソフトウェア・ITサービスの企画・研究・開発	Web上の医師のための臨床互助ツール	2014年12月
	アンター	医師向けナレッジ共有プラットフォーム	医師同士の質問解決プラットフォーム、医師の学会や研究レポート・勉強会の発表資料シェアサービス	2016年6月
	medパス	医師等医療関係者認証サービスを提供する事業	1つのID/パスワードで様々な医療系サービスが利用できるパス	2016年6月
	HOKUTO	医学生向けメディア、医師向けアプリの運営	医学生向けの口コミメディア、医師向けの臨床支援アプリ	2016年3月
治療用アプリ	CureApp	医療機関向け治療アプリの開発・運用	ニコチン依存症治療アプリ、非アルコール性脂肪肝炎治療アプリ	2014年7月
	Save medical	生活習慣病患者向けソフトウェア開発	糖尿病管理指導用アプリ	2018年5月
	SUSMED	治療用アプリの開発、治療用アプリの共同開発プラットフォームの提供	不眠症治療用アプリ、乳がん患者向けアプリ	2016年2月
医療画像	Preferred Networks	ライフサイエンス分野の研究開発事業	深層学習を用いた医用画像解析サービス	2014年3月
	L Pixel	研究・研究者支援事業	次世代医療診断支援技術(胸部X線画像の読影診断支援、医用画像解析ソフトウェア)	2014年3月
	deep eye Vision	医療診断支援AI事業	ディープラーニングを用いた眼科画像診断支援	2016年5月
	エクサウィザーズ	AIを利活用したサービス開発	歩行動画から歩行者の転倒リスクをAIが解析するアプリ	2016年2月
	Splink	ブレインヘルスケア事業、医療データ基盤事業	脳画像解析プログラム	2017年1月
	メドメイン	医療ソフトウェア・クラウドサービスの企画・開発・運営および販売	デジタル病理AI解析ソリューション	2018年1月
オンライン診療・処方	メロディーインターナショナル	遠隔医療サービスにかかるプラットフォームと医療機器の製造、開発および販売	モバイル分娩監視装置の提供、母子健康状態データの取得、分析	2015年7月
	アイメッド	医療機関向けオンライン診療支援	オンラインでの病院検索・予約、遠隔診療サービスの提供	2017年9月
	テレメディーズ	インターネットを活用したテレモニタリング・テレメディシンの普及	高血圧オンライン診療パッケージ、高血圧・生活習慣病に関するコンサルティング	2018年5月
	LINEヘルスケア	オンライン医療事業及び遠隔健康医療相談事業	オンライン健康相談サービス、オンライン服薬指導などヘルスケアプラットフォーム	2019年1月
	ヘルスケアテクノロジーズ	オンラインヘルスケア事業	医師・看護師・薬剤師の医療専門チームに24時間365日気軽に相談できる健康医療相談チャットサービス	2018年10月
	ネクイノ	オンライン診療・処方	オンライン医療相談・診察を受けてピルの処方と宅配サービス	2016年6月
	SQUIZ	オンライン診療・処方	AGA治療のオンライン相談・診察・処方と宅配サービス	N/A
	EPIC DAY	オンライン診療・処方	AGA治療のオンライン相談・診察・処方と宅配サービス	N/A
フェムテック	メロディーインターナショナル	遠隔医療サービスにかかるプラットフォームと医療機器の製造、開発および販売	周産期遠隔医療プラットフォーム、分娩監視装置	2015年7月
	ファミワン	インターネットコンテンツの企画、開発、運営及びコンサルティング	妊活LINEサポート	2015年6月
	F Treatment	情報ポータルサイト事業、検査キット事業	不妊治療情報提供サイト、卵巣年齢チェックキット	2015年11月
	mederi	オンライン診療・処方	オンラインピル診療サービス	2019年8月
	ninpath	不妊治療サポート事業	不妊治療可視化アプリ	2020年3月
	Varinos	臨床検査の受託解析およびゲノム検査の開発	子宮内フローラ検査、着床前ゲノム検査	2017年2月
	fermata	フェムテック事業	フェムテックアイテム販売	2019年10月
	illuminate	女性向け健康事業および食品と衛生用品の企画・販売	女性向けサプリメントサービス	2020年3月
	entale	生理予測・共有アプリ運営、ノンカフェインサプリメント企画販売	生理日予測・共有サービス	2019年10月

メンタルヘルス	FRoots	オンライン医療・福祉事業	オンライン完結型の精神科・心療内科・メンタルヘルスサービス	2019年7月
	Cotree	オンラインメンタル相談サービス	個人向けオンラインカウンセリングサービス	2014年5月
	メンタルヘルステクノロジーズ	メンタルヘルスソリューションサービス	オンライン健康相談・カウンセリング、ヘルスケアマネジメント	2011年3月
	emol	メンタルケアアプリの提供・運営	アプリによる感情の記録（ライフログ）・AIメンタル分析	2019年3月
	キママニ	デジタルセラピューティクス事業	気分の言語化、感情コントロールをサポートするアプリ	N/A
	セラピア	アプリ開発、企業向けウェルビーイング事業	企業向けチームビルディングアプリ	2020年10月
歯科領域	ストランザ	歯科クリニック向け医療情報管理システムの開発、販売および保守管理	歯科クリニック向け予約管理システム	2013年5月
	DentaLight	歯科クリニック向けITシステム、アプリ開発	歯科クリニック向け予約・CRM、診察券アプリ・PHRサービス	2013年10月
	フィルダクト	歯科関連事業、美容及びヘルスケア事業	3Dプリンターを活用したマウスピース型の歯科矯正	N/A
	NOVENINE	オーラルヘルスケア推進事業、健康管理システム、商品の企画、開発及び販売	歯科遠隔相談サービス、スマート歯ブラシ（アプリ連動）	N/A
	oh my teeth	オンライン歯科矯正サービス	オンライン歯科矯正、LINE歯科相談	2019年10月
	DRIPS	オンライン歯科矯正サービス	デジタル3Dスキャン歯科矯正、LINE無料歯科相談	2019年7月
	DOCTOR BOOK	インターネットを利用した各種情報提供サービス	5万人超の歯科医療従事者が集う歯科オンラインプラットフォームメディア	2013年12月
オンライン健康相談	キッズパブリック	インターネットを介した成育医療	小児科・産婦人科オンライン相談	2015年12月
	メディカルノート	一般消費者向けメディア&プラットフォーム事業、企業・医療機関向け医療・ヘルスケアイノベーション	オンライン診療、医療相談サービス	2014年10月
	アドメディカ	ヘルスケア・WEB広告事業	医療・健康領域の専門家が監修する総合ヘルスケアメディア	2015年11月
	カラダメディカ	ヘルスケアに関するコンテンツ配信事業	オンライン診療システム・健康Q&Aサービス	2015年7月
	ドクターメイト	介護事業所向け医療サービスの提供	介護施設向け夜間オンコール代行・日中医療相談	2017年12月
	リーバー	医療相談アプリの開発・運営	アプリによる簡単医師相談	2017年2月
	ウェルネス(Wellness)	予防医学オンライン事業	予防医学のパーソナルドクターによるオンライン相談、健康データプラットフォーム	2018年6月
	ココドコロ	オンラインカウンセリング事業	臨床心理士などのオンラインカウンセリングサービス	2018年10月
	メディー	ヘルスケア関連事業	SNSを介した匿名医療相談サービス	2021年6月
介護	カイテク	介護ワークシェアリング事業	介護業界特化の人材獲得プラットフォームサービス	2018年2月
	ウェルモ	介護福祉領域における意思決定補助人工知能サービス開発	ケアプラン作成業務支援の人口知能、保健内外サービス・ケアマネ・行政をつなぐ地域情報見える化サイト	2013年4月
	アカリエ	介護・IT事業	介護リクルーティングシステム、介護向けスキルアップ・トレーニング	2014年5月
	クラセル	介護向けシステムの提供	介護施設照会サービス、介護施設マッチングサービス、オンライン入院連携シート	2017年10月
	CDI	介護分野のプラットフォーム事業	自立支援ケアデザイン人口知能	2017年3月
製薬企業支援	ドクターズ	医療DXを事業領域とした事業開発関連の運営	デジタルヘルスサービス開発支援、デジタルヘルス流通プラットフォーム、オンライン医療支援プラットフォーム	2016年9月
	Welby	マイカルテ事業、疾患ソリューション事業、医療データ調査事業	PHRプラットフォームの提供	2011年9月
	MICIN	オンライン医療事業、臨床開発デジタルソリューション	患者と医療従事者をオンラインでつなぐアプリケーション	2015年11月
	Dr.JOY	医療分野におけるソフトウェア開発および運用	医療機関とMRの新しいコミュニケーションツール	2013年11月
	データック	医療データ解析	リアルワールドデータ解析、レジストリ等の臨床データベースの構築・運用	2018年8月
	フラジェリン	セールス&マーケティングを支援するSaaS開発・販売	製薬・医療関連企業のプロモーション効率化・リスク管理支援プラットフォーム	2017年6月
治験支援	SUSMED	治療用アプリの開発、治療用アプリの共同開発プラットフォームの提供	臨床試験の効率化のためのデジタルソリューション	2016年2月
	Activade	炎症性腸疾患（IBD）の患者向けサイト運営	臨床試験（治験）をマッチングする機能の提供	N/A
	Buzzreach	治験を含む臨床試験・臨床研究に関わる業務効率化プラットフォームシステム(SaaS)の開発及び販売	臨床試験情報核酸プラットフォーム、治験参加者と治験コーディネーターのコミュニケーションアプリ	2017年6月
	アガサ	治験・臨床研究の文書管理	医療機関・製薬会社向け臨床研究・治験の文書管理クラウドサービス	2015年10月
医療機器	OUI	眼科領域の医療機器開発、遠隔医療サービス	スマホによる眼科健康診断、スマートアイカメラ	2016年
	シェアメディカル	デジタル医療機器の企画・開発・販売	デジタル聴診デバイス、医療用チャットサービス	2014年9月
	Lily MedTech	医療機器開発事業	超音波画像診断装置（乳がん）	2016年5月
	MEDITA	デジタルヘルスケアサービス	研究支援サービスアプリ、基礎体温管理アプリ	2017年9月
	AIllis	AI関連医療機器開発	感染症診断用AI医療機器	2017年11月
	AIメディカルサービス	内視鏡の画像診断支援AIの開発	AIを介した内視鏡画像解析ソフトウェア	2017年9月
	AMI	遠隔聴診、遠隔医療デバイス研究開発	心疾患診断アシスト機能付遠隔医療対応聴診器	2015年11月

簡易検査	genomedia	ゲノム情報解析サービス、薬剤・変異・治験マッチング	サンプル調製からレポート作成までを一貫してサポート	2013年10月
	メタジェン	疾患予防や健康維持事業	腸内デザイン研究開発支援プラットフォーム	2015年3月
	Craif	臨床検査開発・疾患メカニズム解析・細胞医療研究	生体分子の網羅的解析でがん医療支援	N/A
	aiwell	セルフコンディショニング事業	自宅にいながら簡単に病院と同精度の血液検査ができる微量採血キット	2018年1月
健康経営／健保向け市場	ラフール	メンタルヘルステック事業、スリープテック事業	メンタルヘルスデータを活用した多面的なサービス	2011年11月
	iCare	健康管理システムの開発・運営	企業向け健康管理システム	2011年6月
	Avenir	産業医クラウドサービス	企業向け産業医クラウドサービス、産業保健師紹介サービス	2011年6月
	バックテック	健康経営に係る研究及び開発に関する企画及びコンサルティング並びにデータ解析業務の受託	健康経営のPDCAを意識したプレゼンティーイズムの可視化	2016年4月
	PREVENT	医療データ解析、生活習慣病の重症化予防支援事業等	健康保険組合が保有する健康診断およびレセプトデータから医療データ解析サービス	2016年7月
	FiNC	健康経営支援事業	産業保健と健康経営を支援するソフト・アプリ	2012年4月

出典：各社ＨＰを基に作成。

第4章

ペプチド・核酸医薬品

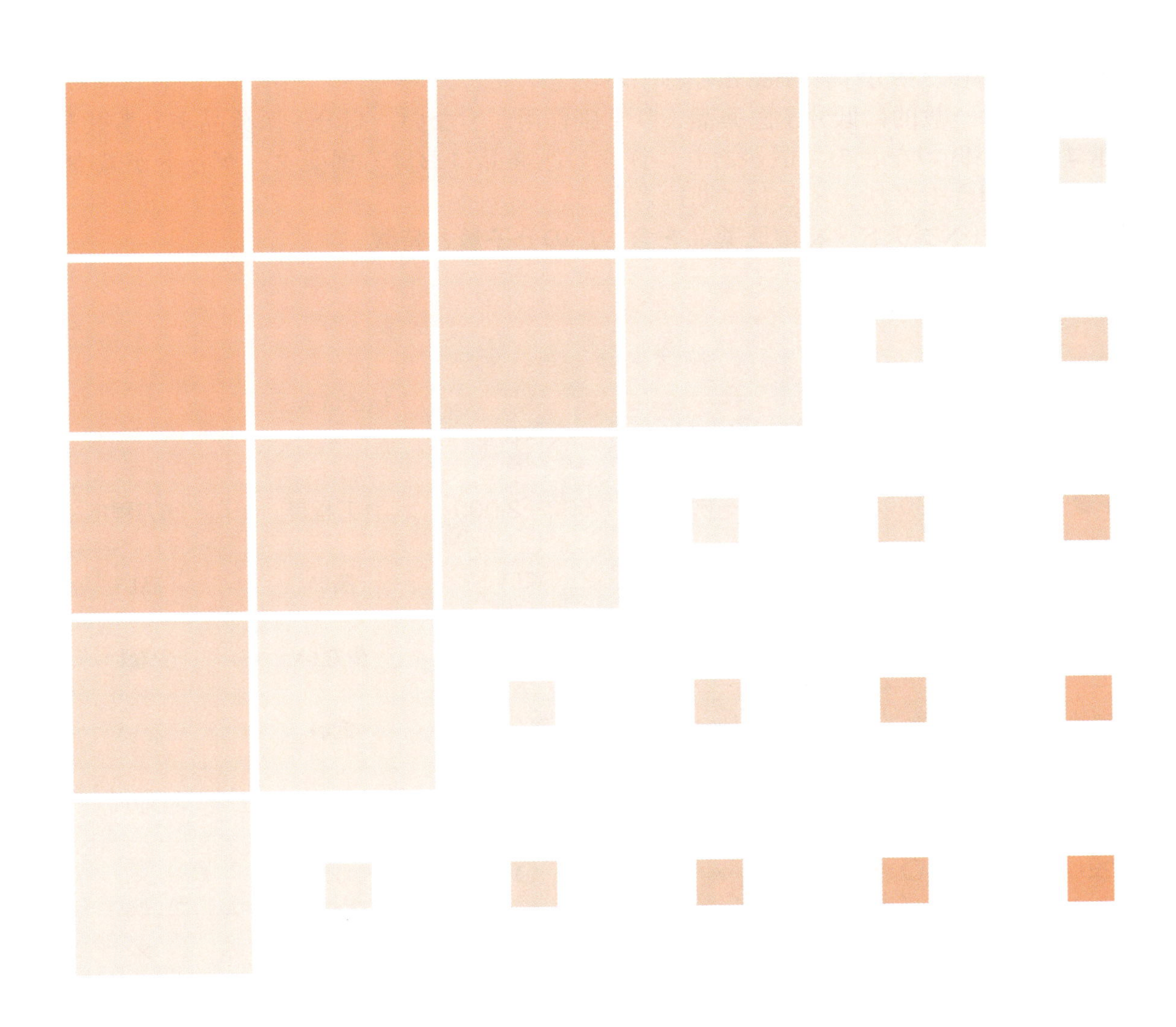

1 ｜ ペプチド・核酸医薬品とは

バイオ医薬品に次ぐ、新たなモダリティ※1の実用化が注目される中、日本でも研究開発や設備投資が活発化しているのが、中分子医薬品のペプチド・核酸医薬品である。

新型コロナウイルス感染症の治療薬・ワクチンの開発が進む中、中分子医薬品の新たな治療薬としてのアプローチも期待され、厚生労働省の医療分野研究開発推進計画においても実用化が後押しされている。

1 ペプチド・核酸医薬品の特徴

医薬品は分子量によって呼称が分類されることもあり、この分類を用いると低分子医薬品、中分子医薬品および高分子医薬品の３種に分類される。このうち中分子医薬品は、500～１万程度の分子量で構成される医薬品であり、分子量が500～6,000程度のペプチド医薬品と１万程度の核酸医薬品に大別される。そのため、低分子医薬品と高分子医薬品（抗体医薬品等）の中間的な医薬品と位置づけられている。なお、本章では、ペプチド医薬品と核酸医薬品を総称して中分子医薬品と呼称する。

中分子医薬品は一般的に低分子医薬品よりも副作用が少ない、高分子医薬品よりも製造・品質管理コストが低いなどの特徴があり、従来の医薬品における創薬ターゲットが減少するなか、次代を担うモダリティとして期待されている。

■ 中分子医薬品（ペプチド・核酸医薬品を含む）の分子量と特徴

	低分子	中分子			高分子
		ペプチド医薬品		核酸医薬品	抗体医薬品
		従来型	次世代型		
分子量	1,000以下	500～6,000	500～3,000	1万程度	15万程度
特異性(※3)	低い	**高い**	**高い**	**高い**	**高い**
副作用	多い	**少ない**	**少ない**	**少ない**	**少ない**
血中安定性(※4)	低い	低い	高い	低い	高い
細胞内標的	**狙える**	狙えない	狙える	狙える	狙えない
経口投与	○	×	○	×	×
化学合成	○	○	○	○	×
製造・品質管理コスト	**低い**	**低い**	**低い**	**低い**	高い

※１　モダリティとは、一般的には様式、様相などを表すが、医薬品分野では様々な分子の医薬品が実用化されはじめたことにより、医薬品の創薬技術や手段、治療手段の分類を表す用語として使われている。(etc.低分子医薬品、中分子医薬品、遺伝子治療)
※２　特定の物質に対してのみ反応する性質。高いほど薬が作用する範囲を特定できる。
※３　体内で分解されにくい性質。高いほど薬効が持続する。
出典：各資料を基に作成。

2 ペプチド医薬品とは

ペプチド医薬品は、複数個のアミノ酸から創られる化合物である「ペプチド」により構成される医薬品であり、その歴史は古く、天然型アミノ酸で構成される従来型ペプチド医薬品は20世紀初頭から研究が始まり、現在では２型糖尿病や前立腺がん、骨粗鬆症などの治療で活用されている。

ペプチド医薬品は、天然型アミノ酸で構成される従来型ペプチド医薬品と、非天然型アミノ酸を含む次世代型ペプチド医薬品に大別される。次世代型ペプチド医薬品は、従来型に比べて高い細胞膜透過性を有し、細胞内標的も狙える利点があり、近年では欧米の製薬会社を中心に開発が活発化している。現在、全世界で約120品目が上市されており、主に、糖尿病や骨粗鬆症、がんの治療薬として活用されている。世界におけるペプチド医薬品市場は2020年時点で約3.2兆円ともいわれ、売上高トップ２の「Trulicity」及び「Ozempic」は年間の売上高が5,000億円を越えるなど、近年増加する2型糖尿病の治療薬として世界的に普及が進んでいる。

■ ペプチド医薬品の構造

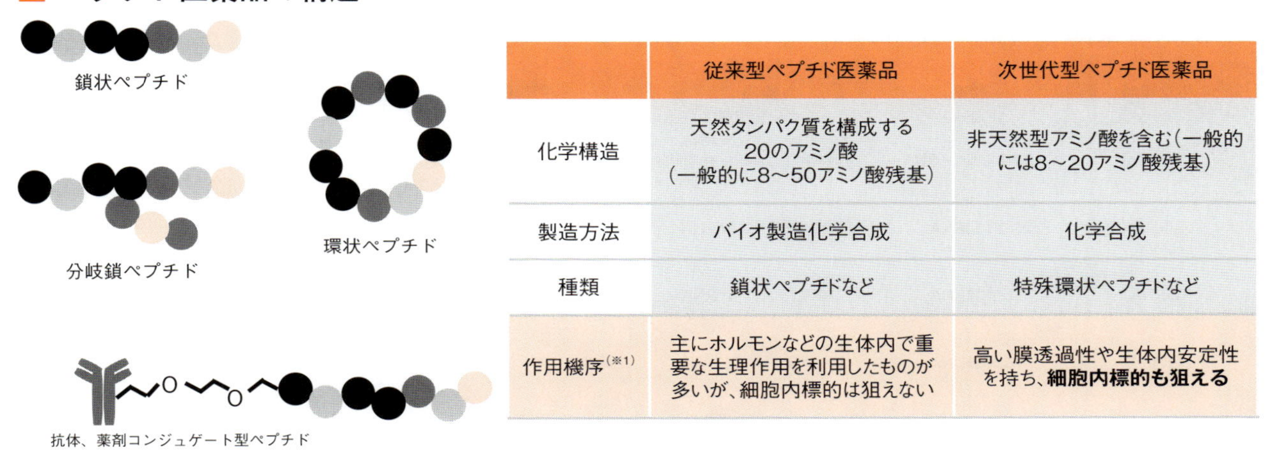

	従来型ペプチド医薬品	次世代型ペプチド医薬品
化学構造	天然タンパク質を構成する20のアミノ酸（一般的に8～50アミノ酸残基）	非天然型アミノ酸を含む（一般的には8～20アミノ酸残基）
製造方法	バイオ製造化学合成	化学合成
種類	鎖状ペプチドなど	特殊環状ペプチドなど
作用機序（※1）	主にホルモンなどの生体内で重要な生理作用を利用したものが多いが、細胞内標的は狙えない	高い膜透過性や生体内安定性を持ち、**細胞内標的も狙える**

※４　薬剤がその薬理学的効果を発揮するための特異的な生化学的相互作用。

■ ペプチド医薬品　売上高上位５品目

売上順位	販売名	一般名	主な適応	本質構造	開発会社	販売会社	承認年	売上高（億円）（※5）
1	Trulicity	dulaglutide	**2型糖尿病**	アミノ酸を置換したヒトGLP-1アナログと改変ヒトIgG4 Fc領域との融合タンパク質	Eli Lilly（アメリカ）	Eli Lilly（アメリカ）大日本住友製薬（日本）	米国/2014 欧州/2014 日本/2015	7,448（2021/12期）
2	Ozempic	semaglutide	**2型糖尿病**	ヒトGLP-1アナログ	Novo Nordisk（デンマーク）	Novo Nordisk（デンマーク）	米国/2017 欧州/2018 日本/2018	5,930（2021/12期）
3	Victoza	liraglutide	**2型糖尿病**	ヒトGLP-1アナログ	Novo Nordisk（デンマーク）	Novo Nordisk（デンマーク）	米国/2010 欧州/2009 日本/2010	2,649（2021/12期）
4	Leuplin	leuprorelin	前立腺がん 閉経前乳がん	リュープロレリン酢酸塩	武田薬品工業（日本）	武田薬品工業（日本）AbbVie（アメリカ）	米国/1985 欧州/不明 日本/1992	954（2021/3期）
5	Forteo	teriparatide	骨粗鬆症	内因性のヒト副甲状腺ホルモンのN末端フラグメント（34個のアミノ酸）	Eli Lilly（アメリカ）	Eli Lilly（アメリカ）	米国/2002 欧州/2003 日本/2010	828（2021/12期）

※５　各決算期末時点の為替レートで円換算。
出典：各資料を基に作成。

3 核酸医薬品とは

核酸医薬品は、生物の遺伝情報を司るDNAやRNAの構成成分であるヌクレオチドおよびその誘導体を基本骨格とする医薬品の総称である。標的がRNAかタンパク質か、機能する場所が細胞の内側か外側かによって主に下表の種類に分類され、上市されている医薬品では主に、筋萎縮症や遺伝性ATTRアミロイドーシス、筋ジストロフィーなど希少疾患治療の分野で活用されている。

下記の図で核酸医薬品の作用機序について記載している。DNAはmRNAに遺伝情報をコピーしその情報を基にmRNAがタンパク質を合成する（この過程を「遺伝子発現」という。）。

核酸医薬品はこの過程のどこかに作用するもので、病気の原因となる遺伝情報を持ったmRNAやタンパク質の働きを抑制しその生成を阻害する機能や、正常なタンパク質を生成する機能がある。遺伝子治療薬やmRNA医薬品も核酸で構成されているが、遺伝子発現を介しペプチドやタンパク質が作用する点で核酸医薬品と異なり、従来の低分子医薬品や抗体医薬品では標的にできなかったRNAをターゲットにできる点が大きな特徴であるため、今後も創薬の対象が拡大していくことが考えられる。

■ 核酸医薬品の分類と作用機序

主な種類	構造	標的		作用部位		作用機序
アンチセンス	1本鎖DNA／RNA	RNA	mRNA Pre-mRNA miRNA	細胞内	核内、細胞質	RNA分解 スプライシング制御 miRNA阻害
siRNA	2本鎖RNA	RNA	mRNA	細胞内	細胞質	mRNA分解
miRNA	2本鎖RNA	RNA	mRNA	細胞内	細胞質	miRNA補充
デコイ	2本鎖DNA	タンパク質	転写因子	細胞内	核内	転写阻害
アプタマー	1本鎖DNA／RNA	タンパク質	細胞外 タンパク質	細胞外		標的タンパク質の機能阻害
CpGオリゴ	1本鎖DNA	タンパク質	TLR9	細胞外	エンドソーム内	自然免疫の活性化

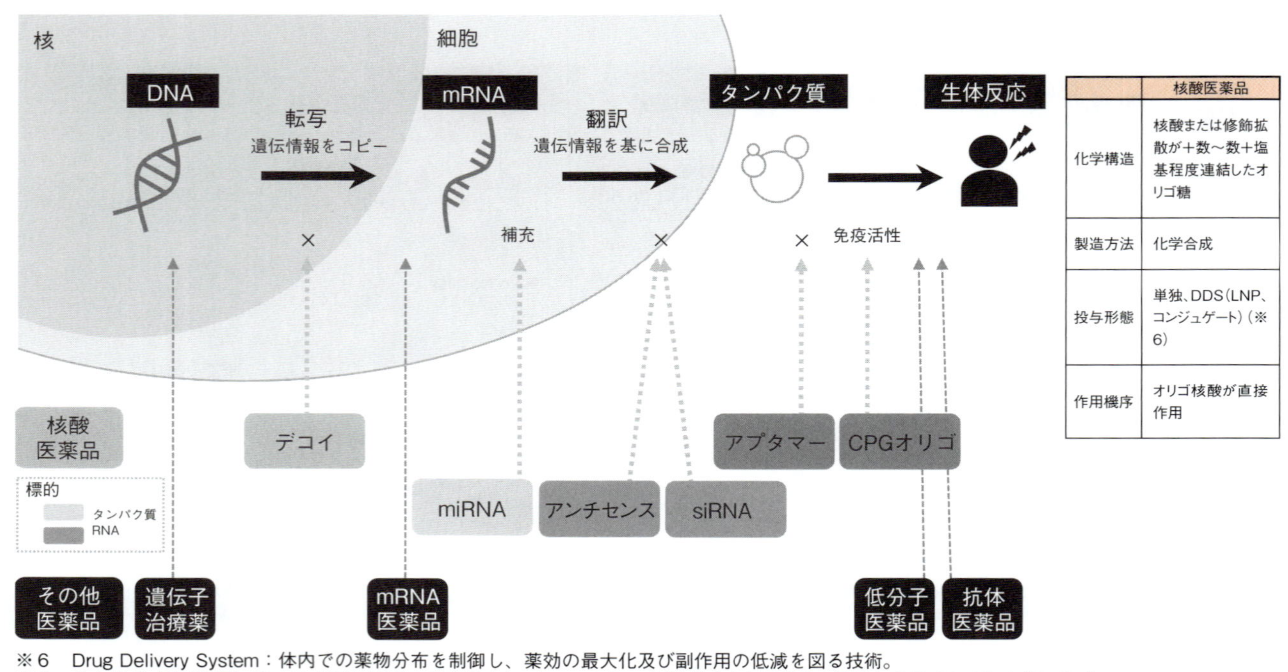

	核酸医薬品
化学構造	核酸または修飾拡散が＋数～数＋塩基程度連結したオリゴ糖
製造方法	化学合成
投与形態	単独、DDS（LNP、コンジュゲート）（※6）
作用機序	オリゴ核酸が直接作用

※6　Drug Delivery System：体内での薬物分布を制御し、薬効の最大化及び副作用の低減を図る技術。
出典：井上貴雄「【開発編】第4章 核酸医薬品の開発動向」、シーエムシー出版「バイオ医薬品の開発と市場 2019」を基に作成。

1998年に世界初の核酸医薬品が米国で上市されて以降、2021年12月時点で15品目の核酸医薬品が世界で上市されており、そのうち５品目が日本で上市されている。

売上高上位の品目では、Ionis Pharmaceuticals やAlnylam Pharmaceuticalsといった米国企業が開発した医薬品が目立つが、初の国産核酸医薬品である「Viltepso」（日本新薬）も第４位にランクインしている。

主な核酸医薬品

販売名	一般名	主な適応	本質構造	開発会社	販売会社	承認年	売上高(億円)（※１）
Spinraza	nusinersen	**脊髄性筋萎縮症**	アンチセンスオリゴヌクレオチド	**Ionis Pharmaceuticals**（アメリカ）Biogen（アメリカ）	Biogen（アメリカ）	米国/2016 欧州/2017 日本/2017	2,192 (2021/12期)
Onpattro	patisiran	**遺伝性ATTRアミロイドーシス**	合成二本鎖オリゴヌクレオチド(siRNA)	**Alnylam Pharmaceuticals**（アメリカ）	**Alnylam Pharmaceuticals**（アメリカ）	米国/2018 欧州/2018 日本/2019	546 (2021/12期)
Givlaari	givosiran	**急性肝性ポルフィリン症**	合成二本鎖オリゴヌクレオチド(siRNA)	**Alnylam Pharmaceuticals**（アメリカ）	**Alnylam Pharmaceuticals**（アメリカ）	米国/2019 欧州/2020 日本/2021	147 (2021/12期)
Viltepso	viltolarsen	**デュシェンヌ型筋ジストロフィー**	アンチセンスオリゴヌクレオチド	**日本新薬**（日本）	**日本新薬**（日本）	米国/2020 日本/2020	24 (2021/3期)
Exondys 51	eteplirsen	**デュシェンヌ型筋ジストロフィー**	アンチセンスオリゴヌクレオチド	**Sarepta Therapeutics**（アメリカ）	**Sarepta Therapeutics**（アメリカ）	米国/2016	N/A

※７　各決算期末時点の為替レートで円換算。
出典：国立医薬品食品衛生研究所 遺伝子医薬部ＨＰ、各社ＨＰ、ＩＲ情報を基に作成。

2 | ペプチド・核酸医薬品の製造

1 医薬品のバリューチェーン

医薬品が創薬から販売に至るまでには、基礎研究や臨床研究、承認・審査などの一連のプロセスを経る必要がある。

新薬メーカーは付加価値の高い創薬分野に経営リソースを重点的に投入すべく、臨床試験や製造をCMO（CMO：Contract and Manufacturing Organization）やCDMO（CDMO：Contract Development and Manufacturing Organization）にアウトソーシングするなど水平分業が進んでいる。CDMOは、医薬品開発製造受託機関を指し、その委託の範囲などでCMOと呼ばれる場合もある。また、医薬品開発業務受託機関はCRO（CRO：Contract Research Organization）、医薬品販売業務受託機関はCSO（CSO：Contract Sales Organization）などと呼ばれ、医薬品のバリューチェーンのどの範囲の業務を受託しているかにより、その名称が細かく異なっている。

■ 医薬品のバリューチェーン

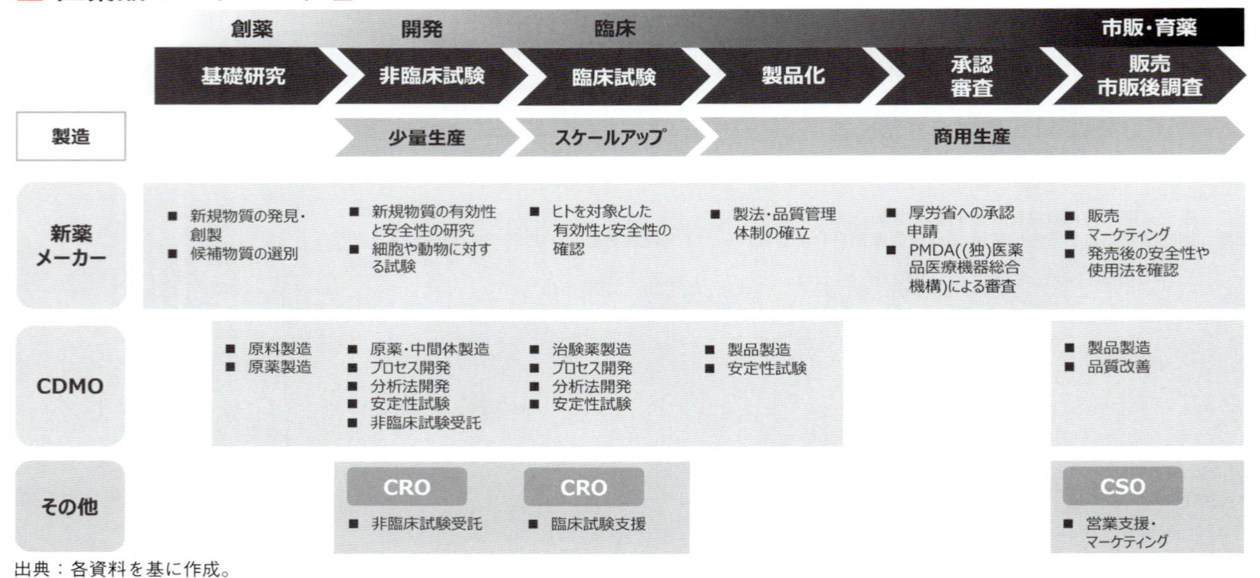

出典：各資料を基に作成。

2 ペプチド・核酸医薬品の製造過程

医薬品製造の工程は、合成→精製→製剤化に大別される。合成工程では、医薬品原料を元に合成を行い、複数の医薬品中間体を経て、原薬となる化合物ができる。その後、不純物を取り除き純度を高める精製工程を経て原薬が完成し、医薬品添加剤の混ぜ合わせ等を行う製剤化を経て医薬品となる。

新薬メーカーは、この一連の製造工程について、各CDMOが得意とする領域に応じ、委託先を分別する場合もある。

一般的に、核酸医薬品は低分子医薬品と同様に化学合成により製造されるが、化学合成の場合、バイオ培養のように高度な設備や品質管理等は求められず、低固定費・高変動費のコスト構造にあるため、トータルの製造コストを相対的に低く抑えられる。他方で、ペプチド医薬品はバイオ培養による製造が中心となるが、非天然型のアミノ酸を含むものは化学合成でしか製造することができない。

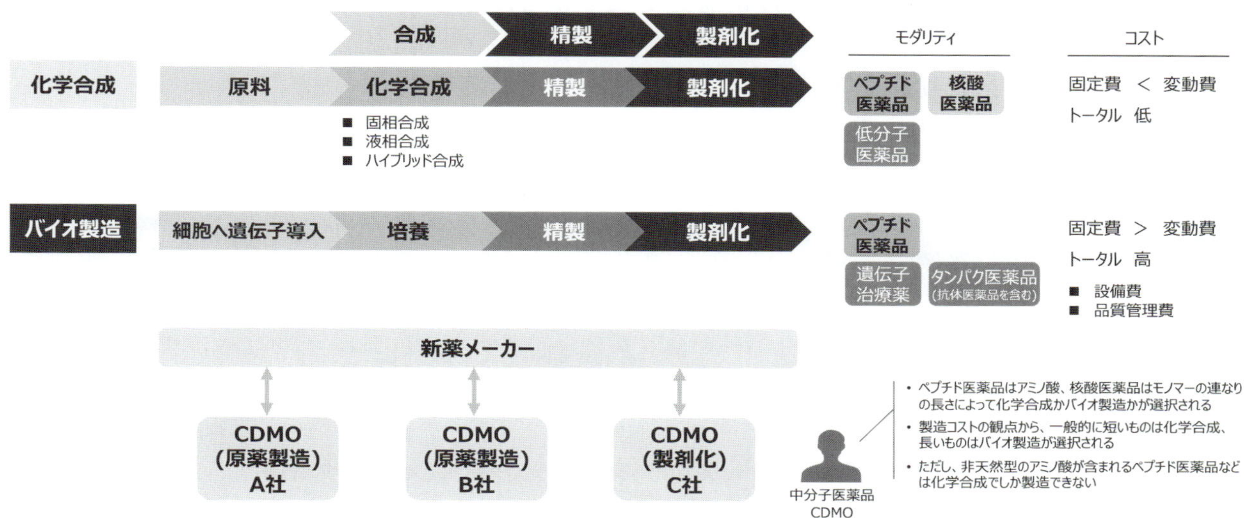

出典：各資料を基に作成。

3 製造方法（化学合成）【ペプチド・核酸医薬品】

中分子医薬品（ペプチド・核酸医薬品を含む）の化学合成には、固相合成と液相合成が存在し、近年はこれらのハイブリット合成の技術も生まれている。

固相合成は残存試薬の除去等が簡便であり、短時間で合成できるメリットがある一方、液相合成は大量合成に適した手法であるが、煩雑な精製作業が必要になるなどの課題がある。コスト面では液相法の方が相対的に低いものの、どちらの合成法もコスト高という課題がある。

	固相合成	液相合成
低コスト生産	△	○
合成時間	**短時間**	長時間
合成物の品質	△	○
大量合成	△	○
配列	長い	短い
特徴	■ 固相合成は、個体樹脂上で分子と試薬を合成させ、目的となる化合物を固相表面から切り出す手法 ■ 液相合成に比して、精製操作が簡便である一方、**大量合成には不向きで少量多品種の製造に適す** ■ 有機溶媒を多く使用するため**環境負荷が大きい** ■ 合成装置が市販されており導入しやすい	■ 化学量論量の試薬の使用で効率的に反応が進行し、**大量合成に適す** ■ 残存試薬等を除くために、抽出などの煩雑な精製操作が必要であり、工程数が多い点が欠点 ■ 新たな技術を用いて、固相合成と液相合成の利点を併せ持つ液相合成が開発され、実用化されつつある

出典：各資料を基に作成。

4 製造方法（バイオ培養）【ペプチド医薬品のみ】

バイオ培養は、遺伝子組み換え技術を用いて、目的のタンパク質の情報が書かれた遺伝子を大腸菌などの細胞に組み込み、それを培養し医薬品のもととなるタンパク質を抽出する手法であり、インスリンなど代表的な医薬品を創出してきた。

中分子医薬品のバイオ培養に用いる菌・細胞ごとのコストや培養時間などの比較は下表の通りとなっている。

	大腸菌	酵母	昆虫細胞	動物細胞
低コスト生産	○	○	△	×
培養時間	**短い**	**短い**	長い	長い
糖タンパク質の生産	×	△	△	○
ヒト・動物由来原料の不使用	○	○	○	×
生産に適したタンパク質	低分子～中分子 単純タンパク質	低分子～中分子 単純タンパク質	高分子 タンパク質	糖タンパク質
主なペプチド医薬品	Forteoなど	Ozempic、Victozaなど	N/A	Trulicityなど

出典：（一社）くすりの適正使用協議会「これだけは知っておきたいバイオ医薬品」を基に作成。

3｜ペプチド・核酸医薬品の市場規模と将来性

1 ペプチド・核酸医薬品の市場規模

ペプチド・核酸医薬品の市場規模は、従来から医薬品の中心を担ってきた低分子医薬品およびその後の創薬の中心となった高分子医薬品（抗体医薬品、タンパク質医薬品）に比して現状は小さいが、今後の市場成長率はペプチド医薬品で年間８%、核酸医薬品で同17%と他のモダリティに比して高い成長が見込まれている。

■ モダリティ別市場規模（2020）および市場成長率（2020年から2030年）

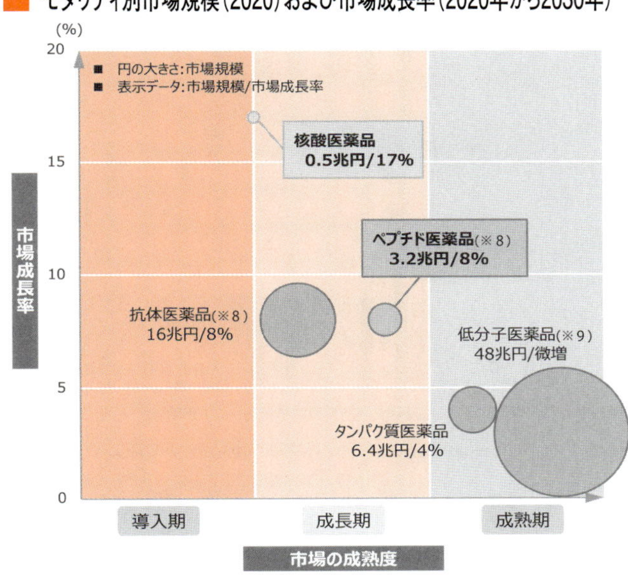

■ モダリティ別市場規模に見る成長予測（2020年から2030年）

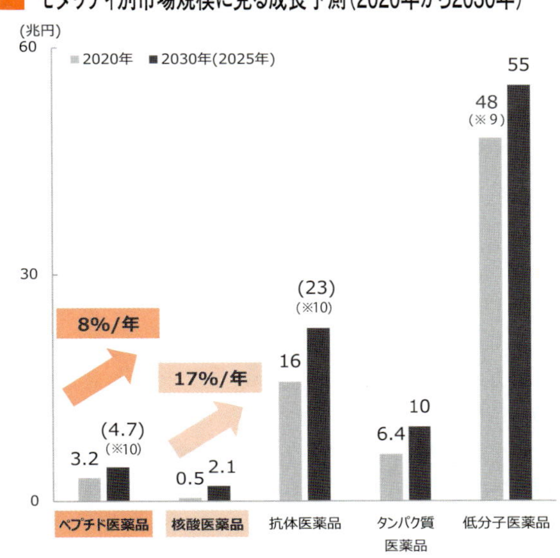

※8　2020年から2025年の市場成長率
※9　2016年の市場規模
※10　2025年における市場予測
出典：アーサー・ディ・リトル・ジャパン(株)「令和二年度　医薬品・再生医療・細胞治療・遺伝子治療関連の産業化に向けた課題及び課題解決に必要な取組みに関する調査報告書(c)バイオ(抗体医薬、中分子医薬、再生・細胞医療・遺伝子治療)」を基に作成。

2 ペプチド・核酸医薬品の開発状況

グローバル市場におけるペプチド医薬品の開発状況について、2020年５月末時点で臨床試験に入っている計474件（324社）のうち、欧米の企業が371件（247社）と全体の約８割を占めており、日本企業は35件（19社）に留まっている。核酸医薬品の開発についても欧米企業が先行しているが、市場全体として上市数、臨床試験数ともにペプチド医薬品より少ない状況にある。

■ ペプチド医薬品の企業国籍別臨床試験数（2020年5月末時点）

ペプチド医薬品

(件)

	Phase1	Phase1/2	Phase2	Phase2/3	Phase3
日本	7	4	18	0	6
米国	66	21	83	4	29
欧州	65	22	63	0	18
中国	5	0	2	0	1
韓国	5	0	2	0	1

■ 核酸医薬品の企業国籍別臨床試験数（2020年5月末時点）

	Phase1	Phase1/2	Phase2	Phase2/3	Phase3
日本	4	1	2	0	1
米国	24	18	33	5	19
欧州	14	5	15	1	9
中国	1	0	2	0	0
韓国	2	0	0	0	0

出典：特許庁「令和２年度　特許出願技術動向調査結果概要　中分子医薬」を基に作成。

3 ペプチド・核酸医薬品の将来性

ペプチド医薬品については、特殊環状ペプチドなど次世代型ペプチド医薬品に注目が集まっており、欧州企業を中心に臨床試験を行っている開発品が多く存在しているが、未だ上市品が少ないため、国内新薬メーカーや国内ＣＤＭＯはペプチド医薬品への新規参入や大規模な投資は様子を見ている。

また、核酸医薬品については、希少疾患を中心とするターゲットに再び注目が集まり、国内外問わず参入する新薬メーカーやＣＤＭＯが増えている状況であり、今後開発品が多く上市されれば、市場の急拡大も期待できると予測される。国内ＣＤＭＯの製造拠点が海外メーカーと比較して先行していることも日本国内での核酸医薬品市場の盛り上がりに寄与していると考えられる。

日本の医薬品の製造面における課題として、品質管理基準など、ガイドライン・レギュレーションが欧州・米国などと比較して遅れている点がある。ペプチド・核酸医薬品においても同様のことが今後は懸念されるが、現時点では国内新薬メーカーや国内ＣＤＭＯにおける製造技術や設備投資に強みがあるため、今後の開発品の上市に期待したい。

【参考文献】

・井上貴雄「【開発編】第4章 核酸医薬品の開発動向」、シーエムシー出版「バイオ医薬品の開発と市場 2019」
・国立医薬品食品衛生研究所 遺伝子医薬部HP
・(一社)くすりの適正使用協議会「これだけは知っておきたいバイオ医薬品」
・アーサー・ディ・リトル・ジャパン(株)「令和二年度　医薬品・再生医療・細胞治療・遺伝子治療関連の産業化に向けた課題及び課題解決に必要な取組みに関する調査報告書(c)バイオ(抗体医薬、中分子医薬、再生・細胞医療・遺伝子治療)」
・特許庁「令和2年度　特許出願技術動向調査結果概要　中分子医薬」

第5章

新型コロナウイルス感染症による病院経営等への影響

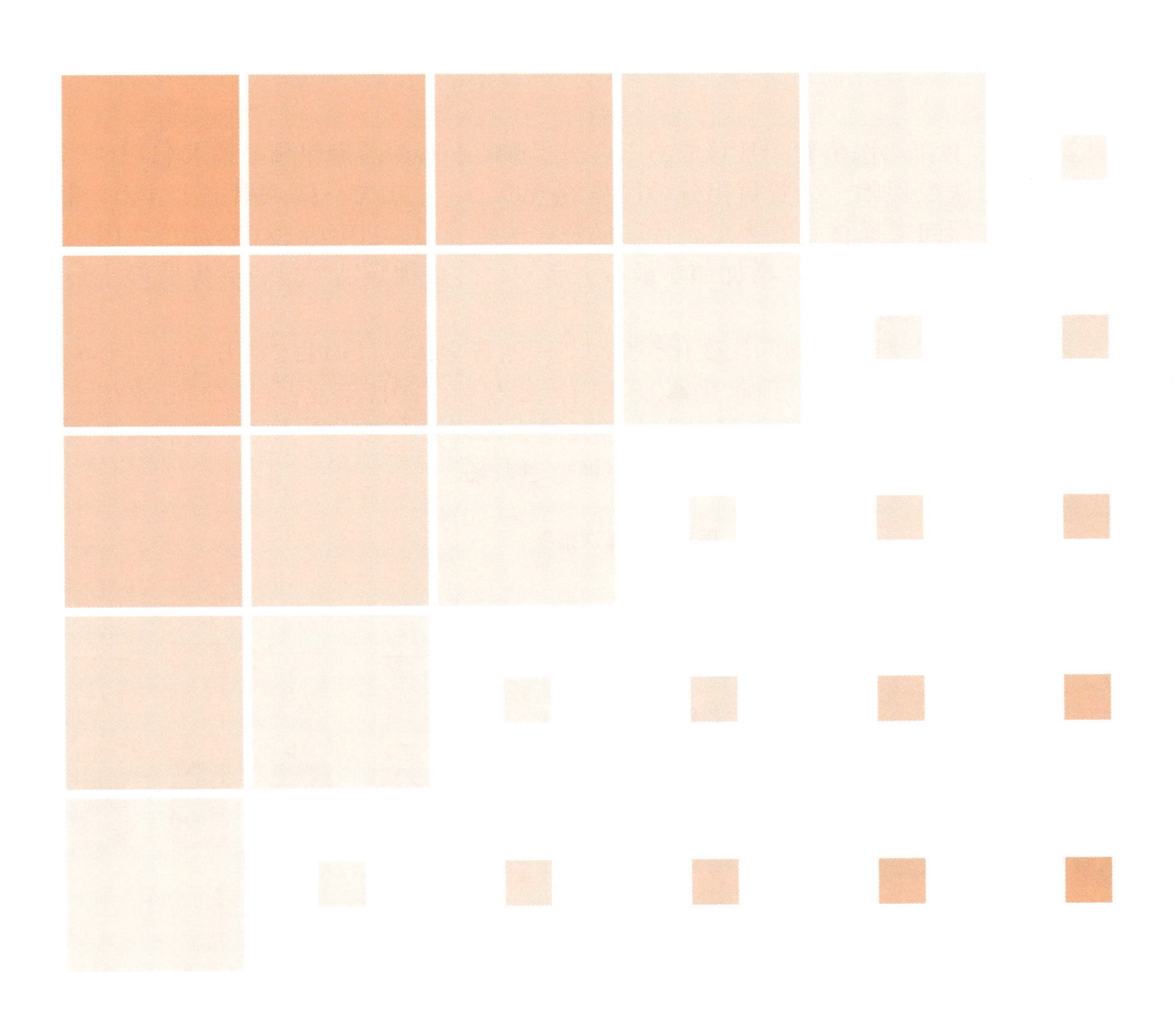

1　医療費の年次推移

2020年１月に国内で初感染者が確認されて以来、感染者数の急拡大や度重なるウイルス変異株の登場等により、2022年現在まで、新型コロナウイルス感染症はあらゆる産業へ大きな影響を及ぼし続けてきた。

新型コロナウイルスの登場を受け、昨年発行の本書2021年度版では、2020年度の急激な感染拡大が医療機関に与えた影響について論じた。2021年度以降、感染者数の目立った減少が見られない中で、政府は、新型コロナウイルスと共生しながら社会経済活動を両立させる「ウィズコロナ」に向けて施策を行う方向に舵を切っており、各産業においても、感染状況に気を配りつついかに状況を回復させていくかを課題としていることは、2020年度前半と大きく異なる点である。

上記の視点に基づき、昨年度に引き続き、改めて医療分野における新型コロナウイルスの影響について状況を整理、確認し、今後の見通しについて述べたい。

1 年次推移

以下は、2010年度以降の医療費の推移である。医療機関からの診療報酬の請求（レセプト）に基づき集計した医療保険・公費負担分の医療費（以下、本項で「医療費」とする）は、2019年度まで増加傾向で推移してきた。特に病院の医療費は、2010年度の約19.7兆円から2019年度は約23.8兆円になるなど増加額が最も大きく、診療種類別では、診療費のうち医科入院の増加額が顕著であった。

しかし、2020年度は一転して傾向に変化が生じ、医療費全体では約42.2兆円（前年比▲1.4兆円）、病院医療費は約23兆円（前年比▲0.8兆円）となり、2017年度とほぼ同じ水準まで減少した。これまでの一貫した増加傾向から急に減少に転じたという点で、受診控え等により新型コロナウイルスの影響があったことが推察される。

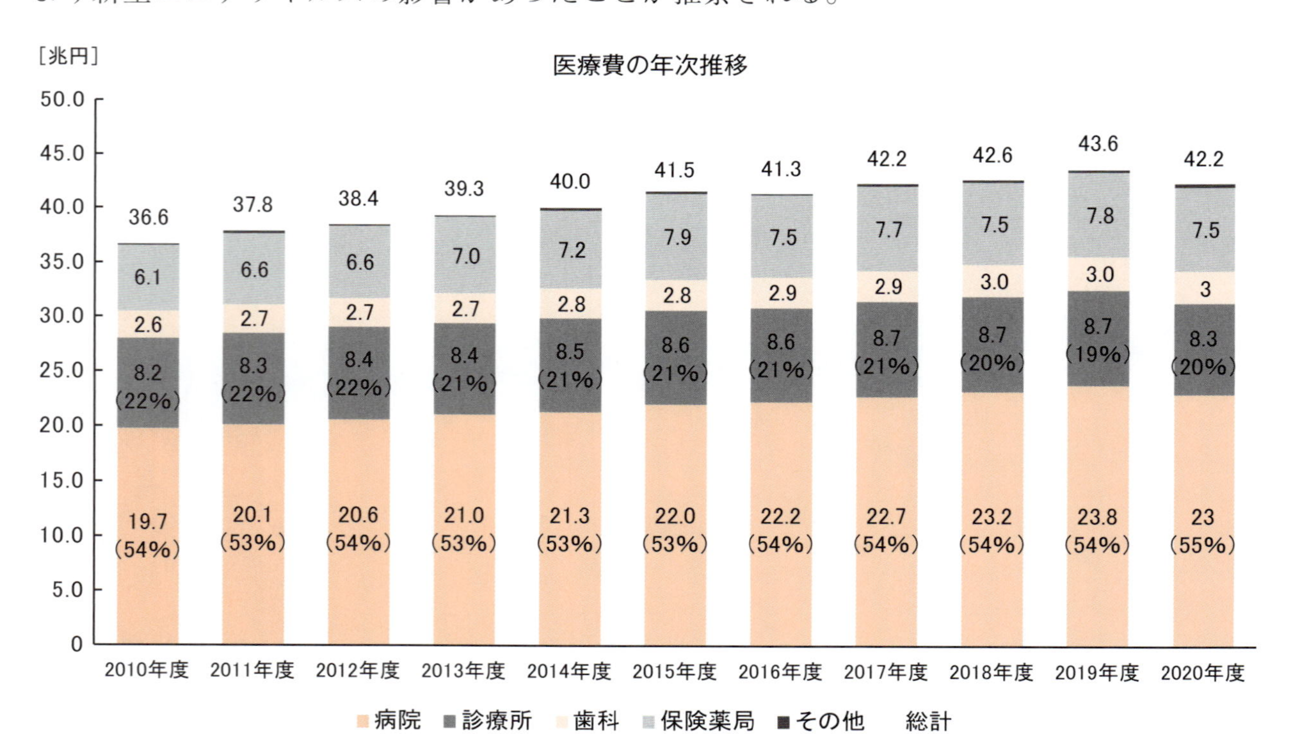

出典：厚生労働省「最近の医療費の動向-MEDIAS-」（2010～2020年）を基に作成。

参考までに医科診療所の診療科目別の医療費の推移を以下に示すと、心療内科と産科を除く科目では2020年度の医療費は減少している。小児科や耳鼻咽喉科や外科では大きな減少幅を見せているが、多くの診療科で新型コロナウイルスの影響を受けたものと見られる。

なお、医療費を受診延日数で除した１日当たり医療費は、精神科と心療内科を除いて各診療科で増加していることがわかる。

医科診療所　診療科目別の医療費・受診延日数・１日当たり医療費　推移

	医療費(億円)							伸び率					
	2015年	2016年	2017年	2018年	2019年	2020年		2015年	2016年	2017年	2018年	2019年	2020年
医科診療所	86,314	85,581	86,531	86,689	87,260	82,642	医科診療所	1.7%	▲0.9%	1.1%	0.2%	0.7%	▲5.3%
内科	41,355	40,934	41,284	41,222	41,353	39,576	内科	1.6%	▲1.0%	0.9%	▲0.2%	0.3%	▲4.3%
整形外科	8,953	8,969	9,213	9,258	9,388	9,069	整形外科	1.6%	0.2%	2.7%	0.5%	1.4%	▲3.4%
眼科	7,444	7,453	7,679	7,896	8,069	7,789	眼科	3.4%	0.1%	3.0%	2.8%	2.2%	▲3.5%
耳鼻咽喉科	4,191	4,143	4,216	4,279	4,170	3,347	耳鼻咽喉科	1.6%	▲1.1%	1.7%	1.5%	▲2.5%	▲19.7%
外科	4,296	4,105	3,928	3,730	3,646	3,191	外科	▲0.9%	▲4.5%	▲4.3%	▲5.1%	▲2.2%	▲12.5%
小児科	3,495	3,469	3,474	3,435	3,437	2,673	小児科	2.6%	▲0.7%	0.1%	▲1.1%	0.0%	▲22.2%
皮膚科	3,211	3,234	3,275	3,292	3,358	3,332	皮膚科	2.6%	0.7%	1.2%	0.5%	2.0%	▲0.8%
泌尿器科	2,691	2,645	2,699	2,721	2,808	2,772	泌尿器科	1.7%	▲1.7%	2.1%	0.8%	3.2%	▲1.3%
精神科	1,601	1,620	1,663	1,689	1,714	1,700	精神科	2.3%	1.2%	2.6%	▲1.6%	1.4%	▲0.8%
産婦人科	1,578	1,541	1,510	1,469	1,461	1,433	産婦人科	▲1.1%	▲2.4%	▲2.0%	▲2.7%	▲0.5%	▲1.9%
脳神経外科	1,396	1,390	1,414	1,433	1,470	1,441	脳神経外科	2.6%	▲0.5%	1.8%	1.3%	2.6%	▲2.0%
循環器科	1,059	1,040	1,054	1,041	1,037	997	循環器科	0.6%	▲1.8%	1.4%	▲1.2%	▲0.4%	▲3.8%
胃腸科	932	887	848	828	804	756	胃腸科	▲1.4%	▲4.7%	▲4.4%	▲2.3%	▲2.9%	▲6.0%
心療内科	628	667	715	772	832	870	心療内科	8.0%	6.2%	7.1%	8.0%	7.8%	4.5%
消化器科	799	757	730	701	704	685	消化器科	2.4%	▲5.3%	▲3.6%	▲3.9%	0.3%	▲2.6%
産科	512	511	519	532	543	560	産科	1.8%	▲0.1%	0.1%	2.6%	1.9%	3.1%
その他	2,173	2,215	2,310	2,390	2,467	2,451	その他	1.8%	1.9%	2.6%	3.5%	3.2%	▲0.6%

	日数（万日）							伸び率					
	2015年	2016年	2017年	2018年	2019年	2020年		2015年	2016年	2017年	2018年	2019年	2020年
医科診療所	127,279	126,205	125,791	124,865	123,159	110,654	医科診療所	0.3%	▲0.8%	▲0.3%	▲0.7%	▲1.4%	▲10.2%
内科	48,746	48,319	48,031	47,600	46,783	42,051	内科	▲0%	▲0.9%	▲0.6%	▲0.9%	▲1.7%	▲10.1%
整形外科	21,538	21,500	21,611	21,472	21,249	19,821	整形外科	▲0.3%	▲0.2%	0.5%	▲0.6%	▲1%	▲6.7%
眼科	10,230	10,124	10,189	10,208	10,073	9,333	眼科	1.1%	▲1%	0.6%	0.2%	▲1.3%	▲7.3%
耳鼻咽喉科	9,749	9,550	9,532	9,531	9,118	6,871	耳鼻咽喉科	0.2%	▲2%	▲0.2%	▲0%	▲4.3%	▲24.6%
外科	6,193	5,876	5,510	5,178	4,917	4,120	外科	▲3.7%	▲5.1%	▲6.2%	▲6%	▲5%	▲16.2%
小児科	6,615	6,554	6,466	6,317	6,179	4,234	小児科	2.6%	▲0.9%	▲1.3%	▲2.3%	▲2.2%	▲31.5%
皮膚科	8,153	8,268	8,384	8,431	8,543	8,468	皮膚科	2.5%	1.4%	1.4%	0.6%	1.3%	▲0.9%
泌尿器科	2,066	2,087	2,129	2,176	2,264	2,234	泌尿器科	2.6%	1.0%	2.0%	2.2%	4.0%	▲1.3%
精神科	2,551	2,582	2,619	2,662	2,705	2,693	精神科	1.8%	1.2%	1.4%	1.7%	1.6%	▲0.4%
産婦人科	2,200	2,134	2,084	2,016	1,995	1,880	産婦人科	▲1.8	▲3%	▲2.3%	▲3.3%	▲1%	▲5.8%
脳神経外科	1,571	1,571	1,576	1,581	1,599	1,521	脳神経外科	1.3%	▲0%	0.4%	0.3%	1.1%	▲4.9%
循環器科	1,129	1,124	1,110	1,075	1,053	978	循環器科	0.5%	▲0.4%	▲1.3%	▲3.1%	▲2.1%	▲7.1%
胃腸科	1,242	1,195	1,130	1,102	1,055	968	胃腸科	▲2.9%	▲3.9%	▲5.4%	▲2.5%	▲4.3%	▲8.2%
心療内科	1,047	1,123	1,203	1,294	1,391	1,457	心療内科	9.1%	7.3%	7.1%	7.5%	7.5%	4.7%
消化器科	998	952	918	876	861	800	消化器科	▲0.8%	▲4.6%	▲3.5%	▲4.6%	▲1.7%	▲7%
産科	660	653	663	676	688	674	産科	0.9%	▲1.0%	1.5%	2.0%	1.7%	▲2%
その他	2,594	2,593	2,635	2,669	2,687	2,549	その他	1.1%	▲0.0%	1.6%	1.3%	0.7%	▲5.1%

	1日当たり医療費(円)							伸び率					
	2015年	2016年	2017年	2018年	2019年	2020年		2015年	2016年	2017年	2018年	2019年	2020年
医科診療所	6,781	6,781	6,879	6,943	7,085	7,468	医科診療所	1.4%	▲0%	1.4%	0.9%	2.1%	5.4%
内科	8,484	8,472	8,595	8,660	8,839	9,411	内科	1.6%	▲0.1%	1.5%	0.8%	2.1%	6.5%
整形外科	4,157	4,172	4,263	4,312	4,418	4,575	整形外科	2.0%	0.4%	2.2%	1.1%	2.5%	3.6%
眼科	7,277	7,362	7,537	7,735	8,010	8,346	眼科	2.3%	1.2%	2.4%	2.6%	3.6%	4.2%
耳鼻咽喉科	4,299	4,339	4,423	4,489	4,573	4,870	耳鼻咽喉科	1.4%	0.9%	1.9%	1.5%	1.9%	6.5%
外科	6,936	6,985	7,129	7,203	7,416	7,745	外科	2.9%	0.7%	2.1%	1.0%	3.0%	4.4%
小児科	5,284	5,293	5,372	5,438	5,561	6,313	小児科	▲0.1%	0.2%	1.5%	1.2%	2.3%	13.5%
皮膚科	3,938	3,912	3,906	3,905	3,931	3,935	皮膚科	0.1%	▲0.7%	▲0.2%	▲0%	0.7%	0.1%
泌尿器科	13,025	12,674	12,679	12,503	12,406	12,408	泌尿器科	▲0.9%	▲2.7%	0.0%	▲1.4%	▲0.8%	0.0%
精神科	6,274	6,274	6,350	6,345	6,336	6,312	精神科	0.4%	▲0%	1.2%	▲0.1%	▲0.1%	▲0.4%
産婦人科	7,175	7,221	7,244	7,286	7,327	7,624	産婦人科	0.7%	0.6%	0.3%	0.6%	0.6%	4.1%
脳神経外科	8,888	8,848	8,971	9,062	9,194	9,473	脳神経外科	1.2%	▲0.5%	1.4%	1.0%	1.5%	3.0%
循環器科	9,383	9,249	9,495	9,685	9,850	10,197	循環器科	0.1%	▲1.4%	2.7%	2.0%	1.7%	3.5%
胃腸科	7,497	7,428	7,503	7,517	7,621	7,809	胃腸科	1.5%	▲0.9%	1.0%	0.2%	1.4%	2.5%
心療内科	6,003	5,940	5,940	5,966	5,982	5,970	心療内科	▲1%	▲1%	▲0%	0.4%	0.3%	▲0.2%
消化器科	8,012	7,952	7,950	8,005	5,170	8,559	消化器科	3.2%	▲0.7%	▲0%	0.7%	2.1%	4.8%
産科	7,753	7,818	7,829	7,873	7,890	8,298	産科	0.9%	0.8%	0.1%	0.6%	0.2%	5.2%
その他	8,378	8,542	8,767	8,956	9,180	9,616	その他	0.7%	2.0%	2.6%	2.1%	2.5%	4.7%

出典：厚生労働省保険局調査課「令和２年度　医科診療所の主たる診療科別の医療費等の状況」（2021年12月）を基に作成。

2 ｜ 医療費の月次推移

1 月次推移

加えて、より直近の医療費の状況から新型コロナウイルスの影響を推察するため、2019年度から2022年２月分までの医療費の月次推移を下記に示す。

なお、2021年度の医療費は、速報値を基に集計されており、労災・全額自費等の費用は含まれていないが、医療機関などを受診し傷病の治療に要した費用全体の推計値である国民医療費の約 98％に相当している。また、数字に下線が引いてある月は、緊急事態宣言が発令された期間のある月である。

2020年度は2019年度と比較して、10月、３月を除く全ての月で前年同月を下回っており、新型コロナウイルスによる受診控え等の影響が考えられる。特に最初の緊急事態宣言が発令された４月、５月の医療費減少による影響が大きくなっている。

一方で、2021年度は、緊急事態宣言が発令された期間のある月についても、概ね2019年度と同程度の医療費水準まで回復してきている。３月分は未公表であるものの、2021年度は2020年度の医療費を上回り、新型コロナウイルスが発生する前の2019年度にほぼ近い金額となると予想される。

■ 診療種類別の医療費（月次・各期間別）

（単位：兆円）

	2019年度												
		4月	5月	6月	7月	8月	9月	10月	11月	12月	1月	2月	3月
総計	43.6	3.6	3.6	3.6	3.8	3.6	3.5	3.7	3.6	3.8	3.6	3.5	3.7
診療費	34.7	2.9	2.9	2.9	3.0	2.9	2.8	2.9	2.9	3.0	2.9	2.8	2.9
医科入院	16.9	1.4	1.4	1.4	1.4	1.4	1.4	1.4	1.4	1.4	1.4	1.4	1.4
医科入院外	14.9	1.2	1.2	1.2	1.3	1.2	1.2	1.3	1.2	1.3	1.2	1.2	1.2
歯科	3.0	0.3	0.2	0.3	0.3	0.2	0.2	0.3	0.3	0.3	0.2	0.2	0.3
調剤	7.7	0.7	0.6	0.6	0.7	0.6	0.6	0.7	0.6	0.7	0.6	0.6	0.7
訪問看護療養	0.30	0.02	0.02	0.02	0.03	0.02	0.03	0.03	0.03	0.03	0.03	0.03	0.03

	2020年度												
		4月	5月	6月	7月	8月	9月	10月	11月	12月	1月	2月	3月
総計	42.2	3.3	3.1	3.5	3.6	3.5	3.5	3.8	3.5	3.7	3.5	3.4	3.9
診療費	33.5	2.6	2.5	2.8	2.9	2.8	2.8	3.0	2.8	2.9	2.8	2.7	3.1
医科入院	16.3	1.3	1.2	1.3	1.4	1.4	1.4	1.4	1.4	1.4	1.4	1.3	1.5
医科入院外	14.2	1.1	1.0	1.2	1.2	1.2	1.2	1.3	1.2	1.2	1.2	1.2	1.3
歯科	3.0	0.2	0.2	0.3	0.3	0.2	0.3	0.3	0.3	0.3	0.2	0.2	0.3
調剤	7.5	0.7	0.6	0.6	0.6	0.6	0.6	0.7	0.6	0.7	0.6	0.6	0.7
訪問看護療養	0.36	0.03	0.03	0.03	0.03	0.03	0.03	0.03	0.03	0.03	0.03	0.03	0.03

	2021年度（4月～2月）												
		4月	5月	6月	7月	8月	9月	10月	11月	12月	1月	2月	3月
総計	40	3.7	3.5	3.7	3.7	3.6	3.6	3.8	3.7	3.8	3.6	3.4	
診療費	32	2.9	2.8	2.9	2.9	2.9	2.9	3.0	3	3	2.9	2.7	
医科入院	15.2	1.4	1.4	1.4	1.4	1.4	1.4	1.4	1.4	1.4	1.4	1.2	
医科入院外	13.9	1.3	1.2	1.3	1.3	1.3	1.3	1.3	1.3	1.3	1.2	1.2	
歯科	2.9	0.3	0.2	0.3	0.3	0.2	0.3	0.3	0.3	0.3	0.2	0.2	
調剤	7	0.7	0.6	0.6	0.6	0.6	0.6	0.6	0.6	0.7	0.6	0.6	
訪問看護療養	0.39	0.03	0.03	0.04	0.04	0.04	0.04	0.04	0.04	0.04	0.04	0.03	

※　診療費には入院時食事療養及び入院時生活療養の費用額は含まれない。
出典：厚生労働省「最近の医療費の動向-MEDIAS-」（2019年～ 2021年）を基に作成。

3 ｜ 患者数

1 患者数の推移

患者数の変化についても、2021年度末までの状況を見ることができる。厚生労働省が毎月概数を公表する「医療施設（静態・動態）調査（確定数）・病院報告」の「Ⅱ　病院報告」により、2019年度から2021年度までの病院外来患者数、月末病床利用率、新入院患者数の推移を下記に示した（赤い背景は、全国に緊急事態宣言が発令された期間）。

最初の緊急事態宣言下の2020年４月及び５月は、病院外来患者数、月末病床利用率及び新入院患者数ともに大きく減少している。10月から11月は持ち直したものの、再度の緊急事態宣言下の2021年２月及び５月頃は外来患者数、新入院患者数が減少している。オミクロン株が流行し始めた2022年冬は、いずれも数か月ぶりに大きな減少が見られたとはいえ、３月頃からは再び急激に増加しており、前年と比較すると回復傾向にある。

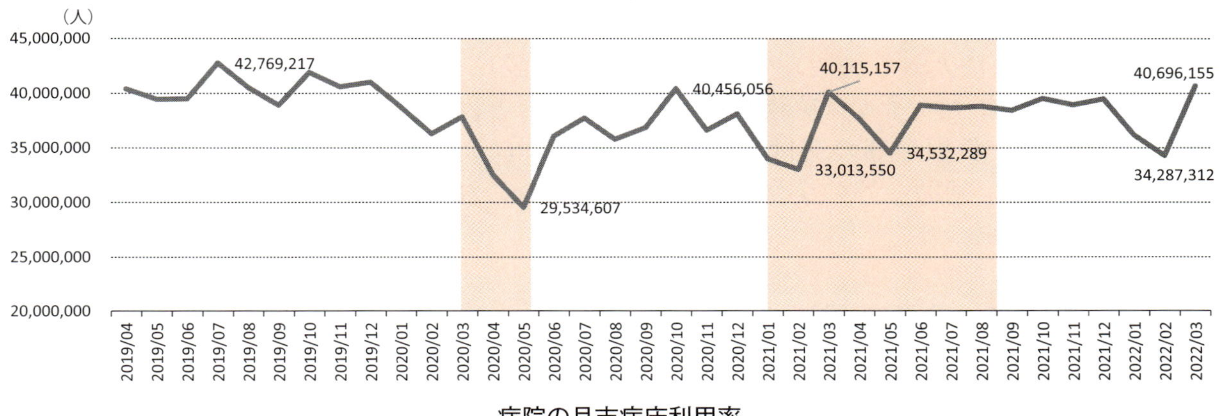

病院の月末病床利用率

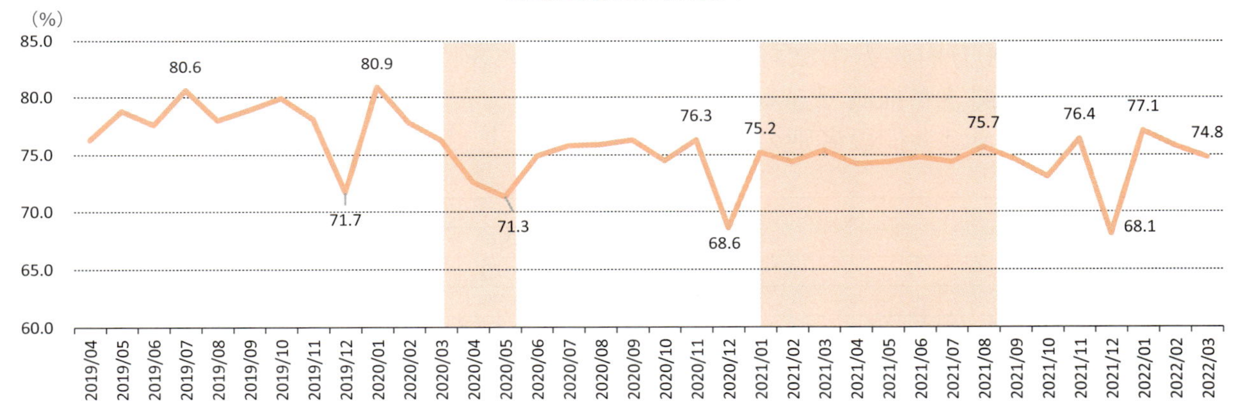

新入院患者数

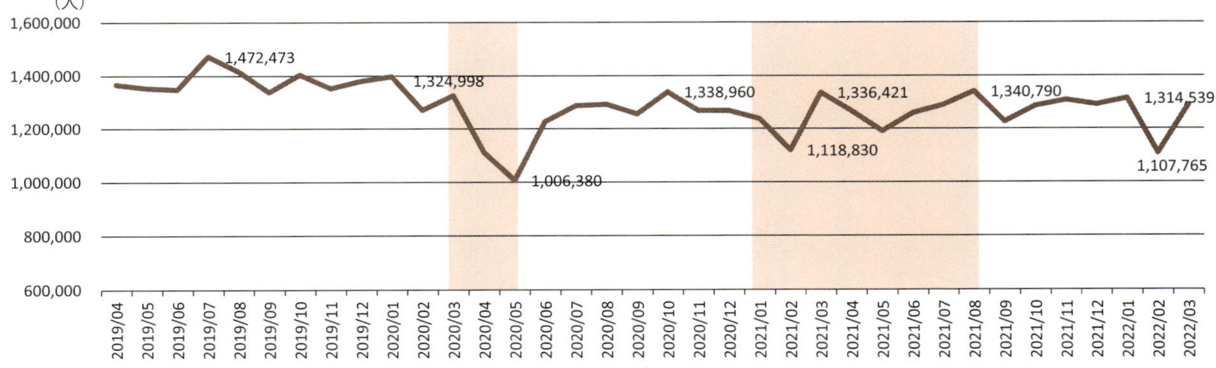

出典：厚生労働省「病院報告」（2019年～2022年）を基に作成。

4 | 損益状況

1 病院１施設当たりの損益状況

前頁までに記載したとおり、新型コロナの感染状況に伴い医療費減と患者数の減少傾向が見られたが、病院の損益状況はどうであっただろうか。

以下は、医業・介護収益に占める介護収益の割合が２％未満の「一般病院」（医療法人、国公立のほか、公的（日赤、済生会、北海道社会事業協会、厚生連、国民健康保険団体連合会）、社会保険関係法人（健康保険組合及びその連合会、共済組合及びその連合会、国民健康保険組合）、個人についての、１施設当たりの損益状況である。

なお、下記の表における「新型コロナウイルス感染症関連の補助金」（以下、本項では「補助金」という）とは、国、地方公共団体、系統機関などからの補助金・負担金等の交付金のうち、新型コロナウイルス感染症関連補助金等の交付金であり、従業員向け慰労金を除いたものである。

下記で、一般病院全体と、開設者別の１施設当たり損益状況（ただし施設数が非常に少ない社会保険関係法人（６施設）と個人病院（７施設）を除く。）を見ていく。

また、「新型コロナウイルス感染症関連の補助金」とは、国、地方公共団体、系統機関などからの補助金・負担金等の交付金のうち、新型コロナウイルス感染症関連の（従業員向け慰労金を除く。）補助金等の交付金のことを示し、これらの交付金は下記の表中の医業収益には含まれていない。

第1部 分析編

（1）一般病院全体（768施設）

一般病院全体では、2019年度と比較して、2020年度には医業の収益金額の伸び率が▲3.3％、介護収益の金額の伸び率は前年比▲40.8％と、顕著な減少が見られる。補助金を含めない損益差額は▲6.9％と、金額にすると１施設あたり２億2,400万円の赤字であり、１施設あたり約１億300万円の赤字であった2019年度から3.8ポイントも悪化し、新型コロナウイルス感染症との関連が推測できる。

なお、次頁以降では各開設者別の状況を示す。

（単位:千円、%）

	2019年度		2020年度		金額の伸び率
	金　額	構成比率	金　額	構成比率	
Ⅰ　医業収益	3,353,489	99.7%	3,242,213	99.8%	▲3.3%
Ⅱ　介護収益	8,467	0.3%	5,013	0.2%	▲40.8%
Ⅲ　医業・介護費用	3,465,910	103.1%	3,471,957	106.9%	0.2%
Ⅳ　損益差額	▲103,953	▲3.1%	▲224,731	▲6.9%	-
※「新型コロナウイルス感染症関連の補助金」を含めた損益差額	-	-	13,217	0.4%	-

出典：中央社会保険医療協議会総会（第499回）「第23回医療経済実態調査（医療機関等調査）報告」（2021年11月24日）を基に作成。

(2) 医療法人（410施設）

一般病院のうち半数以上を占める医療法人については、医業収益は2019年度と2020年度の２か年で変化がないものの、2020年度における介護収益の減少が激しく、前年比▲64.6%となった。全体に占める介護収益の割合が小さいこともあり、損益差額はプラスとなったものの、補助金を除けば2019年度と比較して減益となった。

（単位:千円、%）

	2019年度		2020年度		金額の伸び率
	金　額	構成比率	金　額	構成比率	
Ⅰ　医業収益	1,826,554	99.5%	1,809,305	99.8%	▲0.9%
Ⅱ　介護収益	9,906	0.5%	3,502	0.2%	▲64.6%
Ⅲ　医業・介護費用	1,803,264	98.2%	1,810,896	99.9%	0.4%
Ⅳ　損益差額	33,197	1.8%	1,911	0.1%	-
※「新型コロナウイルス感染症関連の補助金」を含めた損益差額	-	-	41,995	2.3%	-

(3) 国立病院（18施設）

新型コロナの流行当初から、国等の要請などにより対応する立場にあった国立病院は、2020年度の医業収益の減益が大きく、前年比▲7.9%となった。損益差額は2020年は５億5,000万の赤字となったが、補助金を含めると約４億1,000万円のプラスとなっており、補助金による損益差額への影響が最も大きい開設者と言える。

（単位:千円、%）

	2019年度		2020年度		金額の伸び率
	金　額	構成比率	金　額	構成比率	
Ⅰ　医業収益	6,586,595	99.9%	6,066,558	99.8%	▲7.9%
Ⅱ　介護収益	3,499	0.1%	3,087	0.2%	▲11.8%
Ⅲ　医業・介護費用	6,703,968	101.7%	6,625,052	109.2%	▲1.2%
Ⅳ　損益差額	▲113,873	▲1.7%	▲555,406	▲9.2%	-
※「新型コロナウイルス感染症関連の補助金」を含めた損益差額	-	-	410,498	6.8%	-

※「国立」とは、国、独立行政法人国立病院機構、国立大学法人、独立行政法人労働者健康安全機構、国立高度専門医療研究センター、独立行政法人地域医療機能推進機構である。

(4) 公立病院（140施設）

公立病院でも2020年度には医業収益の減少が見られ、介護収益は増加したものの構成比率が低いことから、全体としては2019年度よりさらに赤字額が大きくなっており、補助金で赤字の一部を補填している状況であることがわかる。

（単位:千円、%）

	2019年度		2020年度		金額の伸び率
	金　額	構成比率	金　額	構成比率	
Ⅰ　医業収益	4,631,975	99.9%	4,376,668	99.9%	▲5.5%
Ⅱ　介護収益	3,227	0.1%	4,255	0.2%	31.9%
Ⅲ　医業・介護費用	5,292,945	114.2%	6,625,052	109.2%	0.5%
Ⅳ　損益差額	▲657,743	▲14.2%	▲938,748	▲21.4%	-
※「新型コロナウイルス感染症関連の補助金」を含めた損益差額	-	-	▲319,104	▲7.3%	-

※「公立」とは、都道府県立、市町村立、地方独立行政法人立病院である。
出典：中央社会保険医療協議会総会（第499回）「第23回医療経済実態調査（医療機関等調査）報告」（2021年11月24日）を基に作成。

(5) 公的病院(38施設)

減少幅は比較的小さいものの、公的病院においては、2020年度は、医業収益、介護収益、医業・介護費用全てで2019年度を下回っている。

(単位:千円、%)

	2019年度		2020年度		金額の伸び率
	金　額	構成比率	金　額	構成比率	
Ⅰ　医業収益	10,283,790	99.8%	9,946,955	99.9%	▲3.3%
Ⅱ　介護収益	24,067	0.2%	22,794	0.2%	▲5.3%
Ⅲ　医業・介護費用	10,323,810	100.2%	10,266,067	103.0%	▲0.6%
Ⅳ　損益差額	▲15,953	▲0.2%	▲296,317	▲3.0%	-
※「新型コロナウイルス感染症関連の補助金」を含めた損益差額	-	-	538,070	5.4%	-

※「公的」とは、日赤、済生会、北海道社会事業協会、厚生連、国民健康保険団体連合会である。

(6) その他の病院(149施設)

社会福祉法人や個人など、(2)~(5)以外の開設者によるその他の病院については、2020年度の介護収益の減少が顕著である。損益差額については、2019年度もマイナスではあったものの、2020年度はさらに悪化し、補助金によって補填していることが伺える。

(単位:千円、%)

	2019年度		2020年度		金額の伸び率
	金　額	構成比率	金　額	構成比率	
Ⅰ　医業収益	4,088,503	99.8%	3,965,924	99.9%	▲3.3%
Ⅱ　介護収益	6,537	0.2%	5,780	0.1%	▲11.6%
Ⅲ　医業・介護費用	4,083,312	99.7%	4,093,353	103.1%	0.2%
Ⅳ　損益差額	▲11,728	▲0.3%	▲296,317	▲3.0%	-
※「新型コロナウイルス感染症関連の補助金」を含めた損益差額	-	-	538,070	5.4%	-

出典:中央社会保険医療協議会総会(第499回)「第23回医療経済実態調査(医療機関等調査)報告」(2021年11月24日)を基に作成。

5 資金提供状況

1 医療機関等への資金提供状況

一般病院の経営において、2020年に新型コロナウイルスによる影響があったことが前頁で推察できるが、以下では公的機関等から医療機関等への資金貸付状況から、新型コロナウイルスによる影響を見ていく。

まずは、民間銀行による貸付の状況を見ていく。日本銀行による貸出先別貸出金「医療・福祉」のうち「医療・保健衛生」をみると、国内銀行、信用金庫、その他金融機関の合計貸出金残高（４期平均）は2017年から増加傾向にあるが、１回目の緊急事態宣言後の2020年度６月から増加幅が加速し、2020年12月期の貸付金残高の合計は、同年３月と比較して約１兆1,600億円の増となっている。設備資金への貸出金残高は前年とほぼ変わらないことから、新型コロナによる資金繰りの厳しさが背景にあると推測される。

翌年2021年12月期には前年同期比1,683億円の減少（内訳：国内銀行1,453億、信用金庫158億、その他の金融機関72億）となっており、新型コロナ関連補助金による資金繰りの一服が背景にあるものと推測されるが、貸付金残高のうち６割近くを占めている設備資金が、同期には６兆2,877億円と、前年及び前々年比の12月期と比較して約2,000億円程度減少していることから、新型コロナによる今後の経営への影響が見通せないこともあり、設備投資を控えていると考えられる。以上より、2021年12月時点においては、経営面で新型コロナウイルスの影響から脱却したとは言い切れない可能性がある。

■ 日本銀行「医療・保健衛生」貸付金残高

（単位：億円）

		合計	国内銀行		銀行勘定		信用金庫		その他の金融機関	
			貸出金残高	うち設備資金	貸出金残高	うち設備資金	貸出金残高	うち設備資金	貸出金残高	うち設備資金
2017年	3月	100,201	83,215	53,890	83,328	53,986	12,234	7,861	4,752	3,045
	6月	100,394	83,421	53,632	83,539	53,733	12,230	7,847	4,743	3,034
	9月	101,029	84,089	53,708	84,207	53,810	12,271	7,814	4,669	2,978
	12月	102,166	85,145	53,752	85,220	53,816	12,361	7,808	4,660	2,930
2018年	3月	101,971	85,129	54,462	85,129	54,453	12,231	7,791	4,611	2,902
	6月	102,189	85,412	54,836	85,412	54,828	12,239	7,839	4,538	2,831
	9月	102,163	85,444	54,730	85,444	54,722	12,249	7,826	4,470	2,779
	12月	103,310	86,517	54,682	86,517	54,649	12,311	7,823	4,482	2,777
2019年	3月	102,538	85,833	54,908	85,833	54,907	12,231	7,824	4,474	2,761
	6月	102,427	85,719	54,808	85,734	54,806	12,253	7,828	4,455	2,734
	9月	101,972	85,351	54,572	85,366	54,571	12,254	7,796	4,367	2,680
	12月	103,378	86,632	54,670	86,647	54,668	12,382	7,819	4,364	2,660
2020年	3月	102,222	85,769	54,695	85,769	54,695	12,142	7,677	4,311	2,634
	6月	107,556	88,314	54,714	88,314	54,714	12,789	7,598	6,453	2,422
	9月	112,311	90,807	54,656	90,807	54,656	13,612	7,532	7,892	2,231
	12月	113,860	91,985	54,630	91,985	54,630	13,815	7,499	8,060	2,162
2021年	3月	122,068	90,286	54,097	90,286	54,097	13,729	7,408	8,053	2,087
	6月	112,129	90,295	53,743	90,295	53,743	13,761	7,355	8,073	2,047
	9月	111,544	89,824	53,746	89,824	53,746	13,658	7,350	8,082	2,040
	12月	112,177	90,532	53,515	90,532	53,515	13,657	7,358	7,988	2,004

出典：日本銀行「貸出先別貸出金」（2017年３月～2021年12月）を基に作成。

次に、独立行政法人福祉医療機構（以下、本項で「機構」という。）が公表している各年の業務統計を基に、2017年度から2020年度までの「福祉貸付事業」及び「医療貸付事業」における設備資金と経営資金又は長期運転資金の貸付残高の推移を、以下の表に示す。

■ 機構の年度末貸付残高推移

（単位：億円）

	医療貸付事業		福祉貸付事業	
	設備資金	長期運転資金	設備資金	経営資金
2017年度末	14,218	16	20,892	9
2018年度末	13,337	108	21,006	8
2019年度末	13,226	74	20,816	9
2020年度末	12,834	12,131	20,866	2,908

いずれも、設備資金の貸付残高に顕著な変動は見られないが、感染が急拡大し、緊急事態宣言が発令された2020年は、福祉貸付経営資金と医療貸付長期運転資金の貸付残高が大幅に増加しており、新型コロナにより資金繰りが厳しい事業者が急増したことがわかる。これは、前頁までに記載した、補助金を除く2020年度の一般病院の収支が、前年から悪化した状況と一致する傾向である。

出典：独立行政法人福祉医療機構「業務統計」（2017年～ 2020年）を基に作成。

6 重症度割合

1 重症度割合の変化

新型コロナウイルスは短期間に変異を繰り返している。2022年７月現在は、同年１月頃より流行しているオミクロン株がさらに変異し、オミクロン「BA」株による感染が確認されており、全国的に再び感染者が増加している。

厚生労働省は、「データからわかる－新型コロナウイルス感染症情報－」において、日ごとの新規感染者数、PCR検査人数、重症者数、死亡数等を公表している。これを参考に、感染の疑いがあるとしてPCR検査を受けた各月の累計人数のうち、重症患者数及び死亡者数の割合を算出したところ、2021年９月以降は、重症化割合が１％未満、死亡割合も0.01～0.1％程度まで下がっている。PCR検査人数が大幅に増加していることから、変異しながら感染者数を増やしはするが、重症化するリスクは下がってきているとみられる。

前頁で示したように、患者数等は、2020年度の４月から５月は激減したものの、増減を繰り返しつつ2021年度の後半以降に回復傾向にあることと、下記の重症化リスク低下傾向を鑑みると、今後、想定外のウイルス変異等で重症化リスクが高くならない限り、コロナによる患者の顕著な受診控えが起こる頻度は少なくなっていくと考えられる。

２年以上にわたるコロナ禍の中、単年の収支のみならず、人材確保や新たな設備投資等、医療機関の長期的な経営計画にも影響が及んでいると考えられるが、この先、社会経済活動が「ウィズコロナ」の中で再開し、患者数が回復していく場合、医療機関等の経営状況がどの程度好転していくかについて、引き続き注視していく必要がある。

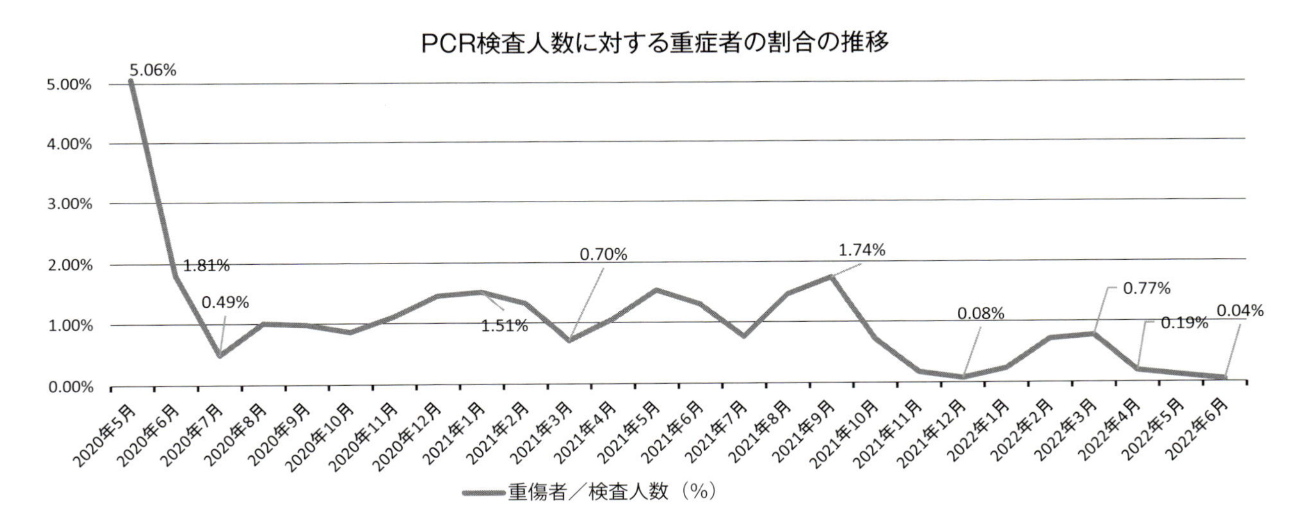

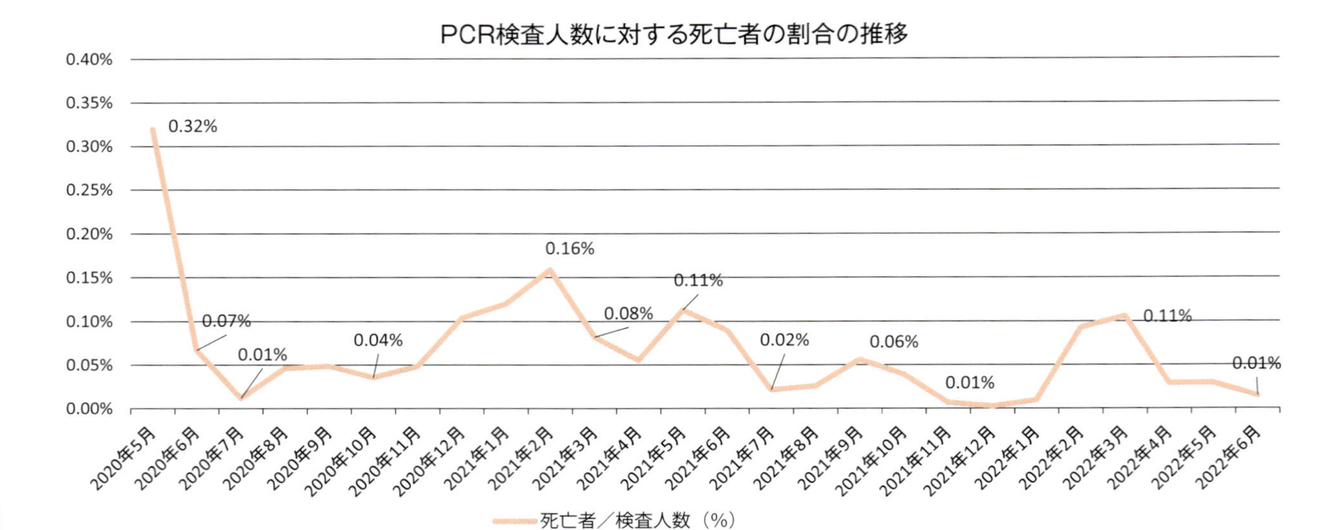

出典：厚生労働省「データからわかる－新型コロナウイルス感染症情報－」を基に作成。

第1部 分析編

【参考文献】

・中央社会保険医療協議会総会（第499回）「第23回医療経済実態調査（医療機関等調査）報告」（2021年11月24日）
・日本銀行「貸出先別貸出金」（2017年3月～2021年12月）
・独立行政法人福祉医療機構「業務統計」（2017年～2020年）
・厚生労働省「最近の医療費の動向-MEDIAS-」（2010～2021年）
・厚生労働省保険局調査課「令和2年度医科診療所の主たる診療科目別の医療費等の状況」（2021年12月）
・厚生労働省「病院報告」（2019年～2022年）
・厚生労働省「データからわかる－新型コロナウイルス感染症情報－」

第 2 部

データ編

第1章

医　療

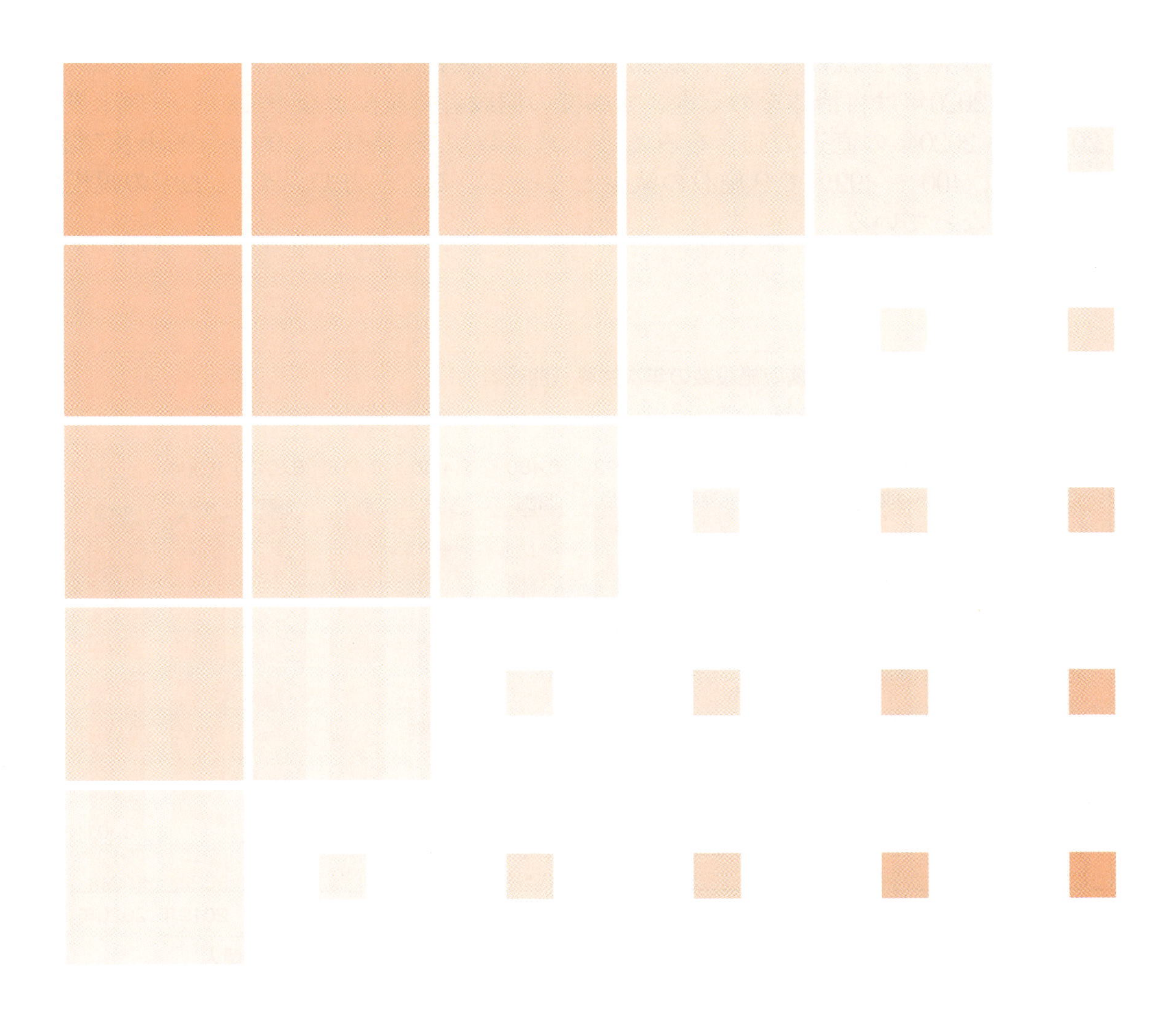

1　施設動向

1 病院施設数の状況

　新型コロナウイルス感染症の影響により多くの病院が減収となるなど、2020年度以降、病院をとりまく状況はそれまでとは一変した。
　本書において使用しているデータの中にも新型コロナウイルスの影響を受けていると考えられるデータが多数あり、2020年度以降の該当データには特に注意する必要がある。
　また､本章以降で引用している「病院運営実態分析調査」（毎年６月を調査対象月）は（一社）全国公私病院連盟により実施され、2022年２月に「病院経営実態調査報告」､「病院経営分析調査報告」及び「病院概況調査報告書」として発刊されている。本書の分析においても上記の調査データを使用しており、本来６月のデータは年度内で最も変動が少ないことから採用されているものの、直近２年間の調査については新型コロナウイルスの影響により例年とは異なる傾向を示していることに留意すべきである。

（1）病院施設数の年次推移

　病院施設数は年々減少を続けており、2020年10月１日現在で8,238施設となっている。開設者別にみると、2020年は自治体をのぞき、すべての開設者で減少となっている。病床規模別では、2019年～2020年の直近の動きをみると、減少数が多い順に、100～199床及び200～299床で32施設、400～499床で９施設の減少となっている。一方で、20～99床の規模では25施設の増加となっている。

第2部 データ編

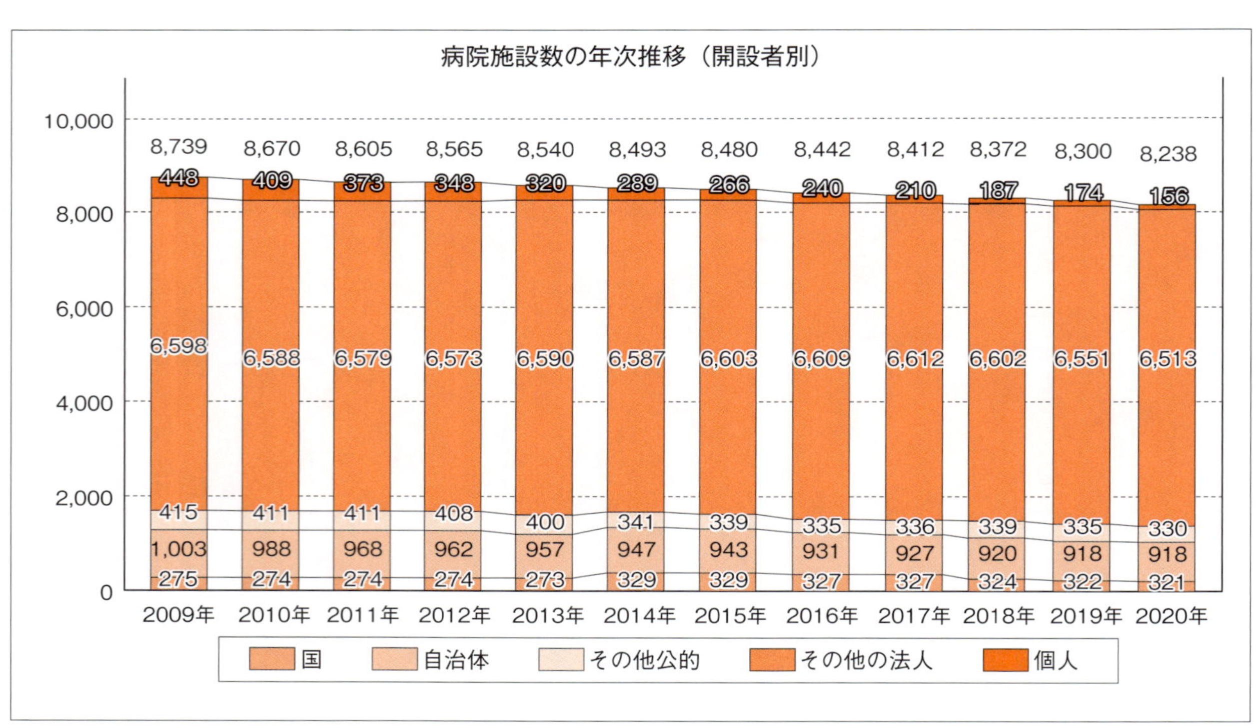

出典：厚生労働省「医療施設（動態）調査」､「医療施設（静態・動態）調査」（2009～2020年）を基に作成。

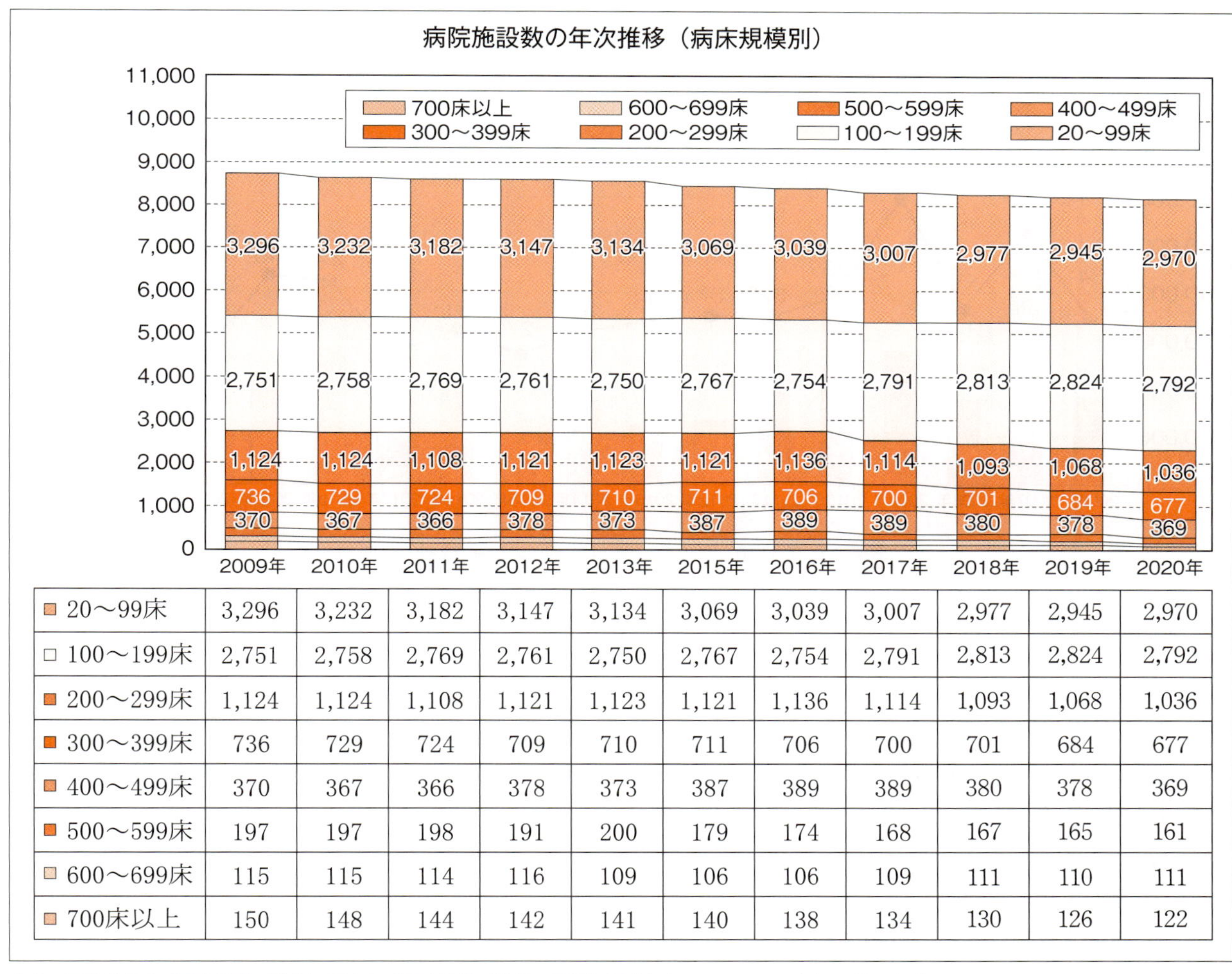

	2009年	2010年	2011年	2012年	2013年	2015年	2016年	2017年	2018年	2019年	2020年
20～99床	3,296	3,232	3,182	3,147	3,134	3,069	3,039	3,007	2,977	2,945	2,970
100～199床	2,751	2,758	2,769	2,761	2,750	2,767	2,754	2,791	2,813	2,824	2,792
200～299床	1,124	1,124	1,108	1,121	1,123	1,121	1,136	1,114	1,093	1,068	1,036
300～399床	736	729	724	709	710	711	706	700	701	684	677
400～499床	370	367	366	378	373	387	389	389	380	378	369
500～599床	197	197	198	191	200	179	174	168	167	165	161
600～699床	115	115	114	116	109	106	106	109	111	110	111
700床以上	150	148	144	142	141	140	138	134	130	126	122

出典：厚生労働省「医療施設（動態）調査」、「医療施設（静態・動態）調査」（2009～2020年）を基に作成。

病院施設の開設・再開数及び廃止・休止数の年次推移をみると、開設・再開数は2016年以降は減少傾向が続いていたが、2020年は微増している。また、廃止・休止数は増減を繰り返しながら、2020年は142件となり、2009年と比べると11件多い。

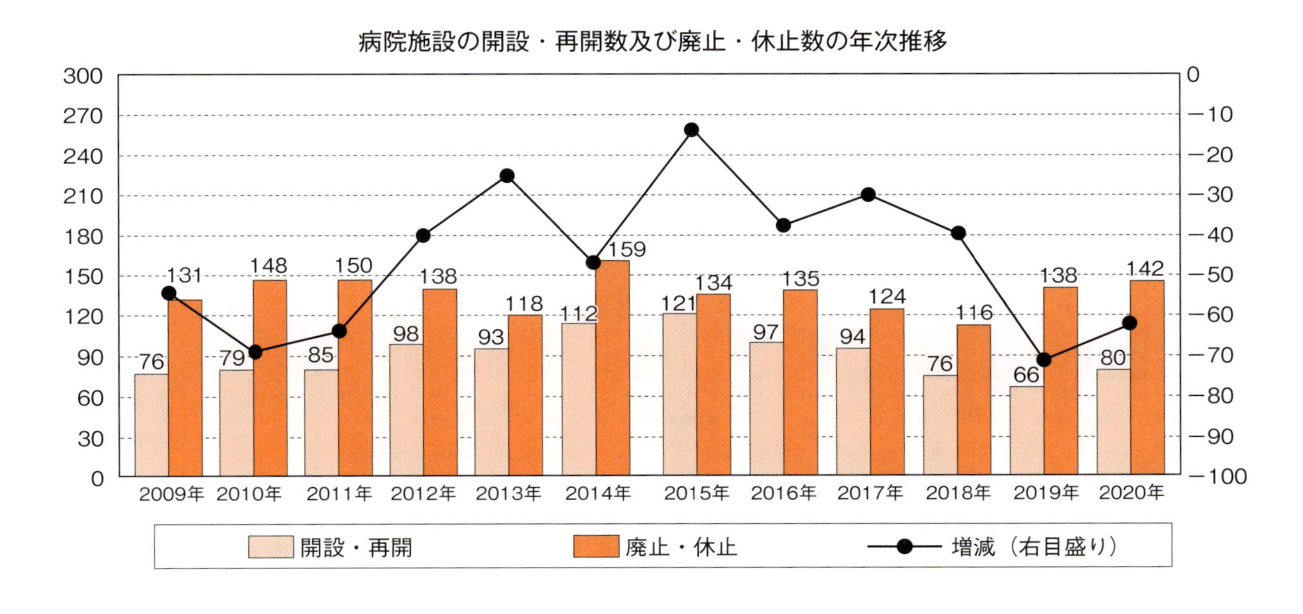

出典：厚生労働省「医療施設（動態）調査」、「医療施設（静態・動態）調査」（2009～2020年）を基に作成。

◆ 病院・診療所の倒産について ◆

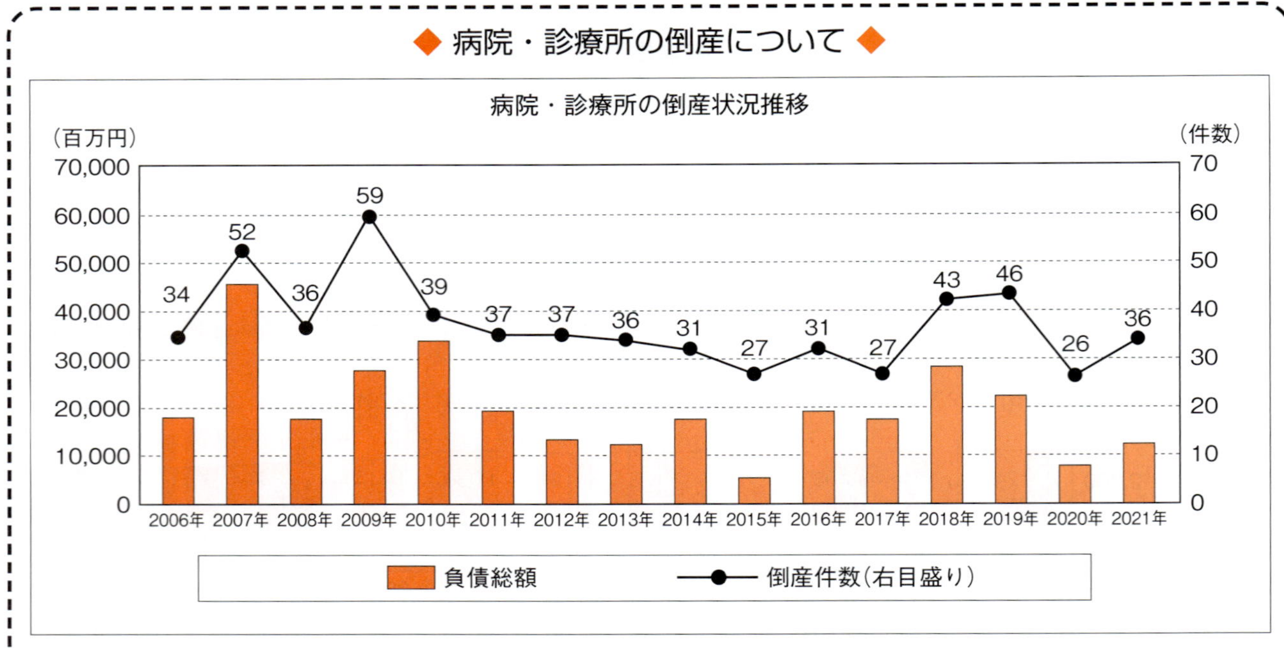

出典：東京商工リサーチへのヒアリングを基に作成。

東京商工リサーチによると、病院及び診療所の倒産は、2021年では36件、負債総額は11,049百万円（前年比4,289百万円増）となった。倒産理由は多い順に「業績不振」が23件、「赤字の累積」と「その他」が４件となっている。対前年でみると、2021年は倒産件数、負債総額ともに増加している。

(2) 都道府県別の病院施設数及び人口10万人当たりの一般病院施設数

人口10万人当たりの一般病院施設数は、全国平均で5.7施設となっている。都道府県別にみると、高位は高知県（16.1施設）、徳島県（12.8施設）、鹿児島県（12.4施設）、低位は神奈川県（3.1施設）、滋賀県（3.5施設）、愛知県（3.8施設）となっている。

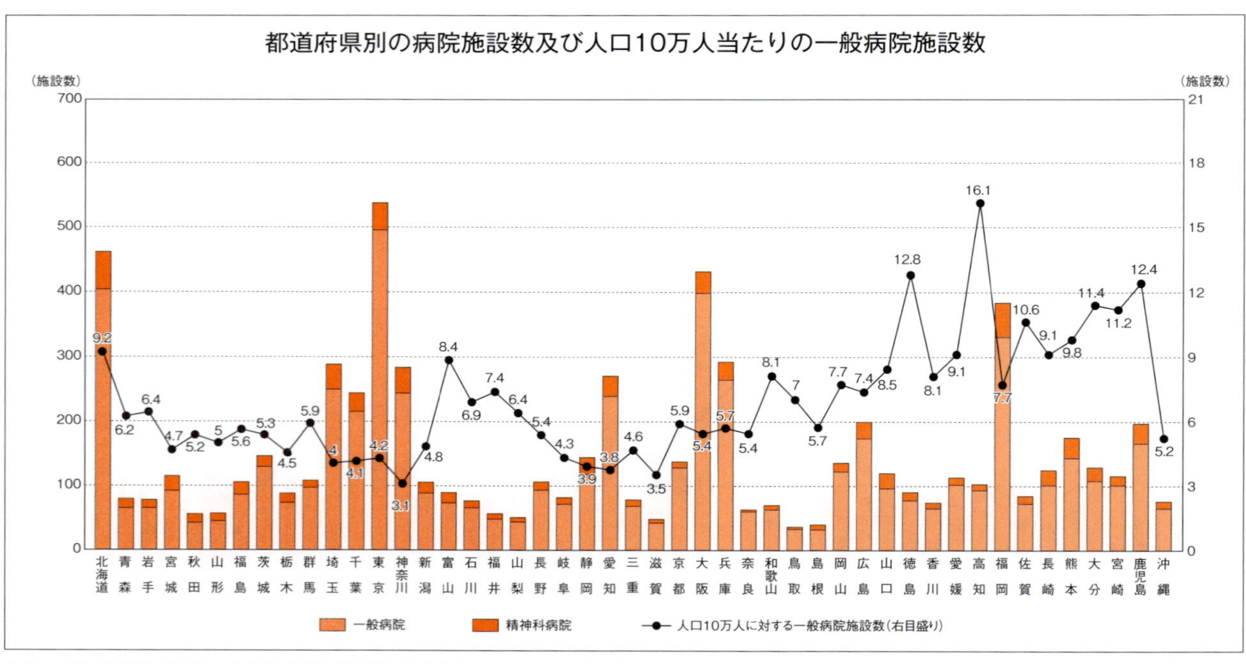

出典：厚生労働省「令和２年医療施設（動態）調査」(2022年４月27日）を基に作成。

2 一般病床及び療養病床の過不足状況（都道府県別）

各医療圏で定められる基準病床数とその過不足状況を都道府県別にみると、大阪府で18,768床、北海道で12,549床の過剰となっており、一方、兵庫県で1,554床、埼玉県では666床の不足となっている。

	一般病床	療養病床	基準病床	過不足状況
全国	887,920	289,114	1,047,679	129,355
01 北海道	52,273	19,924	59,648	12,549
02 青森	9,999	2,606	11,320	1,285
03 岩手	9,952	2,244	11,157	1,039
04 宮城	15,494	3,165	17,174	1,485
05 秋田	8,502	1,902	8,791	1,613
06 山形	8,602	2,068	10,150	520
07 福島	14,941	3,059	15,351	2,649
08 茨城	17,896	5,433	17,890	5,439
09 栃木	11,905	3,850	12,140	3,615
10 群馬	14,445	4,057	14,341	4,161
11 埼玉	37,823	11,134	49,623	-666
12 千葉	36,487	10,879	45,899	1,467
13 東京	81,253	22,347	95,627	7,973
14 神奈川	47,003	13,086	59,985	104
15 新潟	16,736	3,694	21,051	-621
16 富山	8,222	3,774	10,235	1,761
17 石川	9,734	3,268	9,910	3,092
18 福井	6,364	1,783	6,471	1,676
19 山梨	6,325	2,036	6,144	2,217
20 長野	15,005	3,407	17,801	611
21 岐阜	12,838	2,950	14,552	1,236
22 静岡	20,979	8,948	28,623	1,304
23 愛知	40,137	13,747	52,796	1,088
24 三重	11,046	3,705	13,612	1,139
25 滋賀	8,993	2,516	10,279	1,230
26 京都	22,645	3,817	24,786	1,676
27 大阪	65,538	20,493	67,263	18,768
28 兵庫	39,232	12,961	53,747	-1,554
29 奈良	10,361	2,782	13,747	-604
30 和歌山	8,665	2,192	8,496	2,361
31 鳥取	4,827	1,743	5,665	905
32 島根	5,762	1,781	7,885	-342
33 岡山	17,783	4,159	18,781	3,161
34 広島	20,790	8,397	26,284	2,903
35 山口	11,144	7,694	16,585	2,253
36 徳島	6,309	3,747	7,025	3,031
37 香川	8,662	2,140	8,886	1,916
38 愛媛	11,735	4,380	15,165	950
39 高知	7,671	4,784	8,403	4,052
40 福岡	43,518	17,958	49,713	11,763
41 佐賀	6,323	3,913	9,187	1,049
42 長崎	11,866	5,953	16,185	1,634
43 熊本	16,260	7,601	19,053	4,808
44 大分	11,831	2,474	11,720	2,585
45 宮崎	9,154	3,545	11,762	937
46 鹿児島	15,397	7,269	16,769	5,897
47 沖縄	9,493	3,749	10,002	3,240

出典：厚生労働省「令和２年医療施設（動態）調査」（2022年４月27日）、厚生労働省「平成29年度版厚生労働白書」を基に作成。

3 1か月当たりの患者数（入院・外来）の年次別推移

各年６月の一般病院・１病院当たりの患者数の推移をみると、2021年の入院患者数は総数平均で6,363人と前年を上回る結果となっている。開設者別にみると、自治体病院は前年を上回り、大幅な患者数の回復がみられる一方で、その他公的病院及び私的病院は昨年を下回っている。次に、2021年の外来患者数をみると、すべての開設者において前年から増加している。

これらの傾向につき、患者数の長期的な減少傾向は変わらないものの、2021年においては、自治体病院については、新型コロナウィルスによる一般患者の受診控えからの回復が、外来患者数の増加とともに入院患者数の回復にも影響を及ぼしていると考えられる。

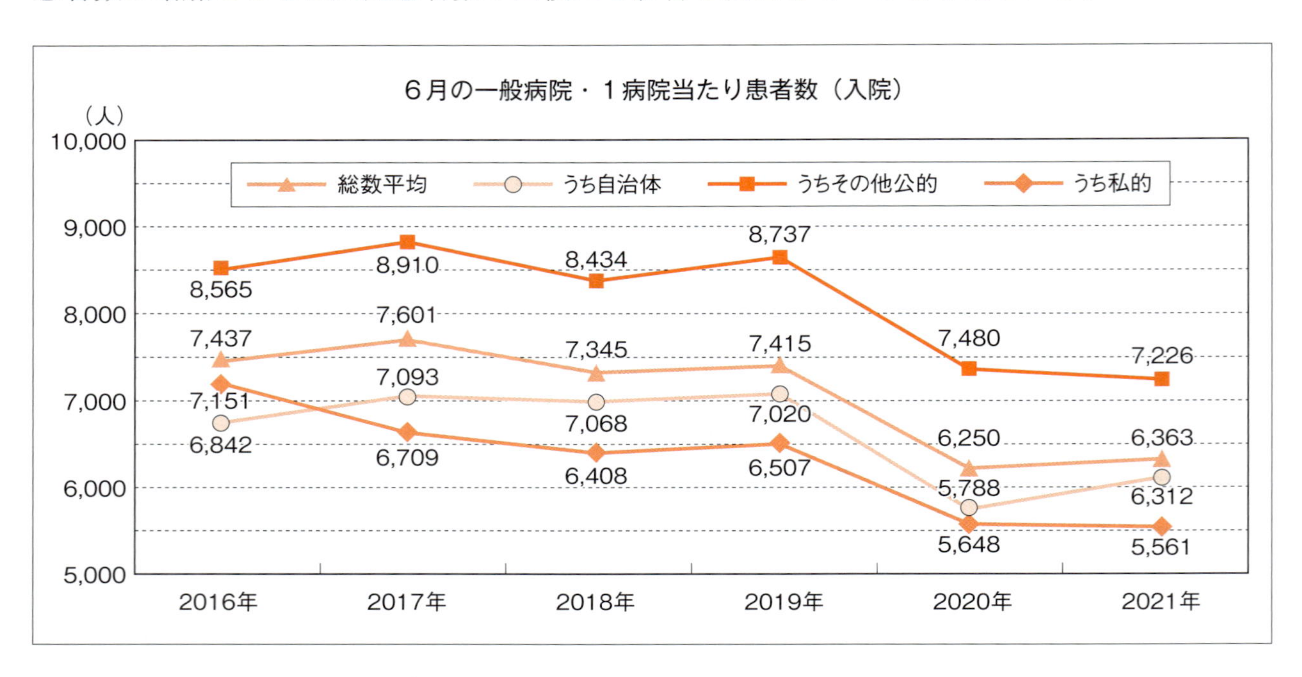

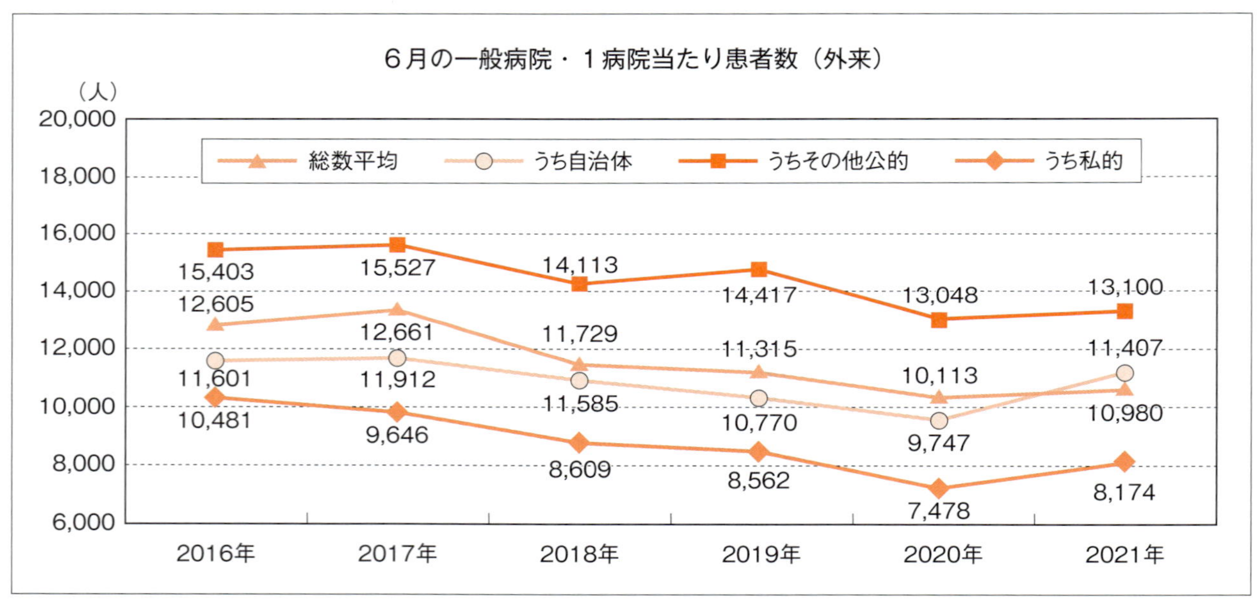

出典：（一社）全国公私病院連盟・（一社）日本病院会「令和３年病院経営実態調査報告」（2021年６月）を基に作成。

第2部 データ編

4 100床当たりの職員数

一般病院における100床当たりの職員数は平均で156.5人、うち医師（非常勤を含む。）18.8人、看護師（准看護師及び非常勤を含む。）67.5人、その他70.2人となっている。昨年の職員数と比較すると、総数平均は8.1人の増加となっている。開設者別にみると個人では微減、それ以外の開設者全てで職員数は増加している。

病床規模別にみると、100床～150床未満の規模が最も少なく、病床規模が小さくなればなるほど、また病床規模が大きくなればなるほど職員数は増加する傾向にある。

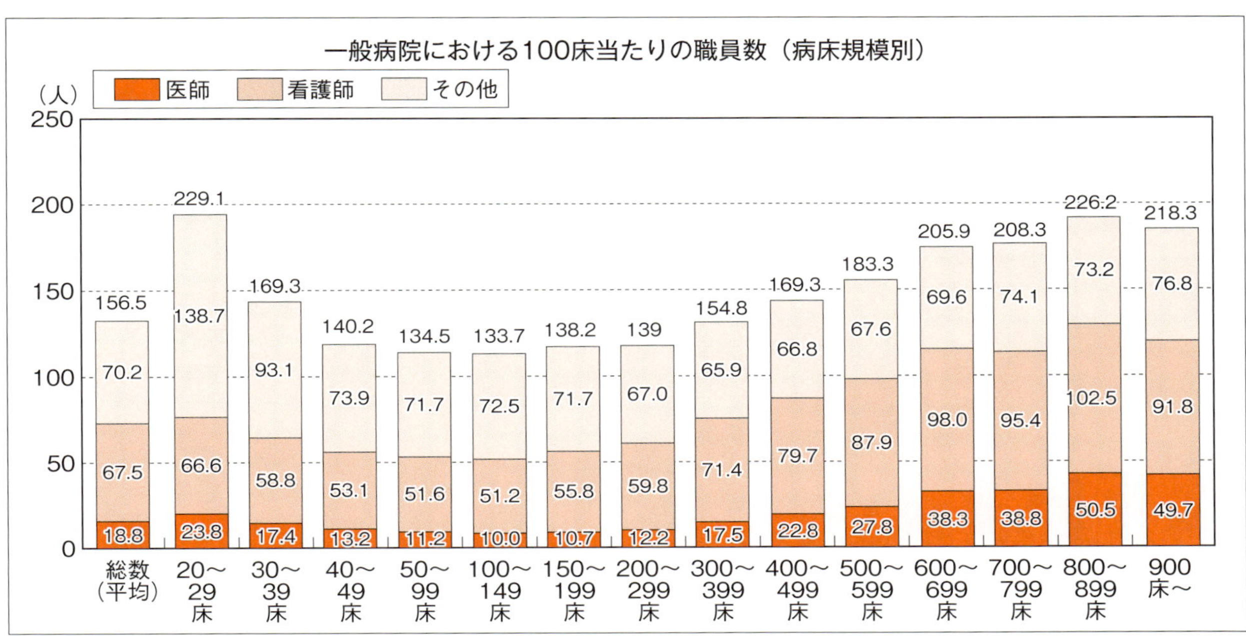

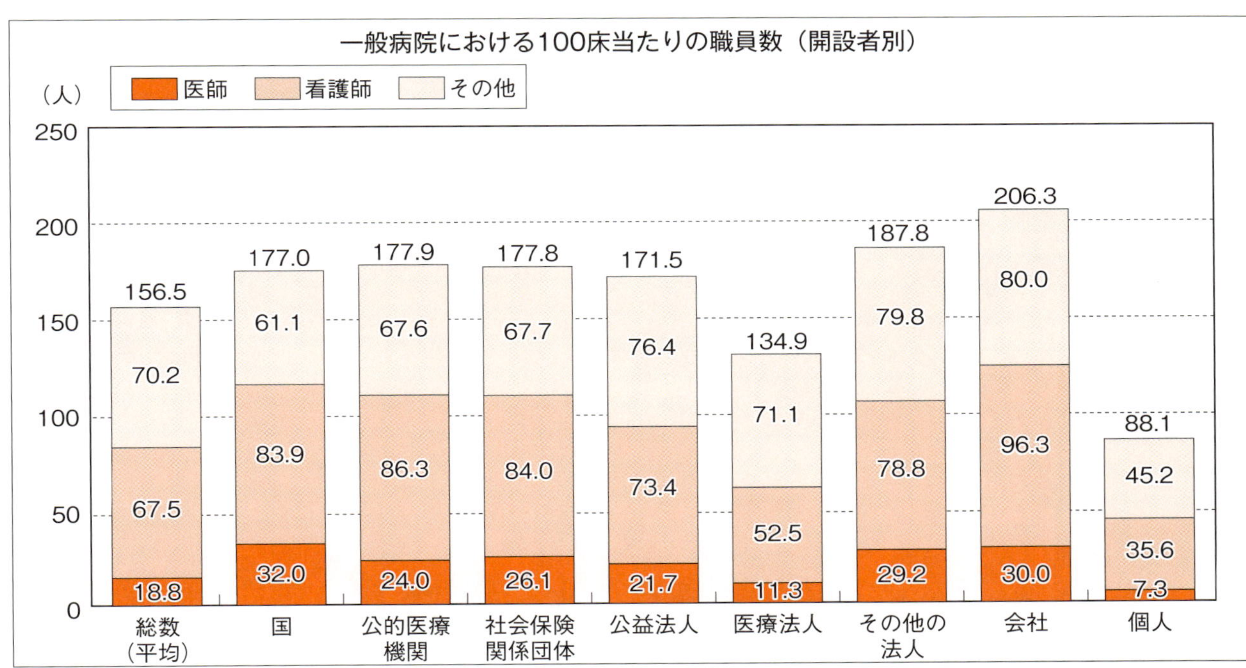

出典：厚生労働省「令和２年医療施設（静態・動態）調査」（2022年４月27日）を基に作成。

【参考文献】
・厚生労働省「医療施設（動態）調査」、「医療施設（静態・動態）調査」（2009年～2020年）
・厚生労働省「令和２年医療施設（静態・動態）調査」、「令和2年医療施設（動態）調査」
・厚生労働省「平成29年度版厚生労働白書」
・第24回地域医療構想に関するＷＧ資料「公立・公的医療機関等の診療実績データの分析結果」（2019年９月26日）
・厚生労働省「地域医療構想の実現に向けた重点支援区域の３回目の選定について」（2021年１月22日）
・（一社）全国公私病院連盟・（一社）日本病院会「令和３年病院経営実態調査報告」（2021年６月）

2 経営動向

1 総収支差額及び医業収支差額の状況

総収支及び医業収支の推移をみると、総収支は2016年には地方企業会計基準の見直しによる影響がなくなり、以降2020年までマイナス幅が拡大傾向にあり、特に2020年のマイナス幅は前年と比較して大幅な拡大傾向となっている。また、医業収支も同様に、2016年以降、マイナス幅の拡大傾向が続いている。

以下では開設者別・病床規模別に総収支及び医業収支の直近５年間の推移をみていく。なお、本章で「病院経営実態調査報告」から引用している数値は、開設者別の数値は全病院、病床規模別の数値は一般病院に限った数値である。

（1）総収支差額及び医業収支差額の年次別推移

2021年６月の１床当たりの総収支差額を開設者別にみると、総数平均で▲192千円、うち自治体病院では▲356千円、その他公的病院では▲62千円、私的病院では▲39千円となっている。前年と比較するといずれの開設者においても若干差額は持ち直しているが、2018年以降減収が続いている。

医業収支差額は、総数平均で▲198千円、うち自治体病院が▲362千円、その他公的病院が▲67千円、私的病院が▲45千円であり、前年と比較すると持ち直しているものの、全ての開設者で悪化傾向にある。

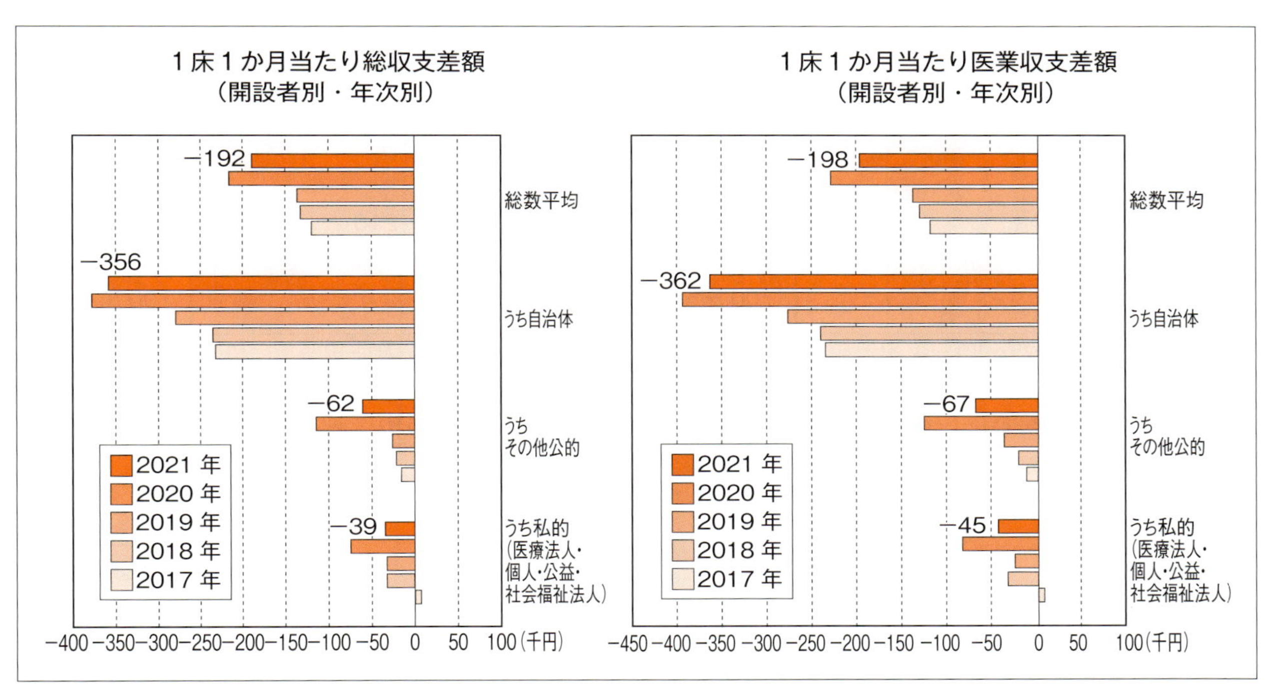

出典：（一社）全国公私病院連盟・（一社）日本病院会「令和３年病院経営実態調査報告」（2021年６月）を基に作成。

また、一般病院に限ると、2021年６月の１床当たり総収支差額は総数平均で▲192千円、医業収支差額も総数平均が▲198千円と、前年ほどではないが、大幅なマイナスとなっている。

病床規模別でみると、総収支差額、医業収支差額はほとんどの病床規模で前年比よりはマイナス幅が減っているが、600〜699床の一般病院は前年よりもさらにマイナスとなっている。

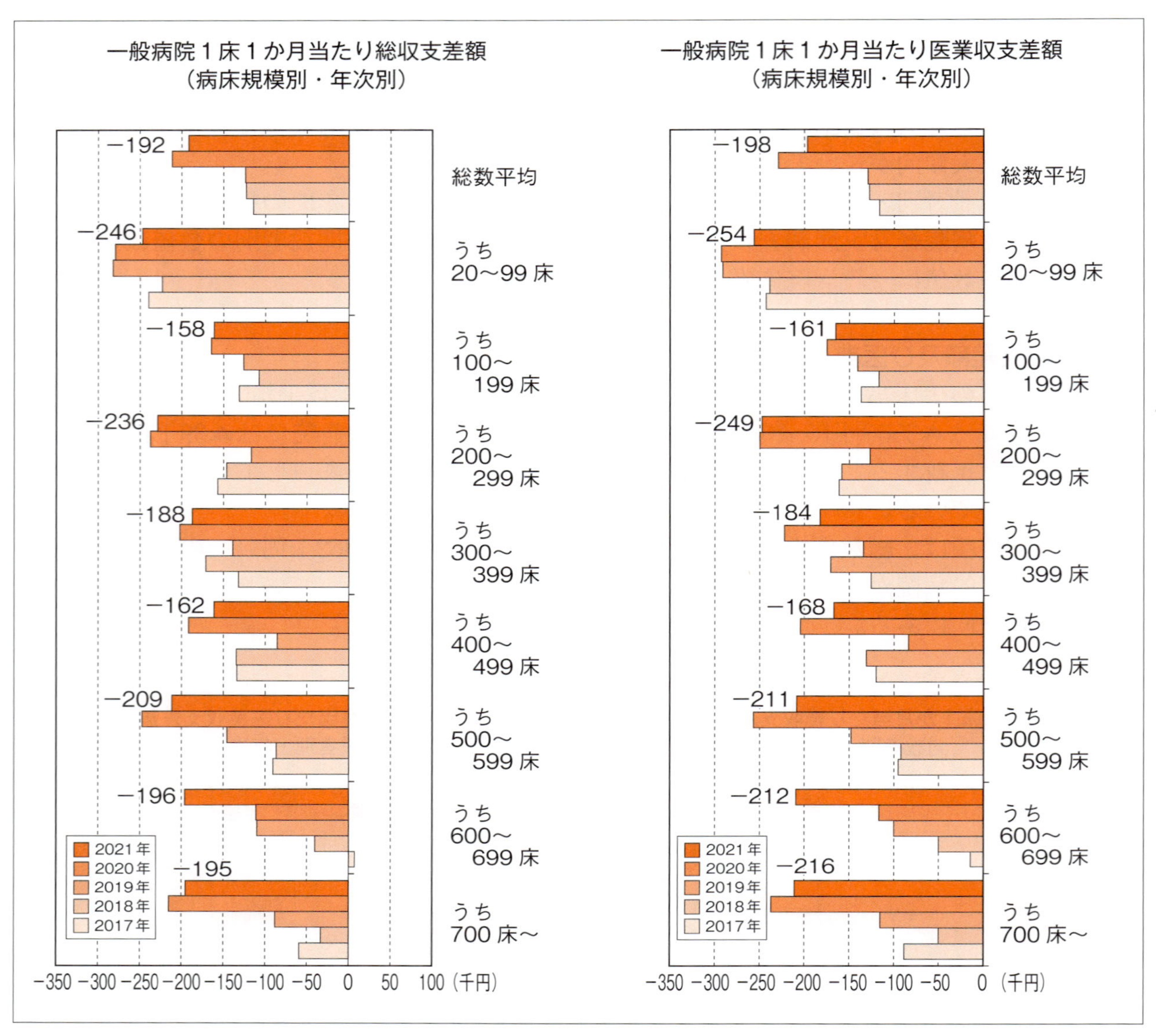

出典：（一社）全国公私病院連盟・（一社）日本病院会「令和３年病院経営実態調査報告」（2021年６月）を基に作成。

(2) 総収益及び総費用の年次別推移

総収益及び総費用の推移をみると、2021年6月の1床1か月当たりの総収益は2,080千円と前年同月比7.5%増（うち医業収益は2,039千円、同7.9%増）となっている。近年の総収益は、2018年に微減、2020年は大幅減であったが、2021年は直近5カ年で最高となった。また、総費用も2,272千円、同5.4%増（うち医業費用は2,237千円、同5.3%増）となり、増加している。このうち給与費（実額・下図）は増加傾向にあり、これに伴い医業収益に占める給与費の割合も少しずつ上昇している。

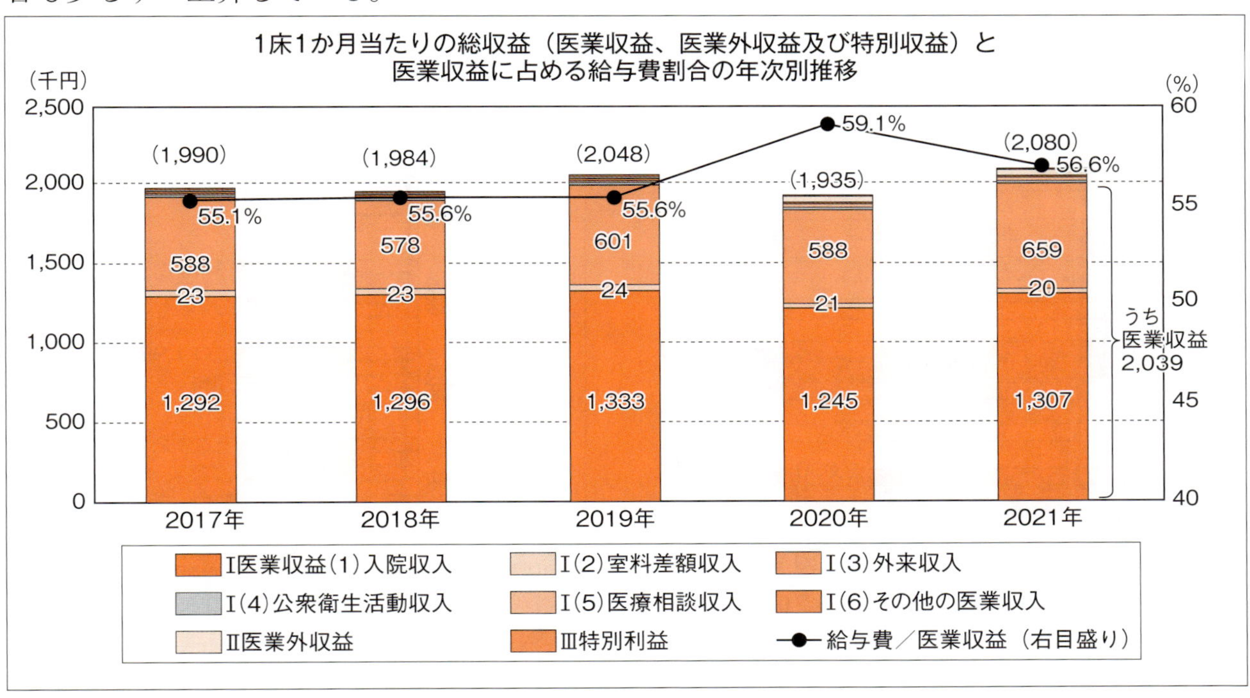

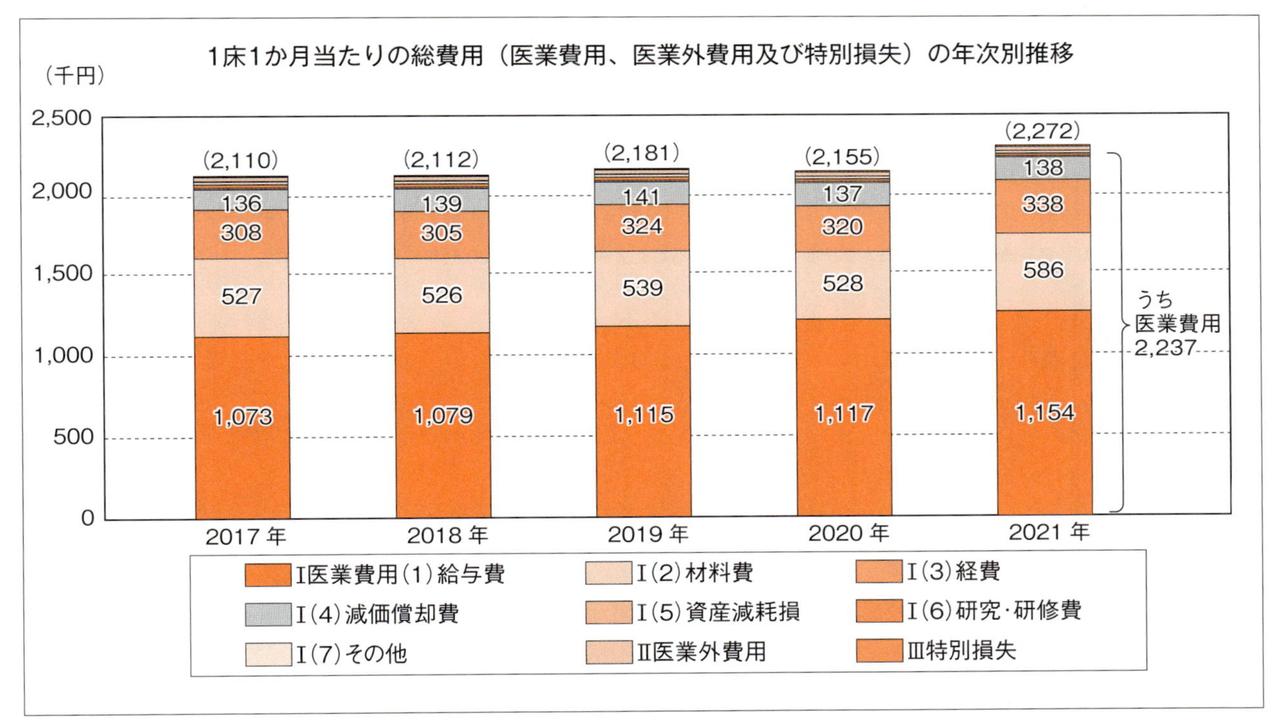

出典：（一社）全国公私病院連盟・（一社）日本病院会「令和3年病院経営実態調査報告」（2021年6月）を基に作成。

（3）１床当たりの費用の年次別推移

６月の１床当たりの費用は、増加傾向が続く中、2020年は微減に転じたが2021年は再び増加し、総数平均では2,272千円（前年同月比5.4％増）となっている。また、一般病院に限っても、全ての規模で同様の傾向が見受けられ、総数平均で2,319千円（前年同月比5.2％増）となっている。

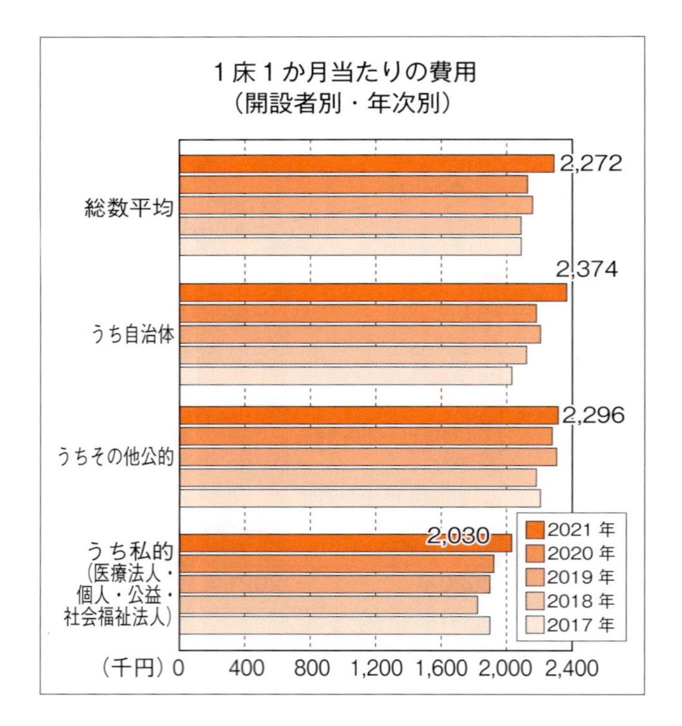

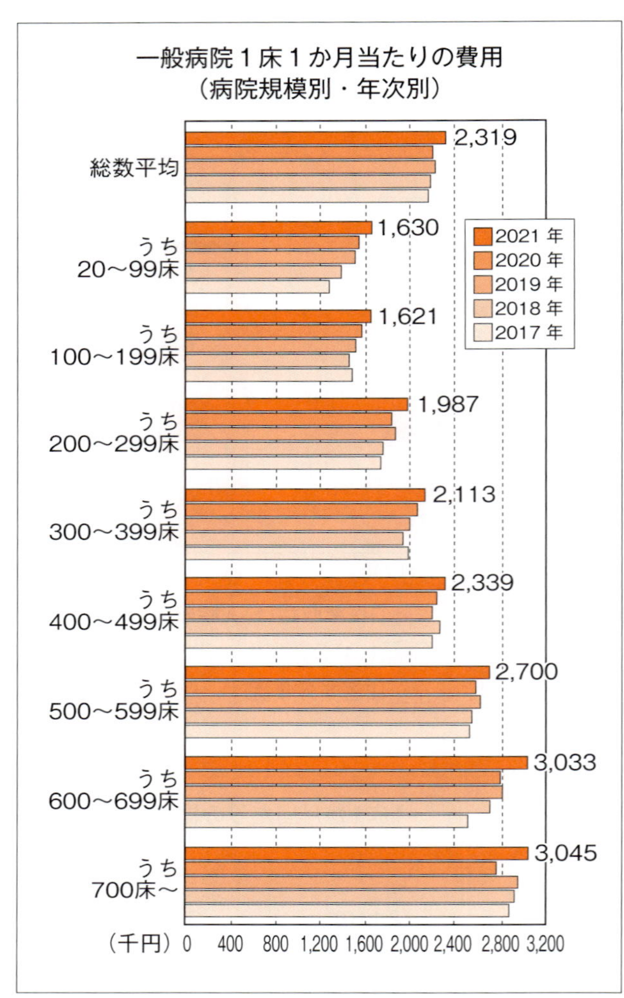

出典：（一社）全国公私病院連盟・（一社）日本病院会「令和３年病院経営実態調査報告」（2021年６月）を基に作成。

2 開設者別赤字病院の構成割合の年次別推移

2021年６月の総収支差額からみた総数における赤字病院の構成割合は76.9％と前年同月に比べ3.4ポイント減少した。

開設者別にみると、自治体病院の割合が突出して高く、各年９割前後となっている。2021年は、前年と比較して、私的病院以外においては、赤字病院の割合が減少した。

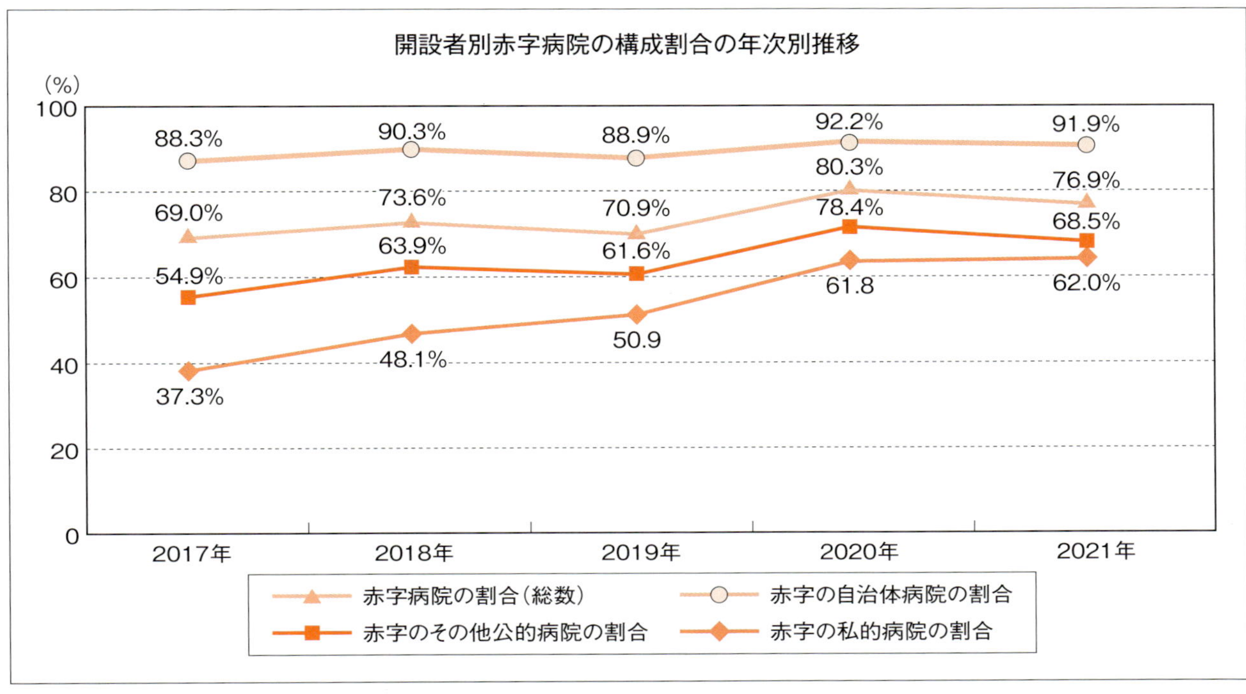

出典：(一社) 全国公私病院連盟・(一社) 日本病院会「令和３年病院経営実態調査報告」(2021年６月) を基に作成。

3 平均在院日数の年次別推移

2021年６月の一般病院における平均在院日数は、全ての開設者で減少し、総数平均では13.61日と前年同月比で0.69日減少した。

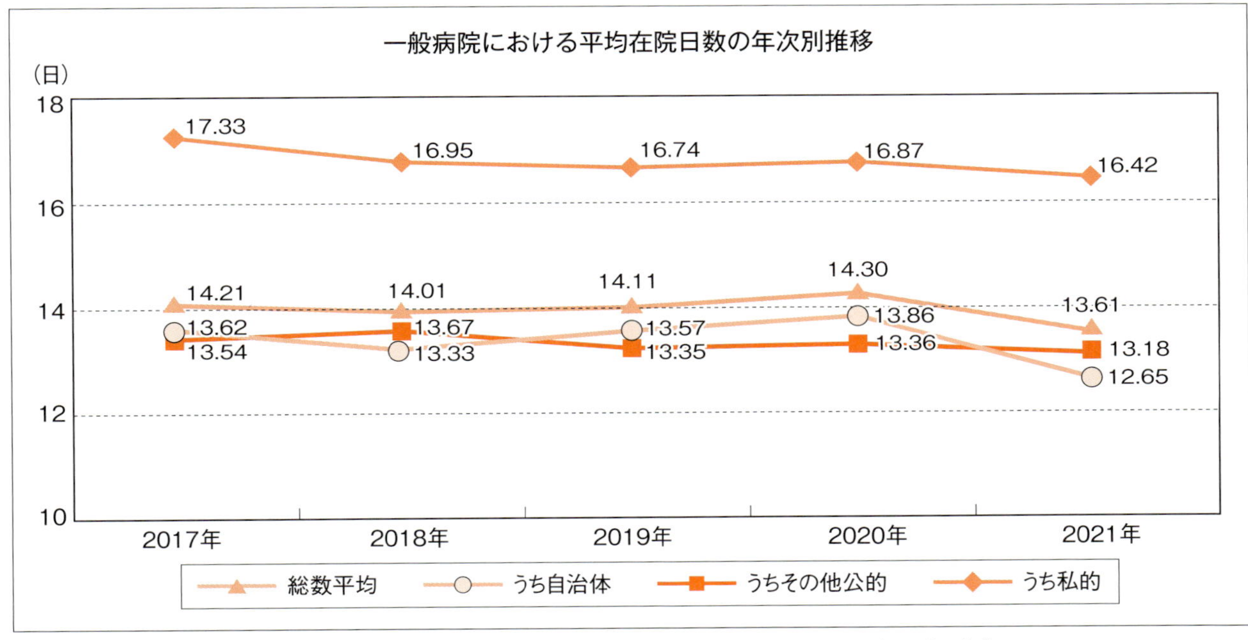

出典：(一社) 全国公私病院連盟・(一社) 日本病院会「令和３年病院経営分析調査報告」(2021年６月) を基に作成。

4 病床利用率の年次別推移

一般病院における病床利用率は、全ての開設者で2020年に大幅に低下した。2021年６月総数平均でも、66.1％と前年同月とほぼ変わらない状況である。

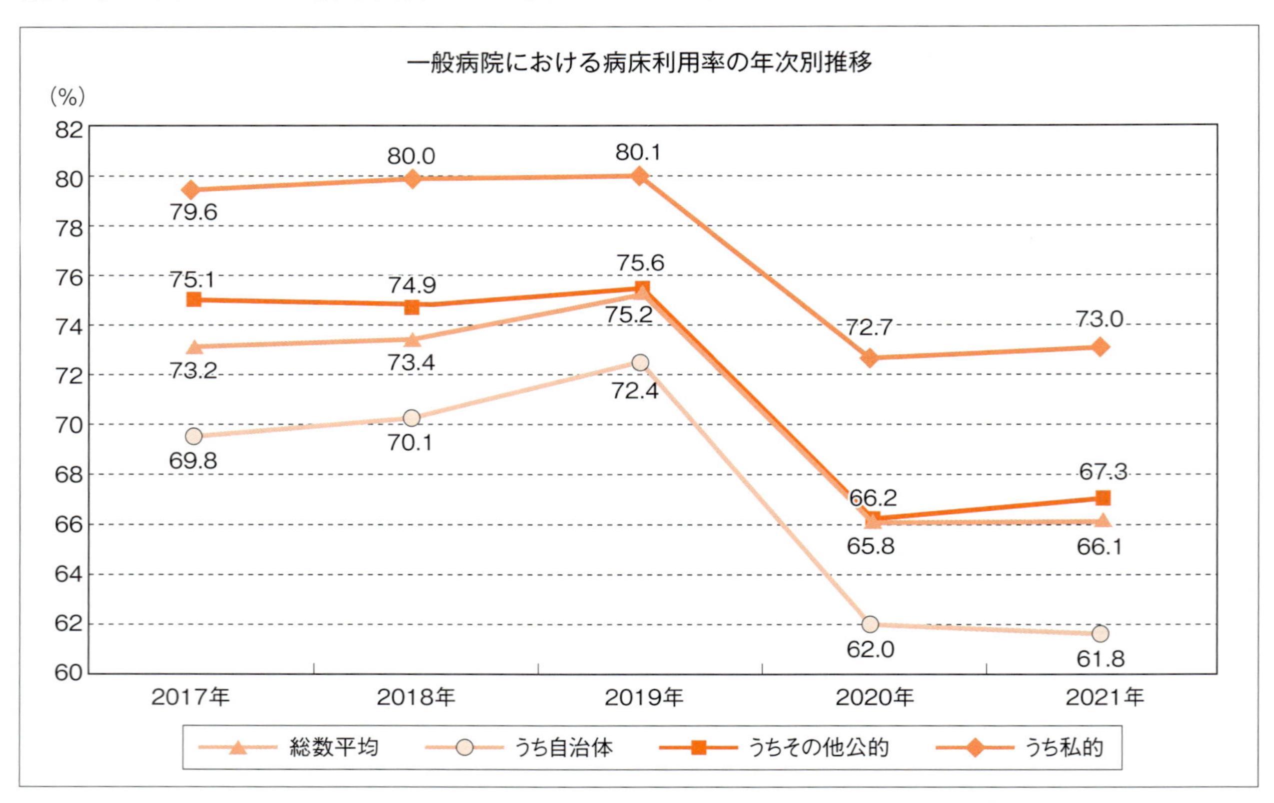

出典：(一社) 全国公私病院連盟・(一社) 日本病院会「令和３年病院概況調査報告」(2021年６月) を基に作成。

5 診療報酬及び薬価基準改定率の推移

2022年度の薬価基準も含めた診療報酬合計は、▲0.94％となり、2016年以降、医療費の伸びを抑制するため、マイナスの改定率が続いている。診療報酬本体に限ってみると、伸び率は低下傾向にあるものの、2008年以降、８期にわたりプラス改定となっている。一方で、薬価基準（医療費ベース）は、一貫してマイナス改定が続いている。

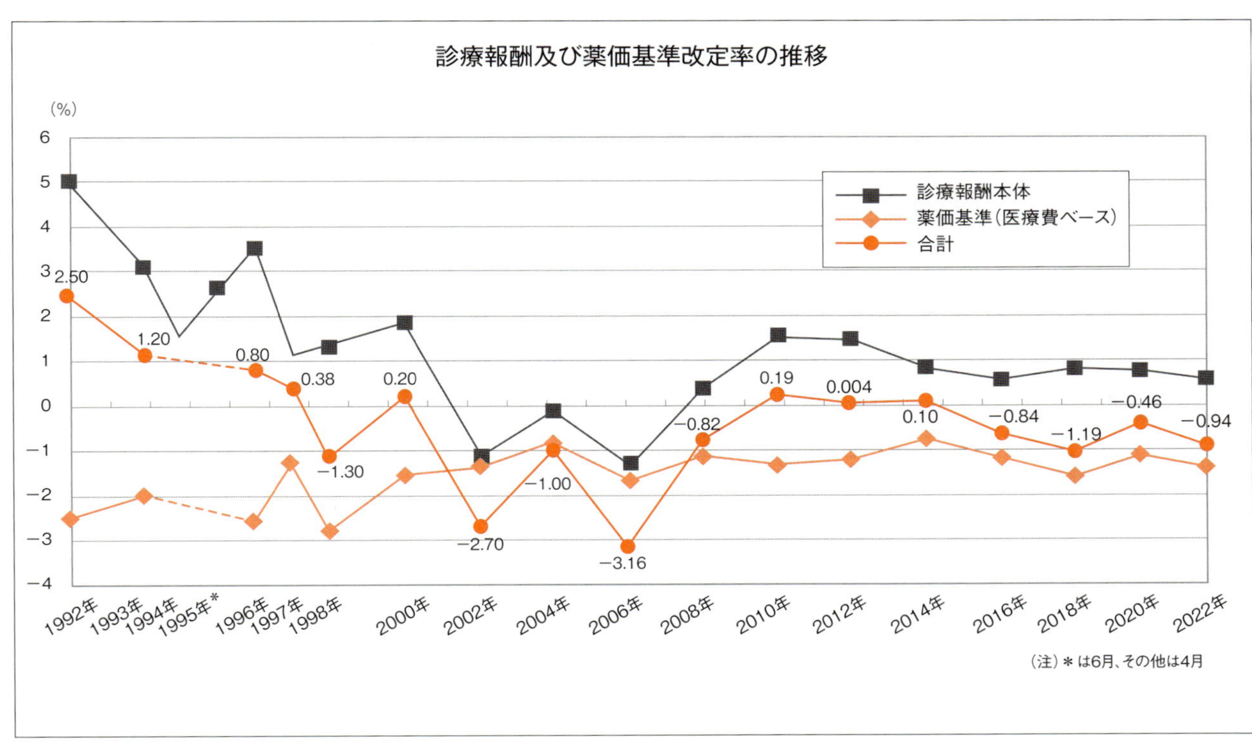

出典：厚生労働省保険局医療課「診療報酬改定について」（2021年12月17日）を基に作成。

6 医師１人当たり１日の診療収入（診療科別）

医師１人当たり１日の診療収入は、総数平均で、DPC病院324千円、DPC以外の病院で378千円と両者ともに前年比で微増となった。DPC病院がDPC以外の病院を下回っている傾向は過去より継続されている。DPC病院とDPC以外の病院の収入を比較してみると、相対的にDPC病院の診療収入が多い科は、心臓血管外科、麻酔科、放射線科、婦人科等である。なお、心臓血管外科の入院（DPC以外）、肛門外科の入院・外来（DPC以外）、放射線科の入院（DPC以外）、麻酔科の入院（DPC以外）については、収入金額のデータが該当施設数、０円として扱われている。

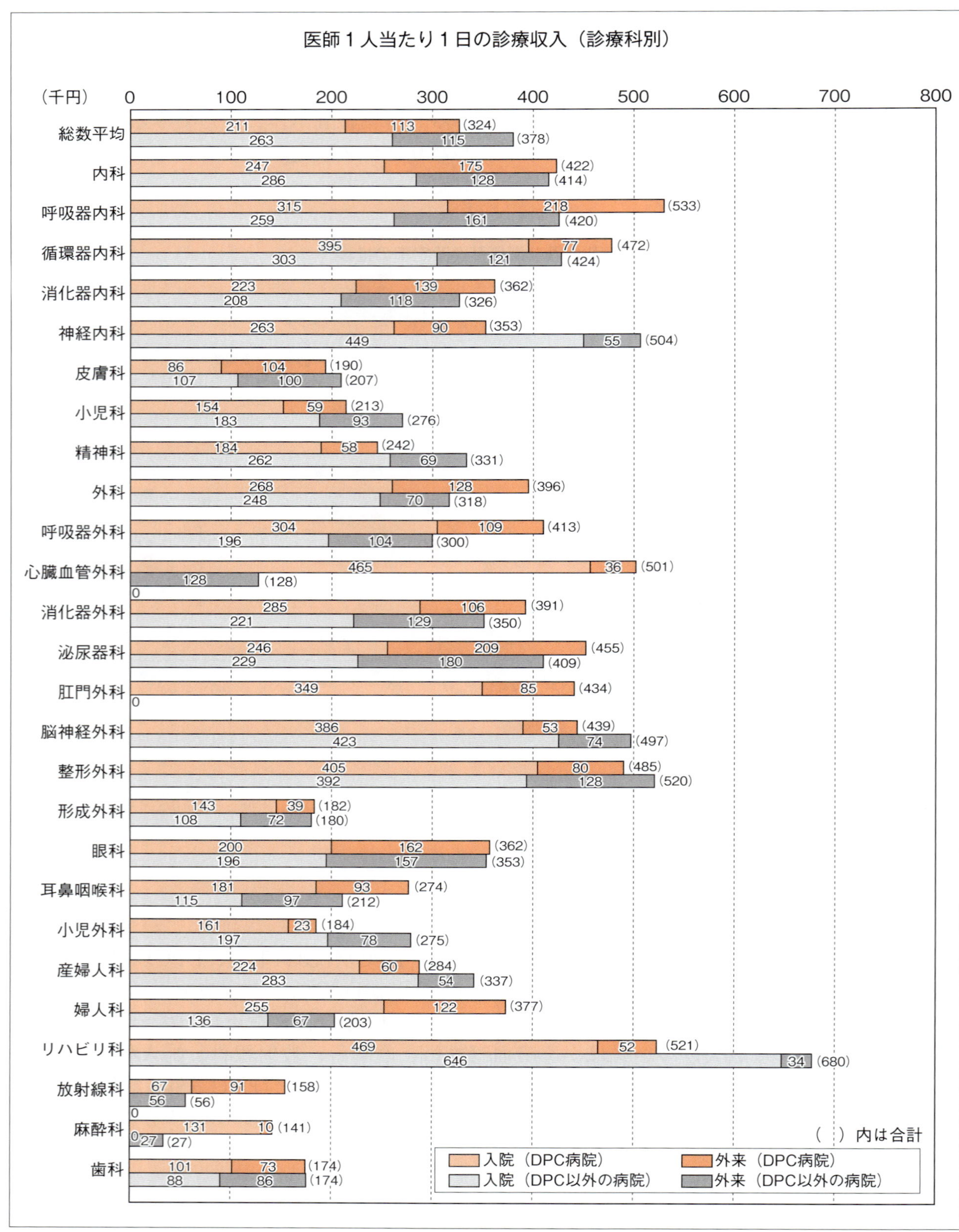

出典：（一社）全国公私病院連盟・（一社）日本病院会「令和３年病院経営分析調査報告」（2021年６月）を基に作成。

【参考文献】

・（一社）全国公私病院連盟・（一社）日本病院会「令和３年病院経営実態調査報告」（2021年６月）
・（一社）全国公私病院連盟・（一社）日本病院会「令和３年病院経営分析調査報告」（2021年６月）
・（一社）全国公私病院連盟・（一社）日本病院会「令和３年病院概況調査報告」（2021年６月）
・厚生労働省保険局医療課「診療報酬改定について」（2021年12月17日）

3 運営費動向

1 運営費（全体）

病院運営に係る費用は、大別して人件費、材料費、経費、委託費及び減価償却費の５つに分けられる。以下、本章ではこれら５つの費用に関して、主に「病院経営管理指標」及び「病院経営実態調査報告」の２つの指標に基づき分析を行っていく。

「病院経営管理指標」は通年の決算状況を示すものであり、「病院経営実態調査報告」は各年における６月の１か月間のデータである。後者はより直近の状況を反映しているものの、１か月間のデータによって１年間の経営状況を代表させていることから、分析については後者を主体に実施しつつ、前者を補足的な確認のために参照していただくことを想定している。

なお、双方の指標に関して、調査対象の割合の違いから数字の傾向に違いがあることに留意されたい。前者の2017年度の調査対象は公的病院（自治体、社会保険関係団体、その他公的）が43%、私的病院（医療法人）が57%、後者の2020年６月の調査対象は公的病院（自治体立、その他公的）が74%、私的病院（医療法人、個人、公益･社会福祉法人）が26%となっている。

まず、厚生労働省「平成30年度病院経営管理指標」に基づき一般病院の開設者別の医業収益に占める各費用の比率をみると、特に自治体病院の人件費比率63.1%の高さが目立つ。また、黒字病院と赤字病院を比較すると、費用の多くを占める人件費比率の高低が損益に大きく影響していることが分かる。

	医療法人			自治体		
（一般病院数）	総数 (134)	黒字病院 (69)	赤字病院 (47)	総数 (176)	黒字病院 (17)	赤字病院 (127)
人件費比率	57.1%	53.2%	62.5%	63.1%	50.8%	62.6%
材料費比率	18.2%	18.7%	17.8%	23.3%	26.1%	23.3%
医薬品費比率	8.7%	8.9%	8.2%	12.6%	13.7%	12.7%
経費比率	7.9%	7.0%	9.0%	6.5%	5.6%	6.5%
委託費比率	5.4%	5.3%	5.7%	9.9%	7.5%	10.0%
減価償却費比率	4.5%	4.1%	5.1%	8.4%	6.9%	8.4%
	社会保険関係団体			その他公的		
（一般病院数）	総数 (2)	黒字病院 (0)	赤字病院 (2)	総数 (16)	黒字病院 (16)	赤字病院 (31)
人件費比率	54.4%	0.0%	54.4%	51.8%	51.8%	56.0%
材料費比率	28.7%	0.0%	28.7%	28.1%	28.1%	25.0%
医薬品費比率	12.9%	0.0%	12.9%	15.4%	15.4%	14.2%
経費比率	4.2%	0.0%	4.2%	4.6%	4.6%	5.9%
委託費比率	6.8%	0.0%	6.8%	5.1%	5.1%	6.0%
減価償却費比率	10.2%	0.0%	10.2%	4.7%	4.7%	5.7%

黒字病院：経常利益が黒字
赤字病院：経常利益が赤字

（注）黒字病院、赤字病院は、有効回答のみを集計していることから、これらの一般病院数の合計と総数の一般病院数は一致しない。
出典：厚生労働省「平成30年度病院経営管理指標」

次に、（一社）全国公私病院連盟・（一社）日本病院会「令和３年病院経営実態調査報告」によって開設者別に１床当たりの医業費用（実数）の年次推移をみると、総数平均では近年増加傾向にあったが、2020年は減少している。医業費用（実数）を開設者別にみると、自治体病院、その他公的病院では2019年、私的病院では2021年が最も高くなっている。

【総数】

（単位:千円）

科目	総数平均									
	2017年		2018年		2019年		2020年		2021年	
医業収益	1,947.4	100.0%	1,941.0	100.0%	2,006.1	100.0%	1,889.6	100.0%	2,039.2	100.0%
医業費用	2,067.5	106.2%	2,071.9	106.7%	2,143.1	106.8%	2,124.8	112.4%	2,237.1	109.7%
人件費(給与)	1,072.5	55.1%	1,079.3	55.6%	1,114.5	55.6%	1,117.4	59.1%	1,153.9	56.6%
材料費	526.6	27.0%	525.7	27.1%	539.5	26.9%	528.4	28.0%	585.9	28.7%
(1)薬品費	309.0	15.9%	310.8	16.0%	324.3	16.2%	323.1	17.1%	355.7	17.4%
(2)診療材料費	200.1	10.3%	199.7	10.3%	198.7	9.9%	190.1	10.1%	214.4	10.5%
(3)食事材料費	10.5	0.5%	8.8	0.5%	8.8	0.4%	8.6	0.5%	8.3	0.4%
(4)医療消耗備品費	7.0	0.4%	6.4	0.3%	7.7	0.4%	6.7	0.4%	7.5	0.4%
経費	148.2	7.6%	144.1	7.4%	158.6	7.9%	152.8	8.1%	159.6	7.8%
委託費	159.9	8.2%	160.7	8.3%	165.7	8.3%	167.6	8.9%	178.4	8.8%
減価償却費	136.1	7.0%	139.3	7.2%	140.7	7.0%	136.7	7.2%	138.1	6.8%
その他	24.2	1.2%	22.9	1.2%	24.2	1.2%	21.9	1.2%	21.1	1.0%
医業収支差額	−120.2	−6.2%	−130.9	−6.7%	−137.0	−6.8%	−235.2	−12.4%	−197.9	−9.7%
サンプル数	629		644		635		659		593	

【自治体病院】

（単位:千円）

科目	うち自治体									
	2017年		2018年		2019年		2020年		2021年	
医業収益	1,803.1	100.0%	1,857.3	100.0%	1,894.3	100.0%	1,753.4	100.0%	1,963.9	100.0%
医業費用	2,038.6	113.1%	2,098.3	113.0%	2,166.2	114.4%	2,147.9	122.5%	2,326.3	118.5%
人件費(給与)	1,067.3	59.2%	1,097.5	59.1%	1,127.1	59.5%	1,137.1	64.8%	1,200.4	61.1%
材料費	481.5	26.7%	510.9	27.5%	519.0	27.4%	506.0	28.9%	585.9	29.8%
(1)薬品費	273.1	15.1%	295.9	15.9%	310.2	16.4%	309.9	17.7%	350.5	17.8%
(2)診療材料費	196.0	10.9%	205.5	11.1%	199.8	10.5%	186.1	10.6%	226.0	11.5%
(3)食事材料費	10.1	0.6%	7.1	0.4%	6.5	0.3%	6.9	0.4%	6.4	0.3%
(4)医療消耗備品費	2.3	0.1%	2.3	0.1%	2.5	0.1%	3.0	0.2%	3.1	0.2%
経費	129.2	7.2%	123.9	6.7%	136.3	7.2%	132.8	7.6%	144.5	7.4%
委託費	183.3	10.2%	186.6	10.0%	198.9	10.5%	195.5	11.1%	208.2	10.6%
減価償却費	152.9	8.5%	160.4	8.6%	164.5	8.7%	157.6	9.0%	167.2	8.5%
その他	24.5	1.4%	19.0	1.0%	20.4	1.1%	19.0	1.1%	20.1	1.0%
医業収支差額	−235.5	−13.1%	−241.0	−13.0%	−271.9	−14.4%	−394.5	−22.5%	−362.4	−18.5%
サンプル数	324		318		280		296		259	

【その他公的病院】

（単位:千円）

科目	うちその他公的									
	2017年		2018年		2019年		2020年		2021年	
医業収益	2,169.6	100.0%	2,147.8	100.0%	2,236.6	100.0%	2,100.9	100.0%	2,204.2	100.0%
医業費用	2,178.2	100.4%	2,166.8	100.9%	2,275.0	101.7%	2,232.9	106.3%	2,271.0	103.0%
人件費（給与）	1,109.1	51.1%	1,096.5	51.1%	1,150.2	51.4%	1,127.7	53.7%	1,135.2	51.5%
材料費	614.6	28.3%	616.0	28.7%	641.3	28.7%	629.4	30.0%	664.2	30.1%
（1）薬品費	382.7	17.6%	386.7	18.0%	409.0	18.3%	409.3	19.5%	431.1	19.6%
（2）診療材料費	212.9	9.8%	210.0	9.8%	213.2	9.5%	201.4	9.6%	215.1	9.8%
（3）食事材料費	11.2	0.5%	11.1	0.5%	10.9	0.5%	10.0	0.5%	10.1	0.5%
（4）医療消耗備品費	7.9	0.4%	8.1	0.4%	8.1	0.4%	8.7	0.4%	7.9	0.4%
経費	160.6	7.4%	157.0	7.3%	163.9	7.3%	163.2	7.8%	165.1	7.5%
委託費	140.8	6.5%	143.0	6.7%	150.6	6.7%	154.8	7.4%	163.8	7.4%
減価償却費	126.1	5.8%	128.0	6.0%	138.5	6.2%	132.4	6.3%	119.2	5.4%
その他	26.9	1.2%	26.4	1.2%	30.5	1.4%	25.6	1.2%	23.5	1.1%
医業収支差額	−8.6	−0.4%	−19.0	−0.9%	−38.4	−1.7%	−132.1	−6.3%	−66.8	−3.0%
サンプル数	195		191		190		190		168	

【私的病院】

（単位:千円）

科目	うち私的（医療法人・個人・公益・社会福祉法人）									
	2017年		2018年		2019年		2020年		2021年	
医業収益	1,904.4	100.0%	1,783.4	100.0%	1,860.3	100.0%	1,832.8	100.0%	1,963.3	100.0%
医業費用	1,897.0	99.6%	1,816.5	101.9%	1,888.2	101.5%	1,910.3	104.2%	2,008.6	102.3%
人件費（給与）	1,000.8	52.6%	994.9	55.8%	1,033.0	55.5%	1,062.1	57.9%	1,085.2	55.3%
材料費	467.7	24.6%	395.6	22.2%	418.0	22.5%	415.8	22.7%	477.4	24.3%
（1）薬品費	253.6	13.3%	207.9	11.7%	217.5	11.7%	215.2	11.7%	261.6	13.3%
（2）診療材料費	183.0	9.6%	163.6	9.2%	173.4	9.3%	180.4	9.8%	190.0	9.7%
（3）食事材料費	10.3	0.5%	9.2	0.5%	9.8	0.5%	9.6	0.5%	9.9	0.5%
（4）医療消耗備品費	20.9	1.1%	14.8	0.8%	17.2	0.9%	10.7	0.6%	16.0	0.8%
経費	183.6	9.6%	176.4	9.9%	194.0	10.4%	176.6	9.6%	182.8	9.3%
委託費	125.5	6.6%	121.2	6.8%	124.2	6.7%	131.9	7.2%	138.4	7.0%
減価償却費	102.6	5.4%	101.3	5.7%	97.5	5.2%	101.9	5.6%	105.3	5.4%
その他	16.8	0.9%	27.1	1.5%	21.5	1.2%	22.0	1.2%	19.4	1.0%
医業収支差額	7.4	0.4%	−33.1	−1.9%	−27.8	−1.5%	−77.5	−4.2%	−45.3	−2.3%
サンプル数	110		135		165		173		166	

注）上記の数値は集計した全病院（＝一般病院＋精神病院＋結核病院）の１床当たりの数値である。
出典：（一社）全国公私病院連盟・（一社）日本病院会「令和３年病院経営実態調査報告」（2021年６月）を基に作成。

※次頁以降で「病院経営実態調査報告」から引用している数値において、開設者別の数値は集計した全病院を対象とするものであるが、病床規模別の数値は一般病院に限った数値である点に留意されたい。

2 人件費

医業収益に占める人件費比率を比較すると、開設者別では自治体病院が特に高く、また、概ね病床規模が大きくなるほど低くなる傾向がみられる。（「病院経営管理指標」及び「病院経営実態調査報告」の両指標とも同じ傾向を示している。以下、両指標が同じ傾向を示す場合は特に断らない。）

2020年は医業収益に占める人件費比率が大幅に上昇したが、2021年は医業収益と人件費がともに増えたため、例年と同じ水準程度となった。１床１か月当たりの人件費はいずれの開設者においても増加傾向が見受けられる。

一般病院	総数	20床以上49床以下	50床以上99床以下	100床以上199床以下	200床以上299床以下	300床以上399床以下	400床以上
医療法人 n＝	57.1%（134）	53.5%（31）	59.9%（43）	58.7%（38）	57.2%（12）	49.8%（7）	50.0%（3）
自治体 n＝	63.1%（176）	74.9%（19）	72.0%（20）	72.6%（31）	64.5%（18）	58.4%（34）	52.7%（54）
社会保険関係団体 n＝	55.3%（5）	0.0%（0）	0.0%（0）	0.0%（0）	0.0%（0）	54.4%（3）	56.7%（2）
その他公的 n＝	55.9%（54）	0.0%（0）	50.5%（4）	60.9%（12）	66.5%（7）	54.4%（9）	51.3%（22）

出典：厚生労働省「平成30年度病院経営管理指標」

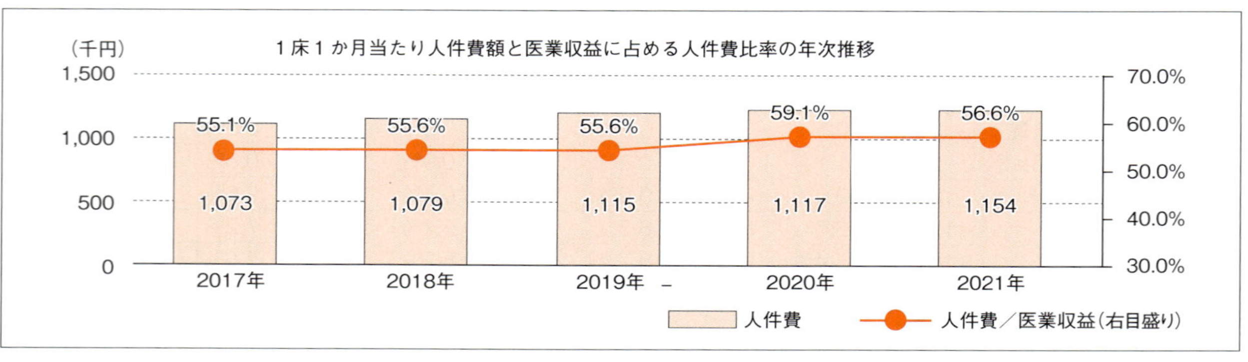

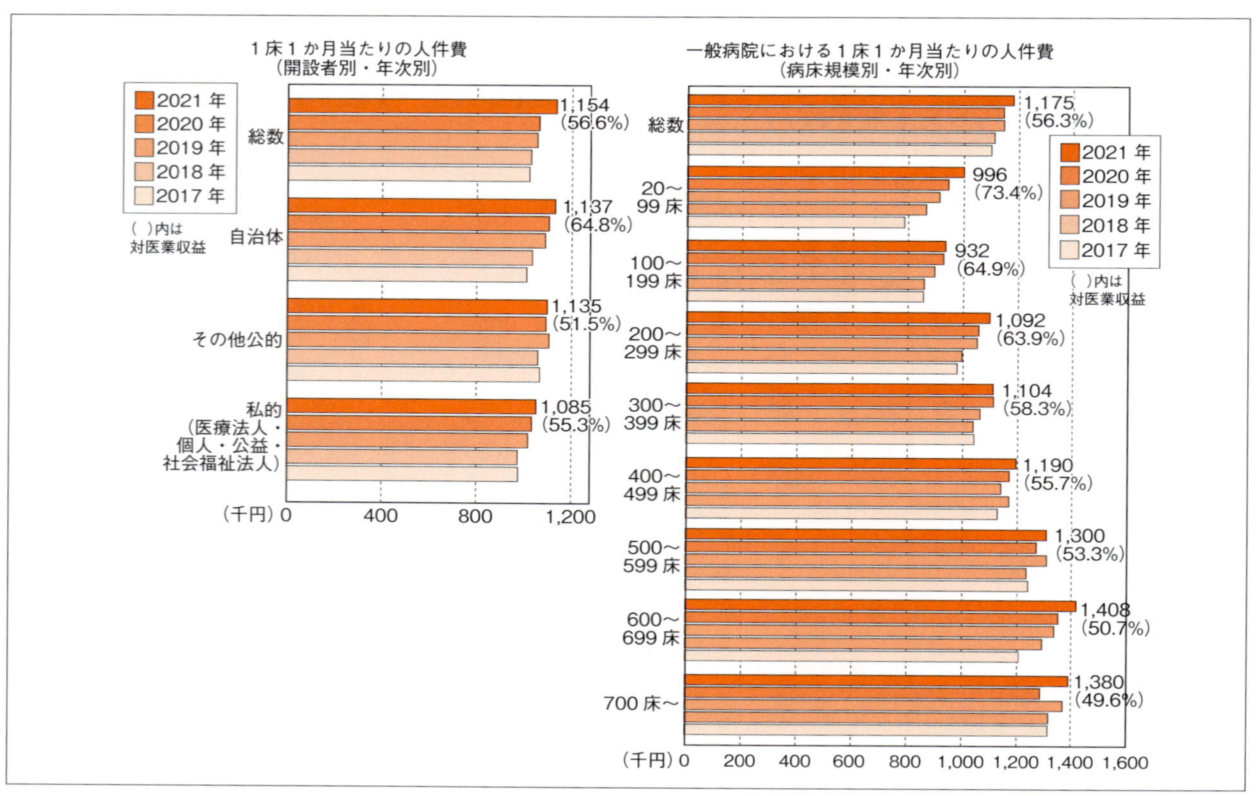

出典：（一社）全国公私病院連盟・（一社）日本病院会「令和３年病院経営実態調査報告」（2021年６月）を基に作成。

3 材料費

以下では、まず材料費全体についてみた後、さらに細かく３つの内訳（薬品費・診療材料費・食事材料費）についてもみていく。

医業収益に占める材料費比率を比較すると、開設者別では医療法人（私的病院）が最も低い。病床規模別では、300床以上の医療法人、自治体病院については、299床以下と比して材料費比率が高くなっている。

医業収益に占める材料費比率の年次推移をみると、2019年度までは横ばい傾向にあったが、2020年以降は上昇している。開設者別では、すべての開設者で前年と比較して増加しており、材料費比率の上昇要因としては、医業収益の増加幅を材料費（実額）の増加が大きく上回ったことが考えられる。

一般病院	総数	20床以上49床以下	50床以上99床以下	100床以上199床以下	200床以上299床以下	300床以上399床以下	400床以上
医療法人 n＝	18.2% (134)	18.4% (31)	16.9% (43)	17.5% (38)	19.3% (12)	24.8% (7)	23.6% (3)
自治体 n＝	23.3% (176)	19.4% (19)	19.1% (20)	17.1% (31)	22.2% (18)	25.2% (34)	29.1% (54)
社会保険関係団体 n＝	28.9% (5)	0.0% (0)	0.0% (0)	0.0% (0)	0.0% (0)	28.7% (3)	29.2% (2)
その他公的 n＝	25.0% (54)	0.0% (0)	26.8% (4)	19.3% (12)	18.5% (7)	24.9% (9)	29.8% (22)

出典：厚生労働省「平成30年度病院経営管理指標」

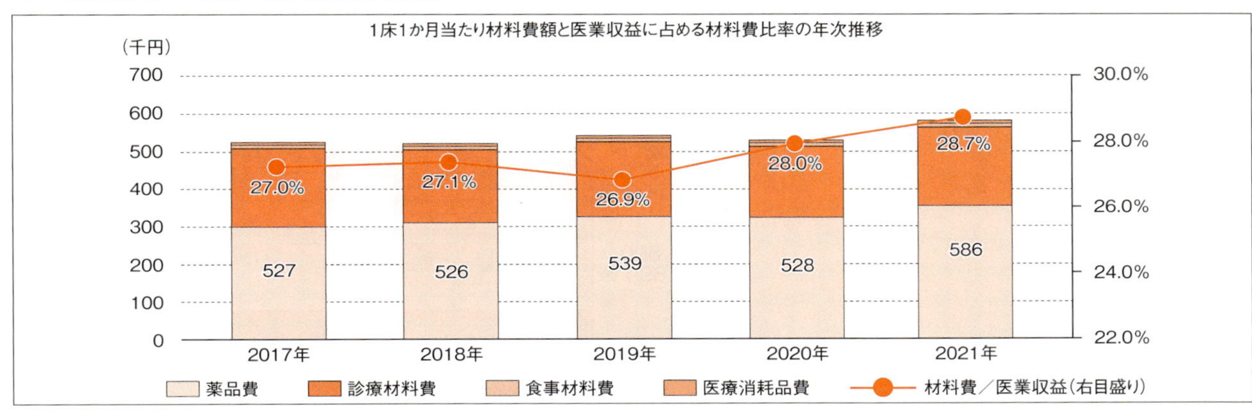

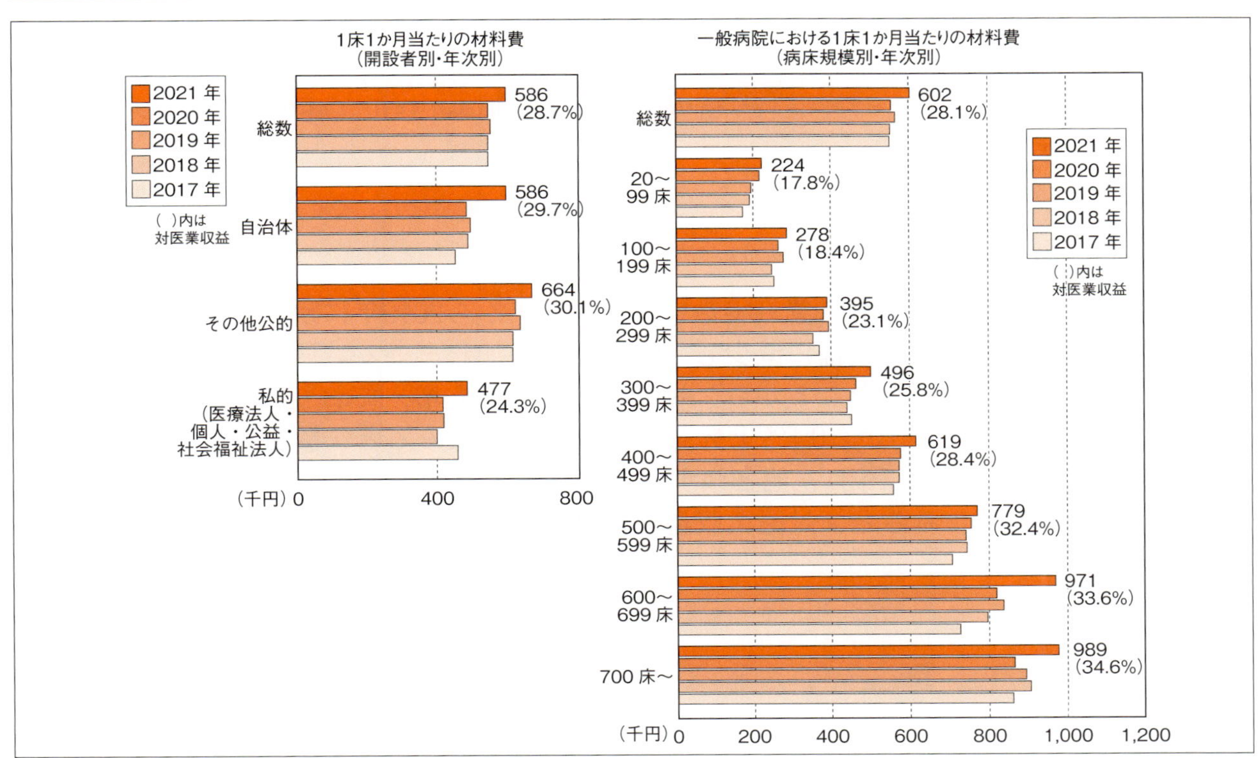

出典：(一社) 全国公私病院連盟・(一社) 日本病院会「令和３年病院経営実態調査報告」(2021年６月) を基に作成。

(1) 薬品費の年次推移

1床1か月当たりの薬品費（実数）は概ね増加傾向にあり、開設者別にみると、その他公的病院において最も高く（431千円）、私的病院において最も低く（262千円）なっており、他の費用と比較して差があることが分かる。対医業収益比率の比較においても、その他公的病院と私的病院では、その他公的病院が上回り6.3ポイントの差がある。

また、病床規模別にみると、対医業収益比率は概ね病床規模が大きくなるにつれて高くなる傾向がある。特に600床～699床、700床～における薬品費額の伸び幅が目立ち、これは近年の高額医薬品の承認との関係も推測される。

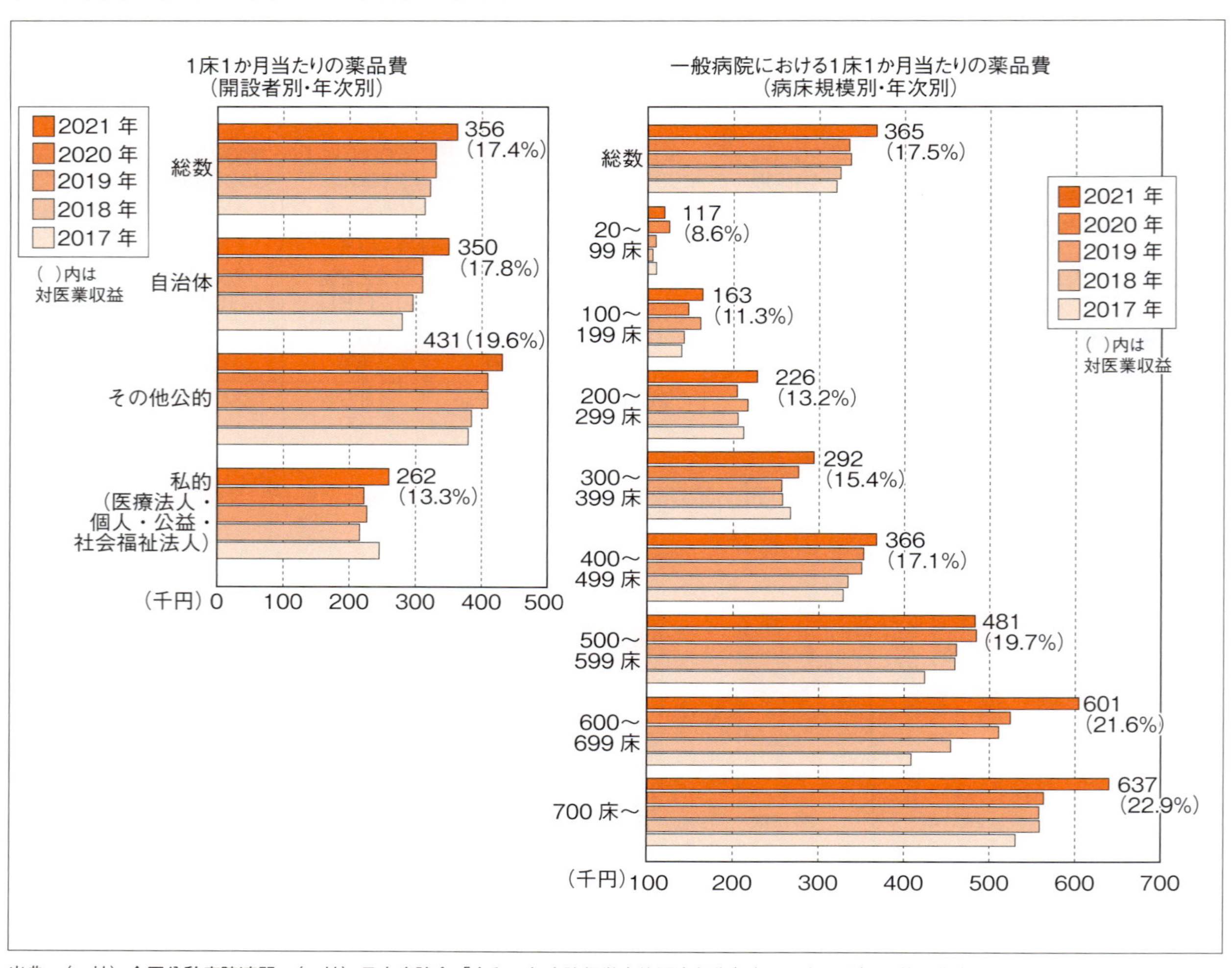

出典：(一社）全国公私病院連盟・(一社）日本病院会「令和3年病院経営実態調査報告」(2021年6月）を基に作成。

(2) 診療材料費の年次推移

1床1か月当たりの診療材料費（実数）は、2016年から2019年にかけて、ほぼ同水準で推移していたが、2020年は大幅に減少し、2021年は増加している。診療材料費（実数）は増加し、医業収益が減少したことから、対医業収益比率も増えており、2021年の対医業収益比率は10.5％と、2020年から0.4％上昇した。開設者別にみると、診療材料費（実数）は私的病院が最も低く（189千円）、他とわずかな差であるが対医業収益比率も最も低い。

また、病床規模別にみると、対医業収益比率は概ね病床規模が大きくなるにつれて高くなる傾向がある。

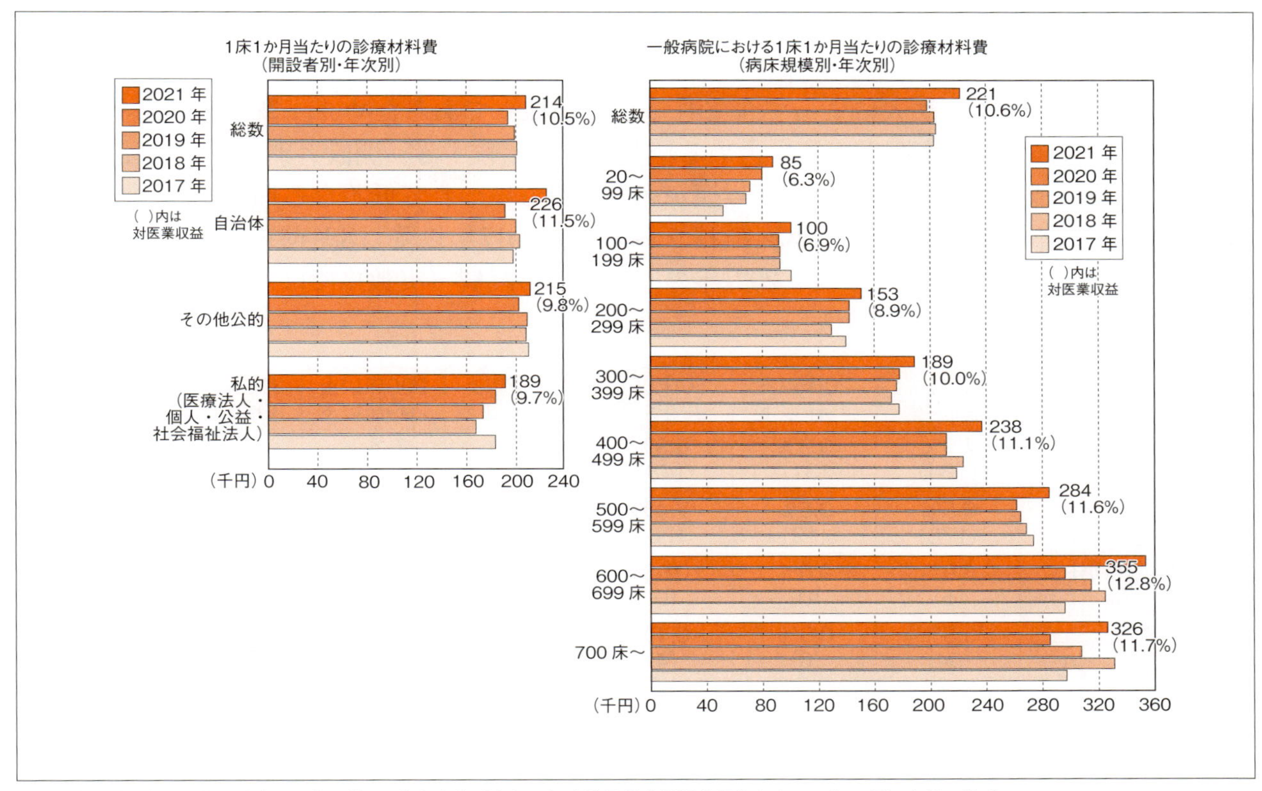

出典：（一社）全国公私病院連盟・（一社）日本病院会「令和３年病院経営実態調査報告」（2021年６月）を基に作成。

（3）食事材料費の年次推移

１床１か月当たりの食事材料費（実数）は、2020年と比較して総数ではほぼ変化が見られなかった。他の費用項目と比較すると金額規模が小さいため、対医業収益比率はほとんど変化がない結果となっている。

病床規模別にみると、対医業収益比率に病床規模との相関はあまりみられない。

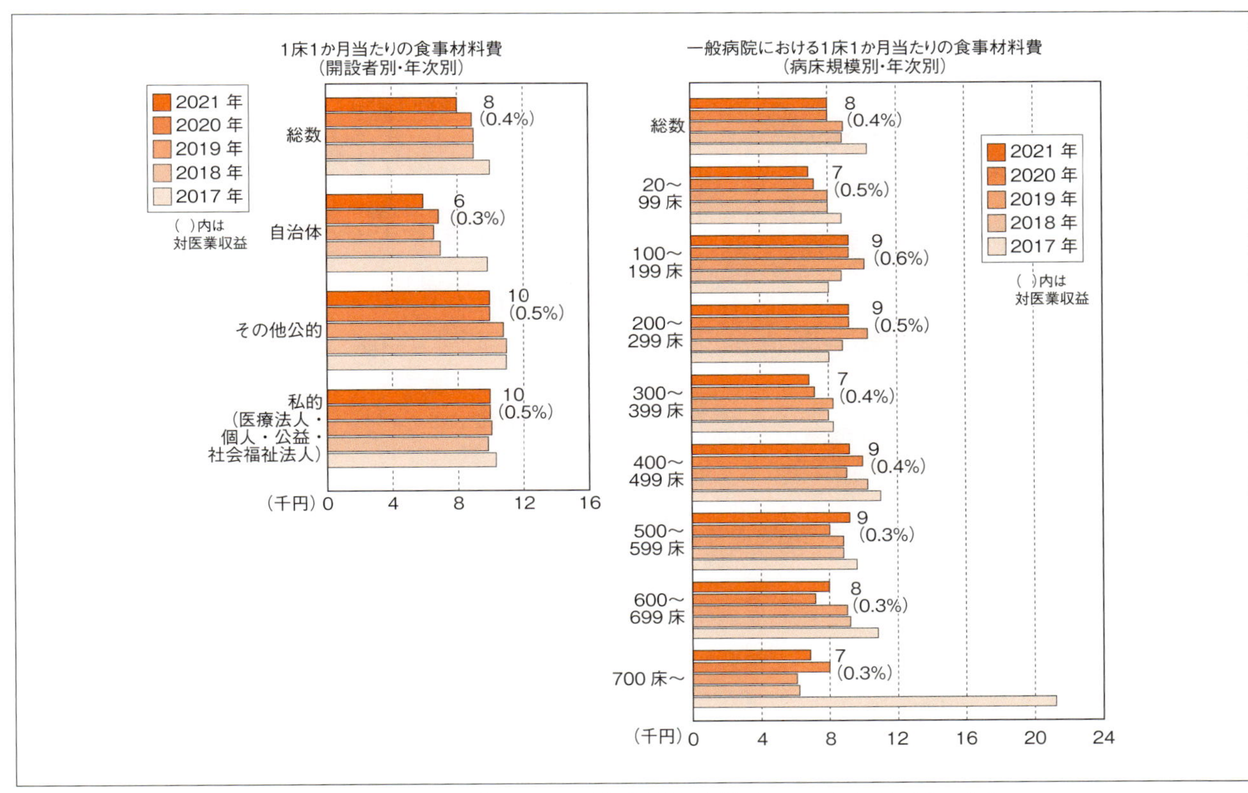

出典：（一社）全国公私病院連盟・（一社）日本病院会「令和３年病院経営実態調査報告」（2021年６月）を基に作成。

4 経費

「経費」は、回答する法人によって含まれる項目が様々であるため、一概にその趨勢（すうせい）を分析することは難しいが、まず医業収益に占める経費比率を比較する。開設者別には、医療法人（私的病院）が最も高く、また、概ね病床規模が大きくなるにつれて低くなる傾向がみられる。

医業収益に占める経費比率の年次推移をみると、2017年以降は8%前後で推移しており、2021年は7.8%となっている。また、2021年の開設者別の経費（実数）では、全ての開設者で前年比で増加している。

一般病院	総数	20床以上49床以下	50床以上99床以下	100床以上199床以下	200床以上299床以下	300床以上399床以下	400床以上
医療法人 n＝	7.9% (134)	9.2% (31)	8.9% (43)	7.1% (38)	6.4% (12)	5.1% (7)	4.4% (3)
自治体 n＝	6.5% (176)	9.5% (19)	7.4% (20)	7.0% (31)	5.4% (18)	6.1% (34)	5.4% (54)
社会保険関係団体 n＝	3.9% (5)	0.0% (0)	0.0% (0)	0.0% (0)	0.0% (0)	4.2% (3)	3.4% (2)
その他公的 n＝	5.5% (54)	0.0% (0)	6.4% (4)	6.8% (12)	4.2% (7)	5.4% (9)	5.0% (22)

出典：厚生労働省「平成30年度病院経営管理指標」

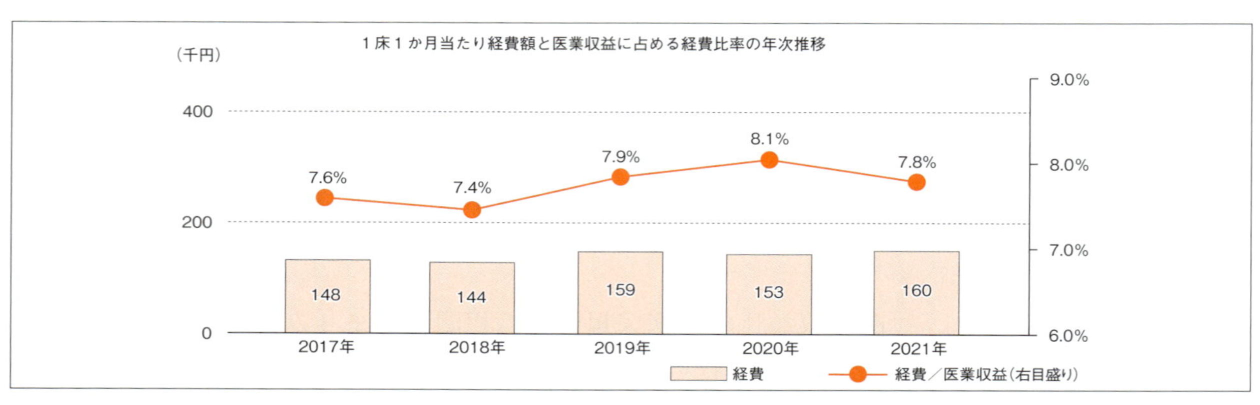

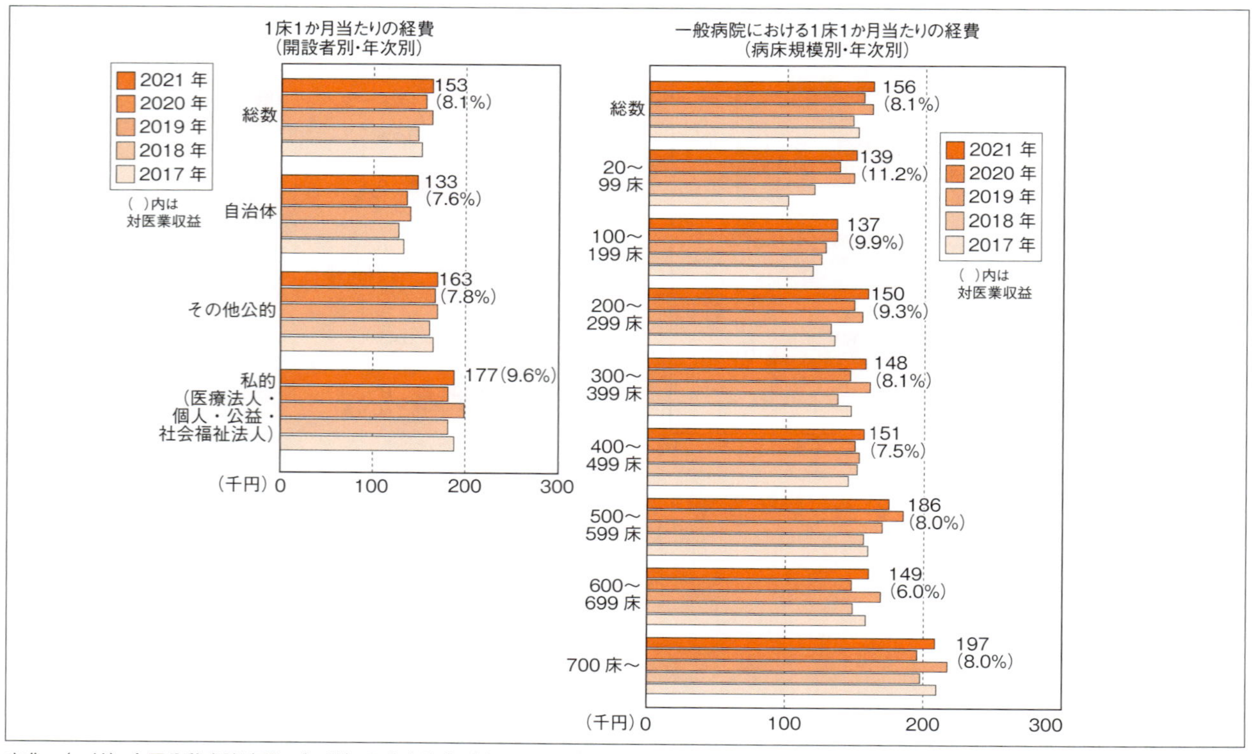

出典：（一社）全国公私病院連盟・（一社）日本病院会「令和３年病院経営実態調査報告」（2021年６月）を基に作成。

5 委託費

委託費は施設の維持管理業務や医療関連サービス業務の委託に係る費用であり、医療関連サービス業務とは、医師や看護師が行う直接の医療サービスを提供するために必要な業務や医療サービスに密接に関連する業務をいう。以下は、維持管理業務及び医療関連サービス業務について主な内容を整理したものである。

一般的な業務名		主な業務内容
維持管理業務	建築物保守点検	医療施設の建築物の点検、保守
	設備保守点検	医療施設の設備の点検、保守
	警備	医療施設の保安警備
医療関連サービス業務	検体検査※	衛生検査所等において、人体から排出または採取された検体について、微生物学的検査、血清学的検査、血液学的検査、寄生虫学的検査、病理学的検査、生化学的検査
	滅菌消毒※	滅菌センターまたは医療機関内において、医療機関で使用された医療用器具、手術衣等の繊維製品の滅菌消毒
	患者等給食※	医療機関に入院している患者、妊婦、産婦等に対して食事の提供、盛り付け、配膳、食器洗浄など
	患者搬送※	患者、妊婦、産婦等に対して医療機関相互間の搬送
	医療機器保守点検※	医療機関内において使用される医療機器（画像診断システム、生体現象計測・監視システム、治療用・施設用機器、理学療法用機器等）の保守点検
	医療用ガス供給設備保守点検※	医療の用に供するガスの供給装置（配管端末器、ホースアセンブリ、警報の表示盤、送気配管等）の保守点検
	寝具類洗濯※	医療機関に入院している患者、妊婦、産婦等が使用した寝具類（布団、毛布、シーツ、枕、病衣等）の洗濯、乾燥、消毒
	院内清掃※	医師等の業務の用に供される施設、または、患者の入院の用に供される施設の清掃
	医療廃棄物処理	医療機関等から排出される感染性廃棄物の回収、運搬、中間処理、最終処理
	医療事務	医療機関の外来受付、診療録管理、診療報酬請求、医事会計などの業務または、これらの業務に係わる要員の養成・研修
	院内情報コンピュータ・システム	医療機関のコンピュータ・システム（財務会計、給与計算、医事会計、電子カルテ、健診・検診、栄養補給、物品管理など）の開発、導入及び運用・メンテナンス
	医療情報サービス	医療機関に対して診療、検査、医薬品等に関する情報提供サービス、または、患者等に対して医療機関の情報提供
	院内物品管理	医療機関で使用される物品（医薬品、診療材料、医療消耗器具備品、一般消耗品等）の発注、在庫管理、病棟への搬送など
	医業経営コンサルティング	医療機関等に対して、医療機関開設に係わる指導・支援、医療圏の市場調査・分析、財務や税務に関する指導・相談、その他医療機関の運営に係わる指導を一定期間、継続的に行う
	在宅酸素供給装置保守点検※	在宅酸素療法における酸素供給装置の保守点検
	在宅医療サポート	CAPD（連続携行式自己腹膜透析療法）、HIT（在宅輸液療法）、人工呼吸器療法等の在宅医療（在宅酸素療法を除く）の支援を行うサービス（調剤、薬剤配送、機器の保守点検等）

※医療法第15条の３（第１項、第２項）において、厚生労働省令で定める基準に適合するものに委託をしなければならないと定められている業務。
（一財）医療関連サービス振興会では、同振興会が定める基準を満たしている者（事業者）に対し、医療関連サービスマークを認定している。
出典：（一財）医療関連サービス振興会「平成30年度医療関連サービス実態調査報告書」（2019年３月）を基に作成。

（1）委託費の年次推移

医業収益に占める委託費比率を比較すると、開設者別では自治体病院が特に高い。

医業収益に占める委託費比率の年次推移をみると、2017年以降横ばいだったが、2020年に上昇し、2021年は前年比横ばいの8.8%となっている。開設者別にみてみると、全ての開設者で前年比で増加している。

一般病院	総数	20床以上49床以下	50床以上99床以下	100床以上199床以下	200床以上299床以下	300床以上399床以下	400床以上
医療法人 n＝	5.4%（134）	4.8%（31）	5.8%（43）	5.5%（38）	6.1%（12）	3.8%（7）	5.7%（3）
自治体 n＝	9.9%（176）	12.7%（19）	10.0%（20）	10.5%（31）	10.8%（18）	9.0%（34）	8.8%（54）
社会保険関係団体 n＝	5.5%（5）	0.0%（0）	0.0%（0）	0.0%（0）	0.0%（0）	6.8%（3）	3.5%（2）
その他公的 n＝	6.3%（54）	0.0%（0）	8.9%（4）	6.8%（12）	5.7%（7）	6.6%（9）	5.6%（22）

出典：厚生労働省「平成30年度病院経営管理指標」

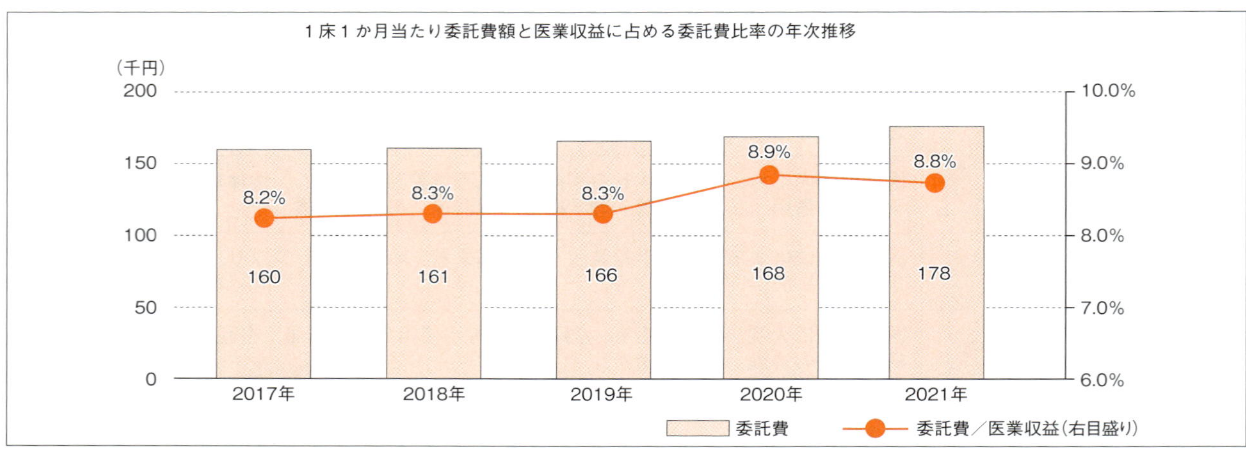

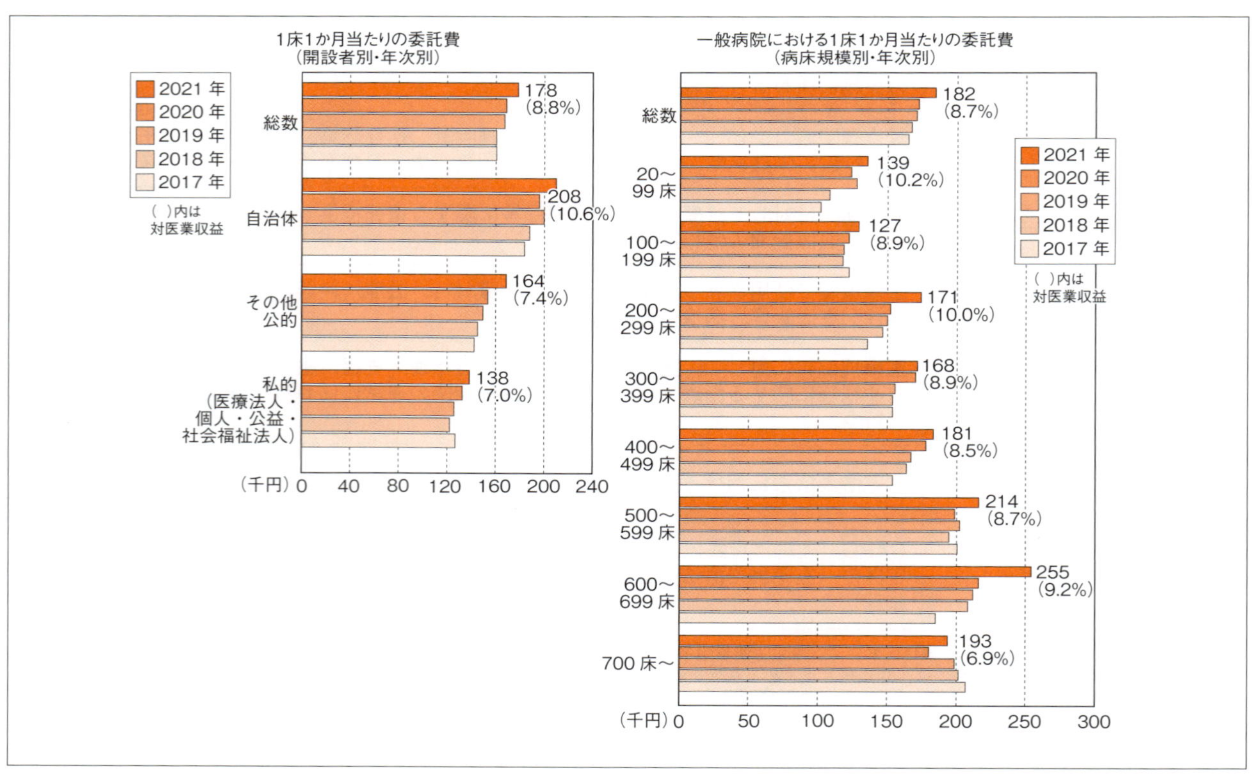

出典：（一社）全国公私病院連盟・（一社）日本病院会「令和３年病院経営実態調査報告」（2021年６月）を基に作成。

(2) 医療関連サービス業務の委託率の年次推移

医療関連サービス業務の委託率の年次推移をみると、多くの業務で、前回調査時（2018年度）を上回っている。特に2000年から2021年にかけて、医療用ガス設備保守点検、物品管理、滅菌・消毒や患者用給食や院内情報コンピュータ・システムの委託率の上昇が目立つ。特に患者等給食が急激に上昇しており、21年間に約28％も委託率が上昇している。なお、在宅酸素供給装置保守点検及び在宅医療サポートについては、病院によっては該当患者が存在しない場合があり、該当患者「有」と回答した病院における委託率に限定すると、在宅酸素供給装置保守点検の対象患者「有」と回答した病院における委託率は87.2％（2021年、n＝533)、在宅医療サポートの対象患者「有」と回答した病院における委託率は61.8％（2021年、n＝249）となっている。

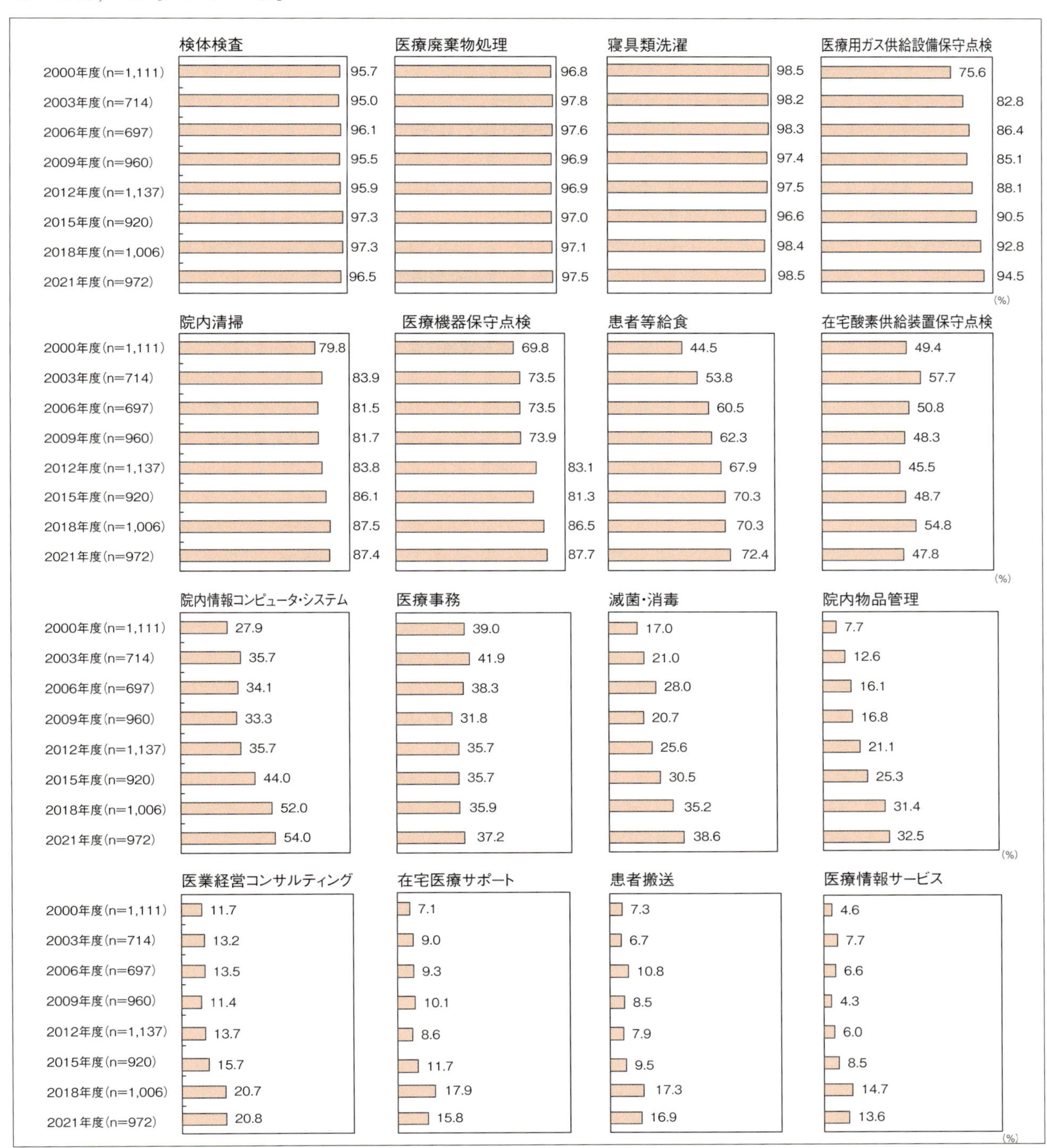

出典：(一財) 医療関連サービス振興会「令和３年度医療関連サービス実態調査報告書」(2022年３月) を基に加工。

(3) 現状の委託率からみた各業務の成熟度と今後の動向

2000年から2021年までの21年間をみると、多くの業務において委託率が上昇しているが、既に70%を超えて推移している「寝具類洗濯」、「検体検査」、「医療廃棄物処理」、「医療用ガス供給設備保守点検」、「在宅酸素供給装置保守点検」、「院内清掃」、「医療機器保守点検」、「患者等給食」は、サービスとして成熟期に入り、今後の大きな伸びは予想されない。前回調査時（2018年）と比べて委託率が上昇し、成長期にあるものとしては「院内情報コンピュータ・システム」（前回52.0%）、「院内物品管理」（前回31.4%）、「医業経営コンサルティング」（前回20.7%）「患者搬送」（前回17.3%）「滅菌消毒」（前回35.2%）がある。該当患者の有無により、全体では委託率が低いが対象患者「有」の病院においてその委託率は上昇している。また、導入期にある「医療情報サービス」は、2015年調査時から2018年調査時に大幅に委託率が上昇しており（8.5%から14.7%）、今回は若干委託率が下がったものの、サービスとして急激な成長の過程にあるといえる。

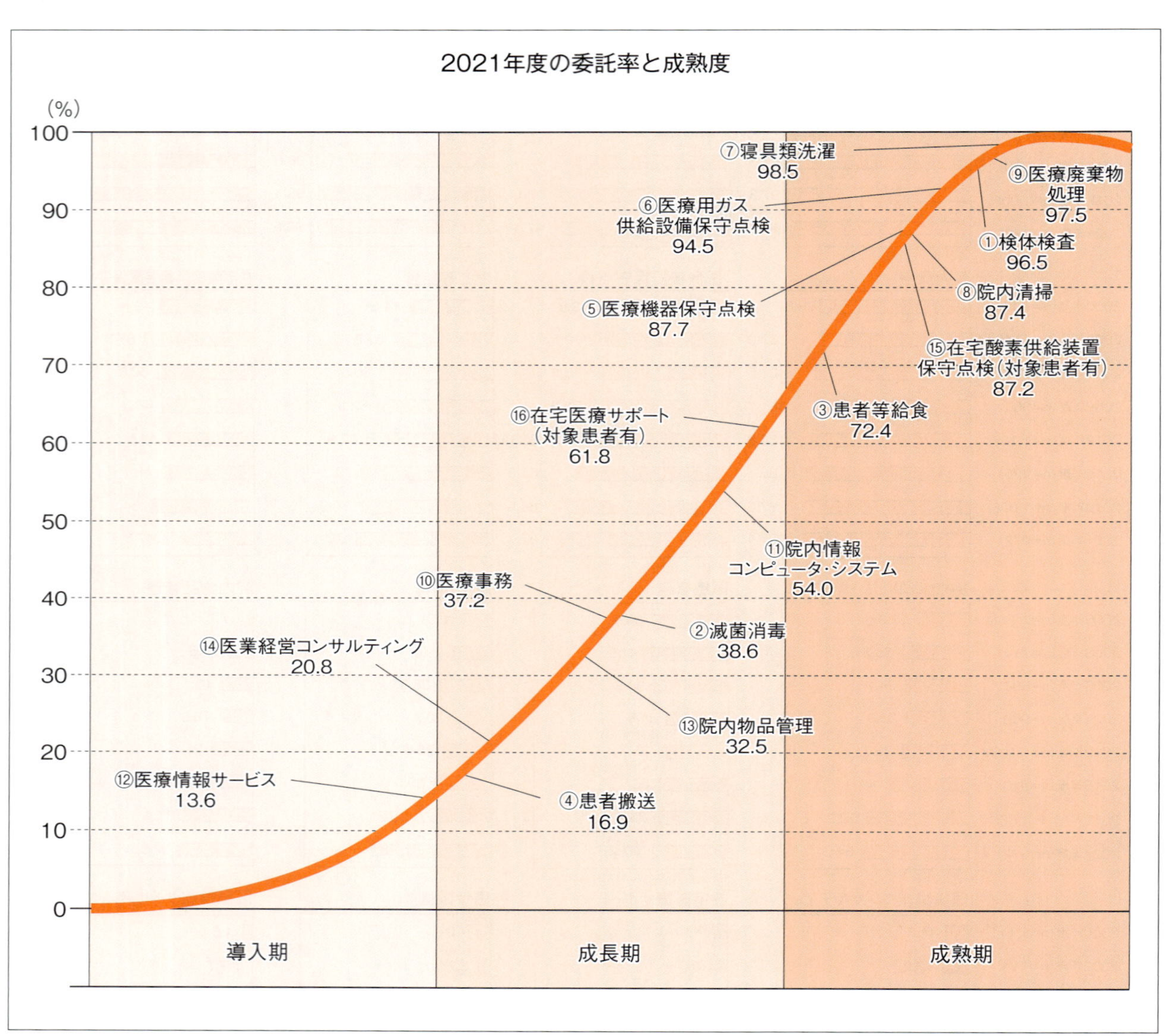

出典：（一財）医療関連サービス振興会「令和３年度医療関連サービス実態調査報告書」（2022年３月）を基に加工。

第2部 データ編

6 減価償却費

医業収益に占める減価償却費比率を比較すると、開設者別には医療法人（私的病院）が最も低い。医業収益に占める減価償却費比率の年次推移をみてみると、減価償却費比率は概ね横ばい傾向となっている。また、病床規模別にみると、減価償却費は病床規模が大きくなるにつれ高くなる傾向はあるものの、減価償却費比率と病床規模との間に明確な相関はみられない。

一般病院	総数	20床以上 49床以下	50床以上 99床以下	100床以上 199床以下	200床以上 299床以下	300床以上 399床以下	400床以上
医療法人 n＝	4.5% (134)	3.2% (31)	4.3% (43)	5.3% (38)	5.9% (12)	3.6% (7)	5.1% (3)
自治体 n＝	8.4% (176)	10.5% (19)	7.6% (20)	8.5% (31)	9.1% (18)	8.0% (34)	7.8% (54)
社会保険関係団体 n＝	10.0% (5)	0.0% (0)	0.0% (0)	0.0% (0)	0.0% (0)	10.2% (3)	9.6% (2)
その他公的 n＝	5.4% (54)	0.0% (0)	4.3% (4)	4.4% (12)	7.0% (7)	5.2% (9)	5.6% (22)

出典：厚生労働省「平成30年度病院経営管理指標」

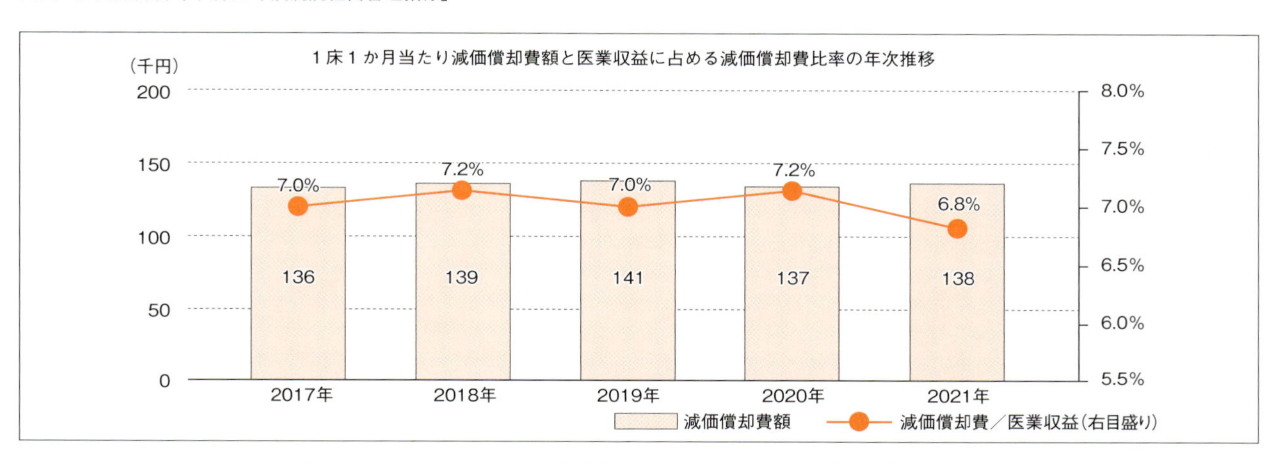

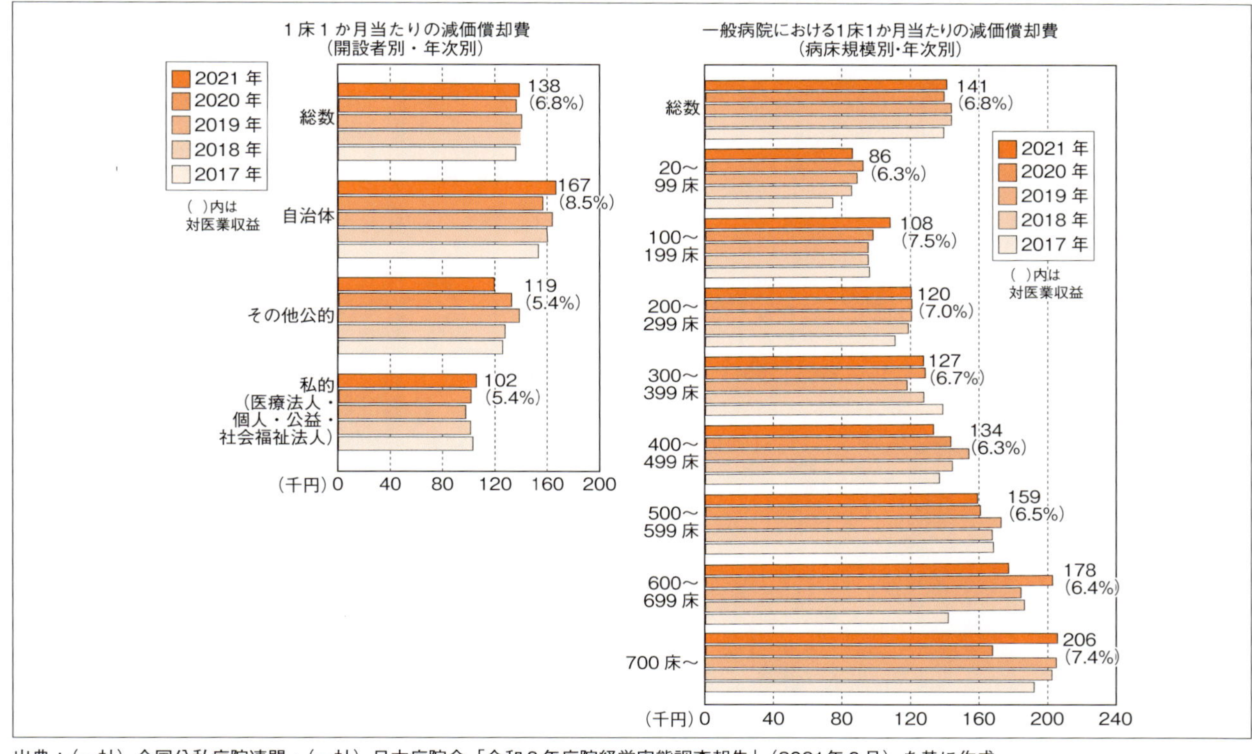

出典：（一社）全国公私病院連盟・（一社）日本病院会「令和３年病院経営実態調査報告」（2021年６月）を基に作成。

【参考文献】

・厚生労働省「平成30年度病院経営管理指標」
・（一社）全国公私病院連盟・（一社）日本病院会「令和３年病院経営実態調査報告」（2021年６月）
・（一財）医療関連サービス振興会「平成30年度医療関係サービス実態調査報告書」（2019年３月）、「令和３年度医療関連サービス実態調査報告書」（2022年３月）

4 建設投資動向及び資金調達動向

1 建設費比較

2020年における国・自治体立及び私的病院を含めた全体の1㎡当たりの平均建設単価は、350（千円／㎡）となっており、近年では最も高い単価となっている。

一般に、国・自治体立の病院・診療所に比べ、私的病院に分類される民間の病院・診療所は、建設費が低いと言われている。両者は、病院の規模や医療機能、備える設備、構造などが大きく異なることから単純に比較することはできないが、限界があることを前提とした上で比較してみると、（一財）建設物価調査会による2020年度の私的病院・診療所の1㎡当たりの平均建設単価は、国・自治体立の病院・診療所の約73.8％となっている。両者の建設単価の差が最も大きかった2018年と比較して再度差が縮まる結果となった。

■ 2020年度の開設者別・㎡当たり平均建設単価とコスト割合

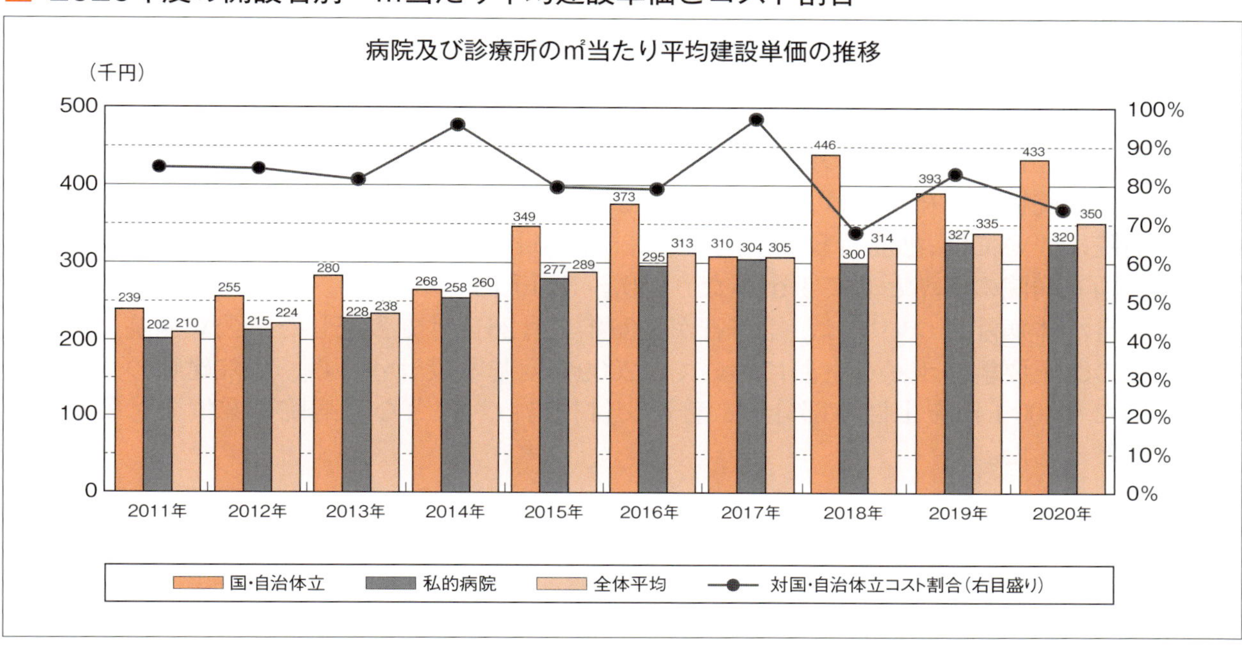

開設者	サンプル数（n）	平均建設単価（千円/㎡）	コスト割合
国・自治体立	112	433	100.0%
私的	1,640	320	73.8%
合計（サンプル数）、全体平均（平均建設単価）	1,752	350	–

（注）上記の前提となる建設費には、病院のほかに診療所の単価も含むこと、また、国・自治体立と、私的における病院と診療所のサンプル数が異なることから、参考の際は留意されたい。
出典：（一財）建設物価調査会「建築統計の年間動向」（2011年度～2020年度版）を基に作成。

また、国土交通省の「建築着工統計調査」（開設者の別なし）で2016年度以降の足元の動きをみると、東日本大震災以降の復興事業や東京オリンピック・パラリンピックに向けた公共工事による需要増を受けながらも、工事予定単価（工事費予定額を床面積で除して算出。実際の工事費単価よりも低めに現れる傾向がある）の水準は、上下を繰り返しながらも概ね横ばい傾向となっている。2016～2018年度は30万円前後で推移し、2019年度には一時40万円台を突破するときもあるが、以降は再び増減を繰り返し、再度2020年と2021年に40万円台を超えている。このような状況の下で、2021年以降はコロナ前のような着工床面積300,000㎡を超える月もみられ、コロナ禍での建て替え控えや工事の遅延が一定程度解消されていることがうかがえる。

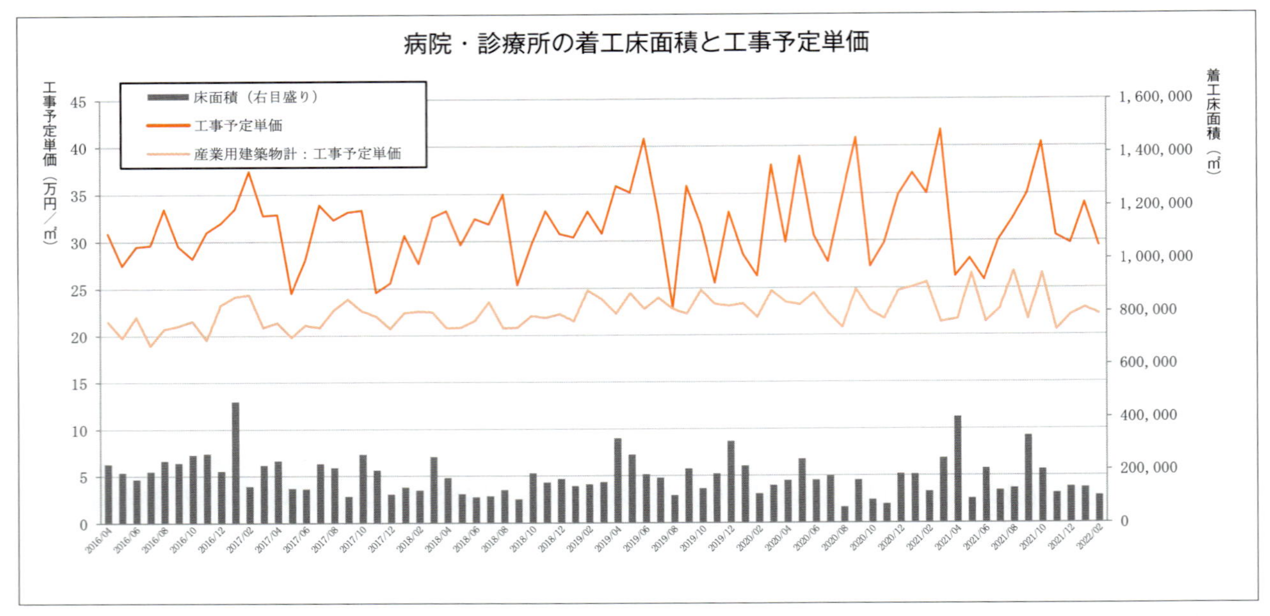

（注）建築着工統計調査で調査されている工事費予定額（上記グラフでは工事予定単価）は、あくまでも予定額であって工事が着工から完成までに要した実際の工事費ではなく、一般にこの種の統計は低めに現れる傾向を持っている。
出典：国土交通省「建築着工統計調査（月報）」（2016年４月～2022年２月分）を基に作成。

これまで国・自治体立病院の建設単価が私的病院に比べて高めであったことから、独立行政法人国立病院機構や総務省は、以下のような対策を講じてきた。

国立病院については、独立行政法人国立病院機構が「病院建築標準仕様指針（2005年３月）」を定め、国立病院の基準として１㎡当たり250 ～ 300千円を示した。

また、自治体病院については、総務省が2008年12月26日付で公表した「公立病院に関する財政措置の改正要綱のポイント」において、2009年度基本設計分から、病院建物の建築単価が１㎡当たり300千円を上回る部分を、普通交付税措置対象となる病院事業債の対象から除外することとした。

2 固定資産額及び資本生産性

下記の表「病院経営管理指標」は通年の決算状況を示すものであり、横棒グラフ「病院経営実態調査報告」は各年における６月の１か月間のデータである。後者はより直近の状況を反映しているものの、１か月間のデータによって１年間の経営状況を代表させていることから、分析については後者を主体に実施し、前者については補足的な確認に留めている。

なお、双方の指標に関して、調査対象の違いから数字の傾向に違いがあることに留意されたい。前者の2018年度の調査対象は公的病院（自治体、社会保険関係団体、その他公的）が40％、私的病院（医療法人）が60％、後者の2020年６月の調査対象は公的病院（自治体立、その他公的）が74％、私的病院（医療法人、個人、公益・社会福祉法人）が26％となっている。

（1）固定資産額

１床当たりの固定資産額は、開設者別では自治体が最も高く、私的病院が最も低い。

また、一般病院に限った上で病床規模別にみると（下右図）、概ね病床規模が大きくなるにつれて高くなる傾向にある。

（単位：千円）

一般病院	総数	20床以上49床以下	50床以上99床以下	100床以上199床以下	200床以上299床以下	300床以上399床以下	400床以上
医療法人 n＝	14,235 (238)	12,395 (42)	13,818 (70)	13,686 (71)	16,941 (28)	16,695 (19)	17,111 (8)
自治体 n＝	21,680 (258)	17,460 (17)	12,396 (35)	20,333 (50)	20,994 (37)	24,903 (49)	26,415 (70)
社会保険関係団体 n＝	24,313 (38)	－ (0)	－ (0)	23,747 (15)	24,226 (8)	25,129 (8)	24,690 (7)
その他公的 n＝	17,899 (55)	5,183 (2)	14,045 (3)	13,162 (8)	18,020 (12)	15,787 (13)	23,835 (17)

出典：厚生労働省「平成30年度病院経営管理指標」

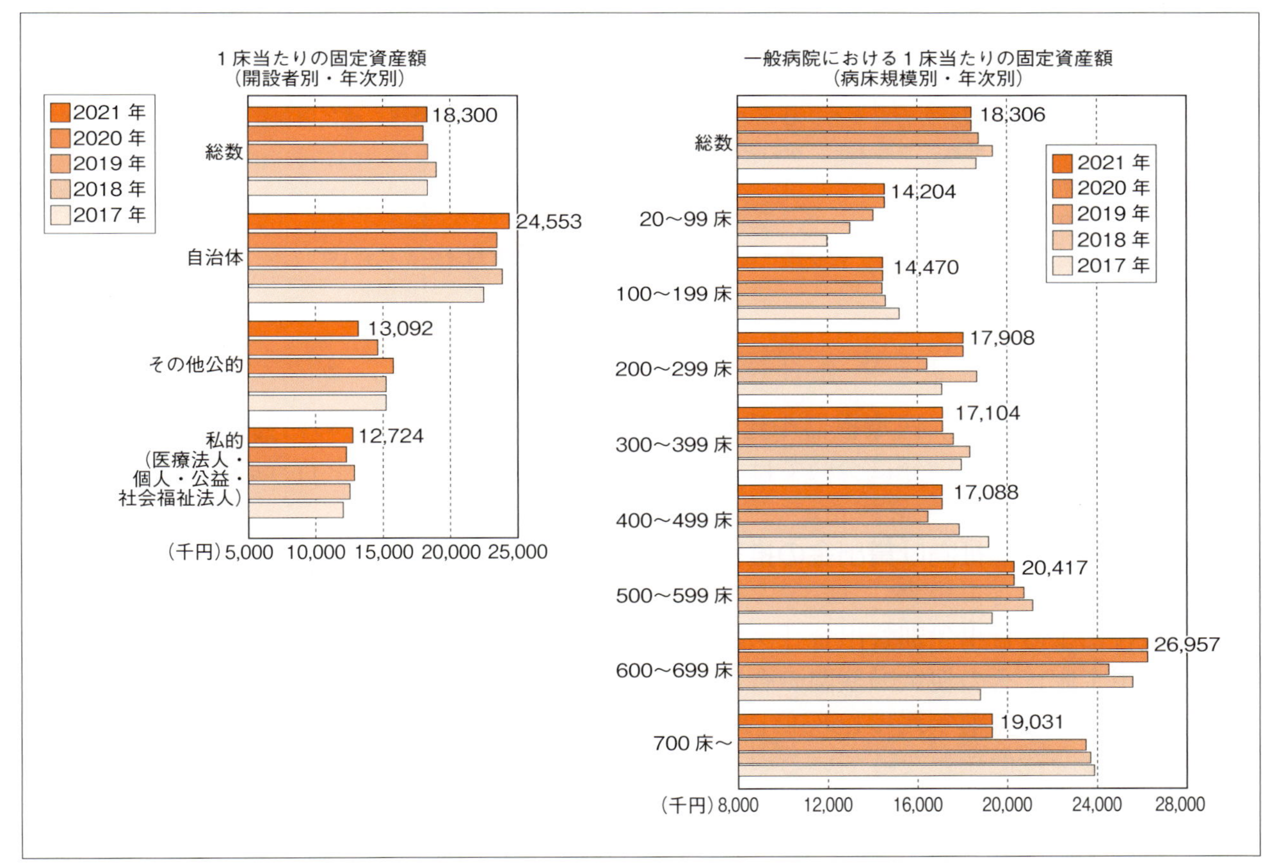

出典：（一社）全国公私病院連盟・（一社）日本病院会「令和３年病院経営実態調査報告」（2021年６月）を基に作成。

(2) 資本生産性

病院施設の１床当たりの資本生産性の推移をみると、開設者別にはその他公的病院及び私的病院が高く、自治体病院は低い。

また、一般病院に限った上で病床規模別にみると、規模による違いはほとんどみられない。2021年においては、400 ～ 499床での資本生産性が最も高くなっている。

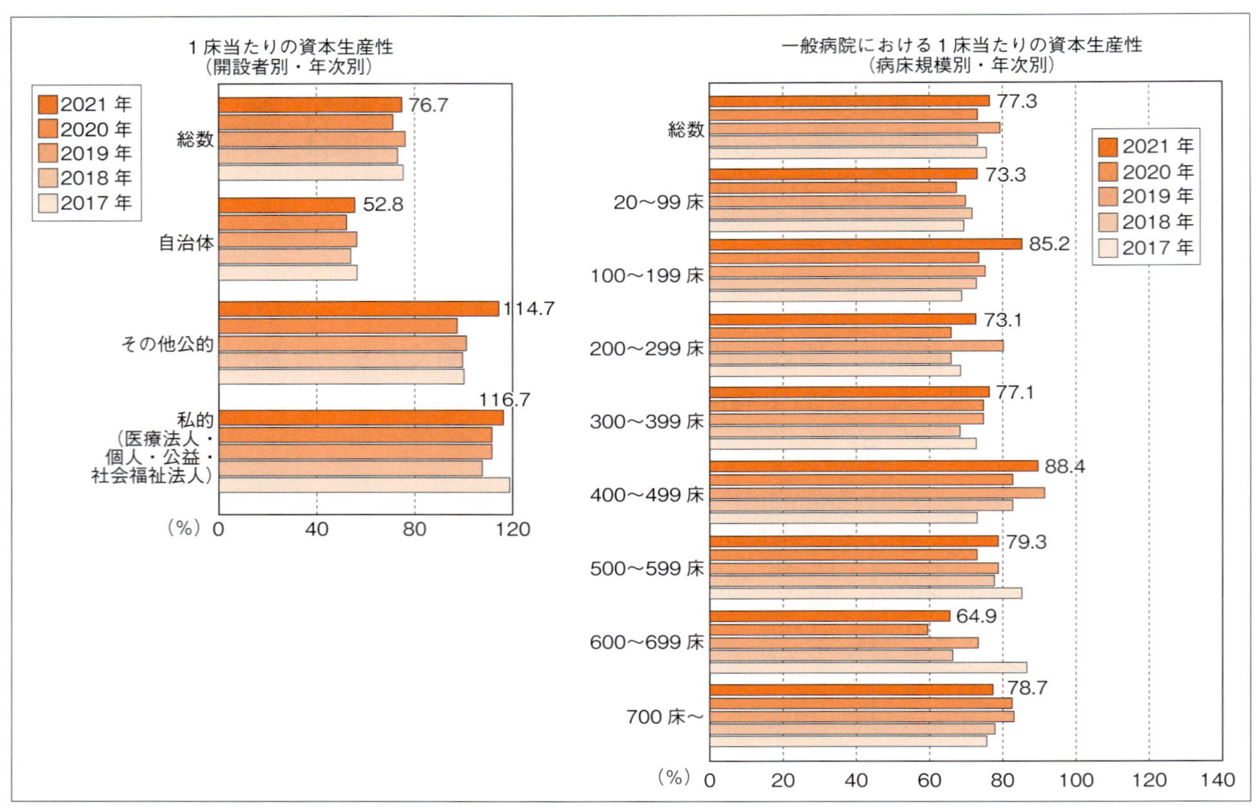

出典：（一社）全国公私病院連盟・（一社）日本病院会「令和３年病院経営実態調査報告」（2021年６月）を基に作成。

※資本生産性とは生産性を測る一指標で、投下した資本に対して生み出される付加価値の割合を示す。（一社）全国公私病院連盟・（一社）日本病院会「病院経営実態調査報告」による定義では、12か月分の付加価値額を有形固定資産額で除したもの。付加価値額は、収益の合計から、費用の合計、給与費、賃借料、租税公課、減価償却費及び支払利息を除いた額となる。以上の定義を計算式で表すと、次のとおり。

・資本生産性＝ $\frac{\text{付加価値額} \times 12\text{か月}}{\text{有形固定資産額}}$

・付加価値額＝収益合計－（費用合計－給与費－賃借料－租税公課－減価償却費－支払利息）

3 資金調達手法

病院施設においては、医療機器や建物の増改築等、設備投資のために資金需要が発生し、補助金等が手当されない分については、医療機関が独自に資金調達を行う必要が生じる。

【国内銀行の医療･福祉向け貸出金の推移】

・貸出金残高

日本銀行による貸出先別貸出金「医療・福祉」のうち「医療・保健衛生」をみると、国内銀行、信用金庫、その他金融機関の合計貸出金残高（４期平均）は2016年から増加傾向にあるが、2021年12月は前年比で1,683億円の減少（内訳：国内銀行1,453億、信用金庫158億、その他の金融機関72億）となっている。合計貸出金残高は、四半期ごとにみても多くの期間で前年同期とほぼ同一の水準となっている。貸出金残高のうち６割近くを占めている設備資金は2021年第４四半期には５兆3,515億円となっている。国内銀行の貸出金残高の内訳をみると、年々銀行勘定が増加している一方で、信託勘定は2014年の第２四半期以降は０億円となっ

ている。(表では2017年以降を掲載しているため、2014年は未掲載)

また、その他の金融機関の残高について、2019年まで減少基調にあったところ、2020年以降は増加傾向にある。

(単位：億円)

		合計	国内銀行		銀行勘定		信託勘定		海外店勘定		信用金庫		その他の金融機関	
			貸出金残高	うち設備資金	貸出金残高	うち設備資金	貸出金残高	うち設備資金	貸出金残高	うち設備資金	貸出金残高	うち設備資金	貸出金残高	うち設備資金
2017年	3月	100,201	83,215	53,890	83,328	53,986	0	0	0	0	12,234	7,861	4,752	3,045
	6月	100,394	83,421	53,632	83,539	53,733	0	0	0	0	12,230	7,847	4,743	3,034
	9月	101,029	84,089	53,708	84,207	53,810	0	0	0	0	12,271	7,814	4,669	2,978
	12月	102,166	85,145	53,752	85,220	53,816	0	0	0	0	12,361	7,808	4,660	2,930
2018年	3月	101,971	85,129	54,462	85,129	54,453	0	0	0	0	12,231	7,791	4,611	2,902
	6月	102,189	85,412	54,836	85,412	54,828	0	0	0	0	12,239	7,839	4,538	2,831
	9月	102,163	85,444	54,730	85,444	54,722	0	0	0	0	12,249	7,826	4,470	2,779
	12月	103,310	86,517	54,682	86,517	54,649	0	0	0	0	12,311	7,823	4,482	2,777
2019年	3月	102,538	85,833	54,908	85,833	54,907	0	0	0	0	12,231	7,824	4,474	2,761
	6月	102,427	85,719	54,808	85,734	54,806	0	0	0	0	12,253	7,828	4,455	2,734
	9月	101,972	85,351	54,572	85,366	54,571	0	0	0	0	12,254	7,796	4,367	2,680
	12月	103,378	86,632	54,670	86,647	54,668	0	0	0	0	12,382	7,819	4,364	2,660
2020年	3月	102,222	85,769	54,695	85,769	54,695	0	0	0	0	12,142	7,677	4,311	2,634
	6月	107,556	88,314	54,714	88,314	54,714	0	0	0	0	12,789	7,598	6,453	2,422
	9月	112,311	90,807	54,656	90,807	54,656	0	0	0	0	13,612	7,532	7,892	2,231
	12月	113,860	91,985	54,630	91,985	54,630	0	0	0	0	13,815	7,499	8,060	2,162
2021年	3月	122,068	90,286	54,097	90,286	54,097	0	0	0	0	13,729	7,408	8,053	2,087
	6月	112,129	90,295	53,743	90,295	53,743	0	0	0	0	13,761	7,355	8,073	2,047
	9月	111,544	89,824	53,476	89,824	53,476	0	0	0	0	13,658	7,350	8,062	2,040
	12月	112,177	90,532	53,515	90,532	53,515	0	0	0	0	13,657	7,358	7,988	2,004

出典：日本銀行「貸出先別貸出金」(2017年3月～2021年12月)

上記の貸出金残高の表からもわかるように貸出金残高は2020年に大きく増加したのち2021年は概ね横ばいとなっており、今後医療機関等は負債を返済していく必要がある。

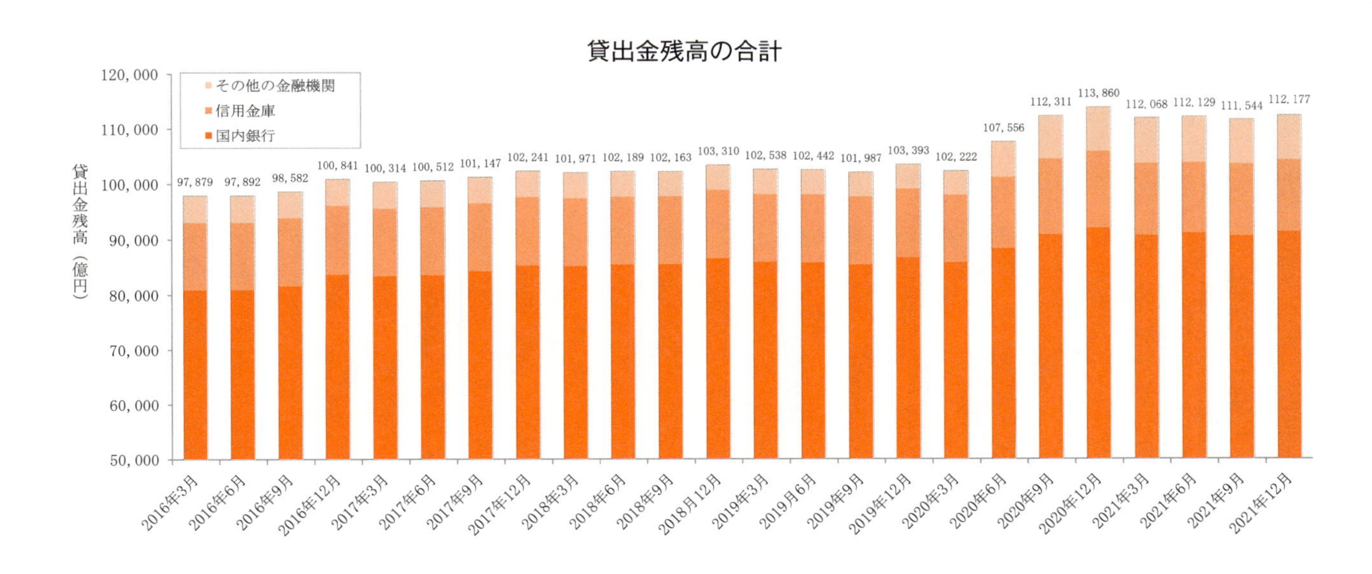

・設備資金新規貸出額

2021年の国内銀行による設備資金の新規貸出額は、前年同期比で概ね横ばいまたは微減となっている。また、各年の年合計は、2017年以降は年々減少しており、2021年は1兆2,550億円まで落ち込んでいる。

（単位：億円）

		合計	国内銀行				信用金庫	その他の金融機関
				銀行勘定	信託勘定	海外店勘定		
2017年	3月	17,049	4,459	4,459	0	0	407	164
	6月		3,925	3,924	0	0	346	227
	9月		3,519	3,519	0	0	324	100
	12月		3,161	3,161	0	0	307	110
2018年	3月	15,370	4,282	4,282	0	0	321	115
	6月		4,151	4,151	0	0	431	97
	9月		2,466	2,466	0	0	326	89
	12月		2,633	2,633	0	0	328	131
2019年	3月	13,386	3,405	3,405	0	0	334	122
	6月		2,776	2,776	0	0	316	87
	9月		2,817	2,817	0	0	328	81
	12月		2,708	2,708	0	0	323	89
2020年	3月	12,772	3,351	3,351	0	0	292	143
	6月		2,730	2,730	0	0	228	59
	9月		2,856	2,856	0	0	260	66
	12月		2,523	2,523	0	0	222	42
2021年	3月	12,550	3,318	3,318	0	0	269	50
	6月		2,569	2,569	0	0	222	46
	9月		2,764	2,764	0	0	324	101
	12月		2,619	2,619	0	0	221	47

出典：日本銀行「貸出先別貸出金」（2017年３月～2021年12月）を基に作成。

【独立行政法人　福祉医療機構の医療貸付事業】

独立行政法人　福祉医療機構では、「福祉貸付事業」「医療貸付事業」として、特別養護老人ホーム、社会福祉施設、病院や診療所、介護老人保健施設や介護医療院を整備する際に必要となる建築資金等を、長期・固定・低利で融資するとともに、突発的な資金不足に対応するための運転資金等の融資メニューを提供している。

同機構の2017年度から2020年度までの貸付実績を見ると、下記のとおり、新型コロナウイルス感染症の流行が始まった2020年度には、福祉貸付、医療貸付ともに、整備にかかる貸付が減少した一方で、運営にかかる長期運転資金や経営資金の貸付契約件数・金額及び貸付残高が大幅に増加し、深刻な影響があったことを示している。

（単位：千円）

（独）行政法人福祉医療機構 貸付契約実績	2017 年度		2018 年度		2019 年度		2020 年度	
	件数	金額	件数	金額	件数	金額	件数	金額
福祉貸付	1,109	239,621,200	811	162,441,900	796	131,318,000	8,594	443,158,500
うち設置・整備資金	993	230,677,500	722	155,762,200	694	123,521,100	693	145,608,700
うち建築資金	89	7,097,000	69	5,617,800	77	6,356,500	71	5,327,400
うち設備備品整備資金	3	27,000	2	10,300	0	0	2	16,900
うち経営資金	0	0	1	4,000	5	229,400	7,811	290,692,000
医療貸付	95	89,260,000	67	49,358,000	106	122,705,500	19,447	1,283,272,800
うち新築資金	43	21,224,500	31	13,497,000	37	18,351,000	22	6,685,000
うち増改築資金	46	67,794,500	33	35,782,000	58	103,909,500	38	64,826,400
うち長期運転資金	4	120,000	1	4,000	8	383,000	19,386	1,211,759,600
うち機械購入資金	2	121,000	2	75,000	3	62,000	1	1,800

（単位：千円）

（独）行政法人福祉医療機構 貸付契約実績	2017 年度		2018 年度		2019 年度		2020 年度	
	件数	金額	件数	金額	件数	金額	件数	金額
福祉貸付	17,471	2,090,120,605	17,349	2,101,412,487	17,234	2,082,489,401	24,979	2,377,441,676
うち設置・整備資金	15,589	1,984,112,418	15,434	1,996,658,318	15,281	1,977,702,137	15,202	1,983,806,427
うち建築資金	1,457	78,662,892	1,493	78,515,468	1,524	78,940,799	1,539	78,054,355
うち設備備品整備資金	22	172,863	22	117,814	18	91,852	16	87,278
うち経営資金	45	897,223	44	773,818	48	894,727	7,848	290,797,003
医療貸付	5,046	1,437,981,940	4,613	1,344,522,557	4,118	1,329,921,586	23,095	2,496,432,543
うち新築資金	2,178	472,524,730	2,012	434,606,339	1,870	408,829,066	1,725	373,435,919
うち増改築資金	2,136	944,025,150	1,972	894,493,196	1,763	909,597,759	1,602	906,207,737
うち長期運転資金	582	16,176,951	500	10,814,223	390	7,350,794	19,699	1,213,052,173
うち機械購入資金	138	1,551,786	118	1,159,428	85	945,916	61	780,002

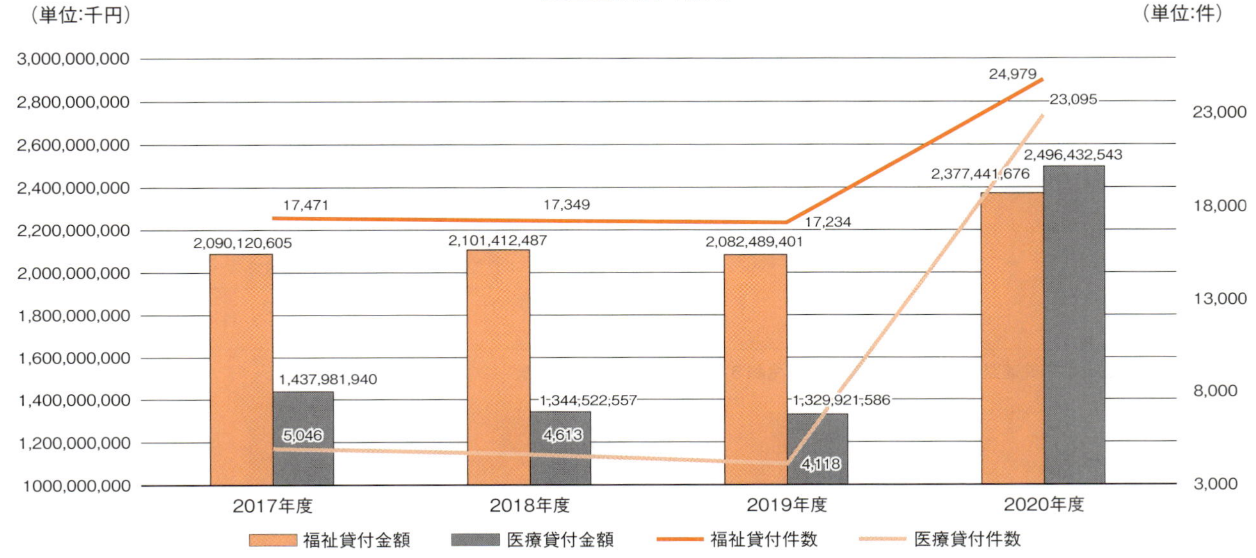

出典：独立行政法人　福祉医療機構「業務統計」（2017年～2020年）を基に作成。

4 １床当たり支払利息額の年次別推移

医業収益に占める金利負担率は、開設者別にみると自治体病院が特に高いが、病床規模による明確な違いはみられなかった。

１床１か月当たり支払利息額（実数）の総数は、2017年以降減少している。開設者による開きが顕著であり、2021年でみると、最も高い自治体病院では17千円となるが、最も低いその他公的病院では４千円と自治体病院の４分の１程度となっている。

また、一般病院に限った上で、病床規模別に１床１か月当たりの支払利息額をみると、概ね病床規模が大きくなるにつれ、支払利息額も増加する傾向がみられるが、2021年は700床以上での支払利息額が他の年度と比較して極端に低くなっている。

■開設主体・病床規模別金利負担率

一般病院	総数	20床以上 49床以下	50床以上 99床以下	100床以上 199床以下	200床以上 299床以下	300床以上 399床以下	400床以上
医療法人 n＝	0.6% (238)	0.6% (42)	0.5% (70)	0.6% (71)	0.5% (28)	0.5% (19)	0.6% (8)
自治体 n＝	0.9% (258)	0.7% (17)	0.6% (35)	0.9% (50)	1.0% (37)	1.0% (49)	0.9% (70)
社会保険関係団体 n＝	0.1% (38)	― (0)	― (0)	0.1% (15)	0.1% (8)	0.3% (8)	0.1% (7)
その他公的 n＝	0.3% (55)	0.1% (2)	1.4% (3)	0.4% (8)	0.2% (12)	0.4% (13)	0.2% (17)

出典：厚生労働省「平成30年度病院経営管理指標」

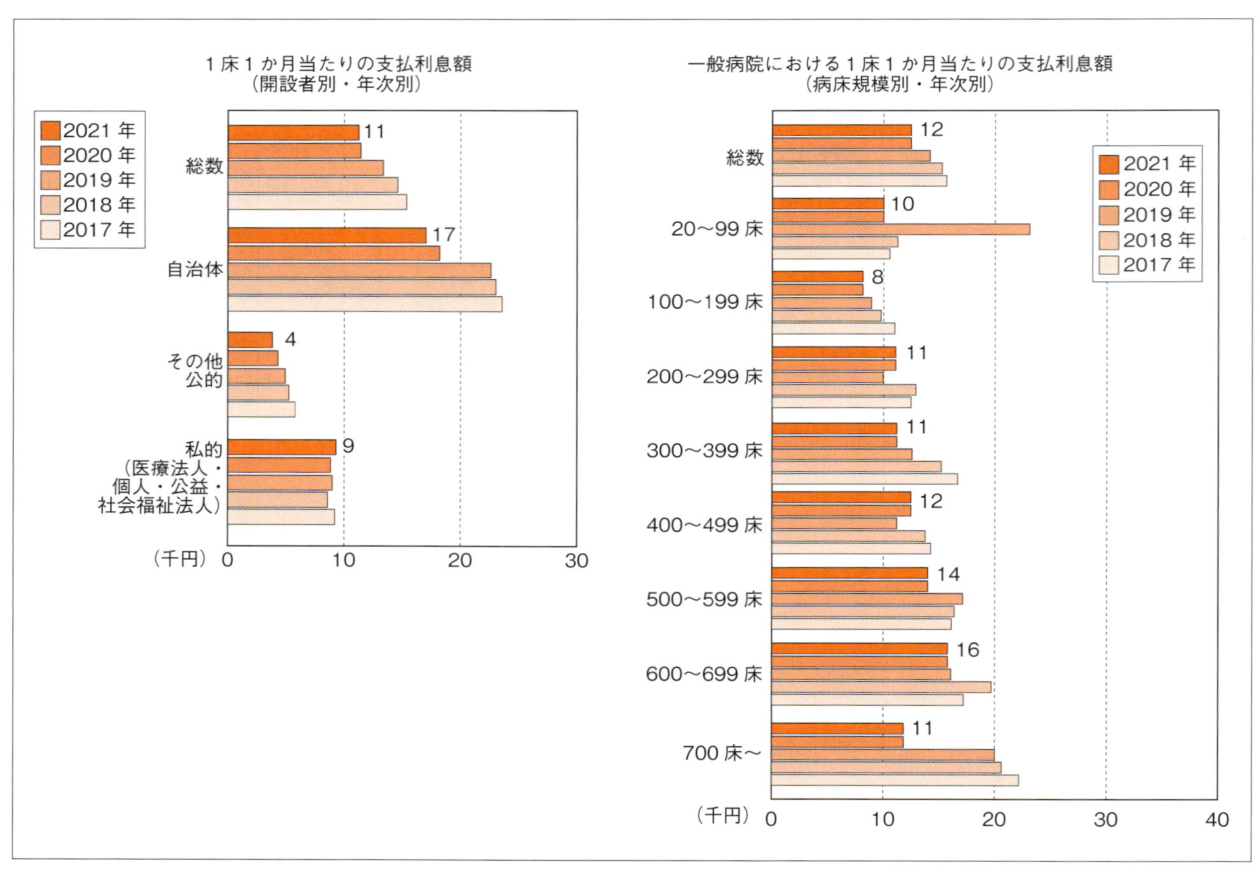

出典：（一社）全国公私病院連盟・（一社）日本病院会「令和３年病院経営実態調査報告」（2021年６月）を基に作成。

【参考文献】
・（一財）建設物価調査会「建築統計の年間動向」（2011年度～ 2020年度版）
・国土交通省「建築着工統計調査（月報）」（2016年４月～ 2022年２月）
・厚生労働省「平成30年度病院経営管理指標」
・（一社）全国公私病院連盟・（一社）日本病院会「令和３年病院経営実態調査報告」（2021年６月）
・日本銀行「貸出先別貸出金」（2017年３月～ 2021年12月）
・独立行政法人　福祉医療機構「業務統計」（2017年～ 2020年）

5　医師・看護師の確保

人口の減少、医療ニーズの多様化や医師の偏在などを背景として、医療機関における医療従事者の確保が困難な状況の中、質の高い医療提供体制を構築・確保するために、医療従事者が健康で安心して働くことができるよう、近年、国は勤務環境の整備に注力している。医療従事者の負担軽減や医師の働き方改革が、2022年の診療報酬改定において大きな方針の1つに位置づけられたことからもわかるように、多様で柔軟な働き方ができる環境を早急に実現し、医療人材を確保することは医療分野の喫緊の課題である。

本章では、医師・看護師数をはじめ現状をデータで明らかにするとともに、近年の医療従事者の勤務環境に関する大きなトピックとして、主に医師の働き方改革に関する動きに触れる。

1 医師数の現状

医師の総数は年々増加傾向にある。診療科別にみると、小児科については1996年から2008年まで減少し、以降横ばいが続き、2014年から2016年にかけて再び減少し、その後横ばいとなっている。産婦人科は2006年頃に下げ止まり、回復傾向が続いている。麻酔科はほぼ一貫して増加傾向が続いており、2014年には産婦人科の数を初めて上回った。

(1) 医師数の年次推移

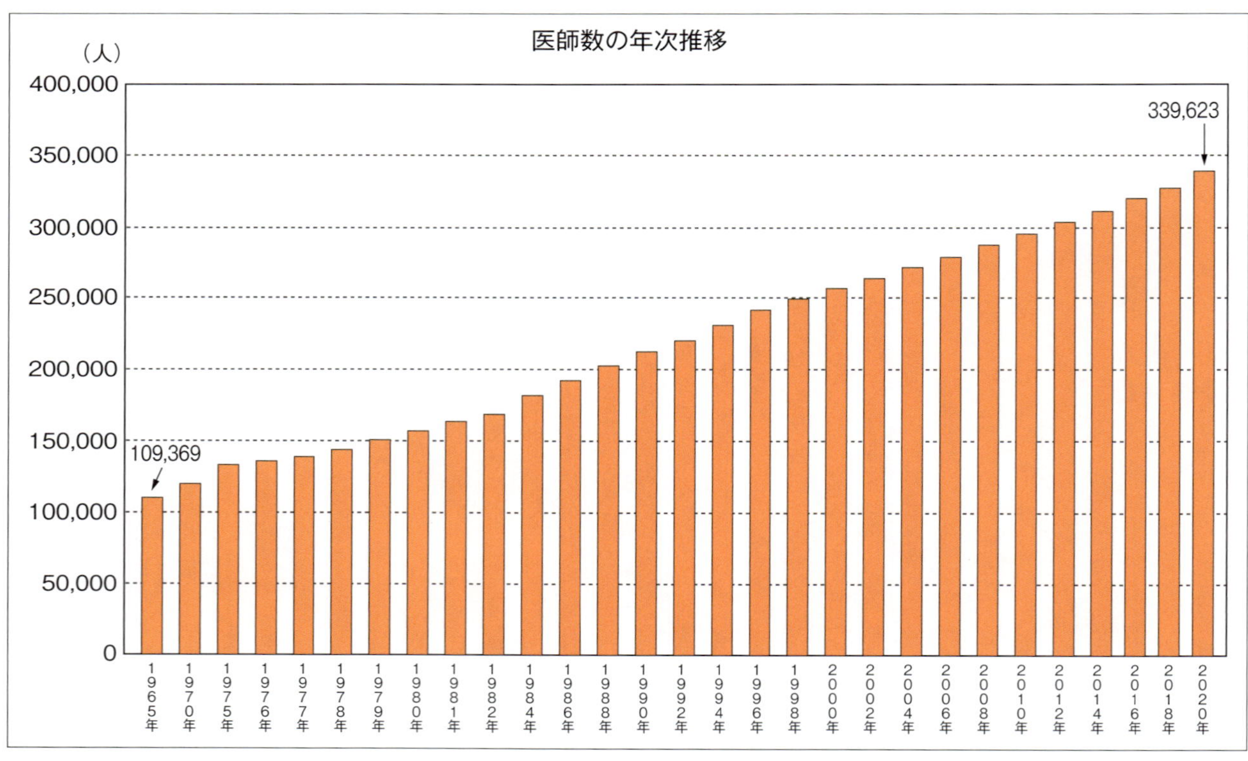

出典：厚生労働省「医師・歯科医師・薬剤師調査」（1996年～2020年）を基に作成。

第2部　データ編

(2) 医師数の年次推移（診療科別）

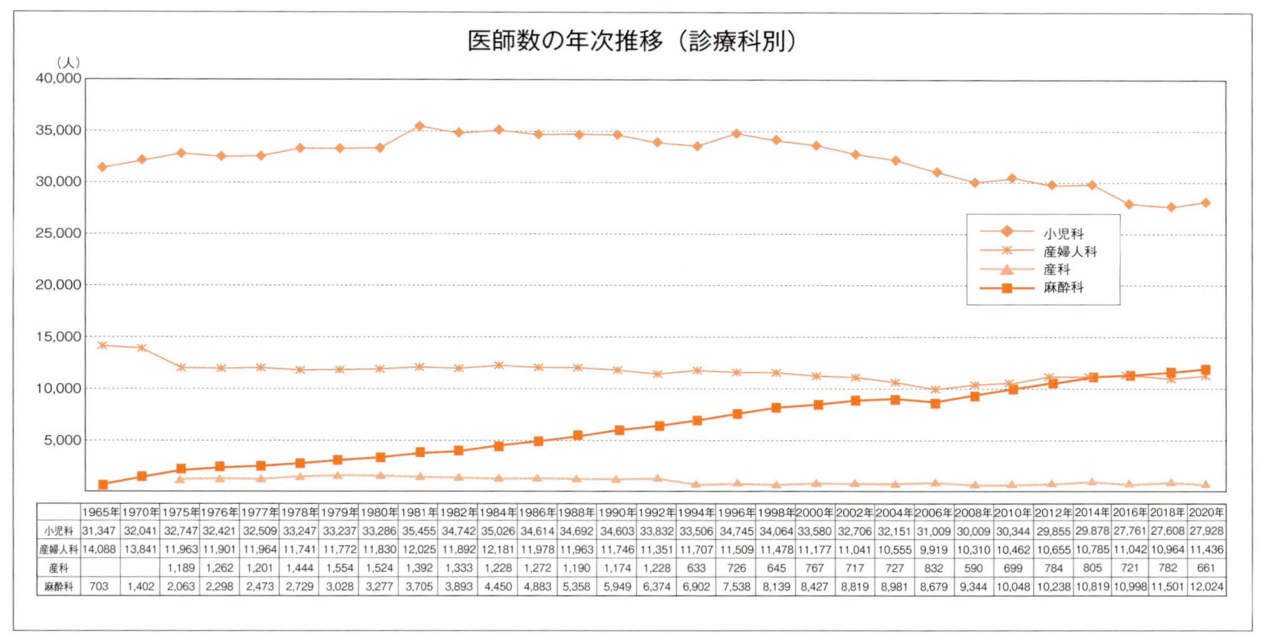

	1965年	1970年	1975年	1976年	1977年	1978年	1979年	1980年	1981年	1982年	1984年	1986年	1988年
小児科	31,347	32,041	32,747	32,421	32,509	33,247	33,237	33,286	35,455	34,742	35,026	34,614	34,692
産婦人科	14,088	13,841	11,963	11,901	11,964	11,741	11,772	11,830	12,025	11,892	12,181	11,978	11,963
産科			1,189	1,262	1,201	1,444	1,554	1,524	1,392	1,333	1,228	1,272	1,190
麻酔科	703	1,402	2,063	2,298	2,473	2,729	3,028	3,277	3,705	3,893	4,450	4,883	5,358

	1990年	1992年	1994年	1996年	1998年	2000年	2002年	2004年	2006年	2008年	2010年	2012年	2014年	2016年	2018年	2020年
小児科	34,603	33,832	33,506	34,745	34,064	33,580	32,706	32,151	31,009	30,009	30,344	29,855	29.878	27,761	27,608	27,928
産婦人科	11,746	11,351	11,707	11,509	11,478	11,177	11,041	10,555	9,919	10,310	10,462	10,655	10,785	11,042	10,964	11,436
産科	1,174	1,228	633	726	645	767	717	727	832	590	699	784	805	721	782	661
麻酔科	5,949	6,374	6,902	7,538	8,139	8,427	8,819	8,981	8,679	9,344	10,048	10,238	10,819	10,998	11,501	12,024

（注）診療科は複数回答（２つ以上の診療科に従事している場合、各々の科に重複計上）
出典：厚生労働省「医師・歯科医師・薬剤師調査」（1996年～2020年）を基に作成。

(3) 小児科、産婦人科、産科を標ぼうする施設数の推移

小児科、産婦人科を標ぼうする施設数は減少傾向にある。産科は2011年を境に増加に転じていたが、2015年以降は横ばい傾向となっている。1997年から2020年にかけて、小児科施設は1,245施設（▲33％）、産婦人科施設は819施設（▲43％）減少している。一方、産科施設は29施設（17％）増加している。

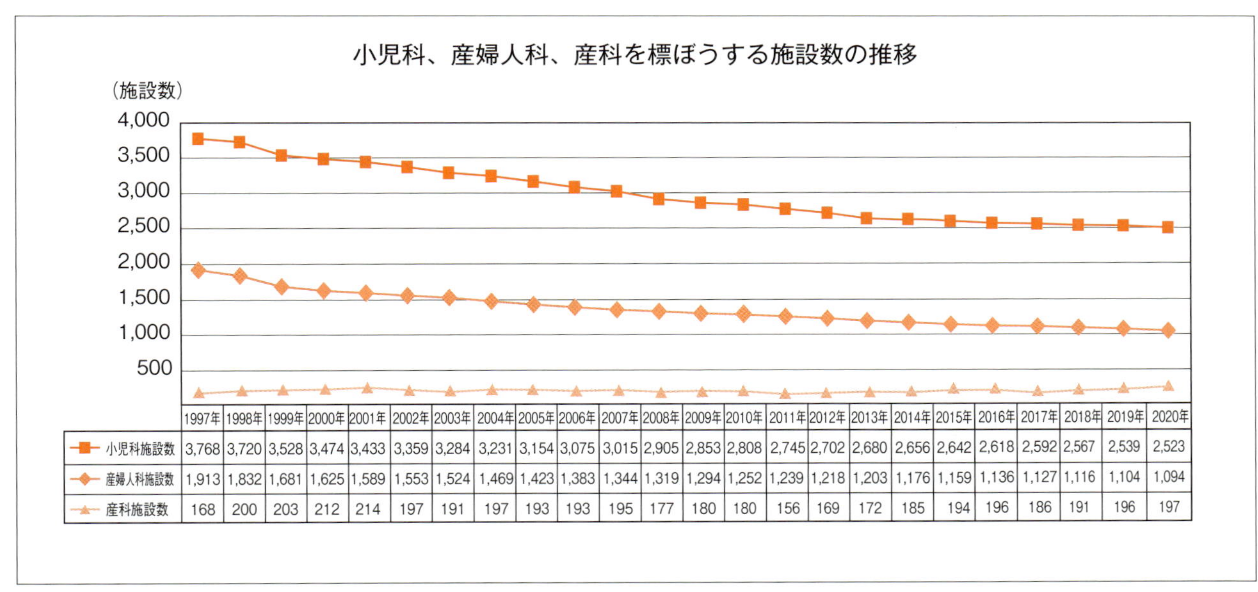

	1997年	1998年	1999年	2000年	2001年	2002年	2003年	2004年	2005年	2006年	2007年	2008年
小児科施設数	3,768	3,720	3,528	3,474	3,433	3,359	3,284	3,231	3,154	3,075	3,015	2,905
産婦人科施設数	1,913	1,832	1,681	1,625	1,589	1,553	1,524	1,469	1,423	1,383	1,344	1,319
産科施設数	168	200	203	212	214	197	191	197	193	193	195	177

	2009年	2010年	2011年	2012年	2013年	2014年	2015年	2016年	2017年	2018年	2019年	2020年
小児科施設数	2,853	2,808	2,745	2,702	2,680	2,656	2,642	2,618	2,592	2,567	2,539	2,523
産婦人科施設数	1,294	1,252	1,239	1,218	1,203	1,176	1,159	1,136	1,127	1,116	1,104	1,094
産科施設数	180	180	156	169	172	185	194	196	186	191	196	197

出典：厚生労働省「医療施設（動態）調査・病院報告」、「医療施設（静態・動態）調査・病院報告」（1997年～2020年）を基に作成。

（4）医師数の年次推移（施設別）

近年、各施設の従事者はいずれも緩やかな増加傾向にある。病院の勤務医数が医師数全体に占める割合は約６割となっている。

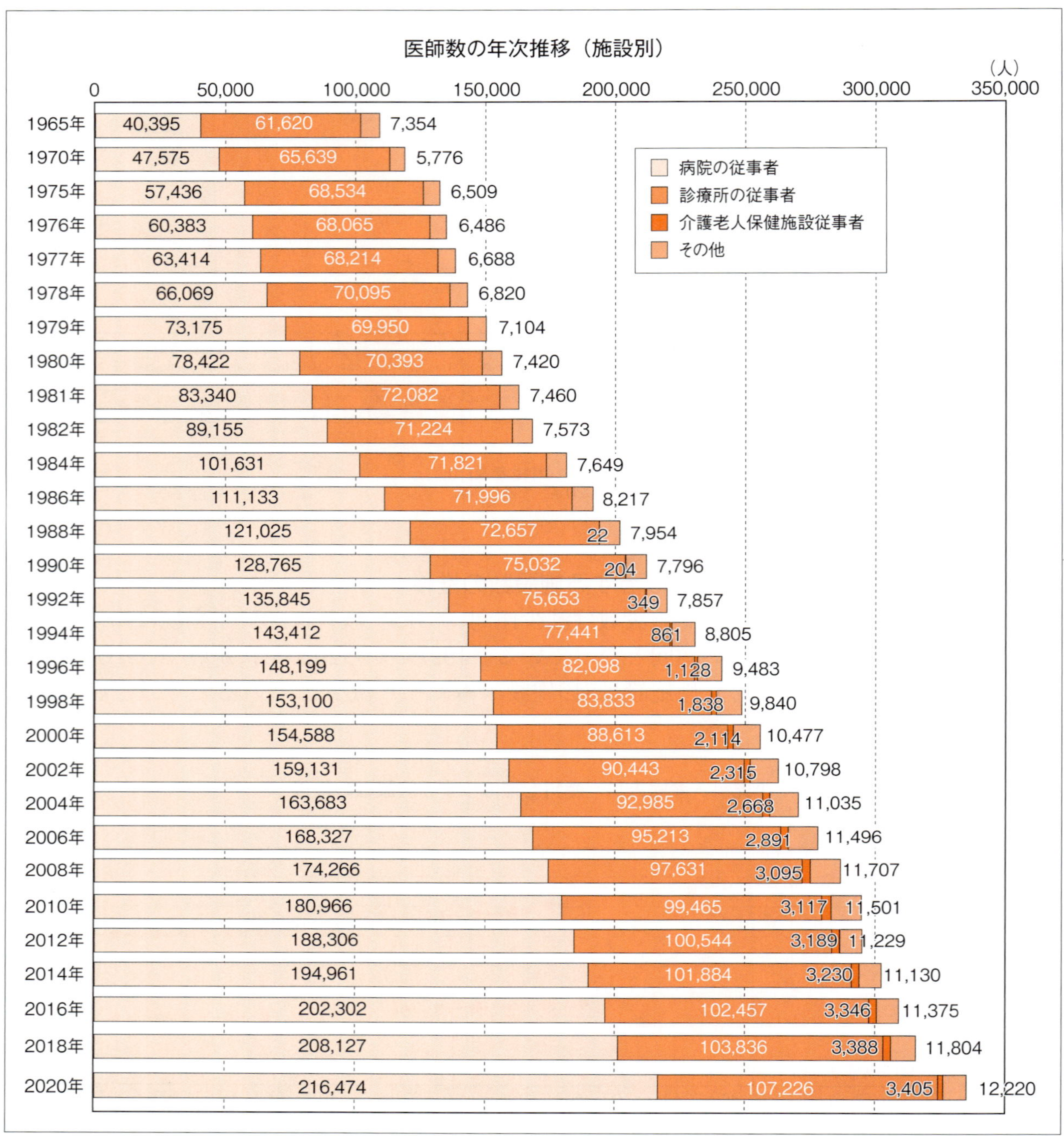

出典：厚生労働省「令和２年医師・歯科医師・薬剤師調査」（2022年３月17日）を基に作成。

(5) 医療施設に従事する女性医師の割合（主な診療科別）

診療科ごとに、総数に占める女性医師の割合をみてみると、皮膚科、眼科、産婦人科、産科、婦人科、麻酔科などにおいて、女性医師の割合が比較的高くなっている。

診療科	男性（人）	女性（人）	総数（人）	女性医師の割合（%）
内科	74,907	16,335	91,242	17.9
呼吸器内科	11,563	2,278	13,841	16.5
循環器内科	20,279	2,625	22,904	11.5
消化器内科（胃腸内科）	26,217	3,990	30,207	13.2
脳神経内科	6,344	1,538	7,882	19.5
糖尿病内科（代謝内科）	7,277	2,855	10,132	28.2
皮膚科	9,007	5,617	14,624	38.4
小児科	20,023	7,905	27,928	28.3
精神科	13,791	4,246	18,037	23.5
心療内科	4,656	1,218	5,874	20.7
外科	22,665	1,588	24,353	6.5
呼吸器外科	2,315	232	2,547	9.1
心臓血管外科	3,483	240	3,723	6.4
消化器外科（胃腸外科）	8,470	604	9,074	6.7
泌尿器科	8,307	680	8,987	7.6
脳神経外科	7,484	506	7,990	6.3
整形外科	24,448	1,525	25,973	5.9
形成外科	2,726	1,218	3,944	30.9
眼科	8,452	5,364	13,816	38.8
耳鼻いんこう科	7,642	2,189	9,831	22.3
小児外科	1,049	227	1,276	17.8
産婦人科	6,899	4,537	11,436	39.7
産科	406	255	661	38.6
婦人科	1,523	977	2,500	39.1
放射線科	7,357	1,981	9,338	21.2
麻酔科	7,536	4,488	12,024	37.3

（注）診療科は主たる診療科（複数の診療科に従事している場合、主として従事している診療科とする。）
出典：厚生労働省「令和２年医師・歯科医師・薬剤師調査」（2022年３月17日）を基に作成。

(6) 都道府県（政令指定都市・中核市）別人口10万人当たり従事医師数（2020年）

人口10万人当たりの医師数をみると、全国平均は256.6人となっており、主に東北地方、関東地方、中部地方に全国平均を下回る県が多くなっている。2015年の人口10万人当たり従事医師数データにおいては、全国平均を下回る都道府県は14県であったのに対し、2020年は22県と増加している。なお、同医師数が全国平均よりも低い都道府県を色付けしている。

都道府県	人口10万人当たりの従事医師数（県）	政令指定都市 中核市	人口10万人当たりの従事医師数（市内）	県全体との差（単位:倍）	都道府県	人口10万人当たりの従事医師数（県）	政令指定都市 中核市	人口10万人当たりの従事医師数（市内）	県全体との差（単位:倍）
北海道	251.3	札幌市	336.5	1.3	三重県	231.6	−	−	−
		旭川市	399.3	1.6	滋賀県	236.3	大津市	371.2	1.6
		函館市	316.6	1.3	京都府	332.6	京都市	435.8	1.3
青森県	212.5	青森市	233.3	1.1	大阪府	285.7	大阪市	340.6	1.2
		八戸市	237.2	1.1			堺市	239.1	0.8
岩手県	207.3	盛岡市	260.9	1.3			高槻市	431.8	1.5
宮城県	246.3	仙台市	341.4	1.4			東大阪市	186.3	0.7
秋田県	242.6	秋田市	391.3	1.6			豊中市	206.4	0.7
山形県	229.2	山形市	260.6	1.1			枚方市	310.6	1.1
福島県	205.7	郡山市	260.6	1.3			八尾市	196.9	0.7
		いわき市	136.1	0.7			寝屋川市	167.6	0.6
		福島市	399.0	1.9			吹田市	588.5	2.1
茨城県	193.8	−	−	−	兵庫県	266.1	神戸市	329.3	1.2
栃木県	236.9	宇都宮市	209.3	0.9			姫路市	238.6	0.9
群馬県	233.8	前橋市	447.4	1.9			西宮市	343.3	1.3
		高崎市	222.3	1.0			尼崎市	289.4	1.1
埼玉県	177.8	さいたま市	195.9	1.1			明石市	256.9	1.0
		川越市	259.5	1.5	奈良県	277.1	奈良市	291.6	1.1
		越谷市	245.0	1.4	和歌山県	307.8	和歌山市	446.6	1.5
		川口市	148.2	0.8	鳥取県	314.8	鳥取市	280.2	0.9
千葉県	205.8	千葉市	288.4	1.4	島根県	297.1	松江市	285.3	1.0
		船橋市	150.4	0.7	岡山県	320.1	岡山市	431.8	1.3
		柏市	270.1	1.3			倉敷市	383.3	1.2
東京都	320.9	東京都区部	367.8	1.1	広島県	267.1	広島市	313.2	1.2
		八王子市	193.7	0.6			呉市	350.1	1.3
神奈川県	223.0	横浜市	233.8	1.0			福山市	327.1	1.2
		川崎市	239.2	1.1	山口県	260.1	下関市	265.8	1.0
		横須賀市	223.7	1.0	徳島県	338.4	−	−	−
		相模原市	230.5	1.0	香川県	290.0	高松市	289.1	1.0
新潟県	204.3	新潟市	282.7	1.4	愛媛県	276.7	松山市	310.5	1.1
富山県	261.5	富山市	343.0	1.3	高知県	322.0	高知市	378.5	1.2
石川県	291.6	金沢市	392.9	1.3	福岡県	309.9	北九州市	350.1	1.1
福井県	257.9	福井市	363.3	1.4			福岡市	377.5	1.2
山梨県	250.1	甲府市	359.2	1.4			久留米市	567.4	1.8
長野県	243.8	長野市	255.7	1.0	佐賀県	290.3	−	−	−
岐阜県	224.5	岐阜市	414.6	1.8	長崎県	319.1	長崎市	469.3	1.5
静岡県	219.4	静岡市	252.5	1.2			佐世保市	287.4	0.9
		浜松市	283.0	1.3	熊本県	297.0	熊本市	428.2	1.4
愛知県	224.4	名古屋市	312.8	1.4	大分県	287.1	大分市	266.6	0.9
		豊橋市	203.5	0.9	宮崎県	255.5	宮崎市	377.7	1.5
		豊田市	131.7	0.6	鹿児島県	283.6	鹿児島市	439.5	1.5
		岡崎市	157.5	0.7	沖縄県	257.2	那覇市	249.4	1.0
					全国平均	256.6	—	—	—

出典：厚生労働省「令和２年医師・歯科医師・薬剤師調査」（2022年３月17日）を基に作成。

（7）医師の偏在指標

医師の偏在の状況をみるうえでは、人口10万人対医師数では十分ではないことから、厚生労働省の医師需給分科会は、各都道府県に対し医師確保計画を通じた医師偏在対策を求めている。具体的には、国は三次医療圏・二次医療圏ごとに、医師の偏在の状況を全国ベースで客観的に示すべく、地域ごとの医療ニーズや人口構成、医師の性別・年齢構成等を踏まえた医師偏在指標の算出式を提示している。この算出式に基づき計算した各都道府県の医師偏在指数を以下に示す。医師偏在指標の値は、上位の一定の割合を医師多数区域、下位の一定の割合を医師少数区域として国が提示している。

- **医師偏在指標で考慮すべき「5要素」**
  - 医師需要（ニーズ）及び将来の人口・人口構成の変化
  - 患者の流出入等
  - へき地等の地理的条件
  - 医師の性別・年齢分布
  - 医師偏在の種別（区域、診療科、入院／外来）
- **医師偏在指標の算出式**

$$\text{医師偏在指標} = \frac{\text{標準化医師数（※1）}}{\text{地域の人口} \div 10\text{万} \times \text{地域標準化受療率比（※2）}}$$

※1
$$\text{標準化医師数} = \Sigma\,\text{性年齢階級別医師数} \times \frac{\text{性年齢階級別平均労働時間}}{\text{全医師の平均労働時間}}$$

※2
地域の標準化受療率比＝地域の期待受療率（※3）÷全国の期待受療率

※3
$$\text{地域の期待受療率} = \frac{\Sigma\,(\text{全国の性年齢階級別受療率} \times \text{地域の性年齢階級別人口})}{\text{地域の人口}}$$

■各都道府県の医師偏在指標

地域	医師偏在指標
北海道	224.7
青森	173.6
岩手	172.7
宮城	234.9
秋田	186.3
山形	191.8
福島	179.5
茨城	180.3
栃木	215.3
群馬	210.9
埼玉	177.1
千葉	197.3
東京	332.8
神奈川	230.9
新潟	172.7
富山	220.9

地域	医師偏在指標
石川	272.2
福井	233.7
山梨	224.9
長野	202.5
岐阜	206.6
静岡	194.5
愛知	224.9
三重	211.2
滋賀	244.8
京都	314.4
大阪	275.2
兵庫	244.4
奈良	242.3
和歌山	260.3
鳥取	256.0
島根	238.7

地域	医師偏在指標
岡山	283.2
広島	241.4
山口	216.2
徳島	272.2
香川	251.9
愛媛	233.1
高知	256.4
福岡	300.1
佐賀	259.7
長崎	263.7
熊本	255.5
大分	242.8
宮崎	210.6
鹿児島	234.1
沖縄	276.0

全国	239.8

出典：厚生労働省「医療従事者の需給に関する検討会 医師需給分科会 第４次中間とりまとめ」、「医師偏在指標（暫定）」（2019年３月29日）及び「第35回医師需給分科会」（2020年8月31日）を基に加工。

（8）医師の地域別給与

各都道府県の医師の給与についてみてみると、男女計で全国平均が1,050,300円（月額）となり、前年比では、－52,000円（2020年：1,102,300円）となっている。

（単位：千円）

地域	男性			女性			男女計				
	きまって支給する現金給与額	所定内給与額	年間賞与その他特別給与額	きまって支給する現金給与額	所定内給与額	年間賞与その他特別給与額	きまって支給する現金給与額(A)	所定内給与額	年間賞与その他特別給与額(B)	年間給与(A)×12+(B)	労働者数(単位：十人)
全国	1,118.1	1,001.1	1,282.2	810.6	733.5	809.9	1,050.3	942.1	1,178.1	13,782.2	13,151.0
北海道	1,365.7	1,217.4	1,143.9	1,044.9	992.6	666.9	1,341.6	1,200.5	1,108.1	17,207.4	506.0
青森	1,151.0	994.6	1,907.3	574.0	562.8	580.9	1,058.4	925.3	1,694.4	14,395.2	81.0
岩手	1,700.2	1,528.5	2,304.7	879.6	870.6	1,297.1	1,536.1	1,396.9	2,103.2	20,536.1	45.0
宮城	918.3	698.1	1,403.9	763.5	615.6	1,339.0	882.5	679.0	1,388.9	11,978.4	298.0
秋田	1,218.8	1,054.0	1,750.7	1,066.8	923.1	316.4	1,196.3	1,034.6	1,538.7	15,894.6	115.0
山形	1,010.5	908.0	1,423.5	870.1	776.4	915.8	985.1	884.2	1,331.7	13,153.0	94.0
福島	1,236.3	1,034.2	1,233.6	644.5	622.8	1,019.9	1,211.4	1,016.9	1,224.6	15,761.5	214.0
茨城	1,314.6	1,210.6	445.6	964.0	918.7	1,344.8	1,296.0	1,195.1	493.4	16,044.8	188.0
栃木	1,029.8	821.6	1,961.0	730.0	583.3	1,183.3	956.6	763.4	1,771.2	13,250.8	168.0
群馬	1,439.5	1,277.2	2,061.8	791.3	717.8	1,225.4	1,307.7	1,163.4	1,891.7	17,583.6	118.0
埼玉	1,135.6	1,074.0	1,802.1	931.1	883.9	612.4	1,089.5	1,031.2	1,534.1	14,608.3	972.0
千葉	1,048.5	954.3	1,054.2	1,011.9	922.0	1,863.3	1,042.4	948.9	1,188.8	13,697.7	571.0
東京	944.8	878.2	1,183.1	673.1	609.8	797.8	871.2	805.5	1,078.7	11,533.3	1,872.0
神奈川	1,041.6	926.1	1,467.2	878.4	801.5	813.8	999.4	893.9	1,298.2	13,290.9	897.0
新潟	1,352.1	1,188.8	1,054.1	1,061.5	923.8	422.8	1,301.1	1,142.3	943.4	16,557.1	211.0
富山	1,066.3	1,001.0	1,493.0	1,202.4	1,163.1	2,022.4	1,083.0	1,020.9	1,557.9	14,553.8	106.0
石川	1,746.8	1,674.7	418.3	1,286.0	1,198.5	153.7	1,639.4	1,563.7	356.6	20,028.9	193.0
福井	928.9	738.1	963.2	597.0	505.4	611.0	806.4	652.2	833.2	10,509.4	65.0
山梨	1,568.9	1,456.1	903.5	626.4	539.0	217.2	1,266.0	1,161.3	682.9	15,874.3	28.0
長野	946.1	878.8	735.5	542.6	528.9	413.3	867.5	810.6	672.7	11,082.1	118.0
岐阜	1,173.7	973.6	2,010.6	845.9	741.7	1,501.8	1,092.7	916.3	1,884.9	14,997.8	166.0
静岡	1,388.7	1,249.0	1,217.1	1,136.6	1,038.2	1,940.0	1,334.4	1,203.6	1,372.9	17,385.3	232.0
愛知	1,011.0	876.6	3,144.4	665.6	630.1	1,281.1	965.5	844.2	2,899.1	14,485.5	509.0
三重	1,285.5	1,193.4	750.6	774.0	694.3	1,094.0	1,216.7	1,126.3	796.8	15,397.2	171.0
滋賀	1,095.9	945.7	1,741.9	907.7	779.9	1,960.8	1,031.6	889.1	1,816.7	14,195.9	120.0
京都	1,249.8	1,002.8	897.2	829.7	726.2	723.0	1,149.6	936.8	855.6	14,650.5	394.0
大阪	1,162.4	1,073.2	937.4	743.7	678.6	830.6	1,079.6	995.2	916.3	13,871.4	1,077.0
兵庫	1,256.8	1,070.8	1,115.5	838.3	747.2	430.9	1,137.0	978.2	919.6	14,563.8	566.0
奈良	844.2	743.5	1,321.1	817.9	735.0	822.9	836.5	741.0	1,175.0	11,212.8	208.0
和歌山	909.1	702.4	610.6	453.1	382.9	341.9	803.4	628.4	548.3	10,189.6	82.0
鳥取	1,001.5	787.2	2,388.3	1,175.7	1,157.8	0.0	1,112.0	1,022.2	873.8	14,217.4	41.0
島根	1,274.3	1,175.5	1,347.3	1,000.9	954.6	622.1	1,184.5	1,102.9	1,109.0	15,322.6	70.0
岡山	910.4	789.6	1,644.2	776.2	699.0	841.9	888.0	774.5	1,510.5	12,166.9	156.0
広島	988.0	860.7	1,929.3	693.5	602.3	948.3	901.8	785.1	1,642.1	12,463.5	304.0
山口	1,217.3	1,048.7	3,079.3	790.4	739.8	2,459.9	1,154.1	1,002.9	2,987.5	16,836.2	108.0
徳島	1,070.8	776.3	2,171.7	1,051.2	898.3	1,377.6	1,062.8	825.8	1,849.5	14,603.6	69.0
香川	1,019.5	887.9	1,293.4	746.9	654.0	1,429.7	958.7	835.7	1,323.8	12,827.9	121.0
愛媛	1,293.8	1,169.6	543.0	613.1	456.6	878.3	1,187.0	1,057.8	595.6	14,839.9	51.0
高知	1,526.6	1,456.7	435.6	449.1	402.3	1,053.0	1,403.2	1,336.0	506.3	17,345.0	131.0
福岡	715.8	606.9	687.7	684.9	628.4	220.2	706.1	613.6	541.2	9,014.6	702.0
佐賀	1,235.0	1,158.9	1,619.2	761.5	671.3	249.8	1,131.6	1,052.4	1,320.1	14,899.2	87.0
長崎	1,349.6	1,301.2	347.7	1,046.4	958.3	466.8	1,291.0	1,235.0	370.7	15,863.2	233.0
熊本	1,001.5	897.7	1,205.1	1,450.6	986.0	1,890.8	1,050.4	907.3	1,279.8	13,885.1	156.0
大分	1,285.0	1,152.2	198.3	559.1	454.4	379.1	1,231.0	1,100.3	211.7	14,983.8	121.0
宮崎	1,281.5	1,215.7	998.5	267.3	257.0	335.4	1,164.5	1,105.1	922.0	14,895.7	78.0
鹿児島	1,251.4	1,148.2	726.4	595.5	553.0	349.0	1,151.4	1,057.5	668.9	14,485.9	164.0
沖縄	1,269.3	1,189.2	220.1	856.1	798.8	69.5	1,091.5	1,021.2	155.3	13,253.6	172.0

（注１）数値は2021年６月分の賃金等（賞与、期末手当等特別給与額については2020年１年間）について、７月に調査を行ったものである。
（注２）所定内給与額とは、決まって支給する現金給与額のうち、時間外勤務手当や休日出勤手当等の超過労働給与額を差し引いた額で、所得税等を控除する前の額をいう。
出典：厚生労働省「令和３年賃金構造基本統計調査」（2022年３月25日）を基に作成。

(9) 医師の働き方改革

前項までに見たような医師の需給や偏在の改善等と併せ、必要な時に必要な医療を受けられる体制を維持していくために一体的に進めていくべきものとして、医師の勤務時間の短縮などの働き方改革に向けた検討と環境整備が進んでいる。

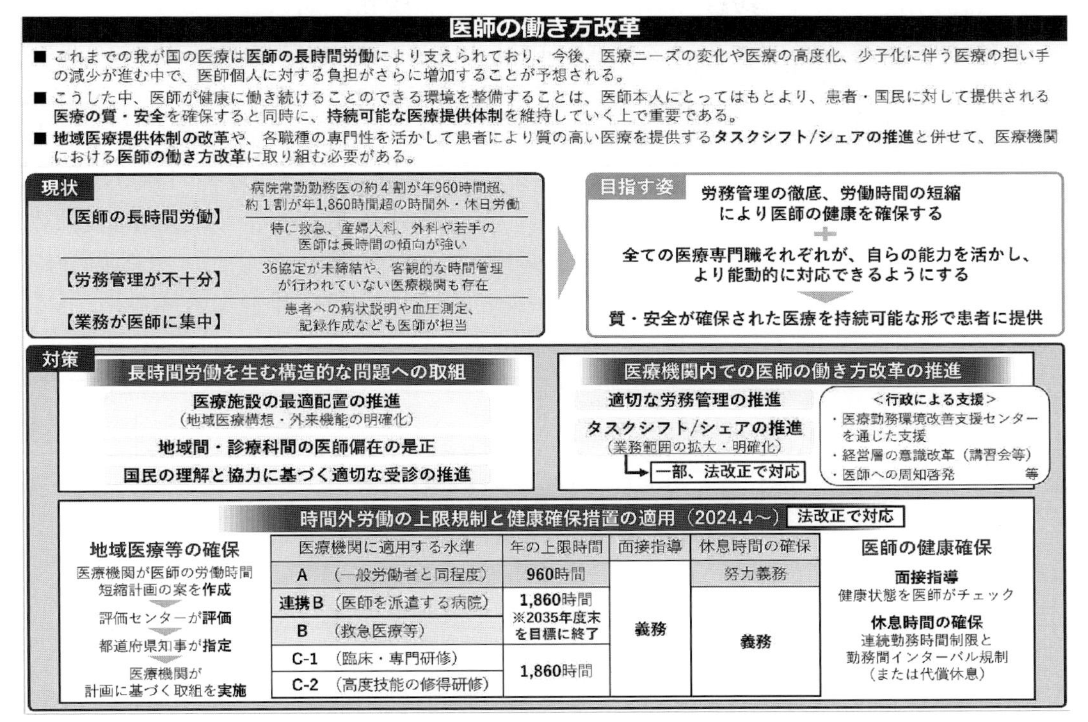

出典：厚生労働省　医師等医療従事者の働き方改革推進室公表資料
「病院長、医師として押さえておくべき、医師の働き方改革」。

(1) 有識者による検討会の開催

「医師の働き方改革に関する検討会」（2017年８月～2019年３月）では、働き方改革にかかる基本認識、今後目指していく医療提供の姿や医師の働き方に関する制度上の論点（時間外労働の上限規制の構成）について検討され、方向性が示された。

また、「医師の働き方改革に関する検討会」に引き続き、「医師の働き方改革の推進に関する検討会」（2019年７月～現在）では、医師の時間外労働の上限規制に関する医事法制や医療政策の措置、医師の時間外労働の実態把握や複数医療機関に勤務する医師の取扱いなどの具体的な内容について検討している。

(2) 医師に対する時間外・休日労働の上限規制

上記の２つの検討会を踏まえ、「良質かつ適切な医療を効率的に提供する体制の確保を推進するための医療法等の一部を改正する法律」（令和３年法律第49号）が成立し、令和６年度以降の上限規制の枠組みについては次のとおり整理された。

- 36協定上の上限及び、36 協定によっても超えられない上限をともに、原則年 960 時間（A水準）・月 100 時間未満（例外あり）とした上で、
- 地域の医療提供体制の確保のために暫定的に認められる水準（連携Ｂ・Ｂ水準）及び集中的に技能を向上させるために必要な水準（Ｃ水準）として、年1,860時間・月100時間未満（例外あり）の上限時間数を設定する。

2 医学部入学定員数の増加

2021年10月に文部科学省が公表した2022年度の各大学医学部の定員総数は9,384人となり、前年度と比べて27人増員している。地域の医師確保の観点から、これまでは医学部の入学定員を増加する試みがなされており、例年、定員数は増加傾向にある。

しかし、「経済財政運営と改革の基本方針2019」において、「2022 年度以降の医学部定員について、定期的に医師需給推計を行った上で、医学部定員の減員に向け、医師養成数の方針について検討する」という方針が示された。また、医師需給分科会　第５次中間とりまとめ」（2022年４月7日）においても、「全国レベルで医師数は毎年3,500 ～ 4,000人程度増加しており、現行定数であれば今後もこの傾向が続くことが見込まれる」とされ、医師の働き方改革等も踏まえ、2029年頃には需給バランスが均衡するとの推計のもと、医師偏在対策は引き続き必要であるものの「今後の医師の増加のペースについては見直しが必要である」との見解が示された。

大学名称		入学定員		増減
		2021年度	2022年度	
国立	北海道大学	112	112	0
国立	旭川医科大学	105	105	0
国立	弘前大学	132	132	0
国立	東北大学	116	116	0
国立	秋田大学	129	129	0
国立	山形大学	113	113	0
国立	筑波大学	139	139	0
国立	群馬大学	123	123	0
国立	千葉大学	117	117	0
国立	東京大学	110	110	0
国立	東京医科歯科大学	105	105	0
国立	新潟大学	132	133	1
国立	富山大学	110	110	0
国立	金沢大学	117	117	0
国立	福井大学	115	115	0
国立	山梨大学	125	125	0
国立	信州大学	120	120	0
国立	岐阜大学	110	110	0
国立	浜松医科大学	120	120	0
国立	名古屋大学	112	111	-1
国立	三重大学	125	125	0
国立	滋賀医科大学	110	110	0
国立	京都大学	107	107	0
国立	大阪大学	110	110	0
国立	神戸大学	117	117	0
国立	鳥取大学	109	109	0
国立	島根大学	112	112	0
国立	岡山大学	117	117	0
国立	広島大学	118	118	0
国立	山口大学	117	117	0
国立	徳島大学	114	114	0
国立	香川大学	114	114	0
国立	愛媛大学	115	115	0
国立	高知大学	115	115	0
国立	九州大学	110	110	0
国立	佐賀大学	103	103	0
国立	長崎大学	125	125	0
国立	熊本大学	110	110	0
国立	大分大学	110	110	0
国立	宮崎大学	110	110	0
国立	鹿児島大学	120	120	0

大学名称		入学定員		増減
		2021年度	2022年度	
国立	琉球大学	117	117	0
公立	札幌医科大学	110	110	0
公立	福島県立医科大学	130	130	0
公立	横浜市立大学	90	90	0
公立	名古屋市立大学	97	97	0
公立	京都府立医科大学	107	107	0
公立	大阪公立大学	95	95	0
公立	奈良県立医科大学	114	114	0
公立	和歌山県立医科大学	100	100	0
私立	岩手医科大学	130	130	0
私立	東北医科薬科大学	100	100	0
私立	自治医科大学	123	123	0
私立	獨協医科大学	120	120	0
私立	埼玉医科大学	130	130	0
私立	国際医療福祉大学	140	140	0
私立	杏林大学	115	117	2
私立	慶應義塾大学	110	110	0
私立	順天堂大学	136	138	2
私立	昭和大学　※1	116	128	12
私立	帝京大学	116	116	0
私立	東京医科大学　※1	119	121	2
私立	東京慈恵会医科大学	110	105	-5
私立	東京女子医科大学	110	110	0
私立	東邦大学	115	120	5
私立	日本大学	120	125	5
私立	日本医科大学	126	123	-3
私立	北里大学	118	120	2
私立	聖マリアンナ医科大学	115	115	0
私立	東海大学	118	118	0
私立	金沢医科大学	108	111	3
私立	愛知医科大学	115	115	0
私立	藤田保健衛生大学	120	120	0
私立	大阪医科大学	112	112	0
私立	関西医科大学	127	127	0
私立	近畿大学	112	112	0
私立	兵庫医科大学	112	112	0
私立	川崎医科大学	124	126	2
私立	久留米大学	115	115	0
私立	産業医科大学	105	105	0
私立	福岡大学	110	110	0
全国計		9,357	9,384	27

※1 昭和大学、東京医科大学の数値は募集人員。

出典：文部科学省「大学別医学部入学定員一覧」（2021年10月15日）、厚生労働省「経済財政運営と改革の基本方針2019」（2019年６月21日）、「医師需給分科会　第５次中間とりまとめ」（2022年４月７日）を基に作成。

3 看護師数と看護教育の現状

2000年の第四次医療法改正時の医療法施行規則の見直しや近年の看護系大学の増加などにより、看護職の就業者数は増加傾向にある。

(1) 看護師・准看護師就業者数の年次推移

2019年末の看護師の就業者数は1,272,024人、准看護師は305,820人である。2008年と比較すると、看護師は1.39倍に増加し、准看護師は0.77倍に減少している。

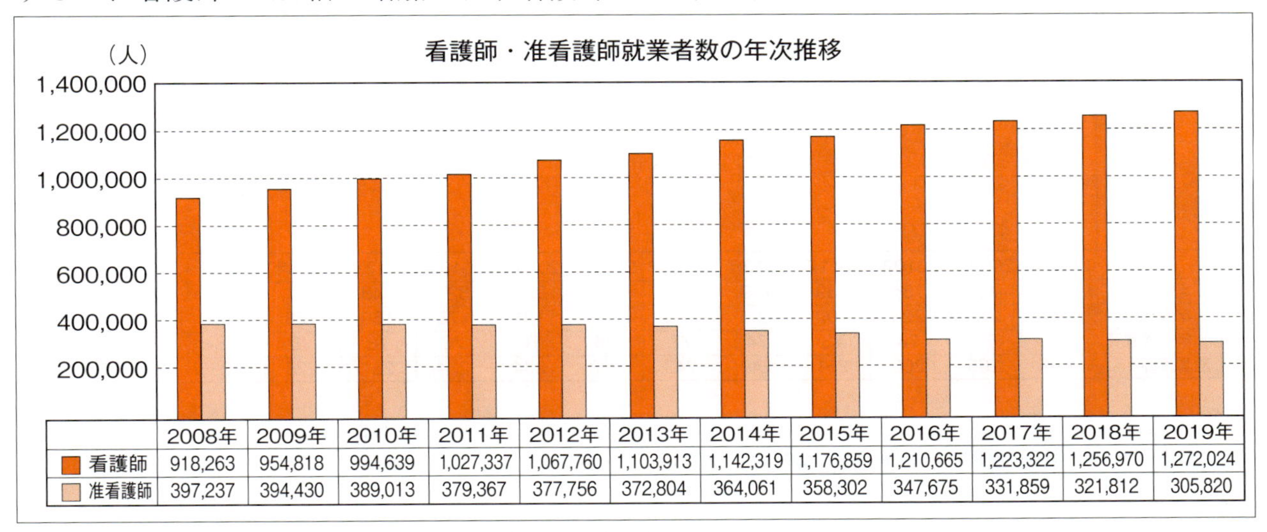

	2008年	2009年	2010年	2011年	2012年	2013年	2014年	2015年	2016年	2017年	2018年	2019年
看護師	918,263	954,818	994,639	1,027,337	1,067,760	1,103,913	1,142,319	1,176,859	1,210,665	1,223,322	1,256,970	1,272,024
准看護師	397,237	394,430	389,013	379,367	377,756	372,804	364,061	358,302	347,675	331,859	321,812	305,820

出典：日本看護協会出版会「看護関係統計資料集」(2013年～2020年)を基に加工。

(2) 看護師就業者数の年次推移(就業場所別)

各施設における看護師の就業者数は増加傾向にあり、病院勤務の看護師は2019年には2008年と比較して214,217人増加している。また、訪問看護ステーション勤務の看護師は2018年と2019年を比較すると3,211人の増加となっている。

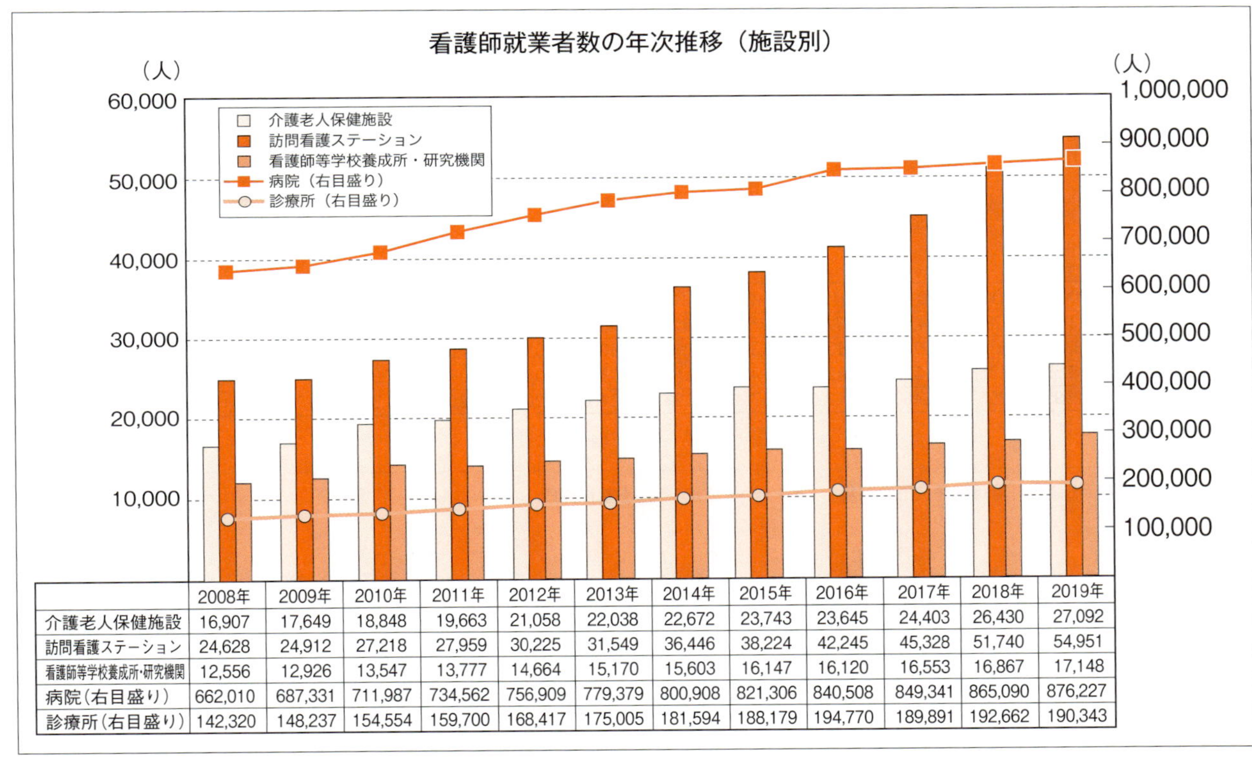

	2008年	2009年	2010年	2011年	2012年	2013年	2014年	2015年	2016年	2017年	2018年	2019年
介護老人保健施設	16,907	17,649	18,848	19,663	21,058	22,038	22,672	23,743	23,645	24,403	26,430	27,092
訪問看護ステーション	24,628	24,912	27,218	27,959	30,225	31,549	36,446	38,224	42,245	45,328	51,740	54,951
看護師等学校養成所・研究機関	12,556	12,926	13,547	13,777	14,664	15,170	15,603	16,147	16,120	16,553	16,867	17,148
病院(右目盛り)	662,010	687,331	711,987	734,562	756,909	779,379	800,908	821,306	840,508	849,341	865,090	876,227
診療所(右目盛り)	142,320	148,237	154,554	159,700	168,417	175,005	181,594	188,179	194,770	189,891	192,662	190,343

出典：日本看護協会出版会「看護関係統計資料集」(2013年～2020年)を基に加工。

（3）看護師学校養成所数の年次推移

准看護師課程と２年課程の養成所数は減少傾向にある一方で、５年一貫教育の養成所数については、横ばい傾向となっている。３年課程の養成所も横ばい傾向にあったが、2021年は前年と比べ微減している。

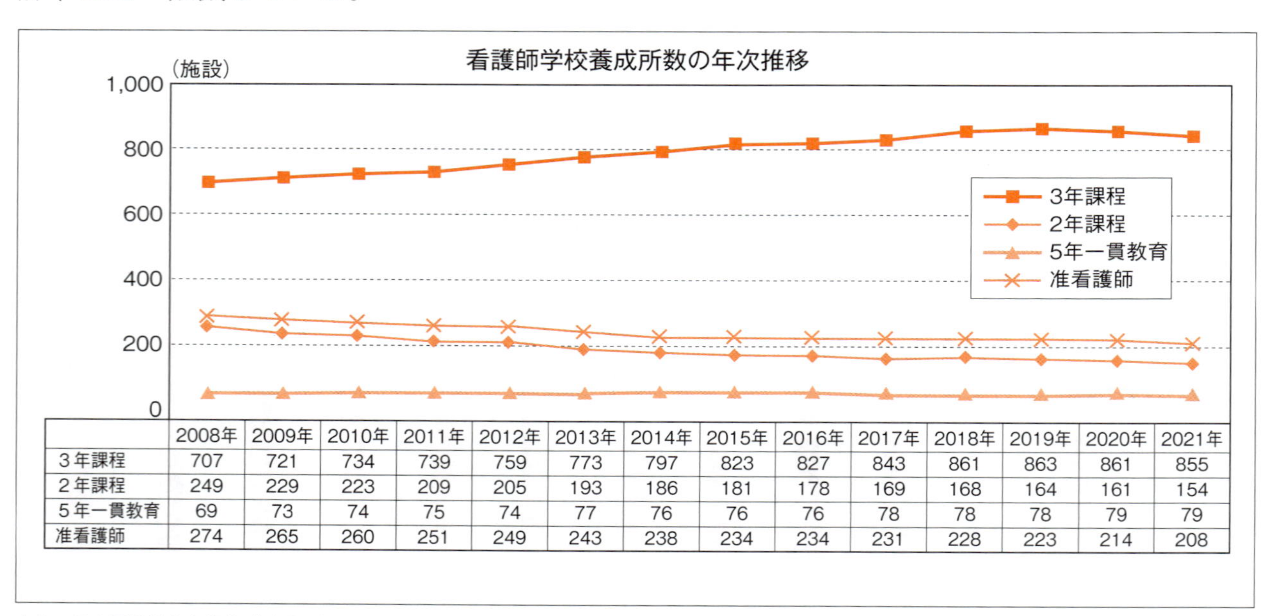

	2008年	2009年	2010年	2011年	2012年	2013年	2014年	2015年	2016年	2017年	2018年	2019年	2020年	2021年
３年課程	707	721	734	739	759	773	797	823	827	843	861	863	861	855
２年課程	249	229	223	209	205	193	186	181	178	169	168	164	161	154
５年一貫教育	69	73	74	75	74	77	76	76	76	78	78	78	79	79
准看護師	274	265	260	251	249	243	238	234	234	231	228	223	214	208

出典：日本看護協会出版会「看護関係統計資料集」（2013年～ 2021年）を基に作成。

（4）看護師学校養成所定員数の年次推移

准看護師課程と２年課程の養成所の定員数は減少している一方、３年課程の養成所の定員数は増加傾向にあり、５年一貫教育の養成所の定員数は2014年から横ばい傾向となっている。

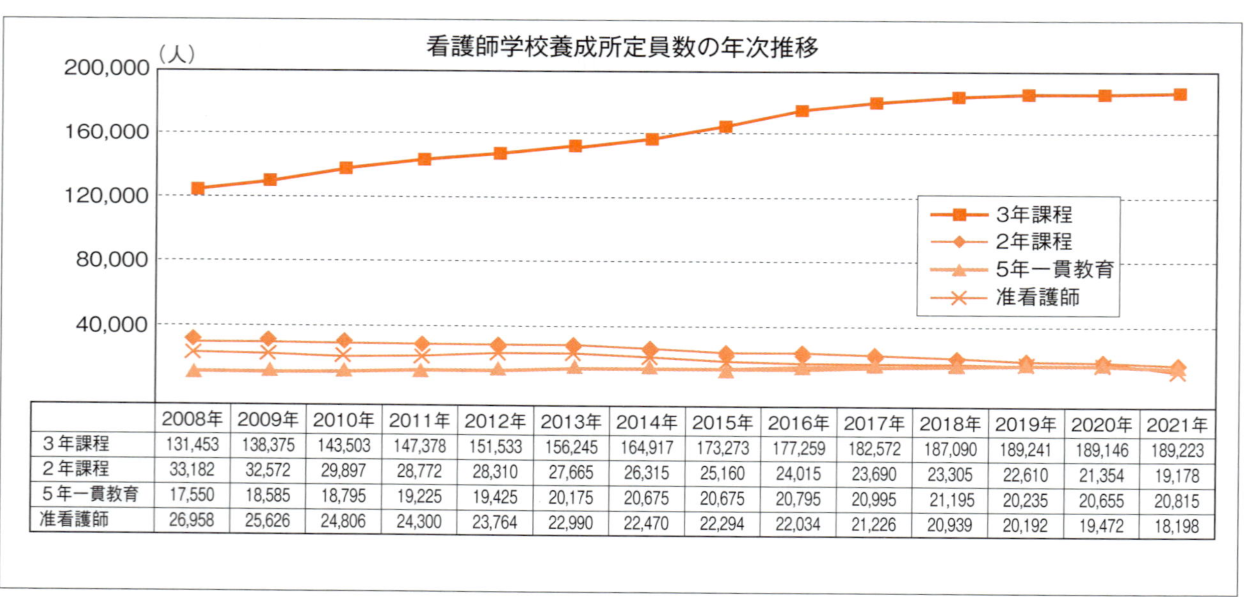

	2008年	2009年	2010年	2011年	2012年	2013年	2014年	2015年	2016年	2017年	2018年	2019年	2020年	2021年
３年課程	131,453	138,375	143,503	147,378	151,533	156,245	164,917	173,273	177,259	182,572	187,090	189,241	189,146	189,223
２年課程	33,182	32,572	29,897	28,772	28,310	27,665	26,315	25,160	24,015	23,690	23,305	22,610	21,354	19,178
５年一貫教育	17,550	18,585	18,795	19,225	19,425	20,175	20,675	20,675	20,795	20,995	21,195	20,235	20,655	20,815
准看護師	26,958	25,626	24,806	24,300	23,764	22,990	22,470	22,294	22,034	21,226	20,939	20,192	19,472	18,198

出典：日本看護協会出版会「看護関係統計資料集」（2013年～ 2021年）を基に作成。

(5) 看護師３年課程（大学・短大・専門学校）入学者数の年次推移

３年課程で最も入学者数が多いのは専門学校であり、2021年には26,435人となっている。また、2008年からの年次推移をみてみると、大学への入学者数が増加傾向にあり、専門学校の入学者数に迫っている。一方、短大は2012年頃から減少傾向にある。

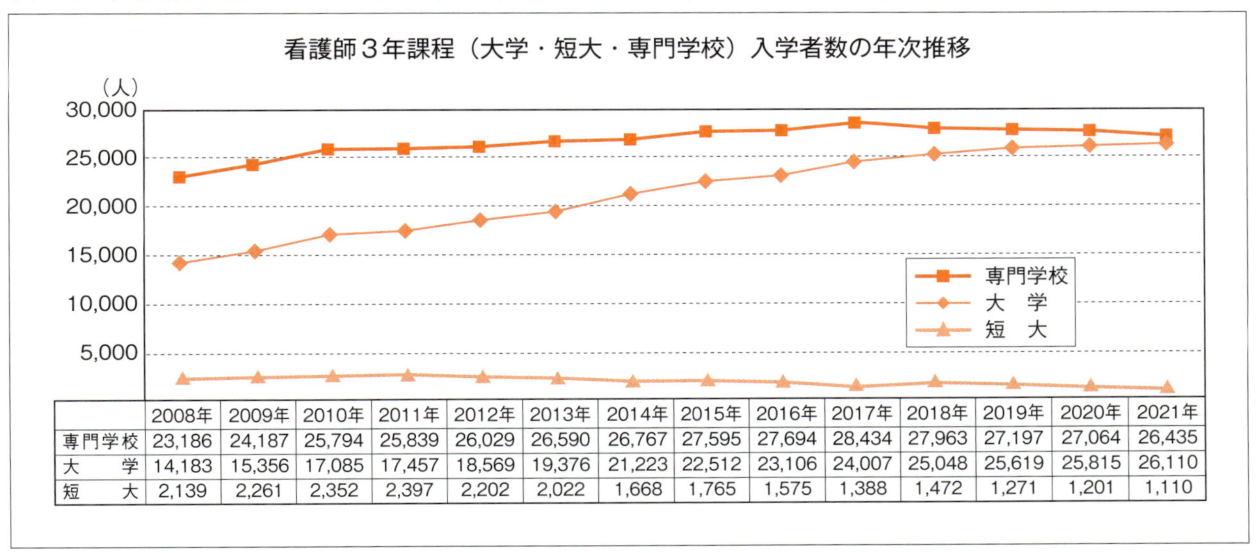

	2008年	2009年	2010年	2011年	2012年	2013年	2014年	2015年	2016年	2017年	2018年	2019年	2020年	2021年
専門学校	23,186	24,187	25,794	25,839	26,029	26,590	26,767	27,595	27,694	28,434	27,963	27,197	27,064	26,435
大　学	14,183	15,356	17,085	17,457	18,569	19,376	21,223	22,512	23,106	24,007	25,048	25,619	25,815	26,110
短　大	2,139	2,261	2,352	2,397	2,202	2,022	1,668	1,765	1,575	1,388	1,472	1,271	1,201	1,110

出典：日本看護協会出版会「看護関係統計資料集」（2013年～2021年）を基に作成。

(6) 外国人看護師の受入状況

東南アジア諸国と経済連携協定（ＥＰＡ）が結ばれたことを背景に、2009年から外国人看護師を導入する試みがなされており、外国人の看護師国家試験の合格率は上昇と下降を繰り返しながらも、2021年には20.9％となっている。

	2009年	2010年	2011年	2012年	2013年	2014年	2015年	2016年	2017年	2018年	2019年	2020年	2021年
受験者数 （うち外国人看護師）	50,906名 （82名）	52,883名 （254名）	54,138名 （398名）	53,702名 （415名）	56,546名 （311名）	59,725名 （301名）	60,947名 （357名）	62,154名 （429名）	62,534名 （447名）	64,488名 （441名）	63,603名 （423名）	65,569名 （413名）	66,124名 （335名）
合格者数 （うち外国人看護師）	45,784名 （0名）	47,340名 （3名）	54,138名 （16名）	48,400名 （47名）	50,232名 （30名）	53,495名 （32名）	54,871名 （26名）	55,585名 （47名）	55,367名 （65名）	58,682名 （78名）	56,767名 （69名）	58,514名 （46名）	59,769名 （70名）
合格率 （うち外国人看護師）	89.9% （0.0%）	89.5% （1.2%）	100.0% （4.0%）	90.1% （11.3%）	88.8% （9.6%）	89.6% （10.6%）	90.0% （7.3%）	89.4% （11.0%）	88.5% （14.5%）	91.0% （17.7%）	89.3% （16.3%）	89.2% （11.1%）	90.4% （20.9%）

出典：厚生労働省「経済連携協定（ＥＰＡ）に基づく外国人看護師候補者の看護師国家試験の結果（過去13年間）」（2021年３月26日）

（7）看護師の地域別給与

各都道府県の看護師の給与は、男女計で全国平均が344,200円（月額）で、前年比＋5,800円となっている。全国平均では女性に比べ、男性の給与額がわずかに高い。

（単位：千円）

地域	男性			女性			男女計				
	きまって支給する現金給与額	所定内給与額	年間賞与その他特別給与額	きまって支給する現金給与額	所定内給与額	年間賞与その他特別給与額	きまって支給する現金給与額(A)	所定内給与額	年間賞与その他特別給与額(B)	年間給与(A)×12+(B)	労働者数(単位:十人)
全国	355.2	318.7	921.0	342.8	311.8	845.9	344.2	312.6	854.6	4,985.5	86,181
北海道	362.3	327.0	1058.7	337.4	302.5	944.1	339.2	304.3	952.5	5,023.2	3,666
青森	337.1	324.1	955.0	317.4	301.6	825.0	320.3	304.9	844.3	4,688.3	706
岩手	366.9	339.2	1046.2	321.6	292.6	855.7	326.8	297.9	877.5	4,799.0	524
宮城	365.4	316.3	1008.0	351.0	304.8	1024.4	352.9	306.4	1,022.2	5,257.5	1,647
秋田	329.1	285.4	880.9	336.4	317.3	1048.4	335.1	311.5	1,017.8	5,038.5	760
山形	336.7	289.6	1073.2	319.7	284.5	891.8	320.3	284.7	898.7	4,742.8	763
福島	358.6	342.6	1018.3	344.5	322.9	954.5	345.9	324.8	960.8	5,111.5	1,316
茨城	348.2	296.1	801.9	331.3	292.4	725.6	332.8	292.7	732.4	4,725.9	1,502
栃木	366.5	333.1	1275.0	344.2	308.4	1056.8	349.2	313.9	1,105.6	5,295.9	1,113
群馬	358.1	330.9	832.8	353.2	333.5	900.1	354.1	333.0	888.4	5,137.0	1,147
埼玉	350.2	279.1	776.4	359.2	328.1	860.7	358.6	324.7	854.8	5,157.7	4,037
千葉	393.8	355.6	971.2	368.2	331.4	840.6	372.6	335.5	863.0	5,334.0	3,094
東京	383.8	356.9	1045.0	374.2	343.0	895.9	375.3	344.6	912.7	5,416.1	8,141
神奈川	357.8	312.4	845.2	364.9	329.0	774.1	364.3	327.5	780.3	5,151.7	4,710
新潟	331.6	304.8	665.5	336.1	307.0	859.7	335.5	306.7	834.1	4,860.1	1,946
富山	311.5	300.9	794.5	339.4	315.1	782.1	334.9	312.8	784.1	4,802.4	1,013
石川	338.1	301.2	783.6	325.6	296.0	939.2	326.9	296.6	922.7	4,845.8	1,392
福井	331.4	288.1	1284.3	332.2	303.2	1026.5	332.1	301.5	1,054.8	5,040.1	711
山梨	341.5	295.4	637.6	327.5	301.6	759.8	329.6	300.7	741.6	4,696.6	375
長野	320.9	302.4	747.1	335.8	303.9	706.9	333.5	303.7	713.2	4,714.9	836
岐阜	389.3	350.9	1193.1	345.5	316.5	937.4	351.2	320.9	970.4	5,184.2	1,015
静岡	366.7	311.3	830.7	365.1	319.6	798.3	365.3	318.7	801.7	5,184.9	1,555
愛知	392.1	345.7	1125.0	358.9	321.6	869.7	361.4	323.4	889.1	5,226.3	3,820
三重	399.9	339.2	1157.7	336.2	306.2	821.5	340.7	308.5	845.2	4,933.4	881
滋賀	365.6	316.8	1114.7	365.9	318.1	1014.2	365.9	318.0	1,025.1	5,415.5	638
京都	370.8	324.4	915.1	355.1	310.6	862.1	356.7	312.0	867.5	5,147.7	2,215
大阪	396.6	334.9	1080.7	363.1	324.5	825.6	365.0	325.1	839.8	5,219.5	5,552
兵庫	360.8	324.3	1010.0	338.7	308.8	751.9	343.1	311.9	803.3	4,920.6	4,517
奈良	353.5	319.4	743.3	360.8	320.3	852.4	360.1	320.2	842.4	5,163.9	979
和歌山	395.9	356.5	536.5	356.8	313.3	984.6	361.5	318.5	930.2	5,268.8	577
鳥取	316.5	306.0	788.3	318.0	302.1	829.5	317.8	302.5	825.1	4,639.2	641
島根	309.8	263.9	839.2	320.0	288.7	890.6	318.6	285.3	883.5	4,706.7	690
岡山	346.1	301.5	796.8	324.5	297.0	823.3	326.6	297.4	820.7	4,740.1	2,271
広島	334.5	318.0	864.8	328.0	305.2	962.7	328.8	306.7	951.0	4,896.3	2,361
山口	522.6	435.7	1607.1	341.5	315.0	1019.8	356.1	324.7	1,067.0	5,339.6	1,257
徳島	322.2	268.2	970.1	300.7	281.2	730.1	301.5	280.7	739.5	4,358.1	610
香川	356.2	317.6	856.3	350.4	307.4	979.9	351.5	309.3	957.1	5,174.7	840
愛媛	306.9	281.2	610.5	329.5	310.8	915.7	327.1	307.6	882.9	4,807.8	1,341
高知	300.5	277.2	703.7	308.5	282.1	670.7	307.6	281.6	674.4	4,365.7	1,099
福岡	336.7	314.5	887.7	330.1	308.9	816.3	330.7	309.4	823.1	4,791.9	4,662
佐賀	345.0	312.3	892.9	293.9	268.9	720.5	307.6	280.5	766.6	4,457.2	726
長崎	316.1	271.8	905.4	292.5	265.7	851.5	298.9	267.4	866.1	4,452.8	1,762
熊本	326.4	306.0	784.4	317.9	300.1	763.5	319.3	301.0	766.9	4,598.1	1,839
大分	302.5	257.1	653.8	290.4	256.5	646.0	291.4	256.6	646.7	4,144.1	1,372
宮崎	330.0	301.6	566.6	265.0	247.8	579.4	270.5	252.3	578.3	3,824.1	1,032
鹿児島	319.0	292.5	782.6	293.7	272.5	645.1	297.4	275.4	665.1	4,233.8	1,626
沖縄	324.5	303.3	499.0	318.6	309.9	596.0	319.3	309.1	584.9	4,416.2	902

（注１）数値は2021年６月分の賃金等（賞与、期末手当等特別給与額については2020年１年間）について、７月に調査を行ったものである。
（注２）所定内給与額とは、決まって支給する現金給与額のうち、時間外勤務手当や休日出勤手当等の超過労働給与額を差し引いた額で、所得税等を控除する前の額をいう。
出典：厚生労働省「令和３年賃金構造基本統計調査」（2022年３月25日）を基に作成。

【参考文献】

・厚生労働省「医師・歯科医師・薬剤師調査」（1996年～ 2020年）
・厚生労働省「医療施設（動態）調査・病院報告」、「医療施設（静態・動態）調査・病院報告」（1997年～ 2020年）
・厚生労働省「令和２年医師・歯科医師・薬剤師調査」（2022年３月17日）
・厚生労働省「医療従事者の需給に関する検討会 医師需給分科会 第４次中間とりまとめ」、「医師偏在指標（暫定）」（2019年３月29日）
・厚生労働省「第35回医師需給分科会」（2020年８月31日）
・厚生労働省「令和３年賃金構造基本統計調査」（2022年３月25日）
・文部科学省「大学別医学部入学定員一覧」（2021年10月15日）
・厚生労働省　医師等医療従事者の働き方改革推進室公表資料
「病院長、医師として押さえておくべき、医師の働き方改革」
・日本看護協会出版会「看護関係統計資料集」（2013年～ 2021年）
・厚生労働省「経済連携協定（ＥＰＡ）に基づく外国人看護師候補者の看護師国家試験の結果（過去13年間）」（2021年３月26日）
・厚生労働省「経済財政運営と改革の基本方針2019」（2019年６月21日）
・厚生労働省「医師需給分科会　第５次中間とりまとめ」（2022年４月７日）

6 診療報酬及び薬価基準改定率の推移

以下は、診療報酬及び薬価基準の改定率の推移を示したものである。2002年から全体改定率（右端欄）ではマイナス改定が続いていたが、2010年度に10年ぶりのプラス改定となり、2014年度まで３期連続のプラス改定となっていた。2016年度以降は再びマイナス改定となり、2022年度も含め４期連続のマイナス改定が続いている。一方、診療報酬本体部分においては、８期連続のプラス改定となっている。2022年４月の診療報酬改定の詳細については巻頭特集を参照いただきたい。

診療報酬					薬価基準				全体改定率(%)
改定年月	改定率(%)				改定年月	改定率(%)			
	医科	歯科	薬局	平均		薬価ベース	医療費ベース		
								うち医療材料	
1965/11	総医療費で3.0				1965/11	▲11.0	▲4.5		
					1967/10	▲10.2	▲4.1		
1967/12	7.68	12.65							
					1969/1	▲5.6	▲2.4		
1970/2	8.77	9.73							
1970/7	0.97								
					1970/8	▲3.0	▲1.3		
1972/2	13.7	13.7	6.54		1972/2	▲3.9	▲1.7		
1974/2	19.0	19.9	8.5		1974/2	▲3.4	▲1.5		
1974/10	16.0	16.2	6.6						
					1975/1	▲1.6	▲0.4		
1976/4	9.0	4.9							
1976/8		9.6							
1978/2	11.5	12.7	5.6	11.6	1978/2	▲5.8	▲2.0		9.6
1978/6	8.4	5.9	3.8	8.1	1981/6	▲18.6	▲6.1		2.0
					1983/1	▲4.9	▲1.5		
1983/2	0.3	（老人点数表を設定）							
1984/3	3.0	1.1	1.0	2.8	1984/3	▲16.6	▲5.1		▲2.3
1985/3	3.5	2.5	0.2	3.3	1985/3	▲6.0	▲1.9	▲0.2	1.2
1986/4	2.5	1.5	0.3	2.3	1986/4	▲5.1	▲1.5	▲0.1	0.8
								（歯科材料）	
1988/4	3.8		1.7	3.4	1988/4	▲10.2	▲2.9		0.5
1988/6		1.0							
1989/4	平均 0.11				1989/4	2.4	0.7		
1990/4	4.0	1.4	1.9	3.7	1990/4	▲9.2	▲2.7		1.0
1992/4	5.4	2.7	1.9	5.0	1992/4	▲8.1	▲2.4	▲0.1	2.5
1993/4	医療法改正に伴う改定								
1994/4	3.5	2.1	2.0	3.3	1994/4	▲6.6	▲2.0	▲0.1	1.2
1994/10	1.7	0.2	0.1	1.5					
1996/4	3.6	2.2	1.3	3.4	1996/4	▲6.8	▲2.5	▲0.1	0.8
1997/4	1.31	0.75	1.15	1.25	1997/4	▲4.4	▲1.27	▲0.10	0.38
						消費税引上げ 0.45			
1998/4	1.5	1.5	0.7	1.5	1998/4	▲9.7	▲2.8		▲1.3
2000/4	2.0	2.0	0.8	1.9	2000/4	▲7.0	▲1.6	▲0.1	0.2
2002/4	▲1.30	▲1.30	▲1.30	▲1.30	2002/4	▲6.3	▲1.4	▲0.1	▲2.7
2004/4	0.0	0.0	0.0	0.0	2004/4	▲4.2	▲1.05	▲0.16	▲1.04
2006/4	▲1.50	▲1.50	▲0.60	▲1.36	2006/4	▲6.7	▲1.8	▲0.2	▲3.16
2008/4	0.42	0.42	0.17	0.38	2008/4	▲5.2	▲1.2	▲0.1	▲0.82
2010/4	1.74	2.09	0.52	1.55	2010/4	▲5.75	▲1.36	▲0.13	0.19
2012/4	1.55	1.70	0.46	1.38	2012/4	▲6.00	▲1.38	▲0.12	0.004
2014/4	0.82	0.99	0.22	0.73	2014/4	▲2.65	▲0.63	▲0.05	0.1
2016/4	0.56	0.61	0.17	0.49	2016/4	▲5.57	▲1.33	▲0.11	▲0.84
2018/4	0.63	0.69	0.19	0.55	2018/4	▲7.48	▲1.74	▲0.09	▲1.19
2020/4	0.53	0.59	0.16	0.55	2020/4	▲4.38	▲1.01	▲0.02	▲0.46
2022/4	0.26	0.29	0.08	0.43	2022/4	▲6.69	▲1.37	▲0.02	▲0.94

【参考文献】

・厚生労働省保険局医療課「令和４年度診療報酬改定の概要」（2022年３月４日）

7 DPC制度

1 DPC制度（DPC／PDPS）とは

DPC制度（DPC／PDPS（Diagnosis Procedure Combination / Per-Diem Payment System））は、2003年４月より82の特定機能病院を対象に導入された急性期入院医療を対象とする診断群分類に基づく１日あたり包括払い制度である。

医療機関は、診断群分類ごとに設定される在院日数に応じた３段階の定額点数に、医療機関ごとに設定される医療機関別係数を乗じた点数を算定する。日本における診断群分類は①「診断（Diagnosis）（医療資源を最も投入した傷病名）」②「診療行為（Procedure）（手術、処置等）等」の組合せで構成され、4,557分類（2020年度改定による）に分けられる。

DPC制度の導入に先立って、1998年11月から10国立病院等において１入院当たりの包括評価制度が試行的に導入された。その後、DPC制度の導入が正式に決定されると、2003年度より急性期入院医療を実施している病院を対象として特定機能病院等の82病院にDPC制度が導入され、その後段階的に増加しながら、2021年４月１日の見込みでは1,755病院が参加している。病床数でみると参加は約48.1万床となり、全一般病床の約半数を占めるに至っている。

DPC準備病院は、2021年４月１日現在で247病院となっている。

■DPC対象病院数の変遷

年度及びデータの時期	病院数	一般病床数
2003年度対象病院（2003年７月）	82	68,982
2004年度対象病院（2004年７月）	144	94,115
2006年度対象病院（2006年７月）	360	177,806
2008年度対象病院（2008年７月）	718	288,282
2009年度対象病院（2009年７月）	1,282	433,604
2010年度対象病院（2010年７月）	1,390	456,201
2011年度対象病院（2011年４月）	1,449	467,511
2012年度対象病院（2012年４月）	1,505	479,539
2013年度対象病院（2013年４月）	1,496	474,981
2014年度対象病院（2014年４月）	1,585	492,206
2015年度対象病院（2015年４月）	1,580	484,081
2016年度対象病院（2016年４月）	1,667	495,227
2017年度対象病院（2017年４月）	1,664	483,747
2018年度対象病院（2018年４月）	1,730	488,563
2019年度対象病院（2019年４月）	1,727	482,361
2020年度対象病院（2020年４月）	1,757	483,180
2021年度対象病院（2021年４月）	1,755	481,444
（参考）一般病床を有する全病院（平成31年医療施設調査）	5,786	887,847

出典：中央社会保険医療協議会資料「ＤＰＣ対象病院・準備病院の規模（令和３年４月１日）見込み」（2021年６月16日）を基に作成。

2 DPC制度の対象

(1) 対象病院

DPC対象病院の要件を整理すると、次のとおりとなる。(準備病院の要件は、①～③、⑤のみ。ただし、①については、当該基準を満たすべく計画を策定していること、②については、診療録管理体制加算と同等の診療録管理体制を有しており、当該基準を満たすべく計画を策定していることでも構わない。⑤については、コーディング委員会の開催が年2回でも構わない。)

①7対1入院基本料又は10対1入院基本料に係る届出
②A207診療録管理体制加算に係る届出
③「退院患者調査」、「特別調査」への参加
④データ病床比1か月あたりの値が0.875以上
⑤適切な診断群分類区分を決定するために必要な体制が整備されていること。適切なコーディング委員会の年4回の開催

(2) 対象患者

・DPC対象病院として告示されている医療機関において「一般病棟」に入院する患者(療養病棟、精神病棟等の入院患者は対象外)
・ただし、以下の者を除く。
— 出来高算定する診断群分類に該当した場合
— 特殊な病態の患者
▶入院後24時間以内に死亡した患者、生後7日以内の新生児の死亡
▶臓器移植患者の一部
▶評価療養・患者申出療養を受ける患者　など
— 一般病棟のうち、DPC算定とならない特定入院料等の算定患者
▶回復期リハビリテーション病棟入院料、地域包括ケア病棟入院料、緩和ケア病棟入院料　など
— 厚生労働大臣が定める者(告示に規定)
▶診療報酬改定で新たに保険収載された手術等が実施された患者
▶「高額薬剤」として別に定める薬剤を定められた診断群分類において使用した患者
▶短期滞在手術等入院基本料1を算定する患者

出典：厚生労働省「厚生労働大臣が指定する病院の病棟における療養に要する費用の額の算定方法の一部を改正する件」(2020年厚生労働省告示第81号)

2022年度機能評価係数Ⅱの上位100病院

厚生労働省は2021年３月10日、施設基準等で前年１年間の診療実績が要件となる地域医療体制確保加算等の項目も、2021年９月30日までは2019年の実績値による判定を可能とすること、DPC／PDPS（診断群分類別包括評価支払制度）の機能評価係数Ⅱを現行係数で据え置くことを公表した。

No.	都道府県	医療機関名	医療機関群	機能評価係数Ⅱ
1	長野	飯山赤十字病院	Ⅲ	0.1727
2	岩手	岩手県立中部病院	Ⅲ	0.1696
3	長野	長野県厚生農業協同組合連合会北信総合病院	Ⅲ	0.1681
4	広島	広島赤十字・原爆病院	Ⅲ	0.1677
5	秋田	大館市立総合病院	Ⅲ	0.1646
6	北海道	JA北海道厚生連帯広厚生病院	Ⅱ	0.1635
7	秋田	秋田赤十字病院	Ⅲ	0.1604
7	秋田	大曲厚生医療センター	Ⅲ	0.1604
9	宮崎	県立延岡病院	Ⅲ	0.1602
10	北海道	名寄市立総合病院	Ⅲ	0.1575
11	秋田	由利組合総合病院	Ⅲ	0.1570
12	群馬	公立藤岡総合病院	Ⅲ	0.1556
13	高知	高知県立幡多けんみん病院	Ⅲ	0.1554
14	群馬	公立富岡総合病院	Ⅲ	0.1538
15	千葉	国保直営総合病院君津中央病院	Ⅲ	0.1535
16	青森	つがる西北五広域連合つがる総合病院	Ⅲ	0.1531
16	愛知	岡崎市民病院	Ⅲ	0.1531
18	岩手	岩手県立磐井病院	Ⅲ	0.1530
19	埼玉	社会医療法人至仁会圏央所沢病院	Ⅲ	0.1528
20	山形	鶴岡市立荘内病院	Ⅲ	0.1524
21	島根	益田赤十字病院	Ⅲ	0.1523
22	愛媛	松山赤十字病院	Ⅱ	0.1520
23	愛知	新城市民病院	Ⅲ	0.1513
24	東京	公益社団法人地域医療振興協会練馬光が丘病院	Ⅲ	0.1512
25	兵庫	公立豊岡病院組合立豊岡病院	Ⅲ	0.1510
26	秋田	平鹿総合病院	Ⅲ	0.1508
26	大阪	府中病院	Ⅲ	0.1508
28	山形	日本海総合病院	Ⅱ	0.1505
29	岐阜	高山赤十字病院	Ⅲ	0.1503
30	熊本	済生会熊本病院	Ⅱ	0.1497
31	和歌山	日本赤十字社和歌山医療センター	Ⅱ	0.1495
31	北海道	苫小牧市立病院	Ⅲ	0.1495
33	山口	山口県厚生農業協同組合連合会周東総合病院	Ⅲ	0.1489
34	島根	独立行政法人国立病院機構浜田医療センター	Ⅲ	0.1484
35	岩手	岩手県立大船渡病院	Ⅲ	0.1481
36	島根	島根県立中央病院	Ⅲ	0.1479
37	岩手	岩手県立宮古病院	Ⅲ	0.1478
38	奈良	南和広域医療企業団南奈良総合医療センター	Ⅲ	0.1477
38	長崎	長崎県五島中央病院	Ⅲ	0.1477
40	岡山	公益財団法人大原記念倉敷中央医療機構倉敷中央病院	Ⅱ	0.1474
41	鳥取	鳥取県立中央病院	Ⅱ	0.1471
42	秋田	能代厚生医療センター	Ⅲ	0.1466
42	新潟	長岡赤十字病院	Ⅲ	0.1466
44	沖縄	沖縄県立南部医療センター・こども医療センター	Ⅲ	0.1459
51	静岡	富士市立中央病院	Ⅲ	0.1438
52	京都	新京都南病院	Ⅲ	0.1437
53	宮城	みやぎ県南中核病院	Ⅲ	0.1434
54	沖縄	沖縄県立宮古病院	Ⅲ	0.1432
55	長崎	長崎県対馬病院	Ⅲ	0.1430
56	奈良	近畿大学奈良病院	Ⅲ	0.1426
57	福島	福島県厚生農業協同組合連合会白河厚生総合病院	Ⅲ	0.1422
58	広島	脳神経センター大田記念病院	Ⅲ	0.1421
59	愛知	トヨタ記念病院	Ⅲ	0.1419
60	栃木	芳賀赤十字病院	Ⅲ	0.1417
60	新潟	新潟県立中央病院	Ⅲ	0.1417
62	埼玉	医療法人社団愛友会上尾中央総合病院	Ⅲ	0.1416
63	新潟	新潟県厚生農業協同組合連合会佐渡総合病院	Ⅲ	0.1415
63	愛知	医療法人豊田会刈谷豊田総合病院	Ⅲ	0.1415
65	熊本	独立行政法人労働者健康安全機構熊本労災病院	Ⅲ	0.1413
66	愛知	春日井市民病院	Ⅲ	0.1410
67	山形	山形県立新庄病院	Ⅲ	0.1408
68	福島	竹田綜合病院	Ⅲ	0.1406
69	青森	八戸市立市民病院	Ⅲ	0.1405
70	新潟	新潟県立十日町病院	Ⅲ	0.1403
70	大阪	大阪市立十三市民病院	Ⅲ	0.1403
72	京都	京都中部総合医療センター	Ⅲ	0.1402
73	兵庫	兵庫県立淡路医療センター	Ⅱ	0.1401
74	東京	医療法人社団明芳会イムス葛飾ハートセンター	Ⅲ	0.1400
75	沖縄	沖縄県立中部病院	Ⅲ	0.1397
76	京都	市立福知山市民病院	Ⅲ	0.1390
77	兵庫	神戸市立医療センター中央市民病院	Ⅱ	0.1389
77	北海道	市立函館病院	Ⅲ	0.1389
79	高知	高知県・高知市病院企業団立高知医療センター	Ⅱ	0.1388
79	沖縄	沖縄県立八重山病院	Ⅲ	0.1388
81	静岡	掛川市・袋井市病院企業団立中東遠総合医療センター	Ⅲ	0.1387
82	栃木	日本赤十字社栃木県支部足利赤十字病院	Ⅲ	0.1386
83	宮崎	県立日南病院	Ⅲ	0.1384
84	福井	福井県済生会病院	Ⅱ	0.1382
84	広島	広島県厚生農業協同組合連合会廣島総合病院	Ⅲ	0.1382
86	徳島	徳島赤十字病院	Ⅱ	0.1375
86	北海道	砂川市立病院	Ⅲ	0.1375
86	福岡	嶋田病院	Ⅲ	0.1375
89	高知	高知赤十字病院	Ⅱ	0.1374
89	長野	飯田市立病院	Ⅲ	0.1374
91	東京	武蔵野赤十字病院	Ⅱ	0.1373
92	岡山	岡山市立市民病院	Ⅲ	0.1372
93	北海道	岩見沢市立総合病院	Ⅲ	0.1370
94	広島	広島県厚生農業協同組合連合会尾道総合病院	Ⅲ	0.1369

45	北海道	北見赤十字病院	Ⅲ	0.1456	94	山口	下関市立市民病院	Ⅲ	0.1369
45	愛媛	市立宇和島病院	Ⅲ	0.1456	96	石川	公立能登総合病院	Ⅲ	0.1368
47	山口	独立行政法人地域医療機能推進機構徳山中央病院	Ⅲ	0.1454	96	岐阜	総合病院中津川市民病院	Ⅲ	0.1368
48	滋賀	彦根市立病院	Ⅲ	0.1446	98	兵庫	兵庫県立こども病院	Ⅲ	0.1367
49	新潟	新潟県立新発田病院	Ⅲ	0.1444	99	岩手	岩手県立久慈病院	Ⅲ	0.1364
50	滋賀	長浜赤十字病院	Ⅲ	0.1441	99	鹿児島	県立大島病院	Ⅲ	0.1364

出典：厚生労働省「厚生労働大臣が指定する病院の病棟並びに厚生労働大臣が定める病院、基礎係数、機能評価係数Ⅰ、機能評価係数Ⅱ及び激変緩和係数の一部を改正する件」（2022年厚生労働省告示第78号）を基に作成。

【参考文献】

・中央社会保険医療協議会資料「ＤＰＣ対象病院・準備病院の規模（令和３年４月１日）見込み」（2021年６月23日）

・厚生労働省「厚生労働大臣が指定する病院の病棟における療養に要する費用の額の算定方法の一部を改正する件」（2020年厚生労働省告示第81号）

・厚生労働省「厚生労働大臣が指定する病院の病棟並びに厚生労働大臣が定める病院、基礎係数、機能評価係数Ⅰ、機能評価係数Ⅱ及び激変緩和係数の一部を改正する件」（2022年厚生労働省告示第78号）

8 今後の患者数推移

1 都道府県別の将来患者数推計

以下は、厚生労働省「令和２年患者調査」及び国立社会保障・人口問題研究所「日本の地域別将来推計人口（2018年３月推計）」を基に、将来の患者数（１日当たり）を推計したものである。この推計によれば、全国平均では、入院は2030年まで、外来は2025年まで増加し、その後減少に転じる見込みである。都道府県別にみると、入院患者数は秋田県、山形県ですでに減少が始まっている（ただし、山形県は2020年から2025年にかけてのみ微増）。外来患者数についても全国22の県で2020年以降、減少が続く。ただし、東京都と沖縄県では入院・外来ともに2040年まで増加することが予想されている。

（1）入院患者数（１日当たり・都道府県別）

（単位：千人、カッコは前推計年比増減率）

	2015年	2020年		2025年		2030年		2035年		2040年	
全国	1,142.3	1,210.4	(6.0%)	1,279.3	(5.7%)	1,303.7	(1.9%)	1,290.1	(-1.0%)	1,273.8	(-1.3%)
01 北海道	68.7	72.9	(6.1%)	77.5	(6.3%)	79.5	(2.6%)	78.3	(-1.5%)	76.4	(-2.5%)
02 青森	13.0	13.3	(1.7%)	13.5	(1.9%)	13.5	(-0.3%)	13.0	(-3.0%)	12.5	(-4.5%)
03 岩手	13.0	13.1	(0.8%)	13.2	(0.8%)	13.1	(-0.3%)	12.8	(-2.5%)	12.3	(-3.9%)
04 宮城	18.4	19.5	(6.0%)	20.7	(6.2%)	21.5	(3.9%)	21.6	(0.4%)	21.3	(-1.5%)
05 秋田	11.8	11.7	(-0.9%)	11.7	(-0.3%)	11.5	(-1.9%)	11.0	(-4.3%)	10.3	(-6.3%)
06 山形	11.5	11.5	(-0.0%)	11.6	(1.0%)	11.6	(-0.0%)	11.3	(-2.4%)	10.8	(-4.2%)
07 福島	17.1	17.5	(2.2%)	18.0	(2.8%)	18.3	(1.6%)	18.0	(-1.3%)	17.4	(-3.2%)
08 茨城	22.8	24.2	(6.3%)	25.6	(5.9%)	26.2	(2.5%)	25.9	(-1.5%)	25.2	(-2.6%)
09 栃木	14.9	15.6	(4.7%)	16.4	(5.3%)	16.8	(2.5%)	16.6	(-1.0%)	16.2	(-2.3%)
10 群馬	17.3	18.2	(5.3%)	19.2	(5.5%)	19.6	(1.9%)	19.3	(-1.6%)	18.9	(-2.2%)
11 埼玉	47.6	53.1	(11.4%)	57.8	(8.8%)	59.5	(3.1%)	59.2	(-0.6%)	59.3	(0.2%)
12 千葉	42.3	46.3	(9.5%)	49.6	(7.2%)	50.8	(2.3%)	50.3	(-1.0%)	50.0	(-0.5%)
13 東京	86.9	93.7	(7.8%)	100.1	(6.8%)	103.2	(3.1%)	105.1	(1.8%)	108.9	(3.6%)
14 神奈川	54.7	60.1	(10.0%)	64.7	(7.6%)	66.7	(3.0%)	67.1	(0.6%)	68.1	(1.6%)
15 新潟	21.0	21.4	(2.1%)	22.1	(3.0%)	22.2	(0.7%)	21.7	(-2.2%)	21.0	(-3.5%)
16 富山	11.9	12.5	(4.5%)	13.1	(5.4%)	13.2	(0.1%)	12.7	(-3.3%)	12.3	(-3.6%)
17 石川	11.8	12.4	(5.7%)	13.3	(7.3%)	13.6	(1.7%)	13.3	(-1.6%)	13.1	(-2.2%)
18 福井	8.5	8.8	(3.3%)	9.2	(4.6%)	9.3	(1.4%)	9.2	(-1.5%)	9.0	(-2.2%)
19 山梨	8.0	8.3	(3.9%)	8.7	(4.1%)	8.8	(1.3%)	8.7	(-1.4%)	8.5	(-2.2%)
20 長野	17.9	18.4	(3.1%)	19.0	(3.5%)	19.2	(0.6%)	18.8	(-1.8%)	18.4	(-2.2%)
21 岐阜	15.3	15.9	(4.5%)	16.7	(4.5%)	16.7	(0.6%)	16.3	(-2.4%)	15.9	(-2.6%)
22 静岡	27.3	28.9	(5.7%)	30.3	(5.0%)	30.8	(1.4%)	30.3	(-1.6%)	29.7	(-2.0%)
23 愛知	48.1	52.4	(8.8%)	56.1	(7.1%)	57.6	(2.6%)	57.6	(0.1%)	58.3	(1.1%)
24 三重	15.1	15.7	(4.3%)	16.4	(4.0%)	16.5	(0.7%)	16.1	(-2.0%)	15.8	(-1.8%)
25 滋賀	10.6	11.5	(7.7%)	12.4	(7.9%)	12.8	(3.7%)	12.9	(0.4%)	12.9	(0.3%)
26 京都	22.4	24.3	(8.3%)	26.1	(7.7%)	26.4	(1.1%)	25.9	(-2.1%)	25.5	(-1.4%)
27 大阪	75.2	82.0	(9.1%)	87.2	(6.4%)	87.7	(0.5%)	85.6	(-2.4%)	85.0	(-0.7%)
28 兵庫	50.2	54.4	(8.2%)	58.3	(7.2%)	59.4	(2.0%)	58.8	(-1.1%)	58.3	(-0.8%)
29 奈良	11.0	11.8	(7.0%)	12.4	(5.9%)	12.5	(0.5%)	12.1	(-3.3%)	11.7	(-3.5%)
30 和歌山	10.0	10.1	(1.7%)	10.3	(1.6%)	10.1	(-1.5%)	9.8	(-3.8%)	9.4	(-3.8%)
31 鳥取	6.2	6.3	(2.1%)	6.5	(3.7%)	6.6	(1.5%)	6.5	(-1.3%)	6.4	(-2.9%)
32 島根	8.4	8.4	(0.3%)	8.5	(1.7%)	8.5	(-0.7%)	8.2	(-2.9%)	7.9	(-4.1%)
33 岡山	20.5	21.5	(5.0%)	22.6	(5.3%)	22.8	(0.8%)	22.4	(-1.8%)	21.9	(-2.1%)
34 広島	28.9	30.7	(6.4%)	32.6	(6.0%)	33.0	(1.3%)	32.5	(-1.7%)	31.8	(-2.0%)
35 山口	20.8	21.3	(2.6%)	22.0	(3.2%)	21.8	(-0.8%)	20.9	(-4.0%)	19.9	(-5.1%)
36 徳島	11.3	11.5	(1.2%)	11.8	(3.1%)	11.8	(0.2%)	11.5	(-3.0%)	11.0	(-4.5%)
37 香川	11.3	11.6	(3.0%)	12.2	(5.0%)	12.2	(0.6%)	12.0	(-2.2%)	11.6	(-3.4%)
38 愛媛	16.5	17.0	(2.8%)	17.7	(3.9%)	17.8	(0.5%)	17.3	(-2.5%)	16.7	(-3.5%)
39 高知	12.9	13.1	(1.2%)	13.5	(3.5%)	13.5	(-0.6%)	12.9	(-3.9%)	12.3	(-5.1%)
40 福岡	65.9	70.5	(7.1%)	75.9	(7.6%)	78.8	(3.8%)	78.9	(0.2%)	78.2	(-0.9%)
41 佐賀	12.1	12.4	(2.4%)	12.9	(4.2%)	13.2	(2.6%)	13.1	(-0.6%)	12.8	(-2.6%)
42 長崎	21.8	22.2	(1.8%)	22.9	(3.2%)	23.2	(1.3%)	22.7	(-2.0%)	21.8	(-4.0%)
43 熊本	27.6	28.3	(2.6%)	29.5	(4.2%)	30.2	(2.3%)	30.0	(-0.6%)	29.3	(-2.5%)
44 大分	16.3	16.8	(3.1%)	17.4	(3.9%)	17.5	(0.8%)	17.2	(-2.2%)	16.5	(-3.7%)
45 宮崎	14.4	14.7	(2.4%)	15.2	(3.4%)	15.4	(1.3%)	15.2	(-1.6%)	14.6	(-3.7%)
46 鹿児島	28.6	28.8	(0.7%)	29.6	(2.6%)	30.2	(2.0%)	30.0	(-0.6%)	29.1	(-3.1%)
47 沖縄	14.6	15.8	(8.1%)	17.1	(8.0%)	18.5	(8.1%)	19.4	(5.1%)	20.0	(3.1%)

（2）外来患者数（１日当たり・都道府県別）

（単位：千人、カッコは前推計年比増減率）

	2015年	2020年		2025年		2030年		2035年		2040年	
全　国	6,936.0	7,054.2	(1.7%)	7,079.6	(0.4%)	7,036.6	(-0.6%)	6,921.9	(-1.6%)	6,799.2	(-1.8%)
01 北海道	275.9	276.7	(0.3%)	273.1	(-1.3%)	267.2	(-2.2%)	258.2	(-3.4%)	248.0	(-3.9%)
02 青　森	71.1	69.7	(-1.9%)	67.5	(-3.2%)	64.8	(-4.1%)	61.4	(-5.3%)	57.5	(-6.3%)
03 岩　手	71.5	70.4	(-1.5%)	68.4	(-2.8%)	66.0	(-3.4%)	63.1	(-4.4%)	59.9	(-5.1%)
04 宮　城	112.6	115.0	(2.2%)	115.5	(0.4%)	114.8	(-0.6%)	112.4	(-2.0%)	109.0	(-3.0%)
05 秋　田	54.3	52.5	(-3.4%)	50.0	(-4.6%)	47.2	(-5.6%)	44.0	(-6.7%)	40.6	(-7.7%)
06 山　形	69.5	68.2	(-1.9%)	66.2	(-2.9%)	63.8	(-3.6%)	60.9	(-4.5%)	57.7	(-5.3%)
07 福　島	90.7	90.1	(-0.6%)	88.5	(-1.8%)	86.1	(-2.6%)	82.8	(-3.9%)	78.9	(-4.7%)
08 茨　城	146.5	147.9	(1.0%)	146.8	(-0.7%)	144.3	(-1.7%)	140.1	(-2.9%)	135.4	(-3.4%)
09 栃　木	93.2	93.7	(0.5%)	93.3	(-0.4%)	92.1	(-1.3%)	89.6	(-2.7%)	86.8	(-3.2%)
10 群　馬	105.6	106.6	(0.9%)	106.4	(-0.2%)	105.1	(-1.2%)	102.5	(-2.4%)	99.7	(-2.7%)
11 埼　玉	354.4	368.8	(4.1%)	375.6	(1.8%)	377.7	(0.6%)	375.7	(-0.5%)	374.4	(-0.3%)
12 千　葉	291.6	302.2	(3.6%)	307.6	(1.8%)	308.2	(0.2%)	304.5	(-1.2%)	301.2	(-1.1%)
13 東　京	774.6	800.9	(3.4%)	818.7	(2.2%)	834.2	(1.9%)	846.7	(1.5%)	859.6	(1.5%)
14 神奈川	502.2	521.3	(3.8%)	531.8	(2.0%)	536.9	(1.0%)	537.5	(0.1%)	537.5	(-0.0%)
15 新　潟	115.2	114.2	(-0.9%)	112.0	(-2.0%)	108.9	(-2.7%)	105.0	(-3.6%)	100.5	(-4.2%)
16 富　山	56.0	55.8	(-0.4%)	54.9	(-1.7%)	53.5	(-2.4%)	51.7	(-3.4%)	49.9	(-3.5%)
17 石　川	52.4	52.8	(0.8%)	52.7	(-0.2%)	52.1	(-1.1%)	50.9	(-2.3%)	49.7	(-2.5%)
18 福　井	41.2	41.0	(-0.6%)	40.3	(-1.6%)	39.5	(-2.0%)	38.3	(-3.0%)	37.1	(-3.2%)
19 山　梨	45.1	45.0	(-0.3%)	44.3	(-1.4%)	43.4	(-2.2%)	42.0	(-3.2%)	40.4	(-3.8%)
20 長　野	105.4	104.9	(-0.4%)	103.6	(-1.3%)	101.6	(-1.9%)	98.7	(-2.8%)	95.6	(-3.2%)
21 岐　阜	120.0	119.8	(-0.2%)	118.4	(-1.1%)	115.8	(-2.2%)	111.8	(-3.5%)	107.7	(-3.6%)
22 静　岡	207.6	209.6	(0.9%)	208.7	(-0.4%)	205.8	(-1.3%)	200.7	(-2.5%)	195.1	(-2.8%)
23 愛　知	462.2	476.1	(3.0%)	483.0	(1.4%)	484.9	(0.4%)	483.0	(-0.4%)	482.6	(-0.1%)
24 三　重	106.5	106.8	(0.3%)	105.8	(-0.9%)	104.2	(-1.6%)	101.4	(-2.7%)	98.7	(-2.7%)
25 滋　賀	73.5	75.7	(3.0%)	77.1	(1.8%)	77.7	(0.8%)	77.3	(-0.5%)	76.8	(-0.7%)
26 京　都	124.1	126.6	(2.0%)	127.4	(0.6%)	126.2	(-0.9%)	123.3	(-2.3%)	120.5	(-2.3%)
27 大　阪	457.2	469.8	(2.8%)	473.3	(0.8%)	468.9	(-0.9%)	459.2	(-2.1%)	452.2	(-1.5%)
28 兵　庫	323.1	329.3	(1.9%)	331.1	(0.5%)	329.0	(-0.6%)	322.9	(-1.9%)	317.1	(-1.8%)
29 奈　良	68.5	68.9	(0.6%)	68.2	(-1.0%)	66.6	(-2.3%)	64.1	(-3.9%)	61.3	(-4.3%)
30 和歌山	59.4	58.1	(-2.2%)	56.3	(-3.1%)	54.2	(-3.7%)	51.7	(-4.7%)	49.2	(-4.8%)
31 鳥　取	31.0	30.9	(-0.3%)	30.5	(-1.2%)	29.9	(-1.9%)	29.1	(-3.0%)	28.1	(-3.2%)
32 島　根	40.2	39.5	(-1.7%)	38.6	(-2.5%)	37.4	(-3.0%)	36.0	(-3.8%)	34.5	(-4.1%)
33 岡　山	110.0	110.5	(0.4%)	110.1	(-0.3%)	108.9	(-1.1%)	106.5	(-2.2%)	104.0	(-2.4%)
34 広　島	166.8	170.5	(2.2%)	172.0	(0.9%)	170.9	(-0.7%)	167.5	(-2.0%)	164.2	(-2.0%)
35 山　口	85.6	84.8	(-0.9%)	83.2	(-1.9%)	80.5	(-3.2%)	77.0	(-4.4%)	73.5	(-4.6%)
36 徳　島	44.5	43.9	(-1.3%)	43.1	(-1.9%)	41.9	(-2.8%)	40.1	(-4.2%)	38.2	(-4.8%)
37 香　川	64.6	64.4	(-0.3%)	63.8	(-0.8%)	62.6	(-1.9%)	60.8	(-2.9%)	58.8	(-3.3%)
38 愛　媛	80.6	80.0	(-0.8%)	79.0	(-1.3%)	77.0	(-2.5%)	74.0	(-3.8%)	71.0	(-4.1%)
39 高　知	36.2	35.4	(-2.4%)	34.3	(-3.0%)	33.0	(-3.8%)	31.4	(-5.1%)	29.7	(-5.3%)
40 福　岡	316.7	325.7	(2.8%)	331.5	(1.8%)	333.2	(0.5%)	330.4	(-0.9%)	325.6	(-1.4%)
41 佐　賀	53.3	53.5	(0.3%)	53.3	(-0.4%)	52.8	(-1.0%)	51.6	(-2.3%)	50.0	(-3.0%)
42 長　崎	81.0	80.5	(-0.7%)	79.5	(-1.2%)	77.7	(-2.3%)	74.7	(-3.8%)	71.1	(-4.8%)
43 熊　本	108.4	108.4	(0.0%)	107.4	(-0.9%)	105.7	(-1.6%)	102.9	(-2.6%)	99.6	(-3.2%)
44 大　分	57.5	57.5	(0.1%)	57.0	(-1.0%)	55.7	(-2.2%)	53.8	(-3.4%)	51.8	(-3.8%)
45 宮　崎	66.9	66.6	(-0.4%)	65.9	(-1.1%)	64.6	(-2.0%)	62.4	(-3.4%)	59.6	(-4.4%)
46 鹿児島	100.7	99.4	(-1.3%)	97.7	(-1.7%)	95.4	(-2.3%)	92.2	(-3.4%)	88.2	(-4.3%)
47 沖　縄	61.0	64.1	(5.2%)	66.4	(3.5%)	68.5	(3.1%)	69.9	(2.0%)	70.7	(1.2%)

出典：厚生労働省「令和２年患者調査」（2022年６月30日）、国立社会保障・人口問題研究所「日本の地域別将来推計人口」（2018年３月推計）を基に推計。

2 年齢別の将来患者数推計

前述の1と同様に、厚生労働省「令和２年患者調査」等を基に、年齢別に将来の患者数（１日当たり）を推計する。

年少人口（０～14歳人口）及び生産年齢人口（15～64歳人口）は、入院患者・外来患者ともに今後減少を続けると想定されている。前期高齢者人口（65～74歳人口）は、入院患者・外来患者ともに2030年まで減少を続け、2035年に増加に転じると予想される。後期高齢者人口（75歳以上人口）については、入院患者・外来患者ともに2030年まで増加を続け、以降減少に転じる見込みである。

（1）入院患者数（１日当たり・日本全国）

（単位：千人）

年齢	2015年	2020年	2025年	2030年	2035年	2040年
総数 前推計年比増減率	1,142.3 —	1,210.4 (6.0%)	1,279.3 (5.7%)	1,303.7 (1.9%)	1,290.1 (-1.0%)	1,273.8 (-1.3%)
年少人口(0~14歳) 前推計年比増減率	24.7 —	23.3 (-5.5%)	21.5 (-7.8%)	20.4 (-5.4%)	19.3 (-5.0%)	18.4 (-4.6%)
生産年齢人口 (15~64歳) 前推計年比増減率	291.0 —	279.4 (-4.0%)	276.2 (-1.1%)	273.1 (-1.1%)	259.4 (-5.0%)	233.4 (-10.0%)
前期高齢者人口 (65~74歳) 前推計年比増減率	240.3 —	241.2 (0.4%)	207.4 (-14.0%)	195.9 (-5.6%)	206.2 (5.3%)	226.9 (10.0%)
後期高齢者人口 (75歳~) 前推計年比増減率	586.3 —	666.4 (13.7%)	774.2 (16.2%)	814.4 (5.2%)	805.2 (-1.1%)	795.1 (-1.2%)

（2）外来患者数（１日当たり・日本全国）

（単位：千人）

年齢	2015年	2020年	2025年	2030年	2035年	2040年
総数 前推計年比増減率	6,936.0 —	7,054.2 (1.7%)	7,079.6 (0.4%)	7,036.6 (-0.6%)	6,921.9 (-1.6%)	6,799.2 (-1.8%)
年少人口(0~14歳) 前推計年比増減率	757.3 —	718.0 (-5.2%)	669.1 (-6.8%)	631.7 (-5.6%)	598.9 (-5.2%)	574.5 (-4.1%)
生産年齢人口 (15~64歳) 前推計年比増減率	2,830.1 —	2,728.0 (-3.6%)	2,679.5 (-1.8%)	2,612.7 (-2.5%)	2,475.9 (-5.2%)	2,255.9 (-8.9%)
前期高齢者人口 (65~74歳) 前推計年比増減率	1,542.4 —	1,533.3 (-0.6%)	1,313.8 (-14.3%)	1,256.9 (-4.3%)	1,344.7 (7.0%)	1,487.2 (10.6%)
後期高齢者人口 (75歳~) 前推計年比増減率	1,806.2 —	2,074.9 (14.9%)	2,417.2 (16.5%)	2,535.2 (4.9%)	2,502.4 (-1.3%)	2,481.7 (-0.8%)

出典：厚生労働省「令和２年患者調査」（2022年６月30日）、国立社会保障・人口問題研究所「日本の地域別将来推計人口」（2018年３月推計）を基に推計。

3 傷病別の将来患者数推計

さらに、厚生労働省「令和２年患者調査」等を基に、傷病別に将来の患者数（１日当たり）を推計し、実数が多い傷病の上位10位までをみると、入院患者は、ほぼ全ての傷病で2030年まで増加し、以降減少する。外来患者は、「消化器系の疾患」、「健康状態に影響を及ぼす要因及び保健サービスの利用」、「呼吸器系の疾患」、「損傷、中毒及びその他の外因の影響」は、2015年以降、減少傾向にある。また、「内分泌、栄養及び代謝疾患」、「筋骨格系及び結合組織の疾患」及び「循環器系の疾患」は2030年まで増加し、以降減少する見込みである。

（1）入院患者数

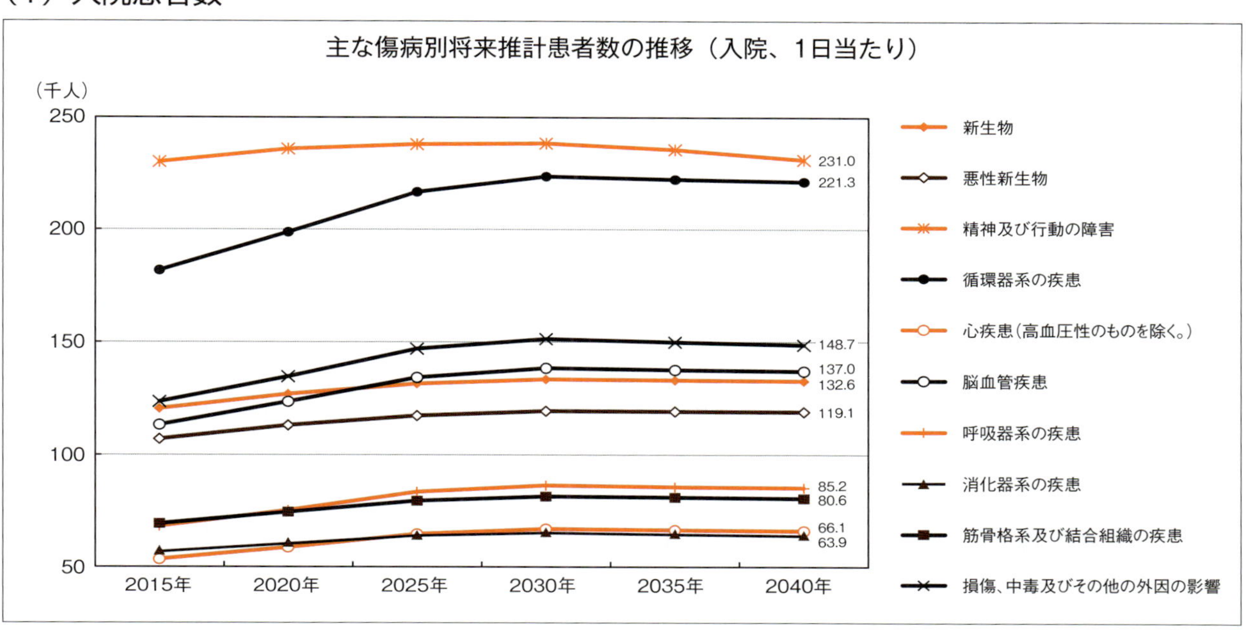

（2）外来患者数

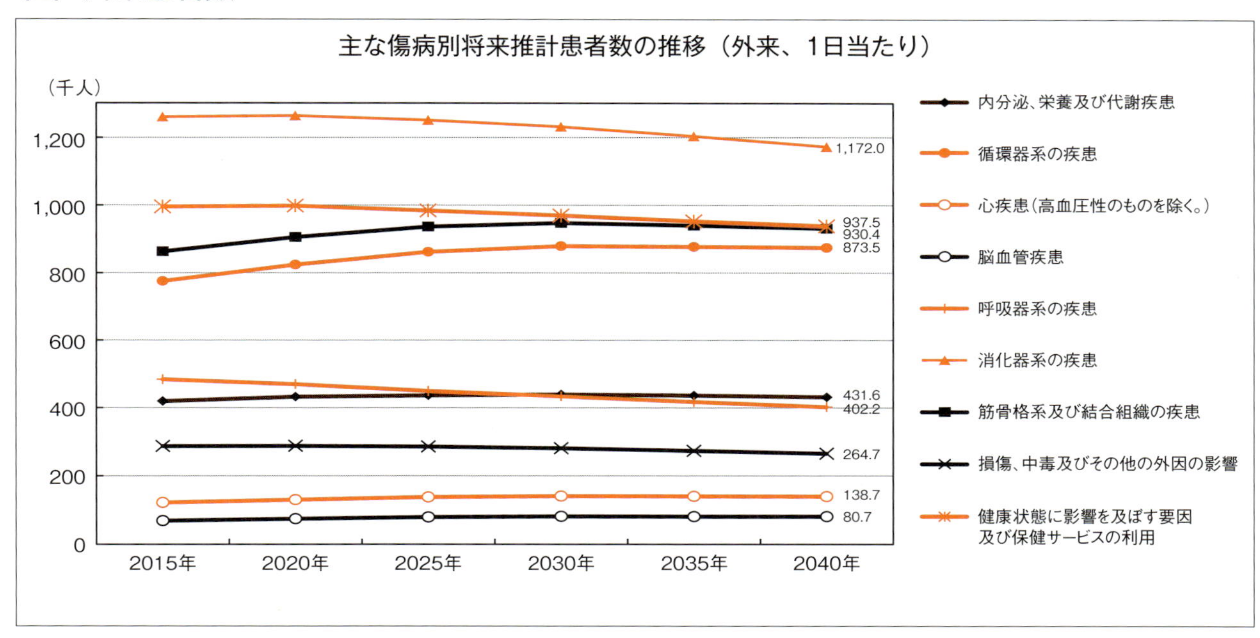

出典：厚生労働省「令和２年患者調査」（2022年６月30日）、国立社会保障・人口問題研究所「日本の地域別将来推計人口」（2018年３月推計）より集計。

■ 将来患者数の推計方法

前述の都道府県別、年齢別及び傷病別の将来患者数は、それぞれ厚生労働省「令和２年患者調査」と国立社会保障・人口問題研究所「日本の地域別将来推計人口」（2018年３月推計）に掲載されている以下のデータを掛け合わせることにより推計したものである。ただし、受療率は調査時点のものであり、今後の在院日数短縮化等による受療率の将来変化は反映していない。

〔都道府県別・年齢別〕

- 患者調査
  「都道府県編報告書第６表　受療率（人口10万対），入院－外来・施設の種類×性・年齢階級（10歳）×都道府県別」

- 日本の地域別将来推計人口
  「３．男女・年齢（５歳）階級別の推計結果」

〔疾病別〕

- 患者調査
  （入院の場合）
  「都道府県編閲覧表33（その2）　受療率（人口10万対）、性・年齢階級（10歳）×傷病大分類×入院－外来・都道府県別（入院）」
  （外来の場合）
  「都道府県編閲覧表33（その3）　受療率（人口10万対）、性・年齢階級（10歳）×傷病大分類×入院－外来・都道府県別（外来）」

- 日本の地域別将来推計人口
  「３．男女・年齢（５歳）階級別の推計結果」

【参考文献】

・厚生労働省「令和２年患者調査」（2022年６月30日）
・国立社会保障・人口問題研究所「日本の地域別将来推計人口」（2018年３月推計）

9 自治体立病院の経営状況と連携状況

1 医療機関経営の現状

（1）経営主体別の病院数・一般診療所数・病床数（2020年10月１日現在）

全病院数に占める割合は公営病院が約19％、私営病院が約81％となっている。公営病院に含まれる自治体立病院数は全病院数の約11％（公営病院の約59％）である。また、全一般診療所数に占める割合は公営診療所が約４％、私営診療所が約96％となっており、公営診療所の割合は低い。

	病院				一般診療所			
	数	構成比	病床数	構成比	数	構成比	病床数	構成比
国全体	8,238	100.0%	1,507,526	100.0%	102,612	100.0%	86,046	100.0%
公営医療機関	1,569	19.0%	449,738	29.8%	4,503	4.4%	4,553	5.3%
国	321	3.9%	125,219	8.3%	537	0.5%	2,155	2.5%
公的医療機関	1,199	14.6%	309,255	20.5%	3,523	3.4%	2,398	2.8%
自治体	918	11.1%	217,956	14.5%	3,196	3.1%	2,325	2.7%
都道府県	200	2.4%	52,516	3.5%	267	0.3%	176	0.2%
市町村	609	7.4%	123,213	8.2%	2,892	2.8%	2,132	2.5%
地方独立行政法人	109	1.3%	42,227	2.8%	37	0.0%	17	0.0%
その他	281	3.4%	91,299	6.1%	327	0.3%	73	0.1%
社会保険関係団体	49	0.6%	15,264	1.0%	443	0.4%	-	-
私営医療機関	6,669	81.0%	1,057,788	70.2%	98,109	95.6%	81,493	94.7%
医療法人	5,687	69.0%	840,312	55.7%	44,219	43.1%	66,065	76.8%
個人	156	1.9%	14,545	1.0%	40,310	39.3%	14,172	16.5%
その他	826	10.0%	202,931	13.5%	13,580	13.2%	1,256	1.5%

（注）１．公営医療機関のその他は、日赤、済生会、北海道社会事業協会、厚生連、国民健康保険団体連合会。
２．私営医療機関のその他は、公益法人、私立学校法人、社会福祉法人、医療生協、会社等。
出典：厚生労働省「令和２年（2020）年医療施設（静態・動態）調査（令和２年10月１日現在概数）」（2022年２月28日）を基に作成。

（2）自治体立病院の経営状況
（医業・介護収益に占める介護収益の割合が２％未満の一般病院、１施設・１か月当たり、千円）

経営主体別の経営状況を比較すると、医療法人（私立）では医業収支差額がわずかにプラス（黒字）となっている一方で、国立と公立（自治体立）は大きくマイナス（赤字）となっている。

	全体		うち医療法人（私立）		うち国立		うち公立（自治体立）	
	金額	比率	金額	比率	金額	比率	金額	比率
医業収益	301,232	99.9%	150,775	99.8%	505,547	99.9%	364,722	99.9%
入院収益	204,196	67.7%	108,148	71.6%	339,754	67.2%	236,876	64.9%
外来収益	82,884	27.5%	36,682	24.3%	137,292	27.1%	112,972	30.9%
その他	14,151	4.7%	5,946	3.9%	28,500	5.6%	14,874	4.1%
介護収益	413	0.1%	292	0.2%	257	0.1%	355	0.1%
医業・介護費用	309,676	102.7%	150,908	99.9%	552,088	109.2%	443,306	121.4%
給与費	168,123	55.7%	87,297	57.8%	276,830	54.7%	232,761	63.8%
医薬品費	37,585	12.5%	13,116	8.7%	94,645	18.7%	55,198	15.1%
給食用材料費	2,191	0.7%	1,709	1.1%	4,195	0.8%	1,503	0.4%
診療材料費等	28,364	9.4%	12,430	8.2%	51,104	10.1%	40,467	11.1%
設備関係費	12,179	4.0%	7,571	5.0%	25,661	5.1%	13,800	3.8%
経費	16,929	5.6%	9,838	6.5%	27,400	5.4%	19,211	5.3%
委託費	20,171	6.7%	8,700	5.8%	36,598	7.2%	37,884	10.4%
減価償却費	17,236	5.7%	6,208	4.1%	31,114	6.2%	29,033	8.0%
その他	6,900	2.3%	4,039	2.7%	4,541	0.9%	13,449	3.7%
医業収支差額	-8,031	-2.7%	159	0.1%	-46,284	-9.2%	-78,229	-21.4%
その他の医業・介護関連収益	17,042	5.6%	7,062	4.7%	91,154	18.0%	114,193	31.3%
その他の医業・介護関連費用	8,187	2.7%	3,350	2.2%	6,112	1.2%	18,336	5.0%
総収支差額	824	0.3%	3,871	2.6%	38,758	7.7%	17,628	4.8%
対象施設数	848		410		18		140	
平均病床数	184		128		306		212	

（注）１．医業収益のその他：保健予防活動収益、医療相談収益等
２．経費：福利厚生費、消耗品費、租税公課等
３．医業・介護費用のその他：研究研修費等
４．その他の医業・介護関連収益：受取利息・配当金、有価証券売却益・負担金等
５．その他の医業・介護関連費用：支払利息、有価証券売却損等
６．国立：国、独立行政法人国立病院機構、国立大学法人、独立行政法人労働者健康安全機構、国立高度専門医療研究センター、独立行政法人地域医療機能推進機構
出典：中央社会保険医療協議会「医療経済実態調査」（2021年11月）を基に作成。

2 自治体立病院の経営改革

(1) 持続可能な地域医療提供体制を確保するための公立病院経営強化ガイドライン

公立病院は、これまで再編･ネットワーク化、経営形態の見直しなどに取り組んできたが、医師･看護師等の不足、人口減少･少子高齢化に伴う医療需要の変化等により、依然として、持続可能な経営を確保しきれない病院も多い。また、コロナ対応に公立病院が中核的な役割を果たし、感染症拡大時の対応における公立病院の果たす役割の重要性が改めて認識されるとともに、病院間の役割分担の明確化・最適化や医師・看護師等の確保などの取組を平時から進めておく必要性が浮き彫りとなった。

今後、医師の時間外労働規制への対応も迫られるなど、さらに厳しい状況が見込まれる。持続可能な地域医療提供体制を確保するため、限られた医師・看護師等の医療資源を地域全体で最大限効率的に活用するという視点を最も重視し、新興感染症の感染拡大時等の対応という視点も持って、公立病院の経営を強化していくことが重要である。

出典：総務省「持続可能な地域医療提供体制を確保するための公立病院経営強化ガイドライン」(2022年３月29日) を基に作成。

(2) これまでの公立病院改革への取組状況

以下では、2015年３月末に公表された新たな公立病院改革ガイドラインにより、これまで公立病院が取り組んできた「経営の効率化」、「再編･ネットワーク化」、「経営形態の見直し」の状況について概観する。

① 経営の効率化

次の表は、総務省が公立病院897病院に対して行った「新公立病院改革プラン等の取組状況調査」(令和３年３月末時点) において、令和元年度決算が経常黒字の313病院のうち、３割以上の病院が選択した項目を取組病院が多い順に並べたものである。(複数回答可)

	取組内容
①	医師、看護師等の医療従事者の確保
②	患者サービスの向上
③	紹介率、逆紹介率の向上
④	診療報酬の請求漏れ・施設基準の届出漏れの点検
⑤	職員の経営意識向上のための会議・研修等の実施
⑥	委託業務の効率化
⑦	未収金の管理強化
⑧	医療機能・診療科の見直しによる診療報酬の確保・費用の適正化
⑨	競争入札の導入
⑩	施設・設備整備費等の抑制
⑪	薬剤、医療材料等の共同購入
⑫	長期契約の導入

出典：総務省「持続可能な地域医療提供体制を確保するための公立病院経営強化ガイドライン」(2022年３月29日) を基に加工。

また、これまでの経営の効率化への取組状況について、経常収支比率（医業費用、医業外費用に対する医業収益、医業外収益の割合）と修正医業収支比率（医業費用に対する他会計負担金等を除いた医業収益の割合）の推移をみると、両比率とも平成24年度までは上昇しているが、平成25年度以降は低下ないし横ばい傾向にある。

なお、令和２年度については、新型コロナウイルス感染症に対応した財政支援により経常収支比率は大幅に上昇したが、修正医業収支比率は大幅に低下している。

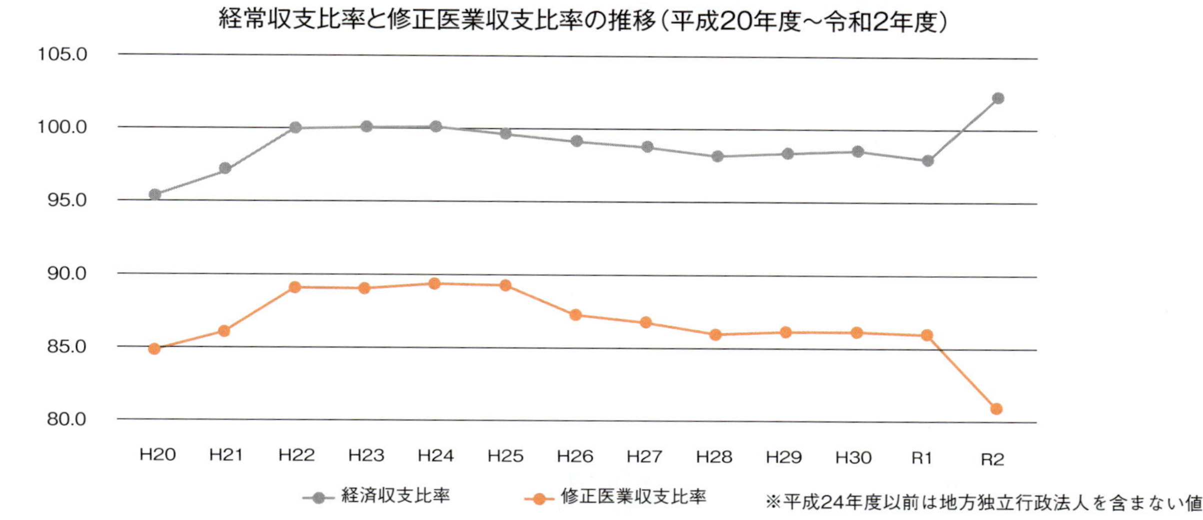

	H20	H21	H22	H23	H24	H25	H26	H27	H28	H29	H30	R1	R2
経常収支比率	95.5	97.3	100.1	100.2	100.3	99.8	99.3	98.9	98.3	98.5	98.7	98.1	102.4
修正医業収支比率	85.1	86.3	89.3	89.3	89.6	89.5	87.5	87.0	86.2	86.4	86.3	86.2	81.2

出典：総務省「持続可能な地域医療提供体制を確保するための公立病院経営強化ガイドライン」（2022年３月29日）を基に加工。

(2) 再編・ネットワーク化

医師不足等の中、再編・ネットワーク化も医療サービスの継続的提供に当たっての一つの選択肢である。策定済みの新公立病院改革プランに記載されている病院統合･再編等のうち、今後予定されている計画の最新状況を以下にまとめた。

都道府県名	団体名	再編前	再編後
青森県	概要：津軽地域において、弘前市立病院と国立病院機構弘前病院の機能統合を行い、黒石病院、大鰐病院、板柳中央病院について病床規模の見直しや回復期・慢性期機能への転換により機能分化を進める予定。		
青森県	弘前市 黒石市 大鰐町 板柳町	（2019年度） 弘前市立病院(250床) 国立病院機構弘前病院(342床) 黒石病院(257床) 大鰐病院(30床) 板柳中央病院(80床)	（2022年度予定） 弘前総合医療センター(仮称)（450床程度） ※独立行政法人国立病院機構による運営 黒石病院（257床） 大鰐病院（19床）(有床診療所化) 板柳中央病院(80床)
青森県	概要：旧プランにおいて、医療圏内の複数病院の病床機能を順次再編。新プランにおいても更なる病床機能の見直しにより機能分化を進める予定。		
青森県	五所川原市 つがる市 鰺ヶ沢町 深浦町 鶴田町 中泊町	（2008年度） 五所川原市立西北中央病院（416床） 公立金木病院（176床） 鰺ヶ沢町立中央病院（140床） つがる市成人病センター（92床） 鶴田町立中央病院（130床） → （2014年度） （つがる西北五広域連合） つがる総合病院（438床） かなぎ病院（100床） 鰺ヶ沢病院（100床） つがる市民診療所（無床） 鶴田診療所（無床）	検討中 （2025年度までの予定） （つがる西北五広域連合） つがる総合病院（438床） かなぎ病院（60床） 鰺ヶ沢病院（60床） つがる市民診療所（無床） 鶴田診療所（無床）
山形県	概要：米沢市立病院と三友堂病院（民間）の機能分化・医療連携について、2019年3月に両病院の基本計画を策定。同一敷地内に一体的な建物として両病院を建設し、同時開院することとし、2021年夏頃着工予定。2021年1月に厚生労働省の重点支援地域に選定。地域医療連携推進法人の枠組みの中で両病院の連携を進める予定。米沢市立病院は、地方独立行政法人化も検討。三友堂リハビリテーションセンターは、三友堂病院に集約化。		
山形県	米沢市	（2019年度） 米沢市立病院（322床） 三友堂病院（187床） 三友堂リハビリテーションセンター（120床）	（2023年度） 米沢市立病院（263床程度） 三友堂病院（199床）
山形県	概要：基幹病院である公立置賜総合病院の病床規模を適正化するとともに、サテライト医療施設である公立置賜南陽病院を改築し、回復期機能を強化。またサテライト医療施設である公立置賜長井病院の精神病床を、基幹病院に集約化し、基幹病院におけるリエゾン機能を強化。長井病院は改築に合わせて地域医療連携・在宅医療機能を強化する予定。		
山形県	置賜広域 病院企業団	（2019年度） 公立置賜総合病院（520床（一般496・精神46）） ※2018年7月一般病床26床を精神病床に転換 公立置賜南陽病院（50床（一般50） 公立置賜長井病院（50床（一般50） ※　2019年3月精神科病床60床削減	（2022年度） 公立置賜総合病院（496床（一般446・精神46）） 公立置賜南陽病院（50床（うち一般50）） 公立置賜長井病院（50床（うち一般50）） ※新病院R4開院予定
千葉県	概要：身体・精神合併症患者等の受入体制の向上や災害時の包括的な医療提供体制の強化などを図るため、施設の老朽化・狭隘化が進む県救急医療センターと県精神科医療センターを「（仮称）千葉県総合救急災害医療センター」として統合。2023年度開院予定		
千葉県	千葉県	（2019年度） 県救急医療センター（100床） 県精神科医療センター（50床）	（2023年度予定） (仮称)千葉県総合救急災害医療センター(150床)
新潟県	概要：燕労災病院を県立化（2018年4月に県へ移譲）したうえで、厚生連三条総合病院と統合するとともに、公立・公的5病院（燕労災病院、厚生連三条総合病院、県立加茂病院、県立吉田病院、済生会三条病院）の急性期機能を集約し、県央基幹病院を設立。		
新潟県	新潟県	（2019年度） 燕労災病院（300床） 厚生連三条総合病院（199床）	（2023年度予定） 県央基幹病院（400床）
岐阜県	概要：土岐市立総合病院と瑞浪市に所在する東濃厚生病院（ＪＡ岐阜厚生連）の医療機能を統合し、400床程度の新病院の整備を検討する。統合までの間はＪＡ岐阜厚生連を指定管理者として経営統合する。		
岐阜県	土岐市	（2017年度） 土岐市立総合病院（350床） 東濃厚生病院（270床）	検討中

<table>
<tr><th>都道府県名</th><th>団体名</th><th>再編前</th><th>再編後</th></tr>
<tr><td rowspan="2">愛知県</td><td colspan="3">概要：診療統合及び経営統合の協議をした結果、両市長が「半田市と常滑市の病院経営統合に関する基本協定書」及び「半田市と常滑市の病院経営統合に関する実施協定書」を締結した（2021年2月）。その中で、両市は、「知多半島総合医療機構」を仮称とする地方独立行政法人を、2025年4月を目標に、共同で設立することを決定した。</td></tr>
<tr><td>半田市
常滑市</td><td>（2019年度）
半田病院（499床）
常滑市民病院（265床）</td><td>（2025年度予定）
半田病院（416床）
常滑市民病院（265床）</td></tr>
<tr><td rowspan="2">滋賀県</td><td colspan="3">概要：2025年1月に県立小児保健医療センターを県立総合病院と同敷地へ移転建替すると同時に、両病院を統合することによって、より効果的かつ効率的な診療・看護体制を図る。</td></tr>
<tr><td>滋賀県</td><td>（2019年度）
県立総合病院（535床）
県立小児保健医療センター（100床）</td><td>（2024年度予定）
県立総合病院（603床）</td></tr>
<tr><td rowspan="2">大阪府</td><td colspan="3">概要：泉大津市立病院と社会医療法人生長会府中病院の高度急性期・急性期機能を統合した（仮称）新泉大津市立病院を建設し、令和6年度中の開院（運営は指定管理）を予定。現泉大津市立病院は、周産期医療、小児医療に特化し、府中病院からも機能の集約化を図ることで、（仮称）小児・周産期センターとするとともに、府中病院については、急速な高齢化に伴い必要性が高まる回復期医療と地域包括ケアの中心的役割を担う予定。
また、これらの医療機関の機能統合、再編・ネットワーク化を円滑に進めるとともに、再編後における緊密な連携強化を図るため、地域医療連携推進法人の設立に着手する。</td></tr>
<tr><td>泉大津市</td><td>（2019年度）
泉大津市立病院（230床）
社会医療法人生長会・府中病院（380床）</td><td>（2024年度予定）
(仮称）新泉大津市立病院（300床）
(仮称）小児・周産期センター（82床）
社会医療法人生長会・府中病院（167床）</td></tr>
<tr><td rowspan="10">兵庫県</td><td colspan="3">概要：県立姫路循環器病センターと社会医療法人製鉄記念広畑病院について、2022年度に新病院に統合・再編する予定。</td></tr>
<tr><td>兵庫県</td><td>（2019年度）
県立姫路循環器病センター（330床）
製鉄記念広畑病院（392床）</td><td>（2022年度予定）
（仮称）県立はりま姫路総合医療センター（736床）</td></tr>
<tr><td colspan="3">概要：県立西宮病院と西宮市立中央病院について、2025年度に県を経営主体とする新病院に統合・再編する予定。</td></tr>
<tr><td>兵庫県
西宮市</td><td>（2017年度）
県立西宮病院（400床）
西宮市立中央病院（257床）</td><td>（2025年度予定）
統合再編病院（552床）</td></tr>
<tr><td colspan="3">概要：市立伊丹病院と公立学校共済組合近畿中央病院の2つの急性期医療を担う基幹病院を統合し、圏域内で不足する高度急性期医療を提供できる医療提供体制を構築する。</td></tr>
<tr><td>伊丹市</td><td>（2019年度）
市立伊丹病院（414床）
公立学校共済組合近畿中央病院（445床）</td><td>（2025年度予定）
（仮称）伊丹市立伊丹総合医療センター（602床）</td></tr>
<tr><td colspan="3">概要：市立川西病院と医療法人協和会協立病院について新病院に統合再編する。2019年4月から、市立川西病院は、医療法人協和会を指定管理者として運営している。</td></tr>
<tr><td>川西市</td><td>（2019年度）
市立川西病院（250床）
医療法人協和会協立病院（313床）</td><td>（2020年度予定）
川西市立総合医療センター（405床）</td></tr>
<tr><td colspan="3">概要：基幹病院である豊岡病院への急性期医療の更なる集約化と基幹病院以外の医療施設（日高医療センター・出石医療センター）の回復期医療への転換・充実を図る。</td></tr>
<tr><td>公立豊岡
病院組合</td><td>（2019年度）
公立豊岡病院組合（518床）
公立日高医療センター（99床）
公立豊岡病院出石医療センター（55床）</td><td>（2022年度予定）
公立豊岡病院組合（528床）
公立日高医療センター（43床）
公立豊岡病院出石医療センター（55床）</td></tr>
<tr><td rowspan="2">広島県</td><td colspan="3">概要：広島市立安佐市民病院について建替えに伴い、救命救急機能や高度専門医療の充実強化を図るとともに、新設する安佐医師会病院（仮称）に回復期機能を集約させるなど、圏域の公立・公的病院の機能分化と連携（ネットワーク）を進める予定。</td></tr>
<tr><td>広島県
広島市
安芸高田市
安芸太田町
北広島町</td><td>（2019年度）
広島市立安佐市民病院（527床）
厚生連吉田総合病院（340床）
安芸太田町安芸太田病院（149床）
北広島町豊平病院（44床）</td><td>（2022年度予定）
広島市立北部医療センター安佐市民病院（434床）
（仮称）安佐医師会病院（102床）
厚生連吉田総合病院（311床）
安芸太田町安芸太田病院（149床）
北広島町豊平診療所（無床）</td></tr>
</table>

都道府県名	団体名	再編前	再編後
岡山県	概要：地域の医療連携の拠点として安定的かつ持続的な医療の提供を行っていくため、地方独立行政法人制度の下、玉野市民病院（公立）と玉野三井病院（民間）を統合し、新病院を2024年度に整備する予定。		
	玉野市	（2019年度） 玉野市民病院（199床） 玉野三井病院（110床） → （2021年度） （地独）玉野医療センター 玉野市民病院（199床） 玉野三井病院（110床）	→ （2024年度） （地独）玉野医療センター 新病院（190床）
山口県	概要：下関医療圏地域医療構想調整会議（2017年4月）の中間報告として「2025年に求められる病院の規模として、高度急性期・急性期に特化した病床数500床以上の規模の基幹病院が複数あること、また、現在二次救急医療を担っている市民病院、関門医療センター、済生会下関総合病院、下関医療センターの4病院は段階的に再編を進めること」が示されており、2025年度までの段階的な再編について検討される予定。		
	下関市	（2019年度） 下関市立市民病院（436床） 関門医療センター（400床） 済生会下関総合病院（373床） 下関医療センター（315床）	→ **検討中**
	概要：萩医療圏域において持続可能な医療体制を提供し続けるため、萩市民病院（公立）と都志見病院（民間）を統合して中核病院の形成を検討する。経営形態、統合時期、病床数について、2021年11月までに方針を定める予定。		
	萩市	（2019年度） 萩市民病院（100床） 都志見病院（234床）	→ **検討中**
香川県	概要：高松市民病院と香川病院を移転統合して新病院を整備し、急性期機能を集約。塩江病院はその附属医療施設とすることにより、山間部唯一の医療機関として、多様な病態の初期医療に対応するほか、在宅療養を支援するなど病床機能の統合・分化を段階的に進める。		
	高松市	（2010年度） 高松市民病院（417床） 香川診療所　（無床） 塩江分院（87床） → （2018年度） 高松市立みんなの病院（305床） 塩江分院（87床）	→ （2025年度予定） 高松市立みんなの病院（305床） 附属医療施設（無床） （新施設（診療所）の開院）
愛媛県	概要：西予市民病院に休日・夜間の二次救急機能を集約するとともに、野村病院では一般病床数を減床、市民病院では療養病床から一般病床に一部を転換し、回復期病床、または地域包括ケア病床等に機能分化を進める。また、療養病床については、介護医療院（市立病院併設型）への転換等についても検討し対応する。そのほか、市内開業医との連携や両市立病院、3次救急医療機関と連携を強化するため、地域医療（診療）連携システムを2020年度中に構築する予定。		
	西予市	（2019年度） 西予市民病院（154床） 西予市立野村病院（109床）	→ （2022年度予定） 西予市民病院（154床） 西予市立野村病院（70床）
佐賀県	概要：小城市民病院と多久市立病院を統合し、2025年度に新病院を開院する予定。		
	小城市 多久市	（2019年度） 小城市民病院（99床） 多久市立病院（105床）	→ （2025年度予定） 新病院（140床）
沖縄県	概要：2020年7月、沖縄県、北部12市町村及び北部地区医師会は、県立北部病院と北部地区医師会病院を統合し、新たに公立北部医療センターを整備することに合意した。公立北部医療センターは、北部医療圏で唯一の高度急性期及び急性期医療を担う病院となる。現在、公立北部医療センター整備協議会を設置し、整備に向けた協議を進めている。（県及び北部12市町村等が設置する一部事務組合が設置者となり、県及び北部12市町村等が設立する財団法人が指定管理する）		
	沖縄県	（2019年度） 県立北部病院（327床） 北部地区医師会病院（236床） ※北部地区医師会附属病院が 北部地区医師会病院と統合（2019年8月）	→ （2026年度予定） 公立北部医療センター（450床程度）

出典：総務省「策定済の新公立病院改革プランにおける再編・ネットワーク化の状況（令和3年3月末時点）」（2022年3月）を基に加工。
なお、令和2年度末時点の再編・ネットワーク化の実績は193病院となっており、実施中（枠組合意）が60病院となっている。

■これまでの公立病院改革における再編・ネットワーク化の実績

	H20～H26実績	H27～R2実績	合計	【参考】 実施中 （枠組合意）
再編・ネットワーク化 関連病院数	126公立病院	67公立病院	193公立病院	60公立病院

出典：総務省「持続可能な地域医療提供体制を確保するための公立病院経営強化ガイドライン」（2022年3月29日）を基に加工。

(3) 経営形態の見直し

経営改革を考える上で想定される経営形態としては、以下のとおり「地方独立行政法人化(非公務員型)」「指定管理者制度」「地方公営企業法全部適用」「事業形態の見直し」がある。

	概要	留意点等
地方独立行政法人化(非公務員型)	地方独立行政法人法の規定に基づき、地方独立行政法人を設立し経営を譲渡するもの。例えば、予算・財務・契約、職員定数・人事・給与などの面でより自律的・弾力的な経営が可能となり、権限と責任の明確化に資することが期待される。	設立団体からの職員派遣は段階的に縮減を図る等、実質的な自律性の確保に配慮することが適当である。
指定管理者制度	法人その他の団体であって当該普通地方公共団体が指定するものに、公の施設の管理を行わせる制度であり、民間の医療法人等(日本赤十字社等の公的医療機関、大学病院、社会医療法人等を含む。)を指定管理者として指定することで、民間的な経営手法の導入が期待されるものである。	①適切な指定管理者の選定に特に配意すること、②提供されるべき医療の内容、委託料の水準等、指定管理者に係る諸条件について事前に十分に協議し相互に確認しておくこと、③病院施設の適正な管理が確保されるよう、地方公共団体においても事業報告書の徴取、実地の調査等を通じて、管理の実態を把握し、必要な指示を行うこと、④医師・看護師等の理解を得ながら進めること、等が求められる。
地方公営企業法全部適用	病院事業に対し、財務規定等のみならず、地方公営企業法の規定の全部を適用するものである。これにより、事業管理者に対し、人事・予算等に係る権限が付与され、より自律的な経営が可能となることが期待される。	比較的取り組みやすい反面、経営の自由度拡大の範囲は、地方独立行政法人化に比べて限定的であり、また、制度運用上、事業管理者の実質的な権限と責任の明確化を図らなければ、民間的経営手法の導入が不徹底に終わる可能性がある。このため、所期の効果が達成されない場合には、地方独立行政法人化など、更なる経営形態の見直しに向け直ちに取り組むことが適当である。
事業形態の見直し	地域において果たすべき役割・機能を改めて見直した結果、当該役割・機能を将来にわたって持続可能なものとする観点から、民間譲渡又は診療所、介護医療院、介護老人保健施設などへの転換を図るものである。	民間譲渡に当たっては、当該病院が担っている不採算・特殊部門等の医療について、譲渡後相当期間の継続を求めるなど、地域医療提供体制の確保の面から譲渡条件等について譲渡先との十分な協議が必要である。

出典:総務省「持続可能な地域医療提供体制を確保するための公立病院経営強化ガイドライン」(2022年3月29日)を基に作成。

次に、令和２年度末時点の公立病院の経営形態をみると、全部適用が最も多く、次いで一部適用、地方独立行政法人、指定管理者の順となっている。また、病床規模別でみると、100床未満では一部適用が最も多くなっているが、その他は全て全部適用が最も多くなっている。

令和２年度末時点の経営形態の見直し状況

公立病院の経営形態（全体）

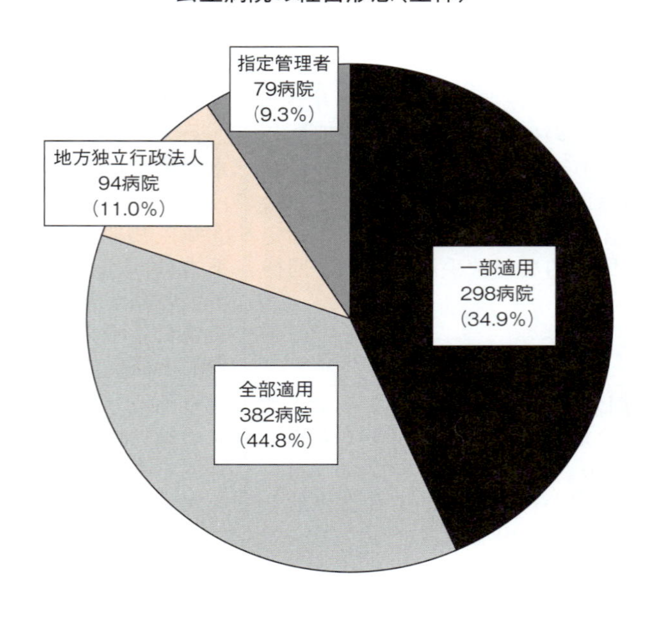

公立病院の経営形態（病床規模別）

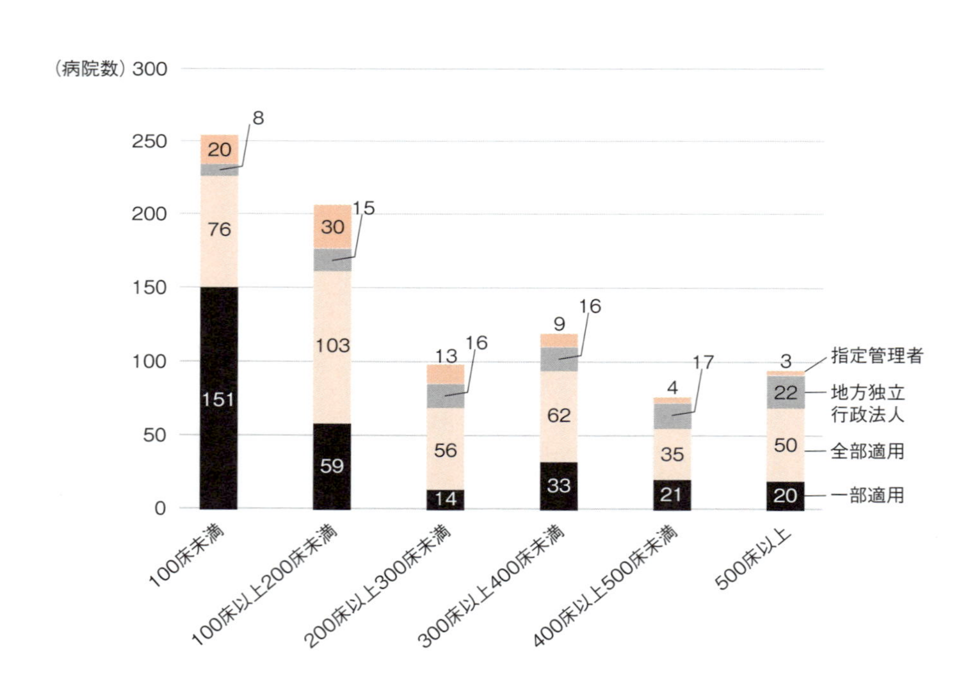

出典：総務省「持続可能な地域医療提供体制を確保するための公立病院経営強化ガイドライン」（2022年3月29日）

3 重点的支援地域について

（1）重点的支援地域とは

「経済財政運営と改革の基本方針2019」（令和元年６月21日閣議決定）において、全ての公立・公的医療機関等にかかる地域医療構想の実現に向けた具体的対応方針について、2025年に達成すべき医療機能の再編、病床数等の適正化に沿ったものとなるよう、重点支援区域の設定を通じて国による助言や集中的な支援を行うこととされた。

具体的には、都道府県は、当該区域の地域医療構想調整会議で申請を行う旨の合意を得たうえで「重点支援区域」申請を行い、これを受け厚生労働省が複数回選定する。ただし、重点支援区域の申請や選定自体が医療機能再編等の方向性を決めるものではなく、選定された後も医療機能再編等の結論について、あくまでも地域医療構想調整会議の自主的な議論によるものであることに留意が必要である。

（2）支援の内容

重点支援区域に対しては、国による技術的支援、財政的支援が行われる。

① 技術的支援
- ・地域の医療提供体制や、医療機能再編等を検討する医療機関に関するデータ分析
- ・関係者との意見調整の場の開催　等

② 財政的支援
- ・地域医療介護総合確保基金の優先配分
- ・病床機能の再編支援を一層手厚く実施

（3）優先して選定する事例について

以下の事例を有する区域については、医療機能再編等を進める上で論点が多岐に渡ると想定されるため、優先して「重点支援区域」に選定する。（再検証対象医療機関が含まれる医療機能再編事例かどうかは優先順位に影響しない。）
- ・複数設置主体による医療機能再編等を検討する事例
- ・できる限り多数の病床数を削減する統廃合を検討する事例
- ・異なる大学病院等から医師派遣を受けている医療機関の機能再編等を検討する事例
- ・人口規模や関係者の多さ等から、より困難が予想される事例

（4）これまでの選定区域（11道県14区域）

① １回目（令和２年１月31日）に選定した重点支援区域
- ・宮城県（仙南区域、石巻・登米・気仙沼区域）
- ・滋賀県（湖北区域）
- ・山口県（柳井区域、萩区域）

② ２回目（令和２年８月25日）に選定した重点支援区域
- ・北海道（南空知区域、南檜山区域）
- ・新潟県（県央区域）
- ・兵庫県（阪神区域）
- ・岡山県（県南東部区域）
- ・佐賀県（中部区域）
- ・熊本県（天草区域）

③ ３回目（令和３年１月22日）に選定した重点支援区域
- ・山形県（置賜区域）
- ・岐阜県（東濃区域）

④ ４回目（令和３年12月３日）に選定した重点支援区域

・新潟県（上越構想区域、佐渡構想区域）

・広島県（尾三構想区域）

⑤ ５回目（令和４年４月27日）に選定した重点支援区域

・山口県（下関構想区域）

出典：第31回地域医療構想に関するワーキンググループ「地域における取組状況（重点支援区域）について」（2021年２月12日）、厚生労働省ホームページ「報道発表資料」（2021年12月３日、2022年４月27日）

4 自治体立病院に係る地方財政措置

公立病院経営強化の推進にあたり、「公立病院経営強化プラン」の策定が求められているが、このうち財政措置に関する部分等について、2022年４月１日に総務省より「公立病院経営強化の推進に係る財政措置等の取扱いについて（通知）」が発出されており、その概要は次のとおりである。

（1）機能分化・連携強化に伴う施設・設備の整備に係る措置

機能分化・連携強化に伴う公立病院の施設・設備の整備費について、病院事業債（特別分）を措置し、その元利償還金の３分の２を一般会計からの繰入れ対象とするとともに、当該病院事業債（特別分）の元利償還金の40％について普通交付税措置を講じる。

（2）新たな経営主体の設立等に際しての出資に係る措置

機能分化・連携強化に伴う新たな一部事務組合、広域連合又は地方独立行政法人（以下「一部事務組合等」という。）の設立又は既存の一部事務組合等への参画に際し、病院の経営基盤を強化し、健全な経営を確保するために行う一部事務組合等への出資（当該一部事務組合等が構成団体の病院事業会計から継承する不良債務の額を限度とする。）について、病院事業債（一般会計出資債）を措置する。

（3）施設の除却等に係る措置

機能分化・連携強化に伴う公立病院の医療提供体制の見直しにより不要となる病棟等施設の除却等に要する経費の財源に充てるため、一般会計からの繰出金の額の一部に0.5を乗じた額について、特別交付税措置を講じる。措置の対象となる繰出金の額は、建物の除却又は売却等に伴い現に支出する額及び解体撤去費に相当する額とする。ただし、建物の除却又は売却等に伴い現に支出する額からは土地・建物売却代金又は不動産評価額のうちいずれか大きい額及び病床削減に伴う普通交付税措置（予定）額を控除する。

（4）医師派遣等に係る財政措置

医師等の確保が困難である地域等の医療提供体制を確保するため、都道府県が地域医療構想や医師確保計画等との整合性を確認した経営強化プランに記載された医師・看護師等の派遣や派遣受入れのうち、令和９年度までに行われる公立病院の医師派遣等に要する経費について、医師等を派遣する医療機関及び医師等の派遣を受け入れる医療機関に係る特別交付税措置を講じる。

（5）その他の財政措置の見直し等

① 施設整備費に係る病院事業債の元利償還金に対する地方交付税措置

施設整備費に係る病院事業債（病院事業債（特別分）を含む。）については、建物の建築単価が１㎡当たり40万円以下の部分に相当する額に係る元利償還金について地方交付税措置を講じる。

② 他用途への転用に伴う経費に係る措置

施設の他用途への転用に際しては、既往地方債の繰上償還措置が必要な場合に借換債を措置するとともに、経過年数が10年以上の施設等の財産処分である場合には従来の元利償還金に対する普通交付税措置を継続する。

③ 退職手当の支給に要する経費に係る措置

指定管理者制度の導入等に際し必要となる退職手当の支給に要する経費について、退職手当債による措置の対象とする。

④ 病床数に応じた普通交付税算定の特例
最大使用病床の減少に伴う算定額の減少について、変動を緩和する算定を行うとともに、機能分化・連携強化等に伴う許可病床の削減が行われた場合、病床削減により必要となる経費を加算する措置を講じる。

⑤ 不採算医療・特殊医療等に対する特別交付税措置等
不採算地区の病院（不採算地区の中核的な病院を含む。）に対する措置を含め、不採算医療・特殊医療等については、引き続き特別交付税措置等を講じる。また、最大使用病床の減少に伴う基準額の減少について、変動を緩和する措置を講じる。

⑥ 運営費負担金等及び指定管理料等の取扱い
本通知において、公営企業型地方独立行政法人が経営する病院における運営費負担金等及び指定管理者制度を導入する病院における指定管理料等のうち、一般会計から病院事業会計への地方公営企業繰出金に相当する額については、当該繰出金に準じて地方交付税措置の対象とする。

⑦ 公的病院等への助成に対する特別交付税措置
公的病院等の運営費に対する地方公共団体の助成については、上記⑤の公立病院の不採算医療・特殊医療等に対する措置に準じて、引き続き特別交付税措置を講じる。

出典：総務省「公立病院経営強化の推進に係る財政措置等の取扱いについて（通知）」（2022年４月１日）

【参考文献】

・厚生労働省「令和２（2020）年医療施設（静態・動態）調査（令和２年10月１日現在概要）」（2020年２月28日）
・中央社会保険医療協議会「医療経済実態調査」（2021年11月）
・総務省「持続可能な地域医療提供体制を確保するための公立病院経営強化ガイドライン」（2022年3月29日）
・総務省「策定済の新公立病院改革プランにおける再編・ネットワーク化の状況」（2022年３月）
・第31回地域医療構想に関するワーキンググループ「地域における取組状況（重点支援区域）について」（2021年2月12日）
・厚生労働省ホームページ「報道発表資料」（2021年12月３日、2022年４月27日）
・総務省「公立病院経営強化の推進に係る財政措置等の取扱いについて（通知）」（2022年４月１日）

10 在宅医療の充実

厚生労働省が2017年に行った「人生の最終段階における医療に関する意識調査結果」では、60％以上の国民が最期を迎えたい場所として自宅を希望していた。在宅医療はこのような要望に応えて、患者の社会生活を維持しながら治療ができるうえ、医療費の削減にも貢献するため、患者側のニーズに加え、政策的な重要性も高まっている分野である。

患者が居宅で受ける医療行為には、訪問診療等の在宅医療のほか、訪問リハビリテーション（以下、「訪問リハ」という。）や訪問看護、自宅で受ける投薬指導等がある。これらは当初、医療機関（医療保険）によって提供されていたが、2000年の介護保険制度の開始以降は介護保険給付によるサービスが提供されるようになり、現在は両者が併存している。実施内容は共通しており、例えば訪問看護では、療養上の世話（食事、栄養、排泄、清潔保持の管理・援助、ターミナルケア等）、診療の補助（じょく瘡の処置、カテーテル等の医療器具装着中の管理等）、リハビリテーション、家族支援（家族への療養上の指導や相談、家族の健康管理等）、在宅医療への移行に係る支援等を行っている。

高齢者が住み慣れた地域で自分らしい生活を安心して送ることができるようにするためには、在宅医療の充実に加え、医療と介護の連携を促進することが重要である。

本節では、在宅医療関連の数値を確認しながら、在宅医療の現状と課題、及び新たな施策についてみていく。

在宅医療サービスの実施状況は、前回データの2014年と比較すると、全ての在宅医療サービスで増加しており、最も多く件数が増加しているのは「在宅患者訪問診療」であった。

■在宅医療サービスの実施状況

	医療保険等による									介護保険による（含介護予防）		
	往診	在宅患者訪問診療	歯科訪問診療	救急搬送診療	在宅患者訪問看護・指導	精神科在宅患者訪問看護・指導	在宅患者訪問リハ指導管理	訪問看護ステーションへの指示書の交付	在宅看取り	居宅療養管理指導	訪問看護	訪問リハ
病院	22,719	199,205	11,156	15,035	31,351	97,749	14,834	92,756	1,856	89,053	118,818	233,723
一般診療所	190,956	1,278,024	27,625	2,517	62,754	29,084	13,403	222,145	13,429	557,638	33,339	103,728
合計	213,675	1,477,229	38,781	17,552	94,105	126,833	28,237	314,901	15,285	646,691	152,157	337,451

（注）数値は2020年９月中に実施された件数である。
出典：厚生労働省「令和２年医療施設（静態・動態）調査・病院報告」（2022年４月27日）を基に作成。

出典：厚生労働省「全国在宅医療会議」資料（2019年２月27日）

1 在宅医療の規模（概観）

（1）在宅医療費及び訪問看護医療費の推移

以下は、在宅医療費及び訪問看護医療費の推移を示したものである（訪問リハ及び訪問看護に関する介護保険拠出分の費用は含んでいない。）。

在宅医療費は2012年以降増加が続いており、2019年には約1兆3,470億円となっている。この背景として、医療診療報酬点数に占める在宅医療報酬点数の割合も増加しており、下記のグラフに記載はないものの、2020年には初めて4％を超えている。また、訪問看護医療費は一貫して増加傾向にあり、2019年には約2,727億円となっている。

2011年から2019年までの間で、在宅医療費及び訪問看護医療費が国民医療費に占める割合は上昇傾向にある。また、両者の合計額を在宅医療の市場規模と捉えると、2019年には市場規模が1兆6,197億円となり、これはその年の国民医療費の約3.6％に当たる。

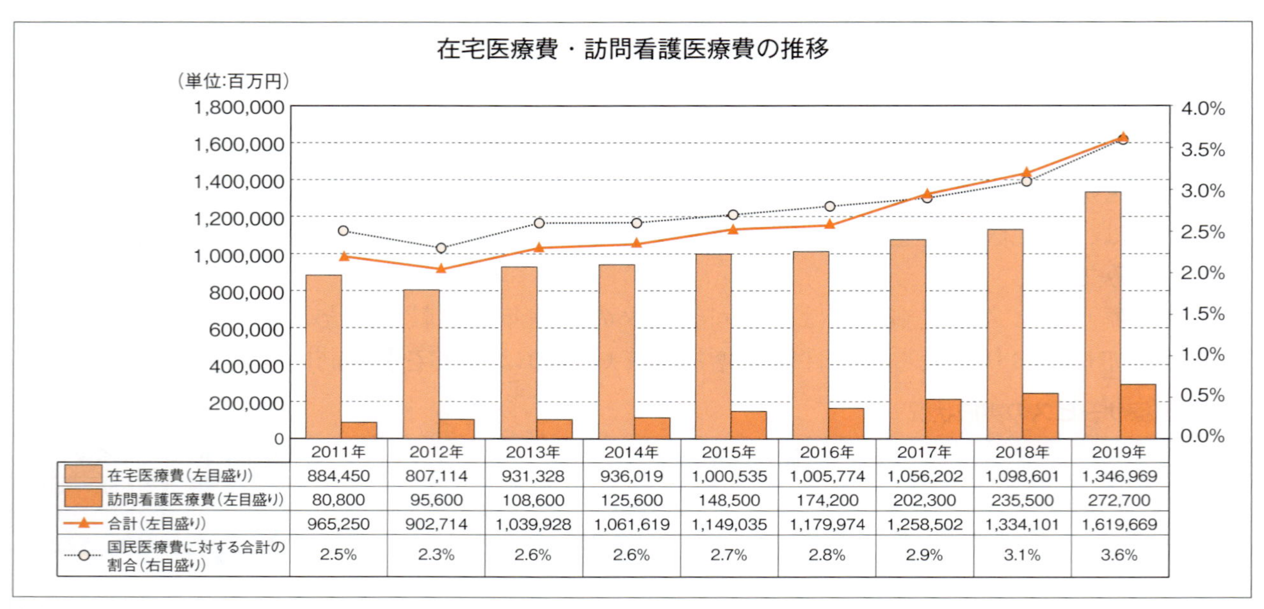

	2011年	2012年	2013年	2014年	2015年	2016年	2017年	2018年	2019年
在宅医療費（左目盛り）	884,450	807,114	931,328	936,019	1,000,535	1,005,774	1,056,202	1,098,601	1,346,969
訪問看護医療費（左目盛り）	80,800	95,600	108,600	125,600	148,500	174,200	202,300	235,500	272,700
合計（左目盛り）	965,250	902,714	1,039,928	1,061,619	1,149,035	1,179,974	1,258,502	1,334,101	1,619,669
国民医療費に対する合計の割合（右目盛り）	2.5%	2.3%	2.6%	2.6%	2.7%	2.8%	2.9%	3.1%	3.6%

（注）在宅医療費は、社会医療行為別調査における在宅医療診療報酬点数の医科診療報酬点数に対する割合を、国民医療費における一般診療医療費に掛けて算出した。一般診療医療費とは、国民医療費のうち、歯科診療医療費、薬局調剤医療費、入院時食事・生活医療費、訪問看護医療費を除いたものである。

出典：厚生労働省「国民医療費」（2019年）、厚生労働省「社会医療診療行為別調査」（いずれも2011年～2020年）を基に作成。

(2) 往診・訪問診療を受けた患者数(2020年)

厚生労働省「患者調査」の推計によれば、2020年に往診・訪問診療を受けた患者数は約173.6千人であり、前回実施時(2017年)と比較して－6.5千人となっている。年齢階級別にみると、0～14歳までの患者数が約0.4千人、15歳～34歳までが約1.8千人、35歳～64歳までが約11.2千人、65歳以上が約159.6千人となっている。年齢階級が上がるほど患者数も増加する傾向にあり、特に65歳以上の患者が全体の約91.9%と大部分を占めている。また、75歳以上は、約142.3千人と全体の約81.9%を占めており、在宅医療の患者は、高齢者、特に75歳以上の高齢者が大部分を占めていることが分かる。

若年層で往診・訪問医療を必要としているのは、神経難病や外傷後後遺症などの障害を持つ患者と推測されるが、往診・訪問診療を受けた患者全体からみた割合は少ない。

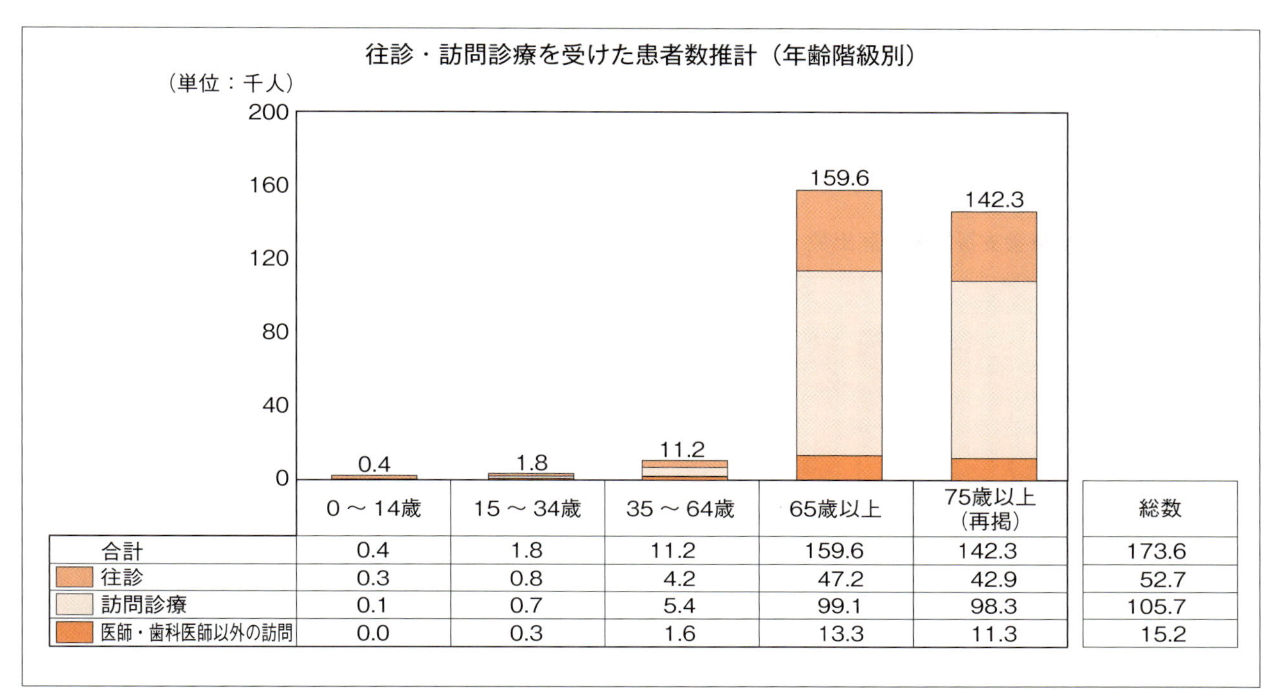

	0～14歳	15～34歳	35～64歳	65歳以上	75歳以上(再掲)	総数
合計	0.4	1.8	11.2	159.6	142.3	173.6
往診	0.3	0.8	4.2	47.2	42.9	52.7
訪問診療	0.1	0.7	5.4	99.1	98.3	105.7
医師・歯科医師以外の訪問	0.0	0.3	1.6	13.3	11.3	15.2

(注1)「往診」とは患者の要請に応じ、都度、患者宅を訪問し、診療を行うものをいい、「訪問診療」とは患者宅に計画的、定期的に訪問し、診療を行うものをいう。
(注2)歯科診療所の患者数を含む。
出典:厚生労働省「令和2年患者調査」(2022年6月30日)を基に作成。

2 医療機関の状況

（1）在支診・在支病届出件数

在宅療養支援診療所（以下、「在支診」という。）は在宅医療普及の促進策として2006年に新設されたもので、診療報酬上の優遇による促進政策が図られている。施設中心の医療・介護制度を見直し、自宅でも終末期まで医療が受けられる仕組み（在宅医療制度）を整えるための拠点となるべく整備が進められており、24時間対応、往診、看取りを行う医療機関である。創設当初は診療所のみであったが､2008年から病院（在宅療養支援病院。以下､「在支病」という。）にも拡大された。

在支診の届出件数は2016年まで増加傾向であったが、2017年には一度減少し、2018年以降は再び増加している。在支病の届出件数は制度開始以降、増加傾向にあり、2012年には在支診・在支病ともに機能強化型が新設されている。しかし、一方で在支診・在支病のない基礎自治体もあり、在支診をみると、強化型、従来型の両方がない自治体は全自治体の28.1％、在支病をみると、同66.1％となっている。

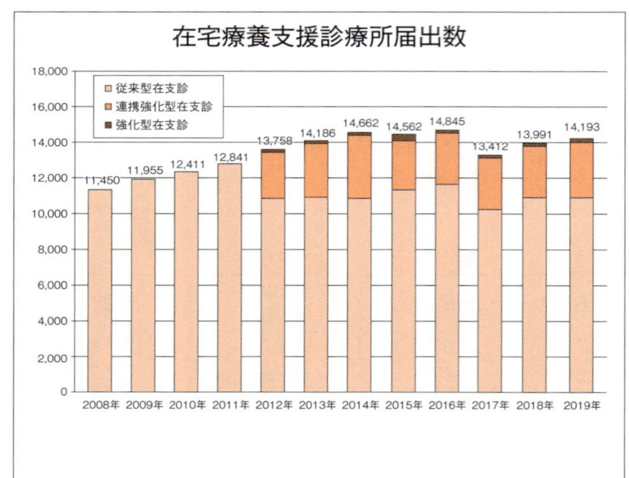

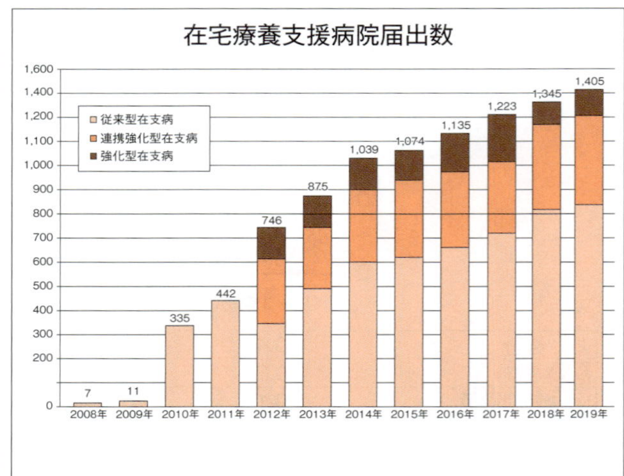

出典：厚生労働省「在宅医療に係る地域別データ集」（2021年２月25日）を基に作成。

在宅療養支援診療所及び在宅療養支援病院のない基礎自治体

（2019年1月1日時点）

		計	市	町	村	23区
全自治体		1,741（100.0%）	792（100.0%）	743（100.0%）	183（100.0%）	23（100.0%）
在宅療養支援診療所	強化型がない自治体	1,169（67.1%）	350（44.2%）	650（87.5%）	169（92.3%）	0（0.0%）
	従来型がない自治体	555（31.9%）	59（7.4%）	357（48.0%）	139（76.0%）	0（0.0%）
	両方ない自治体	489（28.1%）	37（4.7%）	323（43.5%）	129（70.5%）	0（0.0%）
在宅療養支援病院	強化型がない自治体	1,436（82.5%）	553（69.8%）	695（93.5%）	183（100.0%）	5（21.7%）
	従来型がない自治体	1,312（75.4%）	471（59.5%）	655（88.2%）	179（97.8%）	7（30.4%）
	両方ない自治体	1,151（66.1%）	361（45.6%）	610（82.1%）	179（97.8%）	1（4.3%）

出典：厚生労働省「在宅医療に係る地域別データ集」（2021年２月25日）を基に作成。

(2) 都道府県別在宅療養支援診療所及び在宅療養支援病院数（人口10万人当たり）

以下は、人口10万人当たりの在支診・在支病の数を都道府県別に示したものである。参考のために高齢化率もあわせて示した。在支診・在支病は西日本で整備が進んでおり、西高東低の傾向が見られる。また、秋田県や高知県のように高齢化率が高くても施設数が少ない県がある一方で、大阪府や福岡県のように高齢化率が低くても施設数が多い地域もあり、在支診・在支病の整備状況と高齢化率との間には相関が見られなかった。

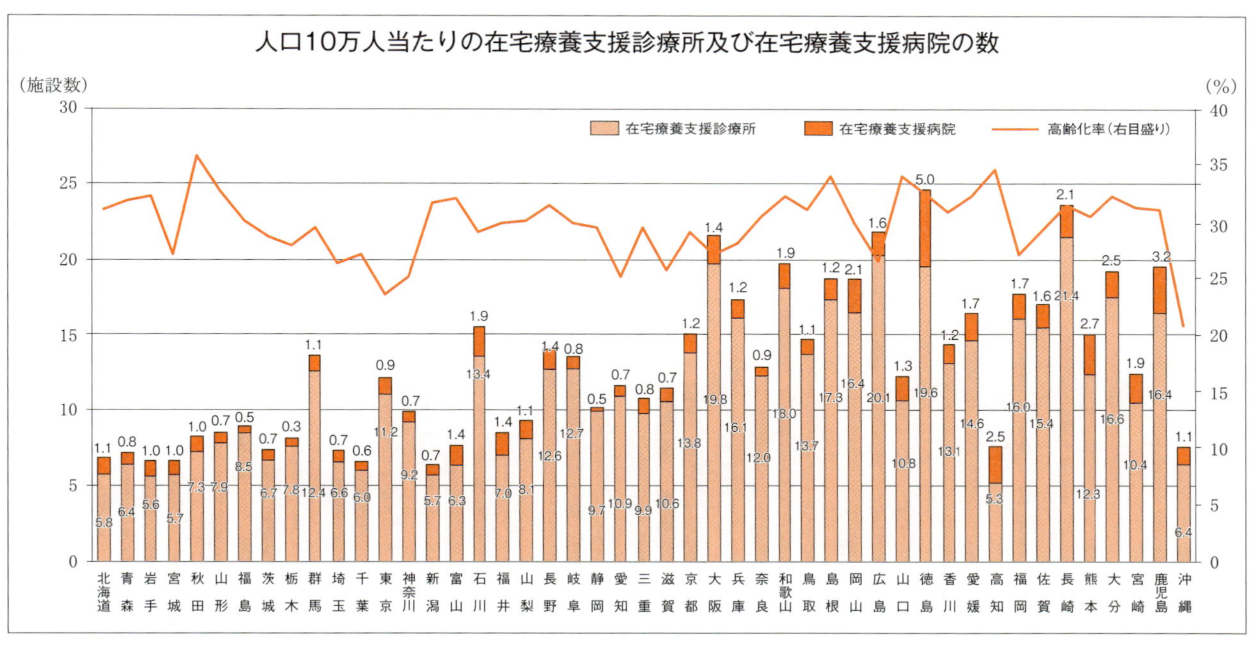

出典：厚生労働省「在宅医療に係る地域別データ集」（2021年２月25日）を基に作成。

(3) 都道府県別訪問看護ステーション数（要介護認定者千人当たり）

以下は、要介護認定者千人当たりの訪問看護ステーション数を都道府県別に示したものである。在支診･在支病のような西高東低の偏りは見られず､各ブロックに訪問看護ステーション数が少ない県と多い県が混在することが特徴となっている。例えば関東甲信越では新潟県で少ない一方、群馬県、東京都で多い。

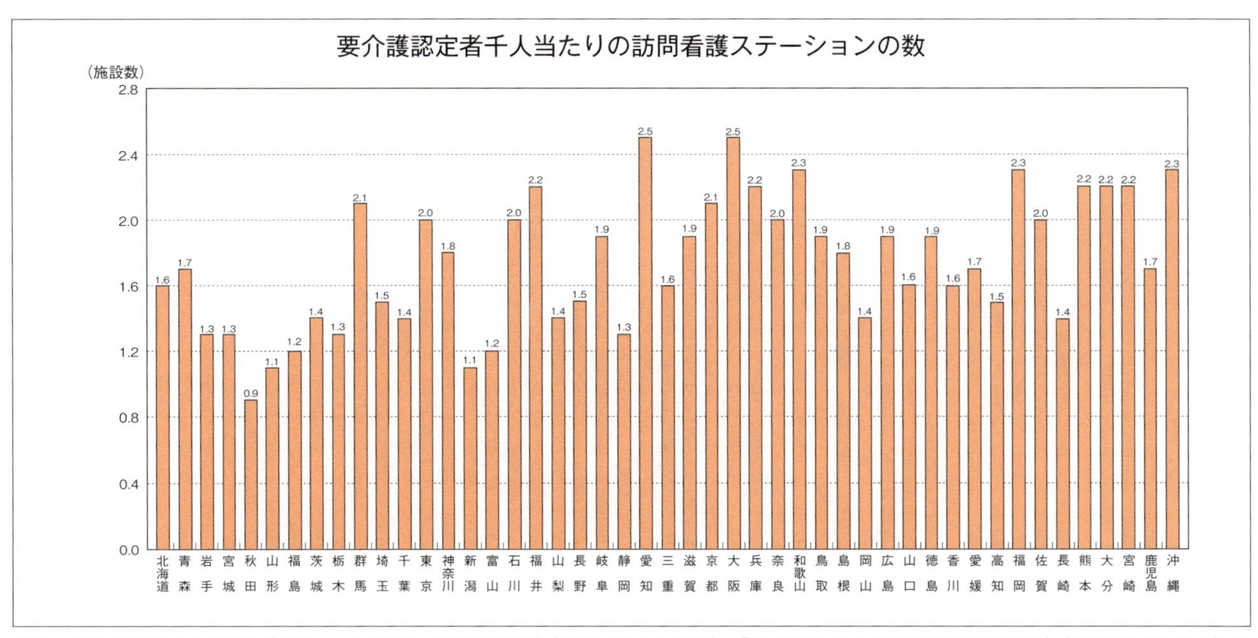

出典：厚生労働省「令和２年介護サービス施設・事業所調査」（2021年12月28日）、「平成30年度介護保険事業状況報告」（2020年７月３日）を基に作成。

3 在宅医療における傷病別患者数の推移

以下は、厚生労働省「患者調査」のデータを基に、退院後の行き先の変化についてまとめたものである。(1)は傷病別に退院後の行き先について、(2)は在宅医療（訪問診療・訪問看護等）（以下、「在宅医療」という。）を受ける患者数について分析を行った。

（1）傷病別患者の退院後の行き先

傷病別に退院後の行き先をまとめると、以下のとおりである。2020年データで「家庭」の割合が高い傷病は、「Ⅶ　眼及び付属器の疾患」が98.7%、「Ⅷ　耳及び乳様突起の疾患」が99.0%、「ＸⅣ　腎尿路生殖器系の疾患」が98.0%となっている。

傷病別退院後の行き先

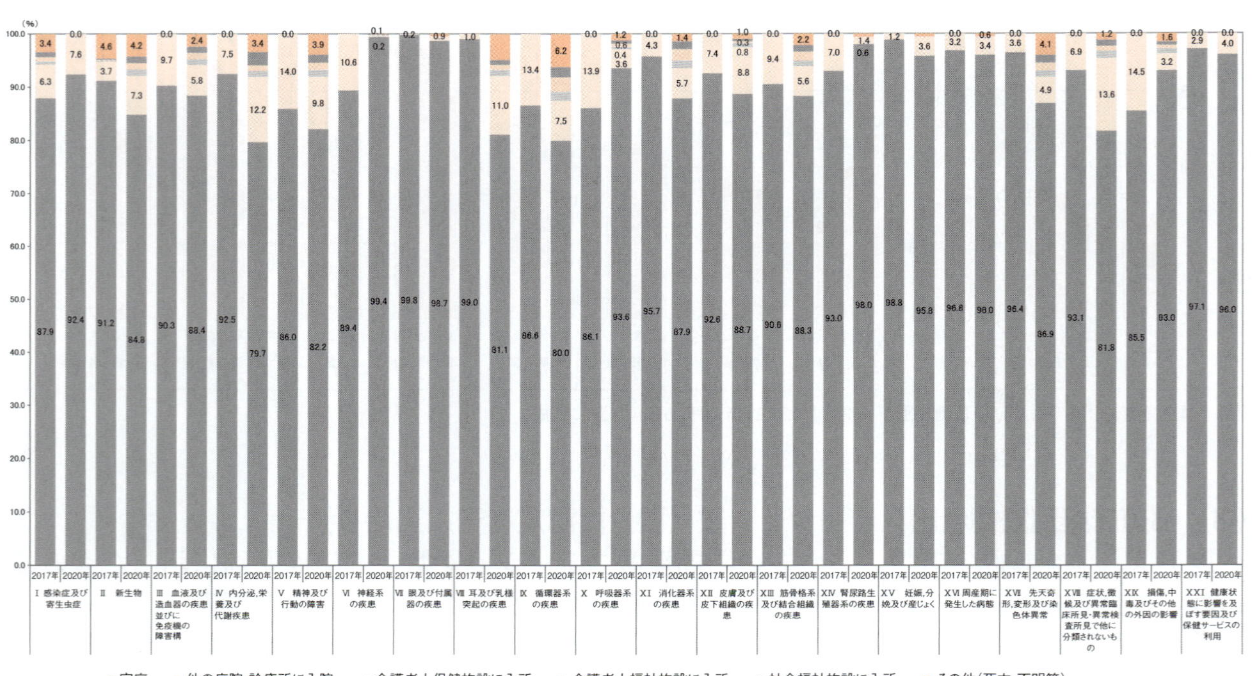

出典：厚生労働省「平成29年患者調査」（2019年３月１日）、「令和２年患者調査」（2022年６月30日）を基に作成。

（2）在宅医療の患者数の推移

前述の「家庭」を「当院通院」、「他の病院・診療所に通院」、「在宅医療」及び「その他」に細分化したうえで、在宅医療を抽出し、2017年又は2020年において患者数が確認できた17の傷病別に推移をまとめると、以下のとおりである。

2017年と比べ2020年に在宅医療を受ける患者数が大きく増えた傷病（0.3千人以上増加）は、「Ⅱ　新生物」、「XⅢ　筋骨格系及び結合組織の疾患」、「XⅣ　腎尿路生殖器系の疾患」であり、大きく減った（0.3千人以上減少）傷病は「X　呼吸器系の疾患」である。

傷病別退院後の行き先のうち、在宅医療を受ける患者数の推移

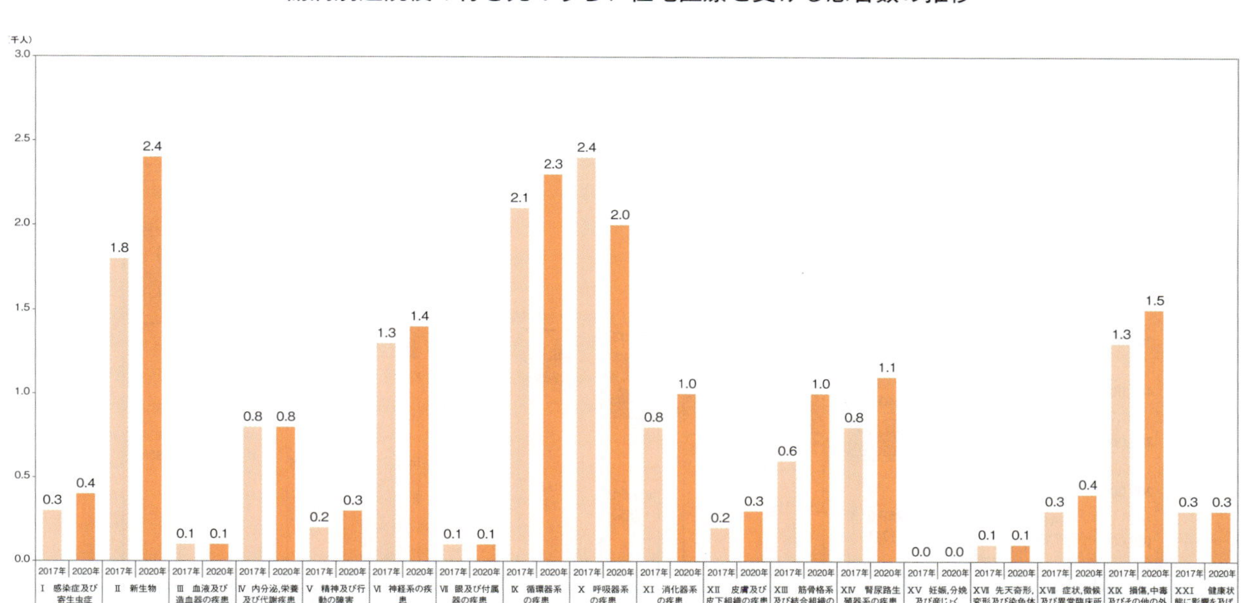

出典：厚生労働省「平成29年患者調査」（2019年３月１日）、「令和２年患者調査」（2022年６月30日）を基に作成。

4 訪問看護

(1) 訪問看護利用者数の推移

訪問看護における1か月当たりの利用者数は、2011年以降急速に増加しており、2020年は約85万人となっている。特に近年は医療保険における利用者の割合が増えており、その割合が利用者全体の22%であった2009年に対し、2020年においては約37%を占めるに至っている。

利用者一人当たりの1か月の訪問回数は、介護保険の介護度別にみると要介護5の利用者が最も多く、続いて医療保険の利用者が多くなっている。職種別にみると、理学療法士等の訪問は医療保険と要介護5、看護職員の訪問は要介護5の利用者が最も多くなっている。

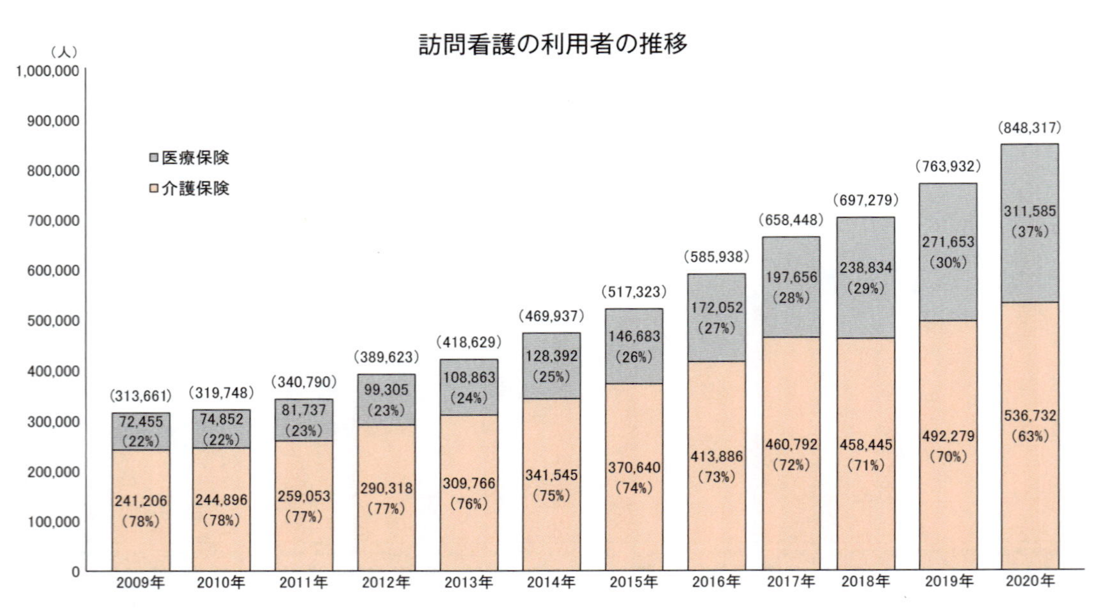

出典：厚生労働省「介護サービス施設・事業所調査」(2009年～2020年の各年9月)を基に作成。

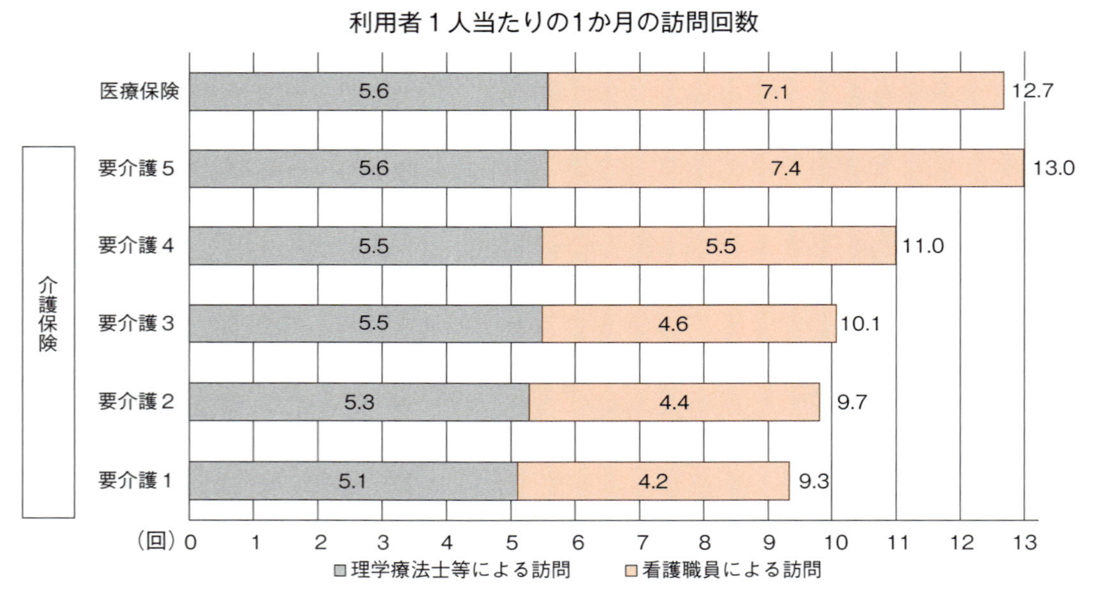

出典：厚生労働省「介護サービス施設・事業所調査」(2019年9月)を基に作成。

第2部 データ編

(2) 訪問看護の実施内容（2019年）

以下は、介護サービス施設・事業所調査において、2019年９月中に看護内容の提供があった訪問看護の利用者数を割合で示したものである。介護保険利用者は全体の約７割、医療保険利用者は約３割であった。

訪問看護の実施内容をみると、最も医療保険比率が高いのは「介護職員によるたんの吸引等の実施状況の確認・支援」、介護保険比率が最も高いのは「その他リハビリテーション」であった。

訪問看護の医療・介護保険利用者の内訳

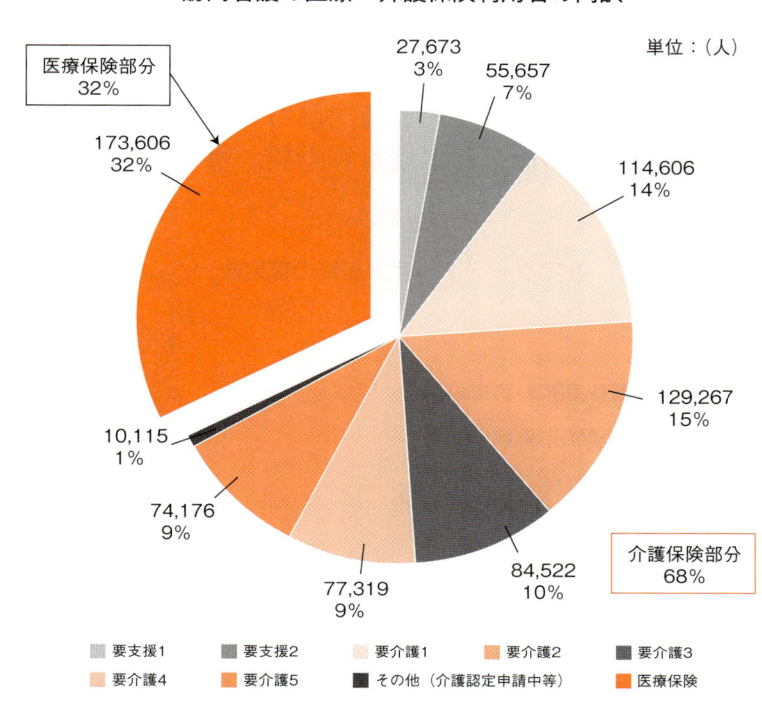

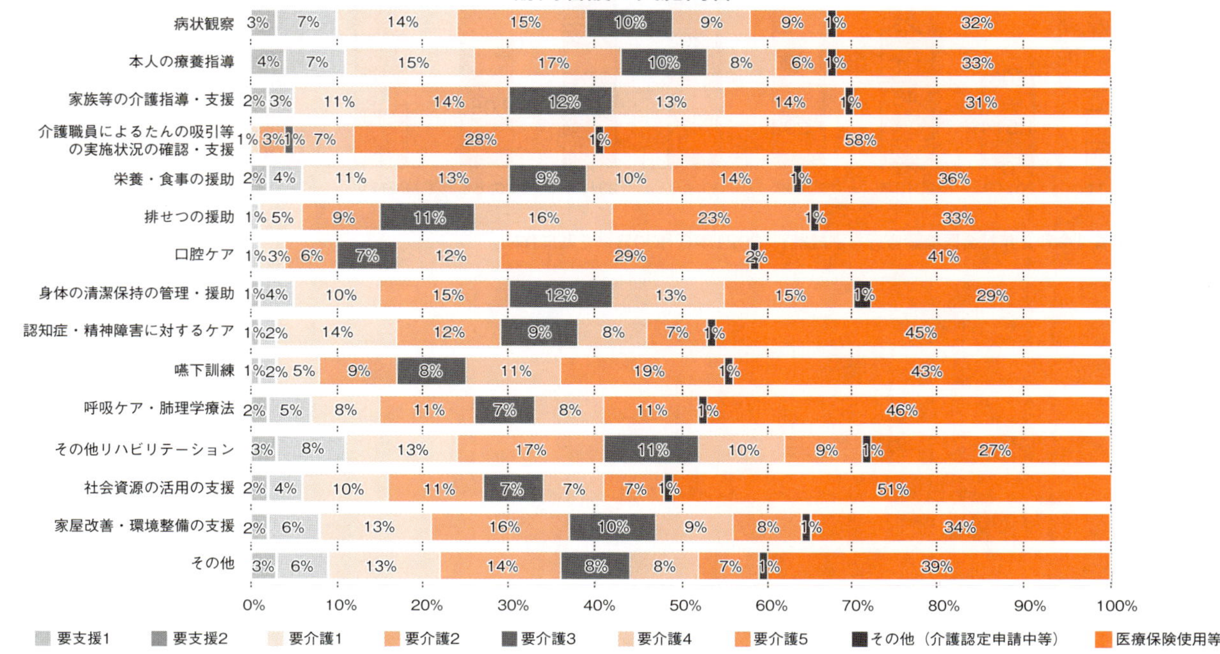

出典：厚生労働省「介護サービス施設・事業所調査」（2019年９月）を基に作成。

(3) 在宅ターミナルケア加算（在宅患者訪問診療料）の算定回数

保険医療機関が在宅で療養を行っている患者であって通院が困難なものに対して、診療に基づく訪問看護計画により、保健師、助産師、看護師又は准看護師（以下、この項において「看護師等」という。）を訪問させて看護又は療養上必要な指導を行った場合に、当該患者１人について日単位で在宅患者訪問診療料を算定できる。

この在宅患者訪問診療料において、在宅で死亡した患者又は特別養護老人ホームその他これに準ずる施設（以下、この項において「特別養護老人ホーム等」という。）で死亡した患者に対して、保険医療機関の保険医の指示により、その死亡日及び死亡日前14日以内に、２回以上訪問看護・指導を実施し、かつ、訪問看護におけるターミナルケアに係る支援体制について患者及び家族等に対して説明した上でターミナルケアを行った場合は、在宅ターミナルケア加算の算定が可能となる。

在宅ターミナルケアの算定回数は大きく増加傾向にあり、特に機能強化した在宅療養支援診療所等は2012年から2020年までの間に約８倍も算定数が増えている。

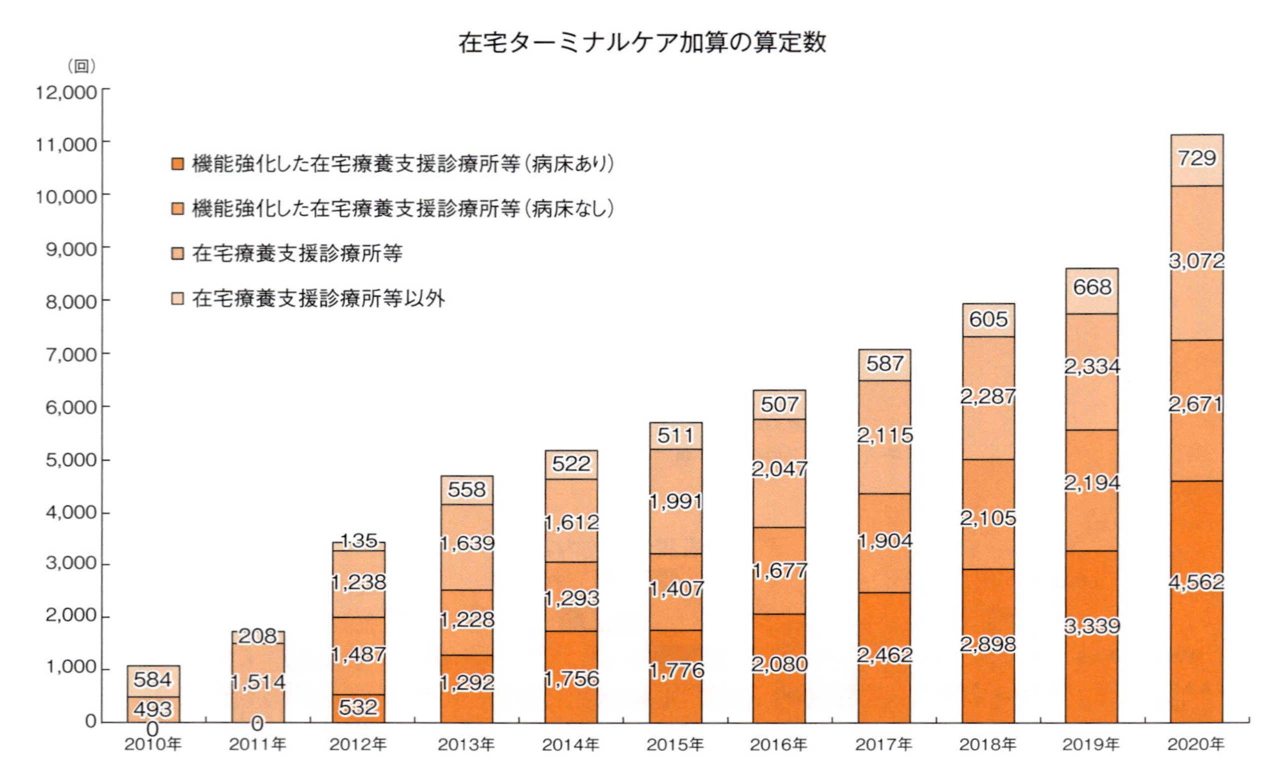

出典：厚生労働省「令和２年社会医療診療行為別統計」（2021年６月30日）を基に作成。

第2部 データ編

（4）訪問看護の実施事業所・医療機関数の推移

訪問看護ステーションについては、医療保険・介護保険ともに増加傾向にあり、2020年は医療保険が12,393施設、介護保険が12,115施設となっている。また、従たる事業所（サテライト）のある訪問看護ステーションも増加している。なお、従たる事業所（サテライト）とは、利用者宅に近い場所から、より効率的に訪問看護を提供するため、待機や道具の保管、着替え等を行う出張所等であり、一定の要件を満たすものについては、一体的な指定訪問看護の提供の単位として、従たる事業所（サテライト）を主たる事業所と含めて指定することが可能となっている。

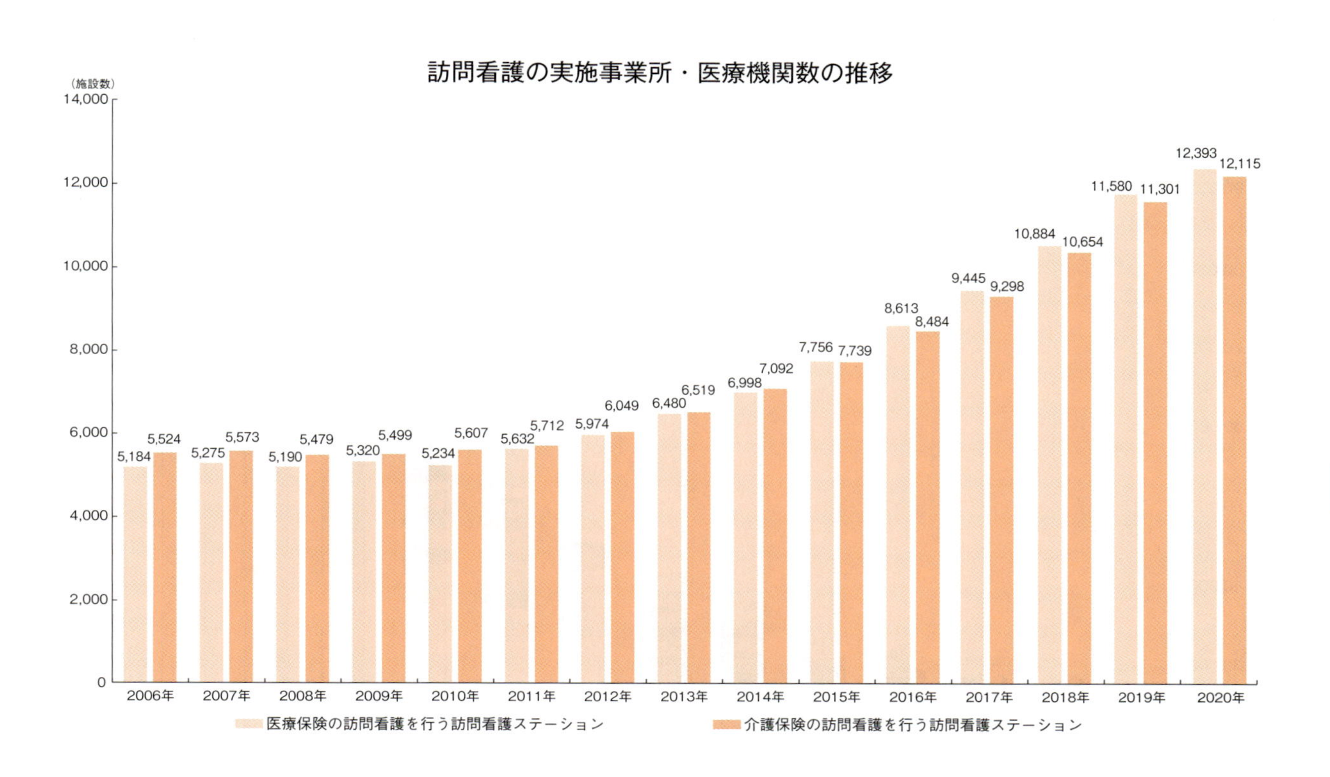

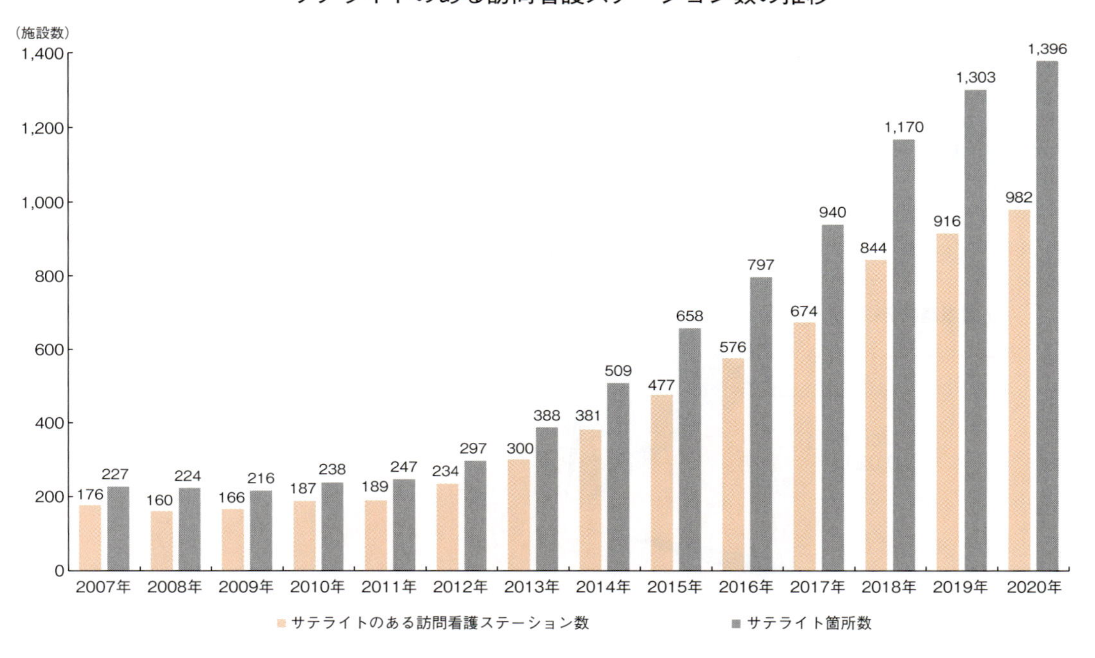

出典：厚生労働省「介護サービス施設・事業所調査」（2020年９月）を基に作成。

(5) 訪問看護ステーションの従事者数の推移

2020年の訪問看護ステーションの従事者数は、保健師が1,180人、助産師が67人、看護師が60,563人、准看護師5,329人、理学療法士14,198人、作業療法士6,313人、言語聴覚士1,448人、その他の職員7,701人となり、総数としては96,799人で2016年以降は1年あたり約1万人前後のペースで増加している。また、看護職員の就業場所別の割合としては、訪問看護ステーションは4%と、2014年と比較すると約2ポイントの上昇であった。近年では、看護師と理学療法士の従事者数が著しく増加している。増加の背景には、訪問リハビリテーションのニーズの増加や複合型サービス(看護小規模多機能型居宅介護)、定期巡回・随時対応型訪問介護看護サービスの普及により、医療と介護の両方に対応するサービスが増えていることがある。

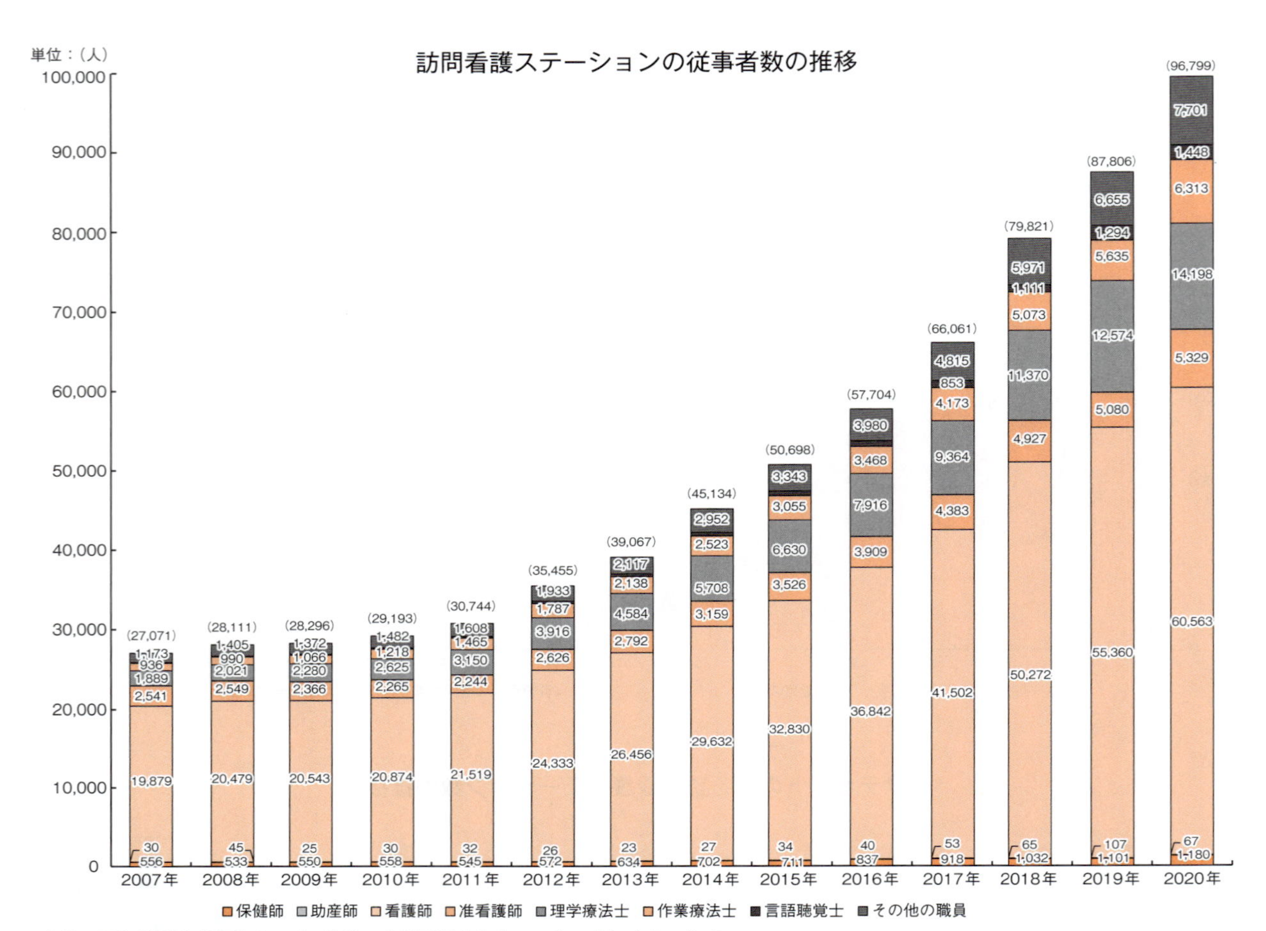

出典:厚生労働省「介護サービス施設・事業所調査」(2019年9月)を基に作成。

看護職員の就業場所

病院 71%
診療所(有床) 2%
診療所(無床) 12%
助産所 0.021%
訪問看護ステーション 4%
介護保険施設等 8%
社会福祉施設等 2%
保健所又は自治体等 1%
事業所 0.4%

出典:厚生労働省「衛生行政報告例」(2020年9月)を基に作成。

(6) 訪問看護の費用

医療保険における訪問看護療養費は、2007年において約518億円（国民医療費に対する割合は約0.15%）であったが、2019年には約2,727億円（同約0.61%）にまで増加した。また、介護保険における訪問看護費は、2007年の約1,266億円（国民介護費に対する割合は約1.96%）から、2020年には約3,428億円（同約3.18%）にまで増加した。両者を比較すると、医療保険の訪問看護療養費、介護保険の訪問看護費どちらも増加傾向にある。

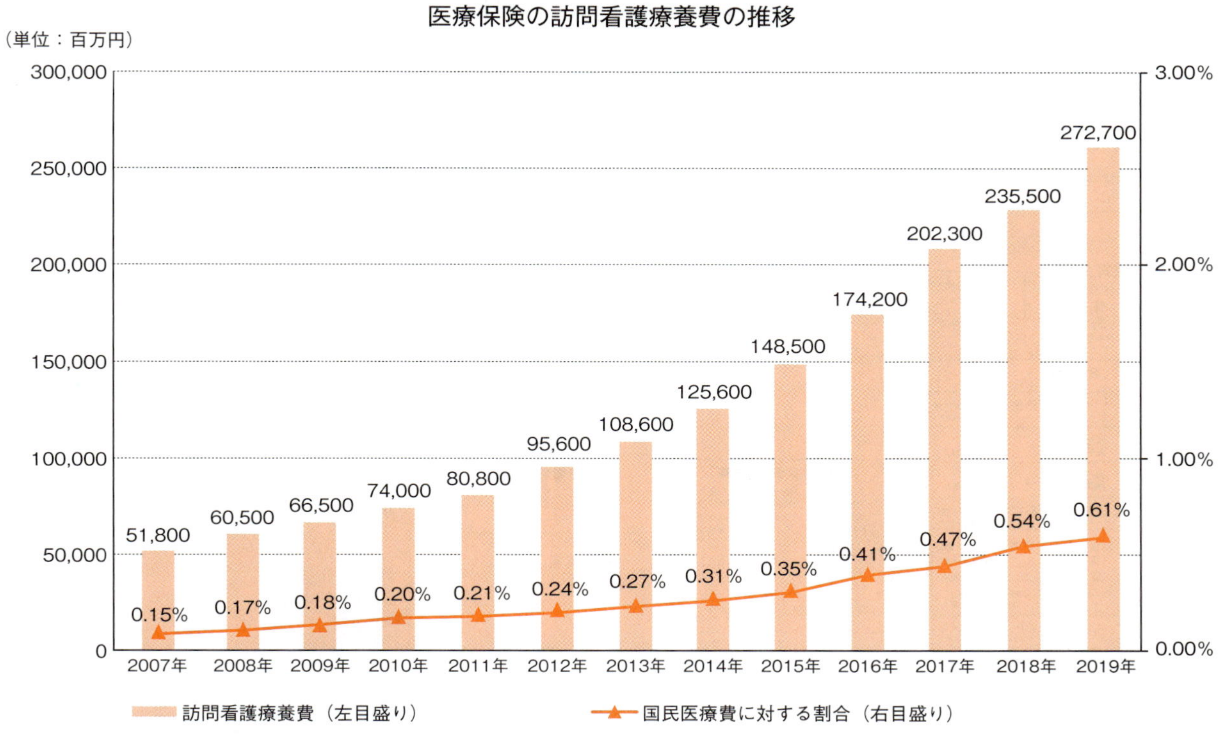

出典：厚生労働省「国民医療費」（2007年～2019年）を基に作成。

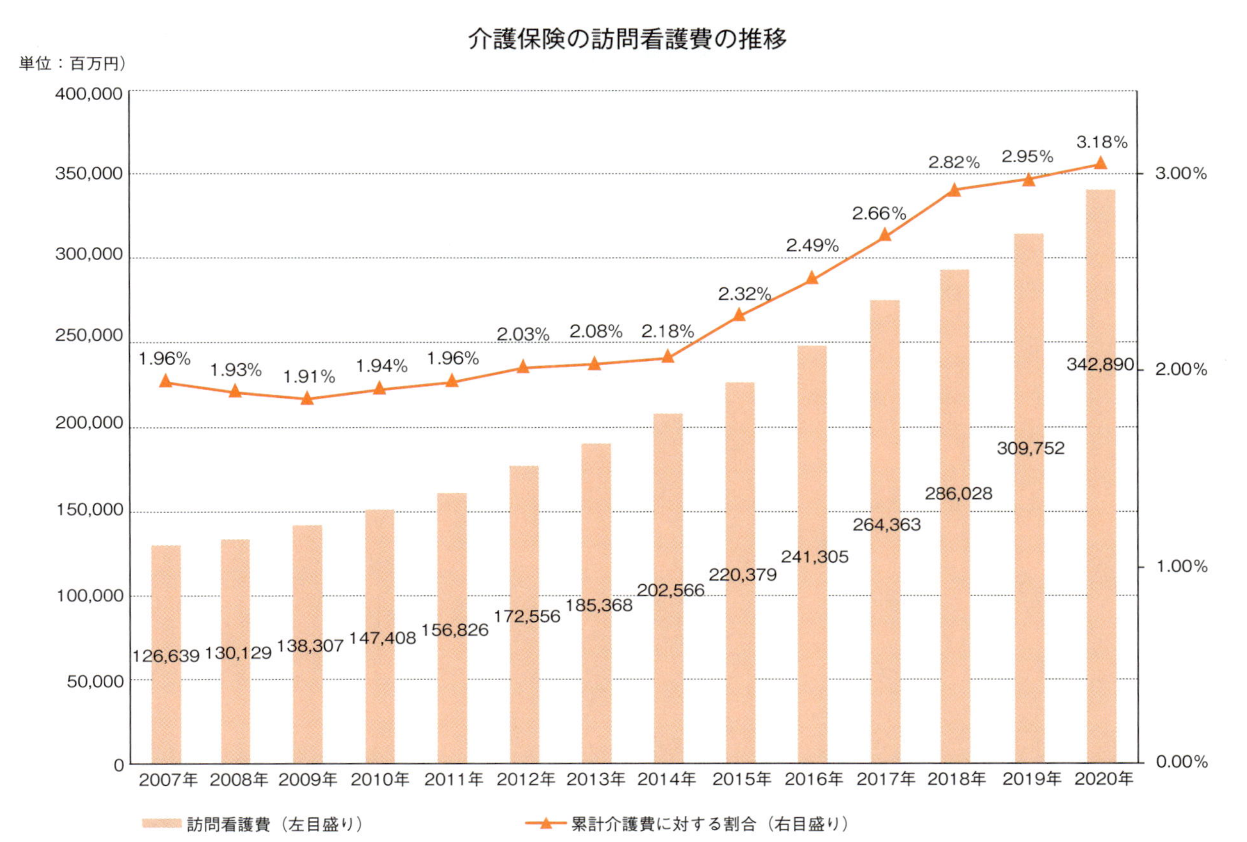

出典：厚生労働省「介護給付費等実態調査」（2007年～2020年）を基に作成。

5 地域包括ケア実現への進捗状況

（1）医療における地域包括ケア

地域包括ケアを支える病床の位置づけを整理すると、下記のようになる。

特に地域包括ケアに関連が深く、地域包括ケアシステム実現に必要不可欠な病床としては、赤枠で示した病床が挙げられる。

下記①以降では、地域包括ケアに関わる施設数や病棟数、病床数などを提示し、医療における地域包括ケアの推進の状況をまとめた。

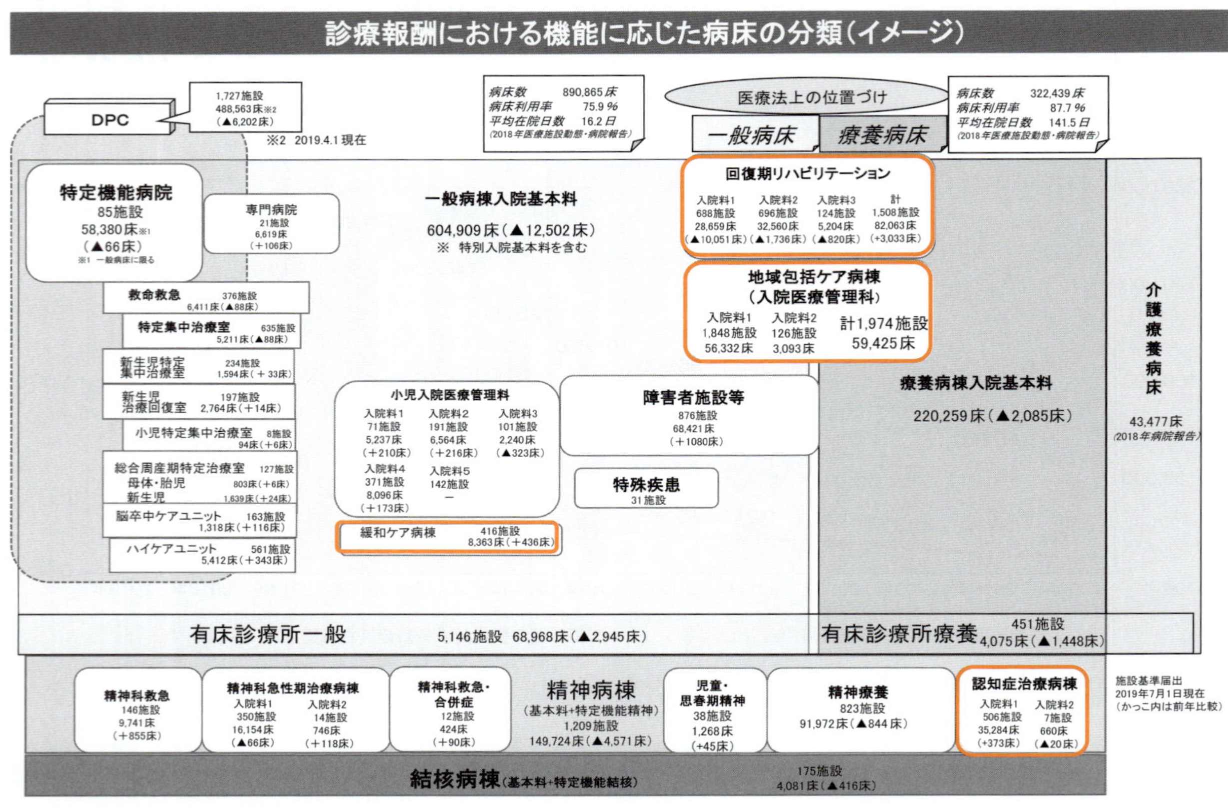

出典：中央社会保険医療協議会総会「入院医療（その１）」（2017年１月25日）につき、厚生労働省「主な施設基準の届出状況等」（2019年）に基づき数字を加工・修正。

① 地域包括ケア病棟

地域包括ケア病棟は、2014年度診療報酬改定により新設され、急性期からの患者の受入れや在宅・生活復帰支援をはじめとする地域包括ケアを支える病棟として期待されている。施設基準としては、医療機関内に在宅復帰支援を担当するものを配置することなどがある。2020年時点で地域包括ケア病棟の届出を行っている病床数は85,905床、医療機関数は2,650施設であった。

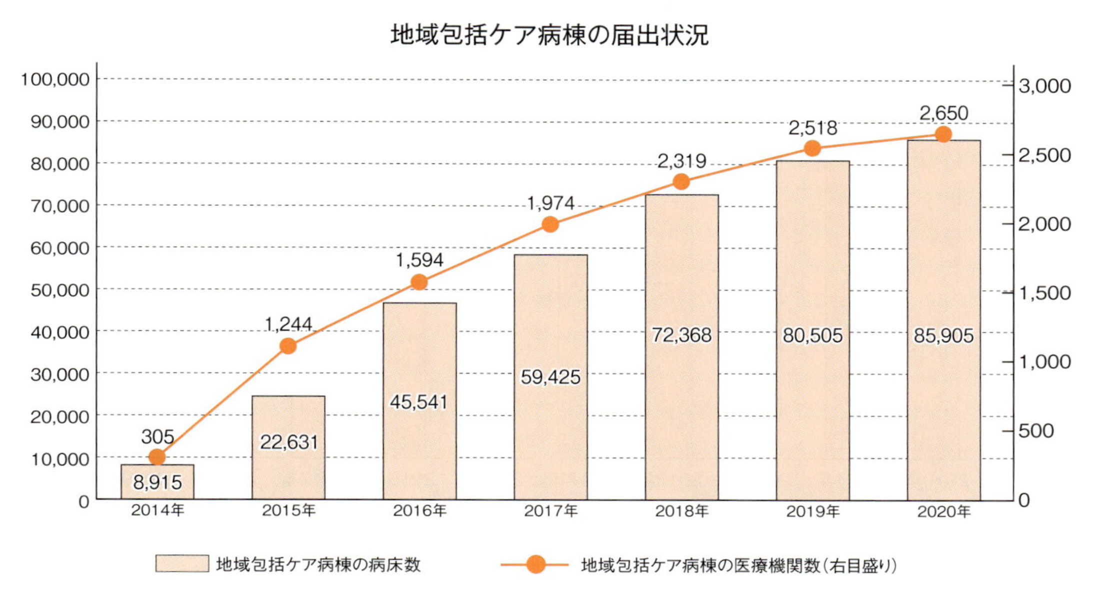

出典：厚生労働省「主な施設基準の届出状況等」（2014年～2020年）を基に作成。

② 回復期リハビリテーション病棟

回復期リハビリテーション病棟は、住み慣れた場所での生活を支援する上で大きな柱として期待されており、施設基準としては、専従常勤のＰＴ、ＯＴなどのリハビリ専門職の配置がある。2020年の病棟届出状況としては89,184床、1,571施設まで増えている。

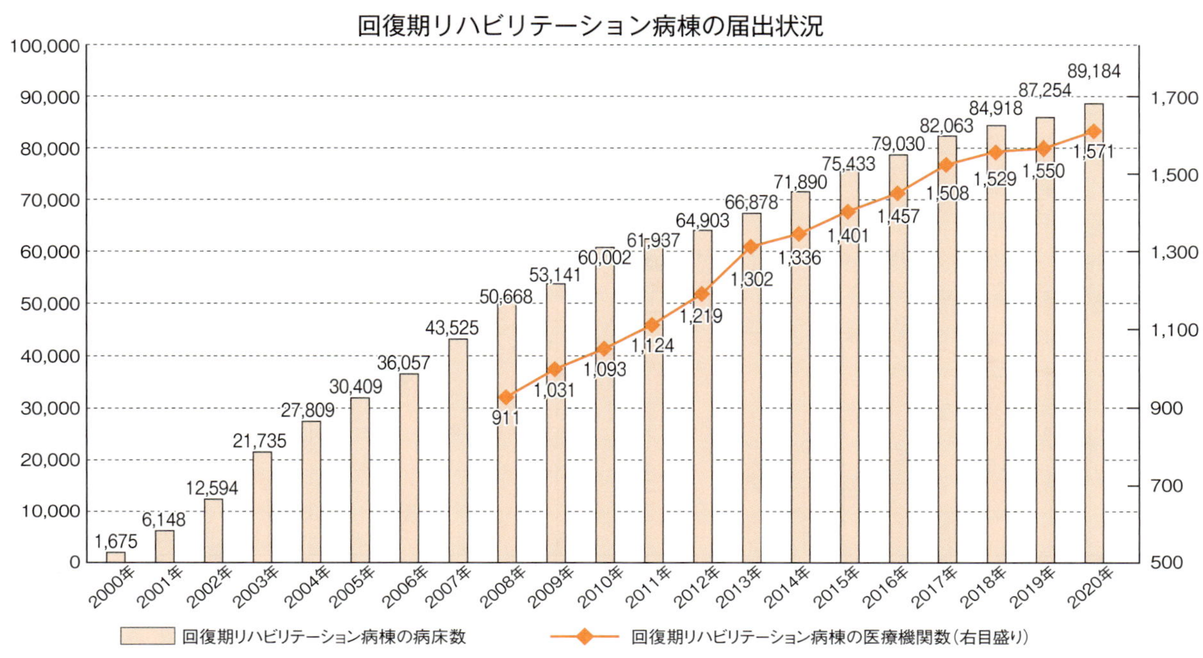

出典：厚生労働省「主な施設基準の届出状況等」（2000年～2020年）を基に作成。

③ 認知症治療病棟

認知症治療病棟は、2020年には、病床数37,618床、医療機関数は540施設となっており、回復期リハビリテーション病棟などと比較すると増加率は緩やかである。この背景には、介護分野における認知症高齢者グループホームなど、認知症治療病棟以外の受け皿が増えていることが影響していると考えられる。

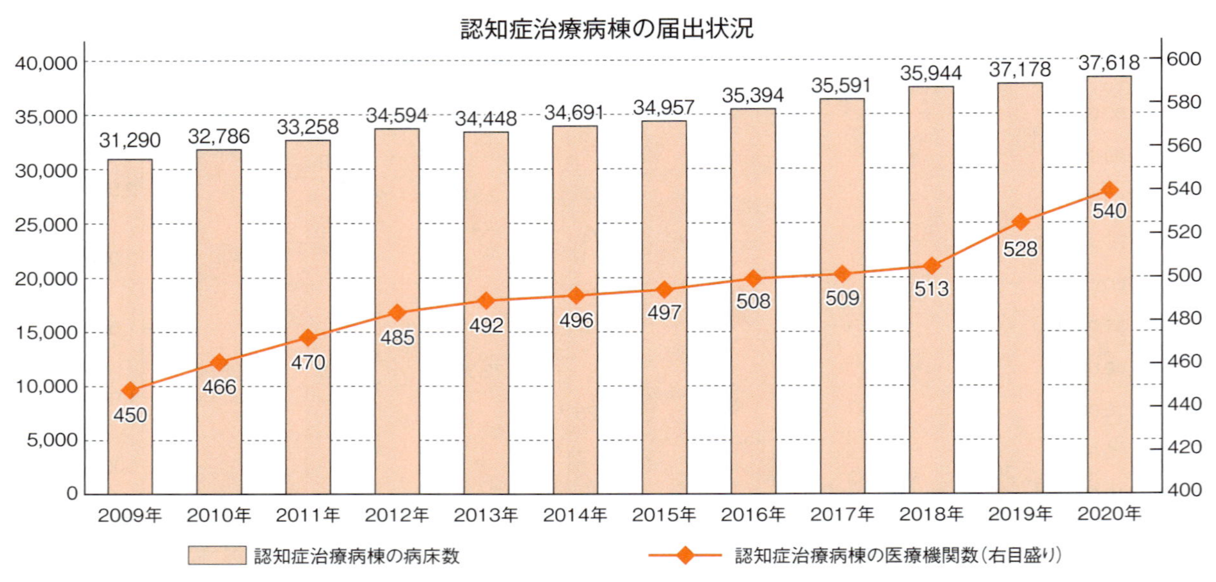

出典：厚生労働省「主な施設基準の届出状況等」（2009年～2020年）を基に作成。

④ 緩和ケア病棟

地域包括ケアシステムの推進においては、患者にとって選択肢が多いことはより安心した最期を迎える上で大切なことであり、地域内での看取りの場所として在宅、緩和ケア病棟なども選択肢のひとつとなる。

2020年の緩和ケア病棟の病床数は8,929床、医療機関数は454施設となっている。

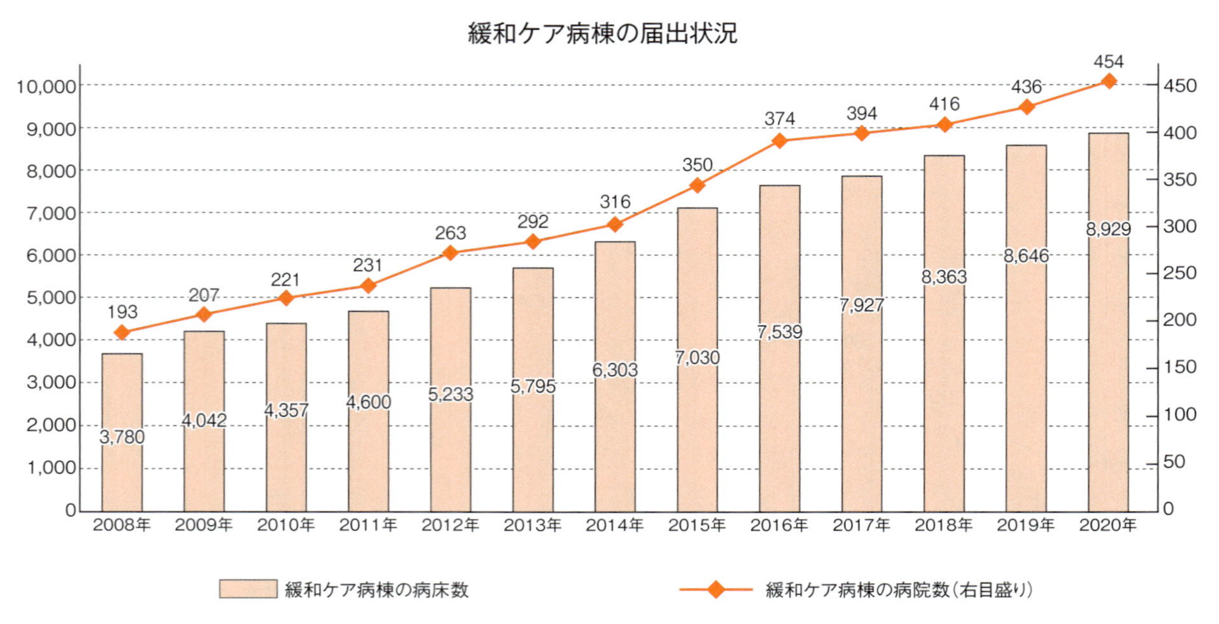

出典：厚生労働省「主な施設基準の届出状況等」（2008年～2020年）を基に作成。

（2）介護における地域包括ケア

介護分野での地域包括ケアに関わる高齢者向け施設・住まいの利用者数の状況としては、2000年と2021年を比較すると、介護老人福祉施設、有料老人ホーム、サービス付き高齢者向け住宅を中心に増加し、軽費老人ホームは微増している。一方、介護療養型医療施設は減少し、養護老人ホームは微減している。

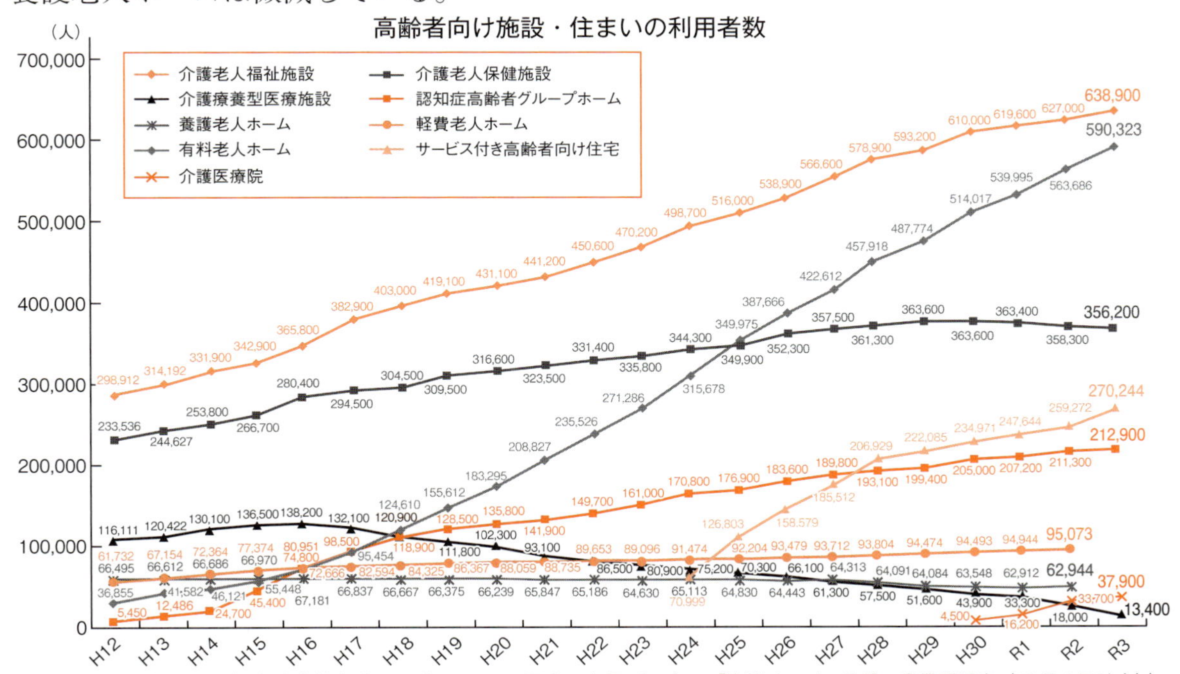

（注１）介護保険施設及び認知症高齢者グループホームは、平成12年及び13年は「介護サービス施設・事業所調査（10月１日時点）」、平成14年から29年は「介護給付費等実態調査（10月審査分）」、平成30年以降は「介護給付費等実態統計（10月審査分）」による。
（注２）介護老人福祉施設は、介護福祉施設サービスと地域密着型介護老人福祉施設入所者生活介護を合算したもの。
（注３）認知症高齢者グループホームは、平成12年から平成16年は痴呆対応型共同生活介護、平成17年以降は認知症対応型共同生活介護により表示。（短期利用を除く。）
（注４）養護老人ホーム・軽費老人ホームは、「社会福祉施設等調査（令和２年10月１日時点）」による。ただし平成21年から平成23年は調査票の回収率から算出した推計値であり、平成24年以降は基本票の数値。（利用者数ではなく定員数）
（注５）有料老人ホームは、厚生労働省老健局の調査結果（利用者数ではなく定員数）による。サービス付き高齢者向け住宅を除く。
（注６）サービス付き高齢者向け住宅は、「サービス付き高齢者向け住宅情報提供システム（令和３年９月30日時点）」による。（利用者数ではなく登録戸数）
出典：社会保障審議会介護保険部会「地域包括ケアシステムの更なる深化・推進について」（令和４年５月16日）を基に加工。

また、2018年度介護報酬改定において、要介護高齢者の長期療養・生活施設として新たな介護保険施設である「介護医療院」が新設された。

下記では「介護医療院」の主な施設要件をまとめた。施設要件をみると、介護療養病床と介護老人保健施設の施設基準と類似しており、医療から介護への橋渡しとなるような施設となっている。

また、2023年度末には介護療養病床の設置期限を迎えるため、介護医療院への転換が期待されている。

		医療療養病床		介護療養病床	介護医療院		介護老人保健施設	特別養護老人ホーム
		療養1･2（20対1）	経過措置（25対1）		Ⅰ型	Ⅱ型		
概要		病院･診療所の病床のうち、主として長期療養を必要とする患者を入院させるもの ※療養1･2は医療区分2･3の患者がそれぞれ8割･5割以上		病院･診療所の病床のうち、長期療養を必要とする要介護者に対し、医学的管理の下における介護、必要な医療等を提供するもの	要介護者の長期療養･生活施設		要介護者にリハビリ等を提供し、在宅復帰を目指す施設	要介護者のための生活施設
病床数		約15.1万床	約6.6万床	約5.5万床	－	－	約36.8万床（うち介護療養型約0.9万床）	約56.7万床
設置根拠		医療法（医療提供施設）						老人福祉法（老人福祉施設）
		医療法（病院･診療所）		医療法（病院･診療所） 介護保険法（介護療養型医療施設）	介護保険法（介護医療院）		介護保険法（介護老人保健施設）	
施設基準	医師	48対1（3名以上）		48対1（3名以上）	48対1 （3名以上、宿直を行う医師を置かない場合は1名以上）	100対1	100対1（1名以上）	健康管理及び療養上の指導のための必要な数
	看護職員	4対1		6対1	6対1	6対1	3対1（うち看護職員を2/7程度を標準）	3対1
	介護職員	4対1		6対1～4対1	5対1～4対1	6対1～4対1		
面積		6.4㎡		6.4㎡	8.0㎡以上		8.0㎡	10.65㎡（原則個室）
設置期限		－		2023年度末	2018年4月施行		－	－

出典：厚生労働省「介護医療院について」（2018年４月）

新設された介護医療院の届出状況をみると、2021年12月には施設数は662施設、40,383病床となっている。介護医療院への転換元の施設内訳をみると、最も多いのは介護療養病床（病院）、次いで医療療養病床（平成30年度改定後の診療報酬の療養病棟入院料１又は２を算定している病床）となっている。

介護医療院の届出状況

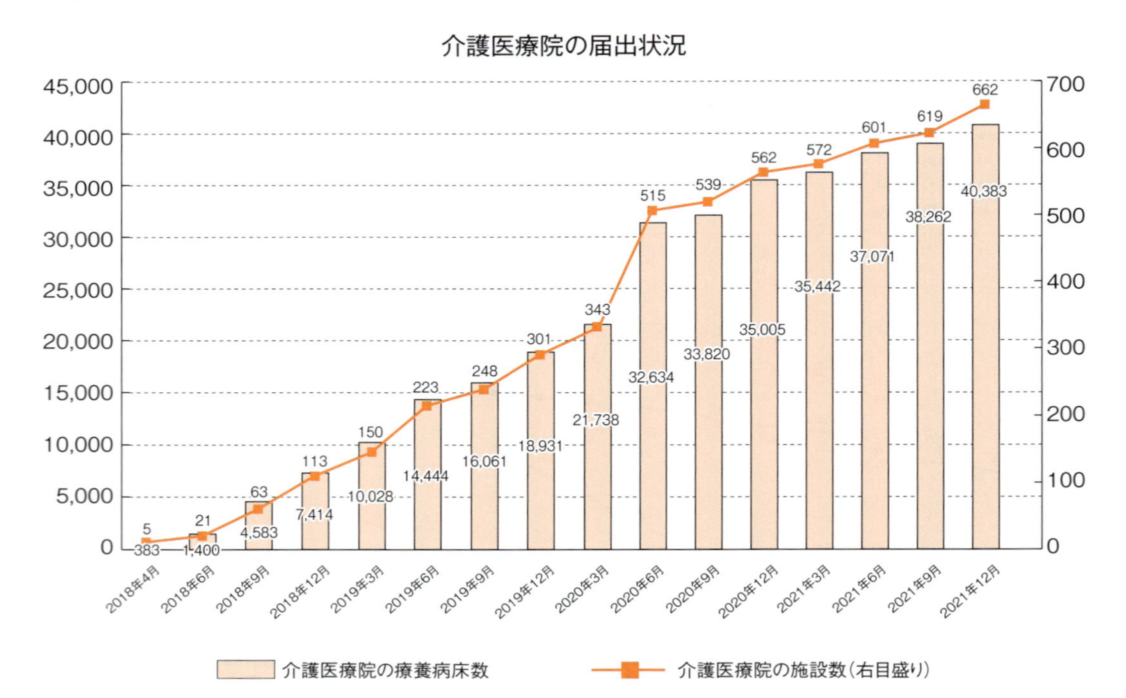

出典：厚生労働省「介護医療院の開設状況等（令和３年12月末時点）」（2022年３月10日）を基に作成。

	2020/12	2021/3	2021/6	2021/9	2021/12
転換元の施設数（複数施設が統合し転換する場合があり、上記施設数とは必ずしも一致しない）					
介護療養病床（病院）	362	370	384	396	426
介護療養病床（診療所）	40	41	45	46	48
老人性認知症疾患療養病床（精神病床）	2	2	2	2	2
介護療養型老人保健施設	90	90	93	93	96
医療療養病床（平成30年度改定後の診療報酬の療養病棟入院料1又は2を算定している病床）	107	110	120	122	131
医療療養病床（平成30年度改定後の診療報酬の経過措置が適応されている病床）	35	36	36	36	37
医療療養病床（診療所）	22	22	23	24	25
介護療養型医療施設・医療療養病床以外の病床	5	5	5	5	6
その他のベッド	0	0	2	2	4
新設	8	9	15	16	17

出典：厚生労働省「介護医療院の開設状況等（令和３年12月末時点）」（2022年３月10日）を基に作成。

(3) 共生型サービスの活用

65歳を境に、サービス事業所の切り替えによる障害福祉サービス利用者の不利益を軽減するため、2018年度の障害福祉サービス、介護福祉サービスの同時改定により、「共生型サービス」が新たに創設された。

これにより、障害福祉、介護保険どちらかの指定を受けてサービスを実施している事業者がもう一方の指定を受けやすくなり、障害福祉、介護保険それぞれのサービスを同じ事業者が一体的に提供できるようになった。地域包括ケアの実現を含む各地域で発生している課題の解決や目標達成の一助となることが期待されている。

この特例を活用し、同一事業所において、介護保険サービスと障害福祉サービスの両方を提供することで、次のような取組みが可能になる。

- 障害者が65歳以上になっても、同一事業所を継続利用できるようになる。
- 高齢者・障害児者とも、利用できる事業所の選択肢が増える。
- 「介護」や「障害」といった枠組みにとらわれず、多様化・複雑化している福祉ニーズに臨機応変に対応することができる。
- 地域共生社会を推進するためのきっかけとなる。
- 人口減少社会にあっても、地域の実情に応じたサービス提供体制整備や人材確保を行うことができる。

共生型サービスの概要

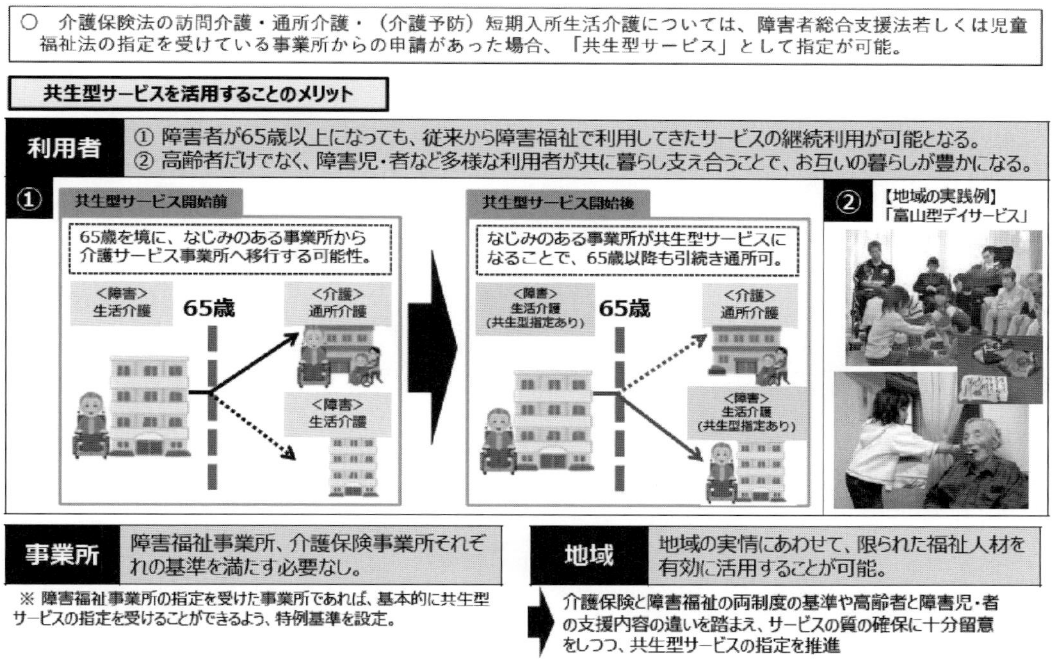

○ 介護保険法の訪問介護・通所介護・(介護予防)短期入所生活介護については、障害者総合支援法若しくは児童福祉法の指定を受けている事業所からの申請があった場合、「共生型サービス」として指定が可能。

共生型サービスを活用することのメリット

利用者
① 障害者が65歳以上になっても、従来から障害福祉で利用してきたサービスの継続利用が可能となる。
② 高齢者だけでなく、障害児・者など多様な利用者が共に暮らし支え合うことで、お互いの暮らしが豊かになる。

①
共生型サービス開始前
65歳を境に、なじみのある事業所から介護サービス事業所へ移行する可能性。
<障害> 生活介護
65歳
<介護> 通所介護
<障害> 生活介護

共生型サービス開始後
なじみのある事業所が共生型サービスになることで、65歳以降も引続き通所可。
<障害> 生活介護 (共生型指定あり)
65歳
<介護> 通所介護
<障害> 生活介護 (共生型指定あり)

② 【地域の実践例】「富山型デイサービス」

事業所
障害福祉事業所、介護保険事業所それぞれの基準を満たす必要なし。
※ 障害福祉事業所の指定を受けた事業所であれば、基本的に共生型サービスの指定を受けることができるよう、特例基準を設定。

地域
地域の実情にあわせて、限られた福祉人材を有効に活用することが可能。
介護保険と障害福祉の両制度の基準や高齢者と障害児・者の支援内容の違いを踏まえ、サービスの質の確保に十分留意をしつつ、共生型サービスの指定を推進

出典:厚生労働省ホームページ「共生型サービス」

共生型サービスの対象となるサービスは、①高齢障害者の介護保険サービスの円滑な利用を促進する観点から、介護保険優先原則が適用される介護保険と障害福祉両方の制度に相互に共通するサービス、②現行の基準該当障害福祉サービスとして位置付けられているサービスとされており、具体的には、ホームヘルプサービス、デイサービス、ショートステイがある。

例えば、従来介護保険サービスとしてホームヘルプサービス(訪問介護)、デイサービス(通所介護・地域密着型通所介護)、ショートステイ((介護予防)短期入所生活介護)の指定を受けている事業所は、共生型障害福祉サービスのホームヘルプサービス、デイサービス、ショートステイに相当するサービスを提供することができる。

また、介護保険サービス事業所が共生型障害福祉サービスも提供する場合、利用者の年齢・状態像に応じ、利用者ごとに介護保険サービス、共生型障害福祉サービスのいずれかを提供

し、サービス費用の請求は、介護保険サービス利用者については介護保険サービス費について、共生型障害福祉サービス利用者については障害福祉サービス費について行うこととなっている。

共生型サービスの対象となるサービス

○ 共生型サービス創設の目的に照らし、以下のサービスを対象としている。
① 高齢障害者の介護保険サービスの円滑な利用を促進する観点から、介護保険優先原則が適用される介護保険と障害福祉両方の制度に相互に共通するサービス
② 現行の基準該当障害福祉サービスとして位置付けられているサービス

	介護保険サービス		障害福祉サービス等
ホームヘルプサービス	○ 訪問介護	⇔	○ 居宅介護 ○ 重度訪問介護
デイサービス	○ 通所介護 ○ 地域密着型通所介護	⇔	○ 生活介護（主として重症心身障害者を通わせる事業所を除く） ○ 自立訓練（機能訓練・生活訓練） ○ 児童発達支援（主として重症心身障害児を通わせる事業所を除く） ○ 放課後等デイサービス（同上）
ショートステイ	○ 短期入所生活介護 ○ 介護予防短期入所生活介護	⇔	○ 短期入所
「通い・訪問・泊まり」といったサービスの組合せを一体的に提供するサービス※	○ 小規模多機能型居宅介護 ○ 介護予防小規模多機能型居宅介護 ○ 看護小規模多機能型居宅介護 □ 通い	⇒	○ 生活介護（主として重症心身障害者を通わせる事業所を除く） ○ 自立訓練（機能訓練・生活訓練） ○ 児童発達支援（主として重症心身障害児を通わせる事業所を除く） ○ 放課後等デイサービス（同上）
	□ 泊まり	⇒	○ 短期入所

※ 障害福祉サービスには介護保険の（看護）小規模多機能型居宅介護と同様のサービスはないが、障害福祉制度における基準該当の仕組みにより、障害児・者が（看護）小規模多機能型居宅介護に通ってサービスを受けた場合等に、障害福祉の給付対象となっている。

出典：厚生労働省ホームページ「共生型サービス」

ただし、その後、共生型サービスを手がける事業所数（実施（請求）事業所数、令和３年11月審査分）は1,051（障害福祉サービス事業所が共生型介護保険サービスを請求：148、介護保険事業所が共生型障害福祉サービスを請求：903）にとどまっている。その理由として、自治体の介護保険サービス・障害福祉サービスに係る所管部署の連携不足、事業者の障害福祉サービスに対する人材・ノウハウ不足、書類作成の煩雑さ等が指摘されているが、地域共生社会の実現のためにも、高齢者も障害者も児童も同じように支えられる共生型サービス事業者が増えていくことが期待されている。

共生型サービスの請求事業所数
（障害福祉サービス事業所が共生介護保険サービスの指定を受ける場合）

（令和３年11月審査分（10月サービス提供分））

種類	指定を受けている障害福祉サービス	共生型の請求事業所数	（参考）サービス全体の請求事業所数
訪問介護		**11**	34,081
（内訳）	指定居宅介護事業所	6	-
	指定重度訪問介護事業所	5	-
通所介護（※１）		**130（※２）**	43,242
（内訳）	指定生活介護事業所	122	-
	指定自立訓練事業所	6	-
	指定児童発達支援事業所	0	-
	指定放課後等デイサービス事業所	2	-
短期入所生活介護		**7**	10,591
（内訳）	指定短期入所事業所	7	-
合計		**148**	-

（出典）国保連合会保有給付実績情報について、介護保険総合データベースの任意集計を実施。
（※１）通所介護は地域密着型通所介護を含む件数。
（※２）同一事業所において、指定生活介護事業所及び指定自立訓練事業所の双方から算定されている事業所１件を含む。

（令和３年11月審査分（10月サービス提供分））

種類	指定を受けている介護保険サービス（※）	共生型の請求事業所数	（参考）サービス全体の請求事業所数
【障害福祉サービス】		**772**	-
居宅介護	指定訪問介護事業所	１１６	21,105
重度訪問介護	指定訪問介護事業所	２１	7,485
短期入所	指定短期入所生活介護事業所（介護予防を含む）、（看護）小規模多機能型居宅介護（予防を含む）の「泊まり」部分	７０	5,008
生活介護	指定通所介護事業所（地域密着型を含む）、（看護）小規模多機能型居宅介護（予防を含む）の「通い」部分	５２１	11,904
自立訓練（機能訓練）	指定通所介護事業所（地域密着型を含む）、（看護）小規模多機能型居宅介護（予防を含む）の「通い」部分	２７	178
自立訓練（生活訓練）	指定通所介護事業所（地域密着型を含む）、（看護）小規模多機能型居宅介護（予防を含む）の「通い」部分	１７	1,249
【障害児通所支援】		**131**	-
児童発達支援	指定通所介護事業所（地域密着型を含む）、（看護）小規模多機能型居宅介護（予防を含む）の「通い」部分	２９	9,079
放課後等デイサービス	指定通所介護事業所（地域密着型を含む）、（看護）小規模多機能型居宅介護（予防を含む）の「通い」部分	１０２	17,374
合計		**903**	-

（出典）国保連合会保有給付実績情報に基づき、障害保健福祉部にて任意集計を実施。
（※１）「指定を受けている介護保険サービス」毎の「共生型の請求事業所数」の内訳は把握できていない。また、介護保険サービス以外に、指定生活介護は共生型障害児通所支援の指定が、障害児通所支援は共生型生活介護の指定が可能であり、件数に含まれている。
（※２）「サービス全体の請求事業所数」は令和３年11月審査分（10月サービス提供分）。

出典：厚生労働省ホームページ「共生型サービス」

【参考文献】

・厚生労働省「令和２年医療施設（静態・動態）調査・病院報告」（2022年４月27日）
・厚生労働省「全国在宅医療会議」資料（2019年２月27日）
・厚生労働省「国民医療費」（2011年～2019年）
・厚生労働省「社会医療診療行為別調査」（2011年～2018年）
・厚生労働省「平成26年患者調査」（2015年12月17日）
・厚生労働省「平成29年患者調査」（2019年３月１日）
・厚生労働省「令和２年患者調査」（2022年６月30日）
・厚生労働省「主な施設基準の届出状況等」（2021年９月15日）
・厚生労働省「在宅医療に係る地域別データ集」（2021年２月25日）
・厚生労働省「令和２年介護サービス施設・事業所調査」（2021年12月28日）
・厚生労働省「平成29年度介護保険事業状況報告」（2020年7月３日）
・中央社会保険医療協議会「平成30年度診療報酬改定後の算定状況等について」（2019年９月11日）
・厚生労働省「衛生行政報告例」（2020年９月）
・厚生労働省「介護給付費等実態調査」（2007年～2019年）
・中央社会保険医療協議会総会「入院医療（その１）」（2017年１月25日）
・厚生労働省「主な施設基準の届出状況等」（2014年～2020年）
・社会保障審議会介護保険部会「地域包括ケアシステムの更なる深化・推進について」（令和４年５月16日）
・厚生労働省「介護医療院について」（2018年４月）
・厚生労働省「介護医療院の開設状況等（令和３年12月末時点）」（2022年３月10日）
・厚生労働省ホームページ「共生型サービス」

11　病院経営管理指標

1 病院経営管理指標とは

厚生労働省では、医療法人の開設する病院、医療法第31条に規定する公的医療機関及び社会保険関係団体病院の開設する病院を対象に、各会計年度における損益状況（損益計算書）、財政状況（貸借対照表）等を集計し、「病院経営管理指標」として公表している。

平成30年度の病院経営管理指標のうち、例示として、一般病院における開設者別・病床規模別経営管理指標を抽出し、以下に示す。このほか、「病院経営管理指標」では、機能別、医薬分業の有無別、地域別、黒字赤字別による比較も行っているが、これについては「平成30年度　病院経営管理指標」を参照されたい。

■ 目的

①客観的数値に基づく経営上の課題の把握

・病院会計準則に基づく会計情報、経営管理指標等

②病院経営の自主的改善

■ 有用性

①調査の継続性が重視されており、時系列的比較が可能

②自院の機能や病床規模、地域性に応じた経営状態把握のためのベンチマークとして活用

■ 調査対象

・医療法人、自治体立病院、社会保険関係団体立病院、その他公的病院
（国立・私立大学病院、企業立病院等を除く全病院）

■ 開設者別

開設者別の定義は、次のとおりである。

・医療法人

・自治体
都道府県
市町村
地方独立行政法人
一部事務組合

・社会保険関係団体
健康保険組合およびその連合会
共済組合および連合会
国民健康保険組合
ＪＣＨＯ（独立行政法人地域医療機能推進機構）

・その他公的医療機関
日本赤十字社
社会福祉法人恩賜財団済生会
社会福祉法人北海道社会事業協会
厚生（医療）農業協同組合連合会

経営管理指標　計算式

〈収益性〉

指標	計算式
医業利益率	医業利益 / 医業収益
総資本医業利益率	医業利益 / 総資本
経常利益率	経常利益 / 医業収益
償却前医業利益率	医業利益＋減価償却費 / 医業収益
病床利用率	1日平均入院患者数 / 稼働又は許可病床数
固定費比率	給与費＋設備関係費＋支払利息 / 医業収益
材料費比率	材料費 / 医業収益
医薬品費比率	医薬品費 / 医業収益
人件費比率	人件費 / 医業収益
委託費比率	委託費 / 医業収益
設備関係費比率	設備関係費 / 医業収益
減価償却費比率	減価償却費 / 医業収益
経費比率	経費 / 医業収益
金利負担率	支払利息 / 医業収益
総資本回転率	医業収益 / 総資本
固定資産回転率	医業収益 / 固定資産
常勤（非常勤）医師人件費比率	常勤（非常勤）医師給料・賞与 / 医業収益
常勤（非常勤）看護師人件費比率	常勤（非常勤）看護師給料・賞与 / 医業収益
常勤（非常勤）その他職員人件費比率	常勤（非常勤）その他職員給料・賞与 / 医業収益
常勤医師1人当たり人件費	常勤医師給料・賞与 / 常勤医師数
常勤看護師1人当たり人件費	看護師給料・賞与（注） / 常勤看護師数＋非常勤（常勤換算）看護師数
職員1人当たり人件費	給与費 / 常勤職員数＋非常勤（常勤換算）職員数
職員1人当たり医業収益	医業収益 / 常勤職員数＋非常勤（常勤換算）職員数
1床当たり医業収益	医業収益 / 許可病床数

（注）看護師給料・賞与には、非常勤看護師分も含む。

〈安全性〉

指標	計算式
自己資本比率	純資産／総資本
固定長期適合率	固定資産／(純資産＋固定負債)
借入金比率	長期借入金／医業収益
償還期間	長期借入金／{（税引前当期純利益×70％（注））＋減価償却費}
流動比率	流動資産／流動負債
1床当たり固定資産額	固定資産／許可病床数
償却金利前経常利益率	(経常利益＋減価償却費＋支払利息)／医業収益

（注）法人税等負担率（法人税、住民税及び事業税）を約30％と考え、税引前利益の約7割が手元に残るとして、税引前利益×70％とした。公的病院については非課税のため利益の全額が残るが、医療法人との比較を容易にするため、同一の式を適用した。

〈機能性〉

指標項目	算　式
平均在院日数	在院患者延数／{（新入院患者数＋退院患者数）×1/2}
外来／入院比	1日平均外来患者数／1日平均入院患者数
1床当たり1日平均外来患者数	外来患者延数／(365日×許可病床数)
患者1人1日当たり入院収益	(入院診療収益＋室料差額等収益)／(在院患者延数＋退院患者数)
患者1人1日当たり入院収益（室料差額を除く。）	入院診療収益／(在院患者延数＋退院患者数)
外来患者1人1日当たり外来収益	外来診療収益／外来患者延数
医師1人当たり入院患者数	1日平均入院患者数／{常勤医師数＋非常勤（常勤換算）医師数}
医師1人当たり外来患者数	1日平均外来患者数／{常勤医師数＋非常勤（常勤換算）医師数}
看護師1人当たり入院患者数	1日平均入院患者数／{常勤看護師数＋非常勤（常勤換算）看護師数}
看護師1人当たり外来患者数	1日平均外来患者数／{常勤看護師数＋非常勤（常勤換算）看護師数}
職員1人当たり入院患者数	1日平均入院患者数／{常勤職員数＋非常勤（常勤換算）職員数}
職員1人当たり外来患者数	1日平均外来患者数／{常勤職員数＋非常勤（常勤換算）職員数}
紹介率	(紹介患者数＋救急患者数)／初診患者数
逆紹介率	逆紹介患者数／初診患者数

出典：明治安田生活福祉研究所「平成17年度医療施設経営安定化推進事業　病院経営管理指標（病院経営指標、病院経営収支調査年報、主要公的医療機関の状況）改正のための調査研究報告書」を基に加工。

一般病院・開設者別（一般病院について開設者別ごとの病床規模比較）

1　一般病院・医療法人

		一般病院					
		医療法人					
		20床以上49床以下	50床以上99床以下	100床以上199床以下	200床以上299床以下	300床以上399床以下	400床以上
	（病院数）	（42）	（70）	（71）	（28）	（19）	（8）
	（平均病床数）	（37.6）	（67.3）	（148.8）	（238.2）	（336.6）	（469.6）
収益性							
医業利益率	（%）	2.7	0.7	1.4	0.1	1.9	2.4
総資本医業利益率	（%）	1.7	0.8	1.2	0.1	1.3	2.0
経常利益率	（%）	2.2	1.1	1.8	2.5	3.3	3.2
償却前医業利益率（補正指数）	（%）	6.3	4.1	5.6	5.4	6.7	7.0
病床利用率	（%）	77.6	82.1	81.0	84.4	86.2	84.2
固定費比率	（%）	61.3	66.8	67.8	65.4	59.7	60.5
材料費比率	（%）	16.0	14.6	17.1	19.9	25.1	23.3
医薬品費比率	（%）	8.3	7.3	7.2	8.1	11.9	11.7
人件費比率	（%）	55.2	58.5	59.6	55.9	50.6	52.1
委託費比率	（%）	5.2	5.4	5.5	5.8	5.2	5.7
設備関係費比率	（%）	8.1	8.2	7.8	8.3	8.1	8.8
減価償却費比率	（%）	3.9	3.7	4.6	5.0	4.8	4.6
経費比率	（%）	8.5	8.5	7.6	6.8	5.9	5.4
金利負担率	（%）	0.6	0.5	0.6	0.5	0.5	0.6
総資本回転率	（%）	101.1	105.9	100.2	99.0	101.2	93.9
固定資産回転率	（%）	175.0	152.2	155.2	143.4	191.6	169.0
常勤医師人件費比率	（%）	10.6	9.4	11.6	12.3	11.5	11.3
非常勤医師人件費比率	（%）	4.9	4.6	4.2	4.5	3.1	2.7
常勤看護師人件費比率	（%）	16.9	18.8	18.2	16.1	16.0	14.8
非常勤看護師人件費比率	（%）	0.6	1.2	1.1	0.7	0.7	0.5
常勤その他職員人件費比率	（%）	16.1	19.7	20.0	21.6	18.3	21.5
非常勤その他職員人件費比率	（%）	0.9	1.3	1.0	0.8	0.6	1.1
常勤医師１人当たり人件費	（千円）	23,550	21,070	21,210	22,614	14,584	15,276
常勤看護師１人当たり人件費	（千円）	5,916	5,978	5,371	5,100	4,904	4,894
職員１人当たり人件費	（千円）	6,751	6,560	6,648	6,735	6,807	6,722
職員１人当たり医業収益	（千円）	12,610	11,445	11,456	12,171	13,009	13,268
１床当たり医業収益	（千円）	21,746	17,519	19,662	22,481	27,736	26,027
安全性							
自己資本比率	（%）	39.3	44.3	30.6	30.9	31.4	28.3
固定長期適合率	（%）	76.5	76.3	87.2	89.0	77.6	74.5
借入金比率	（%）	43.3	32.3	51.4	44.2	52.2	46.9
償還期間	（年）	6.5	3.8	5.4	3.9	6.0	7.8
流動比率	（%）	224.1	196.2	162.2	145.2	192.4	184.6
１床当たり固定資産額	（千円）	12,395	13,818	13,686	16,941	16,695	17,111
償却金利前経常利益率	（%）	8.2	5.2	6.8	5.9	7.6	8.4
機能性							
平均在院日数	（日）	14.6	33.0	24.1	20.8	16.0	17.2
外来／入院比	（倍）	2.6	1.5	1.6	1.7	1.7	1.3
１床当たり１日平均外来患者数	（人）	1.7	1.3	1.2	1.4	1.5	1.0
患者１人１日当たり入院収益	（円）	43,062	41,029	42,832	51,267	58,263	63,160
患者１人１日当たり入院収益（室料差額除く）	（円）	43,164	39,055	43,459	50,497	57,283	62,216
外来患者１人１日当たり外来収益	（円）	8,707	10,103	12,415	12,320	14,898	17,245
医師１人当たり入院患者数	（人）	4.3	6.3	6.1	5.4	3.9	4.3
医師１人当たり外来患者数	（人）	12.3	10.1	8.5	7.9	6.1	4.5
看護師１人当たり入院患者数	（人）	0.9	1.2	1.1	1.1	0.9	1.0
看護師１人当たり外来患者数	（人）	2.3	2.0	1.6	1.7	1.6	1.1
職員１人当たり入院患者数	（人）	0.4	0.5	0.5	0.5	0.4	0.4
職員１人当たり外来患者数	（人）	1.0	0.8	0.7	0.7	0.7	0.5
紹介率	（%）	18.6	29.8	34.5	40.1	54.6	55.6
逆紹介率	（%）	16.2	21.1	22.2	22.7	35.5	33.0

2　一般病院・自治体

		一般病院					
		自治体					
		20床以上 49床以下	50床以上 99床以下	100床以上 199床以下	200床以上 299床以下	300床以上 399床以下	400床以上
	（病院数）	（17）	（35）	（50）	（37）	（49）	（70）
	（平均病床数）	（37.2）	（64.4）	（141.2）	（226.1）	（322.1）	（455.5）
収益性							
医業利益率	（%）	-21.9	-10.1	-10.2	-10.3	-9.8	-7.4
総資本医業利益率	（%）	-14.5	-9.0	-7.5	-6.6	-6.4	-5.5
経常利益率	（%）	-1.7	-2.7	-1.1	-1.2	-1.6	-0.1
償却前医業利益率（補正指数）	（%）	-15.5	-2.0	-4.1	-2.8	-2.5	0.1
病床利用率	（%）	67.4	78.1	73.7	73.3	74.1	78.2
固定費比率	（%）	93.1	81.3	80.7	75.7	71.4	64.3
材料費比率	（%）	17.8	14.4	15.6	21.1	23.3	27.7
医薬品費比率	（%）	6.6	7.7	8.8	11.2	13.5	16.0
人件費比率	（%）	80.6	70.6	69.6	64.0	61.7	53.5
委託費比率	（%）	12.5	9.9	10.3	9.8	10.3	8.8
設備関係費比率	（%）	10.6	8.0	9.6	10.0	9.4	9.6
減価償却費比率	（%）	7.9	6.0	7.8	8.0	7.5	7.5
経費比率	（%）	9.3	9.0	7.8	7.9	6.5	6.6
金利負担率	（%）	0.7	0.6	0.9	1.0	1.0	0.9
総資本回転率	（%）	46.5	59.7	65.0	70.8	65.6	71.0
固定資産回転率	（%）	66.6	79.5	91.9	86.2	91.0	102.1
常勤医師人件費比率	（%）	14.7	11.7	11.4	12.6	11.7	11.2
非常勤医師人件費比率	（%）	6.8	4.8	4.0	3.5	2.9	2.9
常勤看護師人件費比率	（%）	31.9	25.0	24.1	22.8	20.5	18.8
非常勤看護師人件費比率	（%）	1.2	1.2	1.5	1.4	1.1	1.1
常勤その他職員人件費比率	（%）	18.9	25.9	18.7	15.8	13.1	15.1
非常勤その他職員人件費比率	（%）	3.8	2.0	2.2	2.3	2.1	1.9
常勤医師1人当たり人件費	（千円）	21,833	19,485	19,196	16,102	16,129	13,772
常勤看護師1人当たり人件費	（千円）	5,822	5,850	5,508	5,464	5,620	5,731
職員1人当たり人件費	（千円）	8,190	7,956	7,563	7,647	8,149	8,037
職員1人当たり医業収益	（千円）	8,431	9,467	10,636	11,729	13,238	14,805
1床当たり医業収益	（千円）	13,657	13,434	15,991	19,314	22,905	28,090
安全性							
自己資本比率	（%）	40.0	25.0	29.6	11.2	16.2	22.1
固定長期適合率	（%）	82.4	94.0	88.5	100.5	100.3	88.7
借入金比率	（%）	48.7	49.5	59.6	64.5	66.9	56.7
償還期間	（年）	7.0	5.8	8.3	8.1	9.2	6.9
流動比率	（%）	178.3	131.2	189.1	124.5	118.4	178.3
1床当たり固定資産額	（千円）	17,460	12,396	20,333	20,994	24,903	26,415
償却金利前経常利益率	（%）	6.9	6.5	7.2	6.6	7.4	8.2
機能性							
平均在院日数	（日）	23.0	38.2	31.5	18.5	14.8	13.3
外来／入院比	（倍）	2.7	1.8	1.8	1.8	1.8	1.6
1床当たり1日平均外来患者数	（人）	1.5	1.1	1.2	1.2	1.3	1.3
患者1人1日当たり入院収益	（円）	31,068	27,850	38,212	47,636	52,411	63,000
患者1人1日当たり入院収益（室料差額除く）	（円）	29,963	27,265	37,579	44,227	50,963	62,958
外来患者1人1日当たり外来収益	（円）	8,064	7,957	10,040	12,592	14,433	16,899
医師1人当たり入院患者数	（人）	4.4	6.1	6.7	4.3	3.8	3.1
医師1人当たり外来患者数	（人）	11.2	9.6	10.5	7.3	6.5	4.9
看護師1人当たり入院患者数	（人）	0.8	1.0	1.0	0.8	0.8	0.7
看護師1人当たり外来患者数	（人）	2.0	1.7	1.7	1.4	1.4	1.3
職員1人当たり入院患者数	（人）	0.4	0.4	0.5	0.4	0.4	0.4
職員1人当たり外来患者数	（人）	1.0	0.7	0.8	0.7	0.7	0.7
紹介率	（%）	22.3	29.0	31.7	53.2	53.9	66.8
逆紹介率	（%）	15.2	26.5	21.9	35.3	34.7	50.5

3　一般病院・社会保険関係団体

		一般病院 社会保険関係団体					
		20床以上49床以下	50床以上99床以下	100床以上199床以下	200床以上299床以下	300床以上399床以下	400床以上
	（病院数）	(0)	(0)	(15)	(8)	(8)	(7)
	（平均病床数）			(156.3)	(233.3)	(329.5)	(444.4)
収益性							
医業利益率	（%）			-0.4	0.9	-1.2	0.5
総資本医業利益率	（%）			-0.1	0.5	0.2	0.7
経常利益率	（%）			0.1	2.0	-0.6	1.2
償却前医業利益率（補正指数）	（%）			5.6	6.2	4.9	6.0
病床利用率	（%）			78.0	77.1	81.0	78.4
固定費比率	（%）			66.7	62.8	62.6	59.8
材料費比率	（%）			18.9	22.0	25.6	27.5
医薬品費比率	（%）			10.7	13.1	13.8	15.1
人件費比率	（%）			55.8	54.4	50.7	50.6
委託費比率	（%）			8.3	7.9	6.7	6.6
設備関係費比率	（%）			10.2	9.0	10.5	9.1
減価償却費比率	（%）			6.2	5.3	6.7	5.4
経費比率	（%）			5.9	5.3	5.9	5.3
金利負担率	（%）			0.1	0.1	0.3	0.1
総資本回転率	（%）			81.4	78.2	73.4	78.6
固定資産回転率	（%）			101.3	102.0	117.0	103.9
常勤医師人件費比率	（%）			8.6	12.3	10.6	11.9
非常勤医師人件費比率	（%）			5.0	2.5	2.5	1.0
常勤看護師人件費比率	（%）			17.8	16.0	18.2	18.7
非常勤看護師人件費比率	（%）			1.3	0.8	0.9	0.4
常勤その他職員人件費比率	（%）			31.2	34.1	13.1	27.2
非常勤その他職員人件費比率	（%）			2.5	1.1	2.0	2.3
常勤医師1人当たり人件費	（千円）			18,011	16,245	15,048	13,805
常勤看護師1人当たり人件費	（千円）			5,740	5,365	5,116	5,427
職員1人当たり人件費	（千円）			6,975	7,512	7,064	7,722
職員1人当たり医業収益	（千円）			12,554	14,131	13,919	15,447
1床当たり医業収益	（千円）			21,395	23,736	25,054	25,486
安全性							
自己資本比率	（%）			68.4	80.9	62.4	79.6
固定長期適合率	（%）			101.7	90.4	82.2	90.9
借入金比率	（%）			31.6	15.9	27.4	
償還期間	（年）			1.0	1.9	2.0	
流動比率	（%）			110.6	191.2	274.5	166.3
1床当たり固定資産額	（千円）			23,747	24,226	25,129	24,690
償却金利前経常利益率	（%）			6.3	7.3	5.7	6.6
機能性							
平均在院日数	（日）			18.6	15.2	17.3	13.9
外来／入院比	（倍）			1.6	1.7	1.6	1.6
1床当たり1日平均外来患者数	（人）			1.2	1.2	1.3	1.2
患者1人1日当たり入院収益	（円）			41,685	50,089	48,236	61,239
患者1人1日当たり入院収益（室料差額除く）	（円）			40,521	48,658	46,902	59,475
外来患者1人1日当たり外来収益	（円）			14,001	14,739	15,926	16,634
医師1人当たり入院患者数	（人）			5.9	4.3	4.3	3.1
医師1人当たり外来患者数	（人）			8.7	7.1	6.5	4.9
看護師1人当たり入院患者数	（人）			0.9	0.9	0.9	0.9
看護師1人当たり外来患者数	（人）			1.6	1.5	1.4	1.4
職員1人当たり入院患者数	（人）			0.4	0.5	0.5	0.4
職員1人当たり外来患者数	（人）			0.7	0.8	0.7	0.7
紹介率	（%）			40.4	52.0	57.8	69.4
逆紹介率	（%）			33.8	48.2	44.3	68.3

※回答病院数が複数施設（2施設以上）ない場合は、データが非開示となっている。

4　一般病院・その他公的

		一般病院					
		その他公的					
		20床以上 49床以下	50床以上 99床以下	100床以上 199床以下	200床以上 299床以下	300床以上 399床以下	400床以上
	(病院数)	(2)	(3)	(8)	(12)	(13)	(17)
	(平均病床数)	(37.5)	(74.4)	(154.5)	(246.0)	(315.6)	(476.4)
収益性							
医業利益率	(%)	-1.1	-12.1	-7.1	-3.4	-3.2	-0.1
総資本医業利益率	(%)	-0.4	-5.1	-7.0	-0.6	-1.9	0.9
経常利益率	(%)	-1.9	-1.8	-1.5	-0.2	-1.3	1.0
償却前医業利益率（補正指数）	(%)	6.2	-2.1	-0.7	3.3	2.2	5.5
病床利用率	(%)	80.6	80.9	77.0	78.7	78.5	81.2
固定費比率	(%)	80.4	83.2	72.0	68.7	62.9	58.8
材料費比率	(%)	7.1	12.2	19.5	20.3	26.2	30.2
医薬品費比率	(%)	4.1	9.0	10.6	10.8	14.5	18.0
人件費比率	(%)	71.5	71.9	62.3	58.7	55.7	49.7
委託費比率	(%)	6.7	8.4	8.4	6.9	7.0	5.7
設備関係費比率	(%)	11.1	11.2	9.3	9.4	7.6	9.2
減価償却費比率	(%)	7.6	8.3	6.4	6.3	5.4	5.6
経費比率	(%)	10.0	12.4	5.9	4.3	5.1	4.0
金利負担率	(%)	0.1	1.4	0.4	0.2	0.4	0.2
総資本回転率	(%)	60.9	52.1	94.5	98.7	94.7	88.3
固定資産回転率	(%)	84.9	74.5	133.9	131.9	156.5	152.9
常勤医師人件費比率	(%)	9.5	7.1	10.1	10.4	9.8	10.0
非常勤医師人件費比率	(%)	1.5	2.6	3.5	3.8	3.4	2.6
常勤看護師人件費比率	(%)	20.7	17.5	19.1	20.1	18.5	16.8
非常勤看護師人件費比率	(%)	1.2	1.3	1.4	0.7	0.8	0.7
常勤その他職員人件費比率	(%)	30.6	31.1	18.0	12.2	10.6	9.5
非常勤その他職員人件費比率	(%)	1.9	2.0	1.2	1.2	1.2	1.3
常勤医師1人当たり人件費	(千円)	25,473	13,621	19,125	15,472	15,311	13,655
常勤看護師1人当たり人件費	(千円)	4,855	4,890	5,343	5,053	4,969	5,213
職員1人当たり人件費	(千円)	5,754	6,795	7,076	7,450	7,611	7,615
職員1人当たり医業収益	(千円)	6,836	8,836	11,552	11,949	14,063	15,271
1床当たり医業収益	(千円)	15,312	12,176	15,144	21,135	22,397	30,605
安全性							
自己資本比率	(%)	64.6	-3.3	-1.6	12.8	27.2	15.6
固定長期適合率	(%)	83.9	83.7	111.6	104.7	86.8	83.1
借入金比率	(%)	25.4	101.1	41.9	57.5	37.1	32.3
償還期間	(年)	3.7	18.0	5.2	5.9	5.4	5.9
流動比率	(%)	169.7	224.3	88.4	102.3	175.2	209.6
1床当たり固定資産額	(千円)	5,183	14,045	13,162	18,020	15,787	23,835
償却金利前経常利益率	(%)	5.4	-0.7	1.5	3.5	3.6	6.8
機能性							
平均在院日数	(日)	42.8	60.5	23.8	16.0	15.7	12.7
外来／入院比	(倍)	1.5	0.7	1.4	1.6	1.7	1.8
1床当たり1日平均外来患者数	(人)	1.2	0.4	1.0	1.3	1.3	1.4
患者1人1日当たり入院収益	(円)	27,098	31,970	43,485	48,061	49,171	67,217
患者1人1日当たり入院収益（室料差額除く）	(円)	26,424	30,952	42,735	47,060	48,130	65,844
外来患者1人1日当たり外来収益	(円)	6,204	11,732	11,371	12,390	15,209	17,827
医師1人当たり入院患者数	(人)	10.0	12.5	6.3	4.9	4.7	3.3
医師1人当たり外来患者数	(人)	11.1	8.5	9.1	7.8	8.3	6.1
看護師1人当たり入院患者数	(人)	1.5	1.5	1.1	0.9	0.9	0.8
看護師1人当たり外来患者数	(人)	2.3	0.9	1.7	1.5	1.5	1.4
職員1人当たり入院患者数	(人)	0.4	0.6	0.5	0.4	0.4	0.4
職員1人当たり外来患者数	(人)	0.7	0.4	0.8	0.7	0.8	0.7
紹介率	(%)	23.0	59.3	28.5	47.0	48.5	67.5
逆紹介率	(%)	22.6	19.0	26.0	37.7	36.6	46.3

2 ベンチマーク分析事例

続いて、架空の病院を想定し、この病院を題材に「平成30年度病院経営管理指標」を用いてベンチマーク分析を行うと想定した場合の事例を紹介する。ベンチマーク分析により、自院と類似の規模・機能を持つ病院と自院の経営状況を比較することで、経営上の問題点・課題を把握できる。

■病院のプロフィール

医療法人○○会□□病院は築25年が経過しており、近い将来、建替えが必要となることから、収益力の一層の向上を目指し、課題の把握と課題解決に向けた取組みを行おうとしている。同病院は以下のような特徴を有している。

・救命救急センターを持つ480床の急性期病院。平均在院日数は21.80日。
・DPC対象病院で、一般病棟入院基本料は入院料１を取得している。
・医薬分業も実施している。

■ベンチマーク分析のステップ

<ステップ１>自院のデータの収集及び病院経営管理指標の算出

まず、自院の貸借対照表、損益計算書その他の財務データ、患者データ、職種別・常勤－非常勤別の人員表を用意する。用意したデータを前述の経営管理指標の計算式に当てはめ、自院の「経営管理指標」を算出する。

<ステップ２>ベンチマークとなり得る病院経営管理指標の特定

自院と同じような特徴を持つ病院、具体的には

・400床以上の医療法人立病院
・救命救急センターを有している医療法人立病院
・平均在院日数が20日以上～ 25日未満の医療法人立病院
・DPC対象の医療法人立病院
・一般病棟入院基本料が入院料１の医療法人立病院
・医薬分業を実施している医療法人立病院

など、ベンチマーク対象となり得る病院の経営管理指標を特定する。

<ステップ３>ベンチマーク分析による課題の発見

ステップ１で算出した自院の病院経営管理指標と、ステップ２で特定したベンチマーク対象となり得る病院の経営管理指標とを横並びに整理し、比較する。（次頁参照）

ベンチマーク対象を下回っている経営管理指標が、自院の課題である可能性がある。

ここでは、以下の３点が主要な課題として抽出された。

・問題点１………人件費比率が高い
・問題点２………平均在院日数が長い
・問題点３………入院患者・外来患者１人１日当たり収益が低い

今後は、これら３点の課題を中心にさらなる分析を行い、指標改善に向けた取り組みを行うことにより、収支改善が期待できる。

■ベンチマーク比較

		自院（医療法人○○会□□病院）	400床以上 医療法人	医療法人 救命救急センター	医療法人 20日以上～25日未満	医療法人 DPC対象病院	医療法人 急性期一般入院料1	医療法人 院外処方実施病院
（病院数）			(8)	(5)	(27)	(92)	(74)	(187)
（平均病床数）		(480)	(469.6)	(404.4)	(130.4)	(230.2)	(225.2)	(142.9)
収益性								
医業利益率	（%）	-0.9	2.4	1.9	1.7	1.2	1.7	0.9
総資本医業利益率	（%）	0.9	2.0	1.8	1.8	0.6	2.0	0.6
経常利益率	（%）	-0.2	3.2	5.6	2.4	2.3	2.7	1.8
償却前医業利益率（補正指数）	（%）	4.4	7.0	7.1	5.6	6.1	6.7	5.1
病床利用率	（%）	75.5	84.2	89.3	79.7	83.5	82.6	82.0
固定費比率	（%）	64.6	60.5	59.5	66.4	64.3	62.9	67.2
材料費比率	（%）	19.5	23.3	25.5	15.3	20.5	20.7	16.6
医薬品費比率	（%）	11.2	11.7	10.8	6.6	8.9	9.4	7.1
人件費比率	（%）	60.8	52.1	52.4	59.4	55.4	54.1	58.7
委託費比率	（%）	5.8	5.7	5.7	5.4	5.7	5.8	5.4
設備関係費比率	（%）	9.9						8.3
減価償却費比率	（%）	5.3						4.5
経費比率	（%）	9.0	5.4	5.1	8.5	6.5	6.2	7.6
金利負担率	（%）	1.0	0.6	0.8	0.5	0.5	0.6	0.6
総資本回転率	（%）	123.4	93.9	86.3	94.3	102.7	100.3	101.3
固定資産回転率	（%）	166.5	169.0	178.3	157.5	163.9	165.5	154.5
常勤医師人件費比率	（%）	10.4	11.3	12.3	10.5	11.7	11.7	11.4
非常勤医師人件費比率	（%）	4.4	2.7	1.6	4.8	4.0	3.6	4.4
常勤看護師人件費比率	（%）	16.1	14.8	13.4	19.0	16.7	16.7	18.2
非常勤看護師人件費比率	（%）	1.9	0.5	0.4	1.0	0.8	0.9	0.9
常勤その他職員人件費比率	（%）	12.9	21.5	27.1	22.7	20.3	19.5	19.3
非常勤その他職員人件費比率	（%）	1.2	1.1	0.8	0.9	0.8	0.8	1.0
常勤医師1人当たり人件費	（千円）	19,794	15,276	14,612	21,136	19,528	18,593	21,039
常勤看護師1人当たり人件費	（千円）	4,911	4,894	4,770	5,602	5,064	5,149	5,508
職員1人当たり人件費	（千円）	6,138	6,722	6,659	6,455	6,663	6,738	6,607
職員1人当たり医業収益	（千円）	11,654	13,268	13,793	10,975	12,280	12,791	11,585
1床当たり医業収益	（千円）	11,006	26,027	31,610	18,124	23,793	26,041	20,715
安全性								
自己資本比率	（%）	17.1	28.3	40.9	39.0	27.3	29.0	33.1
固定長期適合率	（%）	100.1	74.5	81.8	85.1	85.2	83.9	84.1
借入金比率	（%）	49.9	46.9	48.3	43.8	41.1	41.2	43.7
償還期間	（年）	11.8	7.8	3.7	3.9	4.9	5.2	5.3
流動比率	（%）	223.3	184.6	106.9	150.1	147.3	168.5	166.9
1床当たり固定資産額	（千円）	14,585						14,320
償却金利前経常利益率	（%）	6.1						6.5
機能性								
平均在院日数	（日）	21.80	17.2	12.8	22.5	17.1	14.8	24.8
外来/入院比	（倍）	2.34	1.3	1.5	1.7	1.7	1.8	1.7
1床当たり1日平均外来患者数	（人）	1.62	1.0	1.3	1.2	1.3	1.5	1.3
患者1人1日当たり入院収益	（円）	43,228	63,160	76,409	41,937	54,671	57,656	46,109
患者1人1日当たり入院収益（室料差額除く）	（円）	42,195	62,216	75,435	40,931	53,736	56,599	45,308
外来患者1人1日当たり外来収益	（円）	11,586	17,245	17,825	10,141	13,749	14,158	11,338
医師1人当たり入院患者数	（人）	5.87	4.3	2.9	6.9	4.7	4.1	5.5
医師1人当たり外来患者数	（人）	11.45						
看護師1人当たり入院患者数	（人）	1.13						
看護師1人当たり外来患者数	（人）	2.42	1.1	1.2	1.9	0.6	1.6	1.8
職員1人当たり入院患者数	（人）	0.46	0.4	0.3	0.5	0.4	0.4	0.5
職員1人当たり外来患者数	（人）	0.99	0.5	0.5	0.8	0.7	0.7	0.8
紹介率	（%）	57.20	55.6	63.5	28.0	44.4	47.0	33.2
逆紹介率	（%）	28.50	33.0	34.0	20.6	28.1	28.5	23.4

問題点１：人件費比率が高い

問題点２：平均在院日数が長い

問題点３：入院患者・外来患者1人1日当たり収益が低い

【参考文献】

・厚生労働省「平成30年度病院経営管理指標」

・明治安田生活福祉研究所「平成17年度医療施設経営安定化推進事業　病院経営管理指標（病院経営指標、病院経営収支調査年報、主要公的医療機関の状況）改正のための調査研究報告書」

第2章

介　護

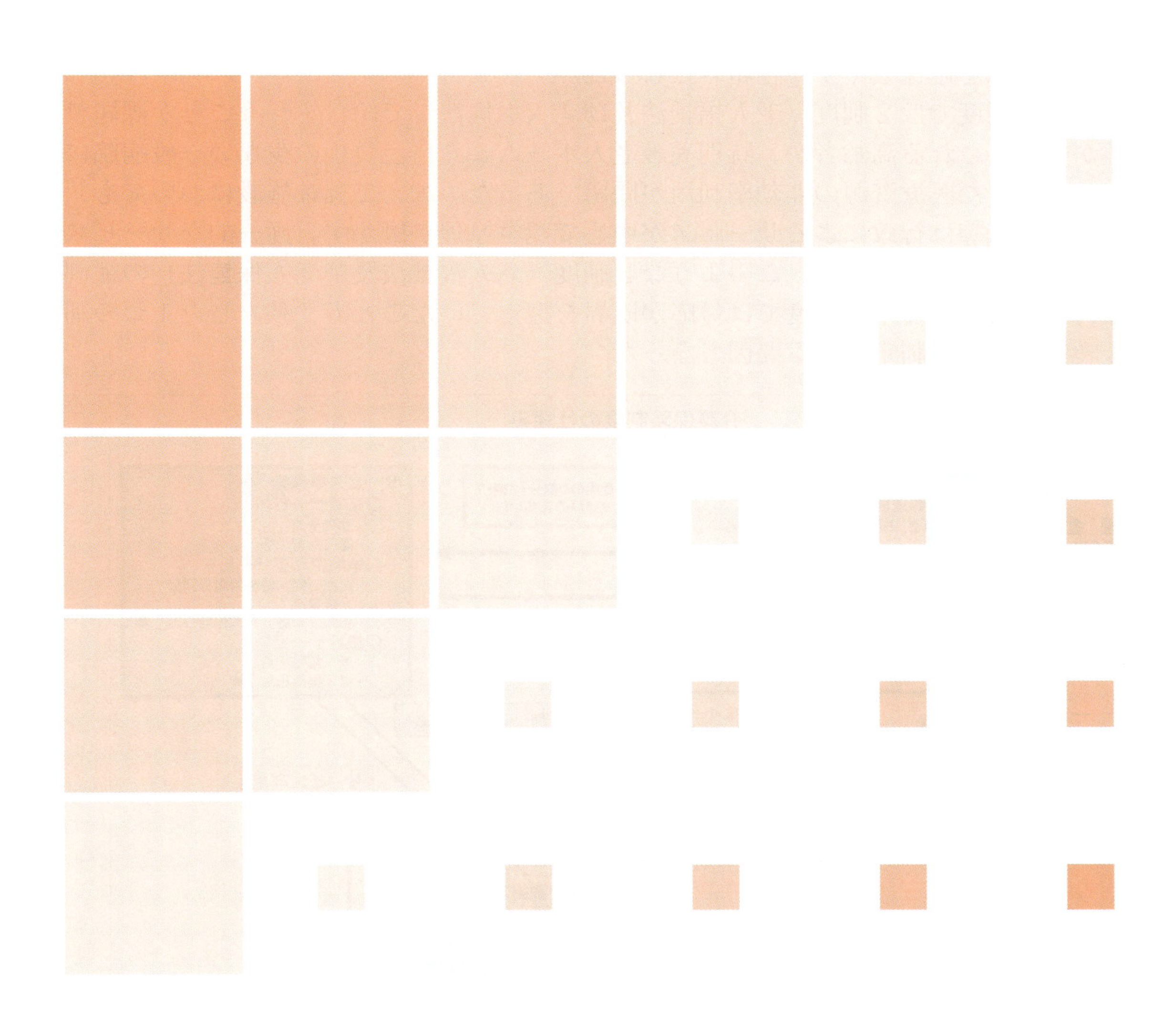

1 介護保険法の概要と改定

1 介護保険制度とは

介護保険制度とは、医療保険と同様のサービスを社会保障で給付する制度として、2000年４月に施行された社会保険制度である。40歳以上の国民全員（被保険者）が負担する保険料と国の公費（税金）を合わせて財源とし、高齢者の介護を社会全体で支え合う仕組みとして制定された。

介護保険制度制定に至る背景をみると、1963年に老人福祉法が、1982年に予防やリハビリテーションの視点を含めた老人保健法が制定され、福祉政策として確立した。高齢者は家族が面倒をみるというそれまでの考えから社会全体で支える「高齢者福祉」という概念が生まれ、社会構造の変化に伴い定着した。

一方で、従前のこれらの制度は行政によるサービスが中心で、高齢化に伴い自治体財政が圧迫されていた。そのため、税金だけではなく別の財源からも保障を行う制度が必要とされ、介護保険制度が制定される経緯となった。一般の税金は増税や介護分の財源確保が難しく、十分な量のサービスの確保ができなかったところ、社会保険として保険料を徴収することで給付のための財源を確保しやすい仕組みとなった。

また、従前の制度では２制度（老人福祉法及び老人保健法）で給付を行うことが課題であり、介護が必要とされる高齢者が、特別養護老人ホームより自己負担の少ない一般病院に長期入院するといった医療資源の非効率利用が問題であった。加えて福祉施設においても、特別養護老人ホーム等は行政によるサービスが中心で競争原理が働かず、画一的なサービス内容となるといった課題があった。このような２制度（老人福祉法及び老人保健法）の縦割りによる弊害等によって従来の制度では対応が限界を迎えていたことも、独立した１つの制度である介護保険制度が制定される要因となった。

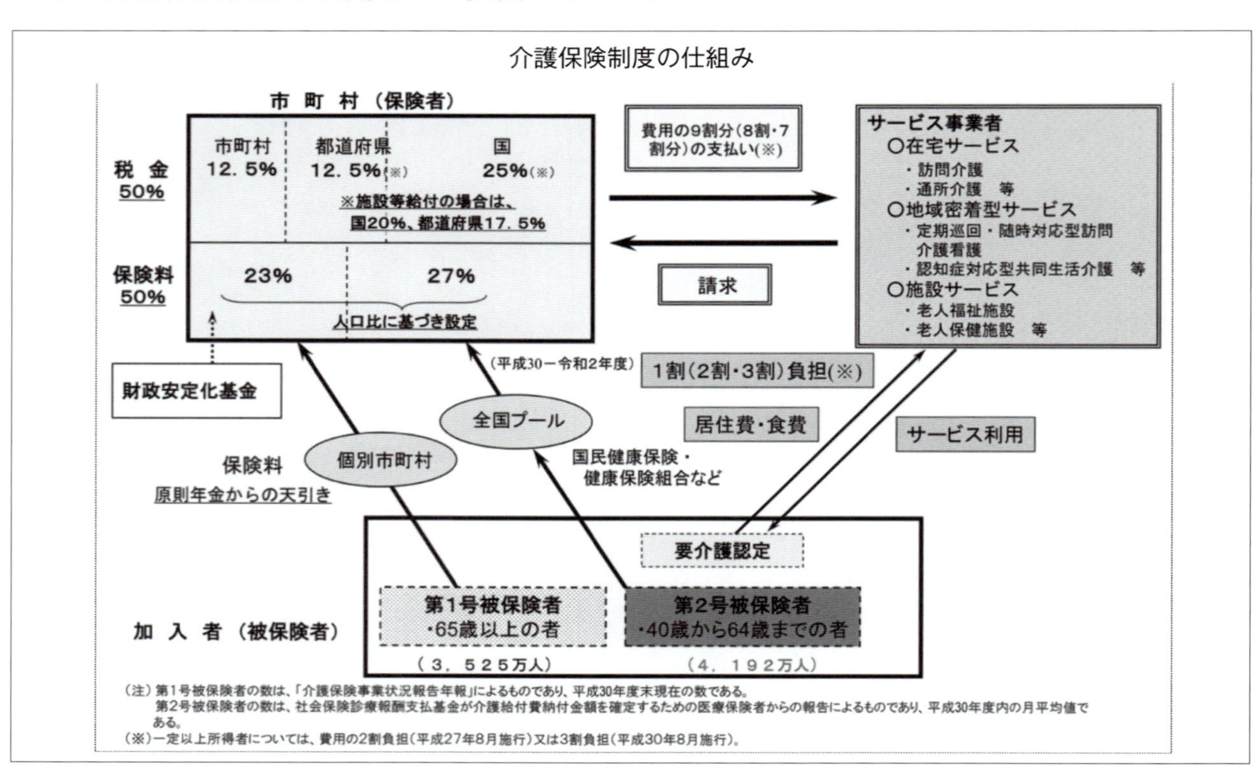

出典：厚生労働省老健局「介護保険制度の概要」（2021年５月） https://www.mhlw.go.jp/content/000801559.pdf

第2部 データ編

2 介護保険法の改正

近年、介護保険制度においては、急速な高齢化による医療・介護需要のさらなる増加を背景に、地域の中で医療・介護・予防・住まい・生活支援を一体的に提供する「地域包括ケアシステム」の構築が推進されている。2025年を目途に、高齢者の尊厳の保持と自立生活の支援の目的のもとで、可能な限り住み慣れた地域で、自分らしい暮らしを人生の最期まで続けることができるよう、地域の包括的な支援・サービス提供体制を構築することが目標とされている。

「地域包括ケアシステム」の構築に向け、2014年の改正では、在宅医療と介護の連携推進や、全国一律で提供されていた予防給付の一部について市町村を実施主体とする新しい「介護予防・日常生活支援総合事業」の創設が取り入れられ、2020年の改正では、市町村が地域住民のニーズに応じて包括的な支援を行う体制の構築へと拡大されている。

介護保険制度の主な改正の経緯

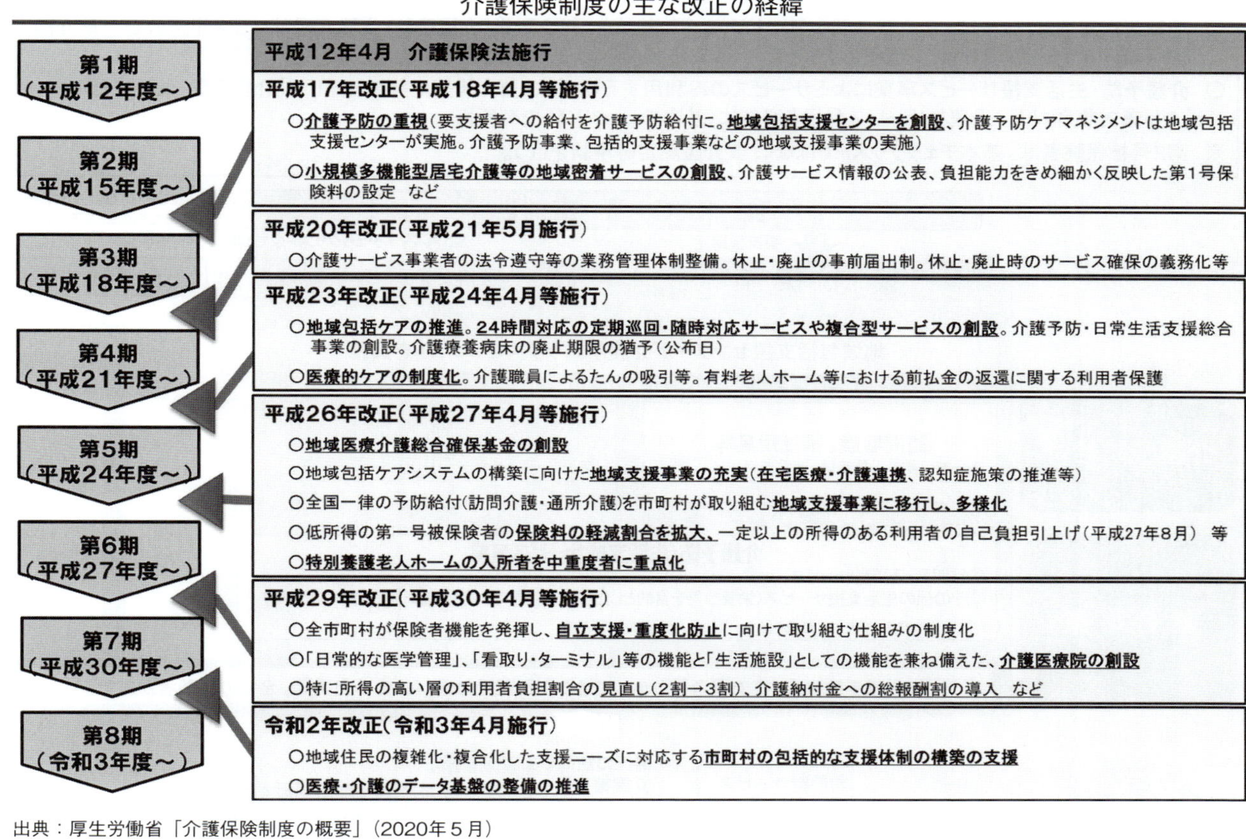

出典：厚生労働省「介護保険制度の概要」（2020年５月）

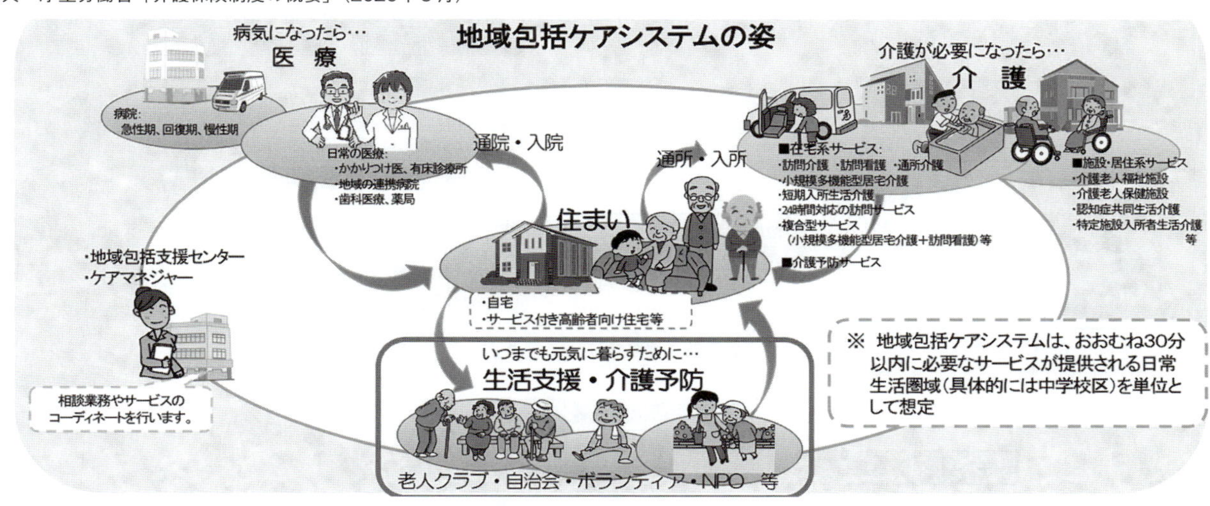

出典：厚生労働省「地域包括ケア研究会報告書資料」（2016年３月）

3 総合事業

近年、医療・介護・予防・住まい・生活支援が一体的に提供される「地域包括ケアシステム」の実現にむけ、介護・介護予防サービスの在り方が変化している。

予防給付に関しては、本人に対してのみならず、地域づくりなど本人を取り巻く環境へのアプローチも含め、バランスのとれたアプローチができるように介護予防事業を見直し、予防給付のうち訪問介護・通所介護について、市町村の裁量の範囲を拡大し、地域の実情に応じた内容のサービスの提供が可能となる「新しい介護予防・日常生活支援総合事業」(以下、「総合事業」という)が開始され、取組状況にばらつきは見られるものの、2017年以降全ての市町村で実施されている。

■ 介護予防・日常生活支援総合事業の概要と構成

○ 訪問介護・通所介護以外のサービス(訪問看護、福祉用具等)は、引き続き介護予防給付によるサービス提供を継続。
○ 地域包括支援センターによる介護予防ケアマネジメントに基づき、総合事業(介護予防・生活支援サービス事業及び一般介護予防事業)のサービスと介護予防給付のサービス(要支援者のみ)を組み合わせる。
○ 介護予防・生活支援サービス事業によるサービスのみ利用する場合は、要介護認定等を省略して「介護予防・生活支援サービス事業対象者」とし、迅速なサービス利用を可能に(基本チェックリストで判断)。
※ 第2号被保険者は、基本チェックリストではなく、要介護認定等申請を行う。

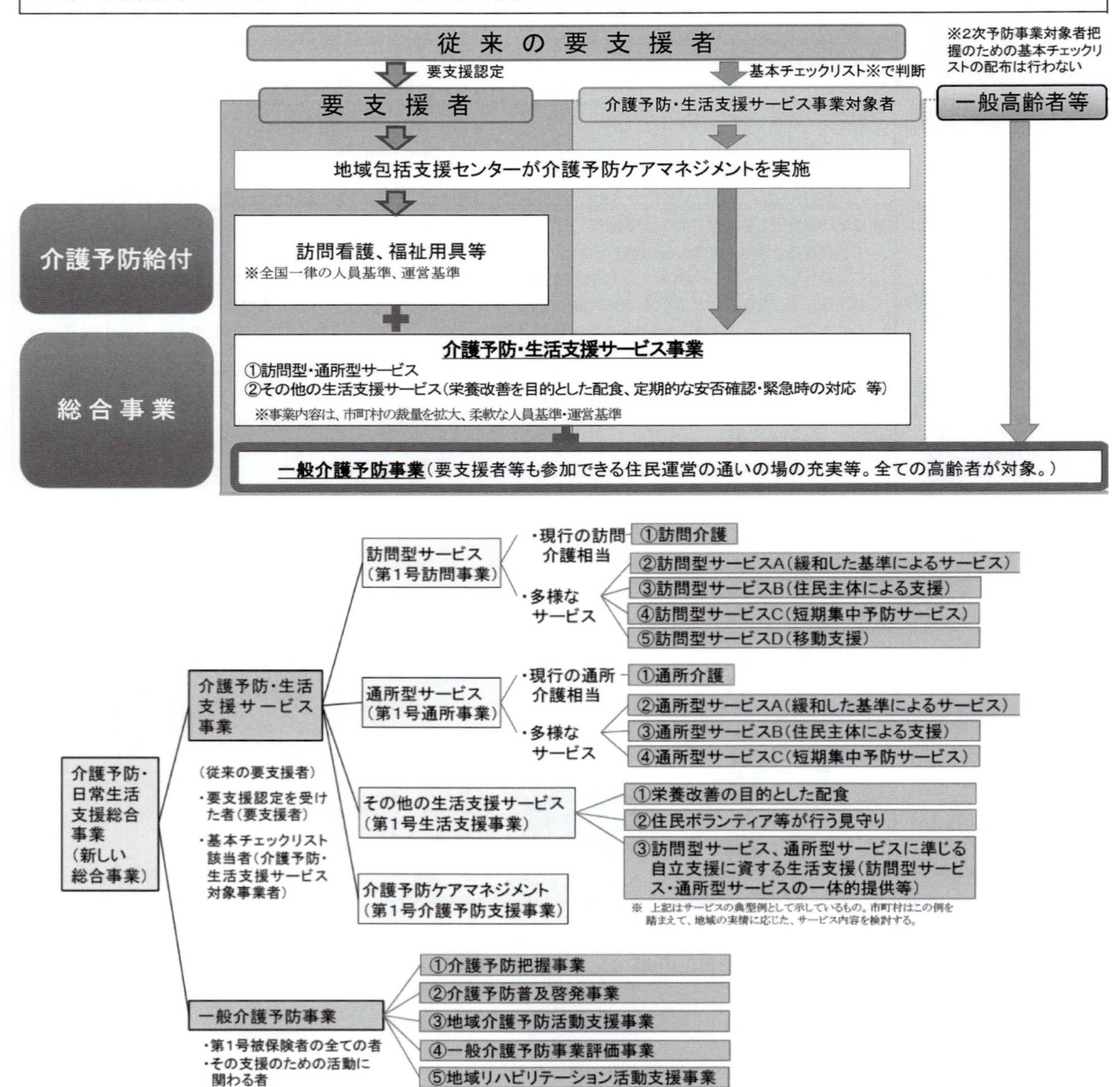

出典：厚生労働省「介護予防・日常生活支援総合事業ガイドライン(概要)」

(1) サービスの実施状況

従前相当サービスは、訪問型は1,619市町村(94.2%)、通所型は1,618市町村(94.1%)で実施されている。サービスA(基準が緩和されたサービス)は、訪問型は860市町村(50.0%)、通所型は923市町村(53.7%)で実施されている。次に多いのは通所型サービスC(生活機能を改善させるための短期集中の予防サービス)であり、681市町村(39.6%)で実施されている。

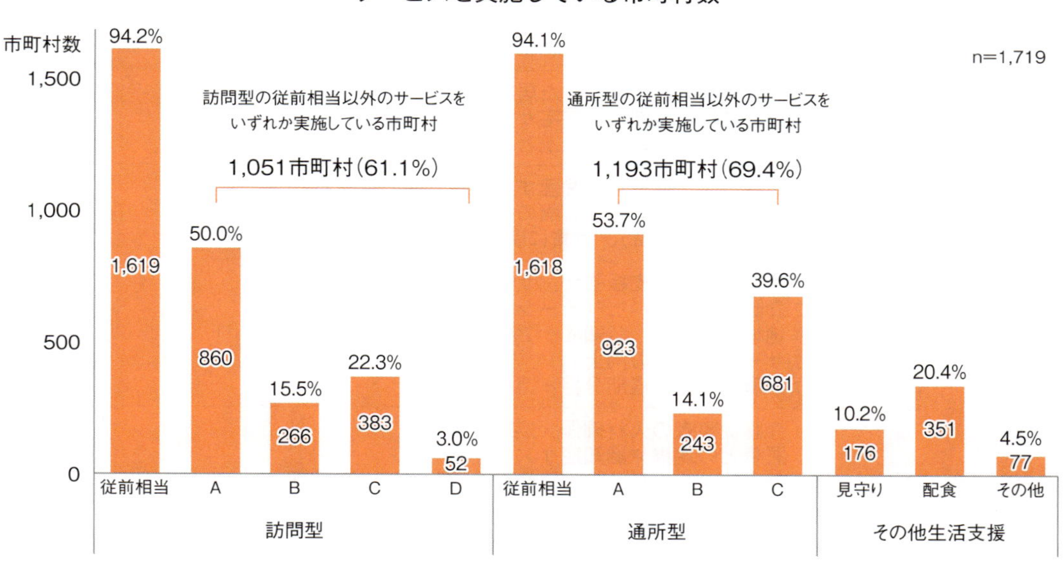

(2) サービス実施事業所(団体)

2017年度以降3年間の調査結果をみると、直近では、従前相当以外のサービスを実施する事業所(団体)は、訪問型が13,459か所、通所型が12,000か所以上と増加しており、地域の実情に応じたサービス提供が進んできていることがうかがえる。

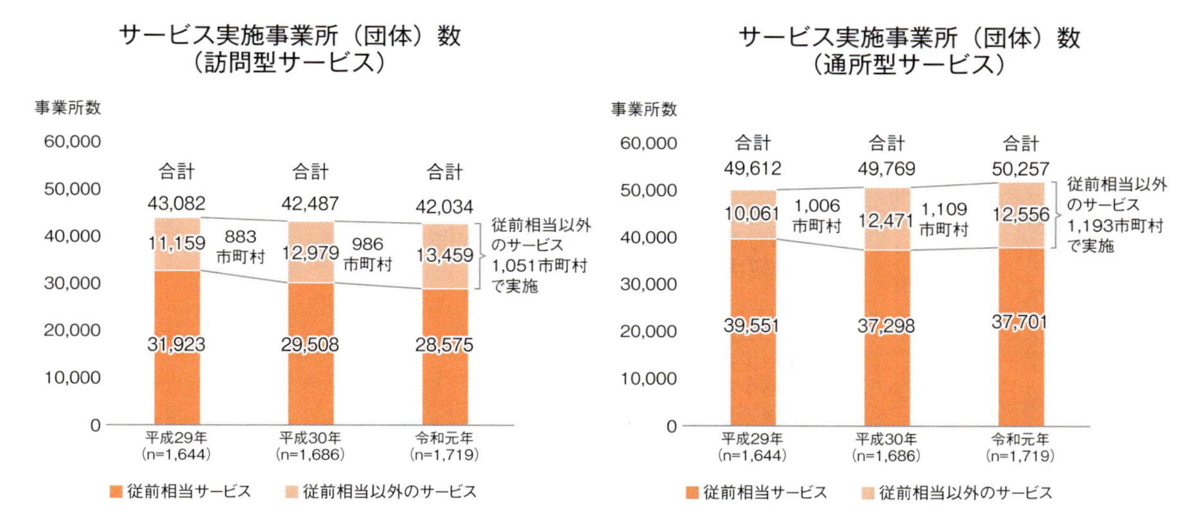

(注1) 基準日は各年の6月1日であり、各年の事業者数については未回答であった市町村の事業所(団体)は含まれていない。(2017年は97市町村の事業所(団体)、2018年は55市町村の事業所(団体)、2019年は22市町村の事業所(団体))
(注2) 重複をさけるため、各市町村に所在する事業所(団体)のみを計上している。
(注3) 総合事業には上記の他、配食・見守り等その他生活支援サービスを提供する事業所(団体)がある。また総合事業に位置付けられていない通いの場等もある。
出典:厚生労働省「介護予防・日常生活支援総合事業及び生活支援体制整備事業の実施状況(令和元年度)」を基に加工。

4 介護報酬改定の推移

これまでの介護報酬改定率と改定にあたっての主な視点をまとめると、以下のとおりである。介護報酬の改定は、原則として３年に一度行われるが、この他にも2017年度の介護人材の処遇改善加算の加算率アップや2019年度の消費税の引き上げに伴う対応など、法改正により介護報酬率の変更に相当する制度変更も行われている。

■ 2003年度以降の介護報酬改定の概要

改定時期	改定にあたっての主な視点	改定率
2003年度改定	○ 自立支援の観点に立った居宅介護支援の確立 ○ 自立支援を指向する在宅サービスの評価 ○ 施設サービスの質の向上と適正化	▲2.3%
2005年10月改定	○ 居住費（滞在費）に関連する介護報酬の見直し ○ 食費に関連する介護報酬の見直し ○ 居住費（滞在費）、食費に関連する運営基準等の見直し	
2006年度改定	○ 中重度者への支援強化、サービスの質の向上 ○ 介護予防、リハビリテーションの推進 ○ 地域包括ケア、認知症ケアの確立 ○ サービスの質の向上 ○ 医療と介護の機能分担・連携の明確化	▲0.5% [▲2.4%] ※ [ ] は2005年10月改定分を含む。
2009年度改定	○ 介護従事者の人材確保・処遇改善 ○ 医療との連携や認知症ケアの充実 ○ 効率的なサービスの提供や新たなサービスの検証	3.0%
2012年度改定	○ 在宅サービスの充実と施設の重点化 ○ 自立支援型サービスの強化と重点化 ○ 医療と介護の連携・機能分担 ○ 介護人材の確保とサービスの質の評価	1.2%
2014年度改定	○ 消費税の引き上げ（８%）への対応 ・基本単位数等、区分支給限度基準額の引き上げ	0.63%
2015年度改定	○ 中重度の要介護者や認知症高齢者への対応の強化 ○ 介護人材確保対策の推進 ○ サービス評価の適正化と効率的なサービス提供体制の構築	▲2.27%
2017年度改定	○ 介護人材の処遇改善	1.14%
2018年度改定	○ 地域包括ケアシステムの推進 ○ 自立支援・重度化防止に資する質の高い介護サービスの実現 ○ 多様な人材の確保と生産性の向上 ○ 介護サービスの適正化・重点化を通じた制度の安定性・持続可能性の確保	0.54%
2019年度10月改定	○ 消費税の引き上げ（10%）への対応 ・基本単位数等、区分支給限度基準額の引き上げ ○ 介護人材の処遇改善	2.13% 〔処遇改善1.67%、消費税対応0.39%、補足給付0.06%〕
2021年度改定	○ 感染症や災害への対応力強化 ○ 地域包括ケアシステムの推進 ○ 自立支援・重度化防止の取組の推進 ○ 介護人材の確保・介護現場の革新 ○ 制度の安定性・持続可能性の確保	0.70%

出典：厚生労働省「令和３年度介護報酬改定の主な事項について」を基に作成。

【参考文献】

・厚生労働省老健局「介護保険制度の概要」（令和３年５月）
・厚生労働省「介護保険制度の概要」（2020年５月）
・厚生労働省「地域包括ケア研究会報告書資料」（2016年３月）
・厚生労働省「介護予防・日常生活支援総合事業ガイドライン（概要）」
・厚生労働省「介護予防・日常生活支援総合事業及び生活支援体制整備事業の実施状況（令和元年度）」
・厚生労働省「令和３年度介護報酬改定の主な事項について」

2 介護事業所の収益動向

1 介護サービスの種類

介護保険で提供されるサービスは、介護給付と予防給付の２つに大別され、さらに監督主体によっても２つ（市町村/都道府県他）に分けることができる。介護給付と予防給付の内容は重複するものもあるが、予防給付は介護給付に比べてより生活自立度の高い要支援者（要支援１又は２と認定された人）向けのものとなっており、原則として施設サービスは含まれない。

介護サービスの種類

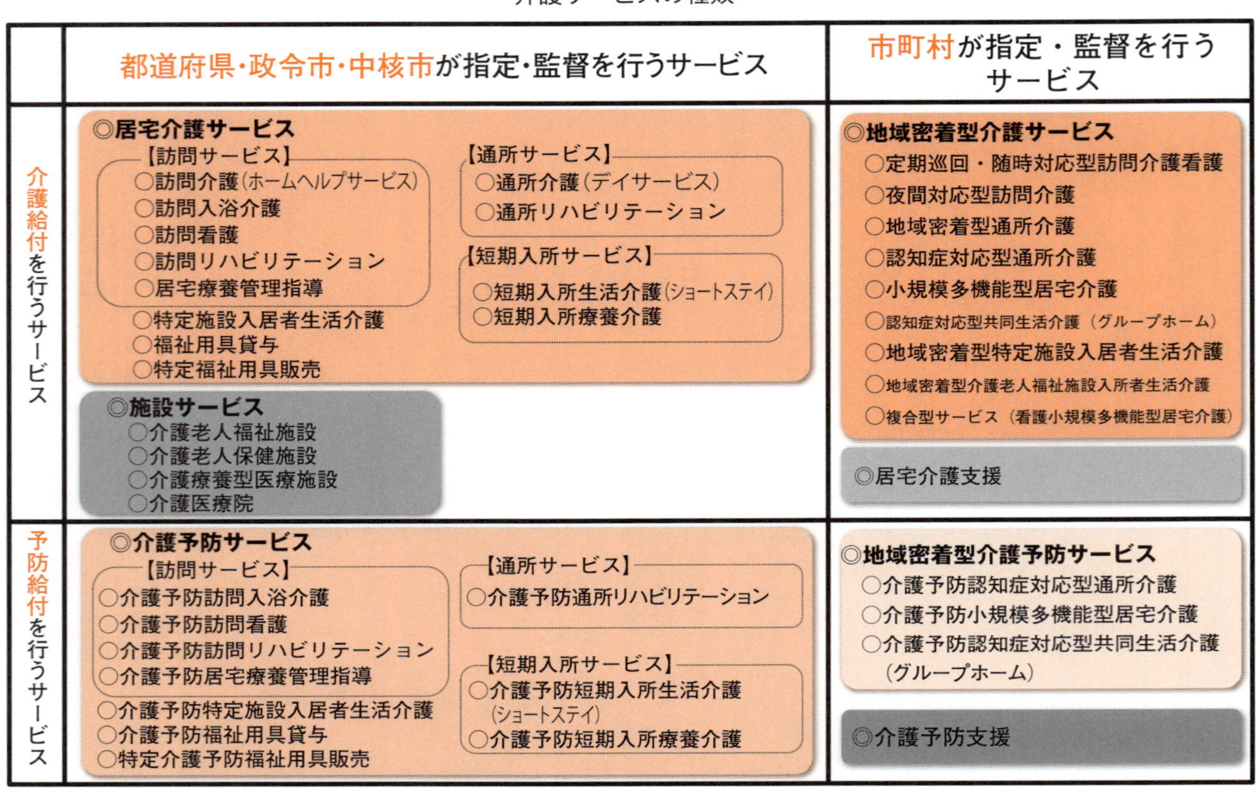

この他、居宅介護（介護予防）住宅改修、介護予防・日常生活支援総合事業がある。
出典：厚生労働省老健局「介護保険制度の概要」（令和3年5月）

■参考

介護保険で提供されるサービスの内容の詳細は、次のとおりである。介護サービスは居宅サービス、地域密着型サービス、施設サービスの３つに大別でき、これらの事業所・施設がサービスを提供するための要となるケアプランを作成するのが居宅介護支援事業所（要介護者）と介護予防支援事業所（要支援者）である。

各サービスは提供する対象により、要支援者向けの介護予防サービス（予防給付）と要介護者向けの介護サービス（介護給付）とに区別されるが、提供する事業所は共通する場合が多い。そのため、介護給付と予防給付で提供内容が重複するものは同じ枠内にまとめて示した。

◎居宅サービス／介護予防サービス

訪問介護 居宅で介護福祉士等から受ける入浴、排せつ、食事等の介護その他の日常生活上の世話
訪問入浴介護 / 介護予防訪問入浴介護 居宅を訪問し、浴槽を提供されて受ける入浴の介護
訪問看護 / 介護予防訪問看護 居宅で看護師等から受ける療養上の世話または必要な診療の補助
通所介護 老人デイサービスセンター等の施設に通って受ける入浴、排せつ、食事等の介護その他の日常生活上の世話及び機能訓練
通所リハビリテーション / 介護予防通所リハビリテーション 介護老人保健施設、病院・診療所に通って受ける心身の機能の維持回復を図り、日常生活の自立を助けるための理学療法、作業療法のリハビリテーション
短期入所生活介護 / 介護予防短期入所生活介護 特別養護老人ホーム等の施設や老人短期入所施設への短期入所で受ける入浴、排せつ、食事等の介護その他の日常生活上の世話及び機能訓練
短期入所療養介護 / 介護予防短期入所療養介護 介護老人保健施設、介護医療院、介護療養型医療施設等への短期入所で受ける看護、医学的管理下の介護と機能訓練等の必要な医療並びに日常生活の世話
特定施設入居者生活介護 / 介護予防特定施設入居者生活介護 有料老人ホーム等に入居する要介護者等が、特定施設サービス計画に基づいて施設で受ける入浴、排せつ、食事等の介護その他日常生活上の世話、機能訓練及び療養上の世話
福祉用具貸与 / 介護予防福祉用具貸与 日常生活上の便宜を図るための用具や機能訓練のための用具で、日常生活の自立を助けるもの（厚生労働大臣が定めるもの）の貸与
特定福祉用具販売 / 特定介護予防福祉用具販売 福祉用具のうち、入浴または排せつの用に供するための用具等の販売

◎地域密着型サービス／地域密着型介護予防サービス

定期巡回・随時対応型訪問介護看護 定期的な巡回訪問または通報を受け、居宅で介護福祉士等から受ける入浴、排せつ、食事等の介護その他の日常生活上の世話、看護師等から受ける療養上の世話または必要な診療の補助
夜間対応型訪問介護 夜間において、定期的な巡回訪問または通報を受け、居宅で介護福祉士等から受ける入浴、排せつ、食事等の介護その他の日常生活上の世話
地域密着型通所介護 小規模の老人デイサービスセンター等の施設に通って受ける入浴、排せつ、食事等の介護その他の日常生活上の世話及び機能訓練
認知症対応型通所介護 / 介護予防認知症対応型通所介護 認知症の要介護者（要支援者）が、デイサービスを行う施設等に通って受ける入浴、排せつ、食事等の介護その他日常生活上の世話及び機能訓練
小規模多機能型居宅介護 / 介護予防小規模多機能型居宅介護 居宅または厚生労働省令で定めるサービスの拠点に通い、または短期間宿泊し、当該拠点において受ける入浴、排せつ、食事等の介護その他の日常生活上の世話及び機能訓練

認知症対応型共同生活介護／介護予防認知症対応型共同生活介護
比較的安定した状態にある認知症の要介護者（要支援者）が、共同生活を営む住居で受ける入浴、排せつ、食事等の介護その他の日常生活上の世話及び機能訓練
地域密着型特定施設入居者生活介護
有料老人ホーム等に入所する要介護者等が、地域密着型サービス計画に基づいて施設で受ける入浴、排せつ、食事等の介護その他の日常生活上の世話、機能訓練及び療養上の世話
複合型サービス（看護小規模多機能型居宅介護）
訪問看護及び小規模多機能型居宅介護の組合せにより提供されるサービス
地域密着型介護老人福祉施設
老人福祉法に規定する特別養護老人ホーム（入所定員が29人以下であるものに限る）で、かつ、介護保険法による市町村長の指定を受けた施設であって、入所する要介護者に対し、地域密着型サービス計画に基づいて施設で受ける入浴、排せつ、食事等の介護その他の日常生活上の世話、機能訓練、健康管理及び療養上の世話を行うことを目的とする施設

◎施設サービス

介護老人福祉施設
老人福祉法に規定する特別養護老人ホーム（入所定員が30人以上であるものに限る）で、かつ、介護保険法による都道府県知事の指定を受けた施設であって、入所する要介護者に対し、施設サービス計画に基づいて入浴、排せつ、食事等の介護その他の日常生活上の世話、機能訓練、健康管理及び療養上の世話を行うことを目的とする施設
介護老人保健施設
介護保険法による都道府県知事の開設許可を受けた施設であって、入所する要介護者に対し、施設サービス計画に基づいて、看護、医学的管理の下における介護及び機能訓練その他必要な医療並びに日常生活上の世話を行うことを目的とする施設
介護療養型医療施設
医療法に規定する医療施設で、かつ、介護保険法による都道府県知事の指定を受けた施設であって、入院する要介護者に対し、施設サービス計画に基づいて、療養上の管理、看護、医学的管理の下における介護その他の世話及び機能訓練その他必要な医療を行うことを目的とする施設
介護医療院
介護保険法による都道府県知事の開設許可を受けた施設であって、主として長期にわたり療養が必要である要介護者に対し、施設サービス計画に基づいて、療養上の管理、看護、医学的管理の下における介護及び機能訓練その他必要な医療並びに生活上の世話を行うことを目的とする施設

◎支援計画を作るサービス

居宅介護支援
居宅介護支援事業所（地域包括支援センター）が、居宅要介護者の依頼を受けて、心身の状況、環境、本人や家族の希望等を勘案し、在宅サービス等を適切に利用するために、利用するサービスの種類・内容等の居宅サービス計画を作成し、サービス提供確保のため事業者等との連絡調整その他の便宜の提供等を行うとともに、介護保険施設等への入所が必要な場合は施設への紹介その他の便宜の提供等を行うもの
介護予防支援
居宅要支援者の依頼を受けて、心身の状況、環境、本人や家族の希望等を勘案し、介護予防サービスや地域密着型介護予防サービスを適切に利用するための介護予防サービス計画等の作成、介護予防サービス提供確保のための事業者等との連絡調整その他の便宜の提供等を行うもの

出典：厚生労働省「令和２年介護サービス施設・事業所調査」（2021年12月28日）を基に作成。

2 収入額・収支差率の推移

2019年度決算を基にした介護事業経営実態調査の結果が2020年10月30日に公表された。この調査は、各サービス施設・事業所の経営状況を把握し、次期介護保険制度の改正及び介護報酬の改定に必要な基礎資料とすることを目的として、実施されるものである。

調査結果によれば、多くの介護サービスの収支差率が低下している。特に通所リハビリテーション、訪問介護、地域密着型特定施設入居者生活介護などの下げ幅が大きくなっている。一方で、新型コロナウイルスの感染拡大が及ぼした影響もあり、収支額や収支差率の見方には注意が必要となる。

介護サービス別に収支差率の高い順に並べると、次のとおりとなる。

■ 各介護サービスにおける収支差率（2019年度）

サービスの種類	分類	収支差率(%)		差分（2020年度－2017年度）
		2020年度実態調査（2019年度決算）	2017年度実態調査（2016年度決算）	
定期巡回・随時対応型訪問介護看護	地域密着型サービス	6.6	4.8	1.8
認知症対応型通所介護	地域密着型サービス	5.6	4.9	0.7
福祉用具貸与	居宅サービス	4.7	4.5	0.2
訪問看護	居宅サービス	4.4	3.7	0.7
訪問入浴介護	居宅サービス	3.6	2.8	0.8
看護小規模多機能型居宅介護	地域密着型サービス	3.3	4.6	▲ 1.3
通所介護	居宅サービス	3.2	4.9	▲ 1.7
認知症対応型共同生活介護	地域密着型サービス	3.1	5.1	▲ 2.0
小規模多機能型居宅介護	地域密着型サービス	3.1	5.1	▲ 2.0
特定施設入居者生活介護	居宅サービス	3.0	2.5	0.5
介護療養型医療施設	施設サービス	2.8	3.3	▲ 0.5
訪問介護	居宅サービス	2.6	4.8	▲ 2.2
短期入所生活介護	居宅サービス	2.5	3.8	▲ 1.3
夜間対応型訪問介護	地域密着型サービス	2.5	1.5	1.0
訪問リハビリテーション	居宅サービス	2.4	3.5	▲ 1.1
介護老人保健施設	施設サービス	2.4	3.4	▲ 1.0
通所リハビリテーション	居宅サービス	1.8	5.1	▲ 3.3
地域密着型通所介護	地域密着型サービス	1.8	2	▲ 0.2
介護老人福祉施設	施設サービス	1.6	1.6	0.0
地域密着型介護老人福祉施設	地域密着型サービス	1.3	0.5	0.8
地域密着型特定施設入居者生活介護	地域密着型サービス	1.0	3.2	▲ 2.2
居宅介護支援	居宅サービス	▲ 1.6	▲ 1.4	▲ 0.2
全サービス平均		2.4	3.3	▲ 0.9

（注）全サービス平均の収支差率は、総費用額に対するサービス毎の費用額の構成比に基づいて算出した加重平均値である。
出典：厚生労働省「令和２年度介護事業経営実態調査の結果の概要」及び「平成29年度介護事業経営実態調査結果の概要」を基に作成。

＜収支差率の算出方法＞
収支差率＝（介護サービスの収益額－介護サービスの費用額）／介護サービスの収益額
※介護サービスの収益額は、介護事業収益（介護報酬による収入［1割負担分を含む］、保険外利用料収入、補助金収入［運営費に係るもののみ］の合計額）と借入金利息補助金収益の合計額
※介護サービスの費用額は、介護事業費用、借入金利息及び本部費繰入（本部経費）の合計額

次頁以降では、介護サービスごとに事業所数、利用者数及び収入額・収支差率を経年で整理、分析した。

本分析に際し、介護サービス施設・事業所調査及び介護事業経営実態調査にかかる留意点は、以下のとおりである。

・介護事業経営実態調査の調査対象期間は2017年度報告より見直され、介護報酬の改定後2年目の3月（1か月分）のデータから、改定後2年目の1年分のデータへと変更されている。
・それぞれの実数は、調査年によって調査方法の変更等による回収率変動の影響を受けている。
・また、収入額・収支差率データのうち、「介護サービス施設・事業所調査」から事業所数及び利用者数の経年データが取得できないものは本項で掲載していない。

【参考】各介護サービスにおける収支差率（2019年度決算に基づく）

サービスの種類	2019年決算（%）	サービスの種類	2019年決算（%）
施設サービス（　）内は税引後収支差率		福祉用具貸与	4.7 (3.5)
介護老人福祉施設	1.6 (1.6)	居宅介護支援	▲1.6 (▲1.9)
介護老人保健施設	2.4 (2.2)	地域密着型サービス（　）内は税引後収支差率	
介護療養型医療施設	2.8 (2.3)	定期巡回・随時対応型訪問介護看護	6.6 (6.0)
介護医療院	5.2 (4.7)	夜間対応型訪問介護	2.5 (2.0)
居宅サービス（　）内は税引後収支差率		地域密着型通所介護	1.8 (1.5)
訪問介護	2.6 (2.3)	認知症対応型通所介護	5.6 (5.4)
訪問入浴介護	3.6 (2.7)	小規模多機能型居宅介護	3.1 (2.9)
訪問看護	4.4 (4.2)	認知症対応型共同生活介護	3.1 (2.7)
訪問リハビリテーション	2.4 (1.9)	地域密着型特定施設入居者生活介護	1.0 (0.6)
通所介護	3.2 (2.9)	地域密着型介護老人福祉施設	1.3 (1.3)
通所リハビリテーション	1.8 (1.4)	看護小規模多機能型居宅介護	3.3 (3.1)
短期入居生活介護	2.5 (2.3)	全サービス平均（2019年度）	2.4 (2.1)
特定施設入居者生活介護	3.0 (1.9)		

出典：厚生労働省「介護事業経営実態調査」（2021年3月31日）

■ 調査年別、サービス別の集計施設及び事業所数（「介護サービス施設・事業所調査」）

		2010年	2013年	2016年	2019年
介護予防サービス	介護予防訪問介護	20,299	26,022	27,407	-
	介護予防訪問入浴介護	1,841	1,871	1,524	1,354
	介護予防訪問看護ステーション	5,010	6,314	8,571	10,531
	介護予防通所介護	22,023	31,635	35,791	-
	介護予防通所リハビリテーション（介護老人保健施設＋医療施設）	5,753	6,216	6,911	7,669
	介護予防短期入所生活介護	6,752	8,273	9,495	10,044
	介護予防短期入所療養介護（介護老人保健施設＋医療施設）	4,467	4,756	4,749	4,688
	介護予防特定施設入居者生活介護	2,822	3,672	4,120	4,187
	介護予防福祉用具貸与	5,145	6,287	6,274	6,229
	介護予防認知症対応型通所介護	2,879	3,484	3,566	3,545
	介護予防小規模多機能型居宅介護	1,773	3,251	4,173	4,561
	介護予防認知症対応型共同生活介護	8,643	10,457	11,746	12,195
	介護予防支援事業所（地域包括支援センター）	3,961	4,262	4,519	2,759
介護サービス	訪問介護	20,805	26,576	28,038	11,206
	訪問入浴介護	2,021	2,033	1,656	1,506
	訪問看護ステーション	5,119	6,458	8,719	10,785
	通所介護	22,738	33,163	20,000	13,526
	通所リハビリテーション（介護老人保健施設＋医療施設）	5,877	6,407	7,001	7,749
	短期入所生活介護	7,096	8,630	9,894	10,505
	特定施設入居者生活介護	2,974	3,914	4,423	4,542
	福祉用具貸与	5,202	6,378	6,325	6,309
	定期巡回・随時対応型訪問介護看護	―	228	626	868
	夜間対応型訪問介護	98	139	182	183
	認知症対応型通所介護	3,122	3,762	3,869	3,844
	地域密着型通所介護	―	―	18,106	17,104
	小規模多機能型居宅介護	2,113	3,730	4,629	4,988
	認知症対応型共同生活介護	8,942	10,760	12,030	12,501
	地域密着型特定施設入居者生活介護	133	238	289	326
	介護老人福祉施設	5,676	6,212	7,103	7,498
	介護老人保健施設	3,382	3,683	3,901	3,985
	介護療養型医療施設	1,770	1,509	1,231	767
	介護医療院	―	―	―	228
	居宅介護支援事業所	27,158	32,956	35,392	9,336

■ 調査年別、サービス別の有効回答数（「介護事業経営実態調査」）

		2011年	2014年	2017年	2020年
介護サービス	訪問介護	1,502	2,569	1,523	1,299
	訪問入浴介護	352	483	589	433
	訪問看護ステーション	364	598	555	450
	通所介護	1,822	3,235	1,131	1,193
	通所リハビリテーション	340	619	666	623
	短期入所生活介護	259	541	713	785
	特定施設入居者生活介護	243	528	545	497
	福祉用具貸与	667	1,313	1,408	1,134
	定期巡回・随時対応型訪問介護看護	-	100	192	320
	夜間対応型訪問介護	26	30	51	44
	認知症対応型通所介護	412	704	689	636
	地域密着型通所介護	-	-	820	606
	小規模多機能型居宅介護	482	754	1,051	1,144
	認知症対応型共同生活介護	340	578	477	469
	地域密着型特定施設入居者生活介護	54	153	119	156
	介護老人福祉施設	655	1,051	1,340	1,442
	介護老人保健施設	334	624	672	630
	介護療養型医療施設	180	217	256	107
	居宅介護支援事業所	493	1,531	910	768

◎居宅サービス／介護予防サービス

訪問介護

収入額･収支差率の推移のうち、収入額は2010年をピークとして減少傾向が続いていたが、2019年は増加した。また、これまで介護予防サービスのうち、「介護予防訪問介護」として行われていたサービスは2017年度より介護予防・日常生活支援総合事業に移行されているため、データは掲載していない。

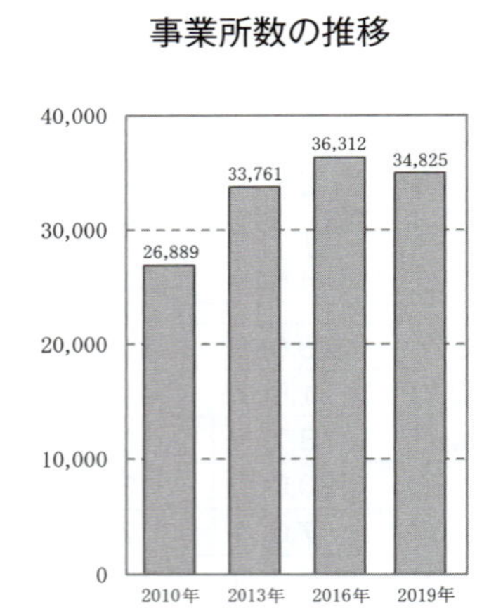

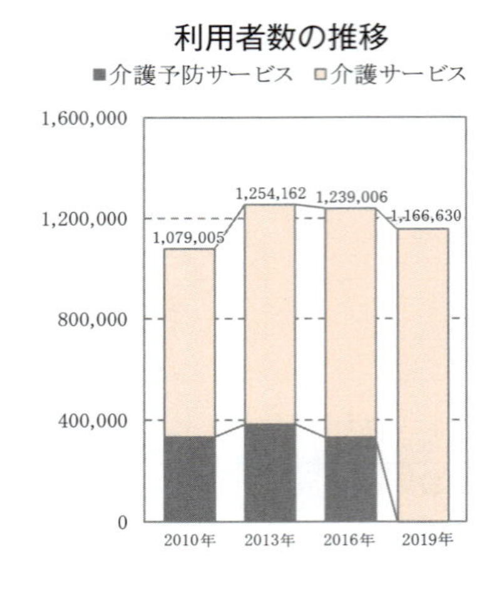

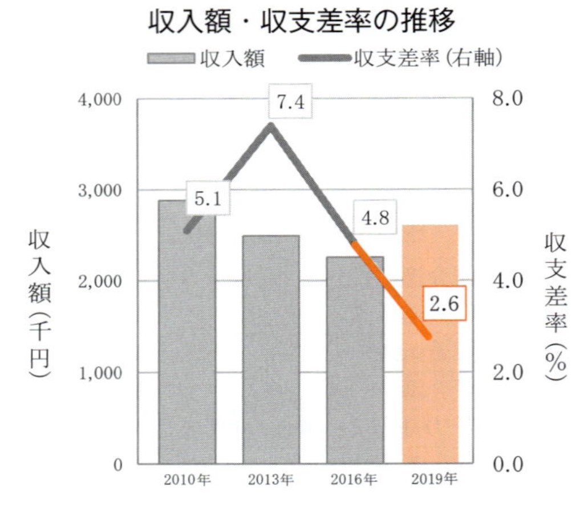

訪問入浴介護／介護予防訪問入浴介護

収入額・収支差率の推移をみると、収入額・収支差率ともに、2010年から減少・低下傾向が続いていたが、2019年には2016年と比べて収支差率が0.8ポイント上昇している。

なお、事業所数及び利用者数が2013年以降に減少しているのは、医療的ケアの依存度が高い方が利用者の大半を占め、サービス提供者側の負担も大きいことから、2015年度の介護報酬のマイナス改定を機に、事業者数等が減少したものと思われる。

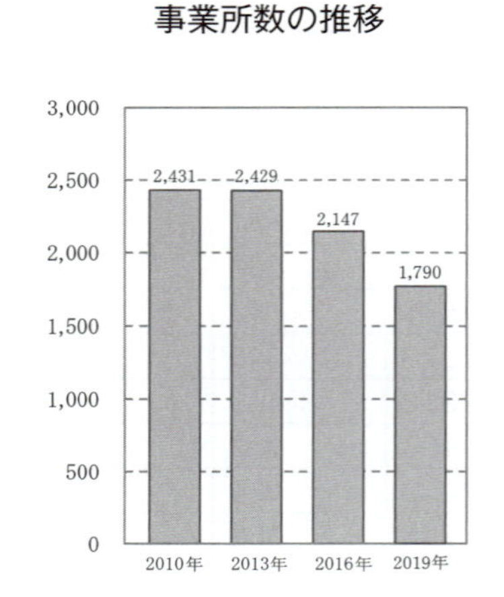

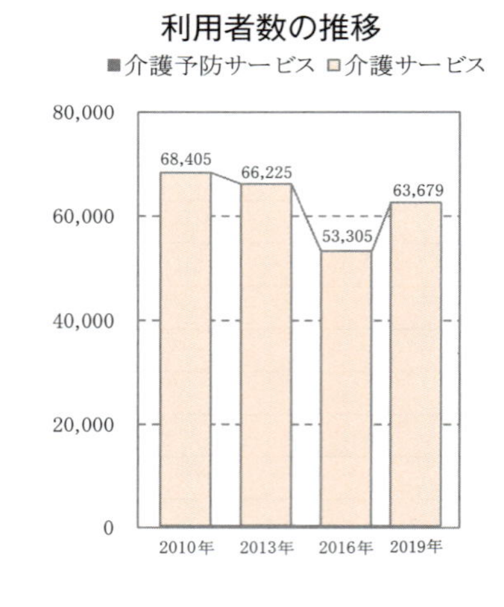

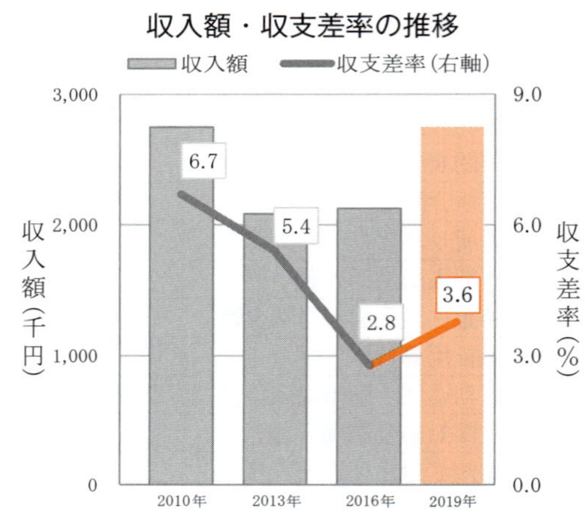

訪問看護／介護予防訪問看護

収入額・収支差率の推移のうち収入額をみると、2010年をピークとして減少傾向が続いていたが、2019年は増加した。収支差率は2019年は2016年と比べて0.7ポイント上昇している。

利用者数は、2013年から2019年にかけて、約54万人ほど増加しており、それに伴い事業所数も2019年は11,301事業所と、1万箇所を超えている。

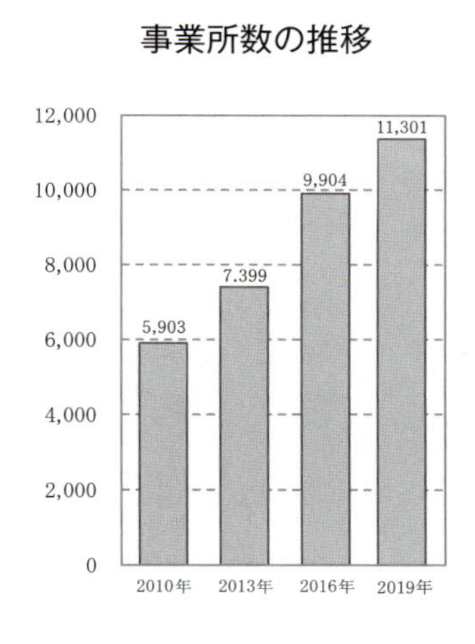

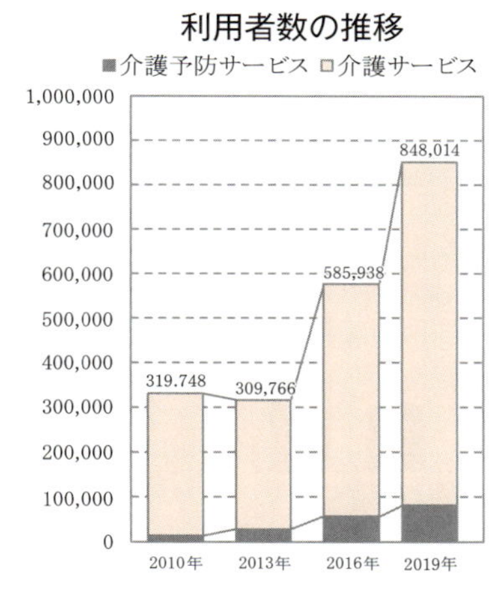

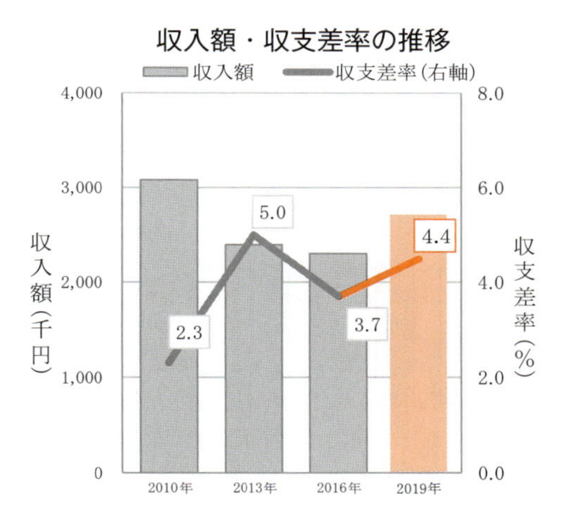

通所介護

収入額・収支差率の推移をみると、2019年の収入額は、2016年と比較して増加している一方で、収支差率は2016年から1.0ポイント低下しており、2010年以降低下が続いている。

なお、利用定員18人以下の通所介護事業所は、2016年4月1日から「地域密着型通所介護」（地域密着型サービス）へ移行されたため、2013年から2016年にかけて事業所数及び利用者数は減少している。2019年は事業所数は横ばいとなった一方で、利用者数は減少した。

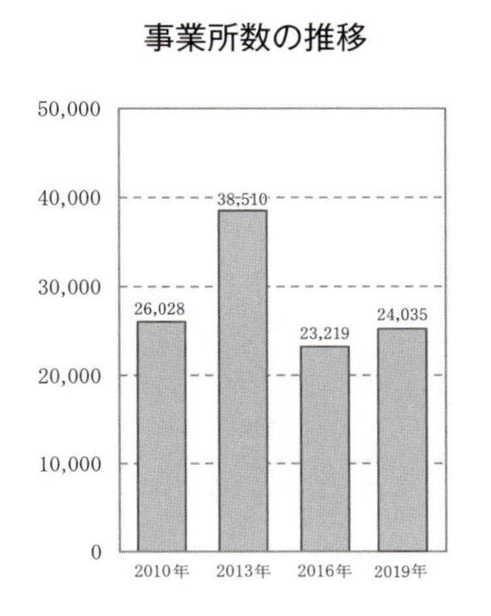

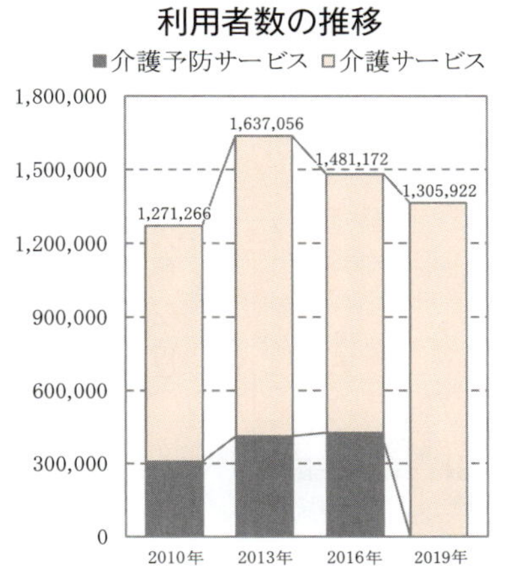

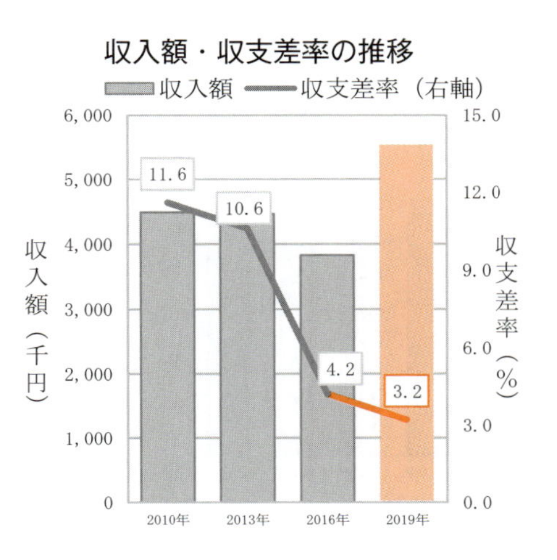

（注）2016年の収支差率は、通所介護予防及び地域密着型通所介護を含んでいるため、前掲「各サービスにおける収支差率（2016年度）」と一致しない。

通所リハビリテーション／介護予防通所リハビリテーション

収入額・収支差率の推移をみると、収入額、収支差率ともに2013年に増加・上昇へ転じたものの2016年以降は再び減少・低下し、2019年には2016年と比べて収支差率が3.3ポイント低下している。

一方で、事業所数及び利用者数は増加し、高齢化に伴うニーズの増加が見受けられる。

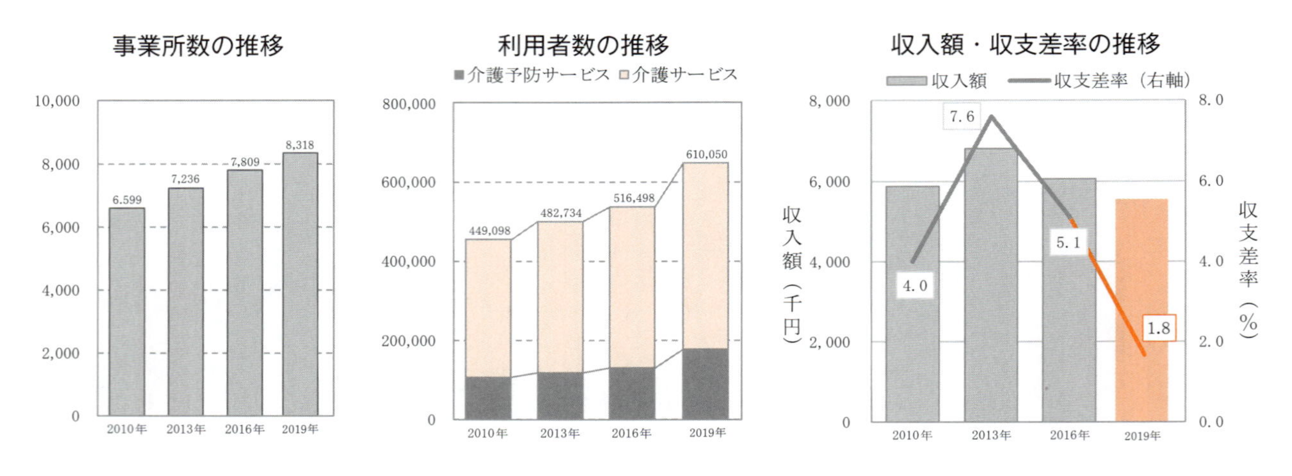

短期入所生活介護／介護予防短期入所生活介護

収入額･収支差率のうち収入額をみると、2019年は2016年と比較して増加しているものの、収支差率は2013年をピークとして低下傾向となっている。2019年は2016年と比較した収支差率は、1.3ポイントの低下となっている。

一方で、事業所及び利用者数の推移は、年々増加傾向を示している。

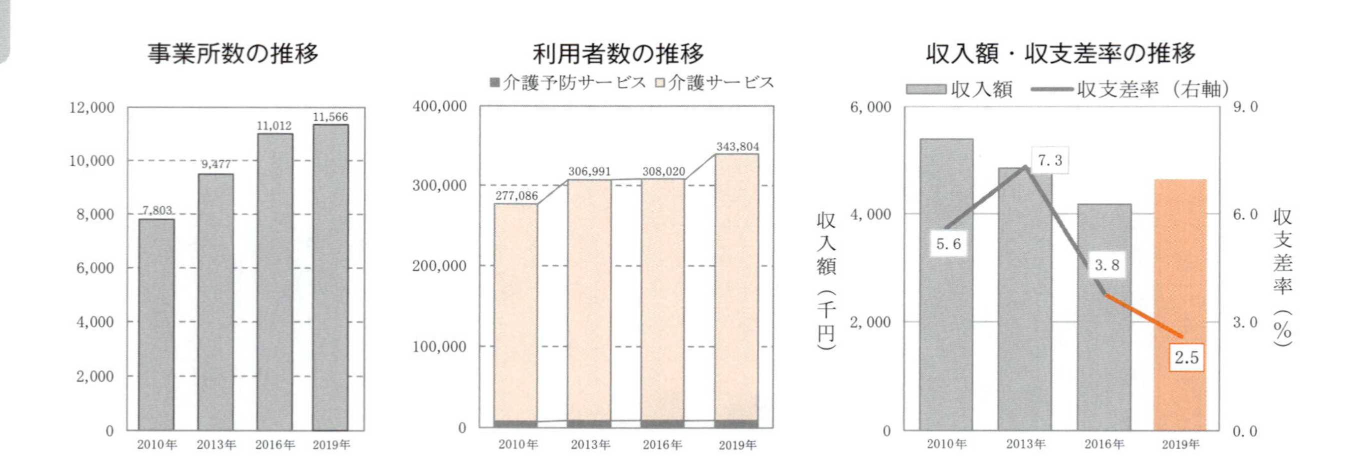

特定施設入居者生活介護／介護予防特定施設入居者生活介護

収入額・収支差率の推移をみると、2019年の収入額は2016年と比較して増加しており、これに伴い収支差率も2016年より0.5ポイント上昇している。

事業所数及び利用者数も2010年以降、ともに増加傾向にある。

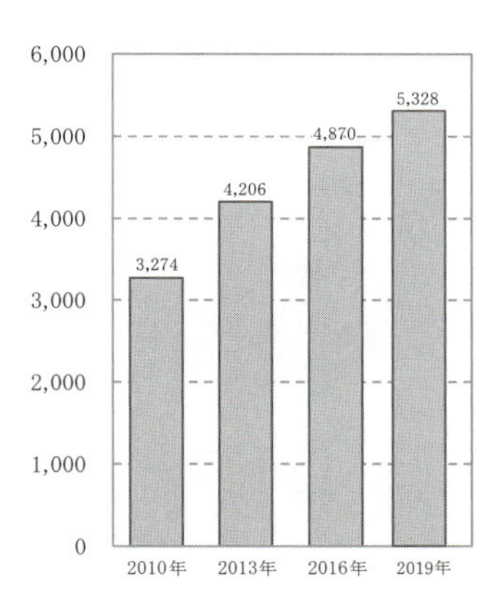

利用者数の推移

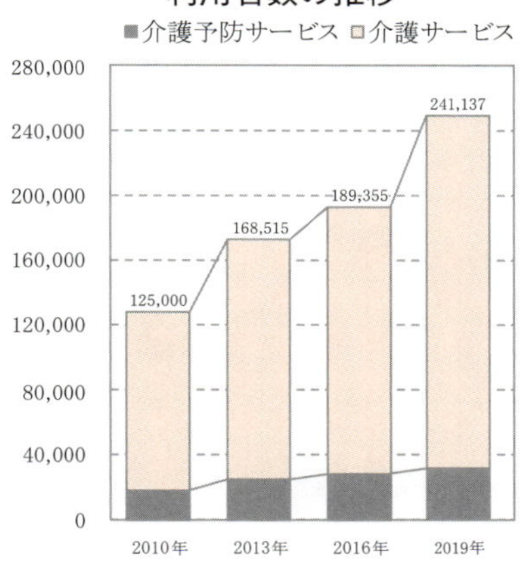

収入額・収支差率の推移

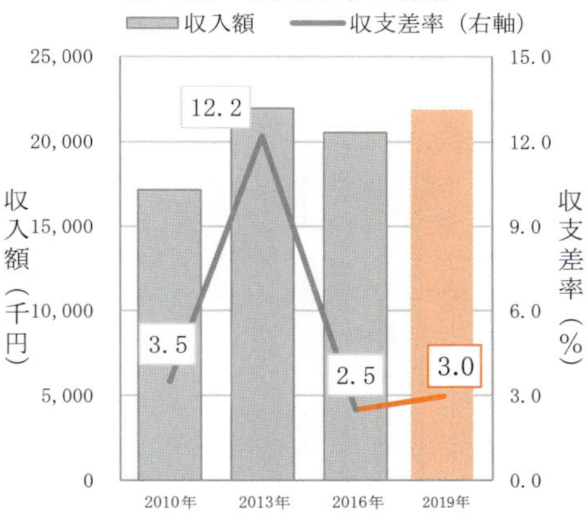

福祉用具貸与／介護予防福祉用具貸与

収入額・収支差率の推移のうち収入額は2013年から横ばいであり、収支差率は2013年に低下したものの、2016年以降は再び上昇し、2019年は4.7%となっている。

事業所数は2016年をピークに2019年は減少している一方で、利用者数は年々増加傾向にあり、2016年から2019年にかけては、約83万人の増加が見られる。

事業所数の推移

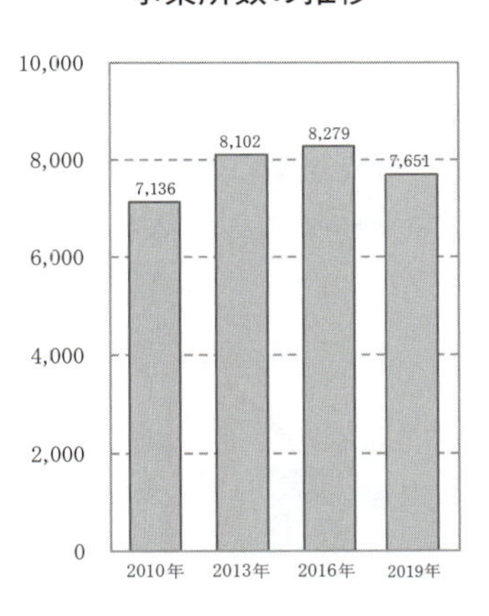

利用者数の推移

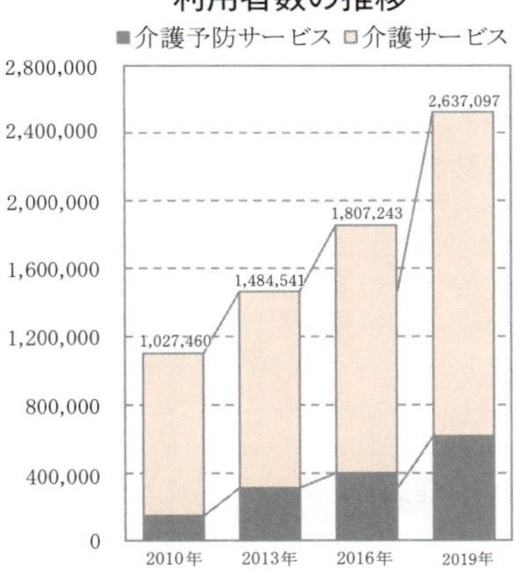

収入額・収支差率の推移

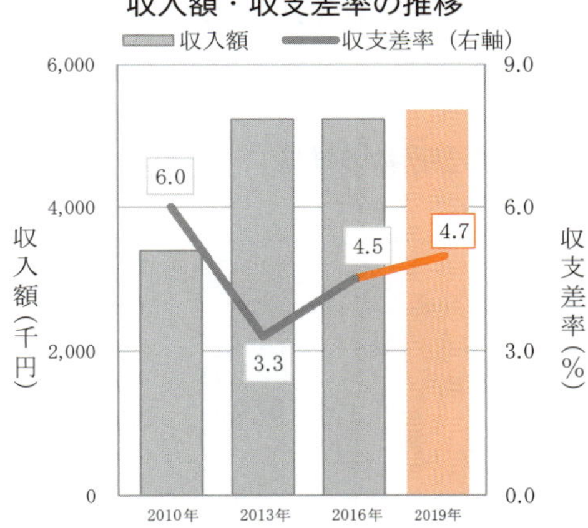

居宅介護支援

収入額・収支差率の推移のうち収入額は2010年から増減を繰り返しており、収支差率は2013年をピークに低下傾向が続いている。

事業所数においては、2016年をピークに2019年は減少傾向となっているが、利用者数は2010年以降、増加傾向を続けている。

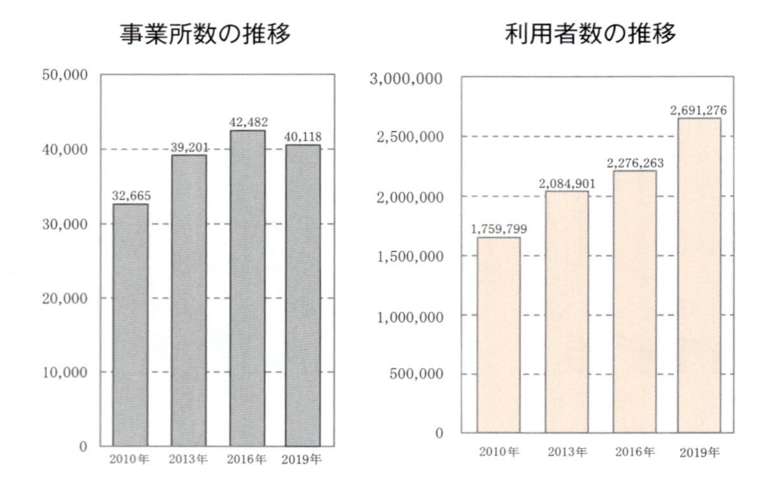

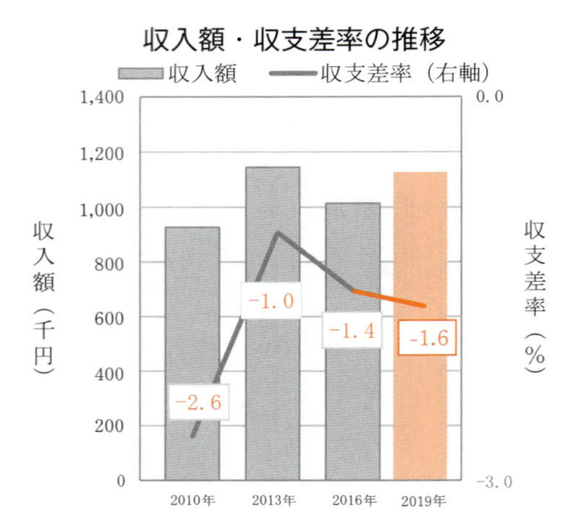

◎地域密着型サービス／地域密着型介護予防サービス

定期巡回・随時対応型訪問介護看護

収入額・収支差率の推移をみると、収入額及び収支差率はともに増加・上昇傾向となっており、2016年と比較した2019年の収支差率は、1.8ポイントの上昇となっている。

事業所数及び利用者数は2013年以降、ともに増加傾向を示している。

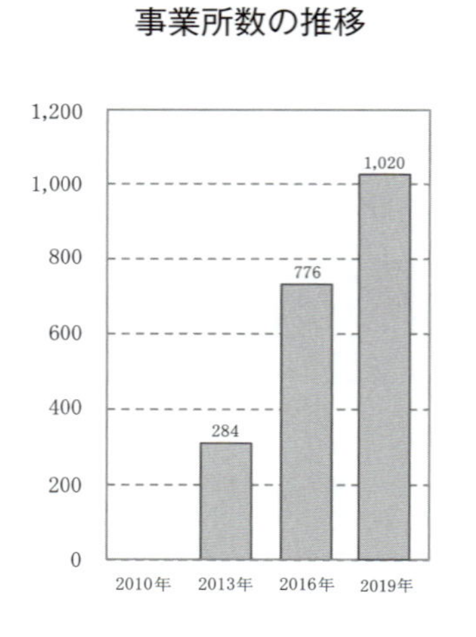

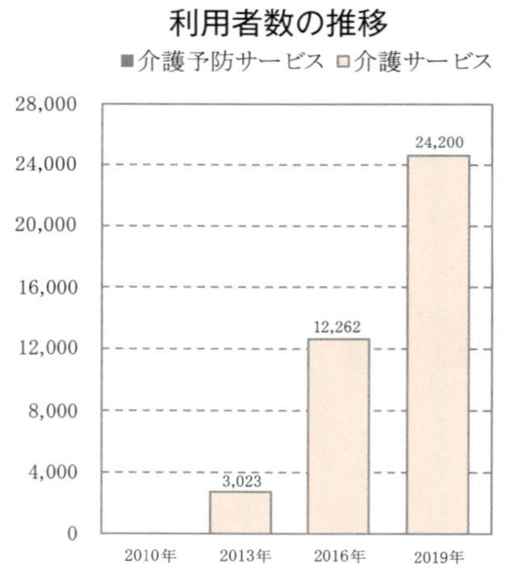

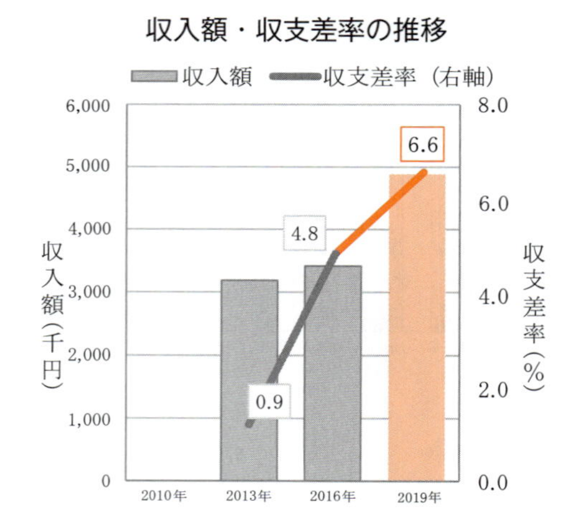

夜間対応型訪問介護

収入額・収支差率の推移をみると、2019年の収入額は2016年と比較して増加し、これに伴い収支差率も1.0ポイントの上昇となっている。

事業所数及び利用者数は、ともに2016年をピークとして、2019年は減少している。

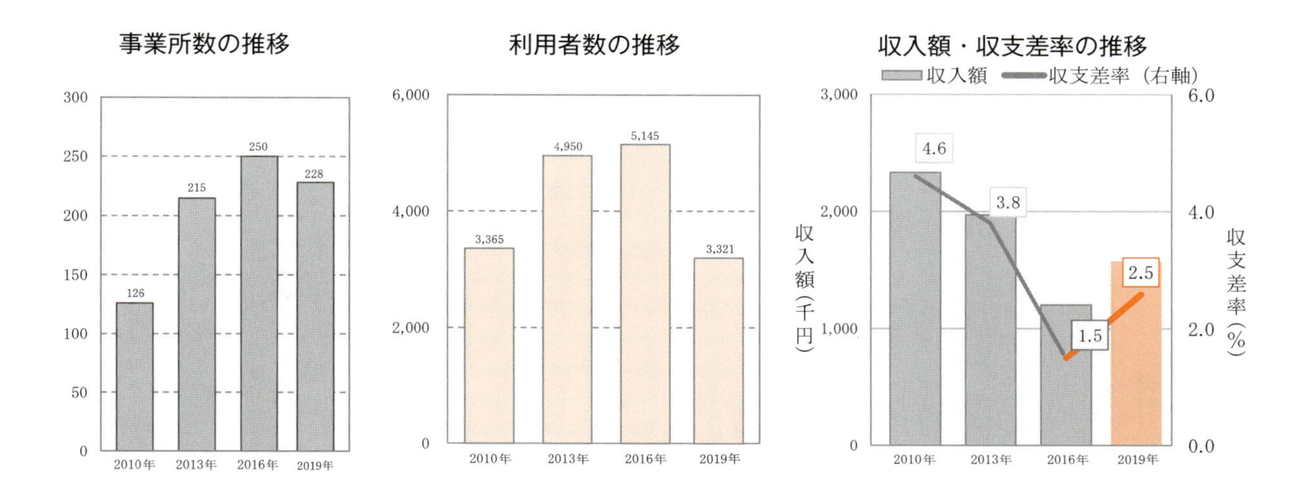

認知症対応型通所介護／介護予防認知症対応型通所介護

収入額・収支差率の推移をみると、収入額は2016年に一度減少傾向を示しているが、2019年は再び増加した。収支差率は2013年をピークに2016年に一度低下するも2019年は再び上昇した。

事業所数は2016年をピークに減少したが、利用者数は2016年と比較して若干の増加を示している。

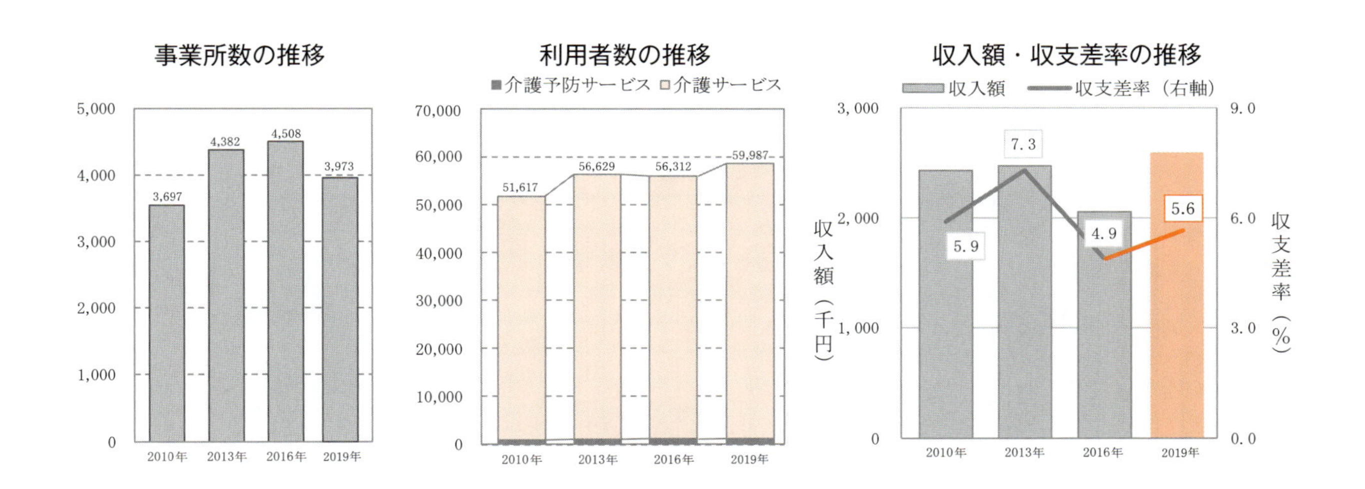

小規模多機能型居宅介護／介護予防小規模多機能型居宅介護

収入額・収支差率の推移のうち収入額をみると、収入額は2010年以降、増減を繰り返し、概ね横ばい傾向にある。収支差率は2013年をピークに低下傾向を示している。

一方で、事業所数及び利用者数においては、ともに年々増加傾向を示しており、ニーズが増えてきていると考えられる。

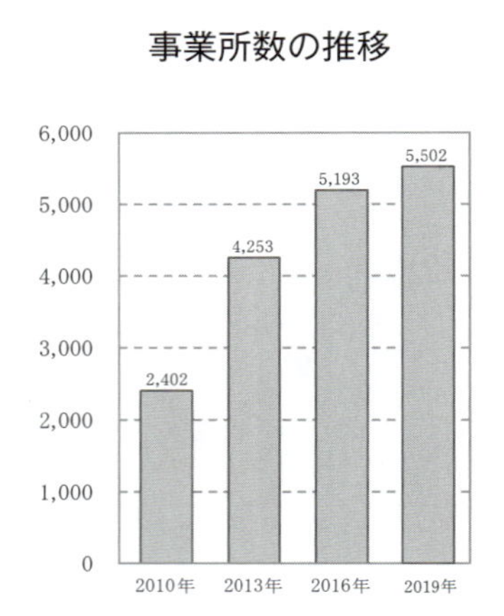

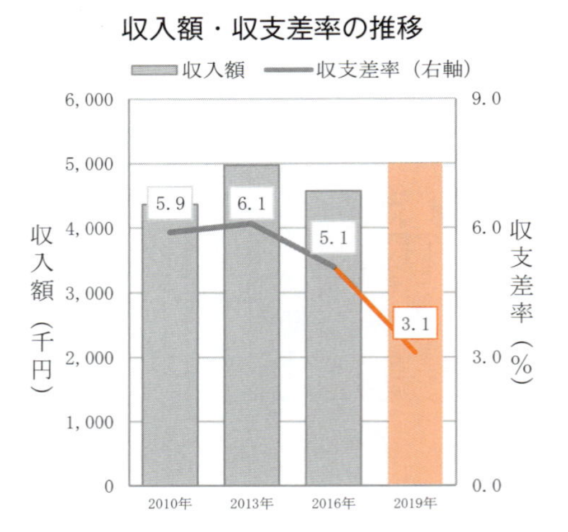

認知症対応型共同生活介護／介護予防認知症対応型共同生活介護

収入額・収支差率の推移のうち収入額は2010年からほぼ横ばいであるが、収支差率をみると2013年をピークに2016年以降低下傾向を示しており、2019年は2016年と比較して2.0ポイントの低下となっている。

一方で事業所数及び利用者数はともに増加傾向を示しており、認知症患者の増加に伴うニーズの増加が考えられる。

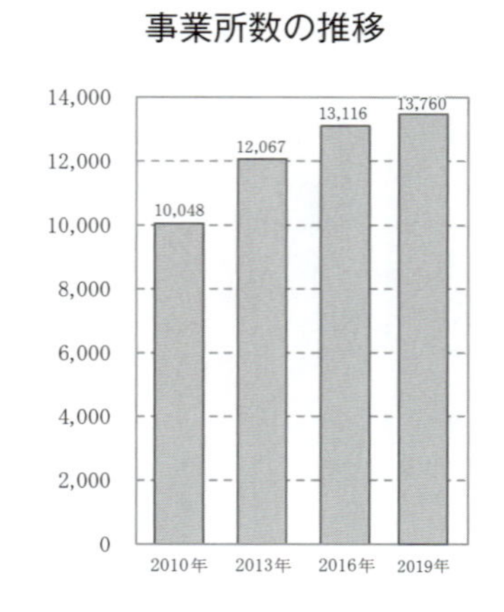

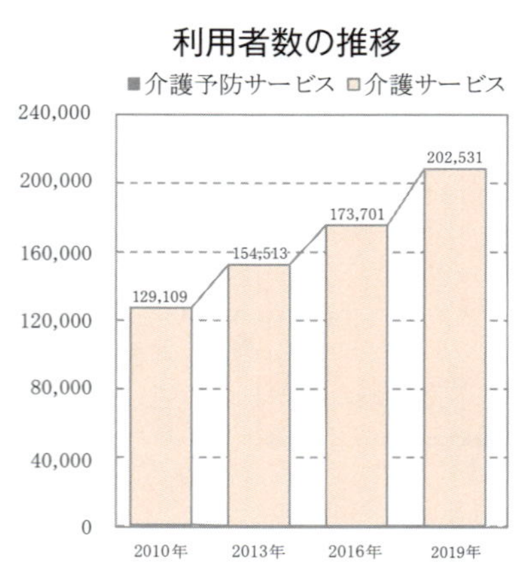

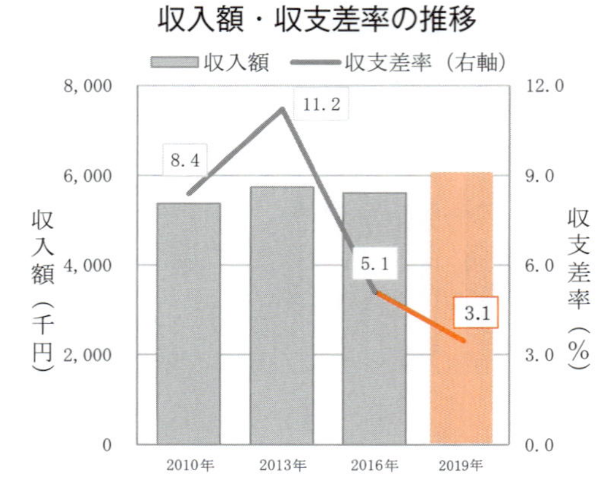

地域密着型特定施設入居者生活介護

収入額・収支差率の推移のうち収入額をみると、2010年から2019年にかけて増加を続けている一方で、収支差率は2013年をピークに以降、低下を示している。

一方で、事業所及び利用者数は、年々増加している。

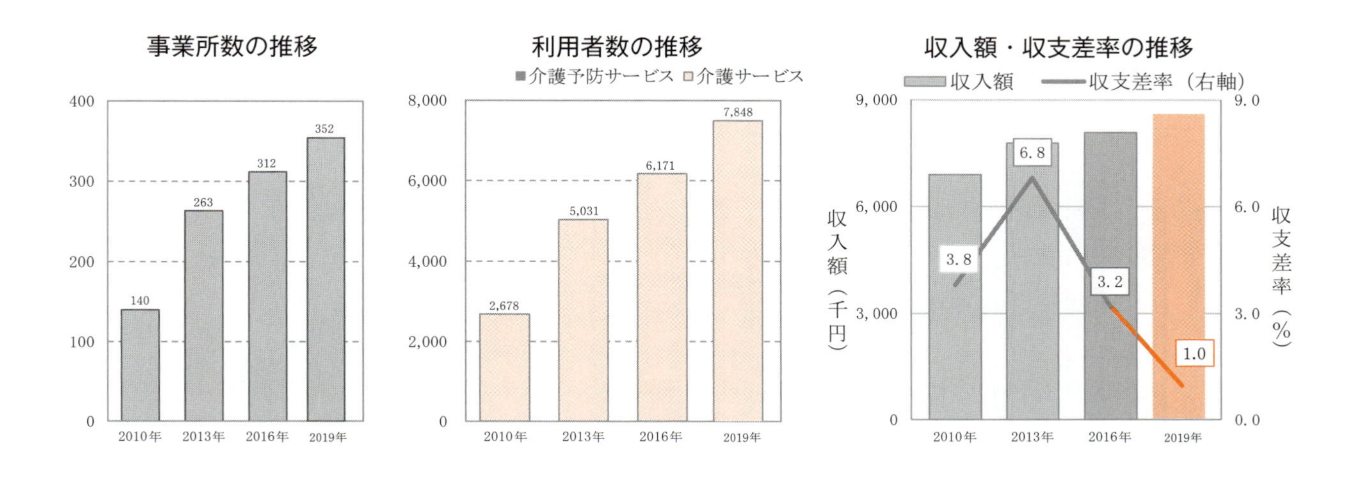

◎施設サービス

介護老人福祉施設

収入額・収支差率の推移のうち収入額は2010年からほぼ横ばいであるが、収支差率は2010年から2016年にかけて大幅に低下した後、2019年は2016年と同率を示している

一方で、事業所数及び利用者数は、ともに2010年以降、増加傾向を続けている。

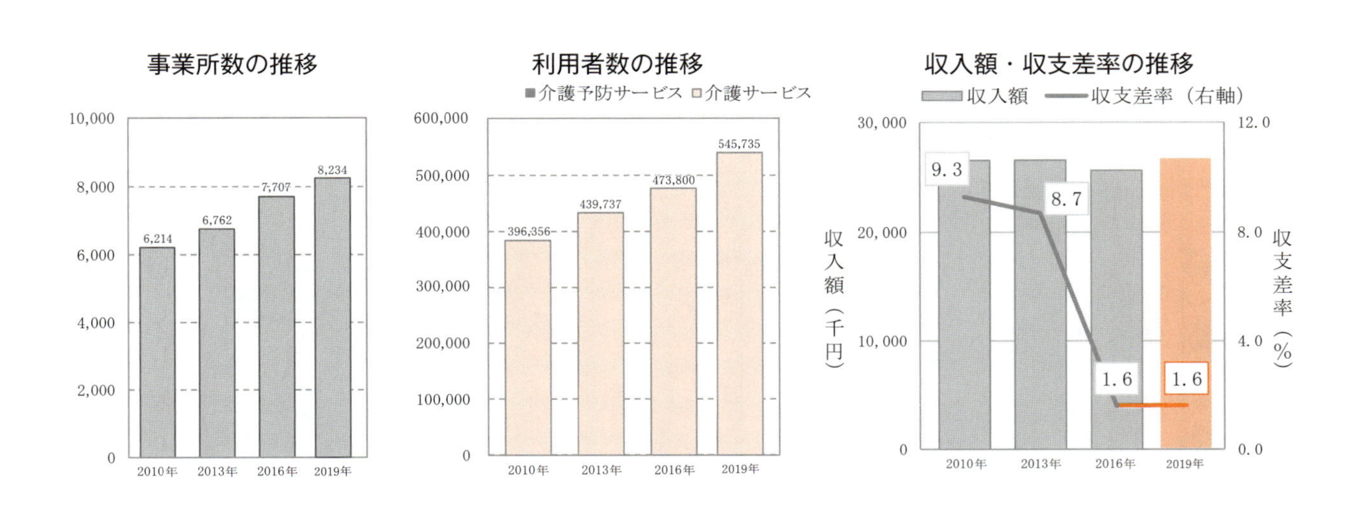

介護老人保健施設

収入額・収支差率の推移のうち収入額をみると2010年からほぼ横ばいであるが、収支差率は2010年から大幅に低下しており、2019年には2016年と比べて1.0ポイント低下している。

事業所数及び利用者数は、2010年以降ともに増加している。

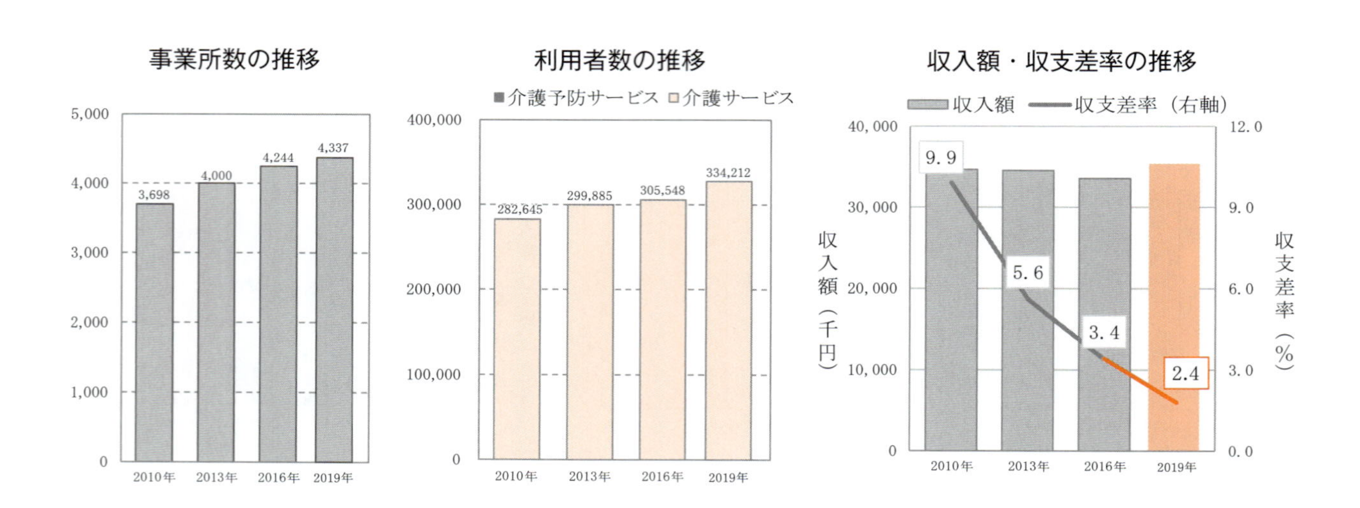

介護療養型医療施設

収入額・収支差率の推移のうち、収入額は2019年は2016年と比較して減少、収支差率は2010年から低下が続き、2019年は2016年に比べて0.5ポイントの低下となっている。

事業所数及び利用者数は2010年以降、ともに減少しており、これは2018年に新設された介護医療院への転換等の影響によるものである。

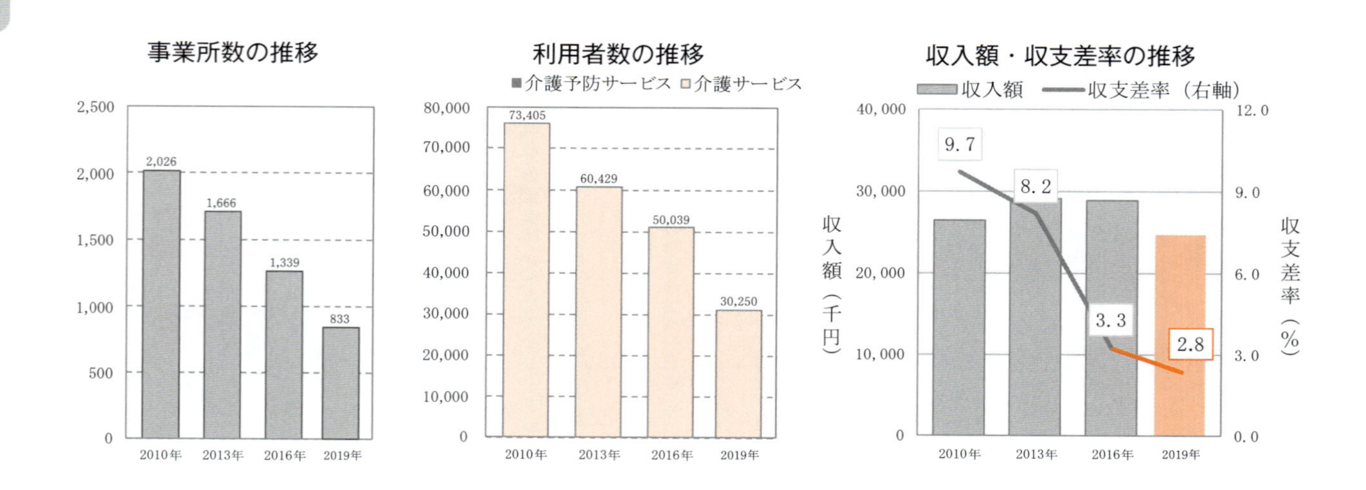

第2部 データ編

介護医療院

介護医療は、2018年に新設されたため、2019年度のデータのみ掲載している。

2019年における収支差率は5.2%、介護療養型医療施設の2019年の収支差率と比較すると2.4ポイント高くなっている。

2019年の事業所数は、245施設であり、利用者数は15,085人となっている。

（注１）事業所数は調査年の10月１日現在のもの。
（注２）事業所数は休止中の施設・事業所数を含む。
（注３）複数サービスを提供している事業所は、各々に計上している。
（注４）利用者数は介護保険施設、訪問看護ステーションを除き、調査年の９月の利用者数である。
（注５）介護保険施設の利用者数は、全国の介護保険施設の入所者を対象とし、全国の介護保険施設から抽出を行い、調査年９月末の在所者の1/2（介護療養型医療施設である診療所については全数）及び９月中の退所者の全数を客体とする。
（注６）訪問看護ステーションは、全国の訪問看護ステーションの利用者を対象とし、全国の訪問看護ステーションから抽出を行い、調査年９月中の利用者の1/2を客体とする。

出典：厚生労働省「介護サービス施設・事業所調査」（2010年、2013年、2016年、2019年）、厚生労働省「介護事業経営実態調査」（2011年、2014年、2017年、2020年）を基に作成。

【参考文献】

・厚生労働省老健局総務課「平成30年度公的介護保険制度の現状と今後の役割」
・厚生労働省「令和元年介護サービス施設・事業所調査」（2021年１月13日）
・厚生労働省「令和２年介護サービス施設・事業所調査」（2021年12月28日）
・厚生労働省「介護サービス施設・事業所調査」（2010年、2013年、2016年、2019年）
・厚生労働省「介護事業経営実態調査」（2011年、2014年、2017年、2020年）

3　介護人材の不足への対応

1 介護人材を取り巻く現状

(1) 必要となる介護必要人材数と従事者数

都道府県が推計した介護人材数の需要をみると、2025年度末には約243万人が必要となっている。この需要数を2019年の人材実績約211万人と比較すると、2025年度には約32万人が必要となり、年間約5.3万人程度の介護人材を確保していくことが求められる。

第８期介護保険事業計画に基づく介護職員の必要数について

○　第８期介護保険事業計画の介護サービス見込み量等に基づき、都道府県が推計した介護職員の必要数を集計すると、
・2023年度には約２３３万人（＋約２２万人（5.5万人/年））
・2025年度には約２４３万人（＋約３２万人（5.3万人/年））
・2040年度には約２８０万人（＋約６９万人（3.3万人/年））
となった。　※（）内は2019年度（211万人）比

※　介護職員の必要数は、介護保険給付の対象となる介護サービス事業所、介護保険施設に従事する介護職員の必要数に、介護予防・日常生活支援総合事業のうち従前の介護予防訪問介護等に相当するサービスに従事する介護職員の必要数を加えたもの。

○　国においては、①介護職員の処遇改善、②多様な人材の確保・育成、③離職防止・定着促進・生産性向上、④介護職の魅力向上、⑤外国人材の受入環境整備など総合的な介護人材確保対策に取り組む。

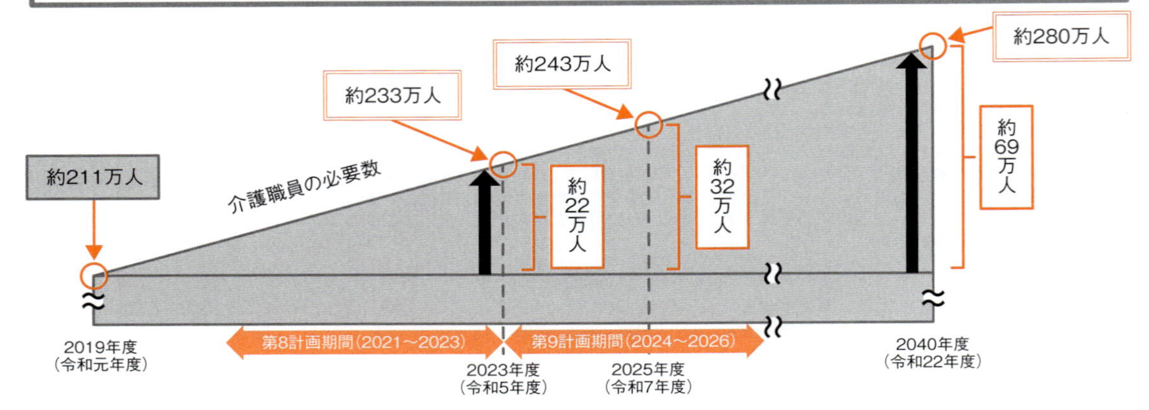

注1）2019年度（令和元年度）の介護職員数約211万人は、「令和元年介護サービス施設・事業所調査」による。
注2）介護職員の必要数（約233万人・243万人・280万人）については、足下の介護職員数を約211万人として、市町村により第８期介護保険事業計画に位置付けられたサービス見込み量（総合事業を含む）等に基づく都道府県による推計値を集計したもの。
注3）介護職員数には、総合事業のうち従前の介護予防訪問介護等に相当するサービスに従事する介護職員数を含む。
注4）2018年度（平成30年度）分から、介護職員数を調査している「介護サービス施設・事業所調査」の集計方法に変更があった。このため、同調査の変更前の結果に基づき必要数を算出している第７期計画と、変更後の結果に基づき必要数を算出している第８期計画との比較はできない。

出典：厚生労働省「第８期介護保険事業計画に基づく介護人材の必要数について」（2021年７月９日）を基に加工。

これを都道府県別に整理したのが以下の表である。2023年度と2025年度それぞれについて、各地で需要が見込まれる人数と、供給が見込まれる人数の差を「必要差分」とし、さらに、2023年度または2025年度において、その「必要差分」が全国の「必要差分」のうち５％以上を占める地域を色付けしている。東京都、大阪府、神奈川県、愛知県、兵庫県など主に大都市圏が、全国でも特に人材が不足すると推計できる。

（単位:人）

都道府県	2019年度の介護職員数	2023年度				2025年度			
		需要見込み	(参考)現状推移シナリオによる供給見込み	必要差分	必要差分の全国合計に対する比率	需要見込み	(参考)現状推移シナリオによる供給見込み	必要差分	必要差分の全国合計に対する比率
北海道	100,969	109,543	102,057	▲ 7,486	5.1%	112,541	101,917	▲ 10,624	4.8%
青森県	28,313	29,773	28,479	▲ 1,294	0.9%	30,725	28,278	▲ 2,447	1.1%
岩手県	23,833	25,366	24,166	▲ 1,200	0.8%	26,831	24,126	▲ 2,705	1.2%
宮城県	35,174	39,060	36,695	▲ 2,365	1.6%	41,553	37,225	▲ 4,328	2.0%
秋田県	22,602	24,002	22,197	▲ 1,805	1.2%	24,056	21,775	▲ 2,281	1.0%
山形県	20,849	22,372	20,547	▲ 1,825	1.2%	23,532	20,262	▲ 3,270	1.5%
福島県	32,473	36,298	33,271	▲ 3,027	2.1%	36,676	33,187	▲ 3,489	1.6%
茨城県	42,001	46,964	43,001	▲ 3,963	2.7%	49,020	43,323	▲ 5,697	2.6%
栃木県	27,585	31,941	28,349	▲ 3,592	2.5%	33,367	28,597	▲ 4,770	2.2%
群馬県	37,201	38,751	38,619	▲ 132	0.1%	40,843	38,965	▲ 1,878	0.9%
埼玉県	93,494	107,207	100,212	▲ 6,995	4.8%	114,644	102,408	▲ 12,236	5.5%
千葉県	86,890	97,325	93,255	▲ 4,070	2.8%	102,149	95,036	▲ 7,113	3.2%
東京都	183,111	214,551	189,708	▲ 24,843	17.0%	223,022	192,073	▲ 30,949	14.0%
神奈川県	139,335	160,655	150,492	▲ 10,163	7.0%	170,757	154,301	▲ 16,456	7.5%
新潟県	41,572	44,470	42,990	▲ 1,480	1.0%	45,541	43,276	▲ 2,265	1.0%
富山県	19,060	20,645	19,742	▲ 903	0.6%	21,060	19,913	▲ 1,147	0.5%
石川県	19,411	21,826	21,660	▲ 166	0.1%	22,451	22,443	▲ 8	0.0%
福井県	13,610	12,096	11,986	▲ 110	0.1%	12,611	12,220	▲ 391	0.2%
山梨県	13,689	15,027	14,430	▲ 597	0.4%	15,264	14,687	▲ 577	0.3%
長野県	37,783	40,665	39,357	▲ 1,308	0.9%	41,741	39,940	▲ 1,801	0.8%
岐阜県	31,508	39,269	34,814	▲ 4,455	3.0%	40,333	36,083	▲ 4,250	1.9%
静岡県	54,310	59,449	56,442	▲ 3,007	2.1%	62,988	57,222	▲ 5,766	2.6%
愛知県	103,563	113,987	106,573	▲ 7,414	5.1%	121,007	107,637	▲ 13,370	6.1%
三重県	31,763	34,128	33,693	▲ 435	0.3%	37,709	34,397	▲ 3,312	1.5%
滋賀県	20,233	22,794	20,619	▲ 2,175	1.5%	23,908	20,690	▲ 3,218	1.5%
京都府	40,443	45,175	43,122	▲ 2,053	1.4%	46,318	43,962	▲ 2,356	1.1%
大阪府	180,208	200,852	184,313	▲ 16,539	11.3%	209,510	185,090	▲ 24,420	11.1%
兵庫県	96,877	105,876	98,934	▲ 6,942	4.8%	111,416	99,136	▲ 12,280	5.6%
奈良県	25,411	29,731	27,118	▲ 2,613	1.8%	31,037	27,571	▲ 3,466	1.6%
和歌山県	24,306	25,570	24,768	▲ 802	0.5%	25,832	24,769	▲ 1,063	0.5%
鳥取県	11,061	11,901	11,272	▲ 629	0.4%	12,192	11,345	▲ 847	0.4%
島根県	16,760	17,534	17,131	▲ 403	0.3%	17,632	17,171	▲ 461	0.2%
岡山県	34,453	36,636	35,508	▲ 1,128	0.8%	37,433	35,890	▲ 1,543	0.7%
広島県	51,503	54,848	52,143	▲ 2,705	1.9%	56,820	52,485	▲ 4,335	2.0%
山口県	27,421	30,601	28,466	▲ 2,135	1.5%	31,260	28,840	▲ 2,420	1.1%
徳島県	15,419	16,357	15,589	▲ 768	0.5%	16,358	15,634	▲ 724	0.3%
香川県	17,621	19,238	18,249	▲ 989	0.7%	19,643	18,384	▲ 1,259	0.6%
愛媛県	31,567	31,682	31,592	▲ 90	0.1%	32,533	31,403	▲ 1,130	0.5%
高知県	14,292	15,478	14,960	▲ 518	0.4%	15,747	15,196	▲ 551	0.2%
福岡県	86,221	94,051	89,753	▲ 4,298	2.9%	97,525	91,301	▲ 6,224	2.8%
佐賀県	15,312	16,447	15,629	▲ 818	0.6%	16,780	15,633	▲ 1,147	0.5%
長崎県	27,400	29,211	28,077	▲ 1,134	0.8%	30,278	28,327	▲ 1,951	0.9%
熊本県	31,775	32,961	31,505	▲ 1,456	1.0%	33,645	31,396	▲ 2,249	1.0%
大分県	23,595	24,832	24,826	▲ 6	0.0%	26,360	25,086	▲ 1,274	0.6%
宮崎県	21,447	22,558	21,009	▲ 1,549	1.1%	23,339	20,692	▲ 2,647	1.2%
鹿児島県	32,399	36,314	34,219	▲ 2,095	1.4%	37,036	34,869	▲ 2,167	1.0%
沖縄県	20,062	22,443	20,850	▲ 1,593	1.1%	23,056	21,087	▲ 1,969	0.9%
合計	2,105,885	2,328,460	2,182,387	▲ 146,073	100%	2,426,079	2,205,248	▲ 220,831	100%

注１）2023年度、2025年度の数値は都道府県が行った統計による
注２）需要見込みの値は、市町村により第8期介護保険事業計画に位置付けられたサービス見込み量等に基づく推計
注３）2019年度の数値、必要数、現状推移シナリオによる介護職員数の見込みの値は、介護予防・日常生活支援総合事業のうち従前の介護予防訪問介護等に相当するサービスに従事する職員を含む
注４）現状推移シナリオによる介護職員数の値は、近年の入職、離職の動向、及び離職者のうち介護分野への再就職の動向が原則現状と同様に推移していると仮定し、生産年齢人口等の人口動態を加味して推計
出典：厚生労働省「第８期介護保険事業計画に基づく介護人材の必要数について」（2021年７月９日）を基に作成。

【参考】第８期介護保険事業計画におけるサービス量等の見込み

	2020年度 実績値 ※1	2023年度 推計値 ※2	2025年度 推計値 ※2	2040年度 推計値 ※2
在宅介護	359万人	391万人（9%増）	405万人（13%増）	474万人（32%増）
うちホームヘルプ	114万人	123万人（8%増）	128万人（12%増）	152万人（33%増）
うちデイサービス	219万人	244万人（11%増）	253万人（15%増）	297万人（36%増）
うちショートステイ	35万人	40万人（14%増）	40万人（17%増）	48万人（38%増）
うち訪問看護	61万人	68万人（10%増）	71万人（15%増）	84万人（37%増）
うち小規模多機能	11万人	13万人（19%増）	14万人（23%増）	16万人（43%増）
うち定期巡回・随時対応型サービス	3.0万人	4.1万人（37%増）	4.4万人（45%増）	5.4万人（78%増）
うち看護小規模多機能型居宅介護	1.5万人	2.6万人（75%増）	2.8万人（89%増）	3.4万人（130%増）
居宅系サービス	47万人	54万人（14%増）	56万人（19%増）	65万人（39%増）
特定施設入居者生活介護	26万人	30万人（17%増）	32万人（22%増）	37万人（43%増）
認知症高齢者グループホーム	21万人	23万人（11%増）	24万人（15%増）	28万人（33%増）
介護施設	103万人	110万人（8%増）	116万人（13%増）	133万人（30%増）
特養	62万人	67万人（8%増）	71万人（14%増）	82万人（31%増）
老健（＋介護療養等）	35万人	37万人（5%増）	39万人（10%増）	44万人（26%増）
介護医療院	3.4万人	5.2万人（53%増）	6.5万人（91%増）	7.4万人（118%増）
介護療養型医療施設	1.7万人	1.0万人（40%増）	- 万人	- 万人

※１）2020年の数値は介護保険事業状況報告（2020年12月月報）による数値で、2020年10月サービス分の受給者数（１月当たりの利用者数）。
在宅介護の総数は、同報告の居宅介護支援・介護予防支援、小規模多機能型居宅介護及び複合型サービスの受給者の合計値。
在宅介護の内訳について、ホームヘルプは訪問介護、訪問リハ（予防給付を含む。）、夜間対応型訪問介護の合計値。
デイサービスは通所介護、通所リハ（予防給付を含む。）、認知症対応型通所介護（予防給付を含む。）、地域密着型通所介護の合計値。
ショートステイは、短期入所生活介護（予防給付を含む。）、短期入所療養介護（予防給付を含む。）の合計値。
居住型サービスの特定施設及び介護施設の特養は、それぞれ地域密着型サービスを含む。
※２）2023年度及び2025年度、2040年度の数値は、地域包括ケア「見える化」システムにおける推計値等を集計したもの。
なお、在宅介護の総数については、※1と同様の方法による推計値。
出典：厚生労働省「第８期介護保険事業計画期間における介護保険の第１号保険料及びサービス見込み量等について」（2021年５月14日）を基に加工。

（2）介護職員数の推移

2000年の介護保険制度の施行後、要介護（要支援）認定者数は増加しており、サービス量の増加に伴い介護職員数も過去約20年間で約3.4倍（186.8万人÷54.9万人）に増加している。

介護職員数の推移

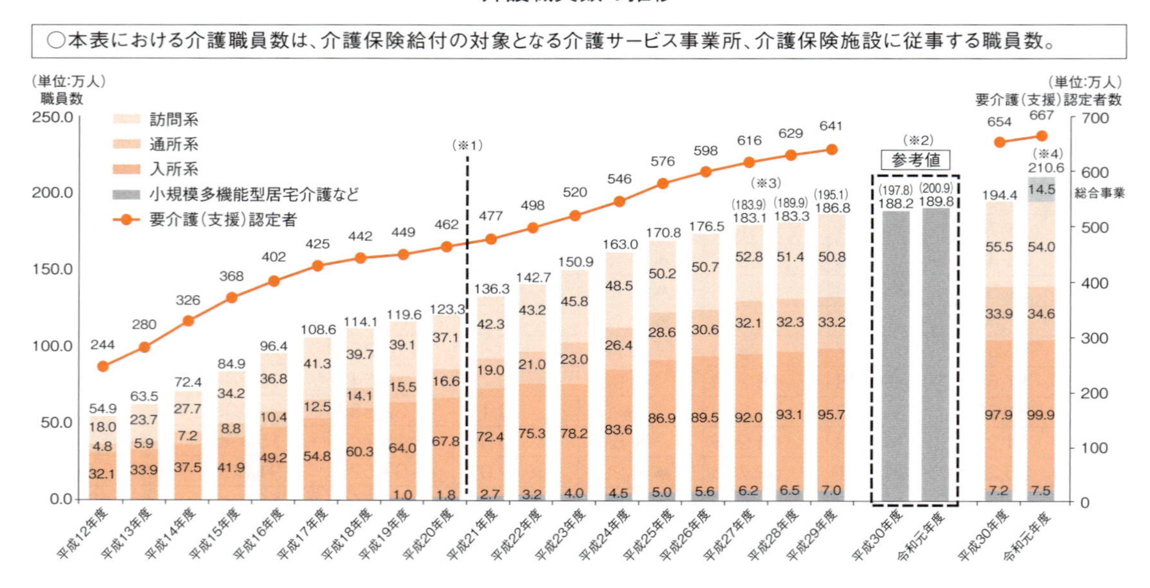

出典：厚生労働省「第８期介護保険事業計画に基づく介護職員の必要数について」（2021年７月９日）を基に作成。

(3) 介護労働者の年齢構成の推移

介護労働者の年齢構成をみると、2018年度は40歳以上45歳未満の年齢層が最も多かったが、2020年度は60歳以上の割合が最も多く15.7%となっている。

平均年齢をみると、2018年度は45.9歳、2020年度は47.5歳となっており、介護労働者派遣全体での年齢構成が高くなってきている。

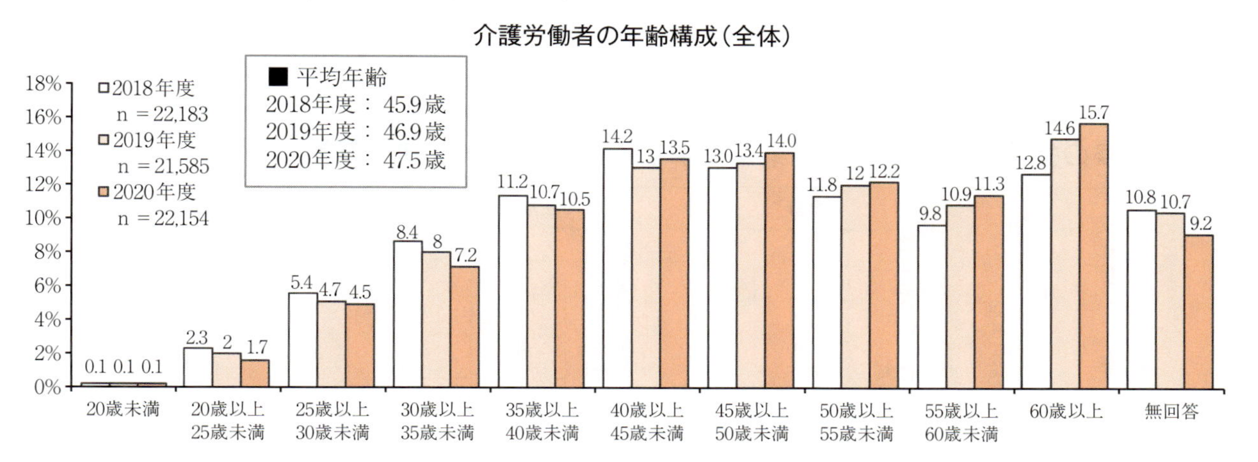

性別でみると、女性では60歳以上の年齢層が最も多い状態が続いているが、60歳以上の割合が年々上がっており、2020年度は 19.1%となっている。後述する男性に比べ年齢層が高く、特に60歳以上は年々上昇しており、この年齢層が介護労働者の供給資源として重要な役割を担っていることがわかる。

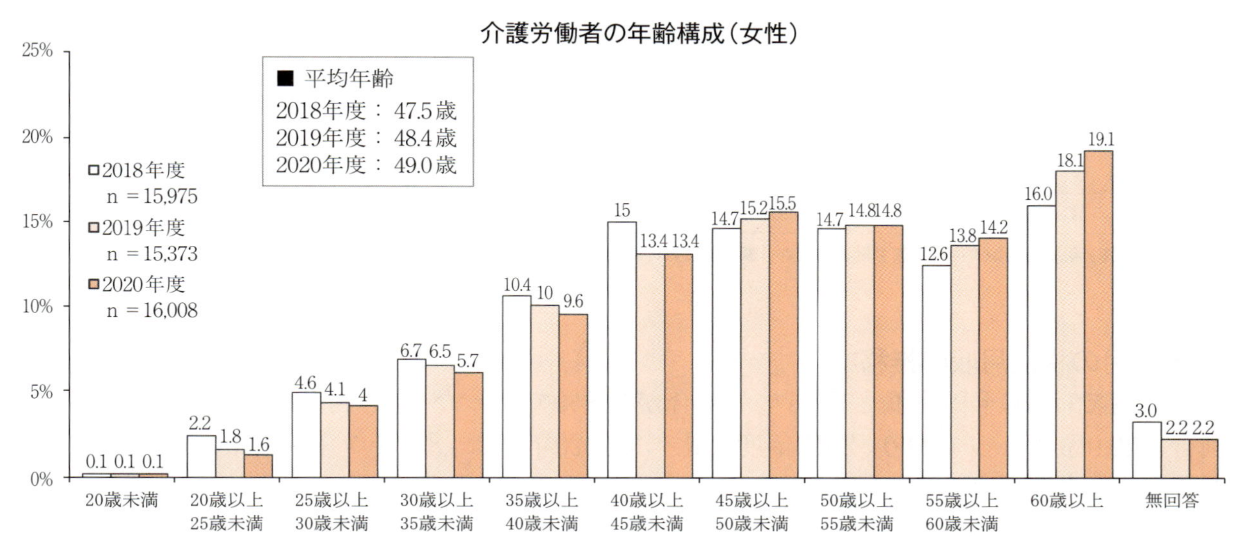

男性は2020年度において40歳以上45歳未満が最も多く、女性に比べ介護労働者の年齢層が低い。

2020年度の平均年齢を比較すると、女性が49.0歳であるのに対し、男性が42.2歳と、男性が6.8歳若い。

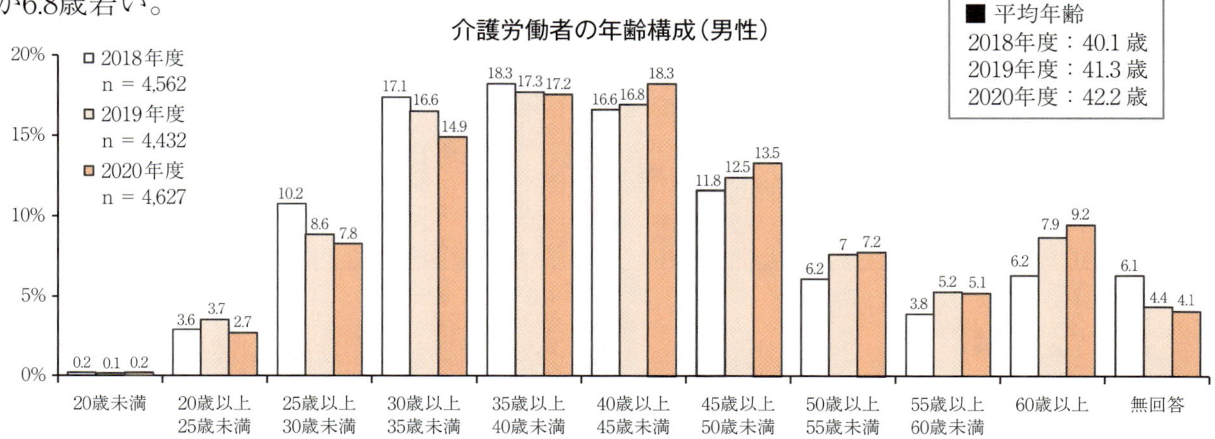

出典：（公財）介護労働安定センター「介護労働実態調査　介護労働者の就業実態と就業意識調査」（2018年度～2020年度）を基に作成。

(4) 介護サービス事業の従事者の性別・就業形態

以下は、介護サービス事業に従事する従業員を、性別･就業形態別にまとめたものである。介護サービス事業に従事する従業員全体のうち女性が77.6%を占め、就業形態別にみると、正規・非正規の割合は73.2%対26.8%と正規職員の割合が高い。回答者人数と割合から試算すると、介護サービス事業に従事する従業員属性の多い順に、① 介護職員・女性・正規職員（約50,300人）、② 介護職員・女性・非正規職員（約23,342人）となっており、女性が介護サービス事業の重要な担い手となっていることがわかる。

■ 介護保険の指定介護サービス事業に従事する従業員数（性別・就業形態別）

	回答事業所数	合計			正規職員			非正規職員			不明
		人数（人）	男性（%）	女性（%）	合計（%）（職種別従業員数における割合）	男性（%）	女性（%）	合計（%）（職種別従業員数における割合）	男性（%）	女性（%）	
訪問介護員	3,039	37,184	12.1	87.2	63.8	15.4	83.7	36.2	6.2	93.4	0.3
サービス提供責任者	2,840	6,592	18.2	81.6	88.2	19.1	80.7	11.8	11.0	88.4	0.6
介護職員	5,597	99,959	26.0	73.7	72.3	30.0	69.6	27.7	15.3	84.3	0.4
看護職員	5,224	27,636	7.9	91.9	71.1	9.3	90.4	28.9	4.3	95.6	0.2
生活相談員	3,814	8,365	36.2	63.7	90.6	37.8	62.1	9.4	20.5	79.2	0.4
PT・OT・ST等	2,426	8,449	50.1	49.8	85.1	51.0	48.9	14.9	45.2	54.7	0.1
介護支援専門員	4,573	12,552	24.2	75.4	85.6	26.0	73.9	14.4	13.0	85.0	2.1
合　計		200,737	22.0	77.6	73.2	25.6	74.0	26.8	12.0	87.6	0.4

出典：（公財）介護労働安定センター「介護労働実態調査　事業所における介護労働実態調査」（2020年度）を基に作成。

(5) 通常月の税込月収の推移

2020年度では200千円未満と回答した割合が42.8%であった。反対に200千円以上と回答した割合は49.9%となっており、2018年度と比べて2020年度は4.8ポイント増加している。また、2020年度の平均月収は201.8千円となっている。

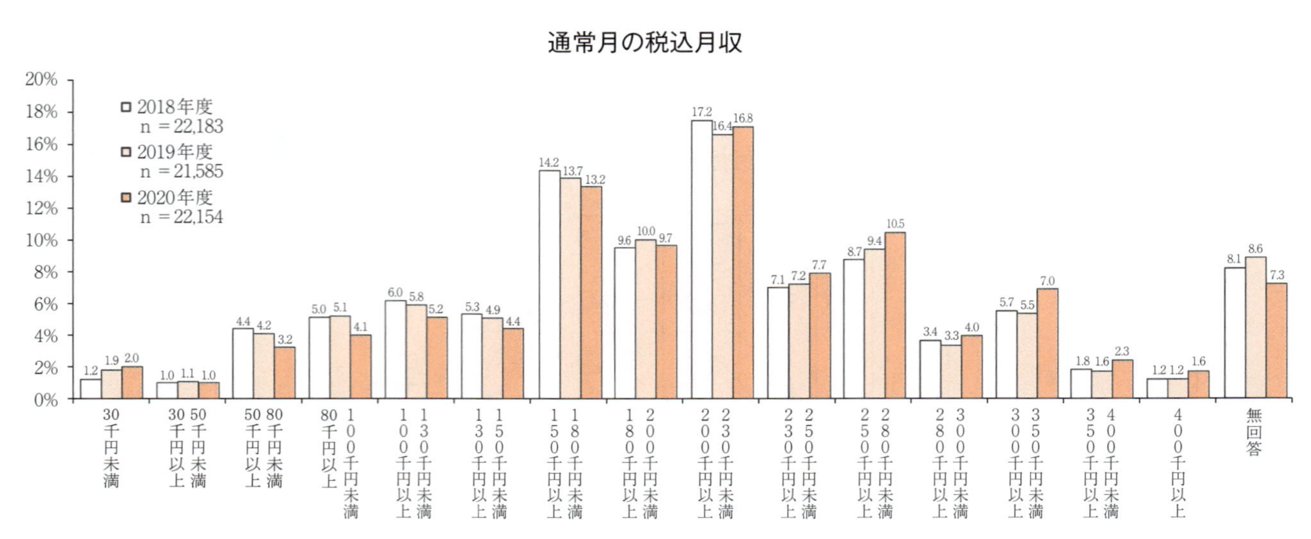

出典：（公財）介護労働安定センター「介護労働実態調査　介護労働者の就業実態と就業意識調査」（2018年度～2020年度）を基に作成。

（6）離職理由

介護関係の仕事をやめた理由として、多かった理由上位２つは「職場の人間関係に問題があったため」（23.9％）、次に「結婚・出産・妊娠・育児のため」（19.9％）となっている。特に「職場の人間関係に問題があったため」は、2018年度から2020年度にかけて一貫して上昇傾向がみられた。また、2019年度から2020年度に割合が増えた理由としては、「他に良い仕事・職場があったため」、「新しい資格を取ったから」などがある。

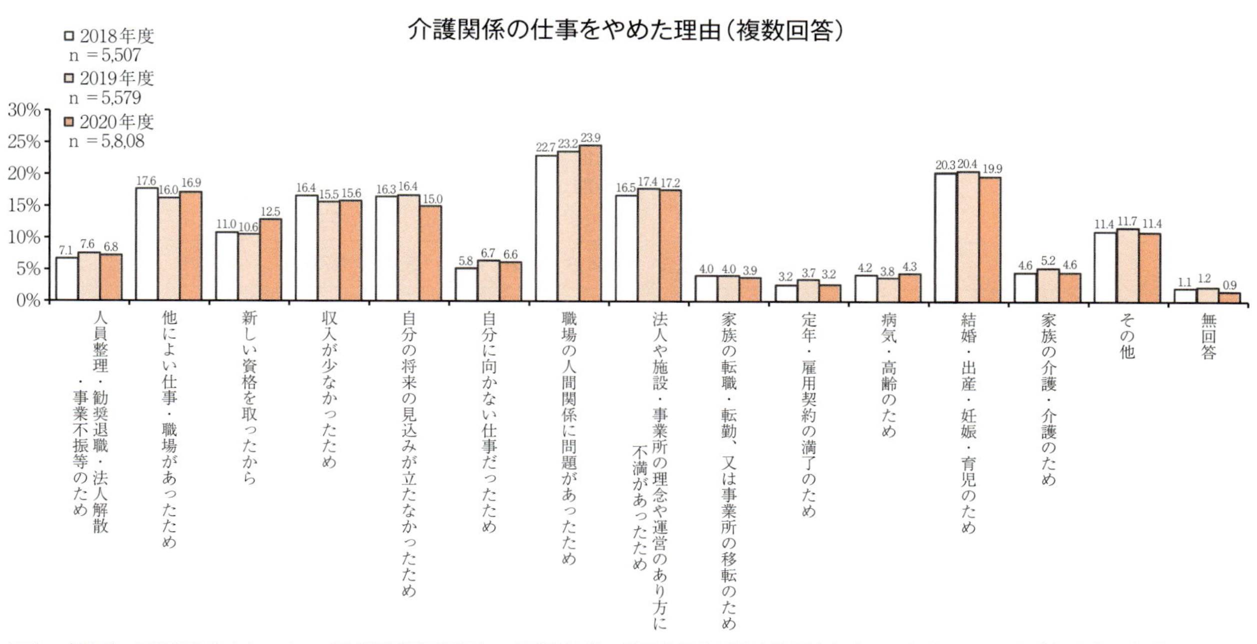

出典：（公財）介護労働安定センター「介護労働実態調査　介護労働者の就業実態と就業意識調査」（2018年度～ 2020年度）を基に作成。

（7）従業員の不足感

以下は、事業所に対して従業員の不足感に関する「大いに不足」、「不足」、「やや不足」、「適当」、「過剰」の選択肢を示した質問について、「大いに不足」、「不足」、「やや不足」（以下、「不足感」という。）という回答を抜粋したものである。

これによれば、「やや不足」、「不足」、「大いに不足」と答えた回答者の割合は2013年度以降上昇傾向にあるが、2020年度は2018年度、2019年度に比べて同回答をした者の割合は低下している。また、2018年度以降「大いに不足」という回答者の割合は10％を超えていたが、2020年度は2016年度と同じ割合になった。

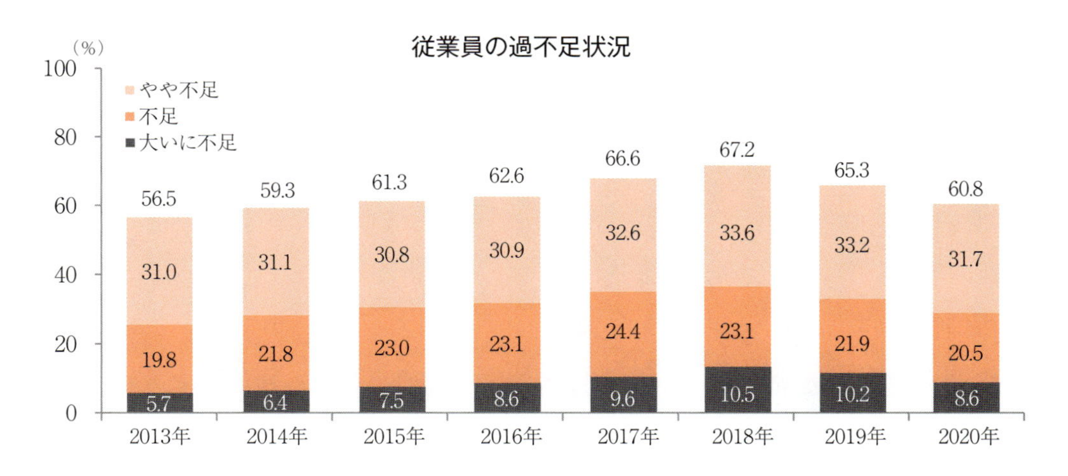

出典：（公財）介護労働安定センター「介護労働実態調査　事業所における介護労働実態調査」（2020年度）を基に作成。

(8) 介護職（常勤労働者）の平均賃金

産業別にみると、社会保険・社会福祉・介護事業は産業計と比べて、「勤続年数」が低く、「きまって支給する現金給与額」も低い傾向にある。

職種別の「きまって支給する現金給与額」をみると、勤続年数に違いがあり単純な比較はできないが、介護職員（医療・福祉施設等）は他の職種と比べて低く、なかでも男性に比べて女性の方がより低くなっている。

常勤労働者の平均年齢、勤続年数及び平均賃金

		男女計			男性			女性		
		年齢（歳）	勤続年数（年）	きまって支給する現金給与額（千円）	年齢（歳）	勤続年数（年）	きまって支給する現金給与額（千円）	年齢（歳）	勤続年数（年）	きまって支給する現金給与額（千円）
産業別	産業計	43.4	12.3	334.8	44.1	13.7	370.5	42.1	9.7	270.2
	医療業	41.3	9.4	357.3	41.5	9.8	477.5	41.2	9.3	309.9
	保険衛生業	45.4	13.1	319.1	49.5	16.9	385.6	43.3	11.1	284.4
	社会保険・社会福祉・介護事業	44.3	8.5	266.3	42.6	8.7	293.0	45.1	8.4	254.7
職種別	医師	45.3	7.7	1050.4	46.8	8.0	1118.1	39.9	6.4	810.6
	看護師	41.2	9.2	344.3	38.4	9.0	355.2	41.6	9.3	342.8
	准看護師	50.4	11.5	286.7	44.4	11.6	299.7	51.1	11.5	285.2
	理学療法士、作業療法士	35.1	7.4	296.0	35.2	7.5	306.7	35.1	7.4	283.4
	保育士（保母・保父）	38.1	8.8	256.5	33.0	6.9	285.4	38.4	8.9	255.1
	介護支援専門員（ケアマネージャー）	50.9	10.2	287.4	46.7	9.8	319.5	52.5	10.4	275.0
	介護職員（医療・福祉施設等）	43.8	7.6	250.6	40.3	7.3	268.2	45.8	7.7	241.0
	訪問介護従事者	46.8	7.3	267.5	40.7	5.7	288.0	49.5	8.0	258.4

（注１）常用労働者とは、厚生労働省「賃金構造基本統計調査」の一般労働者（短時間労働者以外の労働者）をいう。また、短時間労働者とは、１日の所定労働時間が一般の労働者よりも短い者、又は１日の所定労働時間が一般の労働者と同じでも１週の所定労働日数が一般の労働者よりも少ない者をいう。

（注２）きまって支給する現金給与額（平均賃金）とは、労働協約、就業規則等によってあらかじめ定められている支給条件、算定方法によって支給される現金給与額（月額）をいう。基本給のほか、家族手当、超過労働手当を含むが、賞与は含まない。なお、手取り額ではなく、所得税、社会保険料などを控除する前の額である。

出典：厚生労働省「賃金構造基本統計調査」（2022年３月25日）を基に作成。

これを都道府県別にみると、以下のとおりとなる。きまって支給する現金給与額の全国平均より給与額が高い都道府県に色付けを行っている。３職種の全てが全国平均を上回っているのは、群馬県、千葉県、東京都、神奈川県、兵庫県の５都県であった。

都道府県	介護支援専門員（ケアマネジャー）			介護職員（医療・福祉施設等）			訪問介護従事者		
	年齢（歳）	勤続年数（年）	きまって支給する現金給与額（千円）	年齢（歳）	勤続年数（年）	きまって支給する現金給与額（千円）	年齢（歳）	勤続年数（年）	きまって支給する現金給与額（千円）
全国	50.9	10.2	287.4	43.8	7.6	250.6	46.8	7.3	267.5
北海道	52.3	11.4	257.4	43.5	7.9	234.9	49.6	9.7	291.8
青森県	48.8	13.1	260.8	45.1	9.3	216.9	44.3	7.0	221.4
岩手県	40.2	10.7	267.9	47.1	9.7	237.8	51.8	11.8	191.3
宮城県	43.4	8.5	265.5	39.1	7.0	239.4	48.5	8.9	224.7
秋田県	48.7	15.2	267.1	44.5	7.7	220.7	42.7	11.7	209.5
山形県	48.4	8.4	252.5	42.8	8.9	235.4	43.2	14.3	289.9
福島県	44.1	10.0	275.9	41.0	7.9	221.0	49.6	10.3	223.8
茨城県	53.5	10.9	296.2	43.4	6.5	246.4	50.3	13.9	268.2
栃木県	53.0	11.9	325.7	42.9	6.7	235.6	57.5	12.8	261.4
群馬県	48.5	13.3	315.0	45.2	8.3	263.0	50.8	19.8	305.8
埼玉県	49.0	9.8	297.3	44.0	6.3	271.6	49.6	5.3	239.6
千葉県	52.9	10.0	318.2	43.2	8.0	274.8	50.8	7.7	299.9
東京都	51.5	8.2	324.8	43.9	6.5	291.1	41.9	5.6	283.2
神奈川県	51.9	8.0	315.2	44.6	7.2	283.1	48.1	7.1	300.9
新潟県	50.3	14.7	261.5	41.4	9.5	256.1	49.8	11.4	244.8
富山県	51.3	12.9	279.5	46.5	9.6	249.1	50.2	10.7	261.2
石川県	48.0	13.0	302.4	40.6	8.3	246.4	40.1	6.8	265.9
福井県	50.4	12.8	255.6	41.9	8.6	242.5	53.3	14.9	237.3
山梨県	54.7	19.3	302.7	45.0	8.0	254.0	66.5	18.5	221.5
長野県	56.1	14.1	277.1	43.7	8.0	245.3	61.8	9.7	202.1
岐阜県	50.7	10.7	292.1	43.0	8.9	250.3	54.0	5.7	284.5
静岡県	52.2	9.3	294.4	45.9	7.6	246.6	46.2	8.2	264.8
愛知県	50.1	8.9	268.1	41.9	6.1	260.6	41.2	7.7	269.1
三重県	50.4	9.0	263.6	43.5	7.6	253.6	49.6	1.9	224.6
滋賀県	46.1	10.7	255.9	43.3	6.8	259.2	51.3	10.5	243.1
京都府	54.7	10.5	344.1	42.6	7.8	278.8	50.8	9.9	249.5
大阪府	50.8	8.5	293.7	43.9	6.4	263.9	48.7	5.4	259.9
兵庫県	48.9	8.3	291.8	44.4	7.0	268.2	50.6	9.6	269.2
奈良県	53.5	8.9	279.9	44.2	7.0	253.3	50.1	7.5	221.9
和歌山県	53.8	13.5	283.3	46.0	8.5	230.2	51.7	10.6	272.9
鳥取県	56.8	5.9	277.6	42.0	7.8	215.8	41.0	9.0	294.4
島根県	49.3	12.9	283.6	47.4	8.8	215.0	51.5	9.9	196.2
岡山県	47.9	12.8	264.2	44.9	8.3	238.2	48.3	3.6	242.9
広島県	51.3	11.6	283.5	45.6	7.9	244.1	49.4	13.9	264.2
山口県	50.9	11.1	260.8	45.4	8.4	232.7	51.2	3.8	216.8
徳島県	49.4	5.0	255.4	46.9	8.2	218.9	54.6	5.8	246.1
香川県	55.6	14.5	250.8	45.5	7.7	237.6	50.8	10.2	270.3
愛媛県	48.2	11.2	299.4	43.3	7.3	225.2	54.7	8.7	293.0
高知県	45.8	9.7	283.0	44.8	10.5	241.5	65.6	13.8	190.6
福岡県	48.4	7.9	251.4	44.6	7.6	237.0	52.6	8.8	269.9
佐賀県	48.9	9.0	272.3	43.2	7.2	219.5	55.2	11.8	195.9
長崎県	47.7	14.6	275.2	44.6	8.5	230.1	50.1	8.3	197.7
熊本県	55.1	11.8	245.2	44.5	8.9	231.2	47.9	11.9	210.5
大分県	52.5	10.0	288.3	46.2	9.4	229.8	53.4	7.8	267.9
宮崎県	56.0	10.1	245.5	41.3	6.3	212.4	62.3	14.3	242.7
鹿児島県	52.0	10.6	278.1	43.0	6.8	219.2	50.3	7.1	294.4
沖縄県	44.9	8.1	254.5	45.1	6.5	216.9	56.4	12.7	288.4

出典：厚生労働省「賃金構造基本統計調査」（2022年３月25日）を基に作成。

（9）都道府県別・主要都市別の有効求人倍率

介護分野の有効求人倍率は、2004年から2018年の全期間において全職業より高い水準で推移している。特に2010年以降は急速な上昇傾向となり、深刻な介護人材不足が顕著となっている。

都道府県別にみると、最も高い東京都が7.05倍、次いで愛知県が6.16倍となり、最も低い沖縄県の2.46倍と比較すると格段に高くなっている。

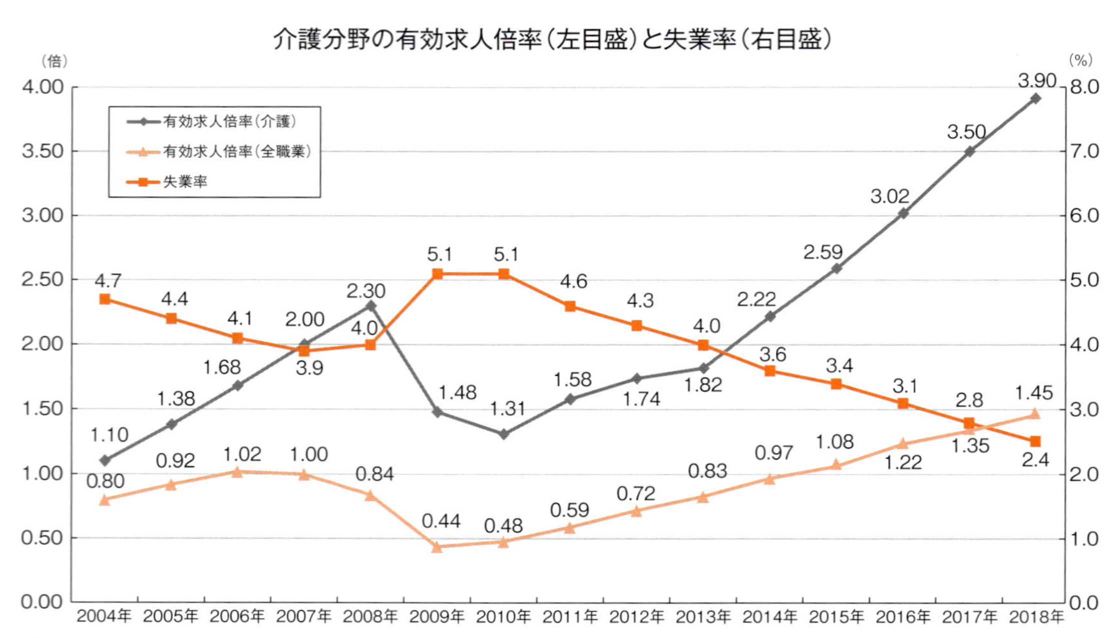

注）2010年度の失業率は東日本大震災の影響により、岩手県、宮城県及び福島県において調査の実施が困難な状況となり、当該3県を除く結果となっている。
出典：厚生労働省「福祉・介護人材確保対策について」（2019年９月18日）を基に作成。

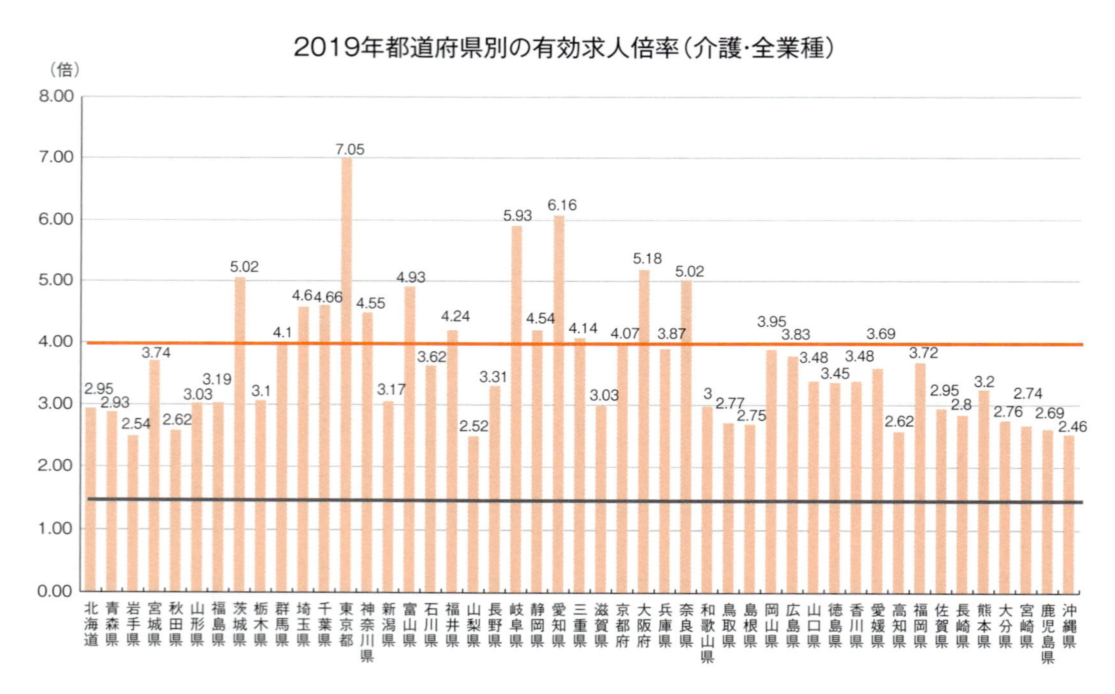

出典：厚生労働省「福祉・介護人材確保対策について」（2019年９月18日）を基に作成。

最も有効求人倍率が高い東京都についてみると、東京都全体では2013年以降、急速な上昇を続けていたが、2020年以降は2016年と同水準まで下落している。同じ東京都内といっても、地域により人材不足の深刻さには濃淡があることがわかる。

東京都の介護職有効求人倍率

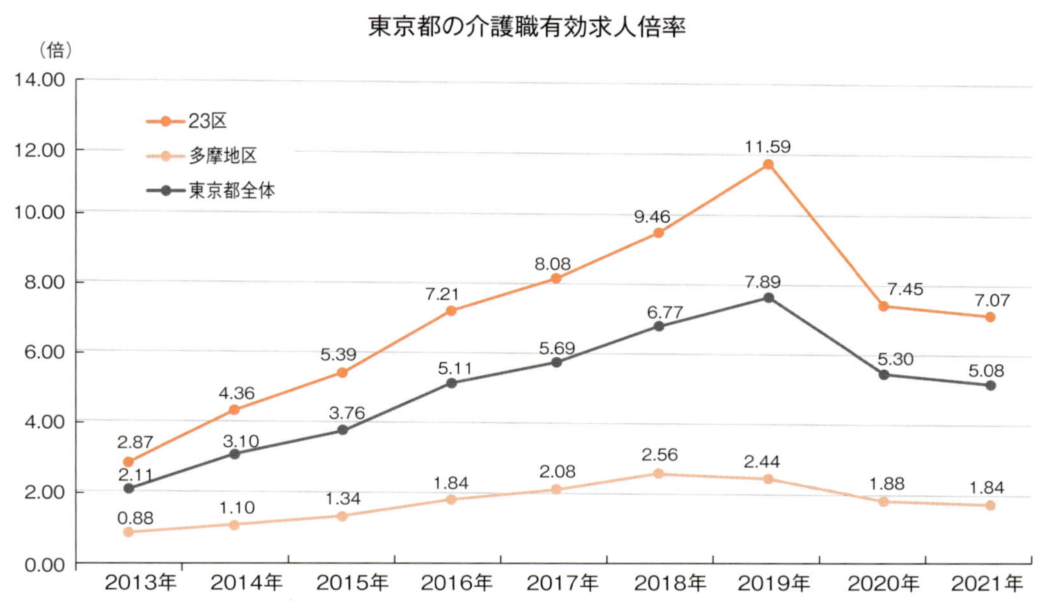

出典：東京ハローワークHP「職業別有効求人・求職状況」（2013年８月～2021年８月）を基に作成。

(10) 採用率・離職率の比較

介護職員と産業計の採用率の比較をみると、介護職員の採用率は産業計の採用率と比べて常に高いが、時系列にみると、産業計の採用率は2013年度より微減傾向であり、産業計との差が縮まってきている。

産業計と介護職員の採用率の比較

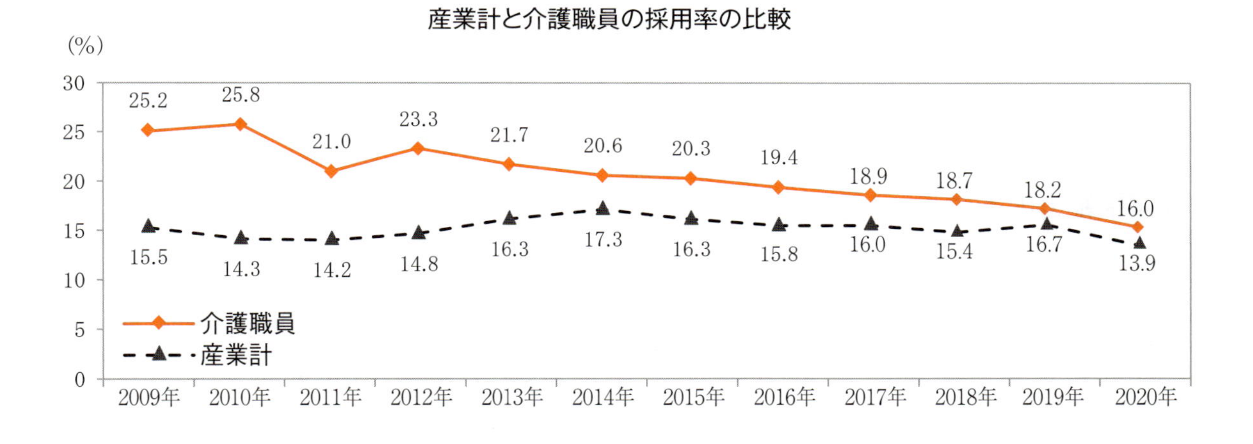

第2章 ● 介護　第3節　介護人材の不足への対応

また、介護職員と産業計の離職率の比較でも、介護職員の離職率は産業計の離職率を常に上回っていたが2019年は初めて逆転している。採用率の場合に比べてその差は小さく、時系列でみると、介護職員の離職率は2013年度以降は横ばいもしくは微減傾向である。

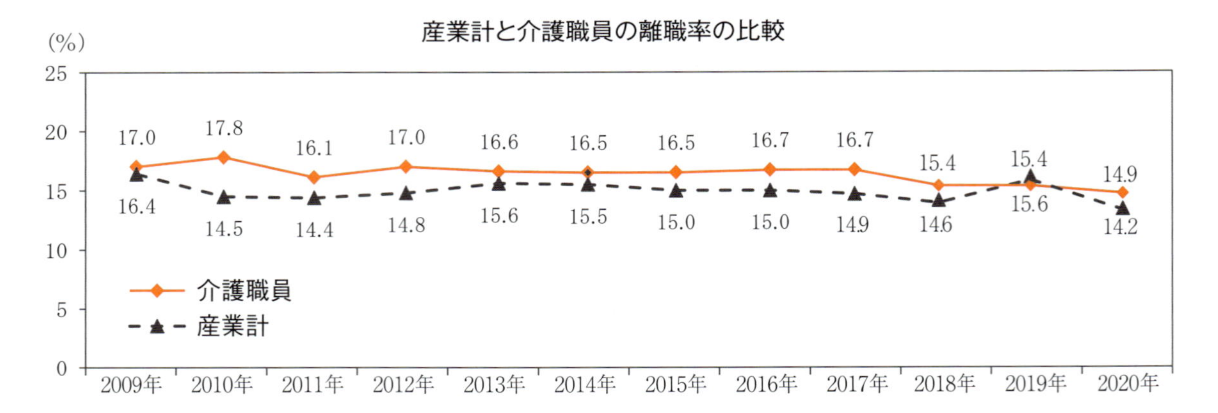

（注１）離職（採用）率＝１年間の離職（入職）者数÷労働者数
（注２）産業計の常勤労働者とは、雇用動向調査における一般労働者（「常用労働者（期間を定めず雇われている者等）」のうち、「パートタイム労働者」以外の労働者）をいう。
（注３）それぞれ、2019年度までは「介護職員（施設等）」及び「訪問介護員」の２職種全体のデータであるが、2020年度は上記に加え、「サービス提供責任者」を含めた３職種全体のデータである。なお、介護職員（施設等）は訪問介護以外の指定事業所で働く者、訪問介護員は訪問介護事業所で働く者をいう。

出典：厚生労働省「雇用動向調査」（2021年８月31日）、（公財）介護労働安定センター「介護労働実態調査　事業所における介護労働実態調査」（2009年～2020年）を基に作成。

（11）介護福祉士の資格取得方法

介護福祉士は介護福祉系資格の中で唯一の国家資格である。2016年４月より実務経験ルートでの介護福祉士資格取得の要件に、従来の３年の実務経験と国家資格の合格に加えて、実務者研修の修了が課されることとなった。この背景としては、実務経験ルートにおいて「即戦力と期待できるものの、制度面・倫理面について十分な教育機会が欠けている」との議論があり、創設された。

こうした改正等を通じ、介護福祉士の社会的な評価を高め、処遇改善につなげることも企図されている。参考となる累計資格登録者数は、実務経験ルートでは、約121.7万人、養成施設ルートでは約34.2万人となっている。

■ 介護福祉士の養成ルート一覧

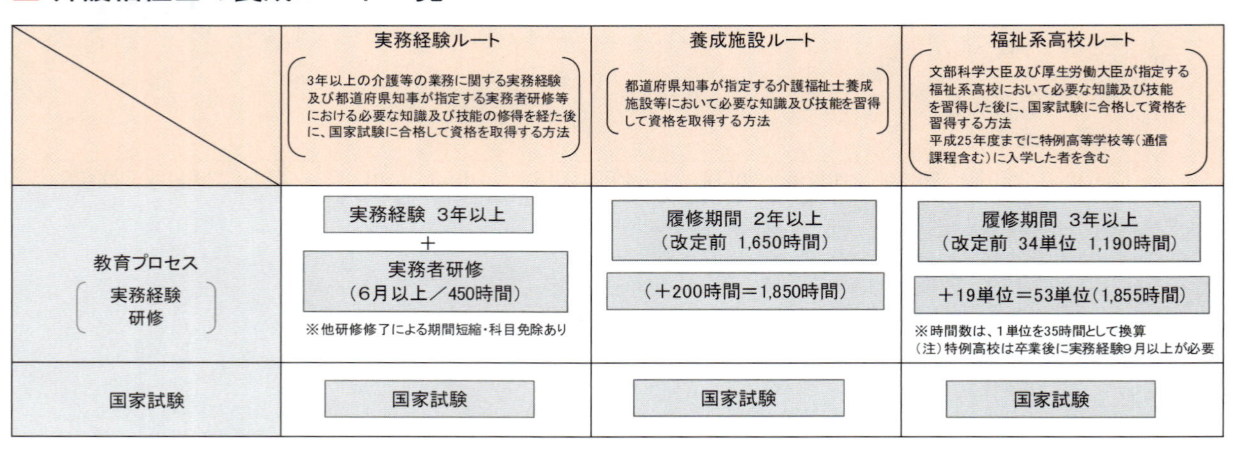

	実務経験ルート	養成施設ルート	福祉系高校ルート
	3年以上の介護等の業務に関する実務経験及び都道府県知事が指定する実務者研修等における必要な知識及び技能の修得を経た後に、国家試験に合格して資格を取得する方法	都道府県知事が指定する介護福祉士養成施設等において必要な知識及び技能を習得して資格を取得する方法	文部科学大臣及び厚生労働大臣が指定する福祉系高校において必要な知識及び技能を習得した後に、国家試験に合格して資格を習得する方法 平成25年度までに特例高等学校等（通信課程含む）に入学した者を含む
教育プロセス（実務経験 研修）	実務経験 3年以上 ＋ 実務者研修（6月以上／450時間） ※他研修修了による期間短縮・科目免除あり	履修期間 2年以上（改定前 1,650時間） （＋200時間＝1,850時間）	履修期間 3年以上（改定前 34単位 1,190時間） ＋19単位＝53単位（1,855時間） ※時間数は、1単位を35時間として換算 （注）特例高校は卒業後に実務経験9月以上が必要
国家試験	国家試験	国家試験	国家試験

【参考】

累計資格登録者数	約121.7万人	約34.2万人	内訳無し（実務者ルートに含む）
2017年度試験合格者数	約5.7万人	約0.6万人	（約0.3万人）

注）累計資格登録者数は2018年３月末時点の登録者数を記載している。また、平成29年度試験合格者数の養成施設ルートの人数には、国家試験を受験せずに登録した者を含む。
出典：厚生労働省「福祉・介護人材の確保に向けた取組について」（2018年９月６日）を基に加工。

（12）介護職養成施設の充足率

上記で記載の養成施設ルートにつき、介護福祉士の養成施設の状況について2009年から見ると、前年比で微増する年もあったが、2020年以降大きく減少している。また、少子化や介護福祉士を目指す学生の減少の影響により、定員数と入学者数はともに減少傾向にあるうえ、入学者数が定員数を下回る状態が続いている。充足率は、2018年度以降、入学者数が横ばいで推移している一方で定員数が減少していることもあり、上昇傾向にある。

介護福祉士養成施設数の推移

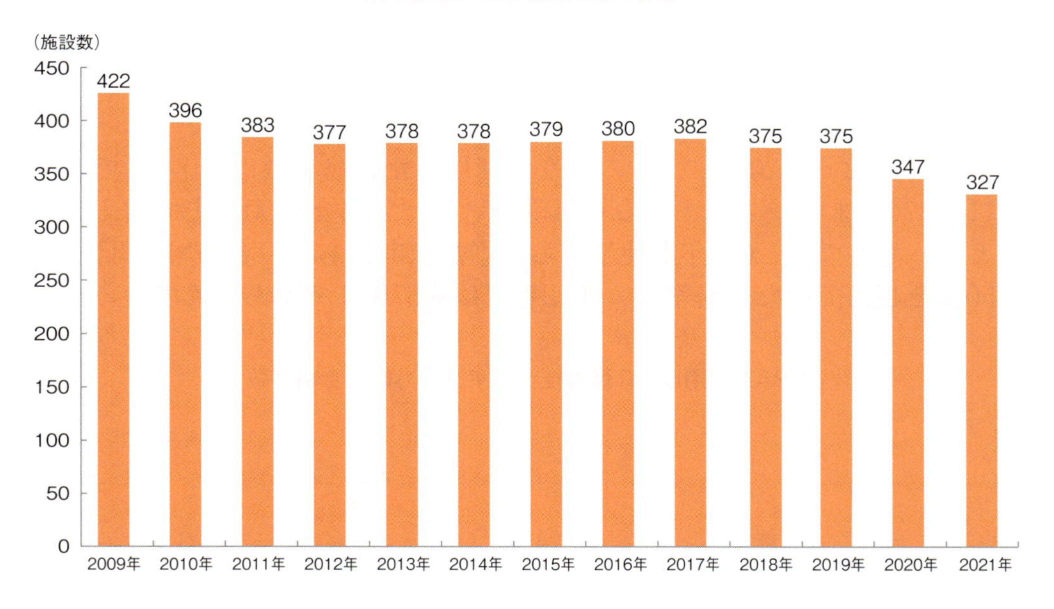

介護福祉士養成施設の定員、入学者数の推移

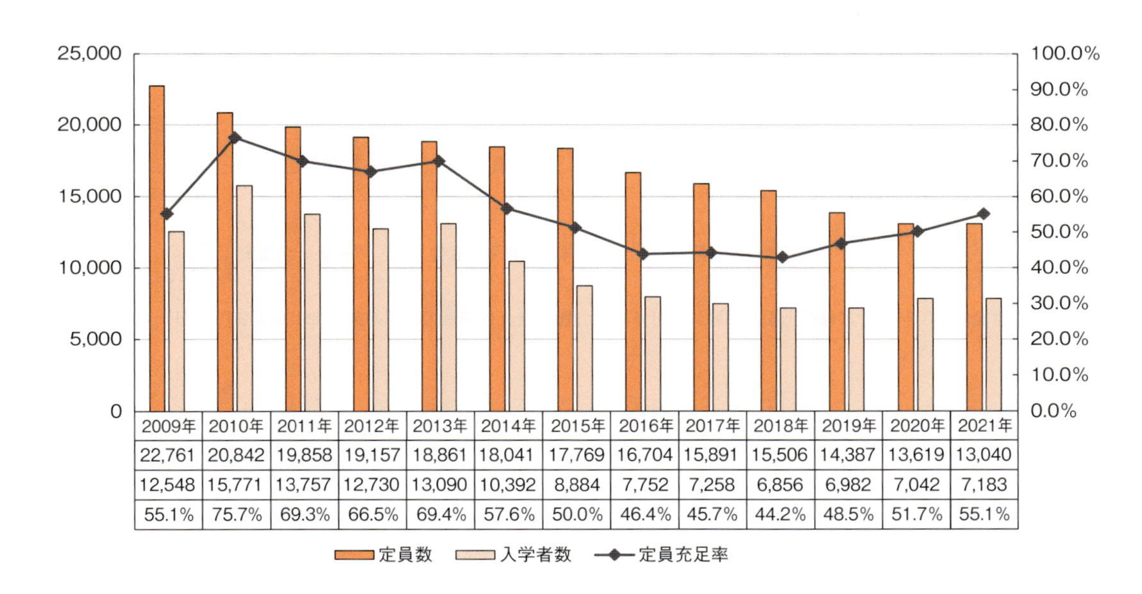

2009年	2010年	2011年	2012年	2013年	2014年	2015年	2016年	2017年	2018年	2019年	2020年	2021年
22,761	20,842	19,858	19,157	18,861	18,041	17,769	16,704	15,891	15,506	14,387	13,619	13,040
12,548	15,771	13,757	12,730	13,090	10,392	8,884	7,752	7,258	6,856	6,982	7,042	7,183
55.1%	75.7%	69.3%	66.5%	69.4%	57.6%	50.0%	46.4%	45.7%	44.2%	48.5%	51.7%	55.1%

出典：（公社）日本介護福祉士養成施設協会「令和３年度介護福祉士養成施設の入学定員充足度状況等に関する調査の結果について」（2021年11月15日）を基に作成。

（13）外国人の介護人材

上記のような深刻な介護人材不足が続く中、外国人労働者の受入れを国は積極的に進めている。国家資格である介護福祉士として外国人が働くために、現在は２つの制度が利用できる。

１つは、「EPA（経済連携協定）に基づく外国人介護福祉士候補者の雇用」制度である。介護や看護の知識・経験に関して一定の要件をみたす外国人が、日本語研修を受けてから入国する。制度利用者は、日本語研修の前後で介護事業所とマッチングされ、就労・研修を開始できる。入国から４年目に介護福祉士の国家試験を受験し、合格すれば在留期間を更新しながら永続的に働くことができる。なお、不合格の場合は帰国するとされているが、一定の条件を満たせば日本での就労・研修を継続し、滞在延長して追加で１回に限り再度受験できる。現在、日本はこのＥＰＡにより、インドネシア、フィリピン、ベトナムの３か国から外国人を受け入れている。

下記のグラフのとおり、2021年にこの制度を利用した合格者数は440人まで増加したものの、2022年には374人まで減少している。再受験者数は2021年に90人まで増えており、2022年には60人となったものの､2018年と比較すると増加傾向にある。合格率も低下傾向にあり、2018年には50%を超えていた合格率が、2022年には約37%まで落ち込んでいる。

EPAを利用した介護福祉士国家試験外国人合格者数

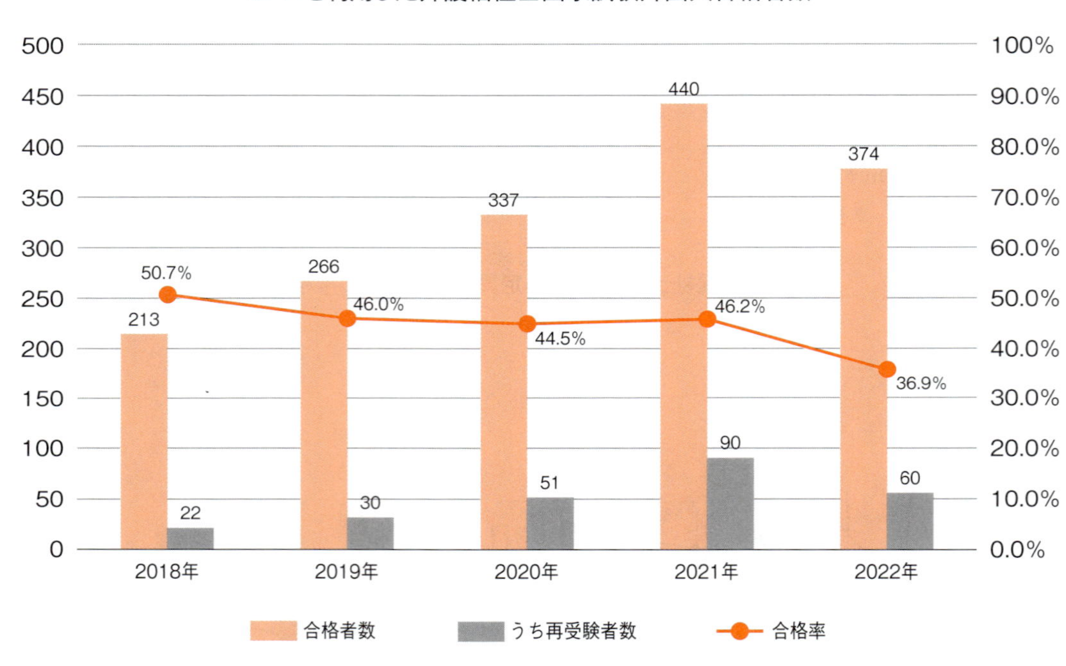

出典：厚生労働省「第34回介護福祉士国家試験におけるEPA介護福祉士候補者の試験結果」（2022年３月25日）を基に作成。

２つ目は、日本の介護福祉士養成校を卒業した在留資格「介護」を持つ外国人の雇用である。日本の介護福祉士養成校に通う外国人留学生は、卒業して介護福祉士を取得すると「介護」という在留資格を取得でき、本人が希望する限り在留資格を更新できるため永続的に働くことができる。下記のとおり、ここ数年は20か国以上から2,000人以上の外国人留学生が養成校に入学しており、上述した「介護職養成施設の充足率」で示した養成校全体の入学者数と組み合わせて分析すると、入学者において外国人留学生の割合が大きくなっていることがわかる。

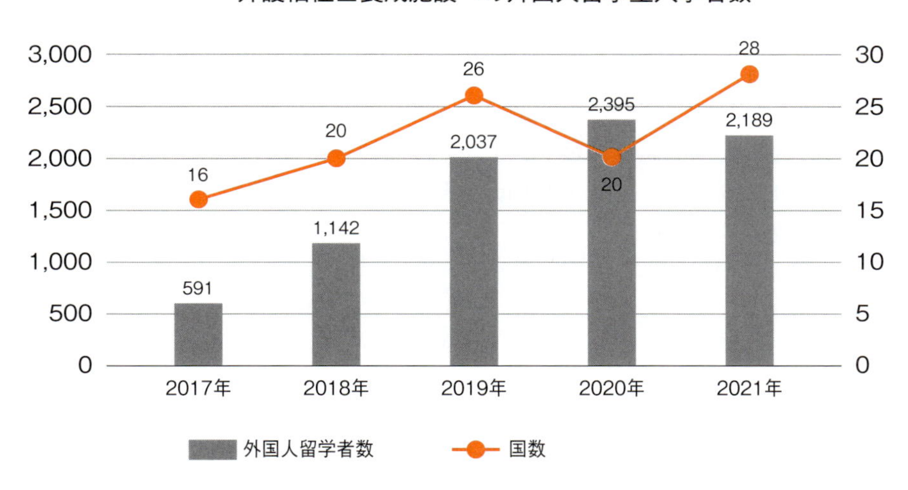

出典：（公社）日本介護福祉士養成施設協会「令和３年度介護福祉士養成施設の入学定員充足度状況等に関する調査の結果について」（2021年11月15日）を基に作成。

【参考文献】
・厚生労働省「第８期介護保険事業計画に基づく介護人材の必要数について」（2021年７月９日）
・厚生労働省「第８期介護保険事業計画期間における介護保険の第１号保険料及びサービス見込み量等について」（2021年５月14日）
・（公財）介護労働安定センター「介護労働実態調査　事業所における介護労働実態調査」、「介護労働実態調査　介護労働者の就業実態と就業意識調査」（2009年～2020年度）
・厚生労働省「賃金構造基本統計調査」（2022年３月25日）
・厚生労働省「福祉・介護人材確保対策について」（2019年９月18日）
・東京ハローワークＨＰ「職業別有効求人・求職状況」（2013年８月～2021年８月）
・厚生労働省「雇用動向調査」（2021年８月31日）
・厚生労働省「外国人介護職員の雇用に関する介護事業者向けガイドブック」
・厚生労働省「福祉・介護人材の確保に向けた取組について」（2018年９月６日）
・厚生労働省「第34回介護福祉士国家試験におけるEPA介護福祉士候補者の試験結果」（2022年3月25日）
・（公社）日本介護福祉士養成施設協会「令和３年度介護福祉士養成施設の入学定員充足度状況等に関する調査の結果について」（2021年11月15日）

第3章

関連産業

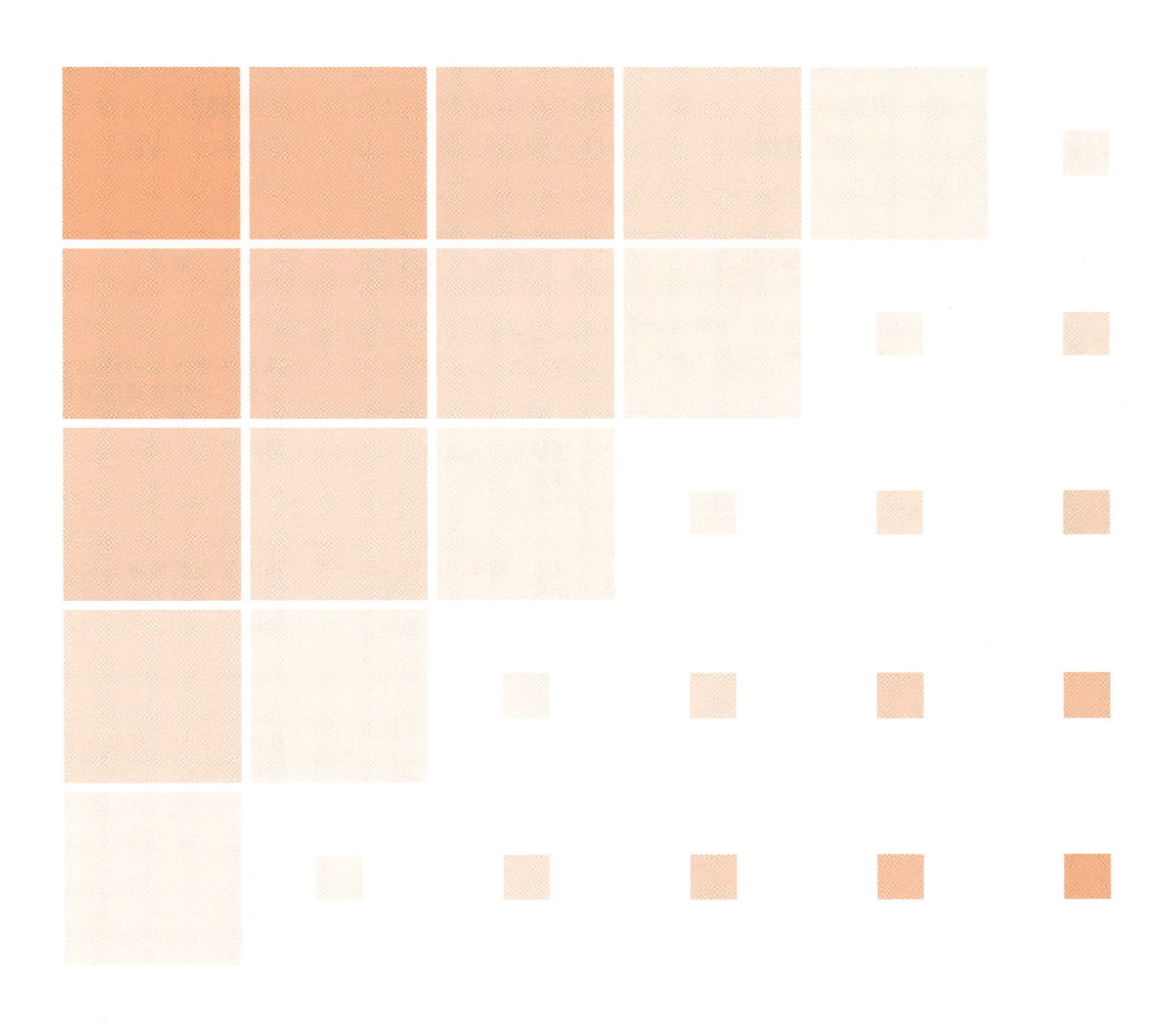

1 医療機器市場の最新動向

本章では医療機器市場の最新動向を、基礎知識及びデータを追って確認していく。

なお、本章では「国内生産額－輸出額＋輸入額」を国内市場規模とし、「輸入額÷国内市場規模」を輸入比率と定義して分析を進める。

1 医療機器の基礎知識

（1）医療機器の定義

医療機器とは、「医薬品、医療機器等の品質、有効性及び安全性の確保等に関する法律」（旧薬事法。略称：医薬品・医療機器等法＝薬機法）で「人若しくは動物の疾病の診断、治療若しくは予防に使用されること、又は人若しくは動物の身体の構造若しくは機能に影響を及ぼすことが目的とされている機械器具等（再生医療等製品を除く。）」と定義されており、製造・販売ともに薬機法で規制されている。「医療機器」に該当する品目も薬機法で定められており、ＣＴやレントゲン装置といった高度な機器類からメスやピンセットのように小さなもの、また家庭で使用される体温計等までその種類は多岐にわたっている。

また、医療機器は、不具合が起こったときの人体へのリスクに応じて「高度管理医療機器」、「管理医療機器」、「一般医療機器」の３種類に分類されており、「高度管理医療機器」及び「管理医療機器」のうち指定管理医療機器以外の品目を製造販売しようとする者は、品目ごとに厚生労働大臣の承認を受けなければならない。

種類	クラス	国際分類の定義	対応する医療機器	備考
高度管理医療機器	クラスⅣ（高）	患者への侵襲性が高く、不具合が生じた場合、生命の危険に直結するおそれがあるもの	ペースメーカー、人工心臓弁、ステント等	厚生労働大臣の承認が必要（指定管理医療機器は第三者承認機関の認証で足りる）
高度管理医療機器	クラスⅢ（中）	不具合が生じた場合、人体へのリスクが比較的高いと考えられるもの	透析器、人工骨、人工呼吸器等	厚生労働大臣の承認が必要（指定管理医療機器は第三者承認機関の認証で足りる）
管理医療機器	クラスⅡ（低）	不具合が生じた場合でも人体へのリスクが比較的低いと考えられるもの	MRI、電子内視鏡、消化器用カテーテル、超音波診断装置、歯科用合金等	指定管理医療機器については民間の第三者承認機関の認証で足りる
一般医療機器	クラスⅠ（極低）	不具合が生じた場合でも人体へのリスクが極めて低いと考えられるもの	体外診断用機器、鋼製小物（メス・ピンセット）、Ｘ線フィルム、歯科技工用用品等	届出で足り、承認・認証は不要

出典：厚生労働省「医療機器に係る規制・制度の現状」（2012年２月９日）を基に作成。

（2）医療機器の承認プロセス

かつて日本は諸外国と比較して承認に要する時間が長い傾向があり、国際競争力の低下や開発の阻害の要因となっていると考えられていた。しかし、近年では後述する制度の変更などにより、医療機器の安全性を担保しながらも、海外との承認期間においてその差がなくなりつつある。

①医療機器の承認プロセス

大臣承認を要する医療機器は下図のようなプロセスを経て承認される。

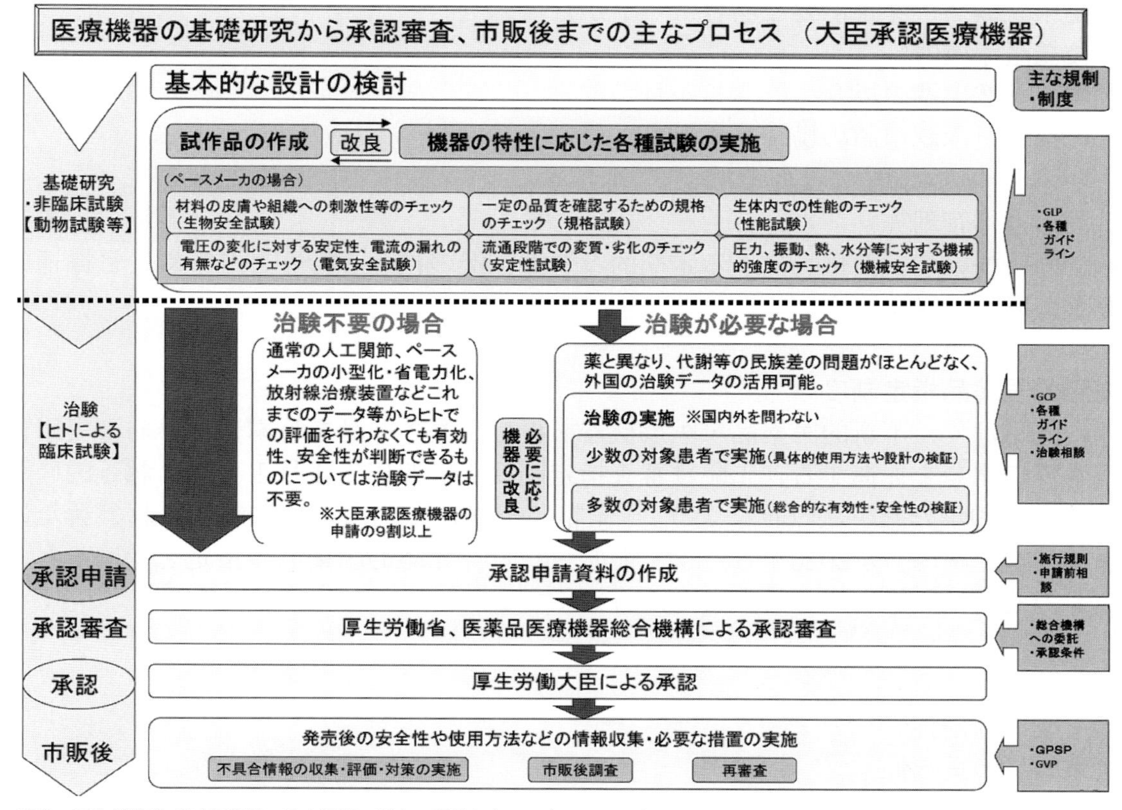

出典：厚生労働省「医療機器に係る規制・制度の現状」（2012年2月9日）

②承認期間の短縮化

a　医療機器の審査迅速化アクションプログラム

厚生労働省は2008年に「医療機器の審査迅速化アクションプログラム（2009年度～2013年度）」を策定し、承認機関の審査員を大幅に増員する等、医療機器の承認期間の短縮と審査期間の標準化を図ってきた。また、2014年度からは「医療機器審査迅速化のための協働計画」（2014年度～2018年度）を策定し、以下の取組みを推進してきた。

【対策内容】

1．承認審査プログラムにおける質の向上に向けた取組み

（1）研修の充実による申請及び審査の質の向上

（2）相談体制の見直しによる申請の質の向上

（3）標準的な審査の実現による申請及び審査の質の向上

（4）審査における課題を機動的に抽出・改善することによる、審査側、申請側の双方の負担の適正化（最小化）及び質の向上

2．標準的審査期間の設定

医療機器の申請から承認までの標準的な総審査期間について、2018年度までに以下の期間目標を達成する。（申請コホート：80%タイル値）

（1）新医療機器

・通常審査品目　　12か月

・優先審査品目　　９か月

（2）改良医療機器

・臨床試験データが必要な場合　　９か月

・臨床試験データが不要な場合　　７か月

（3）後発医療機器

・新規承認申請の場合　　５か月

・一部変更承認申請の場合　４か月

3．計画の進捗管理等

本計画について、関係者による定期的な進捗状況の検証を行うとともに、目標達成に向けた改善策の検討を行う。

b　先駆的医薬品指定制度

世界に先駆けて、革新的医薬品・医療機器・再生医療等製品を日本発で早期に実用化すべく、日本での開発を促進する「先駆け審査指定制度」が2015年４月１日より試行的に導入されていた。2019年の薬事法改正により、「先駆け審査指定制度」が法制化され、新たに「先駆的医薬品指定制度」が2020年８月より開始された。先駆的医薬品の指定を受けると、承認期間までの期間は従来に比べ最大で７か月短くなる。

【指定要件】

1．治療薬の画期性

2．対象疾患の重篤性

3．対象疾患に係る極めて高い有効性

4．世界に先駆けて日本で早期開発・申請する意思・体制

独立行政法人医薬品医療機器総合機構の資料によれば、2020年９月から2021年３月25日までの間で先駆的医薬品指定相談の実績は６件、先駆的医薬品に指定された品目は2021年12月９日時点で２品目となっている。

出典：厚生労働省「先駆的医薬品指定制度について」

先駆的医薬品指定制度

「日本再興戦略」改訂2014（平成26年6月24日）に基づき、世界に先駆けて、革新的医薬品・医療機器・再生医療等製品を日本で早期に実用化すべく、**世界に先駆けて開発され、早期の治験段階で著明な有効性が見込まれる医薬品等を指定**し、**各種支援による早期の実用化（例えば、医薬品では通常の半分の6ヶ月間で承認）**を目指す**「先駆け審査指定制度」**を平成27年4月1日より試行的に開始（通知）。今回の薬機法改正で**「先駆的医薬品等」の制定制度**として法制化。

指定基準

1. **治療薬の画期性**：原則として、以下のいずれかに該当するものであること
   - ・既承認薬と異なる新作用機序であること
   - ・既承認薬と同じ作用機序であっても開発対象とする疾患への適応は初めてであること
   - ・革新的な薬物送達システムを用いていること
2. **対象疾患の重篤性**：生命に重大な影響がある重篤な疾患又は根治療法がなく症状（社会生活が困難な状態）が継続している疾患
3. **対象疾患に係る極めて高い有効性**：既承認薬が存在しない、又は既承認薬・治療法に比べて有効性の大幅な改善が見込まれる、若しくは著しい安全性の向上が見込まれること
4. **世界に先駆けて日本で早期開発・申請する意思・体制**（同時申請も含む。）

指定制度の内容　［実線枠］：承認取得までの期間の短縮に関するもの　［点線枠］：その他開発促進に関する取組

①優先相談
〔2か月→1か月〕
○優先対面助言。随時募集対応とすることで事実上1か月で実施。

②事前評価の充実
〔実質的な審査の前倒し〕
○事前評価を充実させる。

③優先審査
〔12か月→6か月〕
○総審査期間の目標を、6か月に。
※②事前評価による審査の前倒し

④審査パートナー制度
〔PMDA版コンシェルジュ〕
○専任の担当部長級職員をコンシェルジュとして指定。節目ごとに進捗確認等を行い、必要な部署との連絡調整を行うことにより、円滑な開発を促進する。

⑤製造販売後の安全対策充実
〔再審査期間の延長〕
○法律に基づき、再審査期間を延長し、最長10年までの範囲内で設定する。

出典：厚生労働省「先駆的医薬品指定制度について」

（3）薬事法改正

2014年11月25日に薬事法が改正され、医療機器の製造・品質管理方法の適正化・合理化にむけた法制度が整えられるとともに、「医薬品、医療機器等の品質、有効性及び安全性の確保等に関する法律」（以下「薬機法という」）に名称が変更となった。

薬事法等の一部を改正する法律の概要（平成25年法律第84号）

医療品、医療機器等の安全かつ迅速な提供の確保を図るため、添付文書の届出義務の創設、医療機器の登録認証機関による認証範囲の拡大、再生医療等製品の条件及び期限付承認制度の創設等の所要の措置を講ずる。

Ⅰ 法律の概要

1 医療品、医療機器等に係る安全対策の強化

（1）薬事法の目的に、保健衛生上の危害の発生・拡大防止のため必要な規制を行うことを明示する。
（2）医薬品等の品質、有効性及び安全性の確保等に係る責務を関係者に課す。
（3）医薬品等の製造販売業者は、最新の知見に基づき添付文書を作成し、厚生労働大臣に届け出るものとする。

2 医療機器の特性を踏まえた規制の構築

（1）医療機器の製造販売業・製造業について、医薬品等と章を区分して規定する。
（2）医療機器の民間の第三者機関による認証制度を、基準を定めて高度管理医療機器にも拡大する。
（3）診断等に用いる単体プログラムについて、医療機器として製造販売の承認・認証等の対象とする。
（4）医療機器の製造業について、許可制から登録制に簡素化する。
（5）医療機器の製造・品質管理方法の基準適合性調査について、合理化を図る。

3 再生医療等製品の特性を踏まえた規制の構築

（1）「再生医療等製品」を新たに定義するとともに、その特性を踏まえた安全対策等の規制を設ける。
（2）均質でない再生医療等製品について、有効性が推定され、安全性が認められれば、特別に早期に、条件及び期限を付して製造販売承認を与えることを可能とする。

4 その他

薬事法の題名を「医薬品、医療機器等の品質、有効性及び安全性の確保等に関する法律」に改めるほか、所要の改正を行う。

Ⅱ 施行期日

公布の日から1年を超えない範囲内において政令で定める日（公布日：平成25年11月27日）

出典：厚生労働省「改正法の概要」

2020年の薬機法改正では、医薬品、医療機器等をより安全・迅速・効率的に提供するための制度改善や、住み慣れた地域で患者が安心して医薬品を使うことができるようにするための薬剤師・薬局の服薬指導条件のあり方等の見直しが行われた。

また、2022年の改正では、緊急時に、安全性の確認を前提として、医薬品等の有効性が推定されたときには条件や期限付きの承認を与える迅速な薬事承認の仕組みや、オンライン資格確認を基盤とした電子処方箋の仕組みを作るとする見直しが行われた。

緊急時の薬事承認の在り方等に関するとりまとめ（概要）

○骨太の方針2021等を踏まえ、令和3年11月よる**厚生科学審議会医薬品医療機器制度部会**において感染症等に対する我が国の危機管理強化に向けた緊急時の薬事承認の在り方について議論を開始し、同年12月に**「緊急時の薬事承認制度」の概念をとりまとめた**。該当とりまとめを踏まえ、**所要の法整備を早急に行っていく**。

緊急時の薬事承認制度の概要

1）緊急承認妊制度の対象

○ワクチンや治療薬だけでなく、医薬品全般、医療機器及び再生医療等製品等も制度の対象。

2）発動の要件

○**国民の生命及び健康に重大な影響を与えるおそれがある疾病のまん延その他の健康被害の拡大を防止**するために緊急に使用されることが必要な医薬品等であり、**他に代替手段が存在しない**こと

○緊急時の消失等、**状況の変化**があれば、有効性・安全性のバランスを継続的に確認し、必要があれば、**承認の期限前**であっても**承認内容の変更や取り消し**等を実施可能

3）運用の基準

○**安全性**は**通常の薬事承認と同等の水準で確認**することを前提

○**有効性**は、例えば、緊急時に暇がなく、検証的臨床試験が完了していない場合でも、**入手可能な臨床試験の試験成績から、有効性が推定**されれば、承認可能

○承認に当たっては、**薬事・食品衛生審議会**から意見を聴取（軽微な変更を除く。）

4）承認の期限・条件

○緊急時であることを踏まえ、承認に当たって付与する**期限は短期間**としつつ、**期限内に改めて有効性**等の確認を求める。必要に応じて**期限の延長**が可能　※過去の大規模感染症の収束は概ね2年

○**必要な条件**を付与（有効性等に関するデータの収集、保健衛生上必要な措置等）**有効性等が確認されなければ、承認を取り消し**

5）市販後の安全対策

○緊急承認された医療品医療機器等の特性に応じたリスク管理計画等において、安全性監視計画等を設定し、リスク最小化計画を設定

○高頻度な審議会の開催等により、**専門家の評価**も踏まえつつ、安全対策を実施

○これまでの個別事例の因果関係評価に基づいた安全対策に加え、**リアルワールドデータの活用**や、集積する事例を統計的に解析した上での安全対策の実施

6）健康被害の救済

○安全性は**通常の薬事承認と同等の水準で確認することを前提**としているため、**医薬品副作用被害救済制度等の対象**とし、健康被害を救済

○健康被害が発生した場合には、迅速な健康被害の救済に向け、所要の手続を速やかに進める必要

7）迅速化のための特例措置

○**GMP調査、国家検定、容器包装**等を**承認の要件とはしない**ものの、必要に応じて、緊急承認審査中又はその承認後であっても、これらの調査を実施

8）その他

○緊急時の生産体制の整備や、新型コロナワクチンの国主導で流通を管理していたことを踏まえ、必要な医薬品等が迅速に国民に行き渡るよう、状況に応じた適切な対応が重要

薬事承認制度の比較

	通常承認	医薬品の性質に応じた平時の承認		緊急時の迅速な承認	
		条件付き承認	再生医療等製品 条件・期限付き承認	特例承認	緊急承認
対象	全ての医薬品等	希少疾病用医薬品、先駆的医薬品又は特定用途医薬品その他の医療上特にその必要性が高いと認められるもの	均質でない再生医療等製品	外国（日本の薬事制度と同等の水準の制度を有する国）で流通している医薬品等	全ての医薬品等
制度趣旨	科学的なエビデンスに基づき、医薬品等の有効性・安全性が確認された医薬品等に承認を与えるもの。	医療上特にその必要性が高い医療品等だが、有効性・安全性を検証するための十分な人数を対象とする臨床試験の実施が困難であるものに承認を与えるもの。	再生医療等製品の特性（製品の品質や薬理作用物の発見量が不均一）に鑑み、少数例による安全性が確認された上で有効性が推定されるものに承認を与えるもの。	緊急時に健康被害の拡大を防止するため、外国において販売等が認められている医薬品等に承認を与えるもの。	緊急時に健康被害の拡大を防止するため、安全性が確認された上で有効性が推定される医薬品等に承認を与えるもの。
有効性 ・ 安全性	有効性　確認 安全性　確認	有効性　確認 安全性　確認	有効性　推定 安全性　確認	有効性　確認 安全性　確認	有効性　推定 安全性　確認
各種特例	—	第Ⅲ相試験無しで 企業からの申請が可能	—	GMP調査 国家検定 容器包装　等	GMP調査 国家検定 容器包装　等

※米国においては、緊急時の制度として、緊急使用許可（EUA=Emergency use Authorization）が存在。

出典：厚生労働省「令和４年の医薬品、医療機器等の品質、有効性及び安全性の確保等に関する法律（薬機法）等の一部改正について」

第2部 データ編

(4) 医療機器の診療報酬算定上の取り扱い

医療機器は、診療報酬がａ）技術料に包括又は加算して、評価や支払いがなされるもの、ｂ）技術料とは別に、個別の保険償還価格が定められ、支払われるものに分類でき、加えて、研究開発段階等でｃ）保険適用されないものがある。

上記ｂ）は特定保健医療材料と呼ばれ、医療機関は材料価格基準に基づいて、その材料費用額（保険償還価格）を社会保険診療報酬支払基金等に請求することができる。研究開発段階にあり、保健医療上の評価がまだ確立されていないｃ）の医療機器は保険適用されないが、先進医療として、保険診療との併用が認められているものもある（例：2016年度診療報酬の改定により、内視鏡下手術用ロボットを用いた腹腔鏡下広汎子宮全摘術は施設限定で認められた。）。

<table>
<tr><th colspan="3">分類</th><th>対応する医療機器</th></tr>
<tr><td rowspan="3">ａ）技術料に包括あるいは加算して評価されるもの</td><td colspan="2">技術料に包括して評価されるもの</td><td>使い捨て注射器、ガーゼ等</td></tr>
<tr><td rowspan="2">特定診療報酬算定医療機器として評価されるもの</td><td>技術料に包括して評価されるもの</td><td>MRI、腹腔鏡、心電図等</td></tr>
<tr><td>加算して評価されるもの</td><td>自動吻合器等</td></tr>
<tr><td>ｂ）技術料とは別に算定（特定保険医療材料）</td><td colspan="2">材料価格基準で保険償還価格が定められているもの</td><td>ペースメーカー、
バルーンカテーテル等</td></tr>
<tr><td>ｃ）保険適用されない</td><td colspan="2">保健医療上の評価がまだ確立されておらず、また普及もしていない医療機器</td><td>研究開発段階にある医療機器等</td></tr>
</table>

出典：公正取引委員会「医療機器の流通実態に関する調査報告書」（2005年12月）を基に作成。

(5) 先進医療と保険適用

先進医療とは、健康保険法等の一部を改正する法律（2006年法律第83号）において、「厚生労働大臣が定める高度の医療技術を用いた療養その他の療養であって、保険給付の対象とすべきものであるか否かについて、適正な医療の効率的な提供を図る観点から評価を行うことが必要な療養」として定められており、2022年５月現在、86種類ある。

保険診療と自費診療を併用する混合診療は原則として認められていないが、先進医療として承認された治療は例外的に通常の保険診療と併用することが可能である。将来的な保険導入のための評価を行うために、未だ保険診療の対象に至らない先進的な医療技術等と保険診療との併用を認めたものであり、実施している保険医療機関は定期的に報告を行う必要がある。

2 市場規模推移及び分類別比較

（1）医療機器の国内市場規模及び生産額の推移

国内市場規模は、近年拡大傾向にあるが、2020年においては4兆727億円で、前年比で約2,011億円減少している。

また、国内市場規模は、国内生産額＋輸入品国内出荷金額－輸出額で表されるが、2020年は国内市場規模に対し輸入品が占める割合は約6割となっている。

なお、出典元となる「薬事工業生産動態統計調査」においては、2019年度データより調査客体の変更、紙媒体からオンライン調査への変更等が行われ、これまでの調査とは異なるデータとなっているため、過去データと比較する際にはご留意頂きたい。

また、旧調査では、旧分類コードと一般的名称（「医療用具の一般的名称と分類について」（1995年11月1日付け薬発第1008号薬務局長通知）によるもの）ごとに公表されていたが、新調査では、新分類コード（JMDNコード）と一般的名称（「薬事法第二条第五項から第七項までの規定により厚生労働大臣が指定する高度管理医療機器、管理医療機器及び一般医療機器（告示）及び薬事法第二条第八項の規定により厚生労働大臣が指定する特定保守管理医療機器（告示）の施行について」（2004年7月20日付け薬食発第0720022号厚生労働省医薬食品局長通知）によるもの）ごとに公表されている。JMDNコードとは、各国が参加する医療機器規制国際整合化会議において定められた医療機器の国際一般的名称であるGMDNを参考として、日本の一般的名称（JMDN）とその整理のためにつけられた8桁の数字である。

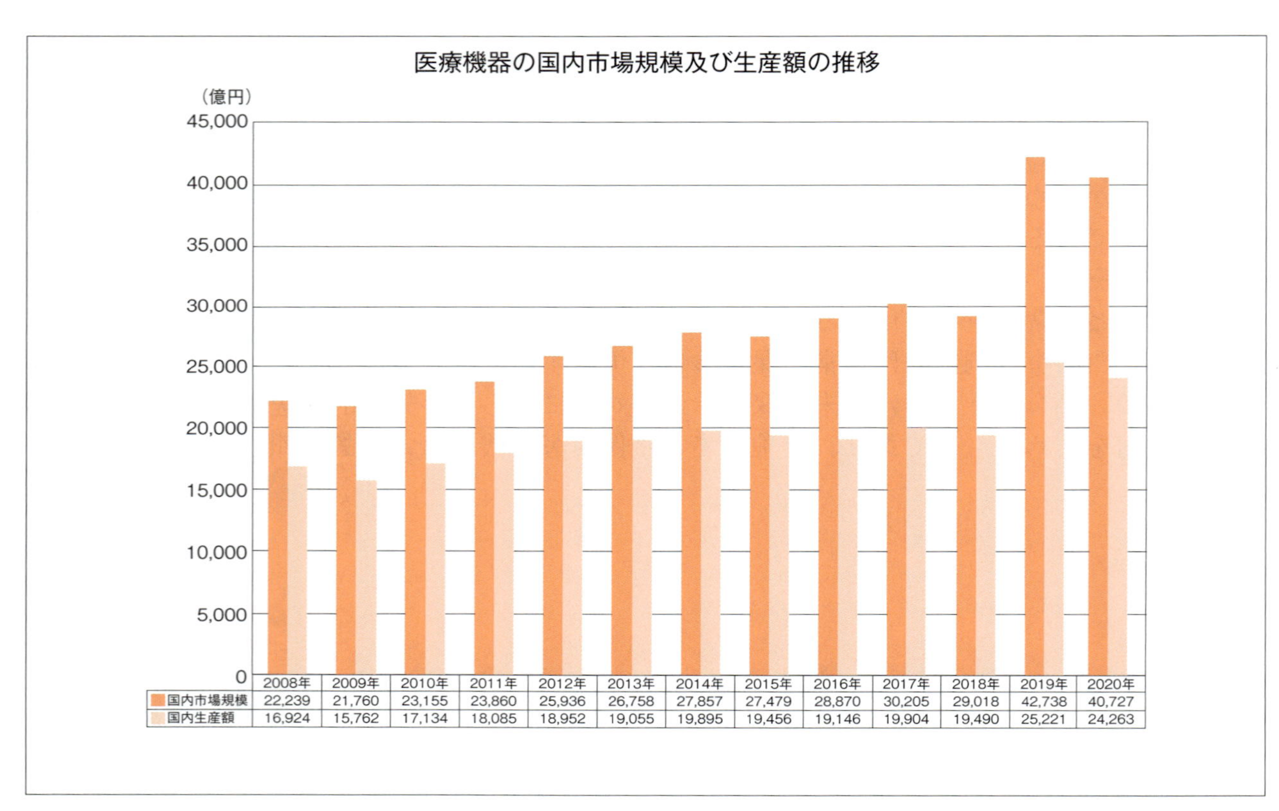

	2008年	2009年	2010年	2011年	2012年	2013年	2014年	2015年	2016年	2017年	2018年	2019年	2020年
国内市場規模	22,239	21,760	23,155	23,860	25,936	26,758	27,857	27,479	28,870	30,205	29,018	42,738	40,727
国内生産額	16,924	15,762	17,134	18,085	18,952	19,055	19,895	19,456	19,146	19,904	19,490	25,221	24,263

出典：厚生労働省「薬事工業生産動態統計調査」（2008年～2020年）を基に作成。

(2) 医療機器の市場規模の比較（大分類）

新調査において新分類コード（JMDNコード）と一般的名称ごとに公表されたデータを用いて、2020年の市場規模が上位30の類を市場規模順に並べ、下記のとおり2019年と比較した。「器51　医療用嘴管及び体液誘導管」、「医04　整形用品」「器07　内臓機能代用器」の市場規模が約5,000億円前後と大きく、2020年においては、「器12　理学診療用器具」までの上位５類で全体の市場の53％を占める。また、「歯01　歯科金属」までの上位10類では全体の71％を占める。

後段の[3]にて、詳細な分類の内訳を記載する。

（単位:十億円）

類	一般的名称	2019年	2020年	差額	年平均成長率（直近の市場規模が1,000億円を超過する場合のみ表示）
	全体	4,274	4,073	▲201	-4.9%
器51	医療用嘴管及び体液誘導管	629	542	▲88	-13.9%
医04	整形用品	484	508	24	5.0%
器07	内臓機能代用器	538	503	▲35	-6.5%
器72	視力補正用レンズ	387	371	▲16	-4.1%
器12	理学診療用器具	254	216	▲39	-15.2%
器21	内臓機能検査用器具	193	187	▲6	-3.3%
器25	医療用鏡	139	178	39	28.3%
器09	医療用エックス線装置及び医療用エックス線装置用エックス線管	207	154	▲53	-25.7%
器74	医薬品注入器	144	127	▲17	-11.7%
歯01	歯科用金属	103	104	1	0.5%
器58	整形用機械器具(注)	84	71	▲13	
器29	電気手術器	74	70	▲4	
器17	血液検査用器具	69	65	▲4	
器30	結紮器及び縫合器	59	57	▲2	
	その他	62	52	▲10	
器47	注射針及び穿刺針	53	52	▲1	
器20	体液検査用器具	—	47	—	
器56	採血又は輸血用器具	45	41	▲4	
器73	補聴器	42	40	▲2	
器77	バイブレーター	28	37	10	
医02	縫合糸	26	37	11	
医03	手術用手袋及び指サック	—	37	—	
器16	体温計	8	33	25	
器22	検眼用器具	32	29	▲3	
器49	医療用穿刺器、穿削器及び穿孔器(注)	31	28	▲4	
器48	注射筒	25	26	1	
器18	血圧検査又は脈波検査用器具	15	25	10	
器31	医療用焼灼器	25	25	▲0	
器32	医療用吸引器	15	20	5	

（注）平成16年7月20日付け薬食発第0720022号では「医療用穿刺器、穿削器、穿孔器」

出典：厚生労働省「薬事工業生産動態統計調査」（2019年、2020年）を基に作成。

続いて、大分類別に2008年と2018年の医療機器の市場規模を比較したものである。このうち、年平均成長率が大きく、かつ市場規模が1,000億円以上の大分類に網掛けをしている。「10　処置用機器」は2008年と比較して約3,870億円規模が拡大しており成長率も6.4％と非常に高く、市場規模として2008年には最大であった「14　生体機能補助・代行機器」を抜いて規模1位となった。また、「16　治療又は手術用機器」も4.6％と成長率が高い。

（単位：十億円）

	大分類	2008年	2018年	差額	年平均成長率（直近の市場規模が1,000億円を超過する場合のみ表示）
	全体	2111	2796	684	2.7%
02	画像診断システム	256	262	6	0.2%
04	画像診断用X線関連装置及び用具	51	23	▲ 28	
06	生体現象計測・監視システム	213	191	▲ 22	-1.1%
08	医用検体検査装置	67	52	▲ 15	
10	処置用機器	451	839	387	6.4%
12	施設用機器	33	34	1	
14	生体機能補助・代行機器	506	659	154	2.7%
16	治療又は手術用機器	100	157	57	4.6%
18	歯科用機器	33	51	18	
20	歯科材料	136	145	9	0.6%
22	鋼製器具	41	66	25	
24	眼科用品及び関連製品	205	275	70	3.0%
26	衛生材料及び衛生用品	19	41	22	
28	家庭用医療機器	113	106	▲ 7	-0.6%

出典：厚生労働省「薬事工業生産動態統計調査」（2008年～2018年）を基に作成。

（3）医療機器の市場規模の比較（中分類）

新調査において一般的名称ごとに公表されたデータを用いて、2020年の市場規模が上位30の品目（一般的名称）を市場規模順に並べ、下記のとおり2019年と比較した。分類の方法が変わったものの、2018年まで中分類で「生体内移植器具」に含まれてデータが公表されていた内臓機能代用器等や、「単回使用視力補正用色付コンタクトレンズ」、「再使用可能な視力補正用色付コンタクトレンズ」などのコンタクトレンズ類などの市場規模が大きい。

2019年と比較すると、「その他の視力補正用レンズ」、「家庭用電気マッサージ器」「その他の整形用品」の規模が拡大した一方で、「冠血管向けバルーン拡張式血管形成術用カテーテル」や「大動脈用ステントグラフト」が規模縮小している。

（単位:十億円）

類	名称コード	一般的名称	2019年	2020年	差額	年平均成長率（直近の市場規模が1,000億円を超過する場合のみ表示）
器72	37583000	単回使用視力補正用色付コンタクトレンズ	169	158	▲ 11	-6.7%
器07		その他の内臓機能代用器	99	103	3	3.3%
歯01	70774000	歯科鋳造用金銀パラジウム合金	90	91	1	
器72	32803000	再使用可能な視力補正用色付コンタクトレンズ	75	68	▲ 7	
器12	40761000	汎用超音波画像診断装置	66	56	▲ 10	
医04	35666000	人工股関節大腿骨コンポーネント	51	56	5	
医04	37272003	脊椎内固定器具	57	55	▲ 2	
器72		その他の視力補正用レンズ	39	55	15	
器51	17184024	冠血管向けバルーン拡張式血管形成術用カテーテル	70	54	▲ 16	
器51	11434100	心臓用カテーテル型電極	49	53	5	
器07	36035004	冠動脈ステント	51	49	▲ 2	
器72	35957000	眼鏡レンズ	51	47	▲ 4	
器51		その他の医療用嘴管及び体液誘導管	54	47	▲ 6	
器20	44611003	グルコースモニタシステム	28	45	17	
器51	70289004	中心循環系血管内超音波カテーテル	46	44	▲ 2	
器51	35094114	心臓・中心循環系用カテーテルガイドワイヤ	36	42	6	
器74	70371000	自然落下式・ポンプ接続兼用輸液セット	48	39	▲ 9	
器07	70536000	血液透析濾過器	32	38	5	
器07	12913000	植込み型心臓ペースメーカ(注)	-	37		
器51	35449004	中心循環系血管内塞栓促進用補綴材	35	36	1	
器07	70514000	除細動機能付植込み型両心室ペーシングパルスジェネレータ(注)	-	36		
器07	70488000	大動脈用ステントグラフト	57	34	▲ 23	
医04		その他の整形用品	25	34	9	
器77	34662000	家庭用電気マッサージ器	23	33	10	
医04	35667000	全人工膝関節	33	32	▲ 0	
器09	37618010	全身用X線CT診断装置	41	32	▲ 8	
器07	35004000	中空糸型透析器	26	32	6	
器21	37654000	超電導磁石式全身用MR装置	43	32	▲ 11	
医04	34864000	救急絆創膏	22	29	7	
医04	35241003	体内固定用プレート	26	28	2	

（注）「植込み型心臓ペースメーカ(※)」「除細動機能付植込み型両心室ペーシングパルスジェネレータ」は2019年の国内生産額が不明なため、2019年度の市場規模を算出できなかった。

出典：厚生労働省「薬事工業生産動態統計調査」（2019年、2020年）を基に作成。

次に、中分類レベルで2008年時点で市場規模上位30項目の医療機器を2018年のデータと比較する。「1402　生体内移植器具」「1404　チューブ及びカテーテル」「2408　コンタクトレンズ」などが市場規模が大きく、市場規模も成長している一方、「0610　医用内視鏡」は2008年時点で1,350億円の市場規模であったものの、2018年には810億円まで縮小している。

	中分類	2008年	2018年	差額	年平均成長率 （直近の市場規模が1,000億円を超過する場合のみ表示）
1402	生体内移植器具	307	432	125	3.5%
1004	チューブ及びカテーテル	199	423	224	7.8%
2408	コンタクトレンズ	154	254	100	5.2%
0610	医用内視鏡	135	81	▲ 53	-4.9%
1404	血液体外循環機器	115	138	22	1.8%
1006	採血・輸血用、輸液用器具及び医薬品注入器	101	120	18	0.4%
1008	結さつ（紮）・縫合用器械器具	68	86	18	
1406	生体機能制御装置	63	63	0	
0206	医用Ｘ線ＣＴ装置	63	49	▲ 13	
2002	歯科用金属	62	85	23	
1002	注射器具及び穿刺器具	51	89	38	
0202	診断用Ｘ線装置	49	44	▲ 5	
2406	視力補正用眼鏡レンズ	48	17	▲ 32	
0210	超音波画像診断装置	46	47	1	
1612	手術用電気機器及び関連装置	41	92	52	
0406	Ｘ線撮影用品	39	15	▲ 24	
0802	臨床化学検査機器	38	29	▲ 9	
0212	磁気共鳴画像診断装置	36	46	11	
0602	生体物理現象検査用機器	33	46	13	
2802	家庭用マッサージ・治療浴用機器及び装置	31	18	▲ 13	
1010	外科・整形外科用手術材料	31	45	14	
2099	その他の歯科材料	29	22	▲ 7	
0216	主要構成ユニット	24	25	1	
2812	補聴器	24	30	6	
2212	整形外科手術用器械器具	23	38	15	
1208	診療施設用機械装置	23	23	0	
1608	理学療法用器械器具	23	23	1	
0608	生体検査用機器	21	27	6	
2008	歯科合着、充填及び仮封材料	21	15	▲ 6	
2806	家庭用磁気・熱療法治療器	19	11	▲ 8	
1604	治療用粒子加速装置	19	16	▲ 3	

出典：厚生労働省「薬事工業生産動態統計調査」（2008年～ 2018年）を基に作成。

（4）医療機器の輸出入額と輸入比率の推移

下記は、縦軸のプラスの方向に輸入額、マイナスの方向に輸出額を示したものである。医療機器の貿易収支は2008年から一貫して輸入超過（赤字）となっており、2020年では輸出額が約9,909億円であるのに対し、輸入額は約２兆6,373億円である。国内市場規模に占める輸入額の比率は、2014年以降上昇しており、統計の取り方が変更された2019年以降も高い輸入比率となっている。2020年には日本国内で利用されている医療機器の65％が輸入されている。

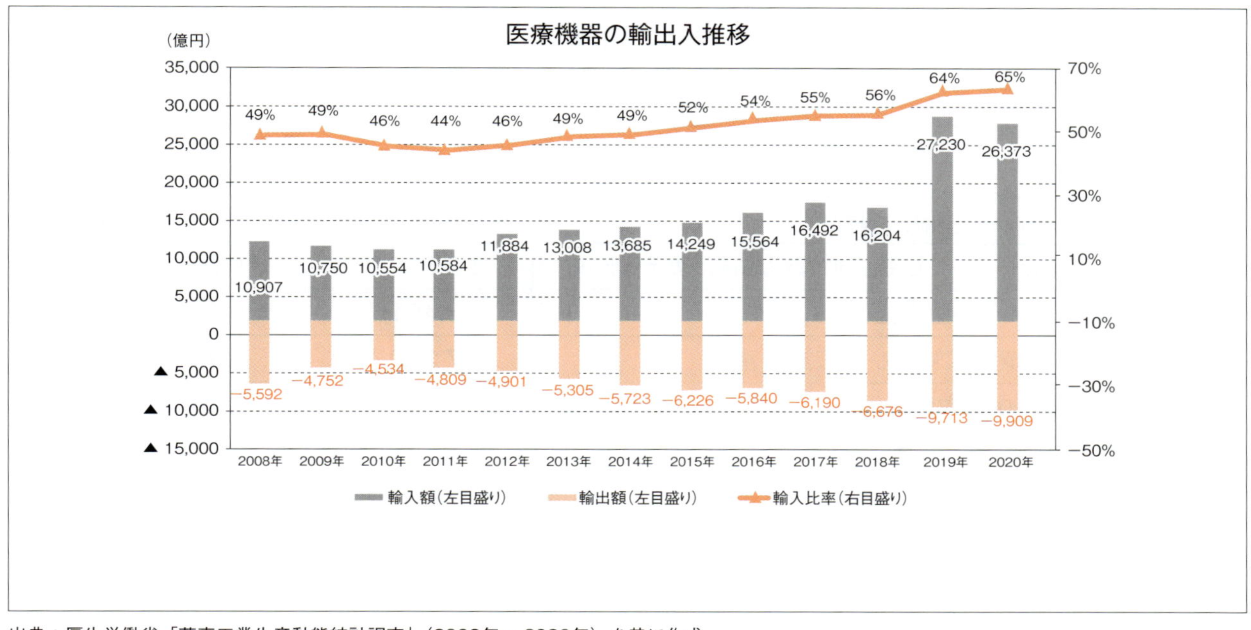

出典：厚生労働省「薬事工業生産動態統計調査」（2008年～ 2020年）を基に作成。

3 主要類別にみた国内市場規模

上記2(2)で取り上げた市場規模上位の類について、以下では、主な内訳（各類に占める割合の上位５品目）及び輸入割合をみていく。

（1）医療用嘴管及び体液誘導管

チューブやカテーテルが含まれる分類である医療用嘴管及び体液誘導管では、「冠血管向けバルーン拡張式血管形成術用カテーテル」、「心臓用カテーテル型電極」が占める割合がそれぞれ約10%を占めている。輸入割合は約72%となっている。

（単位：千円）

類	一般的名称	市場規模	類に占める割合	輸入割合
器 51	医療用嘴管及び体液誘導管	541,571,349	100.0%	71.5%
	冠血管向けバルーン拡張式血管形成術用カテーテル	53,677,968	9.9%	44.0%
	心臓用カテーテル型電極	53,461,142	9.9%	66.9%
	その他の医療用嘴管及び体液誘導管	47,240,171	8.7%	81.5%
	中心循環系血管内超音波カテーテル	43,519,538	8.0%	71.4%
	心臓・中心循環系用カテーテルガイドワイヤ	41,586,136	7.7%	22.0%
	その他	277,260,799	51.2%	

（注）この類に占める割合が 0.5%に未満のものは計上していない。

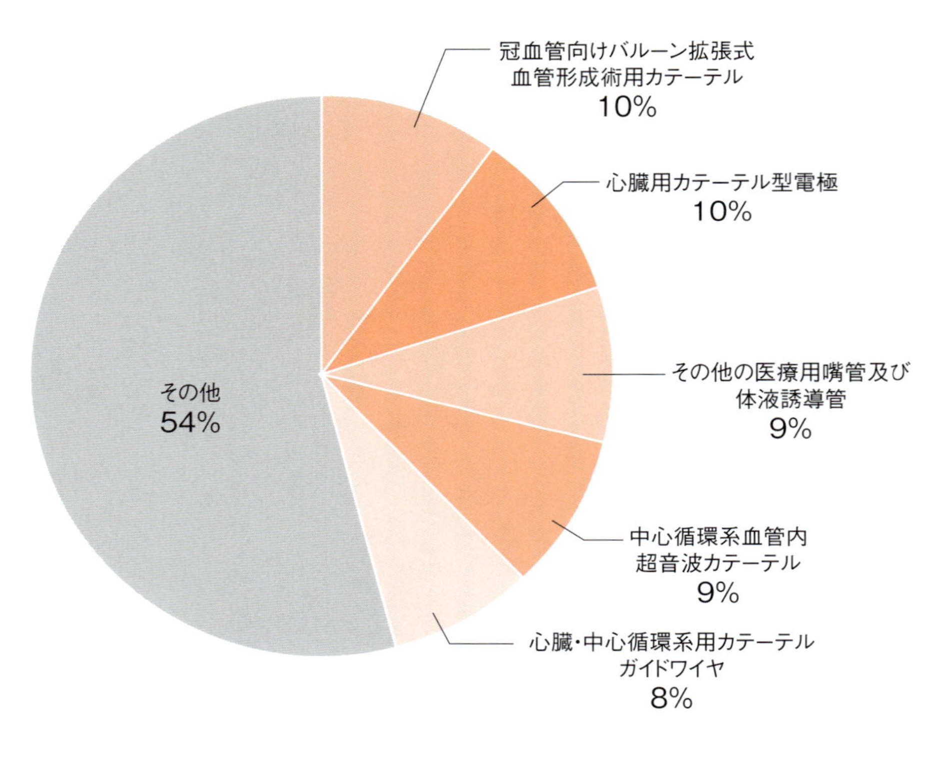

出典：厚生労働省「薬事工業生産動態統計調査」（2020年）を基に作成。

第2部 データ編

(2) 整形用品

整形用品については、「人工股関節大腿骨コンポーネント」及び「脊椎内固定器具」が類内の市場規模のそれぞれ約11%を占める。類全体の輸入割合は約78%である。

(単位：千円)

類	一般的名称	市場規模	類に占める割合	輸入割合
医 04	整形用品	508,312,055	100.0%	77.8%
	人工股関節大腿骨コンポーネント	55,640,417	10.9%	85.5%
	脊椎内固定器具	55,445,548	10.9%	98.0%
	その他の整形用品	33,877,861	6.7%	72.0%
	全人工膝関節	32,486,979	6.4%	93.9%
	救急絆創膏	28,847,881	5.7%	26.4%
	その他	224,846,608	44.2%	

(注) この類に占める割合が 0.5%に未満のものは計上していない。

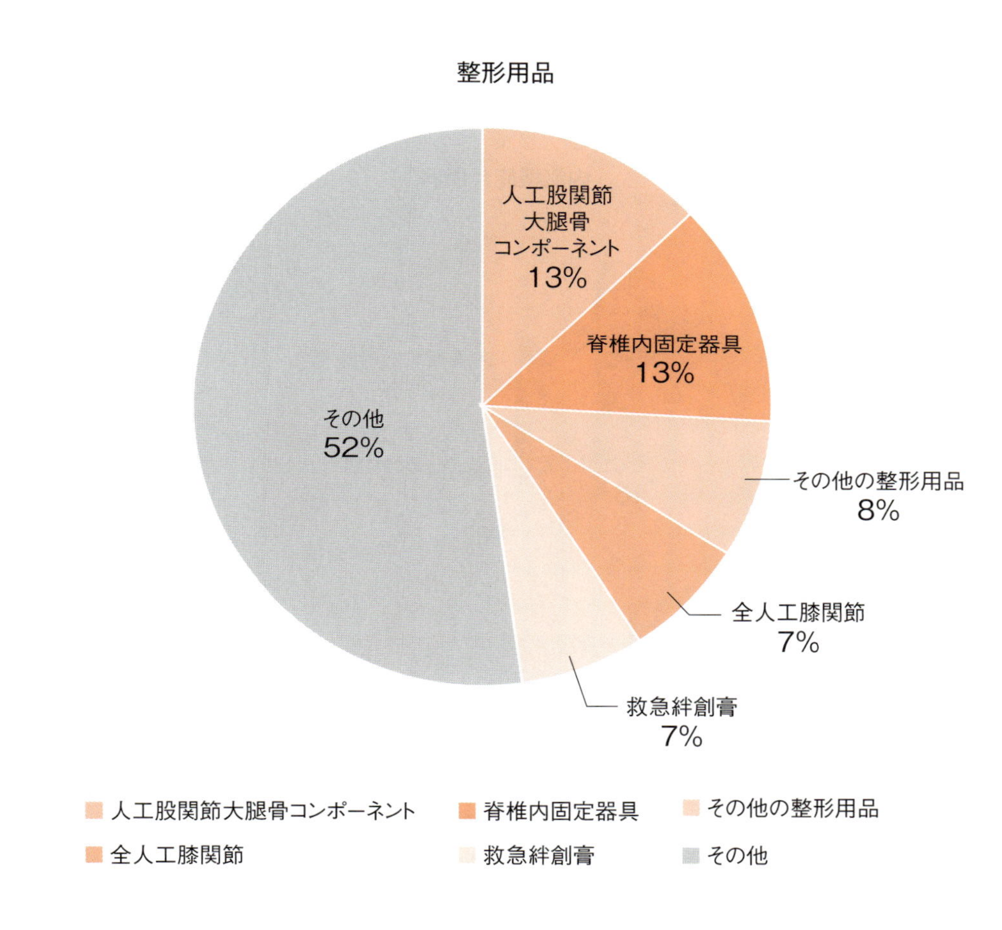

出典：厚生労働省「薬事工業生産動態統計調査」(2020年) を基に作成。

(3) 内臓機能代用器

内臓機能代用器では、「その他の内臓機能代用器」以外では心臓病の治療に用いられる「冠動脈ステント」や、透析患者に用いられる「血液透析濾過器」「植込み型心臓ペースメーカ」の市場規模が大きい。全体の輸入割合は67%である。

(単位：千円)

類	一般的名称	市場規模	類に占める割合	輸入割合
器 07	内臓機能代用器	503,289,324	100.0%	67.0%
	その他の内臓機能代用器	102,771,231	20.4%	75.7%
	冠動脈ステント	49,398,627	9.8%	91.6%
	血液透析濾過器	37,624,250	7.5%	6.1%
	植込み型心臓ペースメーカ	36,514,350	7.3%	100.0%
	除細動機能付植込み型両心室ペーシングパルスジェネレータ	35,564,594	7.1%	100.0%
	その他	239,369,899	47.5%	

(注) この類に占める割合が 0.5%に未満のものは計上していない。

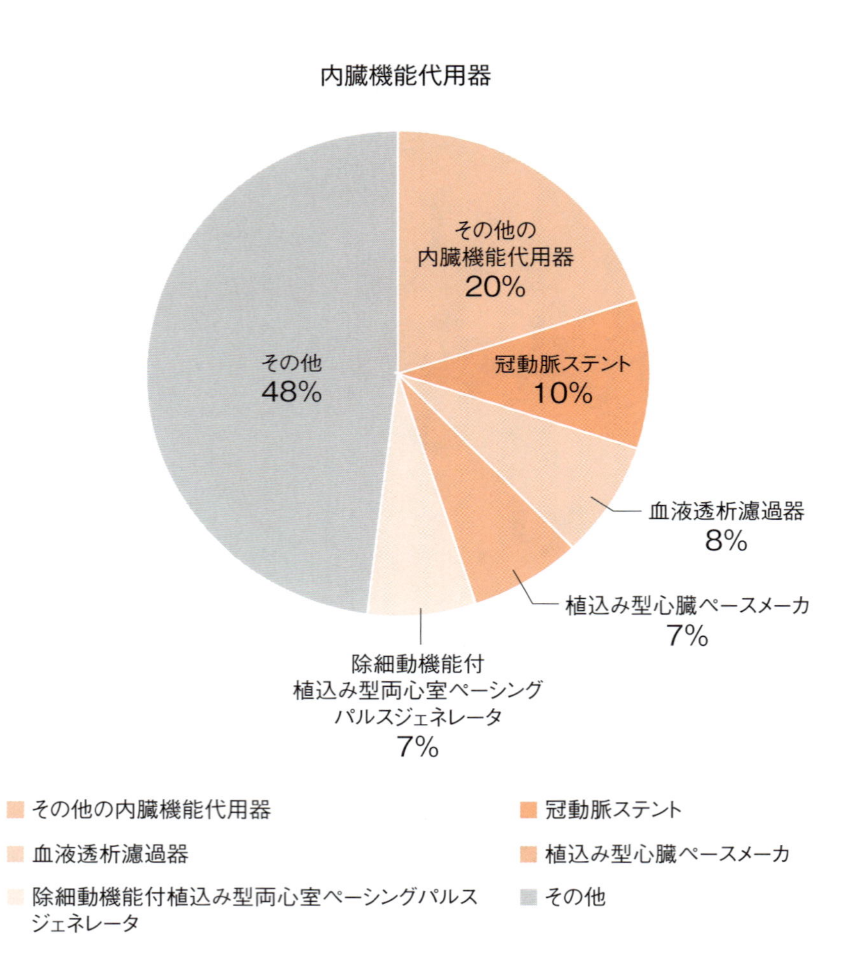

出典：厚生労働省「薬事工業生産動態統計調査」(2020年) を基に作成。

（4）視力補正用レンズ

視力補正用レンズは、いわゆるカラーコンタクトレンズである「単回使用視力補正用色付コンタクトレンズ」「再使用可能な視力補正用色付コンタクトレンズ」が占める割合が非常に高く、双方合わせて約61％を占める。輸入割合は約81％である。

（単位：千円）

類	一般的名称	市場規模	類に占める割合	輸入割合
器 72	視力補正用レンズ	371,051,604	100.0%	80.7%
	単回使用視力補正用色付コンタクトレンズ	157,677,404	42.5%	86.7%
	再使用可能な視力補正用色付コンタクトレンズ	68,177,429	18.4%	62.8%
	その他の視力補正用レンズ	54,745,398	14.8%	99.8%
	眼鏡レンズ	47,366,533	12.8%	61.7%
	挿入器付後房レンズ	26,853,790	7.2%	77.9%
	その他	15,397,776	4.1%	95.0%

（注）この類に占める割合が 0.5%に未満のものは計上していない。

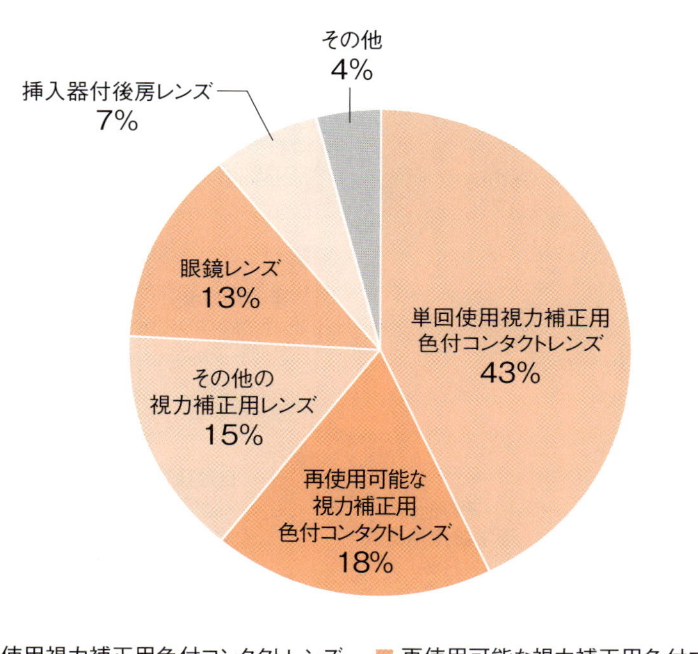

出典：厚生労働省「薬事工業生産動態統計調査」（2020年）を基に作成。

(5) 理学診療用器具

理学診療用器具は、「汎用超音波画像診断装置」及び「手術用ロボット手術ユニット」の占める割合が大きい。全体の輸入割合は72%を超える。

(単位：千円)

類	一般的名称	市場規模	類に占める割合	輸入割合
器 12	理学診療用器具	215,731,232	100.0%	72.5%
	汎用超音波画像診断装置	56,121,193	26.0%	65.3%
	手術用ロボット手術ユニット	26,362,556	12.2%	94.6%
	自動植込み型除細動器	17,367,191	8.1%	100.0%
	その他の理学診療用器具	15,660,417	7.3%	87.7%
	逐次型空気圧式マッサージ器	11,496,782	5.3%	100.0%
	その他	74,579,901	34.6%	

(注) この類に占める割合が 0.5%に未満のものは計上していない。

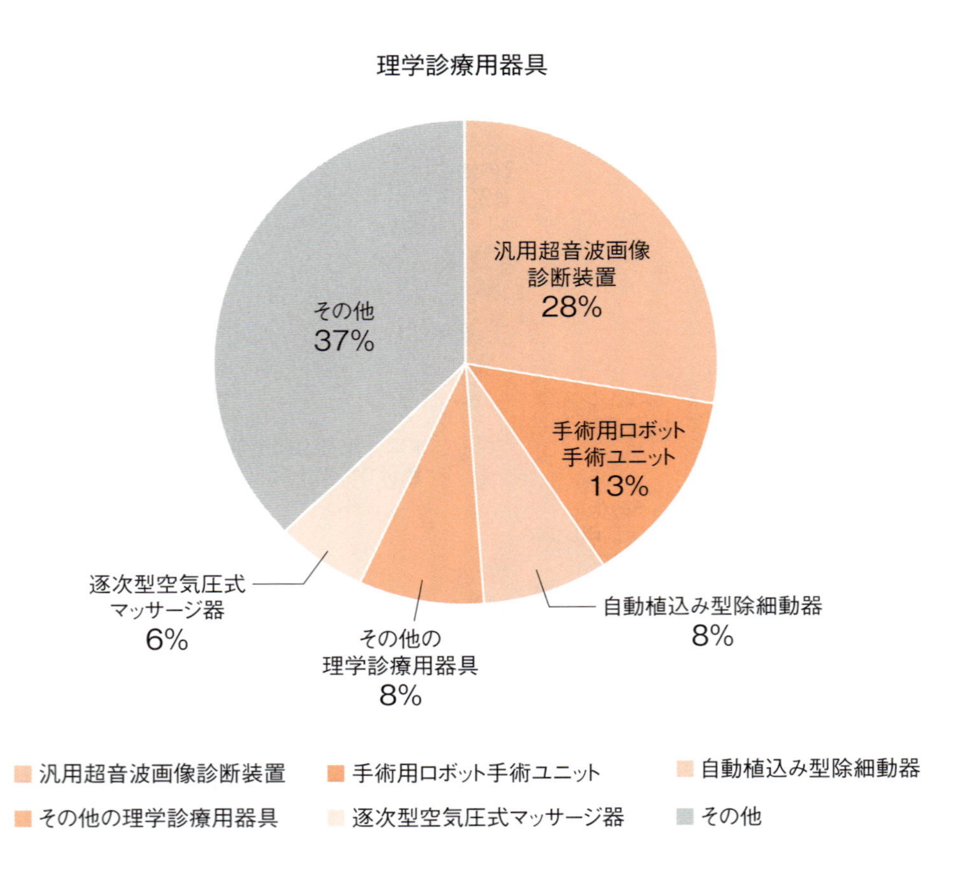

出典：厚生労働省「薬事工業生産動態統計調査」(2020年) を基に作成。

（6）内臓機能検査用器具

内臓機能検査用器具は、磁場と電波を利用して体内を調べる「超電導磁石式全身用ＭＲ装置」と「単回使用心電用電極」で全体の約31％を占める。全体の輸入割合は５割程度となっている。

（単位：千円）

類	一般的名称	市場規模	類に占める割合	輸入割合
器 21	内臓機能検査用器具	186,809,667	100.0%	52.7%
	超電導磁石式全身用 MR 装置	32,008,143	17.1%	72.1%
	単回使用心電用電極	25,825,368	13.8%	29.7%
	重要パラメータ付き多項目モニタ	15,652,944	8.4%	17.4%
	単回使用パルスオキシメータプローブ	15,430,074	8.3%	70.4%
	汎用血液ガス分析装置	13,648,276	7.3%	95.6%
	その他	55,620,352	29.8%	

（注）この類に占める割合が 0.5%に未満のものは計上していない。

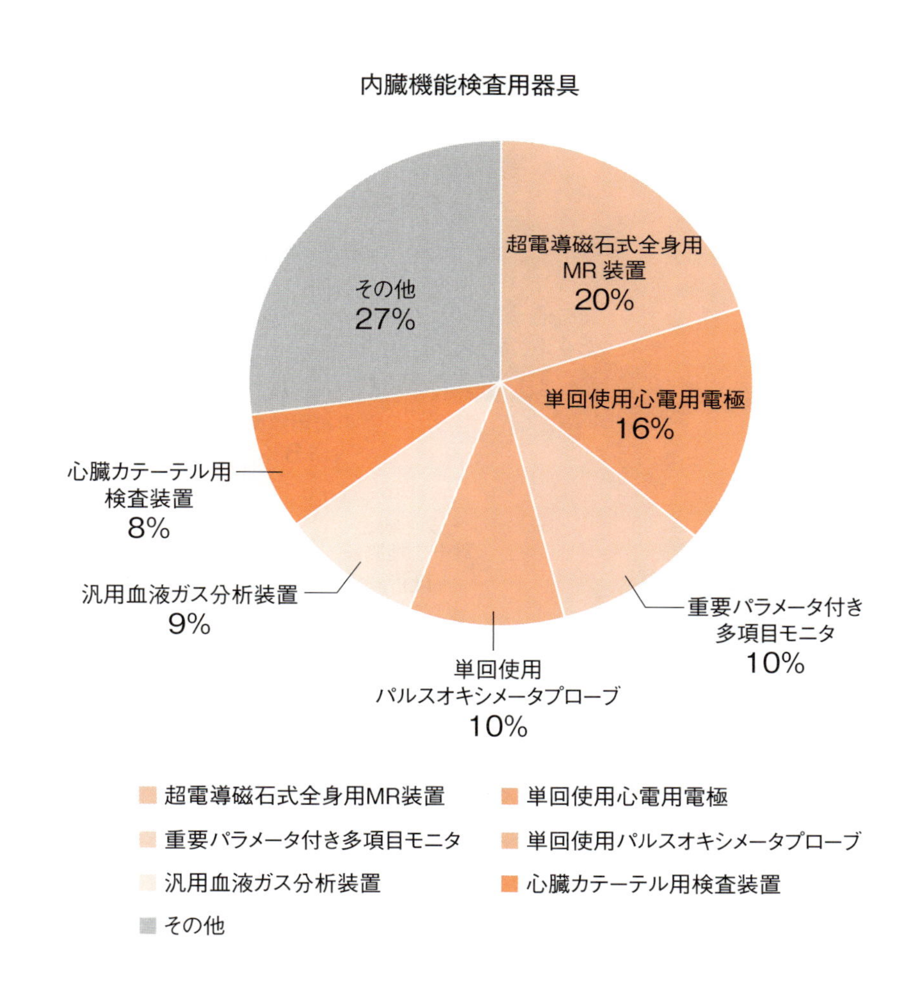

出典：厚生労働省「薬事工業生産動態統計調査」（2020年）を基に作成。

(7) 医療用鏡

医療用鏡は、ビデオスコープと呼ばれる「ビデオ軟性大腸鏡」、「ビデオ軟性胃十二指腸鏡」と、「可搬型手術用顕微鏡」で約３分の１を占める。全体の輸入割合は約39％と他より比較的低い。

（単位：千円）

類	一般的名称	市場規模	類に占める割合	輸入割合
器 25	医療用鏡	178,015,013	100.0%	38.7%
	ビデオ軟性大腸鏡	21,970,109	12.3%	0.0%
	可搬型手術用顕微鏡	19,758,821	11.1%	30.7%
	ビデオ軟性胃十二指腸鏡	17,287,975	9.7%	0.0%
	単回使用高周波処置用内視鏡能動器具	11,502,146	6.5%	50.5%
	送気送水機能付内視鏡用光源・プロセッサ装置	8,629,816	4.8%	0.0%
	その他	86,464,898	48.6%	

（注）この類に占める割合が 0.5%に未満のものは計上していない。

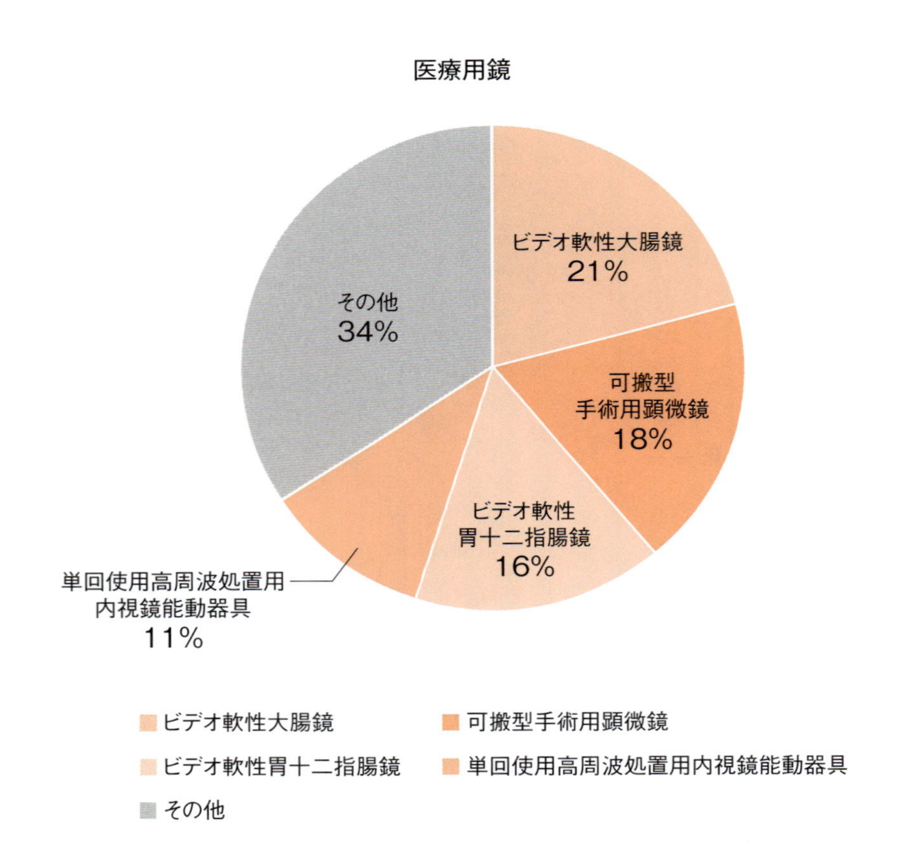

出典：厚生労働省「薬事工業生産動態統計調査」（2020年）を基に作成。

第2部 データ編

（8）医療用エックス線装置及び医療用エックス線装置用エックス線管

医療用エックス線装置及び医療用エックス線装置用エックス線管は、「全身用Ｘ線ＣＴ診断装置」と「Ｘ線管装置」を併せて約３分の１を占める。全体の輸入割合は約41％と高くないものの、輸入割合が高いものと低いものとの差が激しい。

（単位：千円）

類	一般的名称	市場規模	類に占める割合	輸入割合
器 09	医療用エックス線装置及び 医療用エックス線装置用エックス線管	153,604,442	100.0%	40.8%
	全身用 X 線 CT 診断装置	32,391,843	21.1%	31.4%
	X 線管装置	18,159,993	11.8%	61.4%
	据置型デジタル式循環器用 X 線透視診断装置	15,079,585	9.8%	75.1%
	据置型デジタル式汎用 X 線透視診断装置	10,458,296	6.8%	3.4%
	線形加速器システム	8,299,426	5.4%	100.0%
	その他	61,247,565	39.9%	

（注）この類に占める割合が 0.5%に未満のものは計上していない。

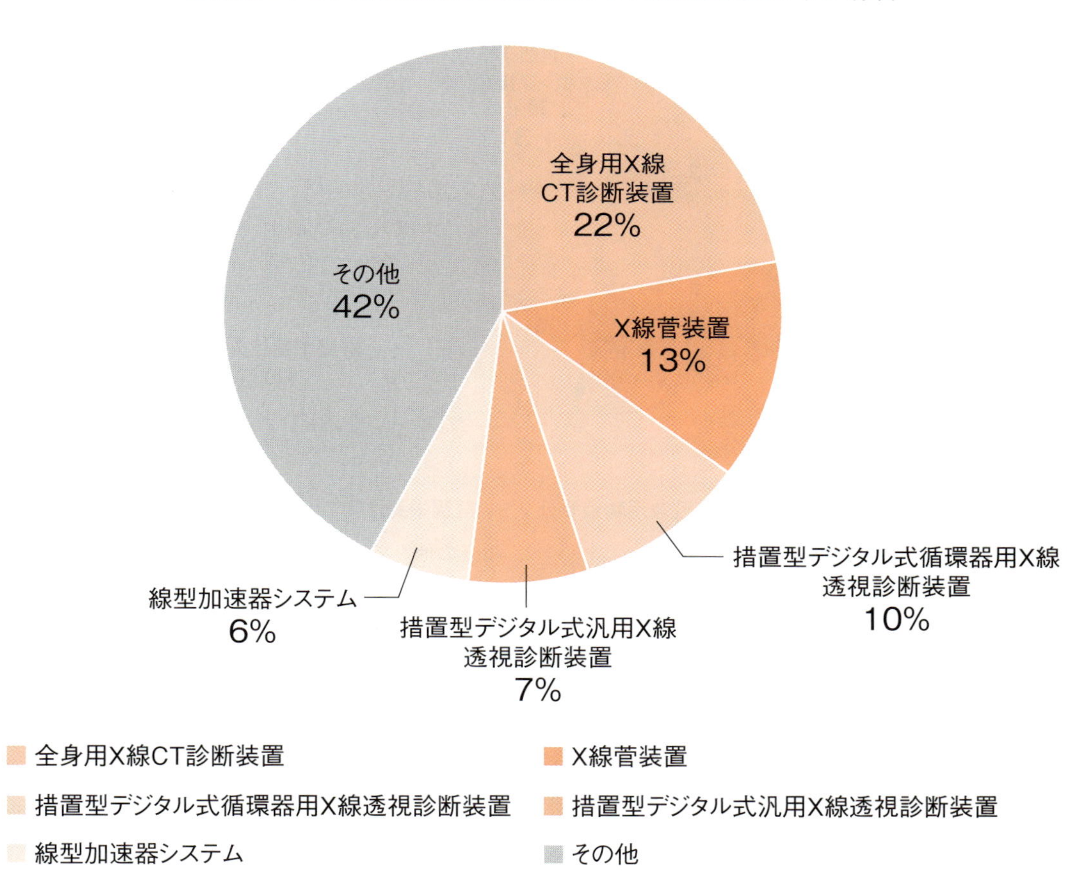

出典：厚生労働省「薬事工業生産動態統計調査」（2020年）を基に作成。

(9) 医薬品注入器

医薬品注入器は、「自然落下式・ポンプ接続兼用輸液セット」の占める割合が約３割と非常に高い。これと「経腸栄養注入セット」であわせて40%以上を占め、以下と大きく差をつけている。全体の輸入割合は約53%である。

(単位：千円)

類	一般的名称	市場規模	類に占める割合	輸入割合
器 74	医薬品注入器	127,398,781	100.0%	52.9%
	自然落下式・ポンプ接続兼用輸液セット	38,743,411	30.4%	57.1%
	経腸栄養注入セット	12,870,485	10.1%	51.7%
	プレフィル用シリンジ	8,287,996	6.5%	6.8%
	その他	63,687,189	50.0%	

(注) この類に占める割合が 0.5%に未満のものは計上していない。

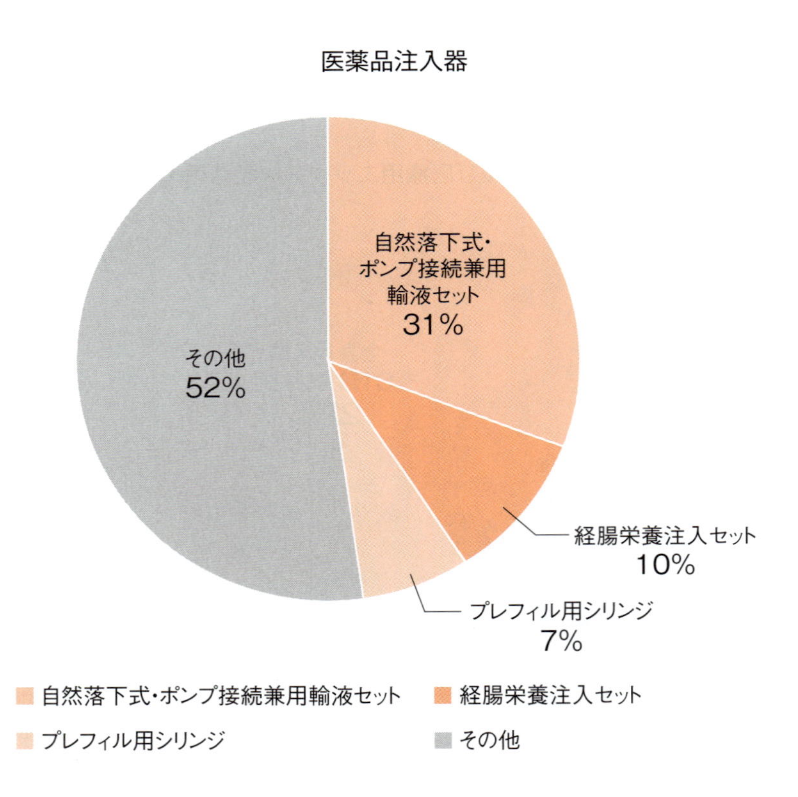

出典：厚生労働省「薬事工業生産動態統計調査」(2020年) を基に作成。

第2部 データ編

(10) 歯科用金属

歯科用金属は際立って輸入割合が低く、2％に満たない。歯科治療のための金属材料である「歯科鋳造用金銀パラジウム合金」が全体の88％を占めており、この輸入割合がほぼ0％であることが全体の輸入割合を下げていると思われる。

(単位：千円)

類	一般的名称	市場規模	類に占める割合	輸入割合
歯 01	歯科用金属	103,643,252	100.0%	1.5%
	歯科鋳造用金銀パラジウム合金	91,237,792	88.0%	0.1%
	歯科メタルセラミック修復用貴金属材料	3,858,831	3.7%	24.2%
	その他	7,374,881	7.1%	

(注) この類に占める割合が0.5%に未満のものは計上していない。

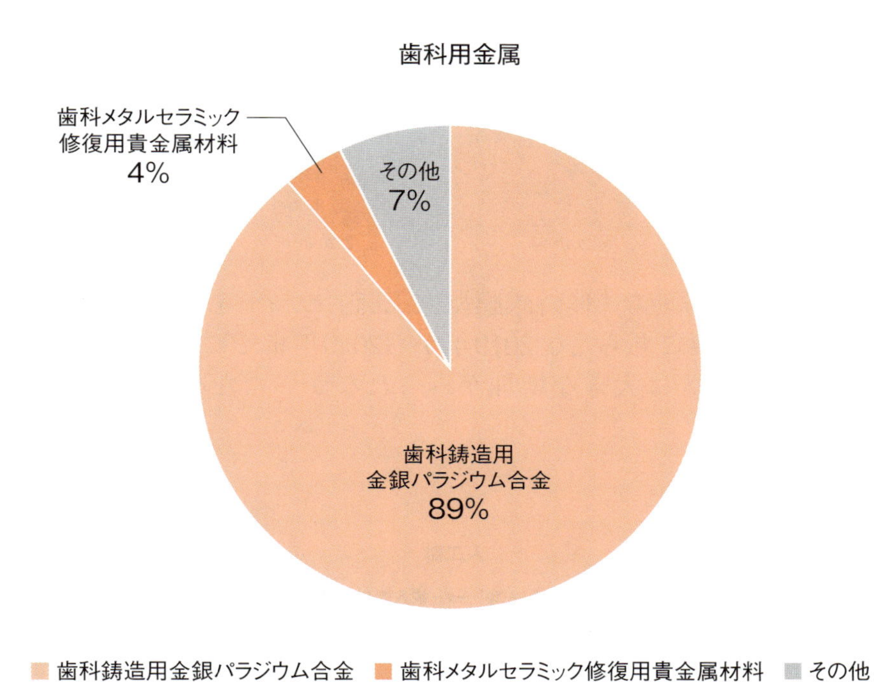

出典：厚生労働省「薬事工業生産動態統計調査」(2020年)を基に作成。

（11）COVID-19関連機器

COVID-19関連機器として、旧分類の「人工呼吸器」、「人工肺」、「人工心肺装置」の2019年と2020年の市場規模と輸入割合の推移を下記に示した。

「人工呼吸器」としては、集計が可能な「汎用人工呼吸器」、「新生児・小児用人工呼吸器」「可搬型人工呼吸器」「単回使用人工呼吸器呼吸回路」、「再使用可能な人工呼吸器」「人工呼吸器用マスク」「人工呼吸器用圧モニタ」「単回使用人工呼吸器用ウォータトラップ」「人工呼吸器フィルタ」について比較した。全体の市場規模は約1.5倍に拡大、輸入割合も急増している。

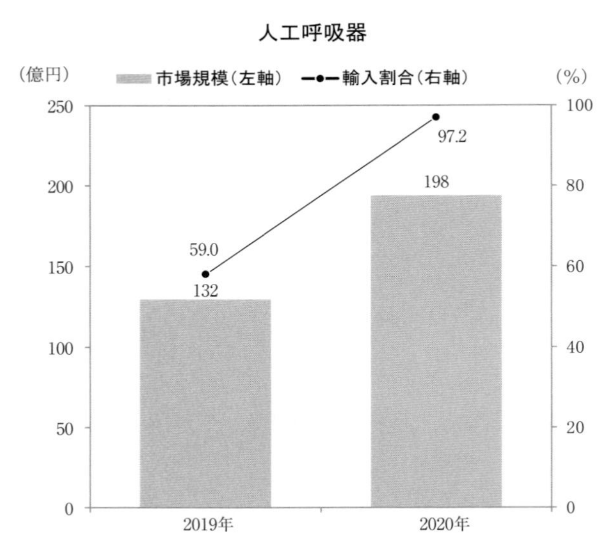

「人工肺」に関しては集計可能な「体外式膜型人工肺」と「ヘパリン使用体外式膜型人工肺」についてデータを集計した。こちらも、2019年から2020年までに市場が11億円から18億円と約1.6倍に拡大している。輸入は大きな増加がみられなかったため、相対的に輸入比率が低下している。

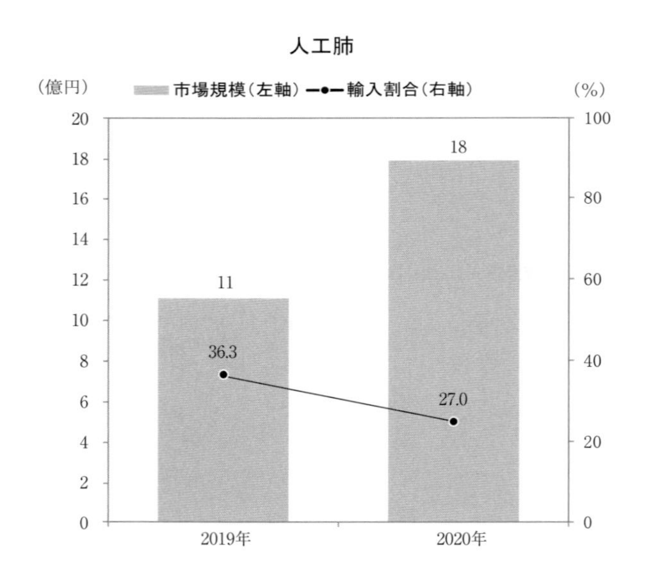

第2部 データ編

「人工心肺装置」に関しては、集計可能な「人工心肺用システム」、「人工心肺用圧力計」、「人工心肺用回路システム」、「ヘパリン使用人工心肺用回路システム」「体外循環用血液学的パラメータモニタ」、「人工心肺用貯血槽」、「人工心肺回路用血液フィルタ」及び「単回使用人工心肺用熱交換器」の2019年データと2020年データを比較した。市場規模は約１割縮小した。多くの品目で変動は見られなかったものの、「人工心肺用システム」の輸入が約30億円減少したことが要因とみられる。

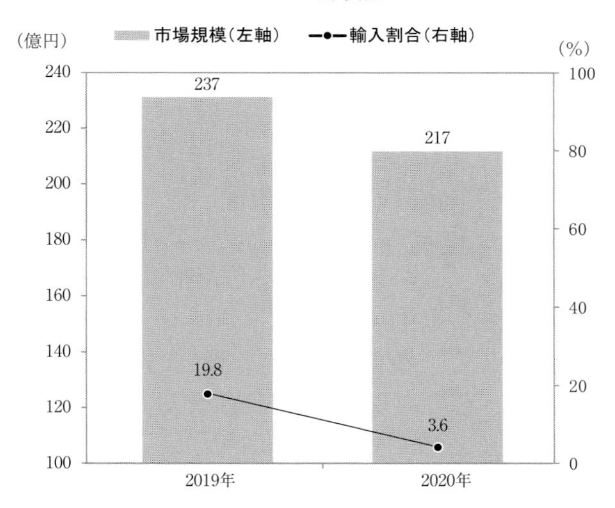

出典：厚生労働省「薬事工業生産動態統計調査」(2019年、2020年) を基に作成。

【参考文献】

・厚生労働省「医療機器に係る規制・制度の現状」(2012年２月９日)
・厚生労働省「先駆的医薬品指定制度について」
・厚生労働省「改正法の概要」
http://www.mhlw.go.jp/file/06-Seisakujouhou-11120000-Iyakushokuhinkyoku/0000066816.pdf
・公正取引委員会「医療機器の流通実態に関する調査報告書」(2005年12月)
・厚生労働省「薬事工業生産動態統計調査」(2008年～ 2020年)

2 医薬品市場の最新動向

本章では医薬品の最新動向について、基礎知識及びデータを確認していく。

1 医薬品の基礎知識

（1）医薬品の定義

医薬品は、2014年６月12日に施行された「医薬品、医療機器等の品質、有効性及び安全性の確保等に関する法律」（旧薬事法。略称：医薬品・医療機器等法＝薬機法）において、

> 一　日本薬局方に収められている物
> 二　人又は動物の疾病の診断、治療又は予防に使用されることが目的とされている物であって、機械器具等（機械器具、歯科材料、医療用品、衛生用品並びにプログラム（電子計算機に対する指令であって、一の結果を得ることができるように組み合わされたものをいう。）及びこれを記録した記録媒体をいう。）でないもの（医薬部外品及び再生医療等製品を除く。）
> 三　人又は動物の身体の構造又は機能に影響を及ぼすことが目的とされている物であって、機械器具等でないもの（医薬部外品、化粧品及び再生医療等製品を除く。）

と定義されており、製造・販売ともに薬機法で規制されている。

薬機法では、医薬品は「医療用医薬品」、「要指導医薬品」、「一般用医薬品」の３つに分類される。

種類	定義	承認
医療用医薬品	医師の処方せんをもとに薬局の薬剤師が調剤する薬。処方薬。 新薬と後発医薬品がある。 ◆ 新薬 既に承認を与えられている医薬品と有効成分、分量、用法、用量、効能、効果等が明らかに異なる医薬品。 ◆ 後発医薬品 新薬の特許が切れた後に、その新薬と同一の有効成分を同一量含み、同一投与経路の製剤であり、効能・効果、用法・用量も原則的に同一である医薬品で、生物学的同等性試験等にてその新薬と治療学的に同等であることが検証されているもの。	新薬、後発医薬品ともに、独立行政法人医薬品医療機器総合機構の審査、薬事・食品衛生審議会（薬事分科会）の審議・報告を経て、厚生労働大臣が承認する。 ただし、新薬と後発医薬品では申請区分や添付すべき資料等の具体的手続きには違いがある。

種類	定義	承認
要指導医薬品	一般用医薬品とは異なる「医療用に準じたカテゴリーの医薬品」であり、いわゆるスイッチ直後品目等(※1)が該当し、薬機法で厚生労働省令で定める期間(※2)を超えないものや毒薬及び劇薬。 ※１ スイッチ直後品目等 ・医療用から一般用に移行して間もなく、一般用医薬品としてのリスクが確定していない薬（いわゆるスイッチ OTC） ・医療用としての使用経験がない一般用医薬品（いわゆるダイレクト OTC） ・劇薬 ※２ スイッチＯＴＣは、承認条件として付される安全性に関する調査期間（原則３年）、ダイレクトＯＴＣは再審査期間（原則８年）。	独立行政法人医薬品医療機器総合機構の審査、薬事･食品衛生審議会（薬事分科会）の審議・報告を経て、厚生労働大臣が承認する。
一般用医薬品	その効能及び効果において人体に対する作用が著しくないものであって、薬剤師その他の医薬関係者から提供された情報に基づく需要者の選択により使用されることが目的とされているもの（要指導医薬品を除く。）。	厚生労働大臣が承認する品目と都道府県知事が承認する品目がある。 ◆ 都道府県知事が承認する品目 承認基準が制定されている、かぜ薬、解熱鎮痛薬、鎮咳去痰薬、胃腸薬などの 15 薬効群 ◆ 厚生労働大臣が承認を行う品目 上記以外

(2) 医薬品の基礎研究から承認審査、市販後までの主なプロセス

①基本的なプロセス

以下は、医薬品の基礎研究から承認審査、市販後までの主なプロセスを図式化したものである。医薬品は効能・効果とともに副作用をも併せ持つため、品質、有効性及び安全性の確保が必要とされる。そのため、薬機法では、開発、承認、製造、流通、使用の各段階で必要な規制を行っている。

医薬品の基礎研究から承認審査、市販後までの主なプロセス

累積成功率
1 704,333化合物
1 / 3,216 219化合物
1 / 8,286 85化合物
1 / 28,173 25化合物程度
1 / 27,090 26化合物程度
(出典: DATA BOOK 2013(日本製薬工業協会))

開発ステージ
基礎研究等
前臨床
臨床研究・治験
申請
承認審査
承認
保険適用
製造販売
5～8年
3～7年

承認申請資料
品質(規格、製造方法、安定性等)
毒性(急性、慢性、特殊毒性等)
薬理(薬効、安全性)
吸収、分布、代謝、排泄
臨床(第Ⅰ・Ⅱ・Ⅲ相)
承認申請資料
(独)医薬品医療機器総合機構における承認審査と信頼性調査
厚生労働大臣による製造販売承認
薬価基準への収載
製造販売後調査等

出典：厚生労働省ＨＰ「医薬品・医療機器」の政策分野関連情報「施策概要」
https://www.mhlw.go.jp/seisakunitsuite/bunya/kenkou_iryou/iyakuhin/dl/shisetu_gaiyou.pdf

②新薬の審査迅速化（ドラッグ・ラグの解消）

安全性の担保を取るためではあるものの、国内での承認には他国と比べて時間がかかり過ぎるとして問題視されていた。そのため、欧米では使用が認められている医薬品が、国内では承認されていないために使用できないといった状況が生じていた。いわゆる「ドラッグ・ラグ」と呼ばれるものである。

欧米との時間差を解消することは日本の医療向上のため大変重要であることから、2007年4月26日公表の厚生労働省・文部科学省・経済産業省「革新的医薬品・医療機器創出のための5か年戦略」において、2007年度から5年間で新薬の上市までの期間を2.5年（30か月）短縮することが盛り込まれ、短縮化に至った。

■ 審査迅速化に向けた主な取り組み

①申請ラグ

（これまでの取り組み）

・治験体制の充実や国際共同治験の推進により、治験におけるスピードやコストの改善

・有望なシーズを持つ大学・研究機関、ベンチャー企業等が、より円滑に開発を推進することができるよう、2011年7月より薬事戦略相談制度を開始

（革新的な技術への対応も見据えた更なる対策）

・開発の道しるべとなるガイドラインの早期作成

②審査ラグ

（これまでの取り組み）

・独立行政法人医薬品医療機器総合機構（PMDA）の審査専門委員の増員：
2009年：521人→2022年：1,081人

（革新的な技術への対応も見据えた更なる対策）

・審査員の人材育成

また、厚生労働省は「先駆けパッケージ戦略」を2015年4月1日より試験的に導入した。「先駆けパッケージ戦略」は、世界に先駆けて医薬品等の実用化を図るため、基礎研究から臨床研究・治験、承認審査、保険適用、国際展開までの対策に一貫して取り組むものであり、具体的には、以下のような施策が盛り込まれている。

◇「先駆け審査指定制度」

世界に先駆けて日本で開発され、早期の治験段階で著明な有効性が見込まれる革新的な医薬品について、優先審査し、早期の承認を目指す。

この制度では、原則として既承認薬と異なる作用機序により、生命に重大な影響がある重篤な疾患等に対して、極めて高い有効性が期待される医薬品を指定することとしている。また、本制度ではＰＭＤＡにおいて指名される審査パートナーを選任し、厚生労働省及びＰＭＤＡ内部の関係各部との連携を強化するとともに定期的な進捗管理を通じて開発の迅速化を可能とし、新たに整備される相談制度の優先適用、かつ優先審査の適用により、審査期間を6か月まで短縮することを目標としている。

2020年5月12日には厚生労働省により「新型コロナウイルス感染症に対する医薬品等の承認審査上の取扱いについて」が公表され、新型コロナウイルス感染症に対する医薬品等は、最優先で審査又は調査を行うものとされている。特例承認された医薬品には、ベクルリー点滴静注（一般名：レムデシビル）などが該当している。

◇「未承認薬迅速実用化スキーム」

これまで「未承認薬・適応外薬検討会議」で、ドラッグ・ラグ解消のため、欧米で既承認の薬を国内企業に開発要請してきたが、既承認薬だけでなく、欧米で未承認の薬まで拡大することで、国内での実用化を加速する。

出典：厚生労働省医薬食品局「新医薬品・医療機器の審査迅速化について」（2012年7月30日）及び「先駆けパッケージ戦略～革新的医薬品等の実用化促進」、独立行政法人　医薬品医療機器総合機構「専門委員名簿等」を基に作成。

(3) 医薬品の分類（大分類・中分類）

薬事工業生産動態統計では、医薬品は薬効や用途によって分類されている。

以下は薬効による大分類とそれに包含される中分類を示したものである。中分類は比較的市場規模が大きなものを抽出し、掲載している。

	大分類	包含される中分類
11	中枢神経系用薬	全身麻酔剤、催眠鎮静剤、抗不安剤、抗てんかん剤、解熱鎮痛消炎剤、抗パーキンソン剤、精神神経用剤、総合感冒剤　等
12	末梢神経系用薬	局所麻酔剤、骨格筋弛緩剤、鎮けい剤　等
13	感覚器官用薬	眼科用剤、耳鼻科用剤、鎮暈剤　等
19	その他の神経系及び感覚器官用医薬品	－
21	循環器官用薬	強心剤、不整脈用剤、利尿剤、血圧降下剤、血管収縮剤、血管拡張剤、高脂血症用剤　等
22	呼吸器官用薬	呼吸促進剤、去たん剤、鎮咳去たん剤、気管支拡張剤　等
23	消化器官用薬	止しゃ剤、整腸剤、消化性潰瘍用剤、健胃消化剤、制酸剤、下剤、浣腸剤、利胆剤、複合胃腸剤　等
24	ホルモン剤（抗ホルモン剤を含む。）	脳下垂体ホルモン剤、副甲状腺ホルモン剤、卵胞ホルモン及び黄体ホルモン剤 等
25	泌尿生殖器官及び肛門用薬	痔疾用剤　等
26	外皮用薬	外皮用殺菌消毒剤、鎮痛、鎮痒、収斂、消炎剤、寄生性皮ふ疾患用剤、皮ふ軟化剤（腐しょく剤を含む。）、毛髪用剤（発毛剤、脱毛剤、染毛剤、養毛剤）　等
27	歯科口腔用薬	歯科用局所麻酔剤、歯科用抗生物質製剤　等
29	その他の個々の器官系用医薬品	－
31	ビタミン剤	ビタミンA及びD剤、ビタミンB1剤、ビタミンB剤、混合ビタミン剤　等
32	滋養強壮薬	たん白アミノ酸製剤　等
33	血液・体液用薬	血液代用剤、止血剤、血液凝固阻止剤　等
34	人工透析用薬	人工腎臓透析用剤、腹膜透析用剤　等
39	その他の代謝性医薬品	肝臓疾患用剤、解毒剤、痛風治療剤、酵素製剤、糖尿病用剤、総合代謝性製剤　等
41	細胞賦活用薬	色素製剤　等
42	腫瘍用薬	代謝拮抗剤、抗腫瘍性抗生物質製剤、抗腫瘍性植物成分製剤　等
43	放射性医薬品	－
44	アレルギー用薬	抗ヒスタミン剤　等
49	その他の組織細胞機能用医薬品	－
51	生薬	－
52	漢方製剤	－
59	その他の生薬及び漢方処方に基づく医薬品	－
61	抗生物質製剤	主としてグラム陽性菌に作用する抗生物質製剤、主としてグラム陽性・陰性菌に作用する抗生物質製剤、主としてグラム陽性菌・マイコプラズマに作用する抗生物質製剤、主としてカビに作用する抗生物質製剤　等
62	化学療法剤	合成抗菌剤、抗ウイルス剤　等
63	生物学的製剤	ワクチン類、血液製剤類　等
64	寄生動物用薬	抗原虫剤　等
69	その他の病原生物に対する医薬品	－
71	調剤用薬	溶解剤、賦形剤　等
72	診断用薬（体外診断用医薬品を除く。）	X線造影剤　等
73	公衆衛生用薬	殺虫剤　等
74	体外診断用医薬品	一般検査用試薬、血液検査用試薬、生化学的検査用試薬、免疫血清学的検査用試薬、細菌学的検査用薬　等
79	その他の治療を主目的としない医薬品	他に分類されない治療を主目的としない医薬品　等
81	アルカロイド系麻薬（天然麻薬）	あへんアルカロイド系麻薬　等
82	非アルカロイド系麻薬	合成麻薬　等
89	その他の麻薬	－

出典：厚生労働省「令和元年薬事工業生産動態統計調査」

2 市場規模推移及び分類別比較

ここでは医薬品市場の動向につき、市場規模を「国内生産額－輸出額＋輸入額」と定義したうえで分析していく。

（1）国内市場規模及び生産額の推移

国内市場規模は、2020年においては11兆6,463億円で、前年比で約1,502億円減少している。また、2020年は国内市場規模に対し輸入品が占める割合は約25％となっている。

なお、出典元となる「薬事工業生産動態統計調査」においては、2019年度データより調査客体の変更、紙媒体からオンライン調査への変更等が行われ、これまでの調査とは異なるデータとなっているため、過去データと比較する際にはご留意頂きたい。

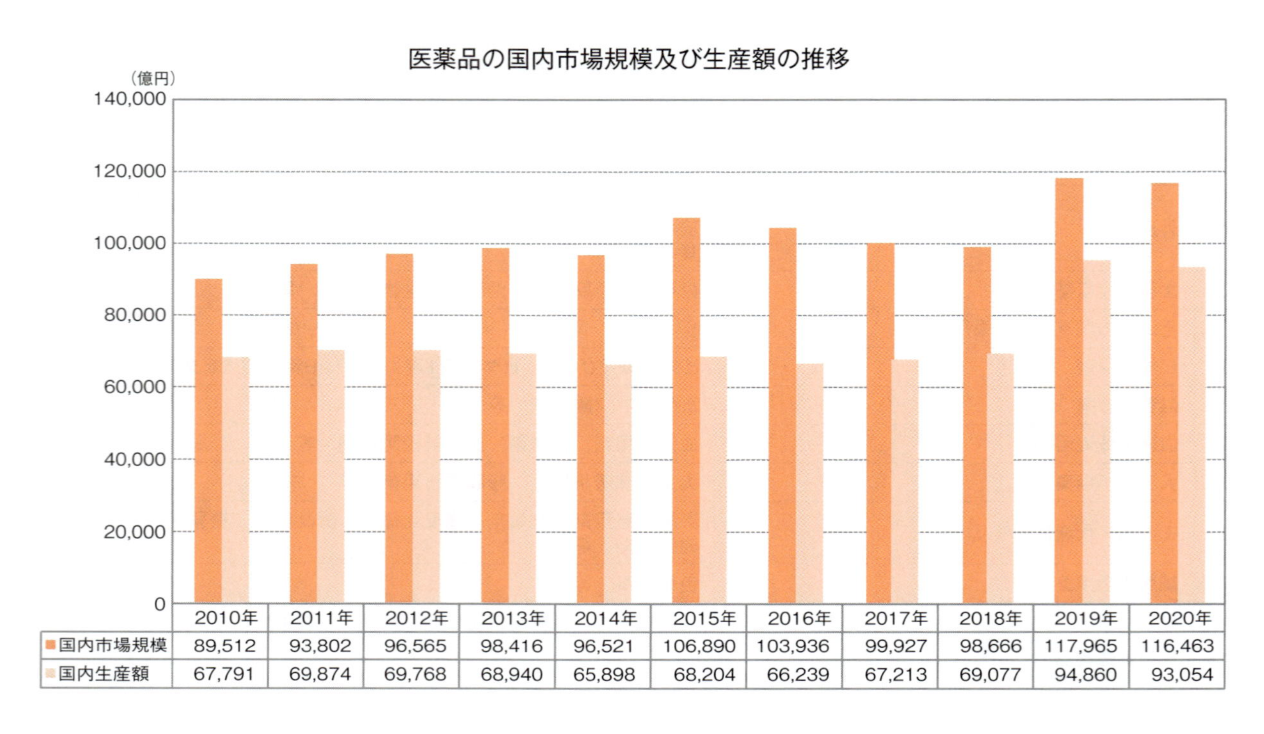

	2010年	2011年	2012年	2013年	2014年	2015年	2016年	2017年	2018年	2019年	2020年
■国内市場規模	89,512	93,802	96,565	98,416	96,521	106,890	103,936	99,927	98,666	117,965	116,463
■国内生産額	67,791	69,874	69,768	68,940	65,898	68,204	66,239	67,213	69,077	94,860	93,054

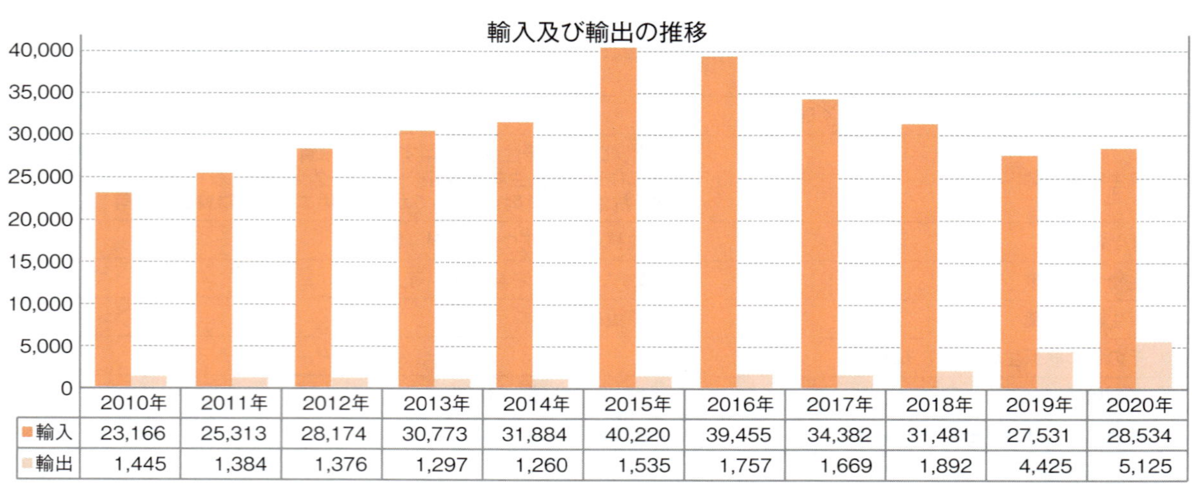

	2010年	2011年	2012年	2013年	2014年	2015年	2016年	2017年	2018年	2019年	2020年
■輸入	23,166	25,313	28,174	30,773	31,884	40,220	39,455	34,382	31,481	27,531	28,534
■輸出	1,445	1,384	1,376	1,297	1,260	1,535	1,757	1,669	1,892	4,425	5,125

出典：厚生労働省「薬事工業生産動態統計調査」（2010年～2020年）を基に加工。

(2) 医薬品の市場規模の比較（薬効大分類別）

2019年の薬事工業生産動態統計調査から、医薬品の用途区分が「医療用医薬品」と「要指導医薬品・一般用医薬品」に変更されたため、以下に2019年と直近の2020年調査結果について薬効大分類の傾向を示す。２か年のみの記載のため、長期間の推移から平均を出した次頁に比べ成長率の高低が激しいものがあることに留意されたい。

「12　末梢神経系用薬」の市場規模が2019年と比較して大幅に増加しており、これは同分類内の「129　その他の末梢神経系用薬」において2020年に新薬が開発されたことに関連すると思われる。また、「52　漢方製剤」「81　アルカロイド系麻薬（天然麻薬）」の成長規模が大きい他、「39　その他の代謝性医薬品」、「42　腫瘍用薬」などが安定して成長していることがわかる。市場規模がいずれかの年に１兆円を超過した薬効大分類及び年平均成長率が大きく且つ市場規模が1,000億円以上の薬効大分類に、網掛けをしている。

（単位：十億円）

	薬効大分類	2019年	2020年	差額	年平均成長率（直近の市場規模が1,000億円を超過する場合のみ表示）
	全体	11,797	11,646	▲150	-1.3%
11	中枢神経系用薬	1,203	1,162	▲40	-3.3%
12	末梢神経系用薬	68	97	29	42.4%
13	感覚器官用薬	458	381	▲76	-16.7%
19	その他の神経系及び感覚器官用医薬品	―	2		
21	循環器官用薬	1,058	983	▲75	-7.1%
22	呼吸器官用薬	311	299	▲12	-3.9%
23	消化器官用薬	651	648	▲3	-0.5%
24	ホルモン剤（抗ホルモン剤を含む。）	560	511	▲49	-8.8%
25	泌尿生殖器官及び肛門用薬	170	182	11	6.7%
26	外皮用薬	396	415	19	4.8%
27	歯科口腔用薬	20	23	3	16.7%
29	その他の個々の器官系用医薬品	1	1	0	26.8%
31	ビタミン剤	207	179	▲28	-13.8%
32	滋養強壮薬	160	155	▲5	-3.4%
33	血液・体液用薬	684	645	▲39	-5.8%
34	人工透析用薬	60	64	4	6.1%
39	その他の代謝性医薬品	1,532	1,607	75	4.9%
41	細胞賦活用薬	1	1	▲0	-6.7%
42	腫瘍用薬	1,696	1,791	95	5.6%
43	放射性医薬品	55	52	▲3	-5.2%
44	アレルギー用薬	267	257	▲10	-3.7%
51	生薬	7	5	▲2	-24.3%
52	漢方製剤	180	197	18	9.9%
59	その他の生薬及び漢方処方に基づく医薬品	16	15	▲1	-4.3%
61	抗生物質製剤	193	207	14	7.4%
62	化学療法剤	493	341	▲152	-30.8%
63	生物学的製剤	617	633	16	2.7%
64	寄生動物用薬	2	3	1	57.3%
71	調剤用薬	12	12	1	5.4%
72	診断用薬（体外診断用医薬品を除く。）	77	69	▲9	-11.0%
73	公衆衛生用薬	21	20	▲1	-5.4%
74	体外診断用医薬品	553	562	9	1.6%
79	その他の治療を主目的としない医薬品	32	25	▲6	-20.1%
81	アルカロイド系麻薬（天然麻薬）	17	18	1	7.4%
82	非アルカロイド系麻薬	20	17	▲2	-12.4%
89	その他の麻薬	―	0		

出典：厚生労働省「薬事工業生産動態統計調査」（2019年、2020年）を基に作成。

以下は、薬効大分類別に2008年と2018年の医薬品の市場規模を比較したものである。

薬効大分類レベルで2018年に市場規模が１兆円を超過しているのは、「42　腫瘍用薬」、「39　その他の代謝性医薬品」、「11　中枢神経系用薬」の３つである。「42　腫瘍用薬」は最も大きな市場規模の1.3兆円となり、年平均成長率も13.4％と最も成長率が高い。一方、2008年時点で最も市場が大きかった「21　循環器官用薬」は、2018年には、約6,077億円減少し、成長率が低い薬効分類である。上記以外で年平均成長率が大きく、かつ、市場規模が1,000億円以上であるのは、年平均＋7.6％、直近4,650億円の「24　ホルモン剤（抗ホルモン剤を含む。）」、年平均＋7.2％、直近3,800億円の「74　体外診断用医薬品」及び年平均＋6.5％、直近5,130億円の「63　生物学的製剤」である。近年は、高価な新薬が処方されている薬効分類は年平均成長率が高くなり、長期収載品が多く処方されている薬効分類は年平均成長率は低くなっている。

（単位：十億円）

	薬効大分類	2008年	2018年	差額	年平均成長率（直近の市場規模が1,000億円を超過する場合のみ表示）
	全体	8,317	9,867	1,550	3.4%
11	中枢神経系用薬	800	1,032	232.6	4.0%
12	末梢神経系用薬	47	39	▲ 8.6	
13	感覚器官用薬	320	465	144.6	3.4%
19	その他の神経系及び感覚器官用医薬品	−	−	−	
21	循環器官用薬	1,539	932	▲ 607.7	-3.3%
22	呼吸器官用薬	220	247	27.2	3.2%
23	消化器官用薬	644	521	▲ 122.9	0.2%
24	ホルモン剤（抗ホルモン剤を含む。）	264	465	200.4	7.6%
25	泌尿生殖器官及び肛門用薬	163	175	12.0	0.5%
26	外皮用薬	365	379	14.0	1.0%
27	歯科口腔用薬	16	15	▲ 1.1	
29	その他の個々の器官系用医薬品	1	2	1.0	
31	ビタミン剤	213	169	▲ 43.5	-0.2%
32	滋養強壮薬	144	138	▲ 5.7	1.0%
33	血液・体液用薬	412	612	199.4	4.7%
34	人工透析用薬	50	47	▲ 2.8	
39	その他の代謝性医薬品	806	1,263	457.0	5.7%
41	細胞賦活用薬	2	1	▲ 0.7	
42	腫瘍用薬	432	1,312	879.4	13.4%
43	放射性医薬品	34	49	15.5	
44	アレルギー用薬	314	210	▲ 104.1	-1.5%
49	その他の組織細胞機能用医薬品	−		−	
51	生薬	4	4	▲ 0.7	
52	漢方製剤	119	181	61.5	3.8%
59	その他の生薬及び漢方処方に基づく医薬品	6	11	4.4	
61	抗生物質製剤	299	162	▲ 137.1	-3.5%
62	化学療法剤	283	407	123.5	5.2%
63	生物学的製剤	352	513	161.5	6.5%
64	寄生動物用薬	1	2	0.7	
69	その他の病原生物に対する医薬品	−	−	−	
71	調剤用薬	12	15	3.7	
72	診断用薬（体外診断用医薬品を除く。）	11	78	66.7	
73	公衆衛生用薬	21	17	▲ 4.0	
74	体外診断用医薬品	25	380	355.0	7.2%
79	その他の治療を主目的としない医薬品	31	28	▲ 2.3	
81	アルカロイド系麻薬（天然麻薬）	16	14	▲ 2.5	
82	非アルカロイド系麻薬	23	21	▲ 2.1	
89	その他の麻薬	−	−	−	

出典：厚生労働省「薬事工業生産動態統計調査」（2008年、2018年）を基に作成。

（3）医薬品の市場規模の比較（薬効中分類別）

次に、薬効中分類レベルでの上位30品目の2019年と2020年を比較する。

市場規模の大きいものの傾向は2018年までと変わらず、「429　その他の腫瘍用薬」、「399　他に分類されない代謝性医薬品」「396　糖尿病用剤」「131　眼科用剤」などの市場規模が大きい。「625　抗ウイルス剤」の市場規模が大きく減少しており、これは新型コロナウイルス感染症以外の従来のウイルス性感染症患者数が、2020年に激減したことと関連すると思われる。

（単位：十億円）

	薬効中分類	2019年	2020年	差額	年平均成長率（直近の市場規模が1,000億円を超過する場合のみ表示）
429	その他の腫瘍用薬	1,483	1,610	128	8.6%
399	他に分類されない代謝性医薬品	924	947	23	2.4%
396	糖尿病用剤	385	432	47	12.3%
131	眼科用剤	381	381	▲ 0	-0.1%
333	血液凝固阻止剤	384	377	▲ 7	-1.8%
634	血液製剤類	339	346	7	2.1%
214	血圧降下剤	323	336	13	4.0%
119	その他の中枢神経系用薬	346	323	▲ 24	-6.8%
117	精神神経用剤	314	277	▲ 37	-11.9%
249	その他のホルモン剤（抗ホルモン剤を含む。）	295	276	▲ 18	-6.3%
744	免疫血清学的検査用剤	239	260	20	8.5%
232	消化性潰瘍用剤	259	256	▲ 3	-1.3%
625	抗ウイルス剤	397	253	▲ 144	-36.3%
218	高脂血症用剤	254	253	▲ 1	-0.6%
449	その他のアレルギー用薬	259	251	▲ 8	-3.2%
264	鎮痛，鎮痒，収斂，消炎剤	247	240	▲ 7	-2.8%
743	生化学的検査用剤	233	218	▲ 14	-6.2%
239	その他の消化器官用薬	197	195	▲ 2	-1.1%
339	その他の血液・体液用薬	212	179	▲ 32	-15.2%
114	解熱鎮痛消炎剤	205	178	▲ 27	-13.3%
229	その他の呼吸器官用薬	144	158	14	9.8%
259	その他の泌尿生殖器官及び肛門用薬	145	156	11	7.4%
631	ワクチン類	128	150	22	17.2%
219	その他の循環器官用薬	173	140	▲ 33	-19.3%
113	抗てんかん剤	72	118	45	62.7%
613	主としてグラム陽性・陰性菌に作用する抗生物質製剤	119	114	▲ 5	-4.5%
639	その他の生物学的製剤	118	109	▲ 9	-7.5%
217	血管拡張剤	131	105	▲ 27	-20.3%
116	抗パーキンソン剤	101	98	▲ 3	
325	脳下垂体ホルモン剤	94	90	▲ 4	-3.8%

出典：厚生労働省「薬事工業生産動態統計調査」（2019年、2020年）を基に作成。

続いて、薬効中分類レベルでの上位30品目の2008年と2018年を比較すると、以下のようになる。

最も市場規模が大きいのは「429　その他の腫瘍用薬」で、これには抗がん剤が含まれる。この他に成長率が高いのは抗血栓症薬が含まれる「333　血液凝固阻止剤」や、骨粗鬆症治療薬が含まれる「243　甲状腺,副甲状腺ホルモン剤」である。「229　その他の呼吸器官用薬」には気管支喘息薬、「396　糖尿病用剤」には糖尿病、「631　ワクチン類」にはインフルエンザワクチンなどが含まれている。

(単位：十億円)

	薬効中分類	2008年	2018年	差額	年平均成長率（直近の市場規模が1,000億円を超過する場合のみ表示）
429	その他の腫瘍用薬	262	1,155	893.0	16.3%
399	他に分類されない代謝性医薬品	430	715	285.0	5.2%
131	眼科用剤	274	393	119.0	3.7%
396	糖尿病用剤	239	380	140.9	4.8%
333	血液凝固阻止剤	73	347	274.3	16.9%
625	抗ウイルス剤	147	323	176.0	8.2%
214	血圧降下剤	650	322	▲ 328.1	-6.8%
634	血液製剤類	212	298	86.2	3.5%
117	精神神経用剤	233	258	24.7	1.0%
119	その他の中枢神経系用薬	154	258	104.0	5.1%
264	鎮痛，鎮痒，収斂，消炎剤	251	248	▲ 3.0	0.1%
218	高脂血症用剤	304	235	▲ 69.0	-2.6%
232	消化性潰瘍用剤	370	230	▲ 140.0	-4.6%
249	その他のホルモン剤（抗ホルモン剤を含む。）	154	228	74.0	4.0%
114	解熱鎮痛消炎剤	159	214	55.0	3.0%
449	その他のアレルギー用薬	301	206	▲ 94.5	-3.7%
339	その他の血液・体液用薬	263	183	▲ 80.0	-3.6%
744	免疫血清学的検査用試薬	113	159	46.0	3.1%
239	その他の消化器官用薬	133	159	26.0	1.8%
259	その他の泌尿生殖器官及び肛門用薬	136	154	18.0	1.2%
631	ワクチン類	52	139	87.0	10.3%
743	生化学的検査用試薬	102	124	22.0	2.0%
243	甲状腺，副甲状腺ホルモン剤	5	122	116.5	36.5%
217	血管拡張剤	333	121	▲ 212.0	-9.6%
229	その他の呼吸器官用薬	48	113	65.2	9.0%
219	その他の循環器官用薬	109	111	1.8	0.2%
613	主としてグラム陽性・陰性菌に作用する抗生物質製剤	183	100	▲ 83.0	-5.7%
422	代謝拮抗剤	74	97	22.5	
116	抗パーキンソン剤	56	82	25.7	
118	総合感冒剤	63	82	18.2	
325	たん白アミノ酸製剤	73	74	0.7	

出典：厚生労働省「薬事工業生産動態統計調査」（2008年、2018年）を基に作成。

(4) 医薬品の輸出入推移

下記は、縦軸プラスの方向に輸入額、マイナスの方向に輸出額を示したものである。医薬品の貿易収支は一貫して大幅な輸入超過（赤字）となっており、2020年では輸出額が約5,125億円であるのに対し、輸入額は約２兆8500億円である。国内市場規模に占める輸入額の比率は2009年から一貫した上昇傾向が続いていたが、2015年をピークとして、それ以降は低下傾向となっている。

医薬品の輸出入推移

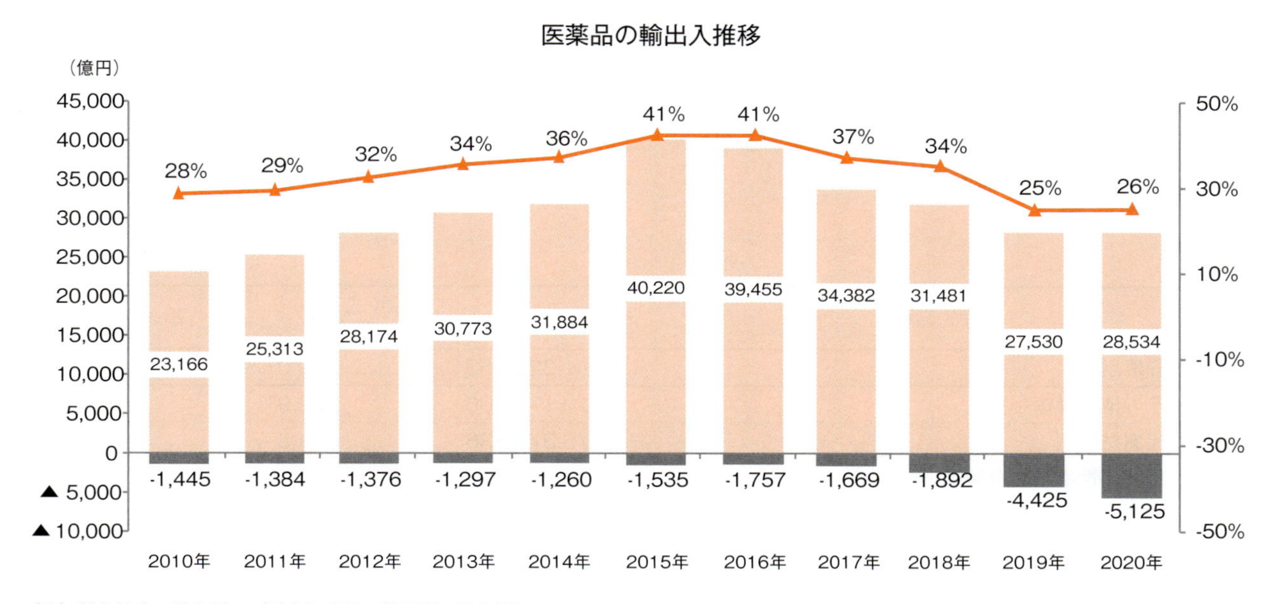

（注）輸入比率＝輸入額÷（国内生産額－輸出額＋輸入額）
出典：厚生労働省「薬事工業生産動態統計調査」（2010年～2020年）を基に作成。

(5) 薬効分類別市場規模と推計適用患者数

以下は、令和２年度における大分類での上位10項目について、市場規模等の主な内訳及びその医薬品を使用する主な疾患の患者数推移を示したものである。各疾患の治療薬は主要なものを念頭におき、いずれか一つの薬効分野に紐づけした。実際は各疾患の治療薬は複数の分類にまたがっていることもあるが、その点は反映していない。

①腫瘍用薬

抗がん剤を含む「42　腫瘍用薬」は約１兆８千億円と最も市場規模が大きい。うち約90％を「429　その他の腫瘍用薬」が占め、長年、10％前後の年平均成長率を保っている。これには新薬の薬価高騰も大きく関与すると考えられる。がん患者を含む推計適用患者数は、近年は約40万人弱で大きな増減なく推移しており、今後もしばらくは最も市場規模が大きい類と思われる。

（単位：千円）

類	一般的名称	市場規模	類に占める割合	輸入割合
42	腫瘍用薬	1,791,328,453	100.0%	36.8%
429	その他の腫瘍用薬	1,610,170,106	89.9%	32.7%
422	代謝拮抗剤	76,370,836	4.3%	66.7%
423	抗腫瘍性植物成分製剤	73,268,803	4.1%	83.6%
421	アルキル化剤	23,456,984	1.3%	64.3%
423	抗腫瘍性抗生物質製剤	8,061,724	0.5%	58.2%

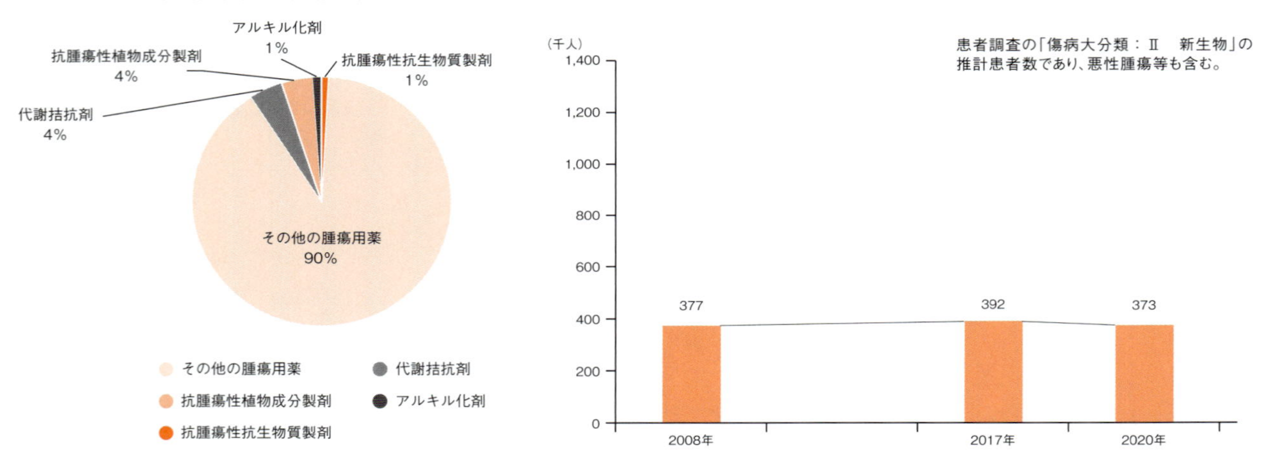

出典：厚生労働省「薬事工業生産動態統計調査」（2020年）、厚生労働省「令和２年患者調査」（2022年６月30日）、国立社会保障・人口問題研究所「日本の将来推計人口」（2017年）を基に加工。

②その他の代謝性医薬品

糖尿病用薬などが含まれる「39　その他の代謝性医薬品」は、市場規模が約１兆６千億円、輸入割合がこの類全体としては26.3％であった。輸入割合が上述の「42　腫瘍用薬」よりも低いため、国内生産額としては医薬品市場規模全体の中で最大である。

推計適用患者数はここ10年ほどの間で増加傾向にあり、2019年は約82万人である。

（単位：千円）

類	一般的名称	市場規模	類に占める割合	輸入割合
39	その他の代謝性医薬品	1,607,347,701	100.0%	26.3%
399	他に分類されない代謝性医薬品	946,639,920	58.9%	34.0%
396	糖尿病用剤	432,214,081	26.9%	1.9%
394	痛風治療剤	70,679,615	4.4%	1.0%
395	酵素製剤	60,477,768	3.8%	87.9%
392	解毒剤	58,721,827	3.7%	61.2%
	その他	38,614,490	2.4%	

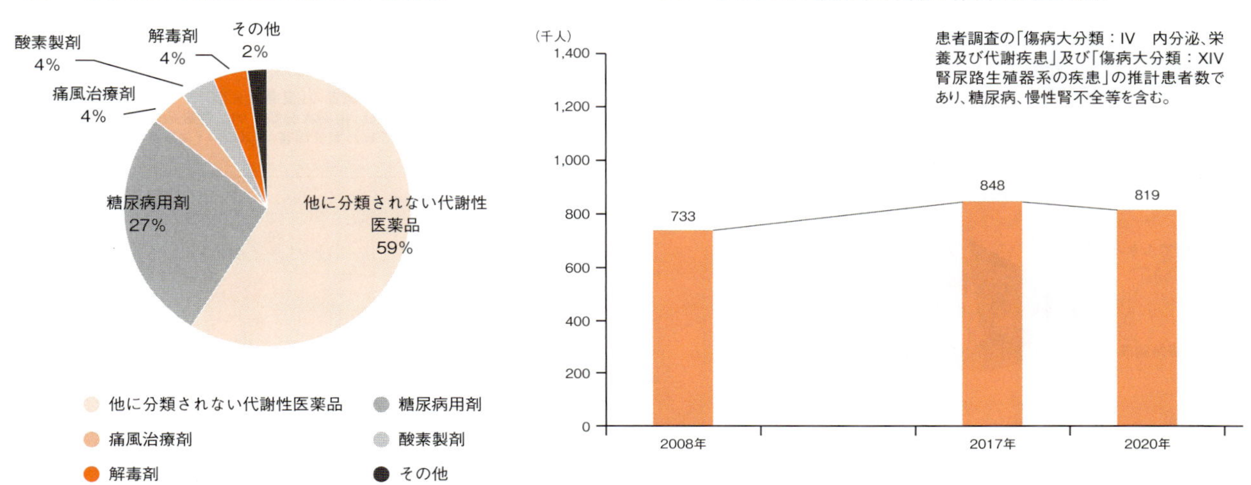

出典：厚生労働省「薬事工業生産動態統計調査」（2020年）、厚生労働省「令和２年患者調査」（2022年６月30日）、国立社会保障・人口問題研究所「日本の将来推計人口」（2017年）を基に加工。

③中枢神経系用薬

約１兆1,600億円の市場規模の「11　中枢神経系用薬」は、全身麻酔剤や解熱鎮痛剤など、幅広い疾患に使用される薬品が含まれ、今後も市場規模は安定的であると思われる。アルツハイマー型認知症の治療薬が含まれる「119　その他の中枢神経系用薬」と抗不安剤や抗うつ剤が含まれる「117　精神神経用薬」の割合が合わせて約５割と高い。輸入割合は全体で約13％と比較的低い。推計適用患者数は約80万人である。

（単位：千円）

類	一般的名称	市場規模	類に占める割合	輸入割合
11	中枢神経系用薬	1,162,297,392	100.0%	12.7%
119	その他の中枢神経系用薬	322,664,992	27.8%	5.2%
117	精神神経用剤	277,119,539	23.8%	8.1%
114	解熱鎮痛消炎剤	177,988,458	15.3%	1.1%
113	抗てんかん剤	117,806,020	10.1%	61.6%
116	抗パーキンソン剤	97,805,201	8.4%	19.1%
	その他	168,913,182	14.5%	

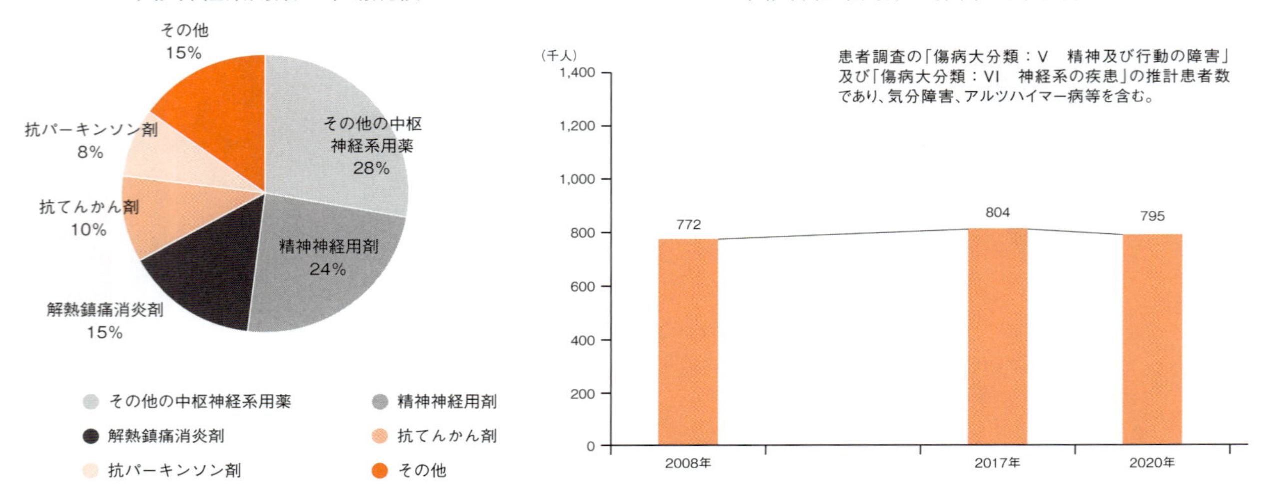

出典：厚生労働省「薬事工業生産動態統計調査」（2020年）、厚生労働省「令和２年患者調査」（2022年６月30日）、国立社会保障・人口問題研究所「日本の将来推計人口」（2017年）を基に加工。

④循環器官用薬

市場規模が約9,800億円である「21　循環器官用薬」の中では、「214　血圧降下剤」、「218　高脂血症用剤」のシェアが高く、合わせて約６割を占める。高齢になるほど高血圧等のリスクが高まることなどから、高齢化社会において市場規模は大きい。輸入割合は全体で５％と低く、国内生産が盛んである。推計適用患者数は約102万人である。

（単位：千円）

類	一般的名称	市場規模	類に占める割合	輸入割合
21	循環器官用薬	982,955,925	100.0%	5.0%
214	血圧降下剤	336,058,909	34.2%	0.0%
218	高脂血症用剤	252,855,319	25.7%	3.0%
219	その他の循環器官用薬	139,650,751	14.2%	26.1%
217	血管拡張剤	104,534,871	10.6%	2.4%
213	利尿剤	82,185,086	8.4%	0.0%
	その他	67,670,989	6.9%	

21　循環器官用薬の市場規模　　　21　循環器官用薬の推計適用患者数

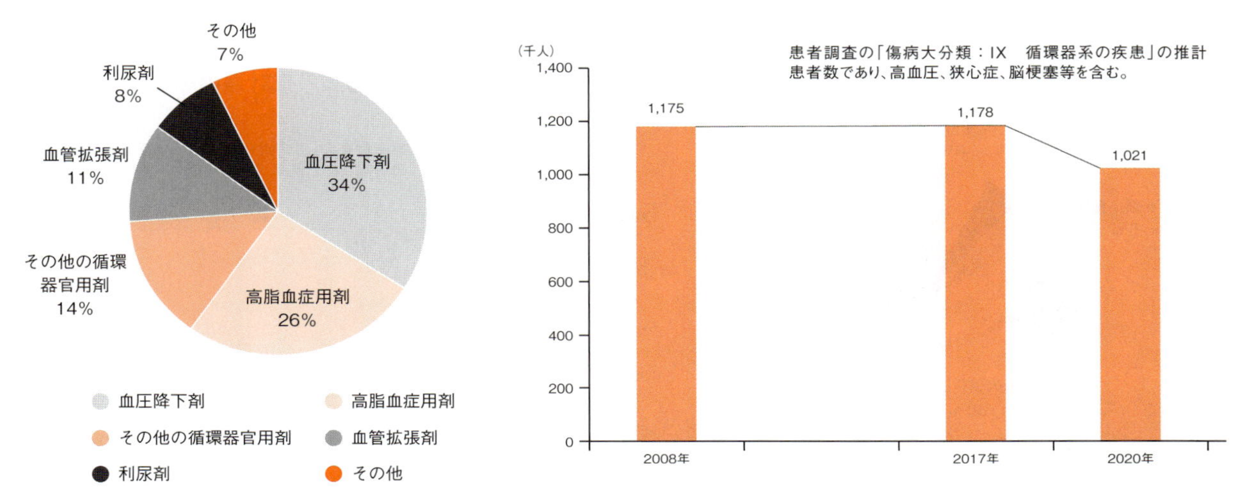

出典：厚生労働省「薬事工業生産動態統計調査」（2020年）、厚生労働省「令和２年患者調査」（2022年６月30日）、国立社会保障・人口問題研究所「日本の将来推計人口」（2017年）を基に加工。

⑤消化器官用薬

消化器症状を改善する「23　消化器官用薬」は市場規模が約6,500億円であり、胃潰瘍や十二指腸潰瘍の治療に用いる「232　消化性潰瘍用剤」がうち約４割を占める。しかし、消化性潰瘍は原因となるピロリ菌感染者数が減少していることなどから患者数が年々減っており、市場規模も縮小傾向にある。輸入割合は、催吐剤等が含まれる「239　その他の消化器官用薬」以外はほぼ国内生産であり、全体の輸入割合は約16％である。推計適用患者数は約133万人であり、2017年から30万人近く減少した。

（単位：千円）

類	一般的名称	市場規模	類に占める割合	輸入割合
23	消化器官用薬	647,921,292	100.0%	16.1%
232	消化性潰瘍用剤	256,120,656	39.5%	0.1%
239	その他の消化器官用薬	195,405,856	30.2%	50.4%
235	下剤，浣腸剤	86,522,935	13.4%	6.7%
231	止しゃ剤，整腸剤	31,242,046	4.8%	0.0%
234	制酸剤	26,492,337	4.1%	0.1%
	その他	52,137,462	8.0%	

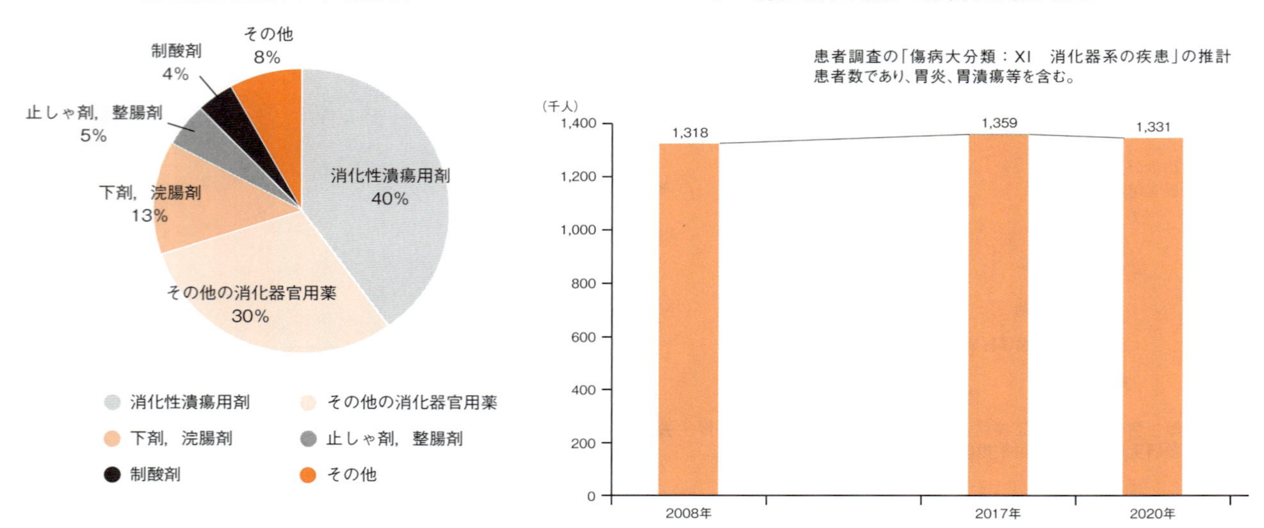

出典：厚生労働省「薬事工業生産動態統計調査」（2020年）、厚生労働省「令和２年患者調査」（2022年６月30日）、国立社会保障・人口問題研究所「日本の将来推計人口」（2017年）を基に加工。

第2部　データ編

⑥血液・体液用薬

「33　血液･体液用薬」については､「333　血液凝固阻止剤」がこの類の６割近くを占める。輸入割合は「332　止血剤」が約１割を輸入しているが､この類全体としては輸入割合は1.2%と非常に低い。なお、この類については、適用する疾患を特定することができないため、推計適用患者数は算出していない。

（単位：千円）

類	一般的名称	市場規模	類に占める割合	輸入割合
33	血液・体液用薬	644,895,536	100.0%	1.2%
333	血液凝固阻止剤	377,081,597	58.5%	0.8%
339	その他の血液・体液用薬	179,276,866	27.8%	1.4%
331	血液代用剤	76,443,629	11.9%	1.2%
332	止血剤	12,093,444	1.9%	13.2%

33　血液・体液用薬の市場規模

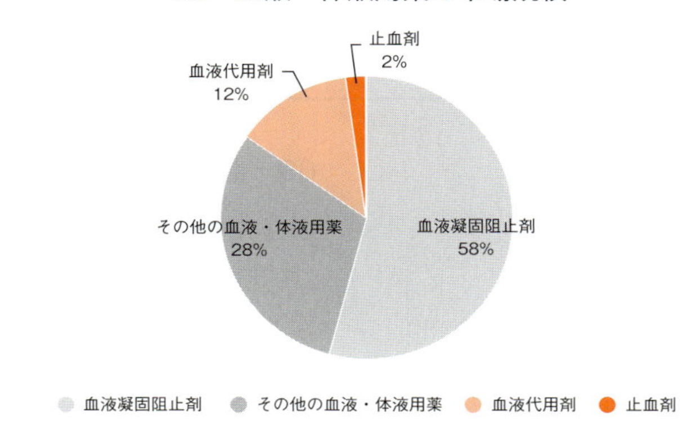

出典：厚生労働省「薬事工業生産動態統計調査」（2020年）を基に加工。

⑦生物学的製剤

2019年から2020年にかけ市場規模を拡大させた「63　生物学的製剤」は、輸血などに使われる「634　血液製剤類」がこの類の５割以上を占める。

患者数は2008年からは減少傾向にあり、2020年時点で約147万人である。この中には新型コロナウイルス感染症患者も含まれるものの、一方で季節性インフルエンザウイルスなど、他のウイルス性感染症患者数が激減したことなどから、この類に係る推計適用患者数としては減少傾向が続いていると思われる。

（単位：千円）

類	一般的名称	市場規模	類に占める割合	輸入割合
63	生物学的製剤	633,272,903	100.0%	33.1%
634	血液製剤類	346,488,748	54.7%	26.2%
631	ワクチン類	149,734,658	23.6%	43.2%
639	その他の生物学的製剤	108,896,401	17.2%	50.0%
636	混合生物学的製剤	27,123,853	4.3%	0.0%
632	毒素及びトキソイド類	948,588	0.1%	0.0%
633	その他	80,655	0.0%	0.0%

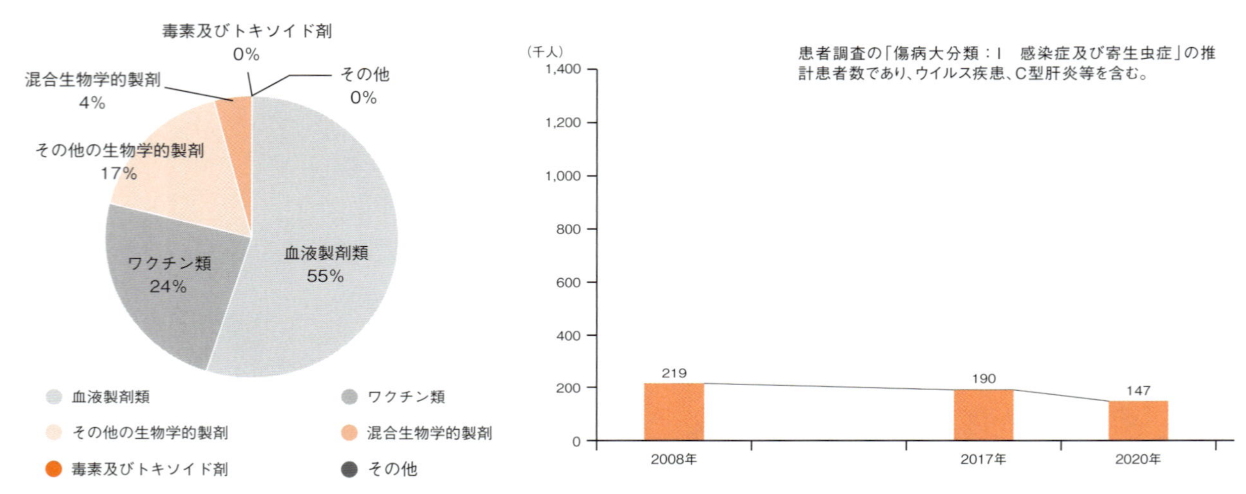

出典：厚生労働省「薬事工業生産動態統計調査」（2020年）、厚生労働省「令和２年患者調査」（2022年６月30日）、国立社会保障・人口問題研究所「日本の将来推計人口」（2017年）を基に加工。

第２部　データ編

⑧体外診断用医薬品

疾病の診断に用いられる「74　体外診断用医薬品」については「744　免疫血清学的検査用剤」が約２割を占め、2019年及び2020年に大きく市場を伸ばしている。感染症や免疫異常の疾患に用いられるため、新型コロナの感染拡大と関連すると思われる。

なお、この類については、診断等に用いられるものであり、適用する疾患を特定することができないため、推計適用患者数は算出していない。

（単位：千円）

類	一般的名称	市場規模	類に占める割合	輸入割合
74	体外診断用医薬品	561,621,533	100.0%	43.5%
744	免疫血清学的検査用剤	259,846,706	46.3%	37.1%
743	生化学的検査用剤	218,417,005	38.9%	51.5%
742	血液学的検査用試薬	30,848,537	5.5%	24.6%
741	一般検査用剤	20,834,368	3.7%	25.7%
745	細菌学的検査用剤	20,770,932	3.7%	75.5%
746	その他	10,903,985	1.9%	64.7%

74　体外診断用医薬品の市場規模

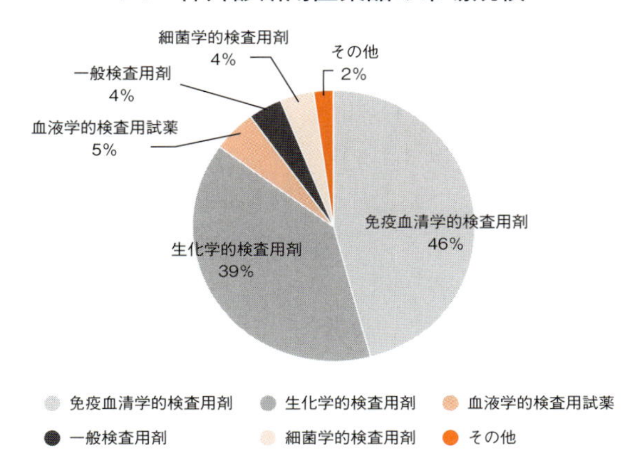

出典：厚生労働省「薬事工業生産動態統計調査」（2020年）を基に加工。

⑨ホルモン剤（抗ホルモン剤を含む。）

更年期障害やがん治療に用いられる「24　ホルモン剤（抗ホルモン剤を含む。）」には2020年は若干市場が縮小したものの、安定的に成長しており、「249　その他のホルモン剤（抗ホルモン剤を含む。）」が約24％を占める。

類全体では約56％の輸入割合である。この類についても、多様な疾患に利用される医薬品であり、適用する疾患を特定することができないため、推計適用患者数は算出していない。

（単位：千円）

類	一般的名称	市場規模	類に占める割合	輸入割合
24	ホルモン剤（抗ホルモン剤を含む。）	510,788,589	100.0%	55.9%
249	その他のホルモン剤（抗ホルモン剤を含む。）	276,158,377	54.1%	56.2%
241	脳下垂体ホルモン剤	90,394,260	17.7%	79.7%
243	甲状腺，副甲状腺ホルモン剤	81,918,818	16.0%	35.4%
248	混合ホルモン剤	28,282,033	5.5%	61.0%
245	副腎ホルモン剤	22,092,512	4.3%	37.1%
	その他	11,942,589	2.3%	

24　ホルモン剤（抗ホルモン剤を含む）

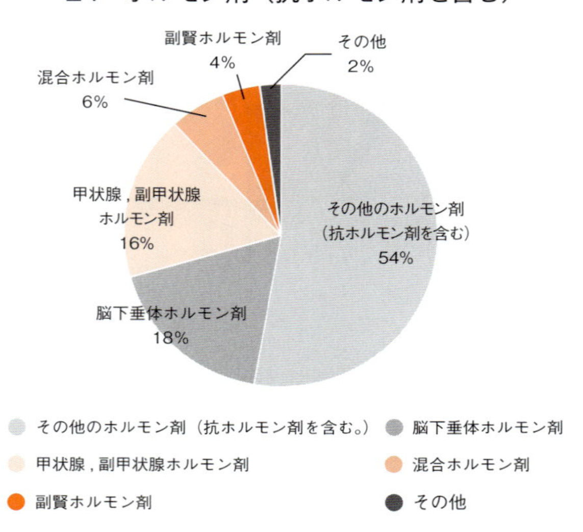

出典：厚生労働省「薬事工業生産動態統計調査」（2020年）を基に加工。

第2部　データ編

⑩外皮用薬

「26　外皮用薬」は安定的に例年4,000億円程度の市場規模を維持している。

「264　鎮痛，鎮痒，収斂，消炎剤」が４割弱を占め、輸入割合が低い。2020年の適用推計患者数は約323万人である。

（単位：千円）

類	一般的名称	市場規模	類に占める割合	輸入割合
26	外皮用薬	414,664,439	100.0%	3.5%
264	鎮痛，鎮痒，収斂，消炎剤	239,604,218	57.8%	2.0%
261	外皮用殺菌消毒剤	60,013,337	14.5%	0.5%
269	その他の外皮用薬	44,958,877	10.8%	0.4%
265	寄生性皮ふ疾患用剤	20,916,589	5.0%	0.2%
263	化膿性疾患用剤	18,807,632	4.5%	0.2%
	その他	30,363,786	7.3%	

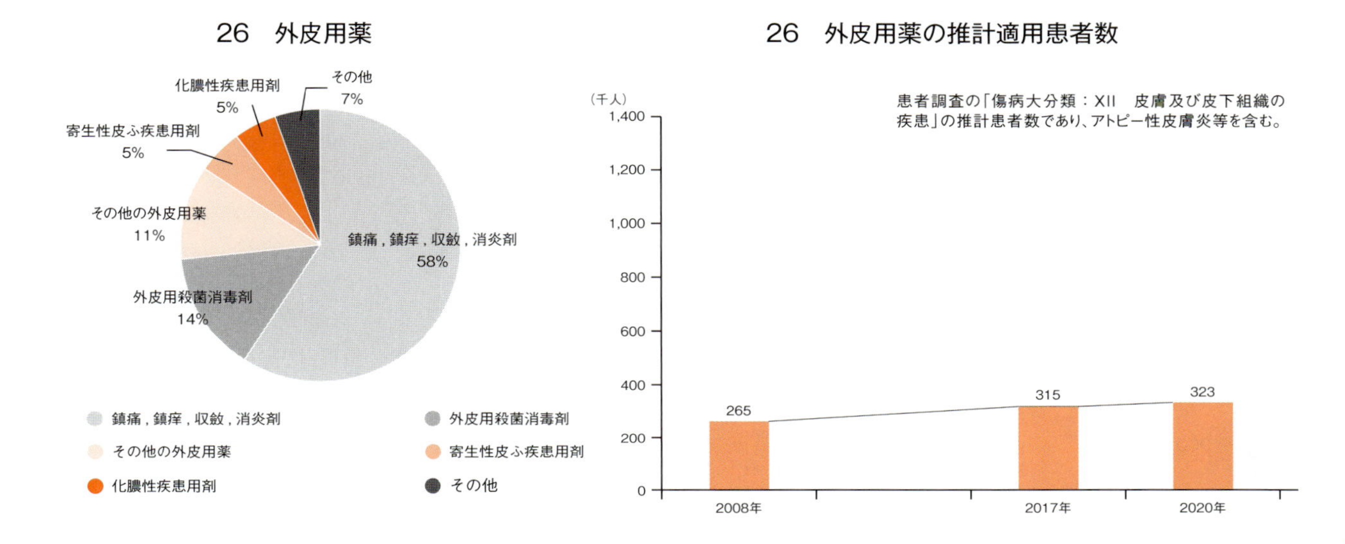

出典：厚生労働省「薬事工業生産動態統計調査」（2020年）、厚生労働省「令和２年患者調査」（2022年６月30日）、国立社会保障・人口問題研究所「日本の将来推計人口」（2017年）を基に加工。

⑪薬効分類別患者増減予測と2020年度市場規模

前頁までは、2020年時点における医薬品の市場規模等をみてきたが、今後の医薬品市場規模について予測を立てることは可能であろうか。

以下は、縦軸に「各薬効分類の2020年度の市場規模」を、横軸に前頁までの①～⑩で見た各薬効分類に該当する医薬品を使用する主な疾患についての「今後15年間の患者数の増加率」を、プロットしたものである。

厚生労働省が公表している「患者調査」と、国立社会保障・人口問題研究所が公表している「日本の将来推計人口」のデータを活用し、人口あたりの傷病ごとの受療率と2035年までの５年ごとの人口推計を組み合わせて算出した。

人口あたりの傷病ごとの受療率が今後も変化しない前提ではあるものの、増加率が1.00を超える分類については、医療需要の増加に伴い市場が拡大する可能性が考えられる。

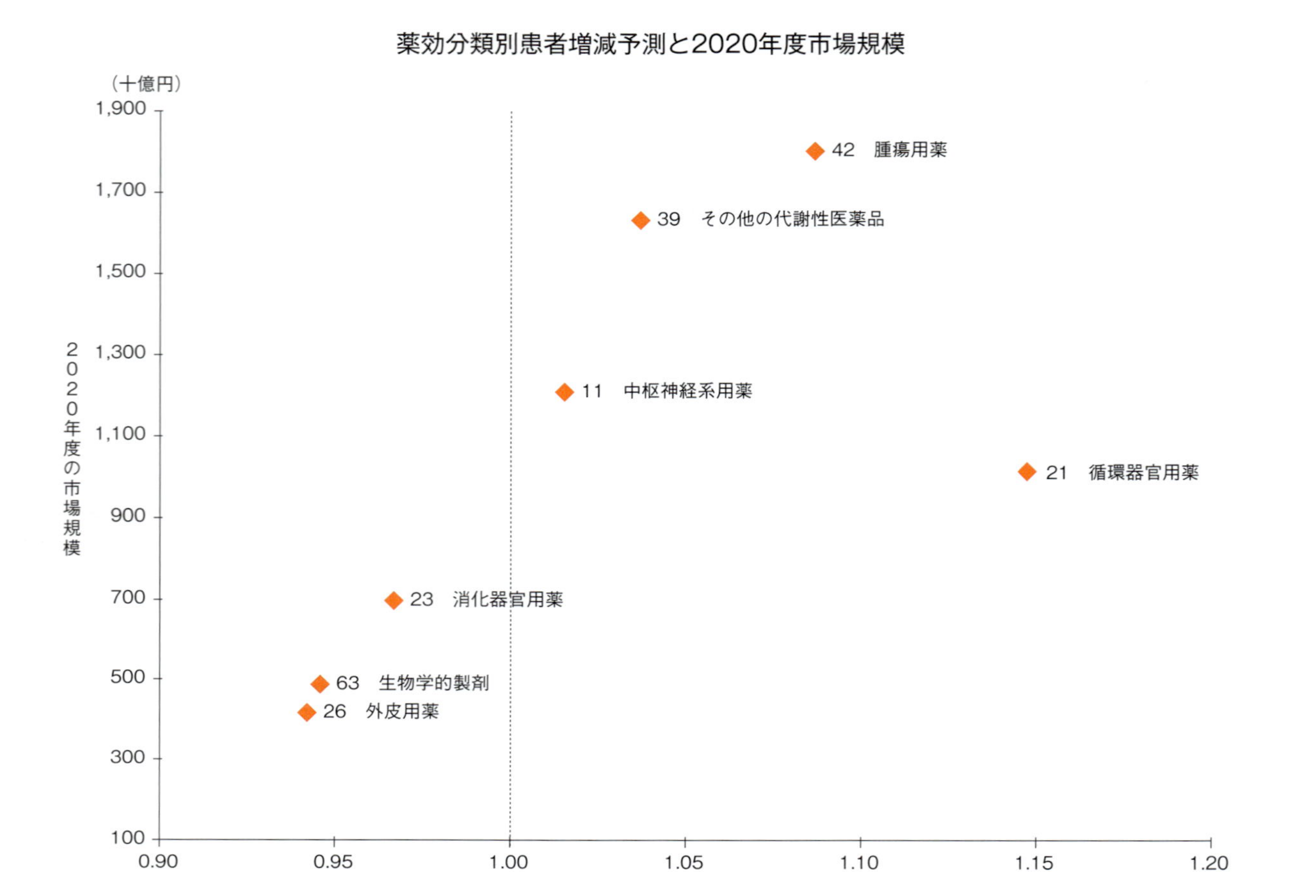

<本分析において前提とした薬効分類と疾患の対応関係>

薬効分類	主な疾患
21　循環器官用薬	高血圧、狭心症、脳梗塞　等
42　腫瘍用薬	悪性腫瘍　等
11　中枢神経系用薬	気分障害、アルツハイマー病　等
39　その他の代謝性医薬品	糖尿病、慢性腎不全　等
23　消化器官用薬	胃炎、胃潰瘍　等
63　生物学的製剤	インフルエンザ、ロタウイルス、麻疹　等
26　外皮用薬	アトピー性皮膚炎　等

出典：厚生労働省「平成30年薬事工業生産動態統計調査」（2020年１月22日）、厚生労働省「令和２年患者調査」（2022年６月30日）、国立社会保障・人口問題研究所「日本の将来推計人口」（2017年）を基に加工。

【参考】患者調査における傷病分類

前述の「推計適用患者数」の出典元である患者調査では、世界保健機関の「疾病、傷害及び死因の統計分類（ＩＣD-10（2013年版））準拠」に基づき、以下のように傷病を分類している。

	大分類	包含される中分類
Ⅰ	感染症及び寄生虫症	腸管感染症、結核、主として性的伝播様式をとる感染症、皮膚及び粘膜の病変を伴うウイルス疾患、ウイルス肝炎、その他のウイルス疾患、真菌症、感染症及び寄生虫症の続発・後遺症、その他の感染症及び寄生虫症
Ⅱ	新生物	胃の悪性新生物、結腸の悪性新生物、直腸S状結腸移行部及び直腸の悪性新生物、肝及び肝内胆管の悪性新生物、気管，気管支及び肺の悪性新生物、乳房の悪性新生物、子宮の悪性新生物、悪性リンパ腫、白血病、その他の悪性新生物、良性新生物及びその他の新生物
Ⅲ	血液及び造血器の疾患並びに免疫機構の障害	貧血、その他の血液及び造血器の疾患並びに免疫機構の障害
Ⅳ	内分泌、栄養及び代謝疾患	甲状腺障害、糖尿病、その他の内分泌，栄養及び代謝疾患
Ⅴ	精神及び行動の障害	血管性及び詳細不明の認知症、精神作用物質使用による精神及び行動の障害、統合失調症,統合失調症型障害及び妄想性障害、気分［感情］障害（躁うつ病を含む）、神経症性障害，ストレス関連障害及び身体表現性障害、知的障害＜精神遅滞＞、その他の精神及び行動の障害
Ⅵ	神経系の疾患	パーキンソン病、アルツハイマー病、てんかん、脳性麻痺及びその他の麻痺性症候群、自律神経系の障害、その他の神経系の疾患
Ⅶ	眼及び付属器の疾患	結膜炎、白内障、屈折及び調節の障害、その他の眼及び付属器の疾患
Ⅷ	耳及び乳様突起の疾患	外耳炎、その他の外耳疾患、中耳炎、その他の中耳及び乳様突起の疾患、メニエール病、その他の内耳疾患、その他の耳疾患
Ⅸ	循環器系の疾患	高血圧性疾患、虚血性心疾患、その他の心疾患、くも膜下出血、脳内出血、脳梗塞、脳動脈硬化（症）、その他の脳血管疾患、動脈硬化（症）、痔核、低血圧（症）、その他の循環器系の疾患
Ⅹ	呼吸器系の疾患	急性鼻咽頭炎［かぜ］＜感冒＞、急性咽頭炎及び急性扁桃炎、その他の急性上気道感染症、肺炎、急性気管支炎及び急性細気管支炎、アレルギー性鼻炎、慢性副鼻腔炎、急性又は慢性と明示されない気管支炎、慢性閉塞性肺疾患、喘息、その他の呼吸器系の疾患
ⅩⅠ	消化器系の疾患	う蝕、歯肉炎及び歯周疾患、その他の歯及び歯の支持組織の障害、胃潰瘍及び十二指腸潰瘍、胃炎及び十二指腸炎、アルコール性肝疾患、慢性肝炎（アルコール性のものを除く）、肝硬変（アルコール性のものを除く）、その他の肝疾患、胆石症及び胆のう炎、膵疾患、その他の消化器系の疾患
ⅩⅡ	皮膚及び皮下組織の疾患	皮膚及び皮下組織の感染症、皮膚炎及び湿疹、その他の皮膚及び皮下組織の疾患
ⅩⅢ	筋骨格系及び結合組織の疾患	炎症性多発性関節障害、関節症、脊椎障害（脊椎症を含む）、椎間板障害、頚腕症候群、腰痛症及び坐骨神経痛、その他の脊柱障害、肩の傷害＜損傷＞、骨の密度及び構造の障害、その他の筋骨格系及び結合組織の疾患
ⅩⅣ	腎尿路生殖器系の疾患	糸球体疾患及び腎尿細管間質性疾患、腎不全、尿路結石症、その他の腎尿路系の疾患、前立腺肥大（症）、その他の男性生殖器の疾患、月経障害及び閉経周辺期障害、乳房及びその他の女性生殖器の疾患
ⅩⅤ	妊娠、分娩及び産じょく	流産、妊娠高血圧症候群、単胎自然分娩、その他の妊娠，分娩及び産じょく
ⅩⅥ	周産期に発生した病態	妊娠及び胎児発育に関連する障害、その他の周産期に発生した病態
ⅩⅦ	先天奇形、変形及び染色体異常	心臓の先天奇形、その他の先天奇形，変形及び染色体異常
ⅩⅧ	症状、徴候及び異常臨床所見・異常検査所見で他に分類されないもの	
ⅩⅨ	損傷、中毒及びその他の外因の影響	骨折、頭蓋内損傷及び内臓の損傷、熱傷及び腐食、中毒、その他の損傷及びその他の外因の影響
ⅩⅩⅠ	健康状態に影響を及ぼす要因及び保健サービスの利用	健康者に対する検査・健康診断（査）・管理、予防接種、正常妊娠・産じょくの管理、歯の補てつ、その他の保健サービス

出典：厚生労働省「令和２年患者調査」（2022年６月30日）を基に作成。

3 最近の治療薬の動向

以下では、抗がん剤、アルツハイマー型認知症の治療薬、糖尿病の治療薬に着目し、それぞれについて最新動向を概観する。また、近年の市場変動が大きい、抗ウイルス剤についても動向を記載する。

なお、薬価の国内最高額は、2020年５月20日に薬価収載されたゾルゲンスマ（一般名称：オナセムノゲン アベパルボベク）で１億6,707万7,222円（１患者あたり１回静脈内投与、再投与はなし）となっている。

（1）抗がん剤

肺がんに効くとして登場した新薬に、2015年12月に承認され、公的医療保険が適用されたオプジーボ（一般名：ニボルマブ）がある。がんは体内の免疫に攻撃されないように免疫機能を抑制する特殊な能力を持つが、オプジーボはこの抑制能力を解除し、覚醒した免疫細胞によってがん細胞を攻撃させるという特徴を持つ。抗PD－１抗体とも呼ばれ、従来の抗がん剤に比べて高い効果があるとされている。

オプジーボの登場を皮切りに、2016年以降、同様の作用機序を示す「免疫チェックポイント阻害薬」（がん細胞によって抑えられていた免疫機能を再び活性化させる治療薬）が多く承認されている。国内では、ヤーボイ（一般名：イピリブマブ）、キイトルーダ（一般名：ペムブロリズマブ）、バベンチオ（一般名：アベルマブ）、テセントリク（一般名：アテゾリズマブ）、イミフィンジ（一般名：デュルバルマブ）の６製品が既に承認されている。

（2）アルツハイマー型認知症の治療薬

認知症のうち最も多いタイプはアルツハイマー型認知症であるが、このアルツハイマー型認知症に効果があるとされる治療薬は、現在４種類ある。承認が早い順に、アリセプト（一般名称：ドネペジル塩酸塩）、メマリー（一般名称：メマンチン塩酸塩）、レミニール（一般名称：ガランタミン臭化水素酸塩）、イクセロン／リバスタッチパッチ（一般名称：リバスチグミン）である。1999年の承認以来、アリセプトが国内では唯一の治療薬であったが、12年ぶりに新薬３剤が相次いで承認された。さらには同年、アリセプトの後発医薬品も上市された。

４種類の治療薬は、それぞれに最適な適用段階や作用の特徴があり、どのような症例にどの薬剤を選択すべきかについて少しずつ経験が積み重ねられつつある。

（3）糖尿病の治療薬

近年、糖尿病の新薬が相次いで登場している。Ⅱ型糖尿病治療薬のインクレチン関連薬は、インクレチンという消化管ホルモンの作用を利用した、血糖値が高いときだけ血糖値を下げる血糖値降下薬であり、経口薬の「DPP-4阻害薬」と注射薬の「GLP-1受容体作動薬」を併せてインクレチン関連薬と呼ばれている。2009年に、日本では約10年ぶりの新しい糖尿病治療薬として承認された。

2014年には、Ⅱ型糖尿病治療薬であり、SGLT2阻害薬と呼ばれる種類の薬である、スーグラ（一般名称：イプラグリフロジン）が承認を取得した。糖尿病は、腎機能が低下して透析が必要になる、失明するなどの合併症を引き起こすが、これを予防するための薬である。しかしながら、発売当初以来、重い副作用が報告されたことから、一般社団法人日本糖尿病学会のSGLT2阻害薬の適正使用に関する委員会は、「SGLT2阻害薬の適正使用に関するRecommendation」において適正使用の推進に向けて注意喚起を行っている。このRecommendationの中では、重症の低血糖12人、重症の脱水15人、脳梗塞12人、重症薬疹とみられる事例１件などの事例が詳細に示されている。

2021年６月に新たな作用機序を持つツイミーグ錠（一般名称：イメグリミン塩酸塩）が製造販売承認を取得した。作用機序としては、ミトコンドリアへの作用を介して、グルコース濃度依存的なインスリン分泌を促す膵作用と、肝臓・骨格筋での糖代謝を改善する膵外作用により血糖降下作用を示すと考えられている。

（4）疾患予防におけるワクチン類

ワクチンは、予防接種を受ける際に使われるものが一般的であるが、公費による負担で誰もが受けるべきＡ類疾患のものと、義務ではないが費用の一部に公費負担のあるＢ類疾患のものがある。

・Ａ類疾患
ジフテリア、百日せき、急性灰白髄炎（ポリオ）、麻しん（はしか）、風しん、日本脳炎、破傷風、結核、Hib感染症、小児の肺炎球菌感染症、ヒトパピローマウイルス感染症（子宮頸がん予防）、水痘、Ｂ型肝炎、痘そう、ロタウイルス

・Ｂ類疾患
インフルエンザ、高齢者の肺炎球菌感染症

ワクチンの中で、比較的新しく承認されたものであり、2016年から定期接種化されたものとしてＢ型肝炎ワクチンがある。対象者は、2016年４月以降に出生した、生後１歳に至るまでの間にある者である。

他には、公的予防接種の対象とはなっていないものの海外では公的予防接種の対象となっているものとして、ムンプスウイルスなどがあげられる。

4 NDBデータ分析「薬剤」

（1）基本データ

「薬剤」にかかる第６回ＮＤＢデータをまとめると、以下のとおりである。データは「内服」、「外用」及び「注射」を合算して集計しており、その中には院内・院外のデータも含んでいる。

本項では、薬価×処方数量を「市場規模」として定義し、先発品及び後発品の市場規模について分析を行った。

処方数量の割合をみると、先発品が65.4％、後発品が34.6％となっている。

市場規模をみると、全体は9,161,548百万円となっており、先発品と後発品の割合をみると、先発品が86.6％に対して後発品が13.4％と、市場規模のおよそ９割を先発品が占めていることがわかる。

なお、第６回データで公表されている薬剤は、薬効分類ごとに処方数量の多い上位100品目までとなっており、全ての薬剤データは公表されていないことに留意いただきたい。

また、本書内「医薬品市場の最新動向」の項においても薬効分類別に市場規模の分析を行っているが、引用データ及び市場規模の定義が異なるため、本項と同じ薬効分類でも市場規模の値が異なることにあわせて留意いただきたい。

■ 第６回データの全体数

	先発品	後発品	合計
薬効分類数	―	―	
処方数量	120,371,141,017	63,654,229,603	184,025,370,620
処方数量の割合	65.4%	34.6%	100.0%
処方数量×薬価（市場規模）	7,941,480百万円	1,220,068百万円	9,161,548百万円
処方数量×薬価の割合	86.6%	13.4%	100.0%

出典：厚生労働省「第６回NDBオープンデータ」（2021年12月）を基に作成。

(2) 市場分析

①薬効分類別の市場規模（上位20）

以下は、薬効分類ごとに市場規模を集計し、上位20を抽出したものである。市場規模の多い順に「429 その他の腫瘍用薬」が1,264,653百万円、「399 他に分類されない代謝性医薬品」が678,829百万円、「396 糖尿病用剤」が416,099百万円となっている。

この３つの薬効分類の処方数量をみると、「396 糖尿病用剤」は「429 その他の腫瘍用薬」の処方数量の約21倍、「399 他に分類されない代謝性医薬品」の処方数量の約３倍となっている。「429 その他の腫瘍用薬」は、処方数量が少ないが市場規模が最も大きく、このことから薬価（単価）が非常に高いことがみてとれる。

■ 薬効分類別の市場規模（上位20）

薬効分類	薬効分類名称	処方数量	市場規模（百万円）（処方数量×薬価）	市場規模全体に対する割合（%）
429	その他の腫瘍用薬	303,154,013	1,264,653	13.8
399	他に分類されない代謝性医薬品	2,176,492,689	678,829	7.4
396	糖尿病用剤	6,313,520,595	416,099	4.5
131	眼科用剤	1,546,912,883	360,305	3.9
333	血液凝固阻止剤	6,547,835,575	353,377	3.9
119	その他の中枢神経系用薬	2,267,504,101	324,828	3.5
232	消化性潰瘍用剤	8,574,684,545	298,169	3.3
214	血圧降下剤	5,065,992,460	292,253	3.2
634	血液製剤類	7,936,868	281,318	3.1
218	高脂血症用剤	5,231,570,237	265,052	2.9
249	その他のホルモン剤（抗ホルモン剤を含む。）	593,991,917	264,897	2.9
625	抗ウイルス剤	201,019,164	242,376	2.6
449	その他のアレルギー用薬	4,580,969,652	240,289	2.6
117	精神神経用剤	3,482,662,926	220,003	2.4
339	その他の血液・体液用薬	4,174,320,548	192,929	2.1
239	その他の消化器官用薬	2,670,045,829	186,815	2.0
264	鎮痛，鎮痒，収斂，消炎剤	9,498,563,941	178,832	2.0
229	その他の呼吸器官用薬	64,120,720	174,546	1.9
219	その他の循環器官用薬	1,947,193,196	142,682	1.6
114	解熱鎮痛消炎剤	5,441,748,072	132,118	1.4
		上位 20 の合計	6,510,372	71.1
		全体の合計	9,161,548	100.0

出典：厚生労働省「第６回 ＮＤＢオープンデータ」（2021年12月）を基に作成。

第2部 データ編

②薬効分類別の先発品及び後発品の市場規模（上位20）

前記①の集計表から、薬効分類ごとに先発品と後発品それぞれの市場規模及び市場規模に対する割合を算出した。

市場規模が多い上位20の薬効分類のうち、先発品の市場規模の割合が90%を超えるものは10あり、半数が先発品の独占状態となっている。

前回の第５回のデータと比較すると、大きな変動はないが上位の「429 その他の腫瘍用薬」から「333　血液凝固阻止剤」までは市場規模が10%近く拡大した。

薬効分類別の先発品及び後発品の市場規模（上位20）

薬効分類	薬効分類名称	後発品／先発品	処方数量	市場規模（百万円）（処方数量×薬価）	市場規模全体に対する割合
429	その他の腫瘍用薬	先発品	148,873,851	1,210,067	95.6%
		後発品	154,280,163	54,586	4.4%
		小計	275,676,236	1,264,653	100.0%
399	他に分類されない代謝性医薬品	先発品	1,301,265,206	626,524	92.3%
		後発品	875,227,483	52,305	7.7%
		小計	2,179,332,835	678,829	100.0%
396	糖尿病用剤	先発品	4,931,371,087	397,885	95.6%
		後発品	1,382,149,508	18,214	4.4%
		小計	6,313,520,595	416,099	100.0%
131	眼科用剤	先発品	1,157,085,543	326,711	90.7%
		後発品	389,827,340	33,595	9.3%
		小計	1,546,912,883	360,305	100.0%
333	血液凝固阻止剤	先発品	4,033,862,477	326,979	92.5%
		後発品	2,513,973,098	26,398	7.5%
		小計	6,547,835,575	353,377	100.0%
119	その他の中枢神経系用薬	先発品	2,001,608,467	294,066	90.5%
		後発品	265,895,634	30,762	9.5%
		小計	2,267,504,101	324,828	100.0%
232	消化性潰瘍用剤	先発品	3,620,380,612	214,930	72.1%
		後発品	4,954,303,932	83,239	27.9%
		小計	8,574,684,545	298,169	100.0%
214	血圧降下剤	先発品	2,329,284,246	207,083	70.9%
		後発品	2,736,708,213	85,170	29.1%
		小計	5,065,992,460	292,253	100.0%
634	血液製剤類	先発品	7,936,868	281,318	100.0%
		後発品	0	0	0.0%
		小計	7,936,868	281,318	100.0%
218	高脂血症用剤	先発品	1,736,389,454	180,911	68.3%
		後発品	3,495,180,782	84,141	31.7%
		小計	5,231,570,237	265,052	100.0%
249	その他のホルモン剤（抗ホルモン剤を含む。）	先発品	314,954,907	237,975	89.8%
		後発品	279,037,010	26,922	10.2%
		小計	593,991,917	264,897	100.0%
625	抗ウイルス剤	先発品	110,834,574	228,214	94.2%
		後発品	90,184,591	14,163	5.8%
		小計	201,019,164	242,376	100.0%
449	その他のアレルギー用薬	先発品	2,251,092,642	168,600	70.2%
		後発品	2,329,877,010	71,689	29.8%
		小計	4,580,969,652	240,289	100.0%
117	精神神経用剤	先発品	2,290,789,988	205,882	93.6%
		後発品	1,191,872,938	14,121	6.4%
		小計	3,720,692,863	220,003	100.0%
339	その他の血液・体液用薬	先発品	889,644,055	112,376	58.2%
		後発品	3,284,676,493	80,553	41.8%
		小計	4,174,320,548	192,929	100.0%
239	その他の消化器官用薬	先発品	1,171,204,538	161,510	86.5%
		後発品	1,498,841,291	25,306	13.5%
		小計	2,670,045,829	186,815	100.0%
264	鎮痛，鎮痒，収斂，消炎剤	先発品	5,709,580,478	139,225	77.9%
		後発品	3,788,983,463	39,607	22.1%
		小計	9,498,563,941	178,832	100.0%
229	その他の呼吸器官用薬	先発品	62,699,598	173,809	99.6%
		後発品	1,421,122	736	0.4%
		小計	64,120,720	174,546	100.0%
219	その他の循環器官用薬	先発品	1,108,331,428	121,153	84.9%
		後発品	838,861,768	21,529	15.1%
		小計	1,947,193,196	142,682	100.0%
114	解熱鎮痛消炎剤	先発品	2,347,804,493	104,144	78.8%
		後発品	3,093,943,579	27,975	21.2%
		小計	5,441,748,072	132,118	100.0%

出典：厚生労働省「第６回 ＮＤＢオープンデータ」（2021年12月）を基に作成。

横軸に市場規模（百万円）、縦軸に薬効分類内の後発品市場規模割合（％）をとり、薬効分類別にプロットを行った。これは、図内の右にいくほど市場規模が大きく、今後の後発品の市場参入余地が大きいことを示し、上にいくほど薬効分類内の後発品市場規模割合が高く、すなわち後発品にとっては成熟した市場であることを示している。

プロットした薬効分類は、市場規模が大きい上位20に最も後発品市場規模割合が高い「血管拡張剤」を加えたものとなっている。

「血管拡張剤」をみると、市場規模は市場規模上位20位に入らない一方で、後発品市場規模割合が最も高いことから、後発品市場として成熟していると推察される。第４回から第６回までのデータの推移をみると、多くの薬効分類で段階的に後発品の割合は増加し、市場規模は縮小している。ただし、後発品の割合が５割を超えている薬効分類は「血管拡張剤」のみとなっており、他の薬効分類と比べ突出して高い。

一方、「その他の腫瘍用薬」をみると、薬効分類内の後発品市場規模割合は第４回から第６回にかけて、4.4％のままであり、市場規模は9,530億円→１兆2,646億円と変化しており、「血管拡張剤」とは逆に、後発品の割合は減少し、市場規模は大幅に拡大している。

薬効分類別の市場規模と後発品の市場規模割合

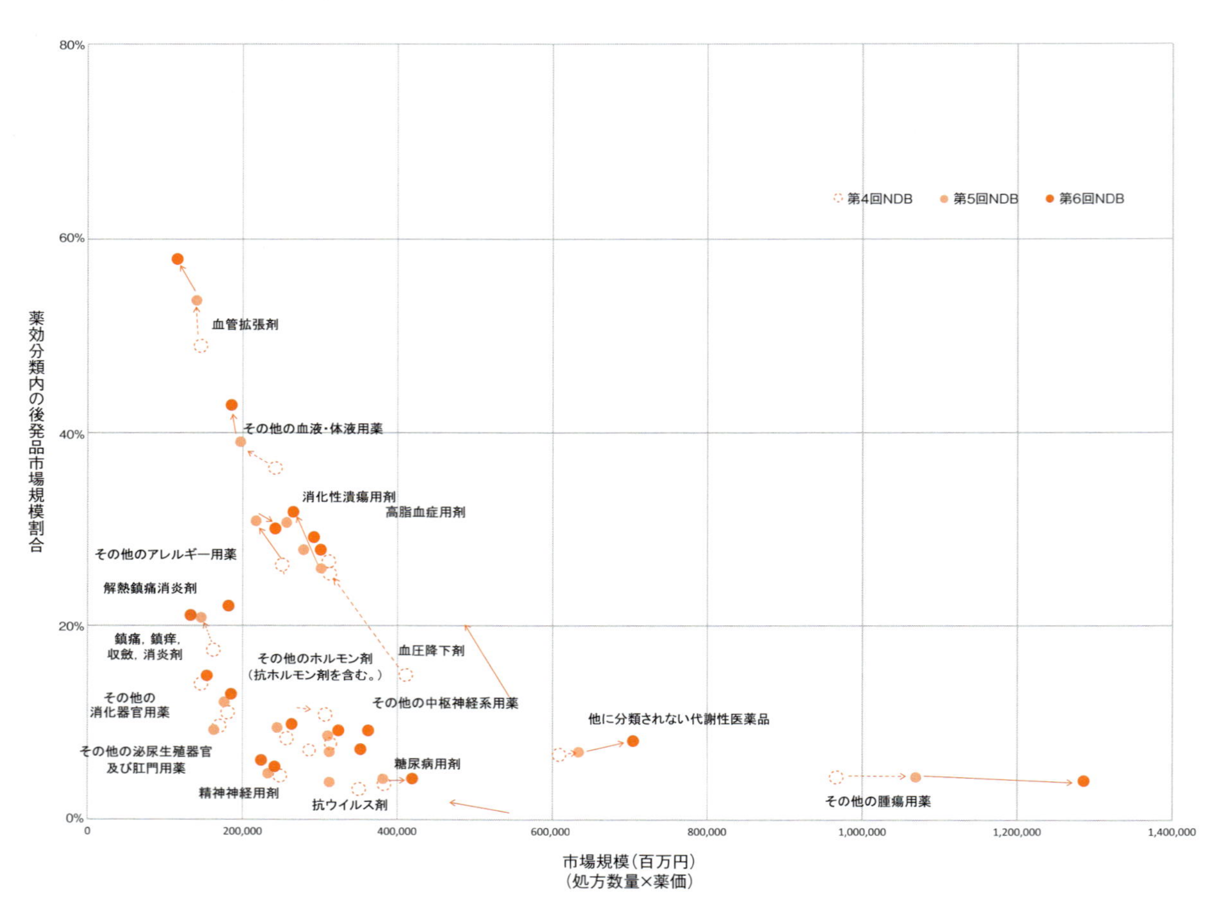

（注）「634 血液製剤類」、「229 その他の呼吸器官用薬」は後発品がないため、図表上には記載していない。
出典：厚生労働省「ＮＤＢオープンデータ」（2019年、2020年、2021年）を基に作成。

第2部　データ編

また、「血管拡張剤」の後発品市場割合を、地域別に算出し、第３回から第６回のデータを並べると、以下のとおりとなる。

「血管拡張剤」の後発品市場割合において、第６回データで最も後発品市場割合が高いのは沖縄県の90.2%となっており、第５回データから約16ポイント増加し、後発品が９割以上使用されている状況となっている。また、第３回から第６回にかけて、全ての都道府県で後発品市場割合が大幅に拡大している。

地域別「血管拡張剤」の後発品市場割合

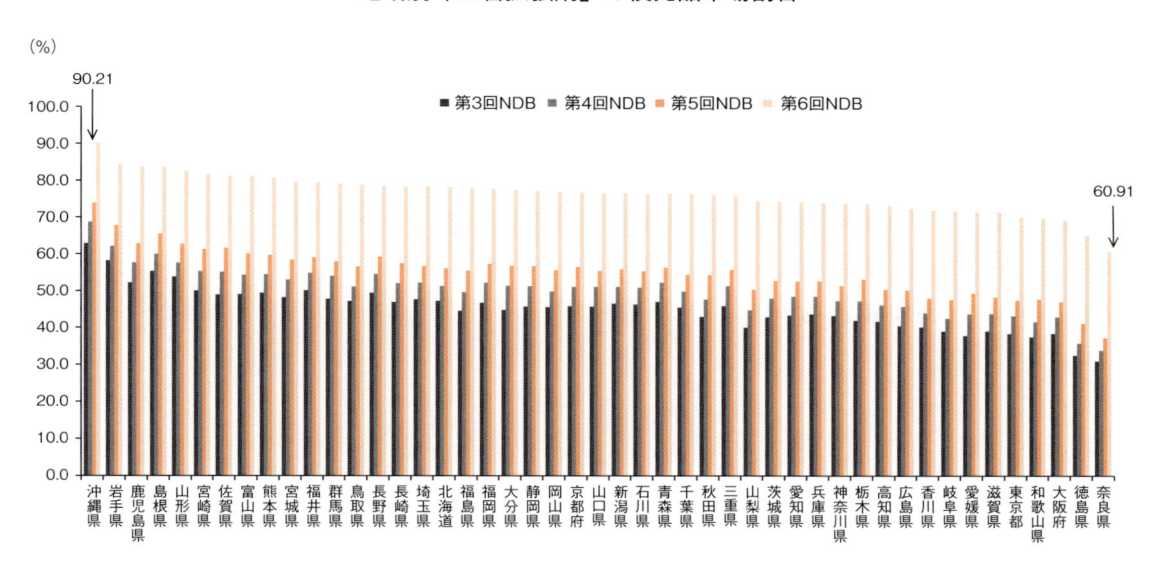

出典：厚生労働省「ＮＤＢオープンデータ」(2017年、2018年、2019年、2020年、2021年) を基に作成。

【参考文献】

・厚生労働省ＨＰ「医薬品・医療機器」の政策分野関連情報「施策概要」
https://www.mhlw.go.jp/seisakunitsuite/bunya/kenkou_iryou/iyakuhin/dl/shisetu_gaiyou.pdf
・厚生労働省「薬事工業生産動態統計調査」(2009年～ 2020年)
・厚生労働省「患者調査」(2008年、2017年、2020年)
・国立社会保障・人口問題研究所「日本の将来推計人口」(2017年)
・厚生労働省「第２回 ＮＤＢオープンデータ」(2017年８月)
・厚生労働省「第３回 ＮＤＢオープンデータ」(2018年８月)
・厚生労働省「第４回 ＮＤＢオープンデータ」(2019年８月)
・厚生労働省「第５回 ＮＤＢオープンデータ」(2020年12月)
・厚生労働省「第６回 ＮＤＢオープンデータ」(2021年12月)

【参考　データの所在】

No.	調査名	実施主体	調査内容	調査対象	調査周期	HPへの掲載	Excelデータの頒布
1	人口動態調査	厚生労働省	出生、死亡、死産、婚姻及び離婚の状況について、性・年齢・地域別等に把握	日本における出生・死亡・婚姻・離婚・死産の全数及び日本人の外国における事象（死産を除く）の集計	毎月	○	○
2	医療施設調査	厚生労働省	医療施設の分布及び整備の実態、医療施設の診療機能の把握	全国の病院、一般診療所、歯科診療所	動態調査：毎年 静態調査：３年周期	○	○
3	患者調査	厚生労働省	病院及び診療所を利用する患者の傷病状況等を把握	全国の病院、一般診療所、歯科診療所	３年周期	○	○
4	病院報告	厚生労働省	全国の病院、療養病床を有する診療所における患者の利用状況及び病院の従事者の状況の把握	全国の病院、療養病床を有する診療所	毎月 及び 毎年	○	○
5	医師・歯科医師・薬剤師調査	厚生労働省	医師・歯科医師・薬剤師数について、業務の種別・従事場所・登録年・性・年齢等による分布を把握	全国の病院、一般診療所、歯科診療所	２年周期	○	○
6	薬事工業生産動態統計調査	厚生労働省	医薬品、医薬部外品、衛生材料及び医療機器に関する生産（輸入）の実態を把握	全国の医薬品、医薬部外品及び医療機器を製造販売する事務所及び製造する製造所	毎月 及び 毎年	○	○
7	介護サービス施設・事業所調査	厚生労働省	介護保険施設及び居宅サービス事業所の経営主体、定員（利用者数）、従事者数、居室等の状況などを把握	介護保険施設及び居宅サービス事業所（居宅、地域密着型、介護予防支援、居宅介護支援）の全数	毎年	○	○
8	介護給付費実態調査	厚生労働省	介護サービスに係る給付費の状況を把握することを目的として、介護保険サービスの受給者数、費用額等を調査	各都道府県国民健康保険団体連合会が審査したすべての介護給付費明細書、給付管理票	毎年	○	○
9	介護事業経営実態調査	厚生労働省	介護サービスの費用等について、事業所からの収入の状況、支出の状況、職員の人件費の状況について把握	介護保険施設及び居宅サービス事業所（居宅、地域密着型、介護予防支援、居宅介護支援）のサンプル調査（おおよそ1/6程度）	３年周期	○	×
10	医療経済実態調査（医療機関等調査）	厚生労働省	病院、一般診療所及び歯科診療所並びに保険薬局における医業経営等の実態を把握	全国の病院、一般診療所、歯科診療所、保険調剤薬局	動態調査：２年周期	○	×
11	病院経営管理指標	厚生労働省	病院の損益状況、財務状況、概況から集計した経営指標	医療法人が開設する病院、医療法第31条に規定する公的医療機関及び社会保険関係団体病院の開設する病院	2004年度以降毎年。ただし、2012年度以降は実施していない。	○	×
12	病院運営実態分析調査報告、病院経営実態調査報告	（一社）全国公私病院連盟・（一社）日本病院会	平均在院日数や病床利用率、患者数、職員数、収支、費用などの実態を把握	全国公私病院連盟加盟団体に所属する病院及び社団法人日本病院会加入病院	毎年６月	○	一部有
13	医療関連サービス実態調査報告	（財）医療関連サービス振興会	医療関連サービスの種類ごとの問題点、将来動向と課題を把握	全国の病院から無作為に抽出した3,000病院／医療関連サービスマーク制度認定事業者名簿、業界団体名簿など各種資料から、医療関連サービスごとに実施している事業者から抽出した1,500事業者	３年周期	○	×
14	看護関係統計資料集	看護問題研究会	看護職の就業者数（年齢階級別、施設別）、産婦人科標榜施設数、学校養成所数、学校定員数（設置主体別、都道府県別）の把握	全国の病院、看護系学校	毎年	×	×
15	建築統計の年間動向	（財）建設物価調査会	建築場所、工事期間、建築主体、工事種別、用途、床面積の合計、工事費予定額等を把握	新たに建築される全国の建築物	毎年	×	○

株式会社日本政策投資銀行（DBJ）のご案内

株式会社日本政策投資銀行は、1999年10月１日に日本開発銀行と北海道東北開発公庫の一切の権利・義務を承継して設立され、2007年６月に成立した株式会社日本政策投資銀行法に基づき、2008年10月１日に民営化（株式会社化）しました。

代表取締役社長	地下　誠二
職員数	1,257名（2022年３月末）
資本金	１兆４億2,400万円（全額政府出資）
本店所在地	〒100-8178　東京都千代田区大手町一丁目９番６号 大手町フィナンシャルシティサウスタワー
ＵＲＬ	https://www.dbj.jp/
支店・事務所	支店10か所、事務所８か所、海外現地法人４か所
総資産額	21兆1,884億円（2022年３月末）
貸出金残高	14兆4,908億円（2022年３月末）

《DBJの企業理念》

DBJは、役職員が共有する価値観に根差した行動基準をガイドラインとしながら、当行グループの使命（存在意義）を追求し、ビジョン（あるべき将来像）の実現を目指します。

DBJでは、企業理念に基づく４つのＤＮＡ（長期性、中立性、パブリックマインド、信頼性）を、当行の強みとして位置づけており、これらを活かして参ります。

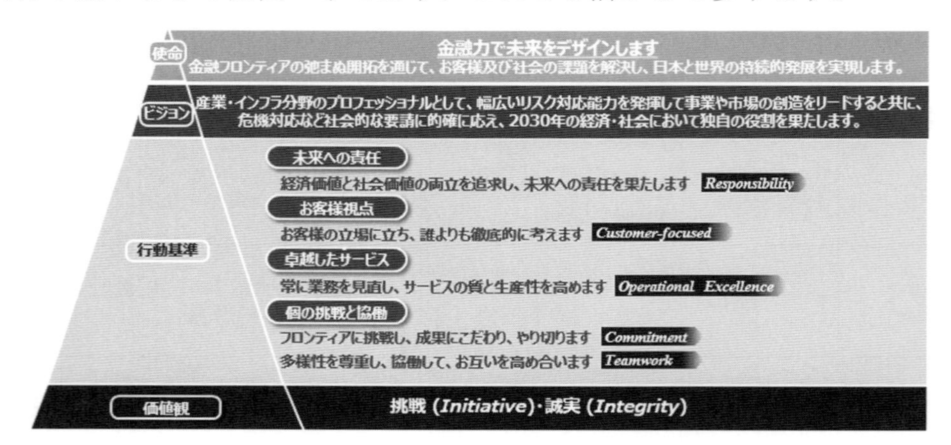

《DBJのサービスのご案内》

中長期の資金供給をはじめとする投融資一体型の金融サービスの提供を通じて、お客様の課題解決に取組みます。

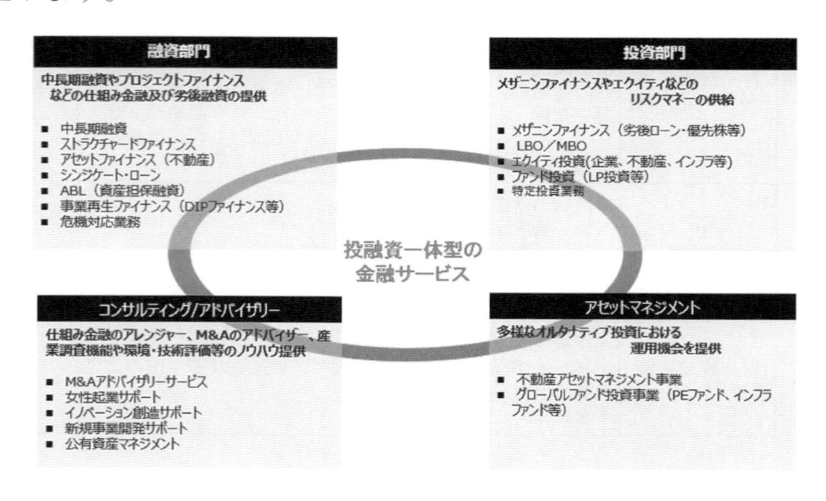

《ヘルスケア室のご案内》

DBJ及び株式会社日本経済研究所は、医療・福祉分野、ライフサイエンス分野それぞれにおきましても、各種融資対応、コンサルティング業務及び「ヘルスケア業界ハンドブック」の発刊などによる情報提供等の取組みを通して、当該分野での付加価値提供を目指してまいりました。このような取組みを推進する観点から、2013年４月１日付で「医療・生活室」を改組し、「ヘルスケア室」を設立しました。

今後とも長期資金や年度資金のご融資などを通じて、お客様のニーズにあわせた解決策をご提案し、資金調達及び経営改善のお手伝いをさせて頂きます。

《DBJの医療・福祉分野におけるサービスのご案内》

■ 融資

●病院建替・増改築時に必要となる、長期の資金調達の支援
●医療機器の取得・更新時の支援
●介護事業進出時の資金調達の支援
●経営承継（Ｍ＆Ａ）資金の資金調達の支援
（各種公的医療施設等の民間承継に対する支援も含む。）
● DBJビジョナリーホスピタル認定制度
公益財団法人日本医療機能評価機構による「病院機能評価」の認定を受けた病院を対象に、環境配慮、防災・事業継続対策に優れた病院をDBJ独自の評価システムによって「DBJビジョナリーホスピタル」と認定し、評価に応じた融資条件を設定する融資メニュー
● DBJ健康経営（ヘルスケアマネジメント）格付
従業員の健康配慮への取組みが優れた企業を独自の評価システムにより評価して優れた企業を選定し融資するメニュー

■ Ｍ＆Ａアドバイザリー

●内外拠点/人的ネットワークに加え、全国の地域金融機関と提携
●各種業界に関する豊富な知識と経験、公共性の高い案件へのノウハウ

■ヘルスケアファンド

医療・介護事業者を対象にしたヘルスケアファンドを設立し、以下のような業務を行っております。
●医療機関等に対する劣後ローンの供給
●医療機関等に対し、金融機関が保有する貸出債権の買い取り
●医療・介護施設の不動産流動化

■ コンサルティング

DBJ及びグループ会社の㈱日本経済研究所による、中立的・公益的・長期的な視点からの医療事業向けコンサルティング業務
①財務、②経営、③資産活用　の３点から、各種提案及び実行支援

■ レポート等の発信

●「ヘルスケア業界ハンドブック」の作成
●「ヘルスケアレポート」の作成（当行ウェブサイト）

《DBJのライフサイエンス分野におけるサービスのご案内》

■ 融資

●工場の建設・建替時に必要となる長期の資金調達の支援
●設備の取得・更新時の支援
●M＆A、一部株式取得等におけるバックファイナンスの支援
●更なる成長のためのハイブリッドファイナンス、劣後融資などのリスクマネー提供
●DBJサステナビリティ評価認証融資
　企業の非財務情報を評価して優れた企業を選定し融資するメニューで、それぞれ、従業員に関する健康経営、事業継続及び危機管理の経営（BCM）、環境経営を評価

■ 投資（共同投資等）

●成長加速、資本増強のための優先株式取得又は普通株式取得を通じた支援
●新規事業獲得、販路獲得、生産拠点の獲得を目的にした中規模以上のM＆A時における買収対象会社への共同投資
●ノンコア事業切り出し、新規事業ジョイントベンチャー設立時の共同投資支援

■ M＆Aアドバイザリー

●㈱日本経済研究所とも連携しながら、業界に関する豊富な知識と経験、ノウハウを提供
●内外拠点/人的ネットワークに加え、海外のM＆Aアドバイザリーファームと提携

■ ベンチャー企業支援

●グループ会社のDBJキャピタル㈱を通じたベンチャー企業投資

■ レポート等の発信

●「ヘルスケアレポート」の作成（当行ウェブサイト）

■ 株式会社日本政策投資銀行　本支店一覧（国内）

本店 東京

〒 100-8178　東京都千代田区大手町１丁目９番６号（大手町ファイナンシャルシティサウスタワー）
03-3270-3211（大代表）

北海道支店 札幌

〒 060-0003　札幌市中央区北３条西４丁目１番地（日本生命札幌ビル）
011-241-4111（代表）

東北支店 仙台

〒 980-0021　仙台市青葉区中央一丁目６番 35 号（東京建物仙台ビル）
022-227-8181（代表）

新潟支店 新潟

〒 951-8066　新潟市中央区東堀前通六番町 1058 番地１（中央ビルディング）
025-229-0711（代表）

北陸支店 金沢

〒 920-0031　金沢市広岡三丁目１番１号（金沢パークビルディング）
076-221-3211（代表）

東海支店 名古屋

〒 450-6420　名古屋市中村区名駅３丁目 28 番 12 号（大名古屋ビルヂング）
052-589-6891（代表）

関西支店 大阪

〒 541-0042　大阪市中央区今橋４丁目１番１号（淀屋橋三井ビルディング）
06-4706-6411（代表）

中国支店 広島

〒 730-0036　広島市中区袋町５番 25 号（広島袋町ビルディング）
082-247-4311（代表）

四国支店 高松

〒 760-0050　高松市亀井町５番地の１（百十四ビル）
087-861-6677（代表）

九州支店 福岡

〒 810-0001　福岡市中央区天神２丁目 12 番１号（天神ビル）
092-741-7734（代表）

南九州支店 鹿児島

〒 892-0842　鹿児島市東千石町１番 38 号（鹿児島商工会議所ビル）
099-226-2666（代表）

函館事務所 函館

〒 040-0063　函館市若松町 14 番 10 号（函館ツインタワー）
0138-26-4511（代表）

釧路事務所 釧路

〒 085-0847　釧路市大町１丁目１番１号（道東経済センタービル）
0154-42-3789（代表）

青森事務所 青森

〒030-0861　青森市長島２丁目10番３号（青森フコク生命ビル）
017-773-0911（代表）

富山事務所 富山

〒930-0005　富山市新桜町６番24号（COI富山新桜町ビル）
076-442-4711（代表）

松江事務所 松江

〒690-0887　松江市殿町111番地（松江センチュリービル）
0852-31-3211（代表）

岡山事務所 岡山

〒700-0821　岡山市北区中山下１丁目８番45号（NTTクレド岡山ビル）
086-227-4311（代表）

松山事務所 松山

〒790-0003　松山市三番町７丁目１番21号（ジブラルタ生命松山ビル）
089-921-8211（代表）

大分事務所 大分

〒870-0021　大分市府内町３丁目４番20号（大分恒和ビル）
097-535-1411（代表）

株式会社日本経済研究所（JERI）のご案内

株式会社日本経済研究所は、わが国経済社会の望ましい発展のため、知恵・情報・解決策を広く発信し続け、公平・中立な立場から長期的な視点に立ち、公共セクターや民間企業に対する調査・コンサルティングを行う株式会社日本政策投資銀行の関連シンクタンクです。2009年４月、財団法人日本経済研究所の受託調査及び関連事業を受け継ぎ、財団法人日本経済研究所が築いてきた伝統と実績をさらに発展させていく所存です。

設立	1989年12月
代表取締役社長	髙橋 洋
職員数	136名（2022年7月末現在）
資本金	480百万円
所在地	〒100-0004　東京都千代田区大手町一丁目９番２号 大手町フィナンシャルシティ グランキューブ15階
ＵＲＬ	https://www.jeri.co.jp/
連絡先	公共デザイン本部　医療・福祉部 TEL：03-6214-4613　E-mail：public-design@jeri.co.jp

《JERIの調査・コンサルティング分野》

３つの調査分野のシナジー効果を活かし、総合的な観点からお客様のニーズにあったコンサルティングを実施します。

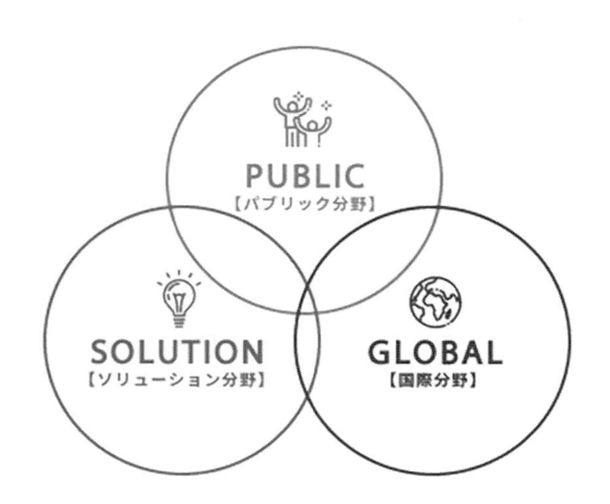

●パブリック分野 ――― 国や地方自治体に対する様々な提言や構想、計画、政策、施策の立案等に係る調査・コンサルティングを行います。

●ソリューション分野 ― 民間企業等に対する企業価値向上、事業評価、新たなビジネス展開等に係わる調査・コンサルティングを行います。

●国際分野 ――――――― 民間企業の海外事業展開等のクロスボーダーやODA関連業務に関わる調査・コンサルティングを行います。

◆ パブリック分野 ◆　地域と共に地域の課題を解決！

PFI、PFS / SIB

導入可能性調査、アドバイザー、ガイドライン策定、モニタリング

PPP・民営化

事業手法検討、業務アドバイザー、事業価値評価、ファイナンシャル・アドバイザー

経済、産業

産業政策、景気調査、基本構想・基本計画、経済波及効果調査

地域開発、まちづくり

中心市街地活性化、地域振興政策

環境・エネルギー

温室ガス対策、環境配慮、省エネルギー

病院事業

病院経営アドバイザー、病院事業手法検討

◆ ソリューション分野 ◆　金融から長期ビジョン策定まで総合力で対応！

経営マネジメント

財務分析、事業戦略策定、事業再生

事業価値評価、プロジェクトフィージビリティスタディ、持続可能性

新規事業 FS、事業価値試算

公共サービスサポートビジネス（PFI、指定管理者、市場化テスト等）

業務アドバイザー、提案書作成支援

BCP、リスクマネジメント

BCP 計画策定、BCP 研修策定、防災関連

金融、事業手法

証券化、プロジェクトファイナンス

不動産開発

資産活用、開発計画策定

◆ 国際分野 ◆　欧米のほか、アジア・メコン地域での豊富な経験を活用！

海外進出支援、海外投資環境調査

海外市場調査

ODA 関連（産業政策、金融政策、中小企業振興、事業評価等）

人材育成・研修

《JERIの医療・病院コンサルティングサービスのご案内》

株式会社日本経済研究所では、我が国の経済社会が直面する地域医療や病院経営など「医療」を巡る諸課題について、豊富な経験やネットワークをフル活用し、広範な視点から自治体立病院、民間病院などさまざまなお客様のニーズにあったコンサルティングを行っています。

■ JERIの医療・病院コンサルティングサービスの特色

特色１：豊富な経験に基づく「３つの力」の結合

60年以上に及ぶシンクタンク業務で培った豊富な経験に基づく弊研究所ならではの「３つの力」－すなわち、①俯瞰力（時代潮流や国・地域社会の動向を把握）、②現場力（医療現場の課題等に精通）、③事業力（病院経営や事業計画を的確に分析、誘導）を結合し、総合的かつ的確な医療コンサルティングサービスをご提供いたします。

特色２：中立的･公益的・長期的視点に立った信頼ある取り組み

常に中立的・公益的かつ長期的な視点に立った業務への取組みは、地方自治体をはじめ多くの皆様から高いご評価を頂いております。地域社会にも貢献できるシンクタンクとして、信頼性のある医療コンサルティングサービスをご提供いたします。

特色３：高度な知見を有するネットワークの活用

これまでの業務経験で培った弊研究所オリジナルのネットワークの中から、医療・システム・施設・制度・人材・会計・法務等医療関連の各分野に高度な知見を有する有識者、コンサルタント等を結集することにより、広範多岐にわたって的確な医療コンサルティングサービスをご提供いたします。

■ JERIの医療・病院コンサルティングサービスの内容（重点分野）

● 公立病院

① 病院改革プラン策定などの経営コンサルティング業務
- 病院改革プランの策定支援
- 病院経営分析、病院経営診断
- 財務内容健全化、経営効率化等に向けた経営コンサルティング　等

② 病院基本構想・基本計画づくりなどのプランニング業務
- 病院の新設、再整備等に当たっての基本構想、基本計画づくり
- 病院経営に関する中長期計画、将来構想、経営計画づくり　等

③ 民間活力導入等、「経営形態見直し」のためのアドバイザリー業務
- 望ましい病院経営形態の検討（地方公営企業全部適用、地方独立行政法人化、指定管理者制度の導入、民間移譲等）
- PFI導入可能性調査、PFI導入アドバイザリー業務
- 指定管理者制度導入アドバイザー、民間委譲アドバイザー業務　等

● 民間病院等

④ 経営分析、事業計画づくりなどの経営コンサルティング業務
- 経営分析（財務分析、マーケティング調査、診療機能・運営状況調査等）
- 経営ビジョン、経営計画（収支計画等）、事業計画等策定
- 経営改善策のご提案（増収増益策、現場業務改善提案等）
- 病院及び病院経営体の事業価値評価　等

● その他

⑤ 医療をめぐる諸課題等に関する調査研究業務
- 医療政策・医療制度等に関する調査研究
- 地域医療計画等のプランニング
- 医療サービスに対するニーズ調査
- 病院経営の一般的分析、課題と対応の検討　等

本書の取り扱いについて

●本データブック自体の著作権（編集著作権）は日本政策投資銀行（以下、弊行）に帰属します。また、本データブックに掲載しているデータ・図表等の著作権は、その出典元に帰属します。取り扱いは、データ・図表等の著作権の帰属先によって次のとおり異なりますので、ご注意ください。

1　官公庁、独立行政法人に帰属するデータ・図表等の場合
基本的には、ご自身の責任において自由にご使用ください。禁転載等の表記のあるものはそれに従ってください。

2　弊行以外の個別の企業・団体に帰属するデータ・図表等の場合
ご使用の際は、当該企業・団体に直接お問い合わせ願います。

3　弊行に帰属するデータ・図表等の場合
使用に際して、他媒体（ホームページ、雑誌、書籍、その他独自の資料等）への転載や編集加工等が発生する場合には弊行企業金融第6部ヘルスケア室（TEL：03-3244-1730）までお問い合わせください。

●データ等の内容の正確性には十分注意を払っておりますが、万一、本データブック記載のデータ等を利用したことによって直接または間接に不具合が生じた場合でも、弊行及び日本経済研究所はその責を負いかねます。

医療経営の確立をめざして
ヘルスケア業界データブック2022
数値で理解する医療・介護・関連産業の経営動向

2022年11月30日　初版第1刷発行

監修・編集　株式会社日本政策投資銀行©
株式会社日本経済研究所
発行者　林　諄
発行所　株式会社日本医療企画
〒104-0032　東京都中央区八丁堀3－20－5
S-GATE八丁堀
TEL 03(3553)2861(代)
http://www.jmp.co.jp/
印刷所　図書印刷株式会社

ISBN978-4-86729-178-8　C3034　Printed in Japan, 2022
（定価は表紙に表示しています）